APPLE
सक्सेस Story

एप्पल 'संप्रदाय (कल्ट) ब्रांड' माना जाता है। फोर्ब्स पत्रिका ने मई 2017 में 170 अरब डॉलर ब्रांड मूल्यांकन के साथ अपनी 'विश्व की सबसे मूल्यवान 100 ब्रांड' सूची में एप्पल को लगातार सातवें वर्ष भी पहले स्थान पर मजबूत बनाए रखा था। न केवल ब्रांड मूल्य में बल्कि 214.2 अरब डॉलर ब्रांड राजस्व के साथ एप्पल अपने निकटतम प्रतिद्वंद्वियों गूगल (ब्रांड मूल्य 101.8 अरब डॉलर; ब्रांड राजस्व 80.5 अरब डॉलर), माइक्रोसॉफ्ट (ब्रांड मूल्य 87 अरब डॉलर; ब्रांड राजस्व 85.3 अरब डॉलर) व फेसबुक (ब्रांड मूल्य 73.5 अरब डॉलर; ब्रांड राजस्व 25.6 अरब डॉलर) से बहुत आगे चल रहा था।

किसी भी उत्पाद के लिए एप्पल जैसी उच्च स्तर की ब्रांड-निष्ठा (ब्रांड लॉयल्टी) असामान्य मानी जाती है। इसके उपयोगकर्ता किसी पंथ या संप्रदाय के भक्त सदस्यों की तरह एप्पल उत्पादों के प्रति गहरी निष्ठा को खुलेआम प्रदर्शित करते हैं। इसीलिए एप्पल को एक संप्रदाय-ब्रांड या कल्ट-ब्रांड कहा जाता है। एप्पल के प्रति उपयोगकर्ता की ब्रांड निष्ठा लगभग तीन दशक पुरानी है, जब 1984 में कंपनी ने अपने कर्मशील और दूरदर्शी युवा संस्थापक स्टीव जॉब्स की अगुवाई में क्रांतिकारी व्यक्तिगत कंप्यूटर (पर्सनल कंप्यूटर/पीसी) बाजार में उतारा था। उसके बाद से अनेक उपयोगी इलेक्ट्रॉनिक उपकरण, जैसे-मोबाइल फोन, आई-पैड आदि बनाकर 'एप्पल' ने एक तरह से इस बाजार में अपना एकाधिकार कर लिया।

छोटी सी शुरुआत करके विश्वपटल पर अपनी पहचान बनानेवाली कंपनी की 'सक्सेस स्टोरी' है यह पुस्तक।

वरिष्ठ पत्रकार **प्रदीप ठाकुर** को भारत के प्रमुख मीडिया समूहों (दिल्ली प्रेस, अमर उजाला व दैनिक जागरण) में विभिन्न संपादकीय पदों पर काम करने और विविध विषयों पर लिखने व विश्लेषण प्रस्तुत करने का दो दशक से भी अधिक समय का अनुभव प्राप्त है। उनकी अंग्रेजी में प्रकाशित कृतियाँ हैं : 'टाटा नैनो : द पीपल्स कार', 'कैरीइंग धीरूभाई', 'विजन फॉरवर्ड : मुकेश अंबानी', 'द शाइनिंग स्टार ऑफ अमेरिका एंड द वर्ल्ड : बराक ओबामा', 'द किंग ऑफ स्टील : लक्ष्मी एन. मित्तल', 'अन्ना हजारे : द फेस ऑफ इंडिया अगेंस्ट करप्शन', 'एंजेलीना जोली : इज शी द मोस्ट पॉवरफुल सेलिब्रिटी' और 'टाइगर इन द वुड्स : द स्टोरी ऑफ नं. 1 स्पोर्ट्स-ब्रांड टाइगर वुड्स'।

APPLE सक्सेस Story

(विश्वप्रसिद्ध इलेक्ट्रॉनिक गैजेट निर्माता की शिखरगाथा)

प्रदीप ठाकुर

प्रभात पेपरबैक्स
www.prabhatbooks.com

Apple और अन्य ब्रांड जिनका उल्लेख इस पुस्तक में किया गया है, वे Apple व संबंधित कंपनियों के अधिकृत ट्रेडमार्क हैं और उनकी कंपनी ही इन लोगो और ब्रांड की असली स्वामी है। यह पुस्तक Apple की अधिकृत पुस्तक नहीं है और इस पुस्तक में दी सारी सामग्री लेखक ने अपनी व्यक्तिगत जानकारी के आधार पर लिखी है।

प्रकाशक

प्रभात पेपरबैक्स

4/19 आसफ अली रोड, नई दिल्ली–110002

फोन : 23289777 • हेल्पलाइन नं. : 7827007777

इ–मेल : prabhatbooks@gmail.com ❖ वेब ठिकाना : www.prabhatbooks.com

संस्करण

प्रथम, 2018

मूल्य

तीन सौ पचास रुपए

अ.मा.पु.स. 978-93-5266-308-8

मुद्रक

आर–टेक ऑफसेट प्रिंटर्स, दिल्ली

★

APPLE SUCCESS STORY
by Pradeep Thakur

Published by **PRABHAT PAPERBACKS**
4/19 Asaf Ali Road, New Delhi-110002

ISBN 978-93-5266-308-8

₹ 350.00

मेरी पूर्णकालिक लेखन-यात्रा को
संभव बनानेवाली धर्मपत्नी किरण और
मुझे हमेशा उत्साहित रखनेवाले
सुपुत्रों प्रभाकर, पुष्कर व भाष्कर
को
सस्नेह समर्पित

भूमिका

एप्पल 'संप्रदाय (कल्ट) ब्रांड' माना जाता है। फोर्ब्स पत्रिका ने मई 2017 में 170 अरब डॉलर ब्रांड मूल्यांकन के साथ अपनी 'विश्व की सबसे मूल्यवान 100 ब्रांड' सूची में एप्पल को लगातार सातवें वर्ष भी पहले स्थान पर मजबूत बनाए रखा था। जी हाँ, न केवल ब्रांड मूल्य में बल्कि 214.2 अरब डॉलर ब्रांड राजस्व के साथ एप्पल अपने निकटतम प्रतिद्वंद्वियों गूगल (ब्रांड मूल्य: 101.8 अरब डॉलर; ब्रांड राजस्व 80.5 अरब डॉलर), माइक्रोसॉफ्ट (ब्रांड मूल्य : 87 अरब डॉलर; ब्रांड राजस्व 85.3 अरब डॉलर) व फेसबुक (ब्रांड मूल्य : 73.5 अरब डॉलर; ब्रांड राजस्व 25.6 अरब डॉलर) से बहुत आगे चल रहा था। हालाँकि, स्मार्टफोन की विश्वव्यापी बिक्री के मामले में एप्पल का सैमसंग के साथ लगातार संघर्ष चलता रहा है, लेकिन सैमसंग ब्रांड मूल्य (38.2 अरब डॉलर) व ब्रांड राजस्व (166.7 अरब डॉलर) दोनों ही मामलों में एप्पल से बहुत पीछे था। रोचक तथ्य यह है कि ग्राहकों को आकर्षित करने के लिए सैमसंग ने 2016-17 में 3.7 अरब डॉलर खर्च किया था, जबकि एप्पल में केवल 1.8 अरब डॉलर। पिछले डेढ़ दशकों में आइपॉड, आइट्यून, आइफोन व आइपैड से एप्पल ने चार उद्योगों में क्रांति लाने के बाद अप्रैल 2015 में कंप्यूटर क्षमता वाली घड़ियाँ 'एप्पल वाच' उतारी थी और 2016 (31 दिसंबर तक) में 1.16 करोड़ इकाइयाँ बेचकर 'स्मार्ट वॉच' बाजार की 55 प्रतिशत हिस्सेदारी पर कब्जा जमा लिया था।

ध्यान रहे कि नेतृत्व का परिवर्तन किसी भी कंपनी के लिए बहुत चुनौतीपूर्ण होता है। यह तब और भी कठिन होता है, जब किसी प्रतिष्ठित कंपनी के संस्थापक के स्थान पर कोई दूसरा आता है। याद करें कि जब नाइकी के फिल नाइट व स्टारबक्स के हॉवर्ड शुल्ज ने अपना पड़ छोड़ा तो दोनों कंपनियाँ लड़खड़ाने लगी थीं। 1985 में स्टीव जॉब्स को भी एप्पल से बाहर किया गया था, और 1990 के दशक में कंपनी मौत के कगार पर पहुँच गई थी, लेकिन जब 1996 में जॉब्स वापस आया तो एप्पल को फिर से अभूतपूर्व ऊँचाइयों की ओर ले गया था। अक्तूबर 2011 में जॉब्स की मृत्यु के बाद टीम कुक ने

एप्पल की कमान सँभाली थी, वैसे कई वर्ष पहले ही अपनी बीमारी के दौरान जॉब्स ने उसे अपना उत्तराधिकारी घोषित कर दिया था। यदि पिछले छह वर्षों कुक ने नेतृत्व में भी एप्पल की सफलता की गाड़ी तेजी से घूम रही है, तो स्पष्ट है कि एप्पल अपनी ब्रांड निष्ठा व आतंरिक रचनाधर्मिता के दम पर आगे भी क्रांतिकारी उत्पाद प्रस्तुत करने में सफल रहेगी।

जी हाँ, किसी भी उत्पाद के लिए एप्पल जैसी उच्च स्तर की ब्रांड-निष्ठा (ब्रांड लॉयल्टी) असामान्य मानी जाती है। इसके उपयोगकर्ता किसी पंथ या संप्रदाय के भक्त सदस्यों की तरह एप्पल उत्पादों के प्रति गहरी निष्ठा को खुलेआम प्रदर्शित करते हैं। इसीलिए एप्पल को एक संप्रदाय-ब्रांड या कल्ट-ब्रांड कहा जाता है। एप्पल के प्रति उपयोगकर्ता की ब्रांड निष्ठा लगभग तीन दशक पुरानी है, जब 1984 में कंपनी ने अपने महान् सनकी युवा संस्थापक स्टीव जॉब्स की अगुवाई में क्रांतिकारी व्यक्तिगत कंप्यूटर (पर्सनल कंप्यूटर/ पीसी) बाजार में उतारा था। उस वक्त कंप्यूटर उपयोगकर्ताओं के दो वर्ग थे और आज भी हैं। उपयोगकर्ताओं का बहुत बड़ा वर्ग वह है, जो ब्रांड विशेष की परवाह नहीं करता, बल्कि उन्हें सस्ते व कामचलाऊ कंप्यूटर भर की जरूरत होती है; वे कंप्यूटर को महज एक काम की चीज समझते हैं, लेकिन कंप्यूटर स्वामियों का विशेष वर्ग है, जो कंप्यूटर को केवल उपयोग की ही चीज नहीं मानता, बल्कि उसके प्रति गहरा लगाव भी महसूस करता है और उसके प्रति अपनी सनक भी प्रकट करता है। एप्पल इसी विशेष वर्ग के लिए अपने उत्पाद बनाता है, जो न केवल उनके व्यक्तित्व को प्रतिबिंबित करता है, बल्कि प्रौद्योगिकी (टेक्नोलॉजी) को विशिष्ट जीवन-शैली व मानवीय चेहरा भी प्रदान करता है।

मुझे विश्वास है कि एप्पल सक्सेस स्टोरी हमारे सभी सुधी पाठकों को अपने जीवन के हर क्षेत्र में नवाचारी होने की प्रेरणा देगी।

—प्रदीप ठाकुर

अनुक्रम

भूमिका 7

1 सिलिकॉन वैली के साथ बढ़ते एप्पल संस्थापक 13

- सांता क्लारा वैली—'दिलखुश' से 'सिलिकॉन' की ओर
- स्टीव जॉब्स—परित्यक्त, चुनिंदा व विशिष्ट
- जॉब्स की प्राथमिक शिक्षा
- स्टीव वोज्निअक—बाल इलेक्ट्रॉनिक्स प्रतिभा
- वोज्निअक के वैज्ञानिक कारनामे

2 हिप्पी संस्कृति में जवान होते वोज्निअक व जॉब्स 53

- विरोध संस्कृति व हिप्पी आंदोलन का विकास
- होमस्टेड हाई स्कूल में वोज्निअक व जॉब्स
- क्रीम सोडा कंप्यूटर व वोज्निअक-जॉब्स की दोस्ती
- ब्लू बॉक्स का विकास

3 जॉब्स की भारत-यात्रा व वोज का कंप्यूटर विकास 86

- रीड कॉलेज में जॉब्स की दार्शनिक उड़ान
- अटारी में नौकरी व जॉब्स की भारत-यात्रा
- भारत की आध्यात्मिक-यात्रा
- आत्मज्ञान की तलाश
- अटारी में वापसी व वोज्निअक से साझेदारी
- होमब्रिऊ क्लब व वोज का कंप्यूटर विकास
- वोज का व्यक्तिगत कंप्यूटर विकास कार्यक्रम

4 एप्पल कंप्यूटर की स्थापना व शुरुआती सफलताएँ 117

- साझीदारी कंपनी 'एप्पल कंप्यूटर' की स्थापना

• जॉब्स के गैरेज में 'एप्पल-I' का सफल कारोबार
• एप्पल-II की तैयारी और बड़े निवेशक की तलाश
• एप्पल को बड़े निवेशक की तलाश
• मार्ककुला की कमान और एप्पल-II का शुभारंभ
• एप्पल विपणन दर्शन
• समान अनुभूति (एमपेथी)
• केंद्र-बिंदु (फोकस)
• आरोपण (एंपुटेशन)
• माइक स्कॉट की नियुक्ति
• एप्पल-II का सफल शुभारंभ
• कारोबार विस्तार व जॉब्स का वर्चस्व-संघर्ष

5 एप्पल लिसा, ऐतिहासिक आईपीओ व मैकिनटोश 149
• माँ-बेटी से जॉब्स की बेरुखी व 'लिसा' विकास
• 'जेरॉक्स पार्क' की उपलब्धियाँ व 'लिसा' का विकास
• इतिहास कितना क्रूर मजाक करता है
• ऐतिहासिक आई.पी.ओ. व जॉब्स की प्रसिद्धि
• 25 साल के लड़के
• रस्किन के 'मैकिनटोश' पर जॉब्स का कब्जा
• मैकिनटोश का पुनर्गठन व स्कॉट की छुट्टी
• जॉब्स का जुनून व मैकिनटोश का विकास
• जेरॉक्स स्टार व आई.बी.एम. पी.सी. से प्रतिस्पर्धा
• 'स्नो व्हाइट' औद्योगिक डिजाइन भाषा
• लिसा बनाम मैकिनटोश
• स्कुल्ली की कमान व मैकिनटोश का शुभारंभ
• एप्पल बिक्री सम्मेलन में '1984' विज्ञापन का प्रदर्शन
• ब्रह्मांड में सेंध के लिए मैकिनटोश का आगाज

6 एप्पल में जॉब्स की हार और रचनात्मक संघर्ष 199
• मैक का गुबार थमा, ठीकरा जॉब्स के सिर
• सत्ता-संघर्ष में हार, एप्पल से जॉब्स बाहर
• जॉब्स की अगले विकल्प की तैयारी व इस्तीफा
• नेक्स्ट व पिक्सर—शानदार रचनाओं के 11 वर्ष

- नेक्स्ट इनकॉरपोरेशन
- 'नेक्स्ट' में रॉस पीरॉट का महँगा निवेश
- सॉफ्टवेयर के लिए गेट्स का इनकार
- जॉब्स ने छोड़ा गेट्स को पछाड़ने का मौका
- 'नेक्स्ट' का भव्य शुभारंभ व बाजार की असफलता
- पिक्सर इमेज कंप्यूटर
- लॉरेन पॉवेल से जॉब्स की शादी
- डिज्नी के कंधों पर पिक्सर की सफल सवारी

7 एप्पल का दिवाला और जॉब्स की वापसी **245**

- स्कुल्ली की कमान में एप्पल की दिशाहीनता
- एप्पल के नियंत्रण में स्पिंडलर की असफलता
- अमेलिओ की नाकामी और जॉब्स की वापसी
- जॉब्स की बादशाहत वापस पाने की ललक
- अपनी खोई बादशाहत पर जॉब्स की कब्जेदारी
- बोस्टन में जॉब्स का ऐतिहासिक संबोधन

8 जॉब्स के नेतृत्व में एप्पल की महान् सफलताएँ **283**

- 'थिंक डिफरेंट' अभियान व कंपनी का पुनर्निर्माण
- 'अनंत' मुख्य कार्यकारी अधिकारी
- जॉनी व जॉब्स का बेजोड़ डिजाइन गठजोड़
- एप्पल का डिजाइन स्टूडियो
- 'आई मैक' से एप्पल के भविष्य की वापसी
- आईमैक का शुभारंभ
- टिम कुक का उत्पादन-नियंत्रण चमत्कार
- सहभागिता-संस्कृति का विकास
- 'अंतरिम सीईओ' से सीईओ
- 'एप्पल स्टोर' में 'संपूर्ण ग्राहक अनुभव' का जलवा
- डिजिटल हब अवधारणा—आईट्यून से आईपॉड तक
- फायरवायर
- आईट्यून
- 'आईपॉड' का विकास
- 'आईट्यून स्टोर' की जद्दोजहद व सफलताएँ

- आईफोन—तीन क्रांतिकारी उत्पादों का संगम
- स्मार्टफोन विकास का विचार
- सिंगुलर के साथ वायरलेस नेटवर्क समझौता
- अद्‌भुत 'गोरिल्ला ग्लास' का निर्माण
- आवरण डिजाइन संशोधन
- आईफोन का शुभारंभ व ऐतिहासिक सफलताएँ
- एप्पल का गौरवशाली भविष्य व जॉब्स की विदाई

1

सिलिकॉन वैली के साथ बढ़ते एप्पल संस्थापक

1960 के दशक में, संयुक्त राज्य अमेरिका में एक तरफ स्थापना-विरोधी सांस्कृतिक बदलाव का 'हिप्पी आंदोलन' जोर पकड़ रहा था तो दूसरी तरफ कैलिफोर्निया प्रांत के उत्तरी क्षेत्र में मशहूर सांता क्लारा घाटी में सिलिकॉन से चिप बनानेवाली कंपनियों का जमावड़ा बढ़ रहा था। सदियों से सांता क्लारा घाटी को उसके फलों के बगीचों, फूल के पेड़ों व पौधों की सघनता के कारण 'दिलखुश घाटी' (वैली ऑफ हार्ट्स डिलाइट) के रूप में जाना जाता था; 39 कैनरीज के साथ यह दुनिया में सबसे बड़ा फल उत्पादन व पैकिंग क्षेत्र था। सन् 1971 में, जब इंटेल कॉरपोरेशन (सांता क्लारा) ने सूक्ष्म संसाधक (माइक्रोप्रोसेसर)—इंटेल 4004 पेश कर व्यक्तिगत कंप्यूटर (पर्सनल कंप्यूटर/पी.सी.) की ईजाद का रास्ता साफ कर दिया था, तो सांता क्लारा घाटी को बाकायदा 'सिलिकॉन वैली' कहकर पुकारे जाने का सिलसिला भी शुरू हो गया था।

इस बीच, अप्रैल 1974 में इंटेल का नया माइक्रोप्रोसेसर इंटेल—8008 बाजार में आ गया था, जो अपने पूर्वज के मुकाबले काफी ताकतवर था; सही मायने में यही पहला माइक्रोप्रोसेसर साबित हुआ जो कंप्यूटर की बुनियादी जरूरतों को पूरा करने में सक्षम हुआ था। इंटेल के सह-संस्थापक गॉर्डन अर्ल मूर द्वारा सन् 1965 में की गई भविष्यवाणी सच होने लगी थी कि हर दो साल के भीतर एक नया माइक्रोप्रोसेसर आएगा, जो अपने पिछले संस्करण के मुकाबले दो गुना ताकतवर होगा और अपेक्षाकृत सस्ता भी। 'पॉपुलर इलेक्ट्रॉनिक्स' पत्रिका ने जनवरी 1975 के अंक में दुनिया के पहले व्यक्तिगत कंप्यूटर 'एमआईटीएस अल्टेयर—8800' का ऐलान कर दिया था।

यही वह समय था जब बिल गेट्स व पॉल एलन कंप्यूटर कार्यक्रम भाषा—बेसिक (बिगनर्स ऑल-पर्पस सिंबॉलिक इंस्ट्रक्शन कोड/नौसिखिया सर्व-उद्देश्य प्रतीकात्मक

5 मार्च, 1975 को स्टैनफोर्ड विश्वविद्यालय से सटे संभ्रांत शहर मेंलो पार्क में सिलिकॉन वैली के हिप्पी-समुदाय के कंप्यूटर शौकीनों ने 'होमब्रू कंप्यूटर क्लब' का गठन कर लिया था।

निर्देश कूटलिपि) के आधार पर एक दुभाषिया (इंटरप्रेटर) तैयार कर रहे थे। बिल गेट्स हार्वर्ड विश्वविद्यालय में पढ़ रहे थे, उनके पास रहने के लिए पॉल एलन ने यूनिवर्सिटी ऑफ वॉशिंगटन (सीएटल) से पढ़ाई छोड़कर हनीवेल इनकॉरपोरेशन में काम ढूँढ़ लिया था। गेट्स व एलन ने एमआईटीएस (माइक्रो इंस्ट्रूमेंटेशन ऐंड टेलीमेटरी सिस्टम) के संस्थापक हेनरी एडवर्ड रॉबर्ट्स से संपर्क साधा था और उन्हें 'अल्टेयर- 8800' के लिए 'अल्टेयर बेसिक' विकसित करने की हरी झंडी मिल गई थी। कुछ महीनों में 'अल्टेयर बेसिक' तैयार हो गया था और गेट्स व एलन ने अल्बुक्वेर्क (न्यू मैक्सिको) में एमआईटीएस मुख्यालय के पास ही एक दफ्तर लेकर 4 अप्रैल, 1975 को माइक्रोसॉफ्ट का विधिवत् गठन कर लिया था।

इसी बीच, 5 मार्च, 1975 को स्टैनफोर्ड विश्वविद्यालय से सटे संभ्रांत शहर मेंलो पार्क में सिलिकॉन वैली के हिप्पी-समुदाय के कंप्यूटर शौकीनों ने 'होमब्रू कंप्यूटर क्लब' का गठन कर लिया था। वे साप्ताहिक तौर पर इकट्ठा होकर व्यक्तिगत कंप्यूटर से जुड़ी समस्याओं का समाधान ढूँढ़ते थे और नई इजादों को एक-दूसरे से साझा करते थे। इसी दौर में, स्टीव जॉब्स ने रीड कॉलेज (पोर्टलैंड, ओरेगन) व स्टीव वोज्निअक ने कैलिफोर्निया विश्वविद्यालय (बर्कले) से तौबा कर लिया था; दोनों अपने तरीके से सिलिकॉन वैली की व्यक्तिगत कंप्यूटर क्रांति का हिस्सा बनने की कोशिश कर रहे थे; जाहिर है कि वे भी इस क्लब के हिस्से बन चुके थे। 16 अप्रैल, 1975 को पालो आल्टो में क्लब की बैठक हुई, जिसमें अल्टेयर-8800 को प्रदर्शित किया गया। इसी प्रदर्शन के दौरान 'अल्टेयर बेसिक' की प्रति चोरी हो गई थी और जल्द ही उसकी प्रतियाँ क्लब सदस्यों के बीच बँटने लगी थीं। माइक्रोसॉफ्ट संस्थापक बिल गेट्स ने इसे स्वत्वाधिकार (कॉपीराइट) का उल्लंघन करार देते हुए 3 फरवरी, 1976 को 'शौकीनों को खुला-पत्र' जारी कर बाकायदा धमकाया था।

क्लब की पहली बैठक के बाद ही स्टीव जॉब्स व स्टीव वोज्निअक ने अपने व्यक्तिगत कंप्यूटर पर काम शुरू कर दिया था। स्टीव जॉब्स के लॉस एल्टोस स्थित अपने घर के गैराज में एप्पल कंप्यूटर का दफ्तर खुल गया था; 1 अप्रैल, 1976 को एप्पल कंप्यूटर की विधिवत् स्थापना हो गई थी। वोज्निअक ने अपने हाथों से एमओएस टेक्नोलॉजी द्वारा विकसित माइक्रोप्रोसेसर—एमओएस 6502 का इस्तेमाल कर व्यक्तिगत कंप्यूटर 'एप्पल-I' को तैयार किया था। इसे बिना की-बोर्ड व टीवी स्क्रीन के महज एक कंप्यूटर किट/ मदर बोर्ड के रूप में 11 अप्रैल, 1976 को 'होमब्रू कंप्यूटर क्लब'

की पालो आल्टो बैठक में प्रदर्शित किया गया था; और एप्पल की गौरवशाली-यात्रा शुरू हो गई थी।

एप्पल की आगे की कहानी बहुत ही दिलचस्प है; लेकिन उसका मजा लेने के लिए हमें इस कहानी में दो मुख्य किरदारों—स्टीव जॉब्स व स्टीव वोज्निअक—की अब तक की दिलचस्प जीवन-यात्रा को टटोलना होगा। यह विपरीत स्वभाव व प्रतिभाओंवाले दो जुनूनी मित्रों की अजीबो-गरीब कहानी है; उनका मिलन महज एक ऐतिहासिक संयोग भर ही था, जो सिर्फ एप्पल की स्थापना के कुछ ही समय बाद एक-दूसरे से बिछड़ जाने के लिए अभिशप्त थे।

सांता क्लारा वैली—'दिलखुश' से 'सिलिकॉन' की ओर

सफलता के लिए सही वक्त पर सही जगह उपस्थित होना सबसे जरूरी माना जाता है। यह व्यक्ति-विशेष की सूझ-बूझ भी हो सकती है, लेकिन अकसर यह महज एक संयोग है कोई किस समय कहाँ मौजूद रहता है। स्टीव जॉब्स व स्टीव वोज्निअक की सफलता में बहुत बड़ा योगदान उसके पलने-बढ़ने की जगह को भी माना जाता है। जब जॉब्स दंपती ने माउंटेन व्यू में और वोज्निअक दंपती ने सनीवेल में निवास करना शुरू किया था तो हर कोने पर खूबानी व बेर के बगीचे थे। अमेरिकी सेना के भारी निवेश के चलते समूचे सांता क्लारा वैली के तमाम नगरों-उपनगरों—कैंपबेल, क्यूपर्टिनो, गिलरॉय, लॉस अल्टोस, अल्टोस हिल्स, लॉस गटोस, मिल्पिटास, मोंटे सेरेनो, मोर्गन हिल, माउंटेन व्यू, पालो अल्टो, सैन जोस, सांता क्लारा, साराटोगा, सनीवेल—में प्रौद्योगिक-उछाल (टेक्नोलॉजी बूम) का माहौल बनना शुरू हो चुका था। फलों के बगीचों व फूल-पौधों की सघनता के चलते सांता क्लारा वैली को सदियों में 'दिलखुश घाटी' (वैली ऑफ हार्ट्स डिलाइट) के रूप में जाना जाता रहा था; अब उसकी पहचान तेजी से बदलती जा रही थी; जल्द ही इस समूचे क्षेत्र को 'सिलिकॉन-वैली' का नाम मिलने जा रहा था।

अमेरिका के हरे-भरे हजारों अन्य उपनगरों के मुकाबले सांता क्लारा वैली के तमाम इलाके बिल्कुल अलग थे; इन इलाकों के अधिकांश निवासी किसी-न-किसी कंपनी में अभियंता (इंजीनियर) थे; बेकार सा लगनेवाला शख्स भी यहाँ अभियंता बनने की कोशिशें करता दिख रहा था। अमेरिकी प्रौद्योगिक क्रांति के मुख्य क्षेत्र में पलते-बढ़ते स्टीव का संवेदनशील बाल-मन हर छोटी-बड़ी गतिविधि को अपने अंदर समेट रहा था और उसके अंदर कुछ खास करने की तमन्ना जोर मार रही थी। माउंटेन व्यू से महज पाँच किलोमीटर की दूरी पर सनीवेल में नागरिक-सैन्य संयुक्त हवाई अड्डा—मोफफेट फेडरल एयरफील्ड—के विशाल अहाते में ही राष्ट्रीय वैमानिकी व अंतरिक्ष प्रशासन (नेशनल एयरोनॉटिक्स ऐंड स्पेस एडमिनिस्ट्रेशन/ नासा) का एम्स रिसर्च सेंटर भी था।

पॉल जॉब्स अपने जिज्ञासु बेटे स्टीव को वहाँ घुमाने ले गए थे। स्टीव ने जब पहली बार वहाँ प्रदर्शित मेनफ्रेम कंप्यूटर टर्मिनल को देखा था तो वह बस उसी में खो-सा गया था। ठीक उसी के बगल में लॉक हीड कॉरपोरेशन था, जहाँ स्टीव वोज्निअक के पिता रॉकेट अभियंता थे और उसका घर ही प्रयोगशाला थी। खैर, ज्यों-ज्यों सांता क्लारा वैली का विकास हो रहा था और वह 'सिलिकॉन वैली' कहलाने की दिशा में अग्रसर हो रही थी, व्यक्तिगत कंप्यूटर के भविष्य के क्रांतिकारी स्टीव जॉब्स व स्टीव वोज्निअक भी बड़े हो रहे थे। लिहाजा 'सिलिकॉन वैली' के विकास पर एक सरसरी निगाह डालना जरूरी है।

सैन फ्रांसिस्को खाड़ी क्षेत्र (बे एरिया) लंबे समय से अमेरिकी नौसेना के अनुसंधान व प्रौद्योगिकी का प्रमुख स्थल रहा था। वर्ष 1885 में लेलैंड स्टैनफोर्ड (कैलिफोर्निया पूर्व के राज्यपाल, अमेरिकी सभासद/सीनेटर व अग्रणी रेलमार्ग निर्माता) ने अपनी इकलौती संतान—लेलैंड स्टैनफोर्ड जूनियर, जो 16 साल की उम्र में टाइफाइड का शिकार हो गया था, की याद में पालो आल्टो (मौजूदा सिलिकॉन वैली का उत्तर-पश्चिमी क्षेत्र) के पास 8180 एकड़ के विशाल भूखंड पर लेलैंड स्टैनफोर्ड जूनियर विश्वविद्यालय (आम तौर पर स्टैनफोर्ड विश्वविद्यालय) की स्थापना की थी; जो करीब छह साल के निर्माण कार्य के बाद अक्तूबर 1891 में चालू हो सका था। उसके बाद यह इलाका स्टैनफोर्ड के रूप में जाना जाने लगा था। सन् 1909 में, चार्ल्स हेरॉल्ड ने सैन जोस में नियमित कार्यक्रमवाला अमेरिका का पहला रेडियो स्टेशन शुरू किया था। बाद में उस वर्ष, स्टैनफोर्ड विश्वविद्यालय के स्नातक सिरिल इलवेल ने 'पोल्सन आर्क रेडियो' प्रसारण-प्रौद्योगिकी (ट्रांसमिशन टेक्नोलॉजी) का अमेरिकी पेटेंट खरीदकर पालो अल्टो में फेडरल टेलीग्राफ कॉरपोरेशन (एफ.टी.सी.) की स्थापना की थी। अगले दशक के दौरान एफ.टी.सी. ने दुनिया की पहली वैश्विक रेडियो संचार प्रणाली (ग्लोबल रेडियो कम्युनिकेशन सिस्टम) की रचना की थी; उसने सन् 1912 में अमेरिकी नौसेना के साथ अनुबंध किया था।

1933 में, अमेरिकी सरकार ने नौसेवा हवाई अड्डा (नेवल एयर स्टेशन/नास) के रूप में सनीवेल में हवाई पोत (एयरशिप) 'यू.एस.एस. मेकॉन' के रखने के लिए 'हैंगर वन' (8 एकड़ में फैली दुनिया की सबसे बड़ी स्वतंत्र खड़ी संरचनाओं में से) का निर्माण शुरू किया था। वर्ष 1933-47 तक इसे 'नास मोफ्फेट फील्ड' नाम दिया गया था और वहाँ अमेरिकी नौसेना के छोटे वायुयानों को रखा जाता था। जब नौसेना ने अपनी हवाई पोत परियोजना को छोड़ दिया और अपने पश्चिमी तट के अधिकांश संचालन को सैन डिएगो ले गई तो वैमानिकी राष्ट्रीय सलाहकार समिति (नेशनल एडवाइजरी कमिटी फॉर ऐरोनोटिक्स/नाका) ने वैमानिकी अनुसंधान (ऐरोनोटिक्स रिसर्च) के लिए मोफ्फेट फील्ड का कुछ हिस्सा अपने पास रख लिया था; फिर 20 दिसंबर, 1939 को 'नाका'

के पूर्व चेयरमैन यूसुफ स्वीटमैन एम्स के नाम पर 'एम्स रिसर्च सेंटर' की स्थापना की गई थी; और जब 29 जुलाई, 1958 को नाका को समाहित कर 'नासा' का गठन हुआ तो वह उसका हिस्सा बन गया।

1950 के दशक में इस इलाके में रक्षा ठेकेदार कंपनियों का जमावड़ा शुरू हो गया था। वर्ष 1956 में एम्स रिसर्च सेंटर के ठीक बगल में ही लॉकहीड मिसाइल ऐंड स्पेस कंपनी (एल.एम.एस.सी.) की स्थापना हुई थी, जिसने पनडुब्बी के जरिए छोड़ी जानेवाली बैलिस्टिक मिसाइल का विकास किया था। (वर्ष 1995 में लॉकहीड कॉरपोरेशन व मार्टिन मरिएटा कॉरपोरेशन के विलय के बाद यह संयुक्त कंपनी—'लॉकहीड मार्टिन' का मिसाइल व अंतरिक्ष विभाग बन गई थी। 'लॉकहीड मार्टिन' को दुनिया के सबसे बड़े रक्षा ठेकेदारों में शुमार किया जाता है।) सन् 1958 में स्टीव वोज्निअक के पिता ने एल.एम.एस.सी. में काम शुरू किया था व वोज्निअक परिवार सनीवेल में रहने लगा था। दो साल बाद वर्ष 1960 में जब जॉब्स परिवार ने माउंटेन व्यू में रहना शुरू किया था, तब तक एल.एम.एस.सी. में काम करनेवाले लोगों की संख्या 20 हजार हो चुकी थी।

द्वितीय विश्व युद्ध (1939-45) के बाद सेनाओं से लौट रहे छात्रों के चलते अमेरिकी विश्वविद्यालयों में दाखिले की माँग का दबाव अचानक काफी बढ़ गया था। स्टैनफोर्ड विश्वविद्यालय पर भी खुद के विकास की जरूरतों के लिए धन की माँग और स्नातक छात्रों को स्थानीय रोजगार के अवसर प्रदान करने का दबाव बढ़ गया था। वर्ष 1951 में इन समस्याओं के समाधान के लिए स्टैनफोर्ड स्कूल ऑफ इंजीनियरिंग के तत्कालीन अध्यक्ष (डीन) फ्रेडरिक एमोंस टेर्मन ने स्टैनफोर्ड इंडस्ट्रियल पार्क (बाद में स्टैनफोर्ड रिसर्च पार्क) नामक एक कार्यालय पार्क का गठन किया था और उसके उपयोग के लिए पालो अल्टो स्थित स्टैनफोर्ड की 700 एकड़ भूमि को पट्टे पर देने का प्रस्ताव रखा था। इस पार्क के पट्टे उच्च प्रौद्योगिकी कंपनियों तक ही सीमित थे।

7 जून, 1900 को अंग्रेजी हुकूमत वाले इंडिआना में जनमे फ्रेडरिक टेर्मन के पिता लुईस टेर्मन स्टैनफोर्ड विश्वविद्यालय में मनोविज्ञान के प्राध्यापक थे। फ्रेडरिक टेर्मन ने स्टैनफोर्ड में स्नातक रसायन शास्त्र (बी.एस.-केमिस्ट्री) व परा-स्नातक विद्युत् अभियांत्रिकी (एम.एस.-इलेक्ट्रिकल इंजीनियरिंग) के बाद सन् 1924 में मैसाचुसेट्स इंस्टीट्यूट ऑफ टेक्नोलॉजी (एम.आई.टी.) से डी.एस.सी. (डॉक्टर ऑफ साइंस) की उपाधि हासिल की थी। फ्रेडरिक टेर्मन सन् 1925 में प्राध्यापक बन स्टैनफोर्ड वापस आ गए थे; उसके बाद से 1941 तक उन्होंने विश्वविद्यालय के इलेक्ट्रॉनिक्स अध्ययन व अनुसंधान का पाठ्यक्रम तैयार किया था, जिसका मुख्य केंद्र—बिंदु वैक्यूम ट्यूब, सर्किट व इंस्ट्रूमेंटेशन रहा था। स्टैनफोर्ड में टेर्मन के छात्रों में रसेल व सिगुर्ड वारियन (वारियन एसोसिएट्स), विलियम हेवलेट व डेविड पैकार्ड (हेवलेट पैकार्ड) शामिल थे।

द्वितीय विश्व युद्ध के दौरान टेर्मन ने हार्वर्ड विश्वविद्यालय में रेडियो रिसर्च लेबोरेटरी के निदेशक के रूप में 850 से अधिक कर्मचारियों का मार्गदर्शन किया था। इस संगठन ने मित्र राष्ट्रों की सेनाओं के लिए दुश्मन सेनाओं की रडार को रोकनेवाला 'जैमर', रडार संकेतों का पता लगानेवाला 'ट्युनेबल रिसीवर' व दुश्मन रडार रिसीवर पर नकली प्रतिबिंब का उत्पादन करने के लिए 'एल्यूमीनियम स्ट्रिप्स' का इजाद किया था।

युद्ध खत्म होने के बाद टेर्मन को स्टैनफोर्ड स्कूल ऑफ इंजीनियरिंग का डीन नियुक्त किया गया था और उन्होंने वर्ष 1951 में 'स्टैनफोर्ड इंडस्ट्रियल पार्क' की स्थापना की थी। वर्ष 1955-1965 तक स्टैनफोर्ड में 'प्रोवोस्ट' (प्रो-वाइस चांसलर के समतुल्य) के रूप में टेर्मन ने रक्षा विभाग से अधिक अनुसंधान अनुदान हासिल करने के लिए विज्ञान, सांख्यिकी व इंजीनियरिंग विभागों का जबरदस्त विस्तार किया था। पेटेंटशुदा अनुसंधानों से प्राप्त धनराशि के अलावा रक्षा विभाग के अनुदानों की बदौलत टेर्मन को स्टैनफोर्ड विश्वविद्यालय के मूल्यक्रम (रैंकिंग) को दुनिया के प्रथम श्रेणी के शिक्षण संस्थानों में शामिल कराने के साथ सिलिकॉन वैली के विकास को तेज करने में भी मदद मिली थी। इन्हीं कोशिशों के कारण टेर्मन को 'सिलिकॉन वैली का जनक' (फादर ऑफ सिलिकॉन वैली) का सम्मान दिया जाता है। 19 दिसंबर, 1982 को पालो अल्टो में टेर्मन का निधन हो गया।

स्टैनफोर्ड इंडस्ट्रियल पार्क का पहला किराएदार था—वारियन एसोसिएट्स-स्टैनफोर्ड के पूर्व छात्रों ने सन् 1948 में सैन्य रडार घटकों के निर्माण के लिए इसकी स्थापना की थी। (स्टीव जॉब्स की माता क्लारा जॉब्स ने इसी कंपनी में बही-लेखक का काम किया था।) इस पार्क में आनेवाली सबसे सफल कंपनी हेवलेट पैकार्ड थी। सन् 1938 में डेविड 'डेव' पैकार्ड व विलियम 'बिल' रेडिंग्टन हेवलेट ने स्टैनफोर्ड विश्वविद्यालय से स्नातकोत्तर-विद्युत् अभियांत्रिकी (एम.एस.-इलेक्ट्रिकल इंजीनियरिंग) की पढ़ाई पूरी की थी। पैकार्ड ने उसी साल ल्युसिल साल्टर से शादी की थी और दोनों पालो अल्टो (367 एडिसन एवेन्यू) में रहने लगे थे। फ्रेडरिक टेर्मन दोनों के गुरु थे, जो पढ़ाई के दौरान ही उनकी कारोबारी योजनाओं को प्रोत्साहित करते रहे थे। अब कुछ ठोस करना था, लिहाजा 1 जनवरी, 1939 को पैकार्ड के घर के गैराज में ही 538 डॉलर की शुरुआती पूँजी से 'हेवलेट पैकार्ड' का काम शुरू कर दिया गया था। श्रव्य आवृत्ति दोलक (ऑडियो फ्रीक्वेंसी ओसिलिएटर) उनका पहला उत्पाद था, जिसका उपयोग वॉल्ट डिज्नी स्टूडियो ने फिल्म फैंटेसिया में त्रिआयामी ध्वनि-प्रभाव (स्टीरियोफोनिक साउंड इफेक्ट) पैदा करने के लिए किया था। 6 नवंबर, 1957 को हेवलेट पैकार्ड का प्रारंभिक सार्वजनिक प्रस्ताव (आई.पी.ओ.) आया था। स्टैनफोर्ड इंडस्ट्रियल पार्क में आनेवाले अन्य दर्जनों शुरुआती किराएदारों में जनरल इलेक्ट्रिक, ईस्टमैन कोडक,

लॉकहीड कॉरपोरेशन आदि प्रमुख कंपनियाँ शामिल थीं, जिन्होंने अपनी शोध इकाइयाँ स्थापित कर इस इलाके को उच्च प्रौद्योगिकी केंद्र के रूप में विकसित होने में अहम भूमिका अदा की थी।

लेकिन सांताक्लारा वैली को सही मायने में सिलिकॉन वैली में बदलने का श्रेय सेमीकंडक्टर उद्योग को जाता है, जिसका बीजारोपण वर्ष 1956 में विलियम शॉकले द्वारा माउंटेन व्यू में स्थापित शॉकले सेमीकंडक्टर लेबोरेटरी के जरिए हुआ था। शॉकले ने ज्यादा खर्चीले जर्मेनियम—जिसका उपयोग आम तौर पर किया जाता था, की बजाय सिलिकॉन से ट्रांजिस्टर बनाने के इरादे से काम शुरू किया था।

सन् 1932 में कैलिफोर्निया इंस्टीट्यूट ऑफ टेक्नोलॉजी/ कैलटेक से स्नातक-विज्ञान व सन् 1936 में मैसाचुसेट्स इंस्टीट्यूट ऑफ टेक्नोलॉजी/ एम.आई.टी. से पी-एच. डी. के बाद शॉकले बेल लेबोरेटरीज में शामिल हुए थे।

13 फरवरी, 1910 को विलियम ब्रैडफोर्ड शॉकले जूनियर का जन्म लंदन में हुआ था, जहाँ उसके अमेरिकन पिता विलियम हिलमैन शॉकले खान अभियंता (माइनिंग इंजीनियर) व माता मैरी ब्रैडफोर्ड खनन सर्वेक्षक (माइनिंग सर्वेयर) थीं; लेकिन तीन साल की उम्र से उनका लालन-पालन मूल पैतृक निवास पालो अल्टो (कैलिफोर्निया) में हुआ था। स्टैनफोर्ड विश्वविद्यालय से शिक्षा प्राप्त करनेवाली मैरी ब्रैडफोर्ड अमेरिका की पहली महिला खनन सर्वेक्षक थीं। सन् 1932 में कैलिफोर्निया इंस्टीट्यूट ऑफ टेक्नोलॉजी/ कैलटेक (पासाडेना, कैलिफोर्निया) से स्नातक-विज्ञान (बी.एस.) व सन् 1936 में मैसाचुसेट्स इंस्टीट्यूट ऑफ टेक्नोलॉजी/ एम.आई.टी. (कैंब्रिज, मैसाचुसेट्स) से पी-एच.डी. के बाद शॉकले बेल लेबोरेटरीज (मूर्रे हिल, न्यू जर्सी) में शामिल हुए थे।

4 जुलाई, 1951 को बेल लैब ने द्विध्रुवी संगम ट्रांजिस्टर (बाइपोलर जंक्शन ट्रांजिस्टर) के आविष्कार की घोषणा की थी और जॉन बार्डीन, वाल्टर हाउसर ब्रातैन व विलियम ब्रैडफोर्ड शॉकले—तीनों को सह-आविष्कारक बताया था। लेकिन इस आविष्कार पर शॉकले का दबदबा कायम रहा। उसे महज 41 साल की छोटी उम्र में वर्ष 1951 में नेशनल एकेडमी ऑफ साइंसेज (नास) सदस्य चुना गया था; दो साल बाद नास द्वारा भौतिकी के प्रतिष्ठित 'कॉमस्टॉक पुरस्कार' से भी नवाजा गया था और कई अन्य पुरस्कार भी मिले थे। कथित तौर पर शॉकले के दबंग व्यवहार के चलते अन्य दोनों वैज्ञानिकों ने उसके साथ काम करने से मना कर दिया था। फिर भी बेल लैब्स प्रबंधन सभी तीनों वैज्ञानिकों को 'ट्रांजिस्टर' का सह आविष्कारक बताती रही थी और वर्ष 1956 में भौतिकी का नोबेल पुरस्कार तीनों को संयुक्त रूप से दिया गया था। लेकिन उसके बाद शॉकले की दबंगई और भी बढ़ गई थी।

इस बीच वर्ष 1954 में टेक्सास इंस्ट्रूमेंट (डलास, टेक्सास) महँगे जर्मेनियम की जगह सिलिकॉन से ट्रांजिस्टर का उत्पादन शुरू कर चुका था; और शॉकले को लग रहा था कि वह सिलिकॉन से बेहतर ट्रांजिस्टर बना सकता था। उसने अपना यह विचार कैलटेक के पूर्व प्राध्यापक अर्नोल्ड ओर्विल्ले बैकमैन के पास रखा था। बैकमैन ने 1934 में पी.एच. मीटर—तरल पदार्थों की पी-एच. (अम्लता या क्षारीयता) को मापने की इलेक्ट्रॉनिक युक्ति—का आविष्कार किया था और उसके वाणिज्यीकरण के लिए 1935 में नेशनल टेक्निकल लेबोरेटरीज (पासाडेना, कैलिफोर्निया) की स्थापना की थी; 1950 के दशक में उसका नाम 'बेकमैन इंस्ट्रूमेंट्स' कर दिया गया था और मुख्यालय ब्रेआ (ऑरेंज काउंटी, कैलिफोर्निया) में स्थानांतरित हो चुका था। बैकमैन को शॉकले का विचार पसंद आया था और वह आर्थिक सहयोग के लिए तैयार हो गया था। दूसरी तरफ शॉकले की माँ बीमार रहने लगी थी और वह पालो अल्टो में ही उसके पास रहना चाहता था। लिहाजा माउंटेन व्यू (391 सैन अंटोनियो रोड) में छोटे वाणिज्यिक स्थल में जगह ली गई थी और शॉकले के नेतृत्व में बेकमैन इंस्ट्रूमेंट्स की सहयोगी कंपनी शॉकले सेमीकंडक्टर लेबोरेटरी ने अपना काम-काज शुरू किया था। लेकिन शॉकले अपने अनुसंधान को वाणिज्यिक रूप से सफल नहीं बना सके और उन्हें निदेशक का पद छोड़ना पड़ा था। वे स्टैनफोर्ड विश्वविद्यालय में अभियांत्रिकी व अनुप्रयोग विज्ञान (इंजीनियरिंग ऐंड अप्लाइड साइंस) में प्राध्यापक बन गए थे। बाद में वे प्रजाति (रेस), बुद्धि (इंटेलिजेंस) व सुजनन विद्या (युजनिक्स) के जुड़े सवालों में गहरी दिलचस्पी लेने लगे थे। 12 अगस्त, 1989 को उनकी पौरुष ग्रंथि (प्रोस्टेट) कैंसर से मृत्यु हो गई थी।

शुरू में शॉकले ने अपने पुराने सहयोगियों को आकर्षित करने की कोशिश की थी। लेकिन उस जमाने में अमेरिका में उच्च-प्रौद्योगिकी का केंद्र 'ईस्ट कोस्ट' (अटलांटिक महासागर के किनारे उत्तर से दक्षिण की ओर बसे समुद्रतटीय प्रांत—मैने, न्यू हैम्पशायर, मैसाचुसेट्स, रोढ आइलैंड, कनेक्टिकट, न्यूयॉर्क, न्यू जर्सी, डेलावेयर, मेरीलैंड, वर्जीनिया, नॉर्थ कैरोलिना, साउथ कैरोलिना, जॉर्जिया व फ्लोरिडा) हुआ करता था और कोई भी 'वेस्ट कोस्ट' (प्रशांत महासागर के बसे प्रांत—कैलिफोर्निया, ओरेगन, वॉशिंगटन, अलास्का व हवाई) में स्थानांतरित नहीं होना चाहता था। फिर शॉकले ने युवा वैज्ञानिकों व इंजीनियरों को भरती कर अपना काम शुरू किया था; वे मौजूदा ट्रांजिस्टर को नए तीन-तत्त्व बनावट (थ्री एलिमेंट डिजाइन)—जो 'शॉकले डायोड' के रूप में जाना जाता है—में बदलना चाहते थे, लेकिन वह डिजाइन 'सरल ट्रांजिस्टर' बनाने के मुकाबले काफी अधिक मुश्किल था। शॉकले ने इस परियोजना को काफी गुप्त रखा था और उनका व्यवहार भी 'पागलों' जैसा हो गया था। वे कभी साधारण ट्रांजिस्टर बनाने की तरफ ध्यान केंद्रित करते तो कभी उन्हें लगता था कि नई परियोजना ज्यादा कारगर

थी। लिहाजा आठ प्रमुख युवा वैज्ञानिकों ने शॉकले का विरोध करना शुरू कर दिया था। उन्होंने अर्नोल्ड बैकमैन से शॉकले को इस परियोजना से हटाने की माँग की थे। शुरू में बैकमैन उनकी माँग का समर्थन करते नजर आए थे, लेकिन उन्होंने बाद में कई ऐसे फैसले किए, जो शॉकले के पक्ष में थे।

अंततः इन युवा वैज्ञानिकों ने खुद ही सिलिकॉन ट्रांजिस्टर बनाने की ठानी और सैन्य हवाई कैमरे के लिए मशहूर 'फेयरचाइल्ड कैमरा ऐंड इंस्ट्रूमेंट्स' के संस्थापक शर्मन फेयरचाइल्ड से उद्यम पूँजी हासिल कर वर्ष1957 में 'फेयरचाइल्ड सेमीकंडक्टर' (ऑर्चर्ड पार्कवे, सैन जोस, कैलिफोर्निया) की स्थापना की। इन युवा वैज्ञानिकों में जूलियस ब्लैंक, विक्टर ग्रीनिच, जीन होएरनी, यूजीन क्लीनर, जे लास्ट, गॉर्डन मूर, रॉबर्ट नॉयस व शेल्डन रॉब्ट्र्स थे; शॉकले ने उन्हें 'धोखेबाज आठ' से संबोधित किया था और कहा था कि वे कभी सफल नहीं होंगे। लेकिन ऐसा नहीं हुआ था; शॉकले खुद तो अपने क्रांतिकारी विचार को कभी भी वाणिज्यक रूप से सफल नहीं बना सके थे, लेकिन उनके साथ काम करनेवाले वैज्ञानिकों ने अगले दो दशकों में करीब 65 अलग-अलग कंपनियों की स्थापना कर सेमीकंडक्टर उद्योग को लगातार नई ऊँचाइयों पर पहुँचाया और सांता क्लारा वैली को 'सिलिकॉन वैली' में बदल दिया था।

पहले दशक में सिलिकॉन आधारित ट्रांजिस्टर व एकीकृत परिपथ (इंटीग्रेटेड सर्किट/आई.सी.)/माइक्रोचिप की ऐतिहासिक सफलता से 'फेयरचाइल्ड सेमीकंडक्टर' 12 हजार कर्मचारियोंवाली विशाल कंपनी बन गई। लेकिन 1968 में 'फेयरचाइल्ड सेमीकंडक्टर' में बिखराव शुरू होने लगा; कंपनी के अंदर भयंकर शक्ति-संघर्ष चल रहा था और मुख्य कार्यकारी अधिकारी (सीईओ) की दौड़ में असफल होने के बाद रॉबर्ट नॉयस ने कंपनी छोड़ दी। 18 जुलाई, 1968 को अपने साथी गॉर्डन मूर के साथ रॉबर्ट नॉयस ने 'इंटीग्रेटेड इलेक्ट्रॉनिक्स कॉरपोरेशन' (सांता क्लारा, कैलिफोर्निया) की स्थापना की, जिसका नाम बदलकर 'इंटेल कॉरपोरेशन' कर दिया गया था। इंटेल के तीसरे कर्मचारी एंड्रयू ग्रोव थे, जिन्होंने बाद में कंपनी का ध्यान-केंद्र मेमोरी चिप से माइक्रोप्रोसेसर की ओर कर दिया था। कुछ ही वर्षों में सांताक्लारा वैली क्षेत्र में 50 से अधिक कंपनियाँ सेमीकंडक्टर बनाने लगी थीं।

[रॉबर्ट नॉर्टन नॉयस का जन्म 12 दिसंबर, 1927 को बर्लिंगटन (आयोवा) में एक पादरी परिवार में हुआ था। वर्ष 1949 में ग्रिनेल कॉलेज (ग्रिनेल, आयोवा) से स्नातक व वर्ष 1953 में मैसाचुसेट्स इंस्टीट्यूट ऑफ टेक्नोलॉजी/ एम.आई.टी. (कैंब्रिज, मैसाचुसेट्स) के बाद नॉयस ने फिल्को निगम (फिलाडेल्फिया, पेनसिल्वेनिया) में अनुसंधान अभियंता (रिसर्च इंजीनियर) के रूप में काम किया। फिर सन् 1956 में शॉकले सेमीकंडक्टर में शामिल हुआ। 1957 में फेयरचाइल्ड कंडक्टर में शामिल होने

के बाद नॉयस ने ट्रांजिस्टर व आई.सी./माइक्रोचिप से संबधित कई पेटेंट दाखिल किए थे और उन्हें टेक्सास इंस्ट्रूमेंट के जैक किल्बी के साथ आधुनिक आई.सी./माइक्रोचिप का जनक माना जाता है। सन् 1968 में इंटेल के सह-संस्थापन के बाद नॉयस ने कंपनी को पारिवारिक आदर्श पर आगे बढ़ाया था और माइक्रोप्रोसेसर के आविष्कार में महत्त्वपूर्ण भूमिका अदा की थी। सेमीकंडक्टर उद्योग में अप्रतिम योगदान के लिए नॉयस को सम्मान से 'सिलिकॉन वैली का महापौर' कहा जाता था। 3 जून, 1990 को हृदय गति रुकने से उनकी मृत्यु हो गई थी।

गॉर्डन अर्ल मूर का जन्म 3 जनवरी, 1929 को ग्रामीण इलाके पेस्काडरो (सैन माटेओ काउंटी, कैलिफोर्निया) के किसान परिवार में हुआ था। सन् 1950 में कैलिफोर्निया विश्वविद्यालय (बर्कले, कैलिफोर्निया) स्नातक-रसायनशास्त्र (बी.एस.-केमिस्ट्री) व सन् 1954 में कैलिफोर्निया इंस्टीट्यूट ऑफ टेक्नोलॉजी/कैलटेक (पासाडेना, कैलिफोर्निया) से रसायनशास्त्र में पी-एच.डी. के बाद मूर ने सन् 1956 में जॉन्स हॉपकिंस विश्वविद्यालय (बाल्टीमोर, मैरीलैंड) में अनुसंधान किया था। शॉकले सेमीकंडक्टर में साल भर काम करने के बाद सन् 1957 में फेयरचाइल्ड कंडक्टर में शामिल होनेवाले 'धोखेबाज आठ' में मूर भी शामिल था। फिर सन् 1968 में मूर ने रॉबर्ट नॉयस के साथ इंटेल की सह-संस्थापना की और वह वर्ष 1989 से 97 तक इंटेल का चेयरमैन रहा। वह वर्ष 1965 में अपनी अवधारणा 'मूर लॉ' के लिए जाना जाता हैं, जिसमें उसने कहा था कि आई. सी./माइक्रोचिप पर ट्रांजिस्टर की संख्या हर दो साल बाद दोगुनी होती जा रही है और भविष्य में भी यह सिलसिला जारी रहने की संभावना है।

एंड्रयू स्टीफन 'एंडी' ग्रोव का जन्म 2 सितंबर, 1936 को बुडापेस्ट (हंगरी) के एक मध्यमवर्गीय यहूदी परिवार में हुआ था। जब वे आठ साल के थे तो नाजियों ने हंगरी पर कब्जा कर लिया था और करीब पाँच लाख यहूदियों के साथ उसके पिता को भी एकांत शिविरों में निर्वासित कर दिया गया था। एंड्रयू व उनकी माता पहचान बदलकर दोस्तों की शरण में रहे थे। द्वितीय विश्व युद्ध के बाद परिवार का मिलन हुआ था। सोवियत संघ द्वारा पहली हंगेरियन-क्रांति (23 अक्तूबर से 10 नवंबर, 1956) के दमन के बाद 20 साल की उम्र में एंड्रयू ने अपना परिवार व देश छोड़ दिया था और आस्ट्रिया होते हुए न्यूयॉर्क (अमेरिका) पहुँचे थे। शरणार्थी शिविर में रहते हुए उन्होंने न्यूयॉर्क में बस-खलासी की नौकरी शुरू की थी। फिर उनकी मुलाकात परिचारिका की नौकरी कर रही हंगरी शरणार्थी ईवा कस्तान से हुई और जून 1958 में दोनों ने शादी कर ली। कम आमदनी के बावजूद एंड्रयू ने पढ़ने का शौक नहीं छोड़ा था। उन्होंने सन् 1960 में न्यूयॉर्क सिटी कॉलेज से स्नातक-रसायन अभियांत्रिकी (बी.एस.-केमिकल इंजीनियरिंग) की और फिर वर्ष 1963 में कैलिफोर्निया विश्वविद्यालय (बर्कले) से पी-एच.डी. कर

फेयरचाइल्ड सेमीकंडक्टर में शामिल हुए। वर्ष 1968 में इंटेल की स्थापना के वक्त वे सह-संस्थापक के रूप में शामिल हुए थे; वे वर्ष 1979 में इंटेल के अध्यक्ष नियुक्त हुए थे, फिर वर्ष 1987 में मुख्य कार्यकारी अधिकारी (सीईओ) व वर्ष 1997 में सी.ई.ओ. व चेयरमैन की भूमिका अदा की थी। मई 1998 में सी.ई.ओ. पद छोड़ने के बाद वे 2004 तक चेयरमैन रहे थे। इंटेल को मेमोरी चिप कंपनी से अग्रणी माइक्रोप्रोसेसर कंपनी बनाने का अधिकांश श्रेय एंडी ग्रोव को ही दिया जाता है। उनके सी.ई.ओ. कार्यकाल में इंटेल का बाजार मूल्य 4 अरब डॉलर से 197 अरब पर पहुँच गया था और 64 हजार कर्मचारियों के साथ वह दुनिया की सातवीं सबसे बड़ी कंपनी बन गई थी; लिहाजा वर्ष 1997 में 'टाइम' पत्रिका ने उन्हें 'मैन ऑफ द ईयर' का खिताब दिया था।]

जी हाँ, जनवरी 1971 में जब इंटेल कॉरपोरेशन ने 4-बिट केंद्रीय प्रक्रमन एकक (सेंट्रल प्रोसेसिंग यूनिट/सी.पी.यू.)—इंटेल-4004 का डिजाइन पूरा कर लिया था, जिसे 'माइक्रोप्रोसेसर' (सूक्ष्म संसाधक) नाम दिया गया था और दो माह बाद मार्च में बाजार में उतारा गया था। इसके साथ ही सांता क्लारा वैली एक नए मुकाम पर आ गई थी। तब लोकप्रिय साप्ताहिक व्यापार समाचार-पत्र—इलेक्ट्रॉनिक्स न्यूज—में स्तंभकार डॉन सी होएफ्लर ने 'सिलिकॉन वैली यू.एस.ए.' नामक शृंखला-आलेख शुरू किया था। जल्द ही ऐतिहासिक अल कैमिनो रियल (रॉयल रोड)—'अल्टा कैलिफोर्निया फ्रांसिस मिशन' के 21 गिरजा-घरों को जोड़नेवाला मार्ग—के करीब 62 किलोमीटर फैलाव पर दक्षिणी सैन फ्रांसिस्को से पालो अल्टो होते हुए सैन जोस तक फैले सांता क्लारा वैली के आस-पास के इलाकों में शुरुआती कंपनियों का जमावड़ा शुरू हो गया था और यह क्षेत्र सिलिकॉन वैली के रूप में मशहूर होने लगा था।

इस बीच, वर्ष 1970 में स्टैनफोर्ड इंडस्ट्रियल पार्क में जेरॉक्स कॉरपोरेशन ने यहाँ पालो आल्टो रिसर्च सेंटर (पार्क) की स्थापना की थी। 'जेरोक्स-पार्क' नाम से मशहूर इस शोध केंद्र द्वारा लेजर प्रिंटिंग, इंटरनेट, आधुनिक व्यक्तिगत कंप्यूटर (पी.सी.), चित्रात्मक उपयोगकर्ता अंतराफलक (ग्राफिकल यूजर इंटरफेस/जी.यू.आई.), वस्तु उन्मुख कार्यक्रम निर्माण (ऑब्जेक्ट ओरिएंटेड प्रोग्रामिंग), उन्नत कंप्यूटिंग अवधारणा—सर्वव्यापक कंप्यूटिंग, आकारहीन सिलिकॉन अनुप्रयोग (आमोरफस सिलिकॉन एप्लीकेशंस), बहुत बड़े पैमाने पर एकीकरण (वैरी-लार्ज-स्केल-इंटीग्रेशन/वी.एल. एस.आई.) आदि के आविष्कार ने 1980 के दशक की व्यक्तिगत कंप्यूटर क्रांति में अग्रणी भूमिका अदा की थी।

वर्ष 1972 में यूजीन क्लीनर, टॉम पर्किंस, फ्रैंक जे कौफील्ड व ब्रूक बायर्स ने सैंड हिल रोड मेंलों पार्क (सैंट मातेओ काउंटी, कैलिफोर्निया) में पहली उद्यम पूँजी कंपनी—क्लीनर पर्किंस कौफील्ड ऐंड बायर्स (के.पी.सी.बी.) की स्थापना की थी। सैन

सन् 1956 में शॉकले सेमीकंडक्टर लेबोरेटरी शामिल होनेवाले 'धोखेबाज आठ' में से एक थे, जिन्होंने सन् 1957 फेयरचाइल्ड सेमीकंडक्टर की स्थापना की थी।

फ्रांसिस्को खाड़ी क्षेत्र (बे एरिया) के मातेओ काउंटी के बिल्कुल पूर्वी छोर पर बसे संभ्रांत शहर मेंलों पार्क के उत्तर में सैन फ्रांसिस्को खाड़ी, दक्षिण में पालो आल्टो व स्टैनफोर्ड विश्वविद्यालय और पश्चिम में आथर्टन, नॉर्थ फेयर ओक्स व रेडवुड सिटी बसा हुआ है। सैंड हिल रोड का उत्तरी हिस्सा स्टैनफोर्ड शॉपिंग सेंटर (पालो अल्टो) की पार्किंग में खत्म होता है। जल्द ही सैंड हिल रोड पर उद्यम पूँजी कंपनियों का जमावड़ा शुरू हो गया था और इनकी बदौलत सिलिकॉन वैली की शुरुआती कंपनियाँ समूचे अमेरिका की कुल सालाना उद्यम पूँजी निवेश का एक-तिहाई अपनी तरफ खींचने लगी थीं। लेकिन इस उद्यम पूँजी बाजार में असल उछाल दिसंबर 1980 में एप्पल कंप्यूटर के 130 करोड़ डॉलर के ऐतिहासिक आई.पी.ओ. के बाद आया था और सैंड हिल रोड को सिलिकॉन वैली का 'वॉल स्ट्रीट' कहा जाने लगा था।

[पिछले करीब चार दशकों में के.पी.सी.बी. ने 300 से ज्यादा सूचना प्रौद्योगिकी (आई.टी.) व जैव प्रौद्योगिकी (बायोटेक) कंपनियों में उद्यम-पूँजी का निवेश किया, जिनमें अमेजन.कॉम, ए.ओ.ल. (अमेरिका ऑनलाइन), ब्रिओ टेक्नोलॉजी, कॉम्पैक, जेनस्क्रिप्ट, इलेक्ट्रॉनिक आर्ट्स, फ्लेक्सट्रोनिक्स, जीनटेक, गूगल, इनटूइट, लोटस डेवलपमेंट, एल.एस.आई. लॉजिक, मैक्रोमीडिया, नेटस्केप, क्वांटम, सन माइक्रोसिस्टम्स आदि प्रमुख हैं। फिलहाल के.पी.सी.बी. में कुल 49 भागीदार हैं, जिनमें बिल जॉय (सन माइक्रोसिस्टम्स के सह-संस्थापक; जनवरी 2005 से); कॉलिन पॉवेल (अमेरिका के पूर्व विदेश मंत्री; जुलाई 2005 से) व अल गोर (अमेरिका के पूर्व उपराष्ट्रपति; नवंबर 2007 से) बड़ी हस्तियाँ भी शामिल हैं।

के.पी.सी.बी. के संस्थापक व कुछ अन्य प्रभावशाली साझीदारों का संक्षिप्त परिचय इस प्रकार है—

यूजीन क्लीनर का जन्म 12 मई, 1923 को विएना (ऑस्ट्रिया) में हुआ। यहूदियों पर नाजियों का उत्पीड़न शुरू होने बाद उन्होंने अपना परिवार व देश छोड़ दिया और दो साल बाद न्यूयॉर्क पहुँचे। द्वितीय विश्व युद्ध में अमेरिकी सेना में सेवा देने बाद उन्होंने न्यूयॉर्क पॉलिटेक्निक यूनिवर्सिटी से स्नातक-यांत्रिक अभियांत्रिकी (बी.एस. मैकेनिकल इंजीनियरिंग) व न्यूयॉर्क यूनिवर्सिटी से परास्नातक-औद्योगिक अभियांत्रिकी (एम.एस.-इंडस्ट्रियल इंजीनियरिंग) की थी। फिर वेस्टर्न इलेक्ट्रिक (एटी ऐंड टी निगम की निर्माण इकाई) में भरती हुए थे और सन् 1956 में शॉकले सेमीकंडक्टर लेबोरेटरी शामिल होनेवाले 'धोखेबाज आठ' में से एक थे, जिन्होंने सन् 1957 फेयरचाइल्ड सेमीकंडक्टर

की स्थापना की थी। जब सन् 1968 में उनके साथियों रॉबर्ट नॉयस व गॉर्डन मूर ने इंटेल की स्थापना की तो क्लीनर ने भी उसमें निवेश किया था।

थॉमस जेम्स 'टॉम' पर्किन्स (जन्म 7 जनवरी, 1932) ने सन् 1953 में मैसाचुसेट्स इंस्टीट्यूट ऑफ टेक्नोलॉजी/एम.आई.टी. (कैंब्रिज, मैसाचुसेट्स) से स्नातक विद्युत् अभियांत्रिकी व कंप्यूटर विज्ञान (बी.एस.-ई.ई.सी.एस./इलेक्ट्रिकल इंजीनियरिंग × कंप्यूटर साइंस) व सन् 1957 में हार्वर्ड बिजनेस स्कूल/एच.बी.एस. (बोस्टन, मैसाचुसेट्स) से परास्नातक-व्यवसाय प्रबंधन (एम.बी.ए.) करने के बाद यूनानी समुदाय संगठन-डेल्टा उपसीलों (विलियम्स कॉलेज, विलियम्स टाउन, मैसाचुसेट्स) में सक्रिय हो गए थे। वर्ष 1963 में हेवलेट-पैकार्ड में शामिल होनेवाले वे पहले एमबीए थे; उन्हें तेजी से तरक्की मिली थी और उन्होंने कंपनी के मिनी कंप्यूटर कारोबार का नेतृत्व किया था। हेवलेट-पैकार्ड में पूर्णकालिक कर्मचारी रहने के बावजूद उन्हें खुद की डिजाइन की हुई औद्योगिक-वैज्ञानिक उपयोग में आनेवाली 'हीलियम नीयन गैस लेजर' का निर्माण करनेवाली कंपनी—युनिवर्सिटी लेबोरेटरीज की स्थापना की इजाजत दी गई थी, जिसका स्पेक्ट्रा फिजिक्स (अब न्यूपोर्ट कॉरपोरेशन का हिस्सा) में विलय हो गया था। फिर वर्ष 1972 में 80 लाख डॉलर के निवेश के साथ वे के.पी.सी.बी. के संस्थापक-भागीदार बन गए थे।

फ्रैंक जे. कौफील्ड (जन्म 1939) ने यूनाइटेड स्टेट्स मिलिट्री अकेडमी (वेस्ट प्वाइंट, न्यूयॉर्क) से स्नातक व हार्वर्ड बिजनेस स्कूल/एच.बी.एस. (बोस्टन, मैसाचुसेट्स) से परास्नातक-व्यवसाय प्रबंधन (एम.बी.ए.) किया था और 1972 में के.पी.सी.बी. के संस्थापक-भागीदार बनने से पहले उद्यम-पूँजी कारोबार से जुड़े हुए थे।

के.पी.सी.बी. के चौथे संस्थापक-भागीदार ब्रूक बायर्स ने जॉर्जिया इंस्टीट्यूट ऑफ टेक्नोलॉजी/ जॉर्जिया टेक (अटलांटा, जॉर्जिया) से स्नातक-विद्युत् अभियांत्रिकी (बी.एस.-इलेक्ट्रिकल इंजीनियरिंग) व स्टैनफोर्ड ग्रेजुएट स्कूल ऑफ बिजनेस (स्टैनफोर्ड) से परास्नातक-व्यवसाय प्रबंधन (एमबीए) किया था। बायर्स ने जैव प्रद्योगिकी कंपनियों में निवेश में मुख्य भूमिका निभाई थी।

जॉन डोएर (जन्म—29 जून, 1951; सेंट लुइस, मिसूरी) 1980 में केपीसीबी के भागीदार बने थे। विलियम मार्श राइस विश्वविद्यालय (ह्यूस्टन, टेक्सास) से परास्नातक-विद्युत् अभियांत्रिकी (एमएस-इलेक्ट्रिकल इंजीनियरिंग) व हार्वर्ड बिजनेस स्कूल/एच.बी.एस. (बोस्टन, मैसाचुसेट्स) से परास्नातक-व्यवसाय प्रबंधन (एम.बी.ए.) करने के बाद डोएर वर्ष 1974 में इंटेल कॉरपोरेशन में भरती हुए थे। कॉम्पैक, नेटस्केप, सिमेंटेक, सन माइक्रोसिस्टम्स, अमेजन.कॉम, इनट्यूइट, मैक्रोमीडिया व गूगल में सफल निवेश का श्रेय डोएर को जाता है।

विनोद खोसला (जन्म—28 जनवरी, 1955; नई दिल्ली) वर्ष 1986 में के.पी.सी.बी. के भागीदार बने। इंडियन इंस्टीट्यूट ऑफ टेक्नोलॉजी (नई दिल्ली) से स्नातक विद्युत् अभियांत्रिकी (बीटेक-इलेक्ट्रिकल इंजीनियरिंग), कार्नेगी मेलॉन विश्वविद्यालय (पिट्सबर्ग, पेंसिल्वेनिया) से परास्नातक जैव चिकित्सा अभियांत्रिकी (एम.एस.-बायोमेडिकल इंजीनियरिंग) व स्टैनफोर्ड ग्रेजुएट स्कूल ऑफ बिजनस (स्टैनफोर्ड) से परास्नातक-व्यवसाय प्रबंधन (एम.बी.ए.) खोसला ने वर्ष 1982 में सन माइक्रोसिस्टम्स की सह-स्थापना की थी और वर्ष 1984 तक वे उसके चेयरमैन व सी.ई.ओ. भी रहे थे; उन्हें जावा (प्रोग्रामिंग भाषा) और नेटवर्क फाइल सिस्टम (एन.एफ.एस.) के विकास के लिए जाना जाता है। लेकिन उद्यम पूँजी निवेशक के रूप में खोसला बुरी तरह विफल रहे थे; असेरा, डयानाबुक, ब्रॉडबैंड ऑफिस, एक्साइटंचहोम सहित कई अन्य महत्त्वाकांक्षी प्रौद्योगिकी कंपनियों की भीषण विफलताओं का ठीकरा उन्हीं के सिर पर फोड़ा जाता है। नतीजतन वर्ष 2004 में के.पी.सी.बी. से अलग होकर उन्होंने अपनी उद्यम पूँजी कंपनी खोसला वेंचर्स की स्थापना की थी।]

स्टीव जॉब्स—परित्यक्त, चुनिंदा व विशिष्ट

जिस दौर में सिलिकॉन वैली का विकास हो रहा था, दो विश्व युद्धों की त्रासदियों को झेलने के बाद अमेरिका दुनिया के सबसे ताकतवर राष्ट्र के रूप में उभर रहा था। युवाओं में अंतरजातीय विवाह का चलन तो तेज हो चुका था, लेकिन विवाह से पहले गर्भधारण को व्यापक सामाजिक स्वीकारोक्ति मिलना बाकी थी और बड़े महानगरों से दूर-दराज इलाकों में विवाह से अलग शारीरिक संबंधों को अभी भी 'पाप' ही माना जाता था। इससे भी बड़ी बात यह थी कि सुरक्षित गर्भपात की आधुनिक प्रौद्योगिकी अभी सर्वसुलभ नहीं हो सकी थी। जानलेवा गर्भपात की घटनाएँ बढ़ रही थीं; ऐसे में कुछ समाजसेवी चिकित्सक बिन-ब्याही माँओं की जान बचाने के लिए सुरक्षित-प्रसव का इंतजाम कर रहे थे और फिर सुरक्षित भविष्य के लिए उन बच्चों को निस्संतान दंपतियों को 'गोद' देने का अभियान चला रहे थे।

ऐसे में, 24 फरवरी, 1955 को सैन फ्रांसिस्को के समाजसेवी चिकित्सक की देखरेख में बिन-ब्याही माँ जोआन कैरोल स्चिएबले ने 'बेबी जॉन डोए' को जन्म दिया था। इस बालक को एक निस्संतान दंपती पॉल रेनहोल्ड जॉब्स व क्लारा हगोपियन ने गोद लिया था; तीन साल बाद 'बेबी जॉन डोए' को आधिकारिक नाम मिला था—स्टीवन पॉल जॉब्स, जो स्टीव जॉब्स के रूप में दुनिया में मशहूर होनेवाला था।

1 अगस्त, 1932 को जोआन कैरोल स्चिएबले का जन्म शेबॉयगान (विस्कॉन्सिन) के स्विस-जर्मन कैथोलिक परिवार में हुआ था। जोआन के पिता आर्थर कैस्पर स्चिएबले

(स्विस मूल) और माता आइरीन थेक्ला जेगलेर (जर्मन मूल) के पूर्वज सस्ती व उपजाऊ जमीन के आकर्षण में 1890 के दशक में यहाँ आ बसे थे। सन् 1919 में आर्थर व आइरीन स्चिएबले की शादी हुई थी; आर्थर तसवीर नक्काशी (फोटोइंग्रविंग) व जमीन खरीद-बिक्री का कारोबार करता था; बाद में यह परिवार ग्रीनबे (विस्कॉन्सिन) नगर के बाहरी इलाके में आ बसा था। उनका अपना मिंक फार्म भी था। उत्तर मध्य संयुक्त राज्य अमेरिका के विस्कॉन्सिन प्रांत में लेक मिशिगन की उप-घाटी व फॉक्स नदी के मुहाने पर बसा ग्रीनबे उदबिलाव पालन व उसके खाल व रोआँ उत्पादन (मिंक फार्मिंग) व कागज उत्पादन के प्रमुख केंद्र के रूप में उभर रहा था। फिलहाल मिलवॉकी व मैडिसन (राजधानी) के बाद ग्रीनबे विस्कॉन्सिन का तीसरा सबसे बड़ा औद्योगिक क्षेत्र है।

जोआन के पिता आर्थर स्चिएबले कट्टर कैथोलिक थे और अपनी बेटी के प्रेम संबंधों को लेकर काफी सख्त थे। विस्कॉन्सिन विश्वविद्यालय (मैडिसन) में पढ़ते समय जोआन का एक गैर-कैथोलिक युवा कलाकार से प्रेम हो गया था, जिसे उसके पिता ने बिल्कुल खारिज कर दिया था। अपने परिवार की इस हकीकत को जानते हुए भी जोआन को एक सीरियाई मुसलिम युवा अब्दुल फतह जंदाली से प्यार हो गया था। 15 अगस्त, 1931 को अब्दुल फतह का जन्म होम्स (सीरिया) के एक प्रभावशाली मुलसमान परिवार में हुआ था; उसके पिता की होम्स व दमिश्क (सिरिया की राजधानी व धार्मिक-सांस्कृतिक केंद्र) में काफी जमीन थी और वह तेलशोधक कारखाने (आयल रिफाइनरी) सहित कई अन्य कारोबार भी करते थे। अब्दुल फतह अपने माता-पिता की नौवीं संतान था। उसकी माता कट्टर धार्मिक विचारोंवाली घरेलू महिला थीं। स्चिएबले के परिवार की तरह ही जंदाली का परिवार भी अपने धर्म को लेकर कट्टर जरूर था, लेकिन शिक्षा पर विशेष ध्यान देता था; लिहाजा 18 साल की उम्र में अब्दुल फतह को उच्च शिक्षा के लिए अमेरिकन यूनिवर्सिटी ऑफ बेरुत (लेबनान) भेजा गया। लेकिन बेरुत की राजनीतिक स्थिति बिगड़ने के चलते अब्दुल को अमेरिका भेज दिया गया। संयुक्त राष्ट्र (यूनाइटेड नेशन) में राजदूत रिश्तेदार के पास रहते हुए अब्दुल ने एक साल कोलंबिया विश्वविद्यालय (न्यूयॉर्क) में पढ़ाई की और राजनीति-शास्त्र में पी-एच.डी. के लिए छात्रवृत्ति प्राप्त कर वर्ष 1951 में विस्कॉन्सिन विश्वविद्यालय (मैडिसन) में आ गया, जहाँ उसकी मुलाकात जोआन से हुई।

वर्ष 1954 की गरमी की छुट्टियाँ में अब्दुल फतह के साथ दो महीने बिताने के बाद जब जोआन होम्स से वापस विस्कॉन्सिन लौटी थी तो पता चला था कि वह गर्भवती हो चुकी थी। अब्दुल 24 का था और जोआन 23 की; दोनों ने शादी का फैसला किया; लेकिन जब यह खबर जोआन के पिता आर्थर स्चिएबले को मिली तो वे पागल हो उठे थे; यह कोई आश्चर्य की बात नहीं थी कि उन्होंने जोआन को 'जान से मार देने' की

धमकी दे दी थी। जोआन को उस धमकी की भी उतनी चिंता नहीं थी, लेकिन आर्थर स्चिएबले को कैंसर था और वह अपने मरणासन्न पिता को ज्यादा दु:खी नहीं करना चाहती थी। बिनब्याही माता के रूप में नाजायज बच्चे को जन्म देकर जोआन अपने माता-पिता व परिवार के छोटे कैथोलिक समुदाय से सामाजिक-बहिष्कार का खतरा नहीं मोल लेना चाहती थी।

गर्भपात का विकल्प भी खतरनाक था, लेकिन जोआन को अपनी जान से ज्यादा अपनी पहली संतान की जान की परवाह थी। इसी ऊहापोह के बीच उसे सैन फ्रांसिस्को के एक दयालु समाजसेवी चिकित्सक का पता चला, जो ऐसी ही बिन-ब्याही माताओं के लिए सुरक्षित प्रसव व उनके बच्चों के लिए बिल्कुल गुपचुप तरीके से वैधानिक 'गोद' की व्यवस्था करता था। वर्ष 1995 की शुरुआत में अब्दुल फतह को भी सूचित किए बिना ही जाओन सैन फ्रांसिस्को आ गई और उस चिकित्सक की देख-रेख में बच्चे के जन्म का इंतजार कर रही थी। जोआन की एक शर्त थी कि वह अपना बच्चा उसी दंपती को देगी, जो कम-से-कम स्नातक (ग्रेजुएट) हो। इसीलिए चिकित्सक ने जोआन के बच्चे को एक वकील दंपती को सौंपने का इंतजाम किया था, लेकिन जब 'बेबी जॉन डोए' को उनके सामने पेश किया गया तो उन्होंने यह कहकर मना कर दिया था कि उन्हें 'लड़की' चाहिए थी। लिहाजा चिकित्सक ने 'बेबी जॉन डोए' को एक अन्य निस्संतान दंपती पॉल रेनहोल्ड जॉब्स व क्लारा हगोपियन को सौंप दिया था।

22 नवंबर, 1922 को पॉल रेनहोल्ड जॉब्स का जन्म जर्मनटाउन (विस्कॉन्सिन प्रांत के दक्षिणी हिस्से में) के जर्मन-यूनानी मूल के मजदूर परिवार में हुआ था; एक गोशाला (डेयरी फार्म) में पला-बढ़ा था। हाई स्कूल से पढ़ाई छोड़ने के बाद जॉब्स ने मिडवेस्ट इलाके के कई शहरों में मिस्त्री का काम किया; द्वितीय विश्व-युद्ध (वर्ष 1939-45) शुरू हो जाने के बाद जब वह 19 वर्ष का हो गया तो उसे अमेरिकी नौसेना में भरती होने का मौका मिल गया था। जॉब्स को इटली तक सेनाओं को पहुँचानेवाले जहाज में नियुक्त किया गया था; मशीन चालक (मशीनिस्ट) व अग्निशामक (फायरमैन) के रूप में उसने नौसेना के कई प्रसंशा-पत्र बटोरे थे, लेकिन वह नाविक (सीमैन) स्तर से ऊपर नहीं जा सका था। मार्च 1946 में नौसेना के उस जहाज को सैन फ्रांसिस्को में सेवामुक्त कर दिया गया था और जॉब्स सहित अन्य नाविक-दल को छुट्टी दे दी गई थी।

जॉब्स ने अपने नाविक दल के साथियों से शर्त लगाई थी कि वह जल्द ही अपने लिए जीवन-साथी ढूँढ़ लेगा; 10 दिन के अंदर ही उसने मिशन डिस्ट्रिक्ट इलाके में क्लारा हगोपियन को ढूँढ़ लिया था। क्लारा का जन्म 3 अगस्त, 1924 को नेवार्क (न्यू जर्सी) में एक तुर्की परिवार में हुआ था; तुर्की-अर्मेनिया युद्ध (24 सितंबर से 23 दिसंबर, 1920) के दौरान उसके माता-पिता मालट्या (पूर्वी अनातोलिया, तुर्की) से भागकर यहाँ

पहुँचे थे। बचपन में ही क्लारा का परिवार सैन फ्रांसिस्को के मिशन डिस्ट्रिक्ट इलाके में आकर बस गया था। क्लारा की पहले भी शादी हो चुकी थी, लेकिन उसका पति द्वितीय विश्व युद्ध के दौरान मारा जा चुका था। ऐसे में मुलाकात के बाद जब जॉब्स ने क्लारा से शादी का प्रस्ताव किया था तो वह तत्काल मान गई थी और दोनों ने अपना नया जीवन शुरू कर लिया था।

जैसा कि सेना से छुट्टी मिलने के बाद होता है, अधिकांश लोग अकसर शांत-स्थिर पारिवारिक जीवन जीना चाहते हैं, लेकिन जॉब्स के पास उतना धन नहीं था; दोनों ने कुछ वर्ष जॉब्स के माता-पिता के साथ विस्कॉन्सिन में बिताए; फिर जॉब्स ने इंडिआना में इंटरनेशनल हार्वेस्टर में मिस्त्री की नौकरी ढूँढ़ ली और दोनों वहीं रहने लगे। मशीनों की ठोक-पीट करना जॉब्स का शौक था, लिहाजा वह अपने खाली समय में पुरानी कारों को खरीदने, दुरुस्त करने व बेचने का धंधा भी करने लग गया था। अंततः जॉब्स ने नौकरी छोड़ दी और पुरानी कारों के विक्रेता का पूर्णकालिक धंधा अपना लिया।

लेकिन क्लारा का मन सैन फ्रांसिस्को में अटका हुआ था; वर्ष 1952 में उसने जॉब्स को समझा लिया था; उन्हें सैन फ्रांसिस्को के सनसेट डिस्ट्रिक्ट में गोल्डनगेट पार्क के बिल्कुल दक्षिण में प्रशांत महासागर को देखता एक अपार्टमेंट मिल गया था और वे वहीं रहने लगे थे। जॉब्स ने एक फाइनेंस कंपनी में जब्तीकर्मी (रेपोस्सेसन मैन) की नौकरी शुरू कर दी थी; साथ ही खाली समय में फिर से पुरानी कारों का पसंदीदा धंधा भी चालू कर लिया था। आमदनी अच्छी होने लगी थी, जॉब्स व क्लारा सुखी जीवन जीने लगे थे, लेकिन संतान न होने के चलते उनके जीवन में खालीपन भी था। क्लारा अस्थानिक गर्भधारण (एक्टोपिक प्रेगनेंसी) की शिकार हो चुकी और वह दुबारा गर्भधारण की स्थिति में नहीं थी; लिहाजा शादी के नौ वर्षों के बाद वर्ष 1955 में जॉब्स दंपती ने बच्चा गोद लेने का फैसला किया था और वे उसकी तलाश कर रहे थे।

आखिरकार जॉब्स दंपती की तलाश तब पूरी हुई थी, जब जोआन स्चिएबले चिकित्सक ने 'बेबी जॉन डोए' को उनके हवाले करने का फैसला किया। लेकिन जब जोआन को पता चला था कि उसके बच्चे को एक ऐसे दंपती को दे दिया गया था, जिन्होंने हाई स्कूल की शिक्षा पूरी नहीं की थी, तो उसने दत्तक ग्रहण प्रपत्र (एडॉप्शन पेपर) पर हस्ताक्षर करने से मना कर दिया। जॉब्स परिवार में बच्चे के बस जाने के बावजूद मामले को शांत होने में कई हफ्ते लग गए थे। जॉब्स दंपती को बाकायदा एक प्रतिज्ञा-दस्तावेज (प्लेज डॉक्यूमेंट) पर हस्ताक्षर करने पड़े थे जिसमें उन्होंने बच्चे की उच्च-शिक्षा के वित्त पोषण के लिए एक बचत-खाता खोलने का वायदा किया था। जोआन के हस्ताक्षर न करने का एक और कारण भी था; उसके पिता मरणासन्न अवस्था में थे और उसे उम्मीद थी कि पिता जल्द ही गुजर जाएँगे और वह अब्दुल फतह जंदाली

से शादी कर बच्चे को अपने पास ही रख लेगी। लेकिन ऐसा नहीं हो सका था; जब 10 अगस्त, 1955 को जोआन के पिता आर्थर स्चिएबले की मृत्यु हुई थी, तब तक 'बेबी जॉन डोए' की दत्तक-ग्रहण की कानूनी प्रक्रिया पूरी हो चुकी थी।

प्रकृति ने शायद एक खेल रचा था, अगले करीब तीन दशकों के लिए माँ व बेटा दोनों एक-दूसरे से बिछड़ जाने के लिए अभिशप्त थे। 'बेबी जॉन डोए' अब विश्वविख्यात 'स्टीव जॉब्स' बन चुका था; उसकी दत्तक माँ 'क्लारा' ने उस पर बेपनाह प्यार लुटाया था, इसीलिए हर क्षण याद सताने के बावजूद वह 'जन्मदाता माँ' को ढूँढ़ने की हिम्मत न जुटा सका था। लेकिन 7 नवंबर, 1986 को जब क्लारा का साया भी उठ गया तो 31 साल का बच्चा 'स्टीव जॉब्स' अपने को रोक न सका और आखिरकार अपनी जन्मदाता माँ 'जोआन' व सगी बहन 'मोना' को ढूँढ़ निकाला, लेकिन उसे अपने जन्मदाता पिता 'जंदाली' से मरते दम तक भी मिलने की हूक नहीं उठी।

खैर, पिछले तीन दशकों में माँ व बेटे की जीवन-यात्रा अलग-अलग दिशाओं में मुड़ चुकी थी। उसी साल, क्रिसमस के तुरंत बाद 26 दिसंबर, 1955 को जोआन ने ग्रीनबे के कैथोलिक चर्च में अब्दुल फतह 'जॉन' जंदाली (जो अपना धर्म परिवर्तित कर अब बाकायदा क्रिश्चियन हो चुका था) से शादी कर ली थी। अगले साल जंदाली को पी-एच.डी. की उपाधि मिल गई थी। उसके बाद 14 जून, 1957 को मोना जंदाली (अब मोना शिम्पसन) पैदा हुई थी। अब तक अब्दुल फतह आर्थिक संकट में आ गया था; कूटनीतिक सेवा (डिप्लोमेटिक सर्विसेज) में जाना उसका शुरुआती सपना था। इस बीच उस पर राजदूत रिश्तेदार का दबाव बना हुआ था और अंततः उसने अपने सपने को साकार करने के लिए वापस होम्स (सीरिया) जाने का फैसला कर लिया था। कई वर्षों के इंतजार के बाद भी अब्दुल फतह का सपना साकार नहीं हो सका। उसने करीब साल भर अपने पिता के तेलशोधक कारखाने में निदेशक के रूप में काम किया; वर्ष 1962 में जब वह वापस अमेरिका आया और मिशिगन विश्वविद्यालय में सहायक प्राध्यापक की नौकरी शुरू की, तब तक जोआन से तलाक की प्रक्रिया पूरी हो चुकी थी—फिर दोनों के रास्ते अलग हो गए।

जंदाली द्वारा छोड़ दिए जाने व अपनी पहली संतान को खो देने के गम को भुलाने के लिए जोआन ने अपना सारा वक्त अपनी बच्ची के लालन-पालन में लगा दिया; तलाक के चार साल बाद 23 अप्रैल, 1966 को जोआन ने मिलवॉकी (विस्कॉन्सिन) के स्केटिंग प्रशिक्षक जॉर्ज एच. सिंपसन से शादी कर ली; अब उसके व मोना के नाम में 'जंदाली' की जगह 'सिंपसन' जुड़ गया था। लेकिन यहाँ भी बात नहीं बनी; 1972 में जोआन ने सिंपसन को भी छोड़ दिया; और मोना के साथ लॉस एंजिल्स (कैलिफोर्निया) आ गई। आजीविका के लिए भाषण भाषा रोगविज्ञानी (स्पीच लैंग्वेज पैथोलोजिस्ट)—आम तौर

पर भाषण चिकित्सक (स्पीच थेरापिस्ट)—का काम ढूँढ़ लिया और एकाकी जीवन को अपना भाग्य मान लिया।

दूसरी तरफ डॉ. अब्दुल फतह जंदाली प्यूजेट साउंड विश्वविद्यालय (टकोमा, वॉशिंगटन) का प्रभावशाली प्राध्यापक बन चुका था; वह राजनीति शास्त्र विभाग के साथ-साथ विश्वविद्यालय सीनेट का भी अध्यक्ष था। शायद नियति नें उसके भाग्य में 'बदनामी' ही लिखी थी। सीएटल टाइम्स (23 नवंबर 2011) के मुताबिक, 30 दिसंबर 1974 को वह 11 छात्रों को मिस्र की अध्ययन-विदेश-यात्रा पर ले गया था; हरेक छात्र से यात्रा खर्च के लिए 1450 डॉलर (कुल 15,950 डॉलर) वसूले गए थे; 11 दिनों बाद पता चला था कि वह छात्रों को होटल में छोड़ गायब हो गया था। छात्रों ने पुलिस को सूचित किया था तो बस इतना पता चला था कि डॉ. जंदाली एथेंस की उड़ान भर चुका था। चूँकि जंदाली ने भुगतान नहीं किया था, इसीलिए होटल ने छात्रों को बाहर जाने से रोक दिया था। जब अमेरिकी दूतावास ने भी सहयोग करने से मना कर दिया तो छात्रों ने विश्वविद्यालय को सूचित किया; फिर राजनीतिक दबाव में दूतावास ने होटल का भुगतान कर छात्रों को वापस अमेरिका भेजने का इंतजाम किया था। खैर, इस विवाद के बीच डॉ. जंदाली को अपने प्रतिष्ठित पदों से इस्तीफा देना पड़ा था; पता चला था कि उसने छात्रों की सारी रकम अपनी जुए की लत को पूरा करने में फूँक दी थी; अब शिक्षा-क्षेत्र में प्रवेश संभव नहीं रह गया था और वह होटल उद्योग में 'गुमनाम' जिंदगी जीने के लिए मजबूर हो गया था।

इस बीच स्टीव जॉब्स कई निजी गुप्तचरों (प्राइवेट डिटेक्टिव) के जरिए अपनी माँ को ढूँढ़ने में नाकाम रहा। लेकिन उसकी खोज जारी थी कि अचानक उसका ध्यान अपने जन्म प्रमाण-पत्र पर छपे चिकित्सक के नाम पर गया और उसी आधार पर उसने सैन फ्रांसिस्को के चिकित्सक को ढूँढ़ लिया। लेकिन उस चिकित्सक ने रिकॉर्ड के जल जाने का बहाना बनाकर जॉब्स को उसकी माँ का नाम बताने से इनकार कर दिया था। जॉब्स बिल्कुल नाउम्मीद हो गया था कि एक दिन अचानक उसे चिकित्सक का पत्र मिला था; पता चला था कि मरने से पहले चिकित्सक ने एक बंद लिफाफा छोड़ रखा था, जिसे उसकी विधवा ने डाक में डाल दिया था। अब स्टीव को माँ ग्रीनबे का पता मिल गया था और उसने एक नया निजी गुप्तचर नियुक्त किया, जो सन् 1986 में जोआन को खोज निकालने में सफल रहा। फिर अचानक एक दिन जब स्टीव जॉब्स ने जोआन को फोन किया, तब करीब 30 वर्षों के बाद बिछड़े माँ-बेटे की भावुक मुलाकात संभव हुई थी।

> **सीएटल टाइम्स के मुताबिक, 30 दिसंबर 1974 को वह 11 छात्रों को मिस्र की अध्ययन-विदेश-यात्रा पर ले गया था; हरेक छात्र से यात्रा खर्च के लिए 1450 डॉलर वसूले गए थे; 11 दिनों बाद पता चला था कि वह छात्रों को होटल में छोड़ गायब हो गया था।**

फिर स्टीव के साथ जोआन न्यूयॉर्क गई और सेंट रेजिस, न्यूयॉर्क (होटल) की लॉबी में स्टीव जॉब्स पहली बार अपनी बहन मोना शिम्पसन से मिला था। मोना को अब तक जोआन ने नहीं बताया था कि उसका कोई सगा भाई भी था। कोलंबिया विश्वविद्यालय (न्यूयॉर्क) से ललित कला निष्णात (मास्टर्स ऑफ फाइन आर्ट्स/ एम.एफ.ए.)करने के बाद मोना त्रैमासिक साहित्यिक पत्रिका—'द पेरिस रिव्यू' (न्यूयॉर्क) में काम करते हुए अपने पहले आत्मकथात्मक उपन्यास—एनीव्हेयर बट हियर/ कहीं भी, लेकिन यहाँ (अल्फ्रेड ए नोफ; 12 दिसंबर, 1986)—को पूरा करने में जुटी हुई थी। मोना ने इस उपन्यास में ग्रीनबे से लॉस एंजिल्स तक की अपनी जीवन-यात्रा को उपन्यास का आधार बनाया था।

अपने पिता को ढूँढ़ने की मोना ने अब तक बहुतेरी कोशिशें की थीं, लेकिन वह कामयाब नहीं हो सकी थी। बिछड़े भाई से मुलाकात के बाद मोना की जिज्ञासा और भी बढ़ गई थी। उसने एक नया निजी गुप्तचर नियुक्त किया, जिसने मोटर-वाहन विभाग की खोज सेवा का इस्तेमाल कर सैक्रामेंटो (कैलिफोर्निया की राजधानी) में अब्दुल फतह जंदाली का पता ढूँढ़ लिया था। मोना ने यह खबर स्टीव जॉब्स को दी, लेकिन उसने न केवल अपने पिता से मिलने में कोई रुचि नहीं दिखाई, बल्कि मोना को जंदाली से अपने बारे में कुछ भी बताने से रोक दिया। संभवत: जॉब्स को जंदाली की जुआरी प्रवृत्ति का पता चल गया था और उसे आशंका थी कि जंदाली उसे भयादोहन (ब्लैकमेल) कर सकता था; वैसे भी जॉब्स की नफरत की सबसे बड़ी वजह यह थी कि उसने उसकी माँ व बहन को छोड़ दिया था।

खैर, मोना बेताब थी, वह तत्काल न्यूयॉर्क से उड़कर सैक्रामेंटो पहुँच गई और जल्द ही उस छोटे रेस्तराँ को भी ढूँढ़ लिया, जहाँ जंदाली खाद्य व पेय प्रबंधक (फूड ऐंड बेवरीज मैनेजर) था। बेटी को सामने पाकर जंदाली काफी भावुक हो उठा, लेकिन अपनी मौजूदा स्थितियों को लेकर वह परेशान भी था। बाप-बेटी में लंबी बातचीत हुई थी। अचानक जंदाली ने ही अपनी अब तक की जीवन-कथा सुनाते हुए, इससे पहले की सैन जोस के उत्तर में स्थित भूमध्यसागरीय)-व्यंजनों (मेडिटरेनियन कुजीन) के लिए मशहूर बड़े रेस्तराँ की नौकरी की चर्चा शुरू कर दी थी; और बताया था कि वहाँ प्रौद्योगिकी क्षेत्र के कितने सफल उद्यमी—यहाँ तक कि स्टीव जॉब्स भी—आया करते थे। मोना अवाक् थी, जब जंदाली ने बाकायदा याद किया कि स्टीव जॉब्स कितना 'प्यारा लड़का' व 'बड़ा उपदानकर्ता' (बिग टिपर) हुआ करता था। निर्देश के मुताबिक मोना ने जान-बूझकर स्टीव जॉब्स के बारे में अपना मुँह बंद रखा था।

बहुत बाद सन् 2006 में जब कुछ ब्लॉग में मोना के पिता के नाम के हवाले से जंदाली का नाम स्टीव जॉब्स से जोड़ा जाने लगा तो जंदाली ने मोना से इस बारे में पूछा;

तब मोना ने सुनिश्चित किया कि वह सूचना सही थी, लेकिन साफ कर दिया कि स्टीव जॉब्स उससे मिलने को इच्छुक नहीं था। अब तक जंदाली चौथी शादी कर चुका था; वह बूमटाउन कैसिनो ऐंड होटल रेनो (वर्डी, नेवादा) में खाद्य व पेय प्रबंधक था; उसने भी जॉब्स से मिलने की कोई कोशिश नहीं की; यहाँ तक कि जब सन् 2011 में जॉब्स के कैंसर से पीड़ित होने की खबर जगजाहिर हो गई, तब भी जंदाली अपने बेटे से मिलने की हिम्मत नहीं जुटा सका था।

'चुनिंदा' व 'विशिष्ट' बालक—पॉल व क्लारा जॉब्स ने स्टीव का हमेशा 'विशेष रूप से चुना हुआ' व 'भगवान् का उपहार' मानकर ही पालन-पोषण किया था; उन्होंने अनजाने में भी स्टीव की अवहेलना करने की गलती नहीं की थी; स्टीव से भी उन्हें जिंदगी भर 'एक हजार फीसदी असल माता-पिता' का दर्जा मिला था; लेकिन स्टीव को बचपन में ही क्रूर हकीकत का पता चल गया कि वह 'दत्तक' था, उसके जन्मदाताओं ने उसका 'परित्याग' कर दिया था और यह एक ऐसा दर्द था जिसने उसके व्यक्तित्व को बुरी तरह प्रभावित किया था। 'परित्यक्त', 'चुनिंदा' व 'विशिष्ट'—ऐसी तीन अवधारणाएँ थीं, जो स्टीव जॉब्स की शख्सियत का हिस्सा बन गई थीं और वह खुद को भी इन्हीं रूपों में देखता रहा था।

खैर, पॉल व क्लारा जॉब्स ने अपने बच्चे के लिए जो पारिवारिक माहौल बनाया था, वह 1950 के दशक के अंतिम वर्षों का आम चलन था। स्टीव जब दो साल का था तो उसके दत्तक माता-पिता ने उसके लिए एक बहन 'पैटी' को भी गोद ले लिया था। पॉल जॉब्स को उसकी फाइनेंस कंपनी ने पालो आल्टो दफ्तर में स्थानांतरित कर दिया था; पालो आल्टो महँगा इलाका था, लिहाजा जॉब्स दंपती ने अपने परिवार के निवास के लिए उसके दक्षिण में स्थित कम खर्चीले माउंटेन व्यू (286 दिआब्लो एवेन्यू) को चुना था। पॉल जॉब्स ने वहाँ भी अपनी गैराज में पुरानी कारों को ठीक-ठाक कर बेचने का शौकिया धंधा शुरू कर दिया था। बालक स्टीव अपने पिता के कामकाज को बहुत ही बारीकी से परख रहा था। पॉल जॉब्स पूर्णतावादी (परफेक्शनिस्ट) थे और कार के अंदर के हिस्सों-पुरजों की बनावट की खूबसूरती व पूर्ण शुद्धता का खयाल रखते थे; उनका मानना था कि हर चीज अपने सही स्वरूप में होनी चाहिए, भले ही वह बाहर से दिखाई देती हो या नहीं। स्टीव ने पिता के इस उत्पादन दर्शन (प्रोडक्शन फिलोसफी) को मानो पी सा लिया था, जो भविष्य में एप्पल के हर उत्पाद की अनोखी खासियत के रूप में दुनिया के सामने आनेवाला था।

कारों की मरम्मत के जरिए ही पॉल जॉब्स ने पहली बार बालक स्टीव को इलेक्ट्रॉनिक्स से रू-बरू कराया था; जॉब्स खुद इलेक्ट्रॉनिक्स के गहरे जानकार नहीं थे, लेकिन उन्होंने स्टीव को कार में इस्तेमाल होनेवाले इलेक्ट्रॉनिक्स पुरजों की बुनियादी

बारीकियों को समझाने की कोशिश की थी और स्टीव अपने पिता की बात को बहुत ही दिलचस्पी से सुना-समझा करता था। स्टीव को इससे भी ज्यादा मजा तब आता था जब वह पॉल के साथ सस्ते हिस्से-पुरजों की खोज में बड़े कबाड़खानों में जाया करता था। पॉल जॉब्स जबरदस्त सौदेबाज थे; वे इन साप्ताहिक यात्राओं के दौरान जरूरी हिस्से-पुरजों की तलाश में काफी वक्त लगाते थे, फिर उन्हें सस्ते-से-सस्ते में खरीदने के लिए काफी तोल-मोल करते थे। स्टीव बहुत ध्यान से सबकुछ देखा-परखा करता था और उन्हीं यात्राओं के दौरान स्टीव में भी हर पुरजे की बारीकियों को समझने व सौदेबाजी की बेजोड़ कला विकसित होना शुरू हो गई थी।

स्टीव के बाल मन पर उसके अपने व आस-पड़ोस के घरों की सुरुचिपूर्ण, आधुनिक, साधारण व सस्ती बनावट ने गहरा असर डाला था। वर्ष 1950-74 के दौरान मशहूर अचल संपत्ति विकासकर्ता (रियल एस्टेट डेवलपर) जोसफ एइचलर ने कैलिफोर्निया के विभिन्न उपखंडों में अमेरिकी 'आम आदमी' की जरूरतों व सामर्थ्य के मद्देनजर 11 हजार से ज्यादा साधारण व आधुनिक घर बनाए थे। इन घरों की बनावट व इलाके की नागरिक सुविधाओं को विश्वविख्यात अमेरिकी वास्तुकार (आर्किटेक्ट)—आंतरिक सज्जाकार (इंटीरियर डिजाइनर) की 'जैविक वास्तुकला' (ऑर्गेनिक आर्किटेक्चर) के दर्शन पर विकसित किया गया था, जो अपनी अनोखी बनावट-अवधारणा (डिजाइन कांसेप्ट) के जरिए मानव बस्ती व प्राकृतिक माहौल के बीच बेहतर सामंजस्य को बढ़ावा देती थी। फर्श से छत तक काँच की दीवारें, खुली मंजिल योजनाएँ, बाहर निकले खंभे व झरनों वाला निर्माण, ठोस पाटिया (कंक्रीट स्लैब) फर्श, काँच के फिसलनेवाले दरवाजे आदि इन आधुनिक व सस्ते आवासों की विशेषताएँ थीं। इन घरों की सुरुचिपूर्ण, आधुनिक, साधारण व सस्ती रचनाएँ स्टीव को बहुत पसंद थीं; उसके मन की गहराइयों में बचपन से इस अवधारणा ने ठोस रूप लेना शुरू कर दिया था कि कम लागत में भी आम लोगों के लिए बेहतरीन उत्पाद बनाए जा सकते थे; और एप्पल के तमाम उत्पाद स्टीव की बचपन की इसी अवधारणा के जीते-जागते प्रमाण बनकर सामने आते चले गए थे।

स्टीव के घर के सामने रह रहे व्यक्ति ने अचल-संपत्तियों की खरीद-बिक्री से काफी धन कमाया था। पॉल जॉब्स उसकी आर्थिक सफलता से इतने प्रभावित हो गए थे उन्होंने ने भी इस धंधे को अपनाने की ठान ली। वे रात में विशेष प्रशिक्षण वर्गों में गए, जरूरी परीक्षा में उत्तीर्ण हुए, अचल संपत्ति आढ़तिया (रियल एस्टेट एजेंट) का लाइसेंस हासिल किया और कूद पड़े उस धंधे में। लेकिन तब तक बाजार ठंडा पड़ चुका था और पॉल जॉब्स को धंधा बदलना भारी पड़ा था; परिवार की आमदनी चरमराने लगी थी और मजबूरन क्लारा जॉब्स को वैज्ञानिक उपकरण बनानेवाली कंपनी 'वरियन एसोसिएट्स'

में बही-लेखक (बुक कीपर) की नौकरी करनी पड़ी थी। उस वक्त स्टीव प्राथमिक विद्यालय में चौथी कक्षा में पढ़ रहा था; वह अपने पिता से बहुत प्यार करता था और उसे चिंता सता रही थी कि आखिर उसके पिता अचानक क्यों टूट से गए थे?

बहुत बाद में स्टीव को यह बात समझ में आई थी कि उसके पिता ने सफल विक्रेता बनने के लिए खुशामदी या चालाक रवैए को नहीं अपनाया था। अचल-संपत्ति के धंधे में लोगों को चूसना पड़ता है, जो पॉल जॉब्स का मूल स्वाभाव नहीं था। वे काफी शांत व विनम्र स्वाभाव के थे और अंततः वे फिर से मिस्त्री बन गए। स्टीव ने बचपन की इस घटना से भी बहुत कुछ सीखा था; उसने हमेशा अपने पिता के सरल स्वभाव की तारीफ की थी व गर्व मसहूस किया था; लेकिन कभी भी अपने कार्य-व्यवहार में पिता की 'नकल' नहीं की। स्टीव का बुनियादी स्वभाव भी काफी भावुक था, लेकिन वह बचपन से ही दृढ़ संकल्पी था, वह सफल बनाना चाहता था, लिहाजा वह पिता की 'भलमनसाहत' की सराहना तो करता रहा, लेकिन उसे कभी भी अपने ऊपर हावी नहीं होने दिया। भविष्य की घटनाएँ साबित करती हैं कि सफलता सुनिश्चित करने के लिए स्टीव ने खुद को कितना 'जटिल' व 'चतुर' बना लिया था!

स्टीव जॉब्स के आस-पड़ोस के अधिकांश लोग लॉकहिड कॉरपोरेशन व हेवलेट पैकार्ड (एच.पी.) के इंजीनियर थे। महज सात घर दूर एच.पी. के एक इंजीनियर लैरी लैंग रहते थे, जो शौकिया रेडियो (हैम रेडियो) के संचालक भी थे। वे इलेक्ट्रॉनिक्स के सामानों के साथ कुछ नए करतब किया करते थे; बालक स्टीव उन्हें अपना आदर्श मानता था और वह अपने रेडियो उपकरणों से स्टीव को खेलने देते थे; यहीं से उसके बाल मन में इलेक्ट्रॉनिक्स की रुचि जगी थी। लैरी लैंग ने स्टीव को कार्बन ध्वनिग्राही (कार्बन माइक्रोफोन) से परिचय कराया, जिससे ध्वनि विस्तारक यंत्र (लाउडस्पीकर) से आवाज को प्रसारित करने के लिए अलग से इलेक्ट्रॉनिक विस्तारक (एंपलीफायर) उपकरण की जरूरत नहीं पड़ती थी। जब यह खबर स्टीव ने अपने पिता को बताई तो उन्हें उसकी बातों पर भरोसा नहीं हुआ था; वे यही समझ रहे थे कि लैरी लैंग जरूर कोई चालाकी कर रहे थे। इसकी जाँच के लिए वे स्टीव के साथ लैरी लैंग के पास गए और कार्बन माइक्रोफोन की खुद जाँच की थी।

इस घटना के बाद स्टीव जॉब्स को पहली बार अहसास हुआ था कि वह अपने पिता से भी ज्यादा कुछ जानता था। वह 'दत्तक' था, इसकी जानकारी स्टीव को पहले ही मिल चुकी थी; अब इस नए अहसास ने उसे यह सोचने पर मजबूर किया था कि वह परिवार व दुनिया दोनों से 'बिना किसी संबंध का' व 'अलग' था। लेकिन स्टीव को जल्द ही यह भी पता चल गया था कि उसके माता-पिता पॉल व क्लारा जॉब्स को पहले से ही मालूम था कि उनका बेटा उनसे ज्यादा होशियार था। यही कारण था कि वे

माता-पिता में से किसी ने स्टीव को उसकी किसी भी बचकाना हरकत के लिए रोका-टोका नहीं था। ऐसे में बचपन से ही स्टीव—अपने बुनियादी स्वाभाव व बेरोक-टोक लालन-पालन के चलते—किसी दूसरे के 'रोब' को स्वीकार करने को तैयार नहीं था।

वैसी जिंदगी अपनाने की कोशिश कर रहे थे। जो उनके 'ज्यादा होशियार' बेटे के मुताबिक हो। वे अपने बेटे को 'विशेष' मानते थे, वे उसकी किसी भी इच्छा को पूरी करने के लिए कुछ भी करने को तैयार थे।

आधिकारिक आत्मकथा 'स्टीव जॉब्स' (लिटिल ब्राउन, यू.के.; 2011) के लेखक वाल्टर आइसेक्सन को दिए साक्षात्कार में स्टीव ने बचपन की उस घटना को इस प्रकार याद किया था—

'वे शिक्षित आदमी नहीं थे, लेकिन मुझे हमेशा लगता था कि वे बहुत-बहुत होशियार थे। वे ज्यादा पढ़ते नहीं थे, लेकिन बहुत कुछ कर सकते थे। यांत्रिक, लगभग सबकुछ, वे पता लगा सकते थे। यह एक बहुत बड़ा क्षण था, जिसने मेरे दिमाग को जला दिया था। जब मुझे अहसास हुआ था कि मैं अपने माता-पिता की तुलना में होशियार था, ऐसा सोचकर मैंने जबरदस्त शर्म महसूस की थी। मैं उस क्षण को कभी भी नहीं भूलूँगा।…मेरे माता-पिता दोनों ने मुझे समझ लिया था। एक बार जब उन्हें पता चला गया कि मैं 'विशेष' था, वे बहुत बड़ी जिम्मेदारी महसूस करने लगे थे। उन्होंने मेरे सामानों की पूर्ति के रास्ते निकाल लिये थे और मुझे बेहतर स्कूलों में डाला था। वे मेरे लिए (अपनी) जरूरतों को स्थगित कर देना चाहते थे।'

लिहाजा स्टीव का बचपन न केवल इस 'परित्यक्त' होने की पीड़ा में, बल्कि 'विशेष' होने के स्वाभिमान के साथ भी गुजरा था। स्टीव के व्यक्तित्व के गठन—इन विरोधी अहसासों ने ज्यादा महत्त्वपूर्ण भूमिका अदा की थी।

जॉब्स की प्राथमिक शिक्षा

क्लारा जॉब्स ने प्राथमिक विद्यालय (एलीमेंट्री स्कूल) में भरती करवाने से पहले ही अपने 'विशेष' बेटे को पढ़ना सिखाना शुरू किया था। माता-पिता में से किसी ने स्टीव को उसकी किसी भी बचकाना हरकत के लिए रोका-टोका नहीं था। ऐसे में बचपन से ही स्टीव—अपने बुनियादी स्वाभाव व बेरोक-टोक लालन-पालन के चलते—किसी दूसरे के 'रोब' को स्वीकार करने को तैयार नहीं था।

ऐसे में जब अपने घर चार ब्लॉक दूर स्टीव ने मोंटा लोमा एलीमेंट्री स्कूल में जाना शुरू किया तो उसे दिक्कतों का सामना करना पड़ा। उसने पढ़ने-लिखने में खुद को अपने साथी छात्रों से आगे पाया था। जल्द ही वह अपनी कक्षा की सामान्य गतिविधियों से ऊबने सा लगा था, क्योंकि उसे पहले से वह सब पता होता था। जाहिर है कि अपनी

उदासी को तोड़ने के लिए स्टीव ने शरारतें करना शुरू कर दिया था। मसलन, उसने यह पोस्टर चिपका दिया था कि 'विद्यालय दिवस पर अपने पालतू जानवरों को लाएँ'; जब सभी अपने कुत्ते-बिल्लियों के साथ स्कूल पहुँचे तो हंगामा खड़ा हो गया। एक बार उसने अपने साथियों को फुसलाकर उसके साइकिल-ताले की 'संयोजन संख्या' पूछ ली और उनमें हेरफेर कर दी; नतीजतन उन्हें फिर से ठीक करने में देर रात हो गई।

इसमें कोई शक की गुंजाइश नहीं थी कि तीसरी कक्षा तक पहुँचते-पहुँचते शरारतों की सजा के रूप में शिक्षकों द्वारा स्टीव को कई बार घर भेजा जा चुका था। लेकिन पॉल व क्लारा जॉब्स को अपने बेटे की शरारत कतई अनुचित नहीं लगती थी; उन्होंने कभी भी स्टीव को डाँटा नहीं; वे जानते थे कि स्टीव को कक्षा में वैसी चीजें पढ़ाई जाती थीं, जो उसे पहले से ही पता होता था। लिहाजा पॉल जॉब्स स्कूल जाकर शिक्षकों को ही समझाया करते थे कि वे स्टीव को 'विशेष' मानें और स्कूल में उसकी दिलचस्पी को बनाए रखने का कोई नया तरीका ढूँढ़ें। उसी वक्त से स्टीव के स्वभाव में 'संवेदनशीलता व असंवेदनशीलता', 'रूखापन व अलगाव' के लक्षण दिखाई पड़ने लग पड़े थे, जो जीवन भर उसका पीछा करनेवाले थे।

खैर, जब स्टीव चौथी कक्षा में पहुँचा तो एक दिलेर शिक्षिका इमोजेन 'टेडी' हिल ने उसके शरारतपूर्ण व्यवहार के मनोविज्ञान को बारीकी से समझने की कोशिश की। कुछ सप्ताहों तक स्टीव की गतिविधियों को परखने के बाद हिल ने तय किया कि उसे सँभालने का सबसे अच्छा तरीका उसे 'रिश्वत' देना था। हिल ने 'लोलीपॉप व पाँच डॉलर' की रिश्वत के बहाने से स्टीव को 'विशेष' गृह-कार्य देना शुरू कर दिया, और वह अपनी प्यारी शिक्षिका को खुश करने लिए उसके बताए सारे कामों को पूरा करने में आनंद महसूस करने लग पड़ा था। चौथी कक्षा के अंत में जब इमोजेन हिल ने पॉल जॉब्स व अन्य स्कूल शिक्षकों के सामने स्टीव के शिक्षा-स्तर का परीक्षण किया तो सभी चौंक पड़े—स्टीव ने 10वीं कक्षा के छात्रों के बराबर अंक हासिल किए। इससे पहली बार जॉब्स व क्लारा जॉब्स को इस बात का ठोस प्रमाण मिल सका था कि वे अपने बेटे को 'विशेष' मानकर कोई गलती नहीं कर रहे थे। साथ ही, शिक्षकों को अपनी गलती का अहसास हुआ कि वे 'विशेष' छात्र के साथ ठीक व्यवहार नहीं कर रहे थे; उन्होंने अपना रुख बदला और स्टीव के सामने सीखने की चुनौती पेश करने के लिहाज से उसे सीधे दो कक्षा ऊपर 'सातवीं' में भेजने का प्रस्ताव रखा। लेकिन माता-पिता ने ज्यादा संवेदनशीलता के साथ फैसला किया और स्टीव को एक कक्षा ऊपर छठी में भेजा जाए।

लेकिन इस बदलाव ने स्टीव के सामने एक अजीबोगरीब स्थिति पैदा कर दी; उसे छठी के लिए स्कूल बदलकर क्रिटेंडन मिडिल स्कूल में दाखिला लेना पड़ा। हालाँकि वह स्कूल ज्यादा दूरी पर नहीं था, लेकिन वहाँ का माहौल बिल्कुल अलग था। उस स्कूल

में छात्रों द्वारा चाकू लाने व छोटे-मोटे झगड़ों की खबरें पहले ही स्थानीय अखबारों की सुर्खियाँ बन चुकी थीं। ऐसे में जब स्टीव वहाँ पहुँचा था तो ताजी खबरें ये थीं कि एक छात्र-समूह को सामूहिक बलात्कार (गैंग रेप) के आरोप में जेल भेजा गया था; और कुश्ती प्रतियोगिता में हारने के बाद क्रिटेंडन के छात्रों ने पड़ोसी स्कूल की बस को बरबाद कर दिया था। ऐसे माहौल में स्टीव ने बदमाश छात्रों के बीच किसी तरह छठी कक्षा पूरी की। लेकिन सातवीं कक्षा के बीच में पहुँचकर वह इतना परेशान हो चुका था कि उसने माता-पिता के सामने दूसरे स्कूल में डाले या फिर पढ़ाई छोड़ देने की धमकी दे दी थी।

लेकिन स्टीव की धमकी ने पॉल व क्लारा जॉब्स के सामने गंभीर आर्थिक चुनौती खड़ी कर दी थी। वे बड़ी मुश्किल से घर के खर्चे पूरे कर पा रहे थे। ऐसे में स्कूल बदलने का सीधा मतलब अपने पारिवारिक निवास को दूसरे शिक्षा-जिला क्षेत्र में स्थानांतरित करना। यह आसान काम तो नहीं था, लेकिन स्टीव के माता-पिता अपने 'विशेष' बेटे के लिए—चाहे जो भी हो—कुछ भी करने को तैयार थे। उन्होंने बाकायदा विभिन्न स्कूल जिला क्षेत्रों का अध्ययन किया और अपनी आर्थिक क्षमता से ऊपर जाकर माउंटेन व्यू (दिअब्लो एवेन्यू) से करीब 13 किलोमीटर दक्षिण में स्थित लॉस अल्टोस (2066 क्रिस्ट ड्राइव) में 21 हजार डॉलर में तीन शयन-कक्षों व गैरेज सहित पहले से बड़ा व बेहतर सुविधाओंवाला घर खरीदा था। यह 'क्यूपर्टिनो-सनीवेल स्कूल जिला' क्षेत्र के अंतर्गत आता था, जो सांता क्लारा वैली के सबसे सुरक्षित व बेहतरीन इलाकों में से एक था। तब उस घर के आस-पास खूबानी, बेर व सब्जियों के कई बगीचे मौजूद थे; स्टीव अकसर उन बगीचों में जाया करता था; वहाँ के मालियों ने उसे जैविक खेती का महत्त्व समझाया था व उसके गुर भी सिखाए थे; और वहीं से जैविक फलों व सब्जियों के प्रति स्टीव का जो लगाव शुरू हुआ था, वह बाद में उसका 'जीवन-आहार' बन गया था।

पॉल व क्लारा जॉब्स अपने 'विशेष' बालक को धार्मिक शिक्षा भी देना चाहते थे; लिहाजा उन्होंने स्टीव को नियमित तौर पर रविवार को नजदीकी लूथर गिरजाघर में ले जाना शुरू कर दिया; लेकिन जब स्टीव 13 वर्ष का था तो उन्हें अचानक यह सिलसिला रोकना पड़ा। असल में, जुलाई 1968 के अंक में 'लाइफ' पत्रिका ने मुख-पृष्ठ पर बियाफ्रा (नाइजीरिया) में भुखमरी के शिकार बच्चों के दिल दहला देनेवाले चित्र के साथ भयानक आवरण कथा प्रकाशित की थी। स्टीव इस पत्रिका के साथ गिरजाघर के रविवारीय कक्षा में पहुँचा था और उसे दिखाते हुए पादरी से पूछा था कि 'क्या ईश्वर इन बच्चों के बारे में जानता है?' पादरी ने स्टीव को समझाते हुए कहा था कि 'हाँ, ईश्वर जानता है।' स्टीव ने तत्काल ऐलान कर दिया था कि उसकी ऐसे ईश्वर की पूजा में कोई रुचि नहीं है और फिर वह कभी भी वापस मुड़कर गिरजाघर नहीं गया था।

उस समय पॉल जॉब्स सांता क्लारा के नजदीक इलेक्ट्रॉनिक्स व मेडिकल

उपकरणों के लिए लेजर का उत्पादन करनेवाली कंपनी स्पेक्ट्रा फिजिक्स में मशीन मिस्त्री (मशीनिस्ट) की नौकरी करते थे। वे इंजीनियरों द्वारा ईजाद किए गए उत्पादों के शुरुआती नमूने (प्रोटोटाइप) तैयार करते थे। लेजर के उत्पादन में सटीक मिलान (प्रिसिजन एलाइनमेंट) की जरूरत होती है; इसके लिए पॉल जॉब्स को खास प्रकार के औजार (टूल) व साँचे (डाई) विकसित करने पड़ते थे और फिर लेथ व मिलिंग मशीनों पर कठोर मेहनत कर उत्पादों को तैयार करना पड़ता था। स्टीव अपने पिता की हस्तकला से काफी प्रभावित था, लेकिन उसकी मशीनों पर अपने हाथ गंदे कर उस कला को सीखने में कोई रुचि नहीं ली थी; वह तो इलेक्ट्रॉनिक उपकरणों का दीवाना था।

इसी दौरान पॉल जॉब्स स्टीव को अपने पैतृक गाँव जर्मनटाउन (विस्कॉन्सिन) की गोशाला दिखाने भी ले गए। ग्रामीण परिवेश से स्टीव प्रभावित नहीं हो सका था; हाँ, उसने वहाँ पहली बार एक बछड़े को जन्म लेते देखा था; वह बड़ा हैरान था कि जन्म लेने के तुरंत बाद ही बछड़े ने थोड़ा संघर्ष किया और फिर चलने-फिरने लग पड़ा था। हालाँकि यह किसी और के लिए कोई खास घटना नहीं थी, लेकिन यह स्टीव के लिए एक महत्त्वपूर्ण जानकारी थी; उसने यह फर्क जाना था कि मानव-शरीर व मस्तिष्क को सीखने की जरूरत होती है, जबकि गाय के बछड़े या अन्य जानवरों के बच्चों के शरीर व मस्तिस्क तत्काल काम शुरू कर देने के लिए पहले से ही तैयार होते हैं।

स्टीव वोज्निअक—बाल इलेक्ट्रॉनिक्स प्रतिभा

स्टीव जॉब्स के विपरीत स्टीव वोज्निअक की पारिवारिक पृष्ठभूमि बिल्कुल अलग थी। स्टीव जॉब्स के पिता हाई स्कूल भी पूरा नहीं कर सके थे, लेकिन उनमें कार दुरुस्त करने की कला थी और वे जानते थे कि हिस्सों-पुरजों का सही सौदा कर कैसे गुजारे लायक मुनाफा कमाया जा सकता था। स्टीव' वोज्निअक के पिता याकूब फ्रांसिस 'जैरी' वोज्निअक लॉकहीड मिसाइल ऐंड स्पेस कंपनी (एल.एम.एस.सी.) में रॉकेट वैज्ञानिक थे, लेकिन उनमें कोई कारोबारी प्रतिभा नहीं थी। लिहाजा स्टीव जॉब्स को पिता से कारोबारी कुशलता के साथ-साथ 'मिस्त्री' की लगनशीलता—कार की बजाय इलेक्ट्रॉनिक्स उपकरणों के प्रति—भी हासिल हुई थी। उसी तरह स्टीव वोज्निअक को तकनीकी प्रतिभा विरासत में मिली थी, तो अपने पिता जैसी कारोबार के प्रति अरुचि भी। भविष्य में स्टीव जॉब्स की कारोबारी कला ही स्टीव वोज्निअक पर भारी पड़नेवाली थी।

रॉकेट वैज्ञानिक होने के चलते याकूब फ्रांसिस 'जैरी' वोज्निअक की पारिवारिक पृष्ठभूमि के बारे में ज्यादा जानकारी उपलब्ध नहीं है। यहाँ तक की स्टीव वोज्निअक ने भी अपनी आत्मकथा 'आई वोज' (2006; हैडलाइन/हैचेट लिवर यू.के.) में भी अपनी पृष्ठभूमि के बारे में सिर्फ इतना ही जगजाहिर किया है कि उसके पिता मिशिगन प्रांत

के थे और माता वॉशिंगटन स्टेट प्रांत की। साथ ही यह भी बेताया है की उसके पिता व चाचा (जो बाद में कैथोलिक पादरी बन गए) का पालन-पोषण सख्त धार्मिक कैथोलिक परिवार में हुआ था। अन्य स्त्रोतों से उपलब्ध जानकारी के मुताबिक जैरी वोज्निअक का जन्म 28 दिसंबर, 1925 को हुआ था और उसके माता-पिता पोलैंड मूल के थे। स्टीव वोज्निअक की माता मार्गरेट ऐलेन केर्न के बारे में भी सिर्फ इतनी ही जानकारी मिलती है कि उसका जन्म वॉशिंगटन स्टेट प्रांत में जर्मन-आयरिश मूल के छोटे किसान परिवार में हुआ था, जो बाद में लॉस एंजिल्स में आ बसे थे। स्टीव वोज्निअक अपनी आत्मकथा 'आई वोज' की शुरुआत इस प्रकार से करते है—

'आप आम तौर पर इस तरह की किताब की शुरुआत अपने माता-पिता के बारे में बातचीत से शुरू करते हैं—वे कौन थे, या आपके जन्म से पहले या जब आप बड़े हो रहे थे, तब उन्होंने जीवनयापन के लिए क्या किया था। लेकिन वस्तुस्थिति यह है कि मैं कभी भी निश्चित तौर पर नहीं जान सका कि मेरे पिता ने जीने के लिए क्या किया था। जितना पहले तक मैं याद कर सकता हूँ, मेरे भाई, बहन व मुझे, सभी को इस रहस्य के साथ बढ़ना पड़ा था। हमें घर में उनके काम के बारे में बात करने या फिर सवाल पूछने की भी अनुमति नहीं थी।

'मुझे पता था कि पिता एक अभियंता थे, मैं जानता था कि वे लॉकहीड में प्रक्षेपास्त्र-कार्यक्रम (मिसाइल प्रोग्राम) में काम करते थे। उन्होंने उतना ही बताया था, लेकिन वह काफी अधिक था। पीछे मुड़कर मैं आकलन करता हूँ कि चूँकि यह समय 1950 व शुरुआती वर्ष 1960 में शीत-युद्ध (कोल्ड वार) के चरम पर था, जब अंतरिक्ष कार्यक्रम इतना गरम व बिल्कुल गोपनीय था, शायद वही कारण था कि वे इसके बारे में मुझे कुछ भी ज्यादा कह नहीं सकते थे। वे क्या काम करते थे, काम पर रोजाना क्या करते थे, वे किसी भी चीज के बारे में बिल्कुल नहीं बोलते थे। यहाँ तक की मरने के दिन (7 सितंबर, 1994) तक भी, उन्होंने ज्यादा कुछ संकेत नहीं दिया।'

जैरी वोज्निअक की पढ़ाई-लिखाई के बार में भी सिर्फ इतनी ही जानकारी मिलती है कि उन्होंने कैलिफोर्निया इंस्टीट्यूट ऑफ टेक्नोलॉजी/कैलटेक (पासाडेना, कैलिफोर्निया) से विद्युत् अभियांत्रिकी (एम.एस.-इलेक्ट्रिकल इंजीनियरिंग) की उपाधि ली थी और उन्हें कैलटेक में प्रतिभाशाली फुटबॉल खिलाड़ी के रूप में भी जाना जाता था। एप्पल के शुरुआती विकास के संबंध में सबसे प्रमाणिक माने जानेवाली रचना—रिटर्न टू द लिटिल किंगडम' (2009; डकवर्थ ओवरलुक, यू.के.; मूल पुस्तक 1984 में विलियम मोरो कंपनी, यू.एस.ए. द्वारा प्रकाशित) में भी माइकल मोरित्ज (तब टाइम पत्रिका के संवाददाता; अब सिलिकॉन वैली के जाने-माने उद्यम पूँजीपति) ने बहुत ही संक्षिप्त जानकारी दी है। इस पुस्तक के मुताबिक, कैलटेक में पढ़ाई पूरी करने के तुरंत

बाद बाद जैरी वोज्निअक ने मार्गरेट ऐलेन केर्न से शादी की थी और सैन फ्रांसिस्को की छोटी कंपनी में कनिष्ठ अभियंता (जूनियर इंजीनियर) की नौकरी करने लगे थे। करीब साल भर की नौकरी के बाद जैरी ने एक साझेदार के साथ मिलकर सैन जोस में एस्बेस्टस शीट की टाल लगाने, बाँधने व गिनती करनेवाली मशीन की डिजाइनिंग का कारोबार शुरू किया था। लेकिन साल भर बीत जाने के बाद भी उस मशीन का शुरुआती प्रारूप (प्रोटोटाइप) तैयार नहीं हो सका था और जैरी व उनके साझेदार की पूँजी खत्म हो गई थी।

ब्रिटानिका विश्वकोश के मुताबिक, इसी दौरान 11 अगस्त, 1950 को सैन जोस में स्टीफन गैरी 'स्टीव' वोज्निअक का जन्म हुआ था। संभवत: उस वक्त जैरी सैन जोस रहते हुए अपना कारोबार कर रहे थे।

अब तक जैरी वोज्निअक को पता चल गया था कि भले ही वे प्रौद्योगिक प्रतिभा के धनी थे, लेकिन उनमें कारोबार के लिए जरूरी कुशलता नहीं थी; लिहाजा उन्होंने फिर से नौकरी करने का फैसला कर किया था। अगले करीब सात वर्षों तक जैरी वोज्निअक ने दक्षिण कैलिफोर्निया के इलाके में केंद्रित हवाई-अंतरिक्ष उद्योग (एयरोस्पेस इंडस्ट्री) की विभिन्न कंपनियों में काम किया था, जिनमें लॉकहीड कॉरपोरेशन (बरबैंक, लॉस एंजिल्स काउंटी), ह्यूजेस एयरक्राफ्ट कंपनी (कल्वर सिटी, लॉस एंजिल्स काउंटी), नोर्थरोप ग्रुम्मान कॉरपोरेशन (सैन डिएगो; लॉस एंजिल्स के 190 किलोमीटर दक्षिण में प्रशांत महासागर के तट पर मैक्सिको की सीमा से सटा महानगर) व डगलस विमान कंपनी (सांता मोनिका, लॉस एंजिल्स काउंटी) शामिल थे। अंत में जैरी वोज्निअक ने सैन फर्नांडो वैली—दक्षिणी कैलिफोर्निया के लॉस एंजिल्स महानगरीय क्षेत्र में स्थित ट्रांसवर्स पर्वतमाला के पहाड़ों से घिरी एक शहरी घाटी—में अपना पहला घर भी खरीद लिया था।

इस बीच वर्ष 1956 में एम्स रिसर्च सेंटर (सनीवेल, सांता क्लारा वैली) के ठीक बगल में ही लॉकहीड मिसाइल ऐंड स्पेस कंपनी (एल.एम.एस.सी.) की स्थापना हुई थी, जहाँ प्रक्षेपास्त्र (मिसाइल)/राकेट उत्पादन की तैयारियाँ शुरू हो गई थीं। यह जैरी वोज्निअक जैसे प्रतिभाशाली इंजीनियर के लिए सुनहरा अवसर था; उन्होंने सन् 1958 में एल.एम.एस.सी. में काम शुरू किया था और कार्यस्थल से करीब 28 किलोमीटर दूर सनीवेल के एडमॉन्टन एवेन्यू में वोज्निअक परिवार सनीवेल में आ बसा था। यहाँ से स्टीव जॉब्स का घर (डिआब्लो एवेन्यू, माउंटेन व्यू) महज 12 किलोमीटर दूर था। माउंटेन व्यू व सांता क्लारा वैली के अन्य अधिकांश इलाकों की तरह इसका विकास व निर्माण भी जोसफ एइचलर द्वारा किया गया था और यहाँ भी मध्यमवर्गीय इंजीनियर परिवारों का जमावड़ा था। यहाँ भी हर तरफ खूबानी, चेरी व बेर के बगीचे थे।

करीब आठ साल की उम्र में स्टीव वोज्निअक को सेर्रा एलीमेंट्री स्कूल (लेविस्टन

ड्राइव; एडमॉन्टन एवेन्यू से महज डेढ़ किलोमीटर दूर) में तीसरी कक्षा में भरती कराया गया था। उससे छोटी एक बहन व भाई भी थे। जैरी वोज्निअक का काम इलेक्ट्रॉनिक्स से जुड़ा हुआ था और वे अपने बड़े बेटे को शुरू से ही 'इलेक्ट्रॉनिक किड' बनाने की कोशिशें करते आ रहे थे। लॉकहीड में 'बिल्कुल गोपनीय' (टॉप सीक्रेट) काम शुरू करने से पहले जब वे लॉस एंजिल्स क्षेत्र में काम कर रहे थे तो उन्होंने लगभग चार साल की उम्र से ही स्टीव वोज्निअक को सप्ताहांत में अपने कार्यस्थल पर ले जाना शुरू कर दिया था। वे बालक वोज्निअक को बिठाकर उसके सामने कुछ इलेक्ट्रॉनिक्स पुरजे रख देते थे, जिससे वह खेला करता था। अपनी आत्मकथा में स्टीव वोज्निअक लिखते हैं—

'मैं अब भी उन्हें वहाँ खड़े होकर कुछ प्रकार के उपकरण पर काम करते हुए देख सकता हूँ। मैं नहीं जानता कि वे सोल्डर या क्या कर रहे थे, लेकिन मैं उन्हें छोटी टी.वी. जैसे दिखनेवाली किसी चीज के साथ किसी चीज को फँसाते हुए बिल्कुल याद करता हूँ। मैं अब जानता हूँ कि वह दोलन-दर्शी यंत्र (ओसिल्लियोस्कोप) था और उन्होंने मुझे कहा था कि वे कुछ करने की कोशिश कर रहे थे, (वह) स्थाई दिखनेवाली रेखा (यह एक तरंग थी) के साथ तसवीर को परदे (स्क्रीन) पर लाने की कोशिश कर रहे थे, ताकि वे अपने हाकिम (बॉस) को दिखा सकें कि उनकी बनावट काम कर रही थी।

'और मैं याद करता हूँ कि वहाँ बैठे व इतना छोटा होते हुए, सोच रहा था—वाह, वे कैसी महान, महान् दुनिया में रह रहे थे। मेरा मतलब वह सबकुछ मैं सोचा करता था—वाह! ऐसे लोग जो यह चीज—इन छोटे पुरजों को लेना और कुछ करने के लिए उन्हें आपस में जोड़ना—अच्छी तरह करना जानते हैं, ये लोग निश्चित रूप से दुनिया के सबसे होशियार लोग थे। उस समय, वास्तव में वही सबकुछ था, जो मेरे दिमाग में चलता था।

'अब, निश्चत रूप से, मैं उस मुकाम पर यह तय करने के लिए बहुत ही छोटा था कि अभियंता बनना चाहता था। वह कुछ साल बाद आया था। मेरे सामने अभी तक विज्ञान कथा या अन्वेषकों के बारे में पुस्तकों को उजागर नहीं किया गया था, लेकिन फिर भी, उस पल में, मैं बिल्कुल अपनी आँखों के सामने देख सकता था कि मेरे पिता जो भी कर रहे थे, चाहे वह कुछ भी था, वह महत्त्वपूर्ण व अच्छा था।'

जैरी अकसर घर में भी अपने विभिन्न हिस्से-पुरजों के डिजाइन संबधी शोधकार्य में व्यस्त रहा करते थे; जाहिर है की घर में इलेक्ट्रॉनिक पुरजों, पत्रिकाओं व निर्देशिकाओं की भरमार थी। स्टीव वोज्निअक बचपन से ही बहुत जिज्ञासु था, वह अकसर अपने पिता से इलेक्ट्रॉनिक्स से जुड़े सवाल पूछा करता था और जैरी उन गंभीर सवालों को बहुत ही सरल तरीके से समझाया करते थे। मसलन घर में यहाँ-वहाँ प्रतिरोधक (रेजिस्टर)—विद्युत् प्रतिरोध (इलेक्ट्रिकल रेजिस्टेंस) लागू करनेवाले एक बिजली का पुरजा—पड़े होते थे, तो बालक वोज्निअक पूछ देता था कि 'रेजिस्टर' क्या होता है? जरा अंदाजा

लगाइए प्राथमिक कक्षा के बालक को इसके बार में समझाना कितना मुश्किल होता होगा, लेकिन जैरी उसे सबकुछ समझा सकने में सक्षम थे। इस संबंध में अपनी आत्मकथा में स्टीव वोज्निअक लिखते हैं—

'…मेरे पिता मुझे हमेशा जवाब देते थे, सचमुच में अच्छा जवाब, जो सात साल का बच्चा भी समझ सकता था। वे बस बहुत ही अच्छे शिक्षक व संवादकर्ता (कम्युनिकेटर) थे। रेजिस्टर क्या है—उन्होंने कभी की ऊपर से नीचे की ओर व्याख्या करने की कोशिश करते हुए शुरू नहीं किया था। उन्होंने पहले हिस्से से—बिल्कुल पीछे परमाणु व इलेक्ट्रॉन, न्यूट्रॉन व प्रोटॉन तक जाकर—शुरू किया था। उन्होंने व्याख्या की थी कि वे क्या थे और कैसे सबकुछ उनसे बने थे। मुझे याद है कि हमने विभिन्न प्रकार के परमाणुओं के बारे में बातचीत में सचमुच में कई सप्ताह बिताए थे और तब मैं सीख सका था कि वास्तव में इलेक्ट्रान कैसे चीजों—जैसे कि तार—से गुजरता है। तब अंत में उन्होंने मुझे स्पष्ट किया था कि रेजिस्टर कैसे काम करता है—गणना करके नहीं, क्योंकि जब आप दूसरी कक्षा में थे तो कौन गणना कर सकता था, बल्कि सामान्य ज्ञान की तसवीरों व स्पष्टीकरणों से। आप देखते हैं, उन्होंने मुझे शुरू से शास्त्रीय इलेक्ट्रॉनिक्स प्रशिक्षण दिया। अभियंताओं के लिए, जीवन में एक बिंदु होता है 'जब आप—एक रेजिस्टर कैसे काम करता है—की तरह चीजों को समझते हो। चौथी कक्षा तक, मैं वास्तव में इस तरह बातें समझ गया था।'

'और मेरे पिता मुझे अभी भी अधिक बात को समझने में मदद करने के लिए हमेशा मेरे आस-पास थे। जैसे कि प्रकाश। एक प्रकाश बल्ब कैसे काम करता है? मैं जानना चाहता था। मेरी उम्र के अनेक लोगों को नहीं पता था—शायद बड़े हो चुके ज्यादातर लोगों को अभी तक भी नहीं (पता होता है)। लेकिन उन्होंने मुझे समझाया—पहले प्रकाश कैसे बना, फिर इलेक्ट्रॉन कैसे तारों से गुजरे और उन्होंने कैसे एक प्रकाश बल्ब को चमकाया था। और मैं जानना चाहता था कि कैसे, यह कैसे चमक गया था? इसीलिए मुझे समझाने के लिए वे शुरुआत में वापस चले गए कि थॉमस एडीसन ने प्रकाश बल्ब का आविष्कार कैसे किया और ऐसा करने के लिए उसे क्या पता लगाना था। उसे (थॉमस एडीसन को) अहसास हुआ कि मूल रूप से आप को एक निर्वात (वैक्यूम) पैदा करना होगा—इसे निर्वात ही होना था क्योंकि यदि उसमें ऑक्सीजन होती, तो गरम होने पर तार बस जल जाता। तो यह निर्वात (याद रखो, एक निर्वात में कोई हवा नहीं होती है), छोटे बल्ब में है, और मसला तार से ढेर सारे इलेक्ट्रान को गुजार कर उसमें गरमी पैदा करने का था।

'और, तार से गुजरनेवाले इलेक्ट्रान जितना ज्यादा होंगे—मतलब (विद्युत्) धारा जितनी उच्चतर होगी—प्रकाश बल्ब में उतनी चमकदार रोशनी होगी। बहुत खूब! मैं

जब छठी कक्षा तक पहुँचते-पहुँचते गणित व विज्ञान में स्टीव वोज्निअक वास्तव में काफी उन्नत हो चुका था। सभी इस तथ्य को जानते थे। स्कूल ने स्टीव का बुद्धि-अनुपात परीक्षण कराया था, जिसमें उसने 200 से ज्यादा अंक हासिल किए थे।

आठ साल का या उससे भी छोटा था, जब यह मेरी समझ में आ रहा था और इसे जानकार मैं हर किसी से अलग महसूस रहा था, सभी बच्चों से अलग (जिन्हें) मैं जानता था। मैंने महसूस करना शुरू कर दिया था कि मानो मुझे (वे) रहस्य मालूम थे, (जिन्हें) कोई और नहीं जानता था।'

यहाँ दिलचस्प तथ्य यह है कि जैरी वोज्निअक ने अपने बेटे को कभी भी यह मसहूस नहीं होने दिया था कि वह इलेक्ट्रॉनिक्स में काफी तरक्की करता चला जा रहा था। वह स्टीव के सामने बिल्कुल सामान्य रहा करते थे और उसे भी यही अहसास दिलाने की कोशिश करते रहते थे कि यह सबकुछ आम बातें थीं। जब छठी कक्षा तक पहुँचते-पहुँचते गणित व विज्ञान में स्टीव वोज्निअक वास्तव में काफी उन्नत हो चुका था। सभी इस तथ्य को जानते थे। स्कूल ने स्टीव का बुद्धि-अनुपात परीक्षण (इंटेलिजेंस कोशिएंट/ आईक्यू टेस्ट) कराया था, जिसमें उसने 200 से ज्यादा अंक हासिल किए थे; यह सामान्य से बहुत अधिक था, फिर भी जैरी ने किसी खास खुशी का इजहार नहीं किया था और स्टीव के सामने खुद को बिल्कुल सामान्य रखा था। इसके उलट, उन्होंने घर में छोटा श्यामपट्ट (बलैक बोर्ड) निकाल लिया था और स्टीव को नई चीजें समझाने लग पड़े थे—मानो कुछ हुआ ही नहीं था; और जैरी ने स्टीव को यही संकेत दिया था कि उसे अभी बहुत कुछ और भी सीखना बाकी था लिहाजा स्टीव वोज्निअक सामान्य भाव से लगातार वह सबकुछ सीखता चला गया था, जो बड़े-बड़ों की बस की बातें नहीं थीं।

इसके अलावा जैरी वोज्निअक इलेक्ट्रॉनिक वार गेम व खेलों में भी काफी रुचि लेते थे; वे अपने बेटों के साथ घर के पिछवाड़े में बेस बॉल खेला करते थे और स्थानीय सनीवेल लिटिल लीग टीम 'द ब्रेव' के प्रशिक्षक (कोच) भी थे। इसके अलावा शनिवार सुबह वे अपने बेटों व पड़ोसियों के साथ चेरी चेस कंट्री क्लब (18 होल गोल्फ कोर्स) में गोल्फ भी खेला करते थे; और रविवार की दोपहर टेलीविजन पर प्रसारित फुटबॉल मैच देखने में बीतता था। 1960 के दशक में कैलिफोर्निया के हजारों परिवारों की तरह ही वोज्निअक परिवार की भी तैराकी में गहरी रुचि थी और जैरी ने भी टीम-भावना विकसित करने के इरादे से अपने सभी बच्चों को नजदीकी तैराकी क्लब—माउंटेन व्यू डॉलफिन्स में भरती करा दिया था, जहाँ स्टीव जॉब्स भी तैराकी सीखने आया करता था। गंभीर संगीत में बच्चों की रुचि जगाने के लिए जैरी अकसर घर में शास्त्रीय संगीत

के रिकॉर्ड भी बजाया करते थे, लेकिन बच्चों की रुचियाँ अलग थीं। बेटी बाल फैशन पत्रिकाएँ पढ़ने व अपने ट्रांजिस्टर पर रेडियो संगीत सुनने में रुचि लेती थी तो दोनों बेटे बाल विज्ञान-कथाएँ पढ़ने व टेलीविजन पर जासूसी कार्यक्रम देखने में आनंद महसूस करते थे।

वोज्निअक के वैज्ञानिक कारनामे

अपने पिता के बढ़ावे के चलते स्टीव वोज्निअक ने बचपन से ही वैज्ञानिक कारनामे शुरू कर दिए थे। उसने तीसरी कक्षा में पहली बार विज्ञान प्रतियोगिता में हिस्सा लिया था; उसने लकड़ी की तख्ती पर बैटरी जोड़कर टॉर्च/ फ्लैशलाइट प्रदर्शित की थी और प्रतियोगिता जीत ली। लोग आश्चर्यचकित थे, लेकिन बालक वोज्निअक के लिए यह कोई खास बात नहीं थी, क्योंकि उसे मालूम था कि आगे वह बहुत बड़ा कारनामा करनेवाला था।

उसने चौथी कक्षा में दो कार्बन छड़ों को तरल (नमक-पानी का घोल) में रखकर, उसे अलग-अलग तारों को एकांतर प्रवाह (अल्टरनेटिंग करंट/ ए.सी.) विद्युत् आपूर्ति (पॉवर सप्लाई) तकनीक का इस्तेमाल कर यानी 'ए.सी. प्लग' के जरिए बल्ब जलाया था। इस प्रदर्शन के लिए उसने तरह-तरह के तरल पदार्थों—कोका कोला, फलों के रस, बीयर आदि—को बिजली की तार की तरह उपयोग किया था और सबसे बाद में 'नमक-पानी का घोल' डालकर साबित किया था कि सही मायने में वही तरल सुचालक (गुड कंडक्टर) था।

जब स्टीव चौथी कक्षा में था तो पिता ने क्रिसमस उपहार के रूप में हीथ हीथकिट्स—हीथ कंपनी (सेंट जोसेफ, मिशिगन) द्वारा निर्मित शौकिया रेडियो व अन्य इलेक्ट्रॉनिक उपकरण बनाने का 'स्वयं संयोजन साज-सामान' (असेंबल-इट-योरसेल्फ किट)—दिया था। इस किट के जरिए तमाम इलेक्ट्रॉनिक उपकरण तैयार किए जा सकते थे और इसके जरिए स्टीव ने कई कारनामों को अंजाम दिया था। हैरान होने की जरूरत नहीं कि उतनी छोटी उम्र में उस स्टीव ने आंतरिक दूरभाष व्यवस्था (इंटरकम्युनिकेशन/ इंटरकॉम सिस्टम) विकसित कर अपने पड़ोस के छह दोस्तों के घरों को जोड़ दिया था। कैसे हुआ था यह सब? सबसे कठिन काम था—टेलीफोन तार का जुगाड़; स्टीव के एक साथी ने पता नहीं कैसे टेलीफोन विभाग के कर्मचारियों को खुश कर लिया था और उनसे ढेर सारे तार का जुगाड़ कर लिया था! स्टीव ने जोड़ा—तारों में 'प्लस' व 'माइनस' तार की पहचान करना सीखा था और फिर कार्बन माइक्रोफोन, स्विच, बजर, सिग्नल लाइट आदि को उससे जोड़ने के लिए रंगीन पेंसिल से बाकायदा एक डिजाइन तैयार किया किया था। पास की इलेक्ट्रॉनिक्स दुकान से खरीदकर सभी जरूरी सामान

जुटाए गए थे। घरों के पिछवाड़े की बाड़ के साथ-साथ तार बिछाए गए थे, ताकि किसी को भी पता न चल सके। इतना ही नहीं, इस व्यवस्था की खूबी यह थी कि रात को 'बजर' बजने की बजाय 'सिग्नल लाइट' जलने का जुगाड़ बनाया गया था, ताकि परिवार के बड़े लोगों को उनकी बातचीत का पता न चल सके।

स्टीव वोज्निअक ने पाँचवीं कक्षा में इससे भी बड़ा कारनामा किया था, जब विज्ञापन प्रतियोगिता में उसने तब तक ज्ञात 92 रासायनिक तत्त्वों (केमिकल एलेमेंट्स) की एक विशाल 'आवर्त सारणी' (पीरियोडिक टेबल) प्रदर्शित की थी। रासायनिक तत्त्वों को उनकी परमाणु संख्या, इलेक्ट्रॉन विन्यास, व आवर्ती रासायनिक गुणों के आधार पर आयोजित की जानेवाली सारणीबद्ध व्यवस्था को 'आवर्त सारणी' कहा जाता है। अब तक 1 से 118 परमाणुओं वाले रासायनिक तत्त्वों की खोज हो चुकी है। इस वैज्ञानिक प्रारूप (साइंस मॉडल) को तैयार करने के लिए स्टीव वोज्निअक ने एक एल्युमीनियम की चादर का इस्तेमाल किया था। चादर के निचले हिस्से में हरेक रासायनिक तत्त्व का प्रतिनिधित्व करने के लिए 92 छेद बनाए थे और उनमें अलग-अलग स्विच लगाए गए थे। चादर के ऊपरी हिस्से में लक्ष्य-भेदन खेल—बुल्सआई टारगेट—की तरह अलग-अलग रंगों में 92 संकेंद्रित वृत्तों (कंसेंट्रिक सर्कल्स) का बड़ा चित्र बनाया था, जिसके केंद्र में 'परमाणु नाभिक' (एटॉमिक नुक्लिअस) की तरह छोटा लक्ष्य बनाया गया था।

मतलब हरेक वृत्त एक रासायनिक तत्त्व की परमाणु कक्षा (एटॉमिक ऑर्बिट) का प्रतिनिधित्व करता था। सबसे छोटे वृत्त में एक छेद बनाया गया था, उसके ऊपर दो, फिर तीन और सबसे अंत वाले वृत्त में कुल 92 छेद बनाए गए थे। हर छेद में एक-एक छोटा बल्ब लगाया गया था। अब अलग-अलग स्विच को दबाने से अलग-अलग प्रतिनिधि कक्षा के बल्ब जल उठते थे, जो संबधित तत्त्व परमाणु के कुल इलेक्ट्रॉन की संख्या व उसकी परमाणु कक्षा का प्रदर्शन कर रहे थे। मसलन, हाइड्रोजन का स्विच दबाने पर सबसे छोटे वृत्त में लगाया गया एकमात्र बल्ब जलता था, जो हाइड्रोजन की परमाणु कक्षा में एकमात्र इलेक्ट्रॉन को प्रदर्शित करता था। इसी तरह अलग-अलग स्विच दबाने पर दूसरे वृत्त में हीलियम के लिए दो, तीसरे वृत्त में लिथियम के लिए तीन, चौथे वृत्त में बेरीलियम के लिए चार, पाँचवें वृत्त में बोरोन के लिए पाँच, छठे वृत्त में कार्बन के लिए छह, सातवें वृत्त में नाइट्रोजन के लिए सात, आठवें वृत्त में ऑक्सीजन के लिए आठ... और सबसे अंतिम वृत्त में यूरेनियम के लिए कुल 9 बल्ब जल उठते थे, जो अलग-अलग परमाणु कक्षा को प्रदर्शित करते थे। यह बहुत ही जटिल परियोजना थी और इसमें स्टीव वोज्निअक ने अपने पिता के सहयोग से साधारण बिजली बल्ब की जगह प्रकाश उत्सर्जक डायोड (लाइट एमिटिंग डायोड/एल.ई.डी.) तकनीक का

उपयोग किया था। जाहिर है कि स्टीव ने विज्ञान प्रतियोगिता में एक बार फिर से पहला स्थान हासिल किया था।

पाँचवी कक्षा में स्टीव वोज्निअक को वॉकर ए टॉम्पकिंस की विज्ञान कथा—'एस.ओ.एस. एट मिडनाइट' (आधी रात को संकट संकेत) पढ़ने का मौका मिला था। इस कहानी का नायक व उसके साथी शौकिया रेडियो संचालक (हैम रेडियो ऑपरेटर) थे; इसमें नायक का अपहरण हो जाता है और उसके साथ हैम रेडियो पर दोतरफा संवाद कर उसे संकट से बचाया था। यह तो महज एक कहानी थी, लेकिन उस किताब के अंत में शौकिया रेडियो संचालन की तरकीबें बताई गई थीं और कहा गया था कि किसी भी उम्र का व्यक्ति उसका संचालक बन सकता था। बस उसे अमेरिकन रेडियो रिले लीग (ए.आर.आर.एल.)—अमेरिका में शौकिया रेडियो उत्साहियों का सबसे बड़ा संगठन—की सदस्यता व लाइसेंस हासिल करना होता था। बालक स्टीव वोज्निअक पर इसका इतना असर हुआ था कि उसने भी संचालक बनने की ठान ली थी।

उस जमाने में टेलीफोन पर लंबी दूरी की बातचीत काफी महँगी थी और उसकी जगह हैम रेडियो के जरिए दोतरफा संवाद काफी लोकप्रिय था (आज भी दुनिया भर के शौकीन इसका इस्तेमाल कर आपस में बातचीत, सूचनाओं का आदान-प्रदान व मौज-मस्ती करते हैं)। वोज्निअक ने स्कूल में अपने साथियों से इस संबंध में बात की थी; उसे पता चला था कि उसी के इलाके में एक हैम रेडियो संचालक लाइसेंस हासिल करने के लिए जरूरी प्रशिक्षण-पाठ्यक्रम (ट्रेनिंग कोर्स) चला रहा था और स्टीव वोज्निअक ने वहाँ दाखिल होकर हैम रेडियो के सारे गुर सीखने शुरू कर दिए थे। जब जैरी वोज्निअक को पता चला तो वे भी अपने बेटे के साथ हो गए थे; दोनों ने बाकायदा हैम रेडियो की परीक्षा दी और उसमें उत्तीर्ण होकर लाइसेंस हासिल किया। उस वक्त स्टीव छठी कक्षा में चला गया था; उस क्रिसमस पर जैरी वोज्निअक ने अपने बेटे को महँगे उपहार के रूप में हैलीक्राफ्टर्स कंपनी (शिकागो, इलिनोइस) द्वारा निर्मित 'हैम रेडियो किट' दिया था, जिसमें रेडियो प्रसारक (ट्रांसमीटर) व चोगा (रिसीवर) बनाने के सारे साजो-सामान थे। यह किसी छठी कक्षा के छात्र पर खर्च की जानेवाली बहुत बड़ी रकम थी; आज की कीमत के हिसाब से इस किट पर करीब दो हजार डॉलर लगे थे।

रेडियो ट्रांसमीटर व रिसीवर बनाना कोई आसान काम नहीं था; इसके तैयार करने के लिए किट में मौजूद सैकड़ों पुरजों को सावधानीपूर्वक 'सोल्डर' से जोड़ना पड़ता था; वोज्निअक ने सोल्डर करना सीखा और खुद ही सबकुछ तैयार भी किया था। इसके अलावा, छत पर निश्चित लंबाई की एंटीनाओं को स्थापित करना व उन्हें आपस में बाँधकर उचित रेडियो संकेत (सिग्नल) प्राप्त करना भी आसान काम नहीं था, लेकिन स्टीव ने वह काम भी खुद ही किया था। (एंटीना या एरियल एक विद्युत् उपकरण,

जो रेडियो तरंगों में विद्युत्-शक्ति में बदलता है या फिर विद्युत्-शक्ति को रेडियो तरंगों में।) जाहिर है कि घर में हैम रेडियो की स्थापना कर स्टीव वोज्निअक को बहुत ज्यादा खुशी मिली थी, लेकिन वह बहुत जल्द ही अपनी इस उपलब्धि से उकता गया था क्योंकि अधिकांश हैम रेडियो संचालक उम्रदराज लोग थे, जिनसे संवाद करना उसके लिए संभव नहीं था।

हाँ, इस शौक ने वोज्निअक को 'सैन जोस मरकरी' अखबार के पहले पन्ने पर रिचर्ड निक्सन के साथ छपने का मौका जरूर दे दिया था। अमेरिकी उपराष्ट्रपति का कार्यकाल पूरा करने के बाद निक्सन सन् 1962 में कैलिफोर्निया के गवर्नर का चुनाव लड़ रहे थे। इसी क्रम में जब वे सनीवेल आए थे तो मार्गरेट वोज्निअक स्टीव को लेकर उनके पास पहुँची थी और उन्हें शेरा स्कूल हैम रेडियो संचालक समूह (जबकि वह स्कूल का अकेला संचालक था) की तरफ से समर्थन देने का वायदा किया था। निक्सन बहुत की गर्मजोशी से स्टीव से मिले थे; उन्होंने स्टीव की किताब पर अपने हस्ताक्षर किए थे और उसे उपहार में अपनी कलम दी थी। यही खबर अगले दिन अखबार में छपी थी और स्टीव को स्कूल के हैम रेडियो समूह का प्रतिनिधि बताया गया था।

यही वह वक्त था जब एक और भाग्यशाली घटना हुए और स्टीव वोज्निअक को अपने पिता की एक पुरानी शोध-पत्रिका में एनिअक—इलेक्ट्रॉनिक नमेरिकल इंटीग्रेटर ऐंड कंप्यूटर)—के बारे में पढ़ने को मिला था। यह अमेरिकी सेना की बैलिस्टिक रिसर्च लेबोरेटरी/बी.आर.एल. (एबरडीन प्रोविंग ग्राउंड, मेरीलैंड) द्वारा विकसित दुनिया का पहला सामान्य प्रयोजन इलेक्ट्रॉनिक कंप्यूटर था, जिसे द्वितीय विश्व युद्ध के दौरान यानी 1940 के दशक में बम प्रक्षेप-पथ (बम ट्राजेक्टरी) के संख्यात्मक समाकलन (नुमेरिकल इंटीग्रेशन) के लिए डिजाइन किया गया था। उस शोध-पत्रिका में इस विशाल कंप्यूटर से संबंधित सभी प्रकार के उपकरणों के चित्र व विस्तृत जानकारियाँ प्रकाशित की गई थीं। उन चित्रों में एक टी.वी. ट्यूब जैसा दिखनेवाले बड़े गोल ट्यूब का चित्र भी था, जिसके बारे में आलेख में बताया गया था कि कंप्यूटर उसी में आँकड़ों का भंडारण करता था, जिसे भास्वर (फॉस्फर) प्रकाश के चालू (ऑन) या बंद (ऑफ) प्रभाव से पढ़ा जा सकता था। मौजूदा कंप्यूटर के द्विआधारी अंक प्रणाली (बाइनरी नुमेरल सिस्टम) में इस्तेमाल होनेवाले '1' (एक) व '0' (शून्य) अंकों की तुलना फॉस्फर के 'ऑन' व 'ऑफ' से की जा सकती है। कुल मिलाकर उस आलेख में आँकड़ों के भंडारण के बारे में बताया गया था और महज 11 वर्ष का बालक स्टीव वोज्निअक उस विषय से बुरी तरह मोहित हो गया था।

इस आलेख को पढ़ने के बाद, कंप्यूटर को लेकर स्टीव के दिमाग में अचानक अजीबोगरीब विचार आने शुरू हो गए थे। जाहिर है कि यह सबकुछ महज शुरुआती

जिज्ञासाएँ भर थीं और कंप्यूटर बनाने जैसी बातें अभी बहुत ही दूर की बातें थी। लेकिन उस घटना के बाद से वोज्निअक का ध्यान इस विषय पर केंद्रित होना शुरू हो गया था और उसने संबंधित पत्रिकाओं में दूसरे आलेखों को भी गंभीरता से पढ़ना शुरू कर दिया था। उस जमाने में कंप्यूटर खरीदना, उसे घर में लाना व सीखने की कोशिश करने की बातें महज एक सपना सा था और वही 'सपना' वोज्निअक के दिमाग पर छाना शुरू हो गया था। निश्चित तौर पर यह कंप्यूटर विज्ञान में आश्चर्यजनक खोजों का दौर था, लेकिन यह महज एक संयोग था कि स्टीव के पिता खुद एक राकेट अभियंता थे और उसके घर में कंप्यूटर संबंधी ऐसे वैज्ञानिक दस्तावेजों व पत्रिकाओं की भरमार सी थी, जिन्हें आम लोगों के लिए देख पाना भी संभव न था, क्योंकि वे उच्च-श्रेणी के सरकारी अभियंताओं को लक्ष्य कर प्रकाशित होती थीं। फिर भी, यदि स्टीव आम बच्चों से अलग शर्मीला व पढ़ाकू न होता तो उतनी कम उम्र में उन पत्रिकाओं को पढ़ना व कंप्यूटर के बारे कुछ भी जान पाना या फिर सीखना संभव नहीं हो पाता।

जल्द ही स्टीव ने बूलियन अलजेब्रा, जिस पर डिजिटल इलेक्ट्रॉनिक्स/कंप्यूटर का विकास आधारित है, के बारे में पढ़ना शुरू कर दिया था। अंग्रेज गणितज्ञ जॉर्ज बूले के नाम से जाना जानेवाला 'बूलियन अलजेब्रा' गणितीय तर्क (मैथमेटिकल लॉजिक) में बीजगणित का एक उप-क्षेत्र है; इसमें चर (वेरिएबल्स) के मूल्यों को सत्य मूल्यों—'सही' व 'गलत', जो आम तौर पर क्रमशः '1' व '0' से चिह्नित होता है—के आधार पर तय किया जाता है। बालक वोज्निअक इससे भी आगे 'बूलियन अलजेब्रा' की तह में चला गया था और उसके आधार 'डी मॉर्गन थ्योरम' को भी सीख लिया था। इसके जरिए स्टीव तर्क-समीकरणों (लॉजिक इक्वेशन) में 'एंड' व 'ऑर' की अदला-बदली कर सकता था।

'एंड' व 'ऑर' को 'तर्क दरवाजा' (लॉजिक गेट) कहा जाता है, जो कंप्यूटर प्रौद्योगिकी के मूल निर्माण-खंड (बेसिक बिल्डिंग ब्लॉक) हैं। अंकीय परिपथ (डिजिटल सर्किट) '1' व '0' पर आधारित इन तर्क दरवाजों के जरिए ही हरेक चीज की पहचान करते हैं। वोज्निअक को कंप्यूटर की इस गणितीय-तर्क अवधारणा को समझाने के लिए उसके पिता ने दो खिलाड़ियों के बीच खेले जानेवाला लोकप्रिय कागज-पेंसिल खेल—'टिक-टैक-टो' का उपयोग किया था। इस खेल में 3 × 3 के जाल (ग्रिड) के नौ रिक्त स्थानों का दो खिलाड़ियों द्वारा 'एक्स' व 'ओ' रूप में इस्तेमाल किया जाता है। यह पूरी तरह एक जटिल तार्किक खेल है, लेकिन यह एक मनोवैज्ञानिक खेल भी है। यदि आप विरोधी खिलाडी के मनोविज्ञान को समझने की कोशिश करें तो खुद को अजेय माननेवाले खिलाड़ी को मात दी जा सकती है। यदि आप गणितीय तर्क अवधारणा को समझते हैं तो जीतना और भी आसान हो सकता है।

छठी कक्षा में स्टीव वोज्निअक ने विज्ञान-प्रतियोगिता के लिए इसी गणितीय तर्क अवधारणा के आधार पर 'टिक-टैक-टो' मशीन बनाई थी। यह एक जटिल इलेक्ट्रॉनिक प्रणाली थी, जिसमें एक विशेष इलेक्ट्रॉनिक परिपथ बनाने के लिए भारी संख्या में आधारभूत इलेक्ट्रॉनिक घटकों—रेजिस्टर, ट्रांजिस्टर, कैपसिटर, इंडक्टर व डायोड का इस्तेमाल हुआ था।

छठी कक्षा में स्टीव वोज्निअक ने विज्ञान-प्रतियोगिता के लिए इसी गणितीय तर्क अवधारणा के आधार पर 'टिक-टैक-टो' मशीन बनाई थी। यह एक जटिल इलेक्ट्रॉनिक प्रणाली थी, जिसमें एक विशेष इलेक्ट्रॉनिक परिपथ (सर्किट) बनाने के लिए भारी संख्या में आधारभूत इलेक्ट्रॉनिक घटकों—रेजिस्टर, ट्रांजिस्टर, कैपसिटर, इंडक्टर व डायोड का इस्तेमाल हुआ था। यह बालक वोज्निअक की अब तक की सबसे बड़ी परियोजना थी, जिसमें उसे इलेक्ट्रॉनिक अभियांत्रिकी के संबंधित तमाम आधारभूत ज्ञान हासिल हुआ था। जाहिर है कि वोज्निअक की सीखने की इस जटिल प्रक्रिया को उसके पिता के मागदर्शन ने बिल्कुल आसान बना दिया था।

खैर, सातवीं में किसी कारण से स्टीव वोज्निअक विज्ञान प्रतियोगिता में हिस्सा नहीं ले सका और तीसरी से छठी तक की प्रतियोगिता जीतने का सिलसिला उस साल टूट गया। लेकिन आठवीं में स्टेव वोज्निअक ने बिल्कुल नायाब मशीन बनाई, जिसे उसने 'ऐडर/सब्सट्रेक्टर' (जोड़ने-घटनेवाला) नाम दिया था। यह परियोजना 'टिक-टैक-टो' मशीन की तरह आकार में बड़ी व ज्यादा समय खानेवाली परियोजना नहीं थी, लेकिन उसका एक सार्थक उद्देश्य था, जो सही मायने में वास्तविक कंप्यूटिंग प्रणाली के काफी नजदीक तक पहुँचता था। 'टिक-टैक-टो' तो महज एक खेल है, इसीलिए वह स्कूल में नहीं पढ़ाया जाता, बल्कि उसकी जगह आसन दिखनेवाला 'जोड़-घटाव' पढ़ाया जाता है। क्यों ? 'जोड़-घटाव' से तो एक दिन चाँद पर भी पहुँचा जा सकता है, लेकिन 'टिक-टैक-टो' खेलकर इतनी बड़ी उपलब्धि हासिल कर पाने की कोई सोच भी नहीं सकता। यही सोचकर बालक वोज्निअक ने 'ऐडर/सब्सट्रेक्टर' इलेक्ट्रॉनिक उपकरण तैयार कर अपने कंप्यूटर बनाने के सपने को पूरा करने की दिशा में पहला कदम बढ़ा दिया था।

जी हाँ, यह कोई आसान काम नहीं थे, लेकिन स्टीव वोज्निअक के लिए बहुत मुश्किल भी नहीं, क्योंकि अब तक वह इलेक्ट्रॉनिक्स का बड़ा जानकार हो चुका था। 'ऐडर/सब्सट्रेक्टर' उपकरण बनाने के लिए स्टीव ने एक वर्गफीट आकार के छेदोंवाले प्लास्टिक बोर्ड में कई इलेक्ट्रिकल कनेक्टर लगाए थे, और जहाँ जरूरत थी उनके साथ ट्रांजिस्टर व अन्य पुरजों को सोल्डर किया था। उस उपकरण में '0' व '1' का

प्रतिनिधित्व करनेवाले 10 छोटे स्विच लगाए गए थे और बाकी अंकों के लिए अलग-अलग स्विच का एक दूसरा समूह बनाया गया था। यदि 3+2 करना था तो अंक 3 का प्रतिनिधित्व करनेवाले बाइनरी अंक—0000000011 के लिए आपको शीर्ष पंक्ति में सबसे दाहिने के दो स्विचों को दबाना पड़ता था। फिर 2 का प्रतिनिधित्व करनेवाला बाइनरी अंक—0000000010 के लिए निचली पंक्ति में अंतिम के बगल वाले स्विच को दबाना पड़ता था। उत्तर एल.इ.डी. के जलने से पता चलता था, जोकि स्विच के साथ जुड़े हुए थे। इस उदाहरण में दो एल.इ.डी. जल उठते थे, जो बाइनरी अंक 0000000101 को दरशाते थे, जो अंक 5 प्रतिनिधित्व करते थे। यह सब दोनों—जोड़ (ऐड) या घटाव (सब्सट्रैक्ट) तरकीबों (मोड) में संभव था।

उस उपकरण के साथ एक और बोर्ड जुड़ा हुआ था, जिस पर अगल-बगल में 10 जोड़-घटाव परिपथ (ऐडर या सब्सट्रेक्टर सर्किट) बनाए गए थे। यह हस्त-अंकगणित (मैन्युअल अर्थमेटिक) की तरह काम करते हुए 'कैरी' व 'बौरो' अंकों—जोड़/घटाव के क्रम में हाशिए के ऊपर रखे जानेवाले अंक—को सँभालता था। लिहाजा वोज्निअक का 'ऐडर/सब्सट्रेक्टर' उपकरण 1023 तक की संख्याओं का जोड़-घटाव कर सकता था।

खैर, इससे साफ हो जाता था कि आठवीं में स्टीव वोज्निअक को इलेक्ट्रॉनिक्स के कई स्तरों—तर्क दरवाजों (लॉजिक गेट्स), द्विआधारी संख्या सिद्धांत (बाइनरी नंबर थ्योरी), सोल्डरिंग (पूरक मिलाप धातु—सोल्डर—को गरम छड़ से पिघलाकर दो अन्य धातुओं को जोड़ने की प्रक्रिया) सहित तमाम हिस्सों-पुरजों की बारीक जानकारी हो चुकी थी; और उसके ज्ञान में हर गुजरते दिन बढ़त होती जा रही थी। स्टीव विज्ञान प्रतियोगिता के दौरान निर्णायकों (जज) को ऐसे तमाम सवालों—'बाइनरी नंबर' कैसे काम करता है, उसे कैसे जोड़ा या घटाया जा सकता था, कैसे डायोड व ट्रांजिस्टर से लॉजिक गेट बनाए जा सकते थे, आदि—को पूरी तरह से समझा पाने में सक्षम था।

प्रतियोगिता से एक रात पहले वोज्निअक अपनी मशीन को लेकर 'बे एरिया साइंस फेयर' में पहुँचा था। वहाँ मौजूद लोगों ने उसे बताया था कि उसे अपनी मशीन को कहाँ प्रदर्शित करना था; और उसने वैसा ही किया था। फिर उन लोगों ने मशीन के बारे में वोज्निअक से कुछ सवाल पूछे थे, लेकिन वोज्निअक को यह समझ नहीं आया कि वे लोग ही निर्णायक थे और उसने कोई जवाब नहीं दिया था। लिहाजा जब अगले दिन परिणाम आया तो उसमें वोज्निअक का नाम ही नहीं था और ऐसी तीन परियोजनाओं को विजयी घोषित कर दिया गया था, जो वोज्निअक के 'ऐडर/सब्सट्रेक्टर' उपकरण के मुकाबले काफी कमजोर थीं। वोज्निअक ने हाय तौबा मचाई; निर्णायकों ने फिर सवाल पूछे; वोज्निअक ने निर्णायकों की आशंका के विपरीत बेहतर तरीके से सारे जवाब दिए; वह प्रतियोगिता 12वीं तक के छात्रों की थी; फिर भी निर्णायकों ने आठवीं में होने के

बावजूद वोज्निअक को सबसे बड़े पुरस्कार के लिए चुना। पुरस्कार के एक भाग के रूप में वोज्निअक को अमेरिकी सामरिक वायु कमान (स्ट्रेटेजिक एयर कमांड/सैक) की ट्रैविस एयरफोर्स बेस (फेयरफील्ड, सोलानो काउंटी, कैलिफोर्निया) का भ्रमण कराया गया। इस दौरान वोज्निअक को वायुसेना के विमान में उड़ने का मौका भी दिया गया था और वहीं से वोज्निअक में हवाई-उड़ान का शौक पनपना शुरू हो गया था।

□

2

हिप्पी संस्कृति में जवान होते वोज्निअक व जॉब्स

सन् 1968 में जब स्टीव जॉब्स इलाके के जाने-माने होमस्टेड हाई स्कूल (क्यूपर्टिनो) में दाखिल हो रहा था, स्टीव वोज्निअक हाई स्कूल की पढ़ाई पूरी कर कॉलेज में जाने की तैयारी कर रहा था। उस वक्त आधुनिक अमेरिका का इतिहास सबसे अशांत दौर से गुजर रहा था। काले अमेरिकियों के खिलाफ नस्लीय अलगाव व भेदभाव को खत्म करने व उन्हें संवैधानिक मतदान का अधिकार दिलाने के लिए वर्ष 1954 में शुरू हुआ 'अफ्रीकी-अमेरिकी नागरिक अधिकार आंदोलन' अपने चरम पर था। 4 अप्रैल, 1968 को इस आंदोलन के महानायक मार्टिन लूथर किंग, जूनियर की हत्या कर दी गई थी। उसके तुरंत बाद, 11 अप्रैल, 1968 को, अमेरिकी संसद् ने ऐतिहासिक 'नागरिक अधिकार अधिनियम-1968' पारित किया था, जिसके तहत जाति, धर्म या राष्ट्रीय मूल का विचार किए बिना सभी को बराबर आवास का अवसर प्रदान किया गया था। कुछ ही समय बाद, 6 जून, 1968 को आधुनिक अमेरिकी उदारवाद के प्रतीक व राष्ट्रपति पद के नामांकन के प्रमुख डेमोक्रेटिक उम्मीदवार रॉबर्ट फ्रांसिस कैनेडी की हत्या हो गई थी। डेमोक्रेटिक नेशनल कन्वेंशन (26-29 अगस्त, 1968; इंटरनेशनल एंफीथियेटर, शिकागो) के दौरान वियतनाम युद्ध का विरोध कर रहे विरोध-संस्कृति से उपजे हिप्पी आंदोलनकारियों व पुलिस के बीच जबरदस्त भिड़ंत—जो 'पुलिस रॉयट' नाम से कुख्यात है—ने अमेरिकी युवाओं का ध्यान खींचा था।

होमस्टेड हाई स्कूल में स्टीव जॉब्स की उम्र के काफी कम छात्र थे। जल्द ही उसकी दोस्ती कुछ ऐसे वरिष्ठ छात्रों से हो गई थी, जो विरोध-संस्कृति (काउंटर कल्चर) के समर्थक हिप्पी समुदाय की गतिविधियों में शामिल थे। स्टीव की ही तरह उसके ये दोस्त भी काफी तीव्र बुद्धिवाले युवा थे; सभी की गणित, विज्ञान व इलेक्ट्रॉनिक्स में

गहरी रुचि थी; लेकिन वे मुक्त सेक्स, मनोत्तेजक दवाओं (साइकोएक्टिव ड्रग्स) व अन्य नशा-सामग्रियों के सेवन की हिप्पी गतिविधियों में भी शामिल थे। वोज्निअक की तरह जॉब्स इलेक्ट्रॉनिक्स का कीड़ा नहीं था; वह उन्मुक्त स्वभाव का, कारोबारी झुकाववाला प्रयोगधर्मी युवा था और इलेक्ट्रॉनिक्स के अलावा अन्य सामाजिक-सांस्कृतिक गतिविधियों में भी उसकी उतनी ही रुचि थी। जाहिर है हिप्पी-गतिविधियों ने उसके युवा मन को आकर्षित किया था, जो उसकी आनेवाली जिंदगी पर गहरा असर छोड़नेवाला था।

जल्द ही वोज्निअक व जॉब्स एक-दूसरे के करीब आनेवाले थे और उनकी जोड़ी सिलिकॉन वैली में बदलते सांता क्लारा वैली में एक नए इलेक्ट्रॉनिक इतिहास की रचना शुरू करनेवाली थी। लेकिन उस कहानी में आगे बढ़ने से पहले, उस दौर में अमेरिका में हो रहे सामाजिक-सांस्कृतिक बदलावों को समझना जरूरी है; और इसके लिए विरोध-संस्कृति से उपजे हिप्पी आंदोलन के उफान के इतिहास को भी टटोलना पड़ेगा।

विरोध संस्कृति व हिप्पी आंदोलन का विकास

विरोध-संस्कृति (काउंटर कल्चर) एक स्थापना-विरोधी सांस्कृतिक घटना (एंटी एस्टाब्लिशमेंट कल्चरल फेनोमिनो) थी, जो 1960 के दशक में पहले संयुक्त राज्य अमेरिका व ब्रिटेन में विकसित हुई और 1970 के दशक तक समूची पश्चिमी दुनिया में फैल गई। इसने अफ्रीकी मूल के अमेरिकी नागरिकों को समान सामाजिक अधिकार दिलाने के आंदोलन के साथ रफ्तार पकड़ी थी और वियतनाम में अमेरिकी सरकार की व्यापक सैन्य हस्तक्षेप के विस्तार के साथ क्रांतिकारी बनती चली गई थी।

असल में, द्वितीय विश्व युद्ध के बाद खास तौर पर संयुक्त राज्य अमेरिका व ब्रिटेन में आकस्मिक जन्मदर वृद्धि (बेबी बूम) के नतीजे के रूप में युवाओं की संख्या में अभूतपूर्व बढ़त हुई थी। इनमें से अधिकांश युवा समृद्ध थे, लेकिन उनमें पारंपरिक सामजिक मूल्यों के प्रति असंतोष की भावना लगातार बढ़ती जा रही थी और अमेरिकी व अन्य लोकतांत्रिक समाजों की सोच को एक नई दिशा देने की हर प्रकार की कोशिशों में बढ़-चढ़कर हिस्सा ले रहे थे। 1950 के दशक में अमेरिकी युवाओं का एक ऐसा वर्ग उभरकर सामने आया था, जो पश्चिमी भौतिकतावाद को सिरे से खारिज कर पूर्व एशियाई-भारतीय अध्यात्मिक दर्शन व धार्मिक परंपराओं में रुचि ले रहा था; ईसाई परंपरा में निहित नैतिकता के मूल्यों को चुनौती देकर 'मुक्त प्रेम' (फ्री लव) की यौन-क्रांति (सेक्स रेवोलुशन) को गले लगा रहा था; भारतीय राग मिश्रित एक विशेष प्रकार का मनोत्तेजक संगीत विधा—'साइकेडेलिक रॉक' की धुनों पर थिरक रहा था और मनोत्तेजक अनुभवों (साइकेडेलिक एक्सपीरियंसेज)—समाधि,

ध्यान, योग, धार्मिक परमानंद, सपने देखना, व मौत का नजदीकी अनुभव—के लिए भाँग (कैनाबिज), गाँजा (मारिजुआना), एल.एस.डी. (लीसर्जिक एसिड डीइथाइलामाइड) टेबलेट जैसी नशा सामग्रियों का सेवन कर रहा था। कुछ अमेरिकी साहित्यकारों ने अपनी रचनाओं में इस अमेरिकी युवा वर्ग को 'ताल पीढ़ी' (बीट जनरेशन) के रूप में संबोधित करते हुए उनकी जीवन-शैली व दर्शन को सांस्कृतिक-घटना के रूप में प्रमाणिकता के साथ पेश कर बाकायदा एक नई साहित्यिक विधा—ताल साहित्य (बीट लिटरेचर) का आगाज किया था। तीन उपन्यासों—एलेन गिन्सबर्ग के 'हाउल'/ 'चीख' (1956), जैक केरौअक के 'ऑन द रोड'/ 'सड़क पर' (1957) और विलियम एस बुरोउघ्स के 'नैकेड लंच'/ 'नंगा दोपहर का खाना' (1959) को 'ताल-साहित्य' परंपरा की क्रांतिकारी रचनाओं में गिना जाता है।

> **'हिप्प' नाम से मशहूर रेडियो संगीत के प्रर्वतक व समाचार टीकाकार—ने करीब 50 लोगों का एक कबीला गठित किया था और नेवादा प्रांत में वर्जीनिया सिटी के अलग-थलग पड़े पुराने समय के खनन शहर—रेड डॉग सैलून में सारी रात चलनेवाले समारोह का आयोजन शुरू किया था।**

1960 के दशक के आगे बढ़ने के साथ ही वियतनाम-युद्ध, प्रजातीय-संबंधों (रेस रिलेशन), मानव कामुकता (ह्यूमन सेक्सुअलिटी), महिलाओं के अधिकार, सत्ता के पारंपरिक तरीकों, मनोत्तेजक दवाओं (साइकोएक्टिव ड्रग्स) व अमेरिकी सपनों (अमेरिकन ड्रीम्स) की व्याख्या—आदि मुद्दों पर पीढ़ीगत सोच का टकराव समाज में व्यापक तनाव की स्थिति बना रहा था। ऐसे में नए सामाजिक-सांस्कृतिक-राजनीतिक संगठन उभरकर सामने आए थे। ऐसे में अमेरिका के पूर्वी तटीय प्रांतों (ईस्ट कोस्ट) के 'ताल पीढ़ी' (बीट जनरेशन) के कलाकारों, साहित्यकारों व उनके समर्थकों ने ग्रीनविच विलेज (न्यूयॉर्क सिटी में लोअर मेनहट्टन से सटा इलाका) में सामूहिक रूप से निवास करना शुरू कर दिया था। इस समुदाय के लोगों को 'हिप्पी' और उनकी जीवन-शैली को 'हिप्पी संस्कृति' कहा जाने लगा था।

उस वक्त अमेरिका के पश्चिमी तटीय प्रांतों (वेस्ट कोस्ट) के हिप्पियों के बीच उत्तरी कैलिफोर्निया में सैन फ्रांसिस्को खाड़ी के पूर्वी तट पर बसा शहर—बर्कले अफ्रोको-अमेरिकी लोक-संगीत के केंद्र के रूप में उभर रहा था। बर्कले के दो कॉफी हाउस—काबले क्रीमरी व जब्बरवोक हिप्पियों के माहौल में लोक संगीत कलाकारों का प्रायोजित प्रदर्शन कर रहा था।

अप्रैल 1963 में, काबले क्रीमरी के सह संस्थापक चांडलर ए लाफलिन III बाबुरा टी.। 'हिप्प' नाम से मशहूर रेडियो संगीत के प्रर्वतक व समाचार टीकाकार—ने करीब 50

लोगों का एक कबीला गठित किया था और नेवादा प्रांत में वर्जीनिया सिटी के अलग-थलग पड़े पुराने समय के खनन शहर—रेड डॉग सैलून में सारी रात चलनेवाले समारोह का आयोजन शुरू किया था। इस समारोह में परंपरागत मूल अमेरिकी आध्यात्मिक मूल्यों के साथ मनोत्तेजक अनुभवों को हासिल करने के लिए भाँग-गाँजा जैसे नशे के सेवन और संगीतमय अभिव्यक्ति व प्रदर्शन की एक अनूठी शैली को प्रोत्साहित किया जाता था। वर्ष 1965 की गरमियों के दौरान, लाफलिन व उसके साथियों ने 'द रेड डॉग एक्सपीरियंस' समारोह के लिए ऐसी मूल प्रतिभाओं को इकट्ठा किया, जिन्होंने पारंपरिक लोक संगीत व विकासशील साइकेडेलिक रॉक के मिश्रण से नई संगीत विधाओं का रास्ता साफ किया था। इनमें ग्रेटफुल डेड, जेफरसन एयरप्लेन, बिग ब्रदर ऐंड होल्डिंग कंपनी, क्विकसिल्वर मैसेंजर सर्विस, द चार्लटंस व अन्य भविष्य के मशहूर अमेरिकन बैंड समूहों के कलाकार इकट्ठे हुए थे।

'द रेड डॉग एक्सपीरियंस' से लौटे सेंट्रल सैन फ्रांसिस्को के कुछ हिप्पियों ने 'द फॅमिली डॉग' समूह का गठन कर 16 अक्तूबर, 1965 को इंटरनेशनल लांगशोर ऐंड वेयरहाउस यूनियन (नॉर्थ पॉइंट स्ट्रीट, सैन फ्रांसिस्को) के 'लांगशोरमैन'स हॉल' (बोझ उतारनेवाले मजदूर का सभागार) में मार्वल कॉमिक्स के महानायक चरित्र 'डॉ. स्ट्रेंज' की याद में 'ए ट्रिब्यूट टू डॉ. स्ट्रेंज' का आयोजन किया। इसमें करीब एक हजार मूल हिप्पियों ने हिस्सा लिया और यह सैन फ्रांसिस्को का पहला साइकेडेलिक रॉक प्रदर्शन, पोशाक नृत्य (कॉस्टयूम डांस) व रोशनी तमाशा (लाइट शो) था, जिसमें जेफरसन एयरप्लेन, द ग्रेट सोसाइटी व ए मार्बल्स जैसे बैंड समूहों का प्रदर्शन हुआ था। ऐसे दो अन्य समारोहों के बाद स्टीवर्ट ब्रांड ('होल अर्थ कैटलॉग' के संपादक के रूप में मशहूर अमेरिकी लेखक), केन केसी (ताल पीढ़ी के प्रमुख अमेरिकी उपन्यासकार), ऑव्सली स्टेनली (वर्ष 1965-67 में 12.5 लाख एल.एस.दी. खुराक के उत्पादनकर्ता व 'ऑव्सली—द एल.एस.डी. कुक' के रूप में कुख्यात भूमिगत रसायनज्ञ) व अन्य प्रमुख हिप्पी हस्तियों ने नेतृत्व में उसी 'लांगशोरमैन'स हॉल' में 21 से 23 जनवरी, 1966 को 'द ट्रिप्स फेस्टिवल' का एक बड़ा आयोजन किया था। ऊँची कीमत पर बेचे गए प्रवेश-पत्र पर आयोजित इस तीन दिवसीय कार्यक्रम में कुल 10 हजार हिप्पियों ने हिस्सा लिया था और रोजाना करीब एक हजार लोगों को प्रवेश देने से मना कर दिया गया था। शनिवार 22 जनवरी को जब ग्रेटफुल डेड व बिग ब्रदर ऐंड होल्डिंग कंपनी के कलाकारों ने मंच पर प्रदर्शन किया था; यह उस युग का पहला भव्य व पूरी तरह से विकसित रोशनी-तमाशा था; और 'एल.एस.डी. ट्रिप' में झूमते छह हजार लोग उस ऐतिहासिक सांस्कृतिक समारोह के गवाह बनने के लिए पहुँचे थे। (एल.एस.डी. के मनोवैज्ञानिक प्रभाव को बोल-चाल की भाषा में एक 'ट्रिप'/ 'यात्रा' कहा जाता है)

उसके बाद फरवरी 1966 में बिग ब्रदर ऐंड होल्डिंग कंपनी के संस्थापक व प्रबंधक चेस्टर लियो 'चेट' हेल्म्स ने फैमिली डॉग प्रोडक्शंस के नाम से सैन फ्रांसिस्को के एवलॉन बॉलरूम (सूटर स्ट्रीट) व फिलमोर ऑडिटोरियम (गेअरी बुलेवार्ड) में साइकेडेलिक रॉक संगीत अनुभववाले रोशनी समारोहों का सिलसिला शुरू किया था। इन कार्यक्रमों में हिप्पी युवाओं के दल 'एल.एस.डी. ट्रिप' के प्रभाव में नग्नावस्था में रात भर थिरका करते थे। सैन फ्रांसिस्को के कुछ शरुआती हिप्पियों में सैन फ्रांसिस्को स्टेट कॉलेज के पूर्व छात्र थे, जो विकासशील साइकेडेलिक हिप्पी संगीत से प्रभावित हुए थे। ये छात्र अपने-अपने पसंदीदा बैंड में शामिल हो रहे थे। इन लोगों ने हाइट-ऐशबरी (सेंट्रल सैन फ्रांसिस्को में गोल्डन गेट पार्क से सटा इलाका) के बड़े व सस्ते विक्टोरियन अपार्टमेंट में एक समुदाय विशेष के रूप में रहना शुरू किया था। जून 1966 तक समूचे देश से 15 हजार से अधिक अमेरिकी युवा इस इलाके में इकट्ठे हो गए थे। इसी अवधि के दौरान द चार्लाटंस, जेफरसन एयरप्लेन, बिग ब्रदर ऐंड होल्डिंग कंपनी, ग्रेटफुल डेड जैसे उभर रहे अमेरिकी साइकेडेलिक बैंड समूहों ने भी खुद को हाइट-ऐशबरी क्षेत्र में स्थानांतरित कर लिया।

हिप्पी संस्कृति को लोकप्रिय बनाने की पहली सफल कोशिश 14 जनवरी, 1967 को सैन फ्रांसिस्को के गोल्डन गेट पार्क में सार्वजनिक कार्यक्रम 'ह्यूमन बी-इन' से आरंभ हुई थी, जिसमें 35 हजार से अधिक हिप्पियों ने हिस्सा लिया था। इस कार्यक्रम का आयोजन अमेरिकी ललित कलाकार माइकल बोवेन ने किया था, जिन्होंने आध्यात्मिक या रहस्यमय विषयों पर चित्रांकन-आंदोलन 'विजनरी आर्ट्स' को आगे बढ़ाने में महत्त्वपूर्ण भूमिका निभाई थी। इस कार्यक्रम में इरविन एलन गिंसबर्ग (सैनिक शासन, आर्थिक भौतिकवाद व यौन दमन के धुर विरोधी यहूदी अमेरिकी कवि), गैरी स्नाइडर (अमेरिकी साहित्यकार व पर्यावरण कार्यकर्ता), टिमोथी फ्रांसिस लियरी (मनोत्तेजक दवाओं की वकालत के लिए मशहूर अमेरिकी मनोवैज्ञानिक व लेखक), लेनोर कंडेल ('द लव बुक' के लिए कुख्यात अमेरिकी कवयित्री) व माइकल मैकक्लुर (विरोध-संस्कृति समर्थक अमेरिकी कवि, नाटककार, गीतकार, व उपन्यासकार) ने मुख्य वक्ताओं के रूप में हिस्सा लिया था तो ग्रेटफुल डेड, जेफरसन एयरप्लेन ने मुफ्त में प्रदर्शन किया था।

इस समारोह की सफलता के बाद गरमी की छुट्टियों में हाइट-ऐशबरी क्षेत्र में युवाओं की भारी भीड़ इकट्ठी होने की संभावना जताई गई थी। हिप्पियों के बीच सक्रिय सामाजिक-सांस्कृतिक संस्थाओं—द फॅमिली डॉग, द स्ट्रैट थिएटर, द डिगर्स व द सैन फ्रांसिस्को ऑरेकल सहित 25 प्रमुख व्यक्तियों ने आजाद खयाल युवाओं की भारी भीड़ को नियंत्रित करने के लिए 1 अप्रैल, 1967 को 'द कौंसिल ऑफ समर ऑफ लव' का गठन किया था। 1967 की गरमी की छुट्टियों में समूचे अमेरिका से करीब एक लाख

हिप्पी-युवा इकट्ठे हुए थे और कौंसिल ने स्थानीय प्रशासन व गिरजाघरों के सहयोग से उनके लिए निःशुल्क क्लिनिक, संगठित आवास, भोजन व स्वच्छता का इंतजाम करने के साथ-साथ संगीत व कला कार्यक्रमों का आयोजन किया था। उसके बाद गरमी की छुट्टियों का यह जमावड़ा 'समर ऑफ लव' के नाम से मशहूर हुआ था; जहाँ राजनीति, संगीत, रचनात्मकता, मनोत्तेजक दवाओं, यौन व सामाजिक निषेध की सारी सीमाएँ टूट गई थीं और 'हाइट-ऐशबरी' हिप्पियों की अंतरराष्ट्रीय राजधानी बन गई थी।

फिर 16 से 18 जून, 1967 को मोंटेरी फेयरग्राउंड्स (सेंट्रल कैलिफोर्निया के प्रशांत तट पर मोंटेरी बे के दक्षिणी किनारे बसे शहर मोंटेरी का सार्वजनिक समारोह स्थल) में एक तीन दिवसीय संगीत समारोह—'मोंटेरी इंटरनेशनल पॉप म्यूजिक फेस्टिवल' का आयोजन किया गया। इस कार्यक्रम को एक विशाल अमेरिकी दर्शक वर्ग—मुख्य रूप से श्वेत दर्शकों—के सामने जेम्स मार्शल 'जिमी' हैंड्रिक्स (अमेरिकी संगीतकार, गायक व गीतकार; 'रॉक ऐंड रोल हॉल ऑफ फेम' द्वारा 'रॉक संगीत इतिहास के महानतम वादक' के रूप में सम्मानित), 'द हू' ('बीटल्स' व 'रोलिंग स्टोंस' के बाद सबसे अधिक प्रभावशाली ब्रिटिश रॉक बैंड) व पंडित रविशंकर (हिंदुस्तानी शास्त्रीय संगीत के संगीतकार, सितार के सबसे प्रसिद्ध कलाकारों में से एक, सर्वोच्च भारतीय नागरिक सम्मान 'भारत रत्न' से सुशोभित) की पहली प्रमुख अमेरिकी उपस्थिति, जेनिस लिन जोप्लिन (अमेरिकी रॉक बैंड 'बिग ब्रदर ऐंड होल्डिंग कंपनी' की प्रमुख गायिका के रूप में मशहूर) का पहला बड़े पैमाने पर सार्वजनिक प्रदर्शन और ओटिस रे रेड्डिंग (अमेरिकी गायक, गीतकार व रिकॉर्ड निर्माता; अफ्रीकी-अमेरिकी संगीत विधाओं—'सोल' म्यूजिक/ आत्मिक संगीत/, 'रिदम ऐंड ब्लूज' म्यूजिक/ ताल व उदासी संगीत के महानतम कलाकारों में एक) की शुरुआत के लिए जाना जाता है। इस दौरान महज सात-आठ हजार दर्शक क्षमतावाले मोंटेरी फेयरग्राउंड्स के आस-पास के क्षेत्रों में जमा होनेवाले हिप्पी समुदाय से जुड़े अमेरिकी युवाओं की कुल संख्या 90 हजार तक आँकी गई थी।

हाइट-ऐशबरी क्षेत्र के हिप्पियों के इस जमघट 'समर ऑफ लव' को 'टाइम' पत्रिका ने 7 जुलाई, 1967 के अपने अंतरराष्ट्रीय संस्करण में 'द हिप्पीज—द फिलोसोफी ऑफ ए सब कल्चर' (हिप्पी—एक उपसंस्कृति का दर्शन) शीर्षक से आवरण कथा बनाई थी और पहली बार हिप्पी संस्कृति ठोस रूप में दुनिया के सामने आई थी। इस आलेख में हिप्पी जीवन दर्शन का वर्णन इस प्रकार से किया गया था—

'आप अपना काम करो, जहाँ कहीं भी करना पड़े, व जब कभी भी आपकी इच्छा हो, छोड़कर बाहर निकल आओ। समाज छोड़ दो, चूँकि आप इसे जान चुके हो। बिल्कुल छोड़ दो। हर सीधे व्यक्ति के दिमाग को झटका दो, जहाँ तक आपकी हिम्मत हो। उन्हें जाग्रत् करो, यदि दवाओं से न हो तो सौंदर्य, प्रेम, ईमानदारी, मजे के जरिए।'

इसके साथ ही, अंतरराष्ट्रीय समाचार-पत्रों ने इस घटना को बढ़ा-चढ़ाकर पेश किया था; प्रेम व शांति के आदर्शों, कलात्मक नवाचारों व रचनात्मक गतिविधियों के लिए हिप्पियों ने प्रशंसा अर्जित की थी तो कार्य-विरोधी, नशा-समर्थक व बेहद आजाद जीवन शैली के लिए उनकी आलोचना भी हुई थी। जल्द ही यह आंदोलन ब्रिटेन व अन्य पश्चिमी देशों में लोकप्रिय हुआ था।

1969 अप्रैल में, बर्कले (कैलिफोर्निया) में 'पीपुल्स पार्क' के निर्माण ने अंतरराष्ट्रीय समुदाय का ध्यान आकर्षित किया था। कैलिफोर्निया विश्वविद्यालय (बर्कले) प्रशासन ने खेल मैदान व पार्किंग स्थल के निर्माण के लिए विश्वविद्यालय परिसर के निकट एक 2.8 एकड़ क्षेत्र की सभी इमारतों को ध्वस्त कर दिया था। निर्माण में लंबे विलंब के चलते यह स्थल आम शहरियों की आँखों का काँटा बन गया था; फिर बर्कले के आम नागरिकों, व्यापारियों, छात्रों व हजारों हिप्पियों ने इस काम को अपने हाथों में ले लिया था और इस भूमि को एक सार्वजनिक पार्क बनाने के लिए पेड़, झाड़ियाँ, फूल व घास रोपण शुरू कर दिया था। 15 मई, 1969 को जब कैलिफोर्निया के तत्कालीन राज्यपाल रोनाल्ड रीगन ने पार्क को नष्ट करने का आदेश दिया तो आम शहरियों के साथ हिप्पियों ने इसका पुरजोर विरोध किया और करीब दो सप्ताह तक बर्कले शहर को सेना के हवाले करना पड़ा था। इस दौरान हिप्पियों ने 'एक हजार उद्यानों को खिलने दो' के नारे के साथ समूचे बर्कले शहर की खाली भूमि पर पौधारोपण का सविनय अवज्ञा (सिविल डिसओबिडियेंस) आंदोलन शुरू कर दिया था। हिप्पी आंदोलन की लोकप्रियता का सबूत 15 से 17 अगस्त, 1969 को बेथल शहर (न्यूयॉर्क प्रांत में न्यूयॉर्क सिटी से 162 किलोमीटर दक्षिण पूर्व व वुडस्टॉक से करीब 69 किलोमीटर दक्षिण पश्चिम में स्थित) के नजदीक काट्सकिल पार्क आरक्षित वन स्थित के 600 एकड़ में फैली विशाल गेशाला में 'वुडस्टॉक म्यूजिक ऐंड आर्ट फेयर' का आयोजन हुआ था। 'कुंभ राशि प्रदर्शनी—शांति व संगीत के 3 दिन' के घोषवाक्य से आयोजित इस तीन दिवसीय संगीत व कला मेले में उस जमाने के सबसे उल्लेखनीय संगीतकारों व बैंड—कैंड हीट, रिची हवेंस, जोआन बेज, जेनिस जोप्लिन, ग्रेटफुल डेड, क्रीड़ेंस क्लियरवाटर, क्रॉसबी, स्टिल्स, नैश ऐंड यंग, कार्लोस संताना, द हू, जेफरसन एयरप्लेन व जिमी हेंड्रिक्स—को सुनने के लिए पाँच लाख से अधिक हिप्पियों का जमावड़ा हुआ था।

इसकी अगली कड़ी के रूप में अगला बड़ा कार्यक्रम सैन फ्रांसिस्को के 45 किलोमीटर पूर्व में स्थित डियाब्लो रेंज पहाड़ी दर्रा—'अल्तामोंट पास' क्षेत्र में 6 दिसंबर, 1969 को आयोजित 'अल्तामोंट स्पीडवे फ्री फेस्टिवल' में सैंटाना, फ्लाइंग बुर्रितो ब्रदर्स, जेफरसन एयरप्लेन, क्रॉसबी, स्टिल्स व नैश ऐंड यंग के साथ रोलिंग स्टोंस को सुनने के लिए तीन लाख से अधिक हिप्पियों का जमावड़ा हुआ था। लेकिन रोलिंग स्टोंस के

कार्यक्रम के दौरान मंच की ओर बंदूकताननेवाले एक युवक की हत्या के चलते इस समारोह की काफी बदनामी भी हुई थी।

इस बीच 1967 व 1968 में इंग्लैंड के सबसे बड़े द्वीप 'आइल ऑफ वाइट' में आयोजित संगीत समारोह 'आइल ऑफ वाइट फेस्टिवल' की लोकप्रियता चरम पर पहुँच गई थी। इस कड़ी का सबसे बड़ा व अंतिम कार्यक्रम 19 से 21 अगस्त, 1970 के बीच आयोजित हुआ था। इस पाँच दिवसीय संगीत समारोह में जिमी हेंड्रिक्स, शिकागो, द डोर्स, लाइटहाउस, द मूडी ब्लू, द हू, माइल्स डेविस, जोआन बेज, जोनी मिशेल, जेथ्रो टुल, स्ली ऐंड द फैमिली स्टोन, टेन इयर्स आफ्टर, एमर्सन, लेक ऐंड पामर व फ्री जैसे नामीगिरामी संगीतकारों व बैंड समूहों ने अपना प्रदर्शन किया था। इन्हें सुनने के लिए एक लाख आबादीवाले इस द्वीप में करीब सात लाख हिप्पियों का जमावड़ा हो गया था और सारी नागरिक सुविधाएँ बुरी तरह से चरमरा गई थीं। स्थानीय तीन भाइयों—रोनी, रे व बिल फौल्क द्वारा आयोजित व प्रोत्साहित इस अंतिम कार्यक्रम को 'गिनीज बुक ऑफ रिकॉर्ड्स' ने उस समय के सबसे बड़े संगीत समारोह के रूप में दर्ज करते हुए शामिल होनेवालों की संख्या छह लाख होने का अनुमान लगाया था। व्यावसायिक रूप से असफल होने, नागरिक सुविधाओं के अभाव व राजनीतिक दबाव के चलते अगले करीब तीन दशकों तक इस द्वीप पर कोई बड़ा कार्यक्रम आयोजित नहीं हो सका था।

लेकिन आनेवाले समय में हिप्पी संस्कृति ने अमेरिका, यूरोप सहित पश्चिमी देशों के युवाओं को अपने आगोश में ले लिया था और हिप्पी फैशन व जीवन मूल्यों ने सारी दुनिया के लोकप्रिय संगीत, टेलीविजन, फिल्म, साहित्य व कला को प्रभावित किया था।

होमस्टेड हाई स्कूल में वोज्निअक व जॉब्स

स्टीव वोज्निअक व स्टीव जॉब्स दोनों बचपन से ही इलेक्ट्रॉनिक्स के दीवाने थे, लेकिन उनके इलेक्ट्रॉनिक्स प्रेम को परवान चढ़ाने में होमस्टेड हाई स्कूल (क्यूपर्टिनो) व उसके इलेक्ट्रॉनिक्स शिक्षक जॉन मैककोल्लम ने अहम भूमिका अदा की थी।

सनीवेल, लॉस एल्टोस व क्यूपर्टिनो की सीमा पर सन् 1962 में होमस्टेड हाई स्कूल (क्यूपर्टिनो) की स्थापना हुई थी। यह स्टीव वोज्निअक के एडमॉन्टन एवेन्यू (सनीवेल) स्थित घर से महज एक किलोमीटर की दूरी पर था, जबकि स्टीव जॉब्स के क्रिस्ट ड्राइव (लॉस एल्टोस) स्थित नए निवास से इसकी दूरी दो किलोमीटर थी। राख की ईटों से बने गुलाबी रंग के दो मंजिला भवनोंवाले इस विशाल विद्यालय परिसर का निर्माण एक कारागार-वास्तुकार (प्रिजन आर्किटेक्ट) की देख-रेख में हुआ था; परिसर को कँटीली तारों से घेरा गया था और बाहर से वह बिल्कुल जेलों जैसा दिखता था। इतना ही नहीं, स्कूल का आंतरिक अनुशासन भी काफी सख्त था; उसमें इलाके के

करीब दो हजार छात्र पढ़ते थे, जिनमें अश्वेत समुदाय के छात्रों की संख्या नगण्य थी।

सन् 1964 में जब स्टीव वोज्निअक दाखिल हुआ था तो होमस्टेड हाई स्कूल की इलेक्ट्रॉनिक कक्षाओं को जॉन मैककोल्लम बिल्कुल अपने अंदाज में सँवार रहे थे। अमेरिकी नौ सेना में 20 सालों तक विमान-चालक की सेवा देने के बाद वर्ष 1963 के अंत में जॉन मैककोल्लम ने इलेक्ट्रॉनिक्स के शिक्षक के रूप में नया जीवन शुरू किया था।

सन् 1964 में जब स्टीव वोज्निअक दाखिल हुआ था तो होमस्टेड हाई स्कूल की इलेक्ट्रॉनिक कक्षाओं को जॉन मैककोल्लम बिल्कुल अपने अंदाज में सँवार रहे थे। अमेरिकी नौ सेना में 20 सालों तक विमान-चालक (एयरक्राफ्ट पायलट) की सेवा देने के बाद वर्ष 1963 के अंत में जॉन मैककोल्लम ने इलेक्ट्रॉनिक्स के शिक्षक के रूप में नया जीवन शुरू किया था। यह वह वक्त था जब हाई स्कूल में इलेक्ट्रॉनिक्स को शुरुआती व्यावसायिक शिक्षा (वोकेशनल एजुकेशन) के रूप में देखा जाता था, लेकिन मैककोल्लम की बदौलत इन कक्षाओं का स्तर अभियांत्रिकी पाठ्यक्रम (इंजीनियरिंग कोर्स) जैसा हो गया था। उन्होंने नजदीकी फेयरचाइल्ड सेमीकंडक्टर, हेवलेट पैकार्ड व एक रक्षा ठेकेदार कंपनी—रेथिओन द्वारा खारिज कर दिए गए प्रयोग-उपकरणों व हिस्से-पुरजों को बहुत ही सस्ते में खरीदना शुरू कर दिया था और जल्द ही होमस्टेड हाई स्कूल की इलेक्ट्रॉनिक्स कक्षाएँ उन्नत प्रयोगशालाओं में बदल गई थीं। मैककोल्लम गंभीर सैद्धांतिक विषयों को प्रयोग के जरिए इस तरह पढ़ाते थे कि औसत बुद्धि का छात्र भी आसानी से सबकुछ समझ जाता था। लिहाजा अगले कुछ ही वर्षों में यह स्कूल अपनी इलेक्ट्रॉनिक्स कक्षा के लिए काफी मशहूर हो गया था और जॉन मैककोल्लम के इलेक्ट्रॉनिक्स पाठ्यक्रमों की तुलना स्टैनफोर्ड विश्वविद्यालय में फ्रेडरिक टेर्मन के इंजीनियरिंग कार्यक्रम से की जाने लगी थी।

जाहिर है कि स्टीव वोज्निअक होमस्टेड हाई स्कूल में पहुँचते ही मैककोल्लम का परम शिष्य बन बन गया था; उसे लीक से हटकर प्रयोग करने की छूट मिल गई थी और उसे स्कूल के इलेक्ट्रॉनिक्स क्लब का अध्यक्ष व गणित क्लब का सचिव भी चुना गया था। चूँकि वोज्निअक पहले से ही इलेक्ट्रॉनिक्स के बारे काफी कुछ जानता था, लिहाजा मैककोल्लम द्वारा दी गई छूट के बावजूद वह इलेक्ट्रॉनिक्स कक्षाओं व प्रयोगों से ऊबता सा गया था। इसलिए कक्षा के विषयों से अलग वोज्निअक ने अपना अधिकांश घरेलू समय अपने ऐड़र/सब्सट्रैक्टर उपकरण को ज्यादा उन्नत बनाने में लगा रखा था। 11वीं में पहुँचने तक वोज्निअक ने धीरे-धीरे उस उपकरण को गुणा (मल्टीप्लिकेशन), भाग (डिवीजन) व वर्गमूल (स्क्वायर रूट) की भी सुविधाओं से लैस कर दिया था।

इस बीच वोज्निअक अपने काम में इतना तल्लीन हो गया था कि स्कूल की आम छात्र मंडली से बिल्कुल कट सा गया था। स्कूल में कंप्यूटर तकनीक में रुचि रखनेवाला उसका एकमात्र दोस्त था एलन बौम, जो उम्र में उससे दो साल छोटा था। 13 साल की उम्र तक एलन बौम न्यू जर्सी प्रांत में पला-बढ़ा था और हाल में ही उसके पिता एल्मर बौम ने गैर-लाभकारी संस्था स्टैनफोर्ड रिसर्च इंस्टीट्यूट (अब एस.आर.आई. इंटरनेशनल, मेनलो पार्क, सैन मातेओ काउंटी) में अनुसंधान अभियंता (रिसर्च इंजीनियर) के रूप में काम शुरू किया था। स्टैनफोर्ड विश्वविद्यालय के न्यासियों (ट्रस्टी) द्वारा सन् 1946 में स्थापित इस अनुसंधान ने सिलिकॉन वैली के विकास में बड़ा योगदान किया था और इसके काफी वैज्ञानिक बाद में 'जेरोक्स पार्क' में शामिल हुए थे। वोज्निअक की तरह बौम इलेक्ट्रॉनिक्स किड्स नहीं था, लेकिन अपने पिता के दफ्तर में कंप्यूटर के जादुई कारनामे से प्रभावित होकर उसका झुकाव इस तरफ बढ़ता चला गया था। होमस्टेड हाई स्कूल में आने के बाद वह वोज्निअक का दोस्त बन गया था।

वास्तविक कंप्यूटिंग की दिशा में वोज्निअक के लगातार बढ़ते कदम का मैककोल्लम पर दबाव बना हुआ था और वह वोज्निअक को कंप्यूटर से रू-बरू करने का मौका देना चाहते थे। चूँकि स्कूल में कंप्यूटर की सुविधा नहीं थी, इसीलिए मैककोल्लम ने अपने एक दोस्त के जरिए स्टीव वोज्निअक व एलन बौम के लिए सप्ताह में एक दिन माउंटेन व्यू स्थित इलेक्ट्रॉनिक निर्माता कंपनी 'जी.टी.ई. सिल्वेनिया' की कंप्यूटर सुविधा में प्रशिक्षण का इंतजाम कराया था। पूरे एक साल तक दोनों बुधवार की दोपहर में जी.टी.ई. सिल्वेनिया में जाते रहे थे, जहाँ कंपनी के कंप्यूटर अभियंताओं की देख-रेख में उन्हें कंप्यूटर प्रौद्योगिकी की आधारभूत शिक्षा हासिल करने का मौका मिलता था। वोज्निअक ने वहीं पर अपनी जिंदगी का पहला मेनफ्रेम कंप्यूटर 'आई.बी.एम.-1130' देखा था और पहले दिन ही उसने ठान लिया था कि वह कंप्यूटर कार्यक्रम बनाने का गुर सीखेगा।

वोज्निअक ने तत्काल कंप्यूटर कार्यक्रम भाषा (प्रोग्रामिंग लैंग्वेज)—फोरट्रान (फॉर्मूला ट्रांसलेशन सिस्टम/ सूत्र अनुवाद प्रणाली) सीखने की किताब खरीद ली थी। (फोरट्रान सामान्य प्रयोजन कंप्यूटर कार्यक्रम भाषा है, जो जटिल संख्यात्मक विश्लेषण व वैज्ञानिक अभिकलन के लिए विशेष रूप से अनुकूल है।) जी.टी.ई. सिल्वेनिया के कंप्यूटर प्रोग्रामर की मदद से जल्द ही वोज्निअक व बौम—दोनों ने कंप्यूटर कार्यक्रमों को पंचकार्ड (एक विशेष प्रकार का कागज, जिस पर टाइपराइटर जैसी मशीन से छेद बनाया जाता था) पर टंकित करना, उन्हें कार्ड रीडर में डालना व कंप्यूटर में आजमाना सीख लिया था।

वोज्निअक व बौम का पहला गंभीर कार्यक्रम था—शतरंज बिसात (चेस बोर्ड) पर नाइटट्स टूर (वजीर की यात्रा)। 'नाइट्स टूर' 8 × 8 के कुल 64 चौखटेवाली शतरंज

बिसात पर वजीर की अनसुलझी यात्रा-शृंखला है जिसके तहत हर चौखटे में एक ही बार जाना होता है। यदि वजीर अपनी यात्रा पूरी कर उसी चौखटे में आ जाता है जहाँ से वह शुरू हुआ था तो यात्रा को 'पूरा' माना जाता है, अन्यथा यह यात्रा 'खुली' रहती है। यह एक प्राचीन गणितीय पहेली है, अभी तक 'खुली' यात्राओं की असल संख्या अज्ञात है। वोज्निअक व बौम ने जब कार्यक्रम तैयार कर उसे कंप्यूटर पर चालू किया था तो उसे कोई जवाब नहीं मिला था। उन्होंने दुबारा एक कार्यक्रम लिखा था, जिसमें कंप्यूटर से वजीर द्वारा पूरी की गई हर खुली यात्रा की प्रगति की सूचना माँगी गई थी। कंप्यूटर ने शुरुआती यात्राओं की सूचना तेजी से दी थी, फिर सूचना देने का क्रम धीमा होता चला गया था और बाद में पूरी तरह से बंद हो गया था।

वोज्निअक को पता था कि वह कंप्यूटर प्रति सेकंड 10 लाख निर्देशों की गणना करने में सक्षम था, तो फिर कंप्यूटर इस निर्देश का जवाब क्यों नहीं दे रहा था? क्या उनके कार्यक्रम में कोई दोष था? वे बार-बार अपने कार्यक्रम को पढ़ रहे थे तो कोई गलती नजर नहीं आ रही थी। दोनों को उलझा देख कंपनी के कंप्यूटर प्रोग्रामर ने उन्हें समझाया था कि असल में उनके कार्यक्रमों में कोई दोष नहीं था और फिर उन्हें कंप्यूटर द्वारा किसी कार्यक्रम के जवाब देने के असल समय का आकलन करने का गणितीय-सूत्र बताया था। जब उन्होंने उस सूत्र को आजमाया तो पता चला कि उनके 'नाइट टूर' कार्यक्रम का जवाब देने में कंप्यूटर को कुल 1025 वर्षों का समय लगाना था, जोकि ब्रह्मांड की उत्पत्ति काल से भी ज्यादा था।

इस पहेली के जरिए वोज्निअक व बौम को अहसास हुआ था कि समझ आनेवाली समस्याओं को भी सफलतापूर्वक सुलझाने के लिए एक व्यावहारिक व सोचे-समझे दृष्टिकोण की जरूरत होती है। मतलब, प्रति सेकंड 10 लाख निर्देशों की गणना की क्षमता भर से ही कंप्यूटर हर सवाल का जवाब दे पाने में सक्षम नहीं होता, बल्कि उसके लिए कंप्यूटर को सटीक कार्यक्रम की जरूरत होती है; और सफल कार्यक्रम तभी बन सकते हैं जब उसके लिए कलन-विधि (एल्गोरिदम) का उपयोग होता है। गणित व कंप्यूटर विज्ञान में 'एल्गोरिदम' किसी कार्यक्रम की गणना के लिए अच्छी तरह से परिभाषित निर्देश की एक परिमित सूची (फिनाइट लिस्ट) के रूप में जाहिर की गई एक प्रभावी विधि/प्रक्रिया (यांत्रिक विधि/प्रक्रिया) है।

खैर, सिल्वेनिया जैसे विशाल कंपनी परिसर में प्रवेश की छूट, उसकी संवेदनशील कंप्यूटर सुविधा के इस्तेमाल के विशेषाधिकार और उसके उत्साही प्रोग्रामरों द्वारा लगातार बढ़ाई जा रही जानकारियों ने वोज्निअक व बौम के साप्ताहिक क्रिया-कलापों को पूरी तरह से घेर लिया था। वे हाई स्कूल के छात्रों की सामान्य गतिविधियों से बिल्कुल अलग-थलग से होते चले गए थे; अपने घरों के अंदर भी उनका अधिकांश समय अपने

कमरों के एकांत में ही बीतने लगा था; और वे गंभीर शोधार्थियों की तरह बेचैन-मिजाज स्वाभाववाली शख्सियतों में बदलते जा रहे थे। कंप्यूटर के बारे में सूझ-बूझ बढ़ने के साथ-साथ उनकी और ज्यादा जानने की भूख भी बढ़ती जा रही थी। सप्ताह में सिर्फ एक दिन सिल्वेनिया के कंप्यूटर के इस्तेमाल के मौजूदा मौके से वोज्निअक व बौम के मन को पूरी संतुष्टि नहीं मिल पा रही थी। अब वे कंप्यूटर के आस-पास और ज्यादा रह पाने का अवसर ढूँढ़ रहे थे; और इसके लिए दोनों ने स्टैनफोर्ड लीनियर एक्सेलेरेटर सेंटर (अब स्लैक नेशनल एक्सेलेरेटर लेबोरेटरी, मेनलो पार्क) का चक्कर काटना शुरू कर दिया था। होमस्टेड हाई स्कूल से इसकी दूरी करीब 17 किलोमीटर थी।

सन् 1962 में स्टैनफोर्ड विश्वविद्यालय के मुख्य परिसर से पश्चिम में मेनलो पार्क में सैंड हिल रोड पर विश्वविद्यालय स्वामित्ववाली 426 एकड़ भूमि पर स्लैक नेशनल एक्सेलेरेटर लेबोरेटरी की स्थापना हुई थी। यह विशाल भौतिक प्रयोगशाला को दुनिया की सबसे लंबी (3.20 किलोमीटर) रैखिक गतिवर्धक (लीनियर एक्सेलेरेटर)—दुनिया की सबसे सीधी वस्तु—के लिए जाना जाता है। यह रैखिक गतिवर्धक इलेक्ट्रॉन व पॉजिट्रॉन की गति को बढ़ाकर 50 जी.इ.वी. (गीगा इलेक्ट्रॉन वोल्ट) ऊर्जा उत्पन्न करने में सक्षम है। वर्ष 1966 में चालू की गई यह सुविधा जमीन के 10 मीटर नीचे बनाई गई है, जिसके ऊपर से सैन जोस व सैन फ्रांसिस्को को जोड़नेवाली अंतरराज्यीय राजमार्ग-280 गुजरता है। किरण-रेखा (बीमलाइन) यानी कण प्रक्षेप पथ (पार्टिकल ट्रेजेक्टोरी) के ऊपर जमीन के बाहर बनी क्लीस्टरोण गैलरी—एक विशेष रैखिक किरण निर्वात नली (लीनियर बीम वैक्यूम ट्यूब)—अमेरिका में सबसे लंबी इमारत है।

जाहिर है कि वोज्निअक व बौम का ध्यान इस प्रयोगशाला के मुख्य आकर्षण—लीनियर एक्सेलेरेटर की तरफ कतई नहीं था; दोनों प्रशासनिक भवन के आस-पास मँडरा रहे थे, जहाँ 1960 के दशक का सबसे बेहतरीन मेनफ्रेम कंप्यूटर 'आई.बी.एम. 360' मौजूद था। उन्हें इस कंप्यूटर-केंद्र में कार्ड पचिंग मशीन पर अपने कार्यक्रम को टंकित करने की छूट दे दी गई थी, जिसे वे बाद में सिल्वेनिया के कंप्यूटर पर चलाते थे। उनके आकर्षण का दूसरा बड़ा आकर्षण इस प्रयोगशाला का विशाल पुस्तकालय था, जहाँ वे दोनों शनिवार व रविवार की दोपहर किताबें ढूँढ़ने व कंप्यूटर पत्रिकाओं-निर्देशिकाओं को पढ़ने में बिताते थे। वहाँ कंप्यूटर प्रोग्रामरों व अभियंताओं के लिए प्रकाशित होनेवाली डाटामेशन, कंप्यूटरवर्ल्ड, कंप्यूटर डिजाइन सहित तमाम कंप्यूटर विज्ञान संबंधी शोध-पत्रिकाएँ आती थीं। अधिकांश पत्रिकाओं में सर्वेक्षण-प्रपत्र प्रकाशित होते थे और इलेक्ट्रॉनिक्स व कंप्यूटर संबंधी कंपनियों के बारे में जानकारी प्राप्त करने के लिए पाठकों को उन्हें भरने के लिए आमंत्रित किया जाता था।

स्टीव वोज्निअक ने लगभग सभी सर्वेक्षण-प्रपत्रों को भरकर भेजना शुरू कर दिया

था और जल्द ही उसके निवास का डाक-बक्सा विभिन्न कंपनियों के डाक लिफाफों से भरना शुरू हो गया था जिनमें उत्पाद संबधी विवरणिकाएँ (ब्रोशर), नियम-पुस्तिकाएँ (मैन्युअल) व अन्य जानकारियाँ होती थीं। डाक भेजनेवाली कंपनियों में डिजिटल इक्विपमेंट कॉरपोरेशन/ डी.इ.सी. (2002 में हेवलेट पैकार्ड द्वारा अधिग्रहित), डेटा जनरल (1999 में ई.एम.सी. कॉरपोरेशन द्वारा अधिग्रहित), साइंटिफिक डाटा सिस्टम्स/ एस.डी.एस. (1969 में जेरॉक्स द्वारा अधिग्रहित), हनीवेल इंटरनेशनल, वरियन आदि प्रमुख थीं। इनमें से अधिकांश कंपनियाँ उस वक्त मिनी कंप्यूटर—मेनफ्रेम कंप्यूटर का निम्नस्तरीय संस्करण—बना रही थीं।

हालाँकि अब तक मेनफ्रेम कंप्यूटर के मुकाबले 'मिनी कंप्यूटर' काफी छोटा व सस्ता भी हो गया था, लेकिन उसका आकर एक शीतक यंत्र (रेफ्रिजरेटर) के बराबर था और उसमें भी काफी संलग्नक (अटैचमेंट्स) जोड़ने की जरूरत पड़ती थी। कंप्यूटर कार्यक्रमों (प्रोग्राम) को कागज-फीता (पेपर टेप) पर टंकित करना पड़ता था, कंप्यूटर की स्मृति (मेमोरी) बनाने के लिए सिगार-डिब्बों के आकार के दर्जनों भंडारण-उपकरण जोड़ने पड़ते थे; और कार्यक्रम के नतीजे टेलीटाइप प्रिंटर पर प्रदर्शित होते थे। इस दौर में 22 मार्च, 1965 को डिजिटल इक्विपमेंट कॉरपोरेशन (डीईसी) ने 16 हजार डॉलर की कीमत पर मिनी कंप्यूटर—पी.डी.पी.-8 को बाजार में उतारा था और 50 हजार मशीनों की बिक्री के साथ यह उस वक्त का सबसे लोकप्रिय मिनी कंप्यूटर साबित हुआ था। वर्ष 1957 में डी.ई.सी. प्रोग्राम्ड डाटा प्रोसेसर (पी.डी.पी.) शृंखला का पहला मिनी कंप्यूटर—पी.डी.पी.-1 लाया। डी.ई.सी. ने वर्ष 1967 में करीब 400 पृष्ठों की किताब 'स्माल कंप्यूटर हैंडबुक' जारी की थी, जिसमें पी.डी.पी.-8 के बारे में काफी विस्तार से जानकारियाँ पेश की गई थीं; यह अपनी तरह की पहली किताब थी जिसमें कंपनी ने अपने कंप्यूटर के बारे में लगभग सारे रहस्य उजागर कर दिए थे; जाहिर है कि जल्द ही यह किताब भी कंप्यूटर उद्योग की सबसे लोकप्रिय किताब बन गई थी।

सिल्वेनिया के कंप्यूटर केंद्र में स्टीव वोज्निअक ने जब 'स्माल कंप्यूटर हैंडबुक' देखी थी तो उसे लगा था कि कंप्यूटर बनाने के सपने को साकार करने के लिए वह जिस किताब की वर्षों से तलाश करता आ रहा था, वह उसके सामने थी। सिल्वेनिया के प्रोग्रामर ने वोज्निअक को वह किताब घर ले जाने की इजाजत दे दी। दूसरी तरफ वोज्निअक व बौम की जोड़ी पहले से ही कंप्यूटर पत्रिकाओं के जरिए कंप्यूटर संबंधी हिस्से-पुरजों—खास तौर पर फेयरचाइल्ड, सिग्नेटिक, सिनरटेक, इंटेल व मोटोरोला जैसी सेमीकंडक्टर कंपनियों द्वारा विकसित किए जा रहे एकीकृत परिपथ (इंटीग्रेटेड सर्किट/आई.सी.)—जिसे आम तौर पर चिप/माइक्रोचिप कहा जाता है—की जानकारियाँ इकट्ठा कर रही थी। हालाँकि अभी तक किसी भी सेमीकंडक्टर कंपनी ने ऐसी कोई

एकमात्र माइक्रोचिप विकसित नहीं की थी, जो कंप्यूटर की तरह काम कर सके, लेकिन कुछ ऐसी चिप थीं, जिन्हें जोड़कर कंप्यूटर बनाया जा सकता था। दोनों इस तरह की चिप की डिजाइन-तकनीक को गहराई से समझने की कोशिशें कर रहे थे, जो नए कंप्यूटर की रचना के लिए सबसे जरूरी था।

'स्माल कंप्यूटर हैंडबुक' के अलावा वोज्निअक वारियन एसोसिएट्स द्वारा विकसित मिनी कंप्यूटर—'वरियन 620 आई' का भी गहराई से अध्ययन करना शुरू किया था। चूँकि वोज्निअक या बौम के पास वास्तविक चिप या अन्य हिस्से-पुरजे तो थे नहीं, इसीलिए असल कंप्यूटर बनाने की कोशिश करना तो संभव ही नहीं थे। लेकिन उन्होंने यह काम कागज पर ही करना शुरू कर दिया था। वे कम-से-कम हिस्से पुरजों का इस्तेमाल कर नए-नए डिजाइन तैयार करने की कोशिशों में दिन-रात लगा रहे थे। हालाँकि उन्हें संपूर्ण कंप्यूटर को डिजाइन कर पाने में सफलता नहीं मिल सकी थी, लेकिन वे अधिकांश हिस्से-पुरजों की बेहतर डिजाइन बनाने में जरूर कामयाब हो गए थे। वे इस काम में इतने आगे निकल चुके थे कि न तो स्टीव वोज्निअक के पिता जैरी वोज्निअक को और न ही एलन बौम के पिता एल्मर बौम को ही समझ में आ रहा कि उनके बच्चे क्या कर रहे थे; लेकिन दोनों अपने बच्चों की लगन से बेहद खुश थे।

इस बीच 12वीं कक्षा में वोज्निअक ने ऐसा कारनामा किया था कि उसे एक रात पुलिस हिरासत में भी गुजारनी पड़ी थी। उसने एक ऐसा इलेक्ट्रॉनिक तालमापक यंत्र (मेट्रोनोम) बनाया था—जो बिल्कुल बम के टाइमर जैसी 'टिक-टिक' की तेज आवाज पैदा कर सके—और उसे अपने स्कूल लॉकर में छुपाकर रख दिया था। उसने ऐसा जुगाड़ बनाया हुआ था कि लॉकर खुलते ही वह तेजी से 'टिक-टिक' करने लगता था। जब अन्य छात्रों को इस उपकरण का पता चला था तो इसकी जानकारी प्राचार्य (प्रिंसिपल) को दी गई। प्राचार्य ने उस उपकरण का बम समझा और उसे लेकर फुटबॉल मैदान की ओर भाग गए थे; फिर उसका तार निकालकर ऐसी राहत की साँस ली थी, मानो उन्होंने किसी बम को निरस्त किया था। वोज्निअक को इस घटना की जानकारी नहीं थी, लिहाजा जब उसे प्राचार्य के दफ्तर में बुलाया गया तो उसे लग रहा था कि उसे कोई नया पुरस्कार मिलनेवाला था। लेकिन वहाँ पुलिस मौजूद थी, जिसने उससे पूछताछ शुरू कर दी थी। वोज्निअक ने काफी कोशिश की, लेकिन वह अपनी हँसी दबा न सका, लिहाजा पुलिस ने सजा के रूप में उसे एक रात के लिए 'किशोर हिरासत केंद्र' में बंद रखा था।

खैर, इसी कंप्यूटर धुन में स्टीव वोज्निअक ने होमस्टेड हाई स्कूल की पढ़ाई पूरी कर ली, और आगे की पढ़ाई की तैयारियों में जुट गया था।

दूसरी तरफ होमस्टेड हाई स्कूल में पहुँचने तक स्टीव जॉब्स की शरारतें आम तौर पर इलेक्ट्रॉनिक्स के आस-पास सिमट रही थीं। मसलन उसने अपने घर में तारों के जरिए

कई स्पीकर लगा रखे थे। चूँकि स्पीकर को माइक्रोफोन के रूप में भी इस्तेमाल किया जा सकता था, स्टीव ने अपनी कोठरी में बाकायदा एक नियंत्रण-कक्ष (कंट्रोल-रूम) जैसा बनाया था जिससे दूसरे कमरों में हो रही बातचीत को सुना जा सकता था। एक रात जब वह हेडफोन को चालू कर अपने माता-पिता के शयन-कक्ष की बातचीत सुनने की कोशिश कर रहा था तो पॉल जॉब्स ने उसे रंगे हाथों पकड़ लिया; वे काफी गुस्सा हुए थे और उसे घर से अपनी माइक्रोफोन प्रणाली को उजाड़ना पड़ा था। लेकिन ये बाधाएँ इलेक्ट्रॉनिक्स के प्रति स्टीव की दिलचस्पी को कम नहीं कर सकी थीं।

लॉस एल्टोस के क्रिस्ट ड्राइव स्थित मौजूदा घर से माउंटेनव्यू के दिआब्लो एवेन्यू स्थित पुराना घर 13 किलोमीटर दूर था, लेकिन स्टीव अपने पुराने पड़ोसी हेवलेट पैकार्ड के इंजीनियर लैरी लैंग के पास आना-जाना बरकरार रखे हुए था। आखिरकार लैंग ने स्टीव को उसका पसंदीदा कार्बन माइक्रोफोन दे दिया था और उसका ध्यान हीथकिट्स—हीथ कंपनी (सेंट जोसेफ, मिशिगन) द्वारा निर्मित शौकिया रेडियो व अन्य इलेक्ट्रॉनिक उपकरण बनाने का 'स्वयं संयोजन साज-सामान' (असेंबल-इट-योरसेल्फ किट)—की ओर खींचा था। अपने जीवनी लेखक वाल्टर आइसेक्सन को स्टीव ने बताया था—

'हीथकिट्स रंग-संकेतवाले सभी (इलेक्ट्रॉनिक सर्किट) बोर्ड्स व हिस्से-पुरजों के साथ आता था, लेकिन नियम-पुस्तिका (मैन्युअल) इसके परिचालन के सिद्धांत की भी व्याख्या करती थी। यह आपको अहसास कराता था कि आप कुछ बना व समझ सकते हैं। एकबारगी आप चंद रेडिओ बना लेते, आप सूचीपत्र (कैटलॉग) में एक टी. वी. को देखते और कहते 'मैं इसे भी बना सकता हूँ', भले ही आप नहीं कर सकते थे। मैं बहुत सौभाग्यशाली था, क्योंकि जब मैं बच्चा था, मेरे पिता व हीथकिट्स दोनों ने मुझे भरोसा दिलाया था कि मैं कुछ भी बना सकता था।'

लैंग ने स्टीव को 'हेवलेट-पैकार्ड (एच.पी.) एक्सप्लोरर्स क्लब'—करीब 15 छात्रों का समूह जो हर मंगलवार रात को कंपनी के उपाहार-गृह (कैफेटेरिया) में इकट्ठा होता था—में शामिल करा दिया था। कंपनी के विभिन्न प्रयोगशालाओं में से एक इंजीनियर इन छात्रों के बीच आकर अपने काम के बारे में बताया करता था। चूँकि स्टीव के पिता तब लेजर बनानेवाली कंपनी स्पेक्ट्रा फिजिक्स में काम करते थे, लिहाजा उसे डायोड संबंधी विचार-विमर्श में काफी मजा आता था। एक रात भाषण खत्म होने के बाद उसने एच.पी. इंजीनियर को पटाकर होलोग्राफी प्रयोगशाला का भ्रमण भी किया था। (डायोड एक सेमीकंडक्टर उपकरण है, जो विपरीत दिशा के प्रवाह को रोककर विद्युत् प्रवाह को एक दिशा में बहने की अनुमति देता है; इसे आम तौर पर इलेक्ट्रॉनिक 'चेक वाल्व' कहा जा सकता है।) लेकिन एच.पी. द्वारा विकसित किए जा रहे 'छोटे कंप्यूटरों' ने स्टीव के दिलोदिमाग पर सबसे ज्यादा व दूरगामी प्रभाव छोड़ा था। ये कंप्यूटर असल

एच.पी. एक्सप्लोरर्स क्लब के छात्रों को परियोजना करने के लिए उत्साहित किया जाता था और स्टीव ने आवृत्ति मापक यंत्र बनाना तय किया था, जो एक इलेक्ट्रॉनिक संकेत में प्रति सेकंड दोलनों या धड़कनों की संख्या को गिनता है।

में वैज्ञानिक कैलकुलेटर थे, जो विज्ञान व अभियांत्रिकी की समस्याओं को 10 गुना तेजी से हल कर सकते थे; कंपनी ने वर्ष 1968 में 'एच.पी. 9100' ब्रांड नाम से इन्हें 'व्यक्तिगत कंप्यूटर' (पर्सनल कंप्यूटर/पी.सी.) के रूप से प्रचारित कर बाजार में पेश किया था। जी हाँ, उस जमाने में 'मेनफ्रेम कंप्यूटर' पूरे कमरे व 'मिनी कंप्यूटर' बड़े शीतक-यंत्र (रेफ्रीजिरेटर) के आकारों के होते थे; और तब पूर्ण विकसित पी.सी. सचमुच में सपने की ही बातें हुआ करती थीं। स्टीव जॉब्स से वाल्टर आइसेक्सन को बताया था—

'मेरे पिता कार में मुझे वहाँ ले जाते थे। मैं स्वर्ग में था। एच.पी. प्रकाश उत्सर्जक डायोड (लाइट एमिटिंग डायोड) की पहली खोजकर्ता थी। लिहाजा हम बात करते थे की इनका क्या किया जा सकता था! ...मैंने वहाँ पहला डेस्कटॉप कंप्यूटर देखा था। इसे '9100' कहा जाता था, और यह एक महिमामंडित (वैज्ञानिक) कैलकुलेटर था, लेकिन सचमुच में पहला डेस्कटॉप कंप्यूटर। यह बहुत बड़ा था, संभवत: 40 पौंड का, लेकिन यह बहुत खूबसूरत था। मैं इसके प्यार में दीवाना हो गया था।'

एच.पी. एक्सप्लोरर्स क्लब के छात्रों को परियोजना करने के लिए उत्साहित किया जाता था और स्टीव ने आवृत्ति मापक (फ्रीक्वेंसी काउंटर) यंत्र बनाना तय किया था, जो एक इलेक्ट्रॉनिक संकेत में प्रति सेकंड दोलनों या धड़कनों की संख्या को गिनता है। इसके लिए उसे एच.पी. द्वारा बनाए जानेवाले कुछ पुरजों की जरूरत थी; लिहाजा उसने टेलीफोन उठाया और सीधे एच.पी. के मुख्य कार्यकारी अधिकारी (सी.ई.ओ.) बिल हेवलेट के घर का फोन नंबर घुमा दिया था। हैरानी की कोई बात नहीं; उस जमाने के लोगों के पास गैर-सूचीबद्ध (अनलिस्टेड) फोन नंबर नहीं होते थे; स्टीव ने पालो आल्टो की दूरभाष निर्देशिका (टेलीफोन डायरेक्टरी) में बहुत आसानी से बिल हेवलेट के घर का फोन नंबर ढूँढ़ लिया था। तब तक एच.पी. सांता क्लारा वैली की बहुत बड़ी कंपनी बन चुकी थी और बिल हेवलेट बहुत बड़ी हस्ती थे; लेकिन उन्होंने बहुत विनम्रता से फोन उठाया, और 20 मिनट तक स्टीव से गुफ्तगू की थी। जब तक बातचीत खत्म होती, तब तक न केवल स्टीव द्वारा माँगे गए पुरजे तो उसके पास पहुँच ही गए थे, बल्कि 'फ्रीक्वेंसी काउंटर' बनानेवाले एच.पी. के संयोजन संयंत्र (असेंबली प्लांट) में ग्रीष्मकालीन नौकरी (समर जॉब) के लिए अनुबंध-प्रस्ताव-पत्र (कॉन्ट्रैक्ट ऑफर लेटर) भी उसके हस्ताक्षर का इंतजार कर रहा था। स्टीव का आत्मविश्वास सातवें आसमान

पर था; उसने बिल्कुल 'हीरो' के माफिक एच.पी. की फैक्ट्री में मजे से काम किया था, हालाँकि पूरी संयोजन शृंखला में उसका काम महज 'नट-बोल्ट' लगाना भर ही था।

स्टीव को काम करने का बड़ा शौक था, उसके पास एक अखबार-मार्ग (न्यूजपेपर रूट) भी था, और वह नियमित तौर पर अखबार भी बाँटा करता था; और जब कभी बारिश होती तो पॉल जॉब्स अपनी कार में बिठाकर उसकी मदद किया करते थे। 10वीं में पढ़ते हुए उसने सप्ताहांत में व गरमी की छुट्टियों में हेल्टेक सरप्लस इलेक्ट्रॉनिक्स (लिंडा विस्टा एवेन्यू, माउंटेन व्यू) में भंडार-लिपिक (स्टॉक क्लर्क) का भी काम किया था। हेल्टेक के पास पुराने व अधिशेष इलेक्ट्रॉनिक्स पुरजों व उपकरणों का विशाल भंडार था। समूची सांता क्लारा वैली से इलेक्ट्रॉनिक्स के शौकीन आम नागरिक, कंपनियों में काम करनेवाले इंजीनियर, स्कूलों के उत्साही विज्ञान शिक्षक व स्टैनफोर्ड विश्वविद्यालय के प्राध्यापक वहाँ पहुँचते थे, क्योंकि उन्हें अपनी जरूरत के सभी पुरजे व उपकरण काफी सस्ते में मिल जाते थे। जिस तरह मोटर पार्ट्स की समझदारी व खरीदारी के मामले में पॉल जॉब्स उस्ताद थे और कबाड़खाना प्रबंधकों पर भारी पड़ते थे, उसी तरह इलेक्ट्रॉनिक्स पार्ट्स के मामले में स्टीव ने भी कड़ी मेहनत व सूझ-बूझ से अपने पिता जैसी उस्तादी हासिल कर ली थी। सौदेबाजी व कमाई के नए तरीके ढूँढ़ने के मामले में स्टीव अपने पिता पर भी भारी था; वह अकसर सैन जोस के कबाड़ी बाजार से सर्किट बोर्ड व अन्य पुरजे खरीद लाता और हेल्टेक के प्रबंधक को बेचकर मुनाफा कमा लिया करता था।

खैर, 11वीं में पहुँचने तक करीब 15 साल की उम्र में पिता के सहयोग से स्टीव अपनी पहली कार खरीदने में सक्षम हो गया था। यह अमेरिकन मोटर्स कॉर्पोरेशन (ए.एम. सी.) द्वारा निर्मित पुरानी 'नैश मेट्रोपोलिटन' कार थी, जिसमें पॉल जॉब्स ने एम.जी. इंजन लगाया था। स्टीव को असल में यह कार मॉडल पसंद नहीं था, लेकिन वह यह बात अपने पिता को नहीं बताना चाहता था। सबसे बड़ी बात यह थी कि वह आखिरकार कार थी, और वह खुद की कार का मालिक बनने का मौका नहीं गँवाना चाहता था। साल भर के अंदर ही, स्टीव ने अपने विभिन्न प्रकार के कामों से इतनी बचत कर ली थी कि वह पिता की अपनी पसंद की लाल रंग की इटली निर्मित कार 'फिएट 850' खरीद सकने योग्य हो गया था। जाहिर है कि पॉल ने कार खरीदने व जाँच करने में उसकी मदद की थी।

इलेक्ट्रॉनिक्स के साथ-साथ स्टीव जॉब्स पूरी तरह से हिप्पी गतिविधियों में भी शामिल हो गया था। भाँग, गाँजा, एल.एस.डी. जैसी नशा-सामग्रियों का सेवन कर उसे भी समाधि, ध्यान, योग, धार्मिक परमानंद, सपने देखने व यहाँ तक कि मौत का नजदीकी अनुभव जैसे असाधारण मनोत्तेजक अनुभवों में आनंद की अनुभूति होने लगी थी। एक दिन उसके पिता पॉल जॉब्स ने उसकी कार में एक पुड़िया देख ली थी तो जॉब्स ने बेबाकी के बताया था कि वह गाँजा था। उस दिन पॉल जॉब्स पहली बार अपने 'स्पेशल' बेटे

पर बुरी तरह नाराज हुए थे, लेकिन स्टीव जॉब्स पर उस नाराजगी का कोई असर नहीं हुआ था। इलेक्ट्रॉनिक्स प्रेम के साथ-साथ स्टीव के मन में आध्यात्मिक-चेतना हासिल करने की इच्छा भी लगातार बढ़ती जा रही थी। जॉब्स दंपती ने इस हकीकत को अपने जीवन का हिस्सा बना लिया था; अत: स्टीव पर नाराज होने की बजाय उन्होंने उसे और ज्यादा ज्यादा खुश रखने की कोशिश करना ही बेहतर समझा था; उन्हें अटूट विश्वास था कि उनका बेटा भविष्य में कुछ 'खास' ही करेगा।

क्रीम सोडा कंप्यूटर व वोज्निअक-जॉब्स की दोस्ती

स्टीव वोज्निअक ने सैट (स्कोलैस्टीक एसेसमेंट टेस्ट/ शैक्षिक आकलन परीक्षण)— में गणित व भौतिकी दोनों में सौ फीसदी 800 अंक व रसायन शास्त्र में 770 अंक हासिल किए थे। यह अभी भी अधिकतर अमेरिकी विश्वविद्यालयों में प्रवेश के लिए मानकीकृत परीक्षा है। लेकिन इतने उच्च अंक भी कैलिफोर्निया इंस्टीट्यूट ऑफ टेक्नोलॉजी/कैलटेक (पासाडेना, लॉस एंजिल्स काउंटी) में दाखिले के लिए कम पड़े थे और उसका नामांकन आवेदन रद्द हो गया था। जैरी वोज्निअक ने कैलटेक से ही विद्युत् अभियांत्रिकी की थी, लिहाजा अपनी पहली पसंद के पूरा न होने पर उन्होंने वोज्निअक पर कैलिफोर्निया विश्वविद्यालय (बर्कले, अल्मिडा काउंटी) में आवेदन का दबाव बनाया था।

लेकिन वोज्निअक ने अपने सहपाठी रिच जेंकेर से कोलोरैडो विश्वविद्यालय (बोल्डर, कोलोरैडो) की काफी तारीफ सुनी थी, जहाँ से रिच के पिता ने पढ़ाई की थी। वह कैलिफोर्निया विश्वविद्यालय में आवेदन से पहले कोलोरैडो विश्वविद्यालय को खुद अपनी आँखों से देखना चाहता था। यह हार्वर्ड विश्वविद्यालय के बाद अमेरिका का दूसरा सबसे महँगा विश्वविद्यालय था और उन्नत शिक्षा- सुविधाओं के अलावा खूबसूरत प्राकृतिक नजारों के बीच बने परिसर के लिए भी जाना जाता था। यह दक्षिण-पश्चिमी अमेरिका के कोलोरैडो प्रांत में रॉकी पर्वतमाला की तलहटी पर बोल्डर घाटी में बसे बोल्डर शहर के बाहरी हिस्से में स्थित है। कोलोरैडो प्रांत के दूसरे सबसे बड़े शहर डेनवर 40 किलोमीटर उत्तर-पश्चिम में स्थित बोल्डर शहर समुद्र तल से 5,430 फीट (1,655 मीटर) की ऊँचाई पर मौजूद है। बोल्डर के पश्चिम में स्थित विशाल चट्टानी-सरंचना (रॉक फॉर्मेशन)—फ्लैटीरोंस व 50 किलोमीटर लंबी नदिका—बोल्डर क्रीक—शहर की खूबसूरती में चार चाँद लगाती हैं।

वोज्निअक को अब तक कैलिफोर्निया से बाहर जाने का मौका नहीं मिला था, लिहाजा उसका वहाँ जाने का एक उद्देश्य घूमना-फिरना भी था। नवंबर के अंतिम सप्ताह में कृतज्ञता दिवस (थैंक्सगिविंग डे) की छुट्टियों के मौके पर वोज्निअक ने रिच व एक अन्य सहपाठी के साथ बोल्डर की दो दिनों की यात्रा की थी। उन लोगों ने सैन जोस

हवाई अड्डे से डेनेवर की उड़ान भरी थी और फिर वहाँ से टैक्सी में बोल्डर पहुँचे थे। यह वोज्निअक की पहली नागरिक हवाई-यात्रा थी। भारी बर्फ के कारण उन लोगों की आस-पास घूमने-फिरने की योजना तो कामयाब नहीं हो सकी थी, लिहाजा वे दो दिनों तक छुट्टियों के चलते बंद विश्वविद्यालय के विशाल परिसर का भ्रमण करते रहे थे। वहाँ मौजूद कुछ छात्रों ने उन लोगों को सबकुछ दिखाया था। विश्वविद्यालय में इंजीनियरिंग शिक्षा की उन्नत सुविधाओं व उस इलाके की प्राकृतिक खूबसूरती से वोज्निअक काफी प्रभावित हुआ था और उसने तभी तय कर लिया था कि वह वहीं पढ़ेगा।

जाहिर है कि वोज्निअक के पास कोलोरैडो विश्वविद्यालय में प्रवेश के जरूरी से काफी ज्यादा अंक थे, लेकिन सबसे बड़ी समस्या थी वहाँ की पढ़ाई का मोटा खर्च। जैरी वोज्निअक के लिए यह खर्च न केवल भारी पड़ रहा था, बल्कि वह उसे गैर-जरूरी भी मानते थे; उनकी नजर में कोलोरैडो विश्वविद्यालय के मुकाबले काफी कम खर्च में कैलिफोर्निया विश्वविद्यालय (बर्कले) बेहतर विकल्प था। पिता के दबाव में वोज्निअक वहाँ आवेदन करने को तैयार तो हो गया था, लेकिन उसने ऐसा करने में जान-बूझकर काफी देर कर दी थी। इस बीच, कोलोरैडो में उसका नामांकन स्वीकृत हो चुका था। फिर बाप-बेटे में समझौता हुआ था—पहला साल कोलोरैडो विश्वविद्यालय में, दूसरा साल डी अंजा कॉलेज (क्यूपर्टिनो) में व तीसरा साल कैलिफोर्निया विश्वविद्यालय में। आखिरकार जैरी वोज्निअक ने कोलोरैडो विश्वविद्यालय में सारा शुल्क जमा तो करा दिया था, लेकिन अब वह वोज्निअक पर डी अंजा कॉलेज में पंजीकरण का भी दबाव बनाए हुए थे। यह घर के इतने नजदीक व सस्ता था कि जैरी बेटे को व्यक्तिगत कार देने को भी तैयार हो गए थे।

पिता के दबाव में जब वोज्निअक डी अंजा कॉलेज पहुँचा तो पता चला कि भौतिकी, रसायन व गणित तीनों के वर्ग पूरे हो चुके थे। वोज्निअक को विश्वास नहीं हो रहा था कि इलाके का सितारा छात्र होते हुए भी उसे, जिसका अभियंता बनाना बिल्कुल तय था, तीन प्रमुख विषयों में दाखिला नहीं मिल पा रहा था। रसायन-शास्त्र के शिक्षक ने वोज्निअक को फोन पर दाखिला मिल जाने का भरोसा दिया था, लेकिन वहाँ पर उसे अपने पूरे शैक्षिक जीवन की शुरुआत ही चौपट होती नजर आई थी। उसने तत्काल अपना मन बदला और यह पता लगाया था कि अब भी कोलोरैडो जाना संभव था कि नहीं? कोलोरैडो विश्वविद्यालय में वर्ग शुरू हो चुका था, लेकिन कई बार फोन करने पर उसे पता चला था कि वह अब भी वहाँ जा सकता था। फिर आनन-फानन में तैयारी की, हवाई-यात्रा की टिकट का इंतजाम किया और अगले दिन कोलोरैडो पहुँच गया था। अभी ज्यादा देर नहीं हुई थी और वह वर्ष 1969 के सितंबर सत्र के तीसरे दिन अपने वर्ग में उपस्थित था।

कोलोरैडो विश्वविद्यालय में भी वोज्निअक की इलेक्ट्रॉनिक-शरारतें जारी रही थीं। होमस्टेड हाई स्कूल में पढ़ते वक्त वोज्निअक ने एलन बौम के पिता एल्मर बौम को एक टी.वी. अवरोधक (जैमर) का डिजाइन करते देखा था और उसी आधार पर उसका एक कार्यशील नमूना तैयार कर लिया था। इसके जरिए उसने विश्वविद्यालय होस्टल के टी. वी. प्रदर्शन में अवरोध पैदा कर मजा लेना शुरू कर दिया था। इतना ही होता तो गनीमत थी, उसने इस उपकरण के जरिए कंप्यूटर विभाग में एक साथ कई वर्गों को पढ़ाने में इस्तेमाल की जानेवाली सघन-परिपथ दूरदर्शन (क्लोज सर्किट टी.वी.) व्यवस्था को भी बाधित करना शुरू कर दिया था। यहाँ उसने ताश खेलना भी शुरू कर दिया था और टी.वी. पर फुटबॉल देखने के अलावा 'ब्रिज' उसका पंसदीदा मनोरंजन हो गया था। लेकिन यहाँ पर वोज्निअक के आकर्षण का सबसे बड़ा केंद्र विश्वविद्यालय की कंप्यूटर प्रयोगशाला थी, जहाँ पर उस जमाने की सुपर-कंप्यूटर निर्माता कंपनी कंट्रोल डाटा कॉरपोरेशन (सी.डी.सी.) द्वारा विकसित मेनफ्रेम कंप्यूटर 'सी.डी.सी. 6400' मौजूद था।

वोज्निअक पहले से ही 'फोरट्रान' से वाकिफ था, अब कोलोरैडो में उसने एक अन्य नई कंप्यूटर कार्यक्रम भाषा—एल्गॉल (एल्गोरिथमिक लैंग्वेज/ कलन-विधि भाषा) भी सीख ली थी। जल्द ही वोज्निअक ने संख्यात्मक गणना से संबंधित सात कंप्यूटर कार्यक्रम तैयार कर लिए थे, जिसे उसने 'मैजिक कंप्यूटर नंबर्स' नाम दिया था। यही होता तो गनीमत थी, उसने इन कार्यक्रमों को आजमाने के लिए उसके बड़े-बड़े नतीजों को प्रिंट भी करना शुरू कर दिया था। वह सुबह-दोपहर-शाम तीन सत्रों में कार्यक्रम संचालित करता था और रोजाना कुल 60 पृष्ठों का मुद्रित नतीजा (प्रिंट आउट) निकलता था। जाहिर है कि सामूहिक इस्तेमाल के लिए रखे जानेवाले कंप्यूटर-पेपर का अधिकांश हिस्सा अकेले वोज्निअक ने ही खर्च करना शुरू कर दिया था।

खैर, सभी यही समझ रहे थे कि वह पाठ्यक्रम के संबंधित कार्यक्रम बना रहा था। लेकिन विश्वविद्यालय प्रशासन को जल्द ही पता चला था कि वोज्निअक कुछ ऐसे भी कार्यक्रम बना रहा था, जिनके मुद्रित नतीजों पर 'फक निक्सन' (भाड़ में जाओ निक्सन) व गुड स्क्रैप पेपर (अच्छा रद्दी कागज) प्रकाशित हो रहे थे। यह वह समय था जब वियतनाम युद्ध में अमेरिकी सेना की भागीदारी के विरोध में समूचा देश, खास तौर पर छात्र समुदाय, राष्ट्रपति रिचर्ड निक्सन के खिलाफ सक्रिय हो गया था। विश्वविद्यालय-प्रशासन को लगा था कि वोज्निअक भी उस आंदोलन में शामिल था। लिहाजा एक दिन वोज्निअक को उसके प्राध्यापक के सामने पेश होने का बुलावा आया; पेशी के दौरान उसके खिलाफ कंप्यूटर समय व कागज के दुरूपयोग का एकतरफा मामला बना दिया गया, और उसके एवज में भारी आर्थिक-दंड के अलावा उसके शैक्षणिक-सत्र को परिवीक्षा (प्रोबेशन) पर रखने का आदेश सुना दिया गया। साथ ही, वोज्निअक को उसके क्रिया-कलाप में सुधार

न होने की स्थिति में विश्वविद्यालय से बाहर निकाले जाने की धमकी भी दी गई। हालाँकि वोज्निअक ने इस आदेश के खिलाफ एक वकील के जरिए चेतावनी-पत्र भी भेजा था, लेकिन उससे विश्वविद्यालय प्रसाशन के रुख में कोई फर्क नहीं पड़ा था। वोज्निअक ने प्राध्यापक की बातचीत से अनुमान लगाया था कि दंड की कुल रकम हजारों डॉलर में होगी, इसीलिए सत्र की समाप्ति पर वह बोरिया-बिस्तर समेत सनीवेल वापस आ गया और फिर डी अंजा कॉलेज (क्यूपर्टिनो) में नामांकन की अरजी लगा दी।

एक बार फिर से वोज्निअक पुराने ढर्रे पर लौट आया, और कागज पर कंप्यूटर डिजाइन बनाने का सिलसिला तेज हो गया। अब जल्द ही वह समय आनेवाला था जब व्यक्तिगत-कंप्यूटर उद्योग की ऐतिहासिक जोड़ी—वोज्निअक व जॉब्स के एक-दूसरे के करीब आने की स्थितियाँ ठोस आकर ले रही थीं। डी अंजा कॉलेज में वोज्निअक व एलन बौम दोनों ने कंप्यूटर कार्यक्रम भाषा से संबंधित कुछ वर्ग एक जैसे रखे थे। एलन के पिता एल्मर बौम ने भी 'फोरट्रान' सीखने के लिए खुद को पंजीकृत कराया था, लेकिन जल्द ही उनका उत्साह ठंडा पर गया था। जाहिर है कि एल्मर अपने बेटे व उसके दोस्त वोज्निअक की प्रतिभा के प्रशंसक हो गए थे। रेखीय बीजगणित (लीनियर अलजेब्रा) के बारे में वोज्निअक को पहले से ही बहुत कुछ पता था, लिहाजा इस विषय की कक्षाओं में शिक्षकों को धोखा देते हुए उसने अपना ध्यान कंप्यूटर डिजाइन पर केंद्रित रखा था।

हाँ, कोलोरैडो से वापस आने के बाद रजनीति में भी वोज्निअक की दिलचस्पी बढ़ी थी और वह अपने हिप्पी साथियों के साथ वियतनाम युद्ध विरोध व संगीत-कला संबंधी गतिविधियों में हिस्सा लेने लगा था। लेकिन लड़कियों से मेल-जोल बढ़ाने के मामले में वह अब भी फिसड्डी ही था, यह काम उसे इलेक्ट्रॉनिक परिपथ बनाने से भी ज्यादा कठिन लगता था। उसे हिप्पियों के साथ मौज-मस्ती तो पसंद आती थी, लेकिन भाँग, गाँजा व एल.एस.डी. जैसे नशे के सेवन के जरिए मनोत्तेजक अनुभवों व आध्यात्मिक चेतना हासिल करने संबंधी गतिविधियों में उसकी कोई रुचि नहीं बन सकी थी। यही कारण था कि वोज्निअक के अधिकांश सहपाठी उसे अपने समूह में शामिल करने से हिचकते थे। एलन बौम के अलावा अब तक वोज्निअक का कोई और नजदीकी दोस्त नहीं बन सका था। इस स्थिति का अच्छा पहलू यह था कि वोज्निअक अधिकांश समय कमरे में बंद होकर कंप्यूटर-डिजाइन करने में बिताता था।

खैर, डी अंजा कॉलेज में करीब साल भर बिताने के बाद वर्ष 1971 की गरमियों में वोज्निअक ने कंप्यूटर पर कार्यक्रम बनाने का अनुभव हासिल करने के लिए नौकरी करने का फैसला किया। इसके जरिए वह कैलिफोर्निया विश्वविद्यालय (बर्कले) में तीसरे साल की की पढ़ाई के लिए कुछ धन भी इकट्ठा करने सोच रहा था। वोज्निअक व एलन बौम ग्रीष्मकालीन नौकरी की तलाश में मिनी कंप्यूटर कंपनियों के स्थानीय

उसने टेनेट में काम करते हुए अपनी लगन व मेहनत से एक साथ कई उपयोगकर्ताओं को सँभाल सकनेवाली कंप्यूटर-प्रणाली का कार्यक्रम बनाना सीख लिया। अभी नौकरी करते हुए वोज्निअक का पहला साल पूरा ही हो रहा था कि वर्ष 1972 की गरमियों में टेनेट कंप्यूटर आर्थिक मंदी की चपेट में आकर बंद हो गई और उसने खुद को बेरोजगारी-भत्ते के लिए पंजीकृत करा लिया।

दफ्तरों के चक्कर काट रहे थे। एक दिन दोनों एक छोटी कंपनी 'टेनेट कंप्यूटर' के दफ्तर में पहुँचे थे, जो कैलिफोर्निया मोटर-वाहन विभाग के लिए कंप्यूटर बनाती थी। वहाँ दोनों को कंप्यूटर प्रोग्रामर की नौकरी मिल गई और उन्होंने अपना मनमाफिक काम शुरू कर दिया। अभी कुछ ही समय हुआ था कि एलन बौम को मैसाचुसेट्स इंस्टीट्यूट ऑफ टेक्नोलॉजी/एम.आई.टी. (कैंब्रिज, मैसाचुसेट्स) में दाखिला मिल गया था और वह आगे की पढ़ाई के लिए वहाँ चला गया।

वोज्निअक ने अपना काम जारी रखा, और अपनी आगे की पढ़ाई को फिलहाल रोक दिया था। उसने टेनेट में काम करते हुए अपनी लगन व मेहनत से एक साथ कई उपयोगकर्ताओं को सँभाल सकनेवाली कंप्यूटर-प्रणाली का कार्यक्रम बनाना सीख लिया। अभी नौकरी करते हुए वोज्निअक का पहला साल पूरा ही हो रहा था कि वर्ष 1972 की गरमियों में टेनेट कंप्यूटर आर्थिक मंदी की चपेट में आकर बंद हो गई और उसने खुद को बेरोजगारी-भत्ते के लिए पंजीकृत करा लिया।

इस दौरान, वोज्निअक लॉस एंजिल्स के भी चक्कर काट रहा था, जहाँ वह एक नजदीकी रिश्तेदार से एकतरफा प्यार कर बैठा। वोज्निअक ने उसके सामने शादी का प्रस्ताव तक रख दिया था, लेकिन वह तैयार नहीं हुई और मामला ठंडा पड़ गया। इस बीच, वह बेतरतीब तरीके से कंप्यूटर-डिजाइन सीखना भी जारी रखे हुआ था। एलन बौम ने उसके लिए एम.आई.टी. से कंप्यूटर-पाठ्यक्रम की किताबों की चित्र-प्रतिलिपियाँ (फोटोकॉपी) भेजी थीं। एलन खुद भी विज्ञान-मेलों के दौरान अपने माता-पिता व वोज्निअक से मिलने आता रहा था। कुल मिलकर स्वाध्याय (सेल्फ स्टडी) के जरिए वोज्निअक ने बहुत हद तक समूचा कंप्यूटर डिजाइन करना सीख लिया था और अब वह डाटा जनरल 'नोवा' की तकनीक के अध्ययन में जुट गया था।

इस बीच, वर्ष 1969 में डाटा जनरल की मिनी कंप्यूटर श्रृंखला—'नोवा!' बाजार में आई। यह 16 बिट की कंप्यूटर प्रणाली थी, मतलब वह एक वक्त में 16 बाइनरी अंकों की गणना करने में सक्षम थी। याद रहे कि डाटा जनरल के अधिकांश संस्थापक डिजिटल इक्विपमेंट कॉरपोरेशन (डी.ई.सी.) के वे पूर्व कर्मचारी थे, जिन्होंने 12 बिट का सबसे अधिक लोकप्रिय मिनी कंप्यूटर पी.डी.पी.-8 बनाया था। डाटा जनरल ने 'दुनिया

का सर्वश्रेष्ठ छोटा कंप्यूटर' के नारे के साथ 'नोवा' को बाजार में उतारा था। आधारभूत मशीन की कीमत महज 3995 डॉलर रखी गई थी, जो मूल स्मृति (कोर मेमोरी) के साथ 7995 की पड़ती थी। लगभग आधी कीमत पर उपलब्ध 'नोवा' पी.डी.पी.-8 के मुकाबले प्रौद्योगिक दृष्टि से काफी उन्नत थी। इसमें 15 × 15 इंच के दो मुद्रित परिपथ पटल (प्रिंटेड सर्किट बोर्ड/पी.सी.बी.) की—एक केंद्रीय संसाधन इकाई (सेंट्रल प्रोसेसिंग यूनिट/ सी.पी.यू.) व दूसरा विभिन्न समर्थन प्रणालियों के लिए—इस्तेमाल किए गए थे। फेयरचाइल्ड सेमीकंडक्टर द्वारा विकसित मध्यम स्तर एकीकरण (मीडियम स्केल इंटीग्रेशन/एम.एस.आई.) तकनीक पर आधारित 100 से अधिक एकीकृत परिपथ (आई. सी.)/चिप को जोड़कर ये पी.सी.बी. तैयार किए गए थे।

याद रहे कि एकीकृत परिपथ के विकास की दिशा में एम.एस.आई. तकनीक की बदौलत एक चिप पर 100 से ज्यादा ट्रांजिस्टर को जोड़ना संभव हो सका था। इससे पहले की तकनीक को लघु स्तर एकीकरण (स्माल स्केल इंटीग्रेशन/ एस.एस.आई.) कहा जाता था, जिसके जरिए महज 10 ट्रांजिस्टर को जोड़ना संभव था। आगे आनेवाले समय में विशाल स्तर एकीकरण (लार्ज स्केल इंटीग्रेशन/एल.एस.आई.) व अति विशाल स्तर एकीकरण (वैरी लार्ज स्केल इंटीग्रेशन/ वी.एल.एस.आई.) तकनीकों का ईजाद होना बाकी था, जिनकी बदौलत क्रमशः 4000 व 10,000 ट्रांजिस्टर को एक चिप पर एकीकृत करना संभव होनेवाला था। जाहिर है कि एकीकृत परिपथ तकनीक की लगातार उन्नति ने ही कंप्यूटर प्रणालियों के विकास को आगे का रास्ता दिखाया था।

डाटा जनरल नोवा की लोकप्रियता ने व्यक्तिगत कंप्यूटर प्रणाली के विकास की संभावनाओं को उत्साहित करने में अहम भूमिका निभाई थी। इसके तकनीकी अध्ययन के बाद ही वोज्निअक ने भी तय किया था कि वह खुद का कंप्यूटर विकसित करेगा। इसके लिए उसने फेयरचाइल्ड सेमीकंडक्टर व सिग्नेटिक्स (वर्ष 1975 में फिलिप्स द्वारा अधिग्रहित) द्वारा विकसित दो एकीकृत परिपथों के आधार पर दो अलग-अलग कंप्यूटर को डिजाइन करना शुरू कर दिया था। इस काम में उसे एलन बौम से भी सहयोग मिल रहा था, जो फिलहाल गरमी की छुट्टियों में घर आया हुआ था। चिप संबंधी तकनीकी बारीकियों को ज्यादा गहराई से सुलझाने के लिए जैरी वोज्निअक ने फेयरचाइल्ड के चिप-डिजाइनर से वोज्निअक की मुलाकात भी कराई थी। उसके बाद वोज्निअक का अंतिम लक्ष्य बिल्कुल साफ हो गया था; उसे पता चला था कि पी.सी.बी. पर चिप की 'संख्या' ही नहीं उनके द्वारा घेरी गई 'जगह' का भी बराबर महत्त्व होता है; और अब इन दो बातों को ध्यान में रखकर कम-से-कम चिप का इस्तेमाल कर कंप्यूटर को डिजाइन करना शुरू किया था।

यही वह समय था जब वोज्निअक की उसके काफी पुराने पड़ोसी—बिल फर्नांडिस

से नजदीकी बढ़ी थी। बिल उससे काफी छोटा था और फिलहाल होमस्टेड हाई स्कूल में इलेक्ट्रॉनिक्स की पढ़ाई कर रहा था। मैककोल्लम की शिक्षा का उस पर अच्छा-खासा असर था और प्रतिभाशाली छात्रों में उसकी गिनती होती थी। यही कारण था कि हाई स्कूल में उसकी स्टीव जॉब्स से भी नजदीकियाँ हो गई थीं और दोनों इलेक्ट्रॉनिक्स के अलावा तमाम हिप्पी गतिविधियों में भी सक्रिय थे। वोज्निअक व बिल के पिता लंबे अरसे से एक साथ गोल्फ खेलते रहे थे; वे दोनों भी एक-दूसरे को अच्छी तरह से जानते-समझते थे, लेकिन उम्र के अंतर के चलते उनके बीच नजदीकियाँ नहीं पनप सकी थीं। होमस्टेड हाई स्कूल में अभी भी वोज्निअक को इलेक्ट्रॉनिक्स हीरो के रूप में याद किया जाता था और इलाके के आम लोगों के बीच भी उसके कारनामों की चर्चा होती थी। बिल भी इलेक्ट्रॉनिक्स में कुछ खास करने का इरादा रखता था और अपने पिता के गैराज के एक कोने में एक कार्यशाला भी बना रखी थी। ऐसे में जब उसे वोज्निअक के कंप्यूटर डिजाइन के बारे में पता चला था तो वह उसका शागिर्द बन गया।

वोज्निअक के लिए बिल की कार्यशाला ज्यादा सुविधाजनक थी और उसने वहीं बैठकर कंप्यूटर डिजाइन करना शुरू कर दिया। जल्द ही दोनों ने विभिन्न कंपनियों से जरूरी पुरजे व चिप का जुगाड़ कर लिया और कागज पर बनाए गए डिजाइन को वास्तविक रूप देने की कोशिशों में जुट गए। दोनों ने आपस में कार्य-विभाजन किया था—मुख्य डिजाइनर की भूमिका में वोज्निअक ने तार्किक डिजाइन पर अपना ध्यान केंद्रित किया था तो बिल आज्ञाकारी शागिर्द की भूमिका में एक कुशल तकनीकज्ञ की तरह हिस्से-पुरजों को अत्यंत सावधानी से सोल्डर के जरिए जोड़ता था। इस काम के दौरान दोनों क्रीम सोडे (मीठा कार्बनीकृत शीतल पेय) की कई बोतलें पी जाया करते थे। लिहाजा कई हफ्तों की कोशिशों के बाद वोज्निअक ने बिल की शागिर्दी में 'मिनी कंप्यूटर' का छोटा संस्करण तैयार कर लिया और उन्होंने उसे 'क्रीम सोडा कंप्यूटर' नाम दिया।

यह 'क्रीम सोडा कंप्यूटर' महज एक गुणा कर सकनेवाला इलेक्ट्रॉनिक गणक (कैलकुलेटर) था, जिसमें गुणा करनेवाली संख्याओं को दो स्विच समूहों के जरिए डाला जाता था और उसके नतीजे द्विआधारी कूटलिपि (बाइनरी कोड) के जरिए एल.ई.डी. के जरिए प्रदर्शित होते थे। इस कंप्यूटर का मुख्य हिस्सा यानी सी.पी.यू. चार बिटवाली दो अंकगणितीय तर्क इकाइयों (अर्थमेटिक लॉजिक यूनिट/ ए.एल.यू.) को जोड़कर बनाया गया था। ए.एल.यू. एक अंकीय इलेक्ट्रॉनिक परिपथ (डिजिटल इलेक्ट्रॉनिक सर्किट) है, जो पूर्णांक गणित (इंटिजर अर्थमेटिक) व तार्किक कार्यों को संपन्न करता है। चार बिट के दो ए.एल.यू. के मेल के चलते यह कंप्यूटर की आठ बाइनरी अंकों की गणना करने में सक्षम था। कंप्यूटर का दूसरा हिस्सा समय-परिपथ (टाइमिंग सर्किट) था, जो दोलक (ओसिलेटर) व आवृत्ति भाजक (फ्रीक्वेंसी डिवाइडर) परिपथों को जोड़कर

बनाया गया था। समूचे कंप्यूटर को एक धातु-ढाँचे (मेटल फ्रेम) पर रखा गया था। एक बोर्ड पर एकीकृत परिपथ/चिप रखे गए थे, जबकि दूसरे अपेक्षाकृत छोटे बोर्ड पर समय परिपथ। इसके अलावा बैकेलाइट के टुकड़ों पर दो पंक्तियों में—चार ऊपर व चार नीचे—आठ स्विच व एल.इ.डी. लगाए गए थे।

उस वक्त के तमाम कंप्यूटरों की तरह उसमें भी न तो कोई इलेक्ट्रॉनिक विजुअल डिस्प्ले स्क्रीन (इलेक्ट्रॉनिक दृश्य प्रदर्शन पटल) था और न ही कुंजी पटल (की-बोर्ड)। अभी तक किसी ने ऐसा करने का सोचा भी नहीं था। इसके बदले एक विशेष कागज—पंच्ड कार्ड—पर टाइपराइटर जैसी मशीन से कंप्यूटर कार्यक्रम टंकित करना पड़ता था; फिर यह कार्यक्रम सी.पी.यू. से जुड़े कार्ड रीडर में घुसाया जाता था। वोज्निअक ने इस कंप्यूटर के लिए गुणा करने के कुछ कार्यक्रम तैयार किए थे। कार्यक्रम के सही होने की सूचना एल.ई.डी. के जलने से पता चलती थी। फिर गुणा करनेवाले अंकों को दो स्विच समूहों के जरिए निर्देशित किया जाता था और उसके नतीजे एल.ई. डी. की रोशनी से पता चलते थे।

हालाँकि चार बिट द्विआधारी अंकों की गणना मामूली सी बात लगती हो, लेकिन बिना कंप्यूटर प्रणाली के यह संभव नहीं था। यह व्यक्तिगत कंप्यूटर के विकास की दिशा में बिल फर्नांडिस की शागिर्दी में स्टीव वोज्निअक द्वारा हासिल की गई एक महत्त्वपूर्ण उपलब्धि थी।

वोज्निअक की इस क्रांतिकारी उपलब्धि की एक खास बात यह भी थी कि उस कंप्यूटर में 256 बाइट की रैम (रैंडम एक्सेस मेमोरी/ संयोगिक पहुँच स्मृति) चिप भी डाली गई थी। वोज्निअक ने आठ चिप को एकीकृत कर यह रैम चिप बनाई थी। ('रैम' के जरिए कंप्यूटर प्रणाली बिना सुरक्षित या 'सेव' किए हुए भी काम को तब तक याद रखती है, जब तक कंप्यूटर चालू रहता है।) की-बोर्ड द्वारा की गई हर 'चोट' को 'बाइट' कहा जाता है, इस लिहाज से 256 बाइट की आँकड़ा-शृंखला एक छोटे वाक्य के बराबर ही थी। उस जमाने में 'रैम चिप' एक अनसुनी बात थी और उसकी जगह चुंबकीय मुख्य स्मृति (मैग्नेटिक कोर मेमोरी) उपकरण का उपयोग किया जाता था।

जब 'क्रीम सोडा कंप्यूटर' लगभग तैयार हो गया था तो एक दिन अचानक बिल फर्नांडिस के मन में स्टीव जॉब्स को वोज्निअक से मिलाने का विचार कौंधा था; वह स्टीव जॉब्स के इलेक्ट्रॉनिक कारनामों को बखूबी जानता था और उसे लगा था कि यदि जॉब्स व वोज्निअक जैसी इलेक्ट्रॉनिक प्रतिभाएँ आपस में मिल-जुलकर काम करें तो कुछ अनोखा संभव था। उसने अपने मन की बात वोज्निअक के सामने रखी; वोज्निअक को भला क्यों ऐतराज होता—वह तो दोस्तों की संख्या बढ़ाने के लिए तरस रहा था। यह 1971 में जून का महीना था, जब अचानक एक दिन बिल फर्नांडिस के गैरेज

में स्टीव जॉब्स आ धमका था और बिल ने वोज्निअक से जॉब्स का परिचय कराया। सिलिकॉन वैली के इतिहास में किसी गैराज में दो महान् शख्सियतों की मुलाकात दूसरी सबसे बड़ी घटना मानी जाती है; करीब 32 साल पहले सन् 1939 में बिल्कुल इसी तरह पालो आल्टो स्थित डेव पैकार्ड के गैरेज में बिल हेवलेट की मुलाकात हुई थी और हेवलेट-पैकार्ड कंपनी का जन्म हुआ था। परिचय के तुरंत बाद, वोज्निअक व जॉब्स के बीच गैरेज के बाहर ही जो बातचीत का सिलसिला शुरू हुआ था, वह घंटों तक चला था—मानो दोनों न जाने कब से एक-दूसरे का इंतजार करते रहे थे!

स्टीव जॉब्स के आत्मकथा लेखक वाल्टर आइसेक्सन से एक बातचीत में इस ऐतिहासिक मुलाकात को वोज्निअक ने कुछ इस तरह से याद किया था—

'स्टीव और मैं यूँ ही लंबे समय तक बिल के घर के सामने फुटपाथ पर बैठे, सिर्फ कहानियाँ साझा करते रहे—ज्यादातर हमारे द्वारा किए गए मजाकों और हमने किस तरह के इलेक्ट्रॉनिक डिजाइन तैयार किए थे, के बारे में भी, हममें बहुत कुछ एक जैसा था। आम तौर पर, मेरे लिए लोगों को यह समझाना काफी मुश्किल था कि मैं किस तरह की डिजाइन-सामग्री पर काम कर रहा था, लेकिन स्टीव इसे तुरंत समझ लिया करता था और मैंने उसे पसंद किया था। वह पतला सा, तार के जैसा व ताकत से भरपूर था।'

पहली मुलाकत में स्टीव जॉब्स भी वोज्निअक से काफी प्रभावित हुआ था; और उसने एक अन्य बातचीत में आइसेक्सन को बताया था—

'मेरी मुलाकात में वो पहला शख्स था' जो मेरे से ज्यादा इलेक्ट्रॉनिक्स जानता था। मैंने उसे तत्काल पसंद कर लिया था। मैं अपने वर्षों की तुलना में थोड़ा अधिक परिपक्व था और वह अपनी (उम्र) से थोड़ा कम परिपक्व था, इसलिए यह बराबर हो गया था। वोज बहुत प्रतिभाशाली था, लेकिन भावनात्मक रूप से वह मेरी उम्र का था।'

स्टीव व वोज की कंप्यूटर में तो रुचि थी ही, इसके अलावा संगीत के लिए भी दोनों जुनून साझा करते थे। खास तौर पर, वोज्निअक ने जॉब्स को बॉब डायलन के गौरवशाली संगीत की तरफ खींचा था। स्टीव जॉब्स ने आइसेक्सन की बातचीत में अपने संगीत जूनून को याद किया था—

'यह संगीत के लिए अद्‌भुत समय था। यह एक ऐसे समय में जीने की तरह था जब बीथोवन व मोजार्ट जिंदा थे। सचमुच। लोग इसको उसी तरीके से याद करेंगे। और वोज व मैं इसकी गहराई में थे। हमने सांताक्रूज में उस आदमी को ढूँढ़ लिया था, जो डायलन पर संवाद-पत्र (न्यूजलेटर) निकालता था। डायलन अपने सभी संगीत-समारोहों को टेप करते थे, और चूँकि उसके आस-पास के कुछ लोग ईमानदार नहीं थे, जल्द ही टेप हर तरफ फैल रहे थे। सबकुछ अवैध। और उस आदमी के पास वह सबकुछ था। हम दोनों सैन जोस व बर्कली तक आवारा घूमा करते थे, डायलन के अवैध टेप के बारे

में पूछते थे और उन्हें इकट्ठा करते थे। हम डायलन के गीत की विवरणिका (ब्रोशर) खरीदा करते थे और उनकी देर तक व्याख्या किया करते थे। डायलन के शब्द रचनात्मक सोच की तारों को छेड़ते थे।'

इस मुलाकात के बाद, वोज्निअक ने 'क्रीम सोडा कंप्यूटर' के बारे में दुनिया को बताने का फैसला किया। वोज की माँ ने स्थानीय अखबार—सैन जोस मरकरी—के परिचित संवाददाता को बुलाया। एक फोटोग्राफर के साथ वह संवाददाता वोज के शयन-कक्ष में उसके कंप्यूटर को देखने आ गया। वोज ने संवाददाता को कंप्यूटर के बारे में सारी जानकारियाँ दीं और फोटोग्राफर ने उसके कंप्यूटर के साथ वोज व बिल फर्नांडिस का फोटो भी लिया। लेकिन प्रदर्शन के दौरान उच्च वोल्टेज के चलते एक चिप जल गया और कंप्यूटर ने काम करना बंद कर दिया था। इस तरह कंप्यूटर के अविष्कारक के रूप में अखबार में छपकर मशहूरी पाने की वोज व बिल की योजना सफल नहीं हो सकी थी।

स्टीव जॉब्स ने होमस्टेड हाई स्कूल में संगीत-प्रकाश-प्रदर्शन के लिए एक क्लब का भी गठन कर लिया था। स्कूल के प्राचार्य के नाम पर इस क्लब का मजाकिया नाम रखा था 'बक फ्राई क्लब'। हालाँकि वोज्निअक व एलन बौम (जब वह एम.आई.टी. से छुट्टियों में घर आया करता था) कब के स्कूल से जा चुके थे, लेकिन जॉब्स के इस क्लब में सक्रिय भागीदारी करते थे। यह क्लब स्कूल की पढ़ाई कर बाहर जानेवाले छात्रों के लिए विदाई कार्यक्रम का भी आयोजन करता था।

ब्लू बॉक्स का विकास

जॉब्स व वोज्निअक की दोस्ती गहराने लगी थी और वे अपने इलेक्ट्रॉनिक्स-ज्ञान को लगातार बढ़ाते जा रहे थे। इसी क्रम में उन्होंने 'ब्लू बॉक्स' का निर्माण किया, जो दोनों की साझीदारी में तैयार किया गया पहला इलेक्ट्रॉनिक उपकरण था।

यह सितंबर 1971 का महीना था, जब वोज्निअक स्नातक के तीसरे वर्ष के लिए कैलिफोर्निया विश्वविद्यालय (बर्कले) जाने की तैयारियाँ कर रहा था। वहाँ के लिए रवाना होने से ठीक एक दिन पहले रविवार को वोज की नजर अपने घर में पड़ी लोकप्रिय फैशन पत्रिका 'एस्क्वायर' के ताजे अंक (अक्तूबर 1971) में प्रकाशित पत्रकार-उपन्यासकार रॉन रोसेनबम के लेख 'नन्हे ब्लू बॉक्स का रहस्य' पर गई थी। उस लेख में एक इलेक्ट्रॉनिक उपकरण के बारे में बताया गया था, जिसके जरिए दूरभाष प्रचालन कंपनी—एटी ऐंड टी—के संजाल पर लंबी दूरी की बातचीत मुफ्त में की जा सकती थी। इस उपकरण के जरिए कंपनी के फोन घुमानेवाले उपकरण (डायलिंग कंट्रोल) की ध्वनि की नकल कर दूरभाष संजाल की मार्ग-प्रणाली (रूटिंग सिस्टम) धोखा दे सकने में सक्षम थी।

अलास्का में तैनाती के दौरान उसने से एक ऐसे टेलीफोन स्विचबोर्ड का ईजाद कर लिया था, जिससे स्थानीय दूरभाष संजाल पर मुफ्त में बातचीत की जा सकती थी और उसने अपने सहकर्मियों को ऐसा करने का मौका देना शुरू कर दिया था।

वोज्निअक ने अभी आधा लेख पढ़ा था कि उसे एक तरकीब सूझी थी; उसने तत्काल जॉब्स को फोन घुमाया और पूरा लेख पढ़कर सुनाया था।

'ब्लू बॉक्स' को जॉन थॉमस ड्रेपर ने तैयार किया था। कंप्यूटर प्रोग्रामिंग की दुनिया के 'हैकर' समुदाय के बीच ड्रेपर का नाम एक महान् शख्सियत के रूप में लिया जाता है और वे 'कैप्टेन क्रंच' (एक नाश्ता-अनाज ब्रांड का शुभंकर) के नाम से मशहूर हैं। अमेरिकी वायु सेना के अभियंता का बेटा जॉन ड्रेपर बचपन से ही खुरापाती था। स्कूल में पढ़ते समय ही उसने सेना द्वारा खारिज किए गए इलेक्ट्रॉनिक हिस्से-पुरजों से शौकिया रेडियो तैयार कर लिया था। कॉलेज की पढ़ाई के बाद सन् 1964 में खुद भी वायुसेना में शामिल हो गया था। अलास्का में तैनाती के दौरान उसने से एक ऐसे टेलीफोन स्विचबोर्ड का ईजाद कर लिया था, जिससे स्थानीय दूरभाष संजाल पर मुफ्त में बातचीत की जा सकती थी और उसने अपने सहकर्मियों को ऐसा करने का मौका देना शुरू कर दिया था। उसके बाद उसकी नियुक्ति चार्ल्सटन एयर फोर्स स्टेशन (चार्ल्सटन, मैने) में हुई। उसने पास के शहर डोवर फॉक्सक्रॉफ्ट में अवैध रेडियो स्टेशन—वी.के.ओ.एस. (मतलब 'हम अराजक') की स्थापना की, जिसे स्थानीय वैध रेडियो स्टेशन के ऐतराज के बाद बंद कर दिया गया था। सन् 1968 में प्रथम श्रेणी वायु-सैनिक के रूप में सम्मानपूर्ण सेवा निवृत्ति के बाद ड्रेपर ने सांताक्लारा वैली इलाके में रहना शुरू कर दिया था। फिर कुछ समय तक फेयरचाइल्ड सेमीकंडक्टर में अभियांत्रिकी तकनीकज्ञ के रूप और एक अन्य सेमीकंडक्टर कंपनी 'हगले इंटरनेशनल' में शुरुआती दौर के ताररहित दूरभाष (कॉर्डलेस टेलीफोन) के डिजाइनर के रूप में काम करता रहा था।

'एस्क्वायर' के उक्त लेख में 'बेल सिस्टम टेक्निकल जर्नल' में प्रकाशित उस शोध-पत्र का भी उल्लेख किया गया था, जिसमें दूरभाष मार्ग-प्रणाली को धोखा दे सकनेवाली कई दूसरी प्रकार की ध्वनियाँ पैदा करने की तकनीक के बारे में बताया गया था। लेख में बताया गया था कि एटीएंडटी को उक्त शोध-पत्र की जानकारी मिल चुकी थी और कंपनी की तरफ से पुस्तकों को आलमारियों से बाहर रखने के लिए कहा जाना शुरू कर दिया गया था।

अब तक जॉब्स 12वीं कक्षा में प्रवेश कर चुका था। उस रविवार की दोपहर वोज्निअक से बातचीत के तुरंत बाद जॉब्स ने तत्काल 'बेल सिस्टम टेक्निकल जर्नल'

के उस शोध-पत्र को हासिल करने की फौरी योजना पर अमल किया। अपनी कार में सवार हो जॉब्स ने फटाफट वोज को साथ लिया और जल्द ही पालो आल्टो स्थित स्टैनफोर्ड लीनियर एक्सेलेरेटर सेंटर (स्लैक) के पुस्तकालय पहुँच गए। रविवार के चलते पुस्तकालय बंद था, लेकिन वोज को पता था कि पिछले दरवाजे से पुस्तकालय में कैसे घुसा जा सकता था, क्योंकि वह पहले से ही वहाँ काफी चक्कर लगाता रहा था। काफी मशक्कत के बाद वोज ने वह शोध-पत्रिका ढूँढ़ निकली और उस आलेख को खोलकर पढ़ा। दोनों हैरान थे—उस लेख में तो सबकुछ विस्तार से बताया गया था।

उसके बाद दोनों सनीवेल इलेक्ट्रॉनिक पहुँचे और दुकान बंद होने से पहले एनालॉग स्वर उत्पादक (एनालॉग टोन जनरेटर) उपकरण तैयार करने के सभी जरूरी हिस्से-पुरजे खरीद लिए। दोनों तत्काल घर पहुँचे और उस उपकरण को तैयार करना शुरू कर दिया। जॉब्स पहले से ही हेवलेट-पैकार्ड में आवृत्ति-गणक (फ्रीक्वेंसी काउंटर) बनाना सीख चुका था। आधी रात तक दोनों ने उपकरण तैयार कर लिया, लेकिन ओसिलेटर (दोलक) में गड़बड़ी के चलते वह उस समय अपेक्षित ध्वनि आवृत्ति हासिल करने में असफल रहे। चूँकि अगली सुबह वोज्निअक को बर्कले जाना था, इसीलिए इस काम को आगे के लिए टाल दिया गया।

वोज व जॉब्स दोनों में से किसी ने भी कभी 'ब्लू बॉक्स' के लिए जरूरी कोई डिजिटल-परिपथ नहीं बनाया था। लेकिन वोज तो बना ही था चुनौतियों के लिए और उसने नवंबर के अंतिम सप्ताह में कृतज्ञता-दिवस (थैंक्सगिविंग डे) से पहले अपेक्षित उपकरण तैयार कर लिया। वोज ने इसके लिए डायोड व ट्रांजिस्टर का इस्तेमाल कर ब्लू बॉक्स का परिपथ बना लिया था और अपने होस्टल के संगीत-छात्र की मदद से उक्त उपकरण से जरूरी ध्वनि-आवृत्ति प्राप्त करने में भी सफल हो गया। इसके बाद अचानक एक रात अपनी कार में सवार हो वोज्निअक बर्कले से लॉस अल्टोस स्थित जॉब्स के घर पहुँच गया। फिर दोनों ने साथ मिलकर उस ब्लू बॉक्स को वास्तविक तौर पर आजमाया—पता चला कि वह जादुई मशीन बिल्कुल ठीक-ठाक काम कर रही थी। बाद में, स्टीव के पिता पॉल जॉब्स व वोज्निअक के पिता जैरी वोज्निअक ने उनके इस उपकरण को देखा था। लेकिन दोनों ने अपने अभिभावकों को आश्वस्त किया था कि वह इस उपकरण का ज्यादा इस्तेमाल नहीं करेंगे। उसके बाद उन लोगों ने घर के फोन का इस्तेमाल करने की बजाय टेलीफोन बूथ से यह खेल शुरू किया था।

वोज व जॉब्स ने अपनी साझीदारी का पहला मुकाम हासिल कर लिया था। अगले कुछ समय तक यह खेल चल रहा। एक दिन स्टीव जॉब्स को पता चला कि 'कैप्टन क्रंच' ने पास के ही शहर लॉस गटोस स्थित रेडियो स्टेशन—कताओ एफ.एम.—को 13 सितंबर, 1971 को एक साक्षात्कार दिया था। दोनों हैरान थे कि 'ब्लू बॉक्स' के

चलते कुख्यात 'कैप्टन क्रंच' कहीं उन लोगों के आस-पास ही था, लेकिन तब वह यह नहीं जानते थे कि उसका नाम जॉन ड्रेपर था। इसी बीच, संयोगवश वोज का हाई स्कूल का एक पुराना दोस्त डेविड हर्ड उससे मिलने बर्कले आया; वोज ने यूँ ही उसके सामने अपने ब्लू बॉक्स व कैप्टन क्रंच की चर्चा छेड़ दी। फिर डेविड ने गोपनीयता बरतने की शर्त पर वोज को बताया कि 'कैप्टन क्रंच' का असल नाम जॉन ड्रेपर था, जो उस वक्त क्यूपर्टिनो के रेडियो स्टेशन—केकेअप एफ.एम. में काम करता था।

अगले सप्ताह जब वोज ने स्टीव के सामने इस रहस्य से परदा उठाया, जॉब्स ने तत्काल रेडियो स्टेशन में फोन मिलाया और पूछा, 'क्या जॉन ड्रेपर हैं?' जॉब्स ने हालाँकि 'कैप्टन क्रंच' नाम उल्लेख नहीं किया था, लेकिन दूसरी तरफ फोन उठानेवाले शख्स ने जवाब दिया था कि 'एस्क्वायर' पत्रिका में लेख छपने के बाद जॉन ड्रेपर गायब हो गया है। फोन पर मिले जवाब से यह तथ्य तो सुनिश्चित हो गया था कि जॉन ड्रेपर ही कैप्टन क्रंच था और उसने फोन पर बातचीत करनेवाले शख्स के पास अपना फोन व संदेश छोड़ दिया था। दोनों हैरान थे कि सिर्फ पाँच मिनट बाद ही जॉन ड्रेपर का फोन आ गया था; उसने तत्काल अपनी पहचान बता दी और उन दोनों के बारे में पूछा। लेकिन जब जॉब्स ने उसे अपने ब्लू बॉक्स के बारे में बताया था तो उसने फोन पर ज्यादा बातचीत से मना कर दिया और वोज के बर्कले छात्रावास में मिलने का वायदा किया।

करीब घंटे भर की कार चलाने के बाद जॉब्स के साथ वोज बर्कले स्थित अपने छात्रावास में था। यह वह समय था जब खास तौर पर युवाओं के बीच 'कैप्टन क्रंच' की धूम मची हुई थी, अपने अवैध कारनामे के कारण कुख्यात ही सही, लेकिन वह प्रौद्योगिकी प्रेमियों के बीच 'महानायक' जैसी हैसियत रखता था। हॉस्टल में जिसको भी वोज ने बताया, सब उससे मिलने को बेताब हो रहे थे, लेकिन उसने सिर्फ अपने कमरे के साथी को ही मुलाकात के दौरान मौजूद रहने की इजाजत दी थी। लंबे इंतजार के बाद ही सही, वायदे के मुताबिक जॉन ड्रेपर वहाँ पहुँचा था तो सभी उसकी शकल-सूरत देखकर हैरान रह गए थे—वह करीब 30 साल का तगड़ा नौजवान था, लेकिन भारी मूँछ, बड़े-बड़े बाल व पहनावे के चलते वह अजीब सा दिख रहा था; उसके बदन से बदबू आ रही थी—मानो वह दो हफ्ते ने नहाया न हो; लेकिन वह ताकत व उत्साह से भरपूर प्रभावशाली शख्सियत था।

जॉन ड्रेपर काफी समय तक वोज के कमरे की दीवारों पर चिपके फोन-जुगाड़ से संबंधित लेखों की कतरनों, तरह-तरह के इलेक्ट्रॉनिक परिपथों की डिजाइनों को निहारता रहा और उन लोगों से हँसी-मजाक करना शुरू कर दिया। फिर वोज ने अपने 'ब्लू बॉक्स' की खासियतों का बखान करते हुए जॉन ड्रेपर को प्रभावित करने की कोशिश की। उस समय तक वोज व जॉब्स के 'ब्लू बॉक्स' से अंतरराष्ट्रीय बातचीत करना संभव नहीं

था, लेकिन जॉन ड्रेपर ने बिल्कुल 'एस्क्वायर' पत्रिका में छपे लेख के मुताबिक उसका जुगाड़ बताया था। फिर ड्रेपर ने अपनी कार से स्वचालित 'ब्लू बॉक्स' दिखाने की बात कहते हुए बाहर निकलने लगा तो वोज भी उसके पीछे हो लिया। जब ड्रेपर पार्किंग स्थल में खड़ी अपनी वोक्सवैगन वैन के करीब पहुँचा तो वोज यह देखकर हैरान रह गया कि वह तो बिल्कुल खाली था, उसमें कुछ मामूली से उपकरण थे। ड्रेपर ने बताया कि वैन में मौजूद क्रॉस की शक्लवाला उपकरण असल में एंटीना था, जिसके जरिए वह अपना अवैध मोबाइल रेडियो स्टेशन—सैन जोस फ्री रेडियो—का संचालन करता था। चूँकि ड्रेपर उस वैन में अलग-अलग स्थानों से अपना रेडियो प्रसारण करता था, इसीलिए अमेरिकी संघीय संचार आयोग (फेडरल कम्युनिकेशंस कमीशन/एफ.सी.सी.) के कारिंदों को उसकी असल स्थिति की जानकारी नहीं मिल पा रही थी।

खैर, जॉन ड्रेपर ने उन्हें अपना छोटा सा स्वचालित ब्लू बॉक्स दिखाया—उसमें सभी संभावित राष्ट्रीय-अंतरराष्ट्रीय फोन नंबर को डायल करने के लिए 10 बटन लगे थे; बस बटन पर नंबर दबाइए और बातचीत शुरू। ड्रेपर ने वोज व जॉब्स को उसकी खूबियाँ व तकनीक के बारे में विस्तार से सारी जानकारियाँ दीं। फिर सभी पास के पिज्जा पार्लर में गए और आधी रात तक बातचीत करते रहे। जॉन ड्रेपर ने अपने एक साथी ग्रौचो को उसके घर छोड़ते हुए लॉस गटोस की ओर जाने की बात कही। वोज की कार जॉब्स के घर के पास खड़ी, लिहाजा जॉब्स की कार में वोज उसके घर लॉस अल्टोस की तरफ रवाना हुआ। रास्ते में उनकी कार खराब हो गई और वे उसे ठेलते हुए किसी तरह पास के गैस स्टेशन पहुँचे; और वहाँ से ग्रौचो के घर पर फोन मिलाया, ताकि जॉन ड्रेपर उन्हें अपनी वैन में वहाँ से उठा सकें। इस बीच पुलिस ने उनकी कार की जाँच की थी और उनके पास मौजूद ब्लू बॉक्स के बारे में भी पूछा था, लेकिन जॉब्स ने उसे खिलौना बता दिया था। जॉन ड्रेपर दो बजे रात में वहाँ पहुँचे और उन्हें जॉब्स के घर छोड़ा। वोज ने अपनी कार उठाई और वापस बर्कले के लिए रवाना हो गया। रास्ते में वोज को नींद आ गई और उसकी फोर्ड पिंटो कार सड़क के जंगले से टकरा गई। कई पलटियाँ खाने के बावजूद कार फिर से सीधी खड़ी हो गई; सीट-बेल्ट की बदौलत संयोगवश वोज को तो कुछ भी नहीं हुआ, लेकिन कार पूरी तरह से तबाह हो गई थी।

जॉब्स तो पहले भी कमाई की तरकीबें निकलता रहा था, लिहाजा वोज की कार दुर्घटना के कुछ समय बाद एक दिन अचानक उसके दिमाग में शौकिया 'ब्लू बॉक्स' का उपभोक्ता प्रारूप तैयार करने व उसे बेचकर कमाई करने का विचार कौंधा। उसने तत्काल बाकी घटकों—आवरण, बिजली आपूर्ति, चाभी पटल सहित पूरी तरह तैयार 'ब्लू बॉक्स' की लागत का अनुमान लगाया। ब्लू बॉक्स की कुल लागत 40 डॉलर बनी थी और जॉब्स ने फैसला किया था कि उन्हें इसकी बिक्री कीमत 150 डॉलर रखनी

चाहिए। 'कैप्टन क्रंच' की नकल करते हुए जॉब्स ने वोज्निअक के लिए 'बर्कले ब्लू' छद्म नाम चुना था व खुद के लिए 'ओअफ टोबार्क'। फिर वोज के छात्रावास कक्ष में दोनों ने ब्लू बॉक्स के साथ फोन व स्पीकर जोड़कर बर्कले के छात्रों के बीच उसका प्रायोगिक प्रदर्शन शुरू कर दिया। ब्लू बॉक्स कामयाब था। उन्होंने जल्द ही उन्होंने कई नग बेच दिए। वे लोग करीब एक सौ ब्लू बॉक्स तैयार कर बेच चुके थे।

एक दिन जॉब्स व वोज तैयार उपकरण के साथ बर्कले जाने के क्रम में सनीवेल में पिज्जा पार्लर में बैठे थे। जॉब्स को पैसे की जरूरत थी और उसने सामने की टेबल पर बैठे कुछ लोगों को ब्लू बॉक्स दिखाया; वे इच्छुक दिखे थे, लिहाजा वोज व जॉब्स ने उन लोगों के साथ नजदीकी टेलीफोन बूथ पर जाकर उसका प्रदर्शन किया। संभावित ग्राहकों ने भुगतान के लिए उन्हें पार्किंग में बुलाया। वे खुश थे कि उनकी बिक्री कोशिश सफल साबित हुई थी, कि अचानक एक व्यक्ति ने कार में छुपाकर रखी बंदूक निकाल ली थी और उन लोगों पर तान दी। वोज व जॉब्स ने उन्हें मुफ्त में ब्लू बॉक्स पकड़ा दिया और वहाँ से किसी तरह जान बचाकर भागने में ही अपनी बुद्धिमानी समझी। असल में उस बंदूकवाले ने उन्हें एक फोन नंबर भी दिया था और कहा था कि अगर ब्लू बॉक्स कामयाब रहा तो वह भुगतान करने की कोशिश करेगा। बाद में, जब जॉब्स ने उस नंबर पर बात की थी, तो दूसरी तरफ से जवाब मिला कि वह व्यक्ति ब्लू बॉक्स चालू करने में कामयाब नहीं हो सका था। जॉब्स ने उस व्यक्ति को एक सार्वजनिक स्थान पर मिलने व ब्लू बॉक्स बदलने का वायदा कर लिया; लेकिन बाद में दोनों ने उस खतरनाक शख्स से न मिलना ही बेहतर समझा और 150 डॉलर मिलने का मोह छोड़ दिया। इस बीच जॉन ड्रेपर भी पुलिस की गिरफ्त में आ चुके थे; न्यायालय ने उन्हें एक हजार डॉलर के आर्थिक दंड पर कैद से मुक्त कर दिया था, लेकिन पाँच वर्षों की अनुवीक्षा (प्रोबेशन) पर डाल दिया था, यानी उसकी गतिविधियों पर पुलिस की पैनी नजर थी।

ऐसे माहौल में जॉब्स व वोज्निअक ने ब्लू बॉक्स बनाने व बेचने के अवैध धंधे को तत्काल बंद कर देने का फैसला किया, लेकिन उस साहसिक तकनीकी कारोबार ने दोनों के बीच की साझेदारी को पुख्ता आधार प्रदान किया था। यह भले ही एक छोटा सा इलेक्ट्रॉनिक परिपथ था, लेकिन एटीएंडटी की करोड़ों डॉलर की उन्नत नियंत्रण-प्रौद्योगिकी को धोखा देने में सक्षम था। इस उपकरण के विकास व कारोबारी प्रक्रिया के दौरान दोनों ने एक-दूसरे की खूबियों व दोनों के साथ मिलकर काम करने की जरूरत को गहराई से समझ लिया था। दोनों एक-दूसरे के पूरक थे—वोज्निअक प्रौद्योगिकी संबंधी खालिस विचारों को आविष्कार में बदलनेवाला उस्ताद था, तो जॉब्स उस ईजाद को उपयोगकर्ता के अनुकूल बनाने व उसकी अच्छी कीमत वसूलनेवाला कलाकार। यही खूबियाँ आगे और पुख्ता होकर 'एप्पल कंप्यूटर' के रूप में सामने

आनेवाली थीं। वाल्टर आइसेक्सन से बातचीत में स्टीव जॉब्स ने इस मौके को कुछ इस तरह याद किया था—

'यदि यह (कोशिश) ब्लू बॉक्स के लिए नहीं की गई होती, तो एप्पल नहीं होता। मुझे इसके बारे में सौ फीसदी यकीन है। वोज व मैंने एक साथ काम करना सीखा था, और हमने यह विश्वास हासिल किया था कि हम तकनीकी समस्याओं का समाधान कर सकते थे और वास्तव में कोई चीज उत्पादित कर सकते थे। आप विश्वास नहीं कर सकते कि उसने (ब्लू बॉक्स) हमें कितना भरोसा दिलाया था।'

□

3

जॉब्स की भारत-यात्रा व वोज का कंप्यूटर विकास

'ब्लू बॉक्स' के जरिए गहराती ऐतिहासिक दोस्ती व कारोबारी साझेदारी के बीच वोज्निअक ने कैलिफोर्निया विश्वविद्यालय (बर्कले) में इलेक्ट्रॉनिक्स अभियांत्रिकी में स्नातक कर लिया था और दूसरी तरफ जॉब्स ने होमस्टेड हाई स्कूल से 12वीं। जॉब्स के पास नजदीकी स्टैनफोर्ड विश्वविद्यालय में छात्रवृत्ति हासिल कर या फिर वोज्निअक की तरह कैलिफोर्निया विश्वविद्यालय में पढ़ने के सस्ते विकल्प मौजूद थे, लेकिन वह अपने माता-पिता की आर्थिक क्षमता के विपरीत आगे की पढ़ाई के लिए अमेरिका के सबसे महँगे शिक्षण संस्थानों में से एक रीड कॉलेज (पोर्टलैंड, ओरेगन) में कला विषयों से पढ़ाई करने की जिद पर अड़ गया था।

इस बीच, सन् 1972 की गरमी की छुट्टी जॉब्स ने 11वीं में पढ़ रही प्रेमिका क्रिसन ब्रेनन के साथ लॉस अल्टोस की पहाड़ियों में एक केबिन में रहते हुए बिताई थीं और उसकी हिप्पी गतिविधियाँ माता-पिता के नियंत्रण से बाहर हो चुकी थीं। अब तक जॉब्स में खुद के 'अनाथ' होने यानी असली माता-पिता द्वारा छोड़ दिए जाने का गम चरम पर था और वह जिंदगी के दार्शनिक रहस्य को हिप्पी गतिविधि के जरिए ढूँढ़ने की कोशिश कर रहा था। इसी दौरान सांताक्रूज की पहाड़ियों में घूमते हुए एक दिन जॉब्स की फिएट कार में आग लग गई और वह मरते-मरते बचा। ऐसे में पॉल व क्लारा जॉब्स के सामने अपने खास बेटे की जिद को मानने के अलावा और कोई रास्ता नहीं बचा था। चूँकि वे दत्तक ग्रहण के समय स्टीव की माँ से उसे हर हाल में स्नातक कराने के वायदे से बँधे हुए थे, इसीलिए उन्होंने बड़ी कठिनाई से रीड कॉलेज में पहले साल के पढ़ाई-खर्च का इंतजाम किया था।

[1972-73 के लिए रीड कॉलेज का कुल शुल्क 3950 डॉलर (आज के हिसाब

से करीब 21,400 डॉलर) था। 2014-15 सत्र के लिए रीड कॉलेज में पूर्णकालिक अंतर-स्नातक पाठ्यक्रम की प्रत्यक्ष वार्षिक लागत 59,960 डॉलर व वैकल्पिक छात्रावास लागत 5340 से 8180 डॉलर घोषित की गई थी।]

इस तरह सितंबर 1972 में स्टीव जॉब्स आगे की पढ़ाई के लिए रीड कॉलेज चला गया और कुछ समय बाद जनवरी 1973 में स्टीव वोज्निअक को हेवलेट पैकार्ड में कर्मचारी अभियंता के रूप में कैलकुलेटर की डिजाइनिंग का काम मिल गया। जॉब्स हिप्पी गतिविधियों में मस्त रहते हुए कला संबधी जिज्ञासाओं को पूरा करने में रम गया तो वोज्निअक खाली वक्त में अपने पुराने कंप्यूटर डिजाइन को नया रूप देने में मस्त हो गया था।

जॉब्स में खुद के 'अनाथ' होने यानी असली माता-पिता द्वारा छोड़ दिए जाने का गम चरम पर था और वह जिंदगी के दार्शनिक रहस्य को हिप्पी गतिविधि के जरिए ढूँढ़ने की कोशिश कर रहा था। इसी दौरान सांताक्रूज की पहाड़ियों में घूमते हुए एक दिन जॉब्स की फिएट कार में आग लग गई और वह मरते-मरते बचा।

रीड कॉलेज में जॉब्स की दार्शनिक उड़ान

अमेरिका के उत्तर-पश्चिमी प्रशांत क्षेत्र में महासागर से 70 मील पूरब में ओरेगन प्रांत के सबसे अधिक आबादीवाले विल्मेट घाटी के उत्तरी छोर पर बसा बड़ा नगर है पोर्टलैंड। यह विल्मेट व कोलंबिया नदियों के संगम पर स्थित है। विल्मेट नदी का करीब 16 किलोमीटर लंबा किनारा पोर्टलैंड के मुख्य नगर केंद्र को उसके पूर्वी व पश्चिमी इलाके से अलग करता है और फिर यह नदी उत्तर-पश्चिम में कोलंबिया नदी में मिल जाती है। कोलंबिया नदी वॉशिंगटन व ओरेगन प्रांतों के बीच प्राकृतिक सीमा के रूप में कार्य करती है और नतीजतन पोर्टलैंड को उसके सबसे अधिक आबादीवाले उपनगर वैंकूवर (वॉशिंगटन प्रांत) से अलग करती है। पोर्टलैंड तुअलातिन पर्वत की तलहटी के पास स्थित है, जिसकी दो पहाड़ियाँ शहर को वेस्ट हिल्स व साउथ-वेस्ट हिल्स क्षेत्रों में बाँटती हैं। शहर की सीमा के भीतर वेस्ट हिल्स में काउंसिल क्रेस्ट पार्क 1073 फीट की सबसे अधिक ऊँचाई पर स्थित है।

दक्षिण-पूर्व पोर्टलैंड के भीतरी क्षेत्र में पेड़ों से भरा इलाका है—ईस्टमोरलैंड, जहाँ 116 एकड़ क्षेत्र (पूर्व क्रिस्टल स्प्रिंग्स फार्म) में रीड कॉलेज का विशाल परिसर स्थित है। कोलंबिया नदी परिवहन कारोबार के दिग्गज शिमोन गैनेट रीड की मृत्यु के बाद उनकी पत्नी अमांडा रीड ने 'रीड इंस्टीट्यूट' के नाम से 1908 में इस कॉलेज की स्थापना की थी। ऑक्सफोर्ड विश्वविद्यालय के सेंट जॉन्स कॉलेज की तर्ज पर इसके भवनों की निर्माण योजना बनाई गई थी। परिसर व भवनों का विकास कई चरणों में हुआ था और

अब इस कॉलेज में 21 शैक्षिणिक-प्रशासनिक व 18 आवासीय भवन हैं। यह शुरू से ही सिर्फ एक हजार छात्रों के लिए पूर्णतया आवासीय महाविद्यालय रहा है। यह पारंपरिक उदार कलाओं व प्राकृतिक विज्ञान पाठ्यक्रमों की विशेषताओं के साथ अमेरिका में उच्च शिक्षा के सबसे असामान्य संस्थानों में गिना जाता है। यहाँ प्रथम वर्ष के छात्र के लिए मानविकी पाठ्यक्रम 'ह्यूमैनिटीज-110' अनिवार्य है, जिसके तहत प्राचीन यूनान व रोम व बाइबल तथा प्राचीन यहूदी इतिहास से संबंधित तमाम गौरव-ग्रंथों (क्लासिक्स) का गहन परिचय कराया जाता है।

1960 के दशक में रीड कॉलेज को उसके मुक्त उत्साही हिप्पी जीवन शैली के लिए जाना जाने लगा था। यह उसके कुछ हद तक कठोर शैक्षणिक मानकों व मुख्य पाठ्यक्रम के साथ मिलकर एक अजीबोगरीब शैक्षणिक माहौल की रचना करता था। जॉब्स के वहाँ पहुँचने के वक्त हिप्पी गतिविधियाँ अपने चरम पर थीं। आध्यत्मिक व आत्मज्ञान संबंधी पुस्तकों ने जॉब्स को काफी आकर्षित किया था। इनमें बाबा रामदास (असल में डॉ. रिचर्ड अल्पर्ट) की अध्यात्म, योग व ध्यान संबंधी रचना—'याद रखो, अब यहाँ रहो' (रिमेंबर, बी हियर नाउ; 1971) प्रमुख थी।

[अल्पर्ट का जन्म 6 अप्रैल, 1931 को न्यूटन (मैसाचुसेट्स) के एक यहूदी-अमेरिकी परिवार में हुआ था। उसके पिता जॉर्ज अल्पर्ट नामी-गिरामी वकील थे। स्टैनफोर्ड विश्वविद्यालय से मनोविज्ञान (साइकोलॉजी) में पी-एच.डी. के बाद अल्पर्ट ने कुछ समय तक कैलिफोर्निया विश्वविद्यालय (बर्कले) में पढ़ाया था। हार्वर्ड विश्वविद्यालय में सामाजिक संबंध, मनोविज्ञान, शिक्षा व स्वास्थ्य सेवा विभागों में सहायक प्राध्यापक व मनोचिकित्सक के रूप में अल्पर्ट ने साथी प्राध्यापक टिमोथी लिअरी के साथ मिलाकर साइलोसिबिन, एल.एस.डी.-25 व अन्य साइकेडेलिक रसायन के चिकित्सीय प्रभाव पर गहन अनुसंधान किया था। यह अनुसंधान 'मनोत्तेजक अनुभव—मृतकों की तिब्बती किताब पर आधारित नियमावली' (अगस्त 1964) नामक किताब में प्रकाशित हुआ था, जो जल्द ही दुनिया भर के हिप्पियों के बीच नशा सेवन की आधिकारिक निर्देशिका के रूप लोकप्रिय हो गई थी। इस किताब के प्रकाशन से पहले ही अलपर्ट व टिमोथी को हार्वर्ड से निकाल दिया गया था।

फिर वर्ष 1967 में, अल्पर्ट ने अमेरिकी आध्यात्मिक साधक भगवान दास (केर्मिट माइकल रिग्स; जन्म—17 मई, 1945, लगुना बीच, कैलिफोर्निया) के साथ भारत की यात्रा की थी। इस दौरान अल्पर्ट ने भगवान दास के गुरु हनुमान-भक्त योगी नीब करोरी बाबा (लक्ष्मी नारायण शर्मा) से दीक्षा ली थी और उसका नाम 'रामदास' हो गया था। अंग्रेजी शासन काल में अकबरपुर (अंबेडकर नगर, उत्तर प्रदेश) में जनमे लक्ष्मी नारायण शर्मा ने सन् 1958 में अपने शादीशुदा जीवन का त्याग कर दिया था। उत्तरी भारत में भ्रमण

के दौरान उन्हें लक्ष्मण दास, हाँडी वाला बाबा व तिकोनिया बाबा सहित कई नामों से जाना जाता था। गुजरात में बवानिया (मोरबी, गुजरात) में तपस्या के दौरान उन्हें 'तल्लैया बाबा' के रूप में जाना जाता था। वृंदावन में स्थानीय निवासियों द्वारा उन्हें 'चमत्कारी बाबा' के नाम से संबोधित किया जाता था। रामदास ने भगवान दास के साथ नीब करोरी बाबा से मार्गदर्शन प्राप्त आध्यत्मिक अनुभवों को 'रिमेंबर, बी हियर नाउ' किताब में दर्ज किया था। यह किताब काफी मशहूर हो गई थी। सन् 1973 में नीब करौरी बाबा ने वृंदावन में समाधि ले ली थी। लेकिन तब तक पश्चिमी देशों, खास तौर पर अमेरिका के हिप्पियों के बीच उनके शिष्यों की संख्या में भारी इजाफा हुआ था। सन् 1978 में भगवान दास, रामदास ने महामारीविद (एपिडेमिओलोजिस्ट) के साथ मिलकर बर्कले (कैलिफोर्निया) में सेवा फाउंडेशन की स्थापना की थी और जल्द ही उसके सेवाकार्यों का संजाल दुनिया भर में फैल गया था।]

रीड कॉलेज के काफी छात्र बाबा रामदास की किताब से प्रभावित थे, जो स्टीव जॉब्स की मित्र मंडली का हिस्सा बन गए थे। इनमें से जॉब्स के सबसे नजदीक थे डेनियल कोटके (जन्म—4 अप्रैल, 1954; ब्रोंक्सविल, न्यूयॉर्क) और उसकी प्रेमिका एलिजाबेथ होलम्स। वे अकसर एलिजाबेथ के छात्रावास कक्ष में एक साथ ध्यान लगाते, स्थानीय हरेकृष्ण मंदिर में आयोजित होनेवाले प्रेम समारोहों में हिस्सा लेते और जेन केंद्र--महायान बौद्ध धर्म-शिक्षा केंद्र—में मुफ्त शाकाहारी भोजन का आनंद लेते थे।

जॉब्स को प्रभावित करनेवाली अन्य किताबों में परमहंस योगानंद की एक योगी की आत्मकथा (ऑटोबायोग्राफी ऑफ ए योगी; 1946, फिलासॉफिकल लाइब्रेरी, न्यूयॉर्क), सोटो जेन भिक्षु शुन्रयु सुजुकी की 'जेन मन, शुरुआती मन' (जेन माइंड, बिगिनीरज्स माइंड; (1970, वेदरहिल, न्यूयॉर्क), व 'आध्यात्मिक भौतिकवाद से गुजरते हुए' (कटिंग थ्रू स्पिरिचुअल मटेरियलिज्म; 1973, शंभाला पब्लिकेशंस, बोस्टन, मैसाचुसेट्स) प्रमुख थीं। एशियाई आध्यत्मिक दर्शनों, खास तौर पर जेन बौद्ध के प्रति जॉब्स का झुकाव चंचल युवा मन का गुजरता हुआ आकर्षण भर नहीं था, बल्कि उसकी पूरे जीवन को प्रभावित करनेवाला था।

इसी अध्ययन क्रम में जॉब्स ने फ्रांसिस मूर लप्पे की रचना 'छोटे ग्रह के लिए आहार' (डाइट फॉर ए स्माल प्लेनेट; 1971, बैलेंटाइन बुक्स, न्यूयॉर्क) पढ़ी थी। इस पुस्तक ने जॉब्स को इतना प्रभावित किया था कि उसने तत्काल पूर्ण शाकाहार को अपना लिया था; और ऐसा ही डेनियल कोटके ने भी किया था। उसके बाद दोनों ने कृषि सहकारी संस्थाओं से शुद्ध अनाज, सब्जी, फल व दूध खरीदना शुरू कर दिया था और उसी का विधिवत् सेवन करने लगे थे। जॉब्स का शाकाहार तब और भी जुनूनी हो गया था, जब उसने 20वीं सदी में जर्मनी में जनमें पोषण हठधर्मी अर्नाल्ड एहरेट की 'बलगमरहित

आहार चिकित्सा प्रणाली' (मुसकसलैस डाइट हीलिंग सिस्टम; 1953, एहरेट लिटरेचर पब्लिशिंग, न्यूयॉर्क) को पढ़ा था। एहरेट का मानना था कि फल व मंडरहित (स्टार्चलेस) सब्जियाँ ही शरीर को नुकसानदायक बलगम से बचा सकती थीं; और वह शरीर की सफाई के लिए नियमित रूप से लंबे समय तक उपवास की वकालत करता था। मतलब, हर प्रकार के अनाज, ब्रेड व दूध की छुट्टी। जॉब्स ने इसी आहार पद्धित का कठोरता से पालन शुरू कर दिया और दूसरों को भी ऐसा करने के लिए प्रेरित करता था।

इसी दौर में, जॉब्स के साथ एक अजीबोगरीब घटना घटी थी। जॉब्स को पैसे की जरूरत थी और वह अपना विद्युत् टाइपराइटर—आई.बी.एम. सेलेक्ट्रिक—को बेचना चाहता था। किसी ने उसे इच्छुक ग्राहक के रूप में रॉबर्ट फ्रीडलैंड का नाम बताया। इसी सिलसिले में जब एक दिन वह फ्रीडलैंड के छात्रावास कक्ष में घुसा तो वह अपनी प्रेमिका के साथ निजी क्षणों में व्यस्त था। जॉब्स बाहर जाने के लिए मुड़ा ही था, लेकिन फ्रीडलैंड ने उसे कमरे में ही रुकने को कहा था। जॉब्स की आँखों के सामने फ्रीडलैंड व उसकी प्रेमिका ने रति-क्रिया को पूरी मस्ती के साथ संपन्न की। जॉब्स की मौजूदगी से उनकी तन्मयता पर कोई व्यवधान नहीं पड़ा था; और वे तो इस तरह रति-रत थे मानो कमरे में कोई और था ही नहीं। यह जॉब्स के लिए आश्चर्यजनक घटना थी; उसके सामने एक असंभव सा दृश्य गुजरा था; जाहिर है कि वह रहस्यमय शख्स रॉबर्ट फ्रीडलैंड के आभामंडल की तरफ अनायास ही खींचता चला गया था।

रॉबर्ट मार्टिन फ्रीडलैंड का जन्म 18 अगस्त, 1950 को शिकागो (इलिनोइस) के पोलैंड मूल यहूदी शरणार्थी परिवार में हुआ था। एडॉल्फ हिटलर कि नेतृत्ववाली नाजी जर्मनी में यहूदियों के सर्वनाश काल में उसके पिता अल्बर्ट फ्रीडलैंड ने औस्चविट्ज एकाग्रता शिविर (ओस्विएसिम, पोलैंड) में तीन साल की कठोर यातना झेली थी तो उसकी माता लिओना मुलर ने बँधुआ मजदूर के रूप में काम किया था। अमेरिका में शरण लेने के बाद अल्बर्ट फ्रीडलैंड के भाग्य का सितारा चमका और उसकी गिनती शिकागो के अमीर वास्तुकारों से शुमार की जाने लगी थी। रॉबर्ट फ्रीडलैंड धनवान माता-पिता की ज येष्ठ संतान था। सन् 1970 में जब फ्रीडलैंड बाउडोइन कॉलेज (मैने, ब्रंसविक) में स्नातक कला में द्वितीय वर्ष का छात्र था तो उसे करीब सवा लाख डॉलर मूल्य की एल.एस.डी. टेबलेट के साथ गिरफ्तार किया गया था और कॉलेज से निष्कासित कर दिया गया था। अदालती काररवाई में दो साल की कैद भुगतने के बाद वर्ष 1972 में पैरोल पर बाहर आया था और रीड कॉलेज में स्नातक राजनीति शास्त्र में दाखिल हुआ था। उसने 'न्याय की हत्या' मुद्दे पर रीड कॉलेज में छात्रसंघ का चुनाव लड़ा था और अध्यक्ष चुना गया था।

'रिमेंबर, बी हियर नाउ' पुस्तक से प्रभावित होकर फ्रीडलैंड ने सन् 1973 की गरमियों में भारत-यात्रा की थी और नीब करौरी बाबा से दीक्षा ग्रहण की थी। वहाँ से

लौटने के बाद वह कॉलेज में भी साधुओं की वेशभूषा में रहने लगा था और खाली पाँव चला करता था। पढ़ाई के साथ-साथ फ्रीडलैंड 220 एकड़ के विशाल सेब-बगीचे का संचालन भी करता था। पोर्टलैंड से 64 किलोमीटर दक्षिण-पश्चिम में स्थित वह सेब बगीचा उसके एक रिश्तेदार मार्सेल मुलर का था, जो स्विट्जरलैंड के करोड़पति कारोबारी थे। आध्यत्मिक गतिविधियों में हिस्सा लेने के बाद फ्रीडलैंड ने उस सेब बगीचे को 'ऑल वन फार्म' नामक एक धार्मिक-समुदाय (कम्यून) में बदल दिया था। वहाँ ध्यान के इच्छुक लोगों का जमावड़ा शुरू हो गया था। फ्रीडलैंड से संपर्क बढ़ने के बाद जॉब्स भी डेनियल कोट्टके व एलिजाबेथ होलम्स के साथ 'ऑल वन फार्म' की गतिविधियों में बढ़-चढ़ कर हिस्सा लेने लगा था। उन लोगों का सप्ताहांत वहीं बीतता था।

स्टीव जॉब्स के व्यक्तित्व की जिस करिश्माई खासियत को बहुत बाद में बड ट्रिबल (एम.डी., पी-एच.डी.; मैकिनटोश विकास दल के सदस्य व एप्पल में सॉफ्टवेयर प्रौद्योगिकी के उपाध्यक्ष) ने वास्तविकता विरूपण क्षेत्र (रियलिटी डिसटॉर्शन फील्ड) के रूप में संबोधित करना शुरू किया था, वह असल में रॉबर्ट फ्रीडलैंड की विशेषता थी। फ्रीडलैंड का व्यक्तित्व प्रभावशाली जरूर लगता था, जबकि असल में वह धूर्त स्वभाव का व्यक्ति था; वह अपनी दृढ़ इच्छाशक्ति का प्रदर्शन कर परिस्थिति को अपने पक्ष में झुकाने की कला में माहिर था; वह चंचल था, लेकिन खुद के बारे में सुनिश्चित और कुछ हद तक तानाशाह भी था। फ्रीडलैंड की सोहबत में जॉब्स के स्वभाव में ये सारे गुण/अवगुण कैसे आते चले गए, यह उसे भी पता नहीं चला था।

जॉब्स ने अपने जीवन में कभी भी किसी को ठगने या धोखा देनेवाले स्वाभाव का प्रदर्शन नहीं किया, लेकिन बाकी सारी कलाएँ उसकी सफलता के मूल आधार माने जाते हैं। जॉब्स की प्रबंधन-कला की सबसे बड़ी खासियत यही मानी जाती है कि वह असंभव सी दिखनेवाली अवधारणाओं के प्रति भी अपने कार्यदल की अंध-भक्ति हासिल कर लेता था और फिर उनकी सामूहिक जूनून की बदौलत वह असंभव को भी संभव कर दिखाने में सफल हो जाता था। एप्पल के तमाम क्रांतिकारी उत्पाद जॉब्स की इसी कला के पुख्ता सबूत माने जाते हैं।

'ऑल वन फार्म' का घोषित उद्देश्य भौतिकतावाद से अलग एक आध्यात्मिक आश्रय विकसित करना था। लेकिन जॉब्स को बहुत जल्द ही यह भी पता चल चुका था कि इस आयोजन के पीछे फ्रीडलैंड का असल उद्देश्य अपने सेब बगीचे के लिए मुफ्त के कामगार ढूँढ़ना व अपनी आध्यत्मिक शोहरत को फैलाना था। ध्यान व उच्च मानसिक अवस्था हासिल करने के चक्कर में तेज-तर्रार युवा वहाँ आते थे और उसके फार्म पर काम करते हुए समय बिताते थे। खासतौर पर उस फार्म में पोर्टलैंड के इस्कॉन मंदिर ('हरे कृष्णा' समुदाय के रूप में लोकप्रिय) से जुड़े संन्यासी व उनके शिष्यों का जमावड़ा रहता

'ऑल वन फार्म' के आयोजन के पीछे फ्रीडलैंड का असल उद्‌देश्य भले ही व्यावसायिक रहा हो, लेकिन स्टीव जॉब्स के दिलो-दिमाग पर आध्यत्मिकता छाती चली गई थी। वह अपना अधिकांश समय दार्शनिक पुस्तकों के अध्ययन व सच्चे मन से योग-ध्यान करने में लगाने लगा था।

था; और वे लोग जीरा, धनिया व हलदी की सुगंधवाले शाकाहारी व्यंजन तैयार करते थे, जो फार्म में निवास करनेवालों को सामूहिक भोज के रूप में परोसा जाता था। हालाँकि ज्यों-ज्यों लोगों को इस हकीकत का आभास होता गया था, वे फ्रीडलैंड के धोखे से बाहर होते जा रहे थे। फिर भी वह लंबे समय तक युवाओं को अपने छलावे से आकर्षित कर पाने में कामयाब रहा था। बहुत बाद में, इवान्होए माइन्स लिमिटेड (वैंकूवर, ब्रिटिश कोलंबिया, कनाडा) के जरिए रोबर्ट फ्रीडलैंड ताँबा-सोना खनन कारोबार का प्रमुख अंतरराष्ट्रीय कारोबारी व अरबपति निधिप्रदाता (फाइनेंसर) बन गया था।

'ऑल वन फार्म' के आयोजन के पीछे फ्रीडलैंड का असल उद्‌देश्य भले ही व्यावसायिक रहा हो, लेकिन स्टीव जॉब्स के दिलो-दिमाग पर आध्यत्मिकता छाती चली गई थी। वह अपना अधिकांश समय दार्शनिक पुस्तकों के अध्ययन व सच्चे मन से योग-ध्यान करने में लगाने लगा था। जाहिर है कि रीड कॉलेज के मूल पाठ्यक्रम में उसे ऊब सी होती जा रही थी। वह हैरान था कि हिप्पी माहौल के बावजूद रीड कॉलेज अपने पाठ्यक्रम के प्रति पूरी तरह से गंभीर था और वहाँ भारी संख्या में नियुक्त प्राध्यापक हरेक छात्र की प्रगति पर बारीक नजर रख रहे थे। लेकिन जॉब्स निर्देशित वर्गों में जाने की बजाय अपने पसंदीदा वर्गों में जाना ज्यादा पसंद करता था। मसलन, संगीत कक्षा—यह जॉब्स का प्रिय वर्ग था, जहाँ उसे खूबसूरत लड़कियों से दोस्ती करने का ज्यादा मौका मिलता था। ज्यों-ज्यों साल पूरा होता चला गया था, जॉब्स को यह अहसास भी होने लगा था कि रीड कॉलेज की गैर-जरूरी पढ़ाई पर माता-पिता की खून-पसीने की कमाई को लुटाने की उसकी जिद नाजायज थी। इसके बावजूद उसे रीड कॉलेज का माहौल काफी अच्छा महसूस होता था और उसे छोड़ने के बारे में तय नहीं कर पा रहा था।

वह सिर्फ यही चाहता था कि उसे उन वर्गों का शिक्षा-शुल्क (ट्यूशन फीस) न भरना पड़े, जिसमें वह नहीं जाना चाहता था। इसके अलावा वह अपने माता-पिता पर अगले साल के लिए पूरे पाठ्यक्रम की कुल लागत का भारी बोझ भी नहीं डालना चाहता था। साथ ही, वह छात्रावास की मोटी लागत को भी कम करना चाहता था। लिहाजा वह कॉलेज में रहते हुए सिर्फ उन्हीं वर्गों का शिक्षा-शुल्क अदा कर पढ़ाई जारी रखना चाहता था, जिन्हें वह अपने लिए वाकई में जरूरी समझता था। मजेदार तथ्य यह है कि

रीड कॉलेज अपने छात्रों को ऐसा विकल्प भी देता था। रीड कॉलेज में छात्र कल्याण विभाग के तत्कालीन अध्यक्ष (डीन) जैक दुदमन ने शिक्षा शुल्क का भुगतान किए बिना भी जॉब्स को पसंदीदा वर्गों में जाने और छात्रावास में अपने दोस्तों के साथ घुले-मिले रहने की इजाजत दे दी थी।

इस तरह स्टीव जॉब्स कॉलेज के मुख्य पाठ्यक्रम से बाहर हो गया था और अपनी पसंदीदा हस्तलिपि-विद्या (कैलीग्राफी) की कक्षाओं में दिल लगाने लगा था। वह पास में ही 20 डॉलर प्रतिमाह के किराए पर एक गैरेज में रहने लगा था। डेनियल कोट्टके की प्रेमिका एलिजाबेथ होलम्स अकसर उसका शाकाहारी भोजन तैयार कर देती थी। अब वह अकसर नंगे पाँव चलता था, बर्फ पड़ने पर चप्पल डाल लिया करता था। अपनी सीमित जरूरत को पूरा करने के लिए उसने अपनी पहले की इलेक्ट्रॉनिक्स कला का उपयोग करते हुए कमाई का जरिया भी ढूँढ़ लिया था; उसे कॉलेज के मनोविज्ञान विभाग की प्रयोगशाला में उपकरणों की देखभाल का काम मिल गया था।

बीच-बीच में स्टीव वोज्निअक के अलावा जॉब्स की पुरानी प्रेमिका क्रिसन्न ब्रेन्नन भी वहाँ उससे मिलने आ जाया करती थी। लेकिन जॉब्स ने अपनी आत्मा को आत्मज्ञान की व्यक्तिगत खोज पर केंद्रित कर लिया था; और अब उसके लिए रति-क्रिया नारी-शरीर का भावुक आकर्षण नहीं, बल्कि साधना-प्रक्रिया का एक हिस्सा भर रह गया था। जॉब्स का स्वभाव लगातार निर्मोही व निर्दयी होने लगा था—वह एक क्षण अत्यंत भावुक प्रेमी सा दीखता था तो अगले ही क्षण दुनियादारी से मुक्त निर्दयी साधक जैसा। जाहिर है कि हिप्पी दोस्तों व प्रेमिकाओं की तरह ही जॉब्स के लिए भी भाँग, गाँजा व एल.एस.डी. जैसी नशा सामग्रियों का नियमित सेवन मनोत्तेजक अनुभव हासिल करने की साधना प्रक्रिया का जरूरी हिस्सा बन चुका था।

इस तरह रीड कॉलेज में कुल डेढ़ साल गुजारने के बाद वहाँ पढ़ाई-लिखाई व हिप्पी गतिविधियों से स्टीव जॉब्स का मन पूरी तरह भर गया था। अब तक जॉब्स आध्यात्मिक-यात्रा के उस पड़ाव पर पहुँच चुका था, जब एक सच्चे साधक का मन आध्यत्मिक ज्ञान-दर्शन के महासागर में गोता लगाने के लिए कुलबुलाने लगता है। जी हाँ, लाखों अमेरिकी साधकों की तरह जॉब्स का साधक मन भी आगे के ज्ञान-दर्शन के लिए भारत-यात्रा पर जाने के लिए चंचल हो उठा था। लेकिन इसके लिए अच्छी- खासी रकम की जरूरत पड़नेवाली थी। पोर्टलैंड में रहकर इस धन का जुगाड़ कर पाना संभव नहीं था और जॉब्स के लिए वहाँ रहकर बेवजह समय बरबाद करने का भी कोई मतलब नहीं था। लिहाजा जॉब्स ने रीड कॉलेज व अपने साथियों से विदा लेने का फैसला कर लिया था और फरवरी 1974 में बोरिया-बिस्तर समेटकर अपने गृहक्षेत्र—सिलिकॉन वैली में अपने माता-पिता के पास वापस आ गया था।

स्टीव जॉब्स को स्नातक बनाने का पॉल व क्लारा जॉब्स का सपना और उसकी जन्मदाता माता से किया गया वायदा पूरा न हो सका था। अपने 'खास' पुत्र के असहज फैसले का सहृदयता से स्वागत करने के अलावा जॉब्स दंपती के पास और कोई विकल्प भी नहीं था। वे दिल की गहराइयों में अब भी पूरी तरह से आशावान थे कि उनका बेटा जरूर कुछ-न-कुछ 'खास' काम करेगा। लेकिन क्या—वे नहीं जानते थे। फिलहाल तो उन्हें स्टीव जॉब्स के चंचल मन को सांत्वना देनी थी और उन्होंने ऐसा ही किया था। लेकिन स्टीव का मन भारत-यात्रा पर टिका था।

अटारी में नौकरी व जॉब्स की भारत-यात्रा

सांता क्लारा वैली को 'सिलिकॉन वैली' कहे जाने का सिलसिला तीन साल पहले वर्ष 1971 से ही शुरू हो चुका था और अब इस क्षेत्र का कारोबार 'दिन-दोगुना, रात-चौगुना' की तर्ज पर बढ़ रहा था। स्थानीय अखबार सैन जोस मर्करी में नौकरी-संबंधी वर्गीकृत विज्ञापनों का 60 पृष्ठों का विशेष संस्करण भी प्रकाशित होने लगा था। पोर्टलैंड से आने के बाद जॉब्स एक दिन उन्हीं विज्ञापनों में अपने लिए काम का अवसर खोजने की कोशिश कर रहा था कि उसकी नजर वीडियो गेम विकासकर्ता कंपनी—'अटारी कॉरपोरेशन' के एक विज्ञापन पर पड़ी—'मजे करो, पैसा कमाओ'। इस कंपनी का मुख्यालय बिल्कुल पास के ही शहर सनीवेल में था; वहाँ जाने में देरी करने का कोई मतलब नहीं था और विज्ञापन पढ़ने के कुछ समय बाद जॉब्स 'अटारी कॉरपोरेशन' के प्रतीक्षा-कक्ष में मौजूद था।

अटारी कॉरपोरेशन की विधिवत् स्थापना को अभी दो साल भी पूरे नहीं हुए थे और वह 'पोंग' की सफलता के बाद आर्केड वीडियो गेम (सार्वजनिक स्थानों पर सिक्का डालकर वीडियो गेम खेलनेवाली मशीन) उद्योग की प्रमुख कंपनी के रूप में उभर रही थी। अटारी के हट्टे-कट्टे, 6.4 इंच लंबे संस्थापक नोलन बुशनेल अपने महँगे शूट, रोल्स रॉयस कार और हॉट टब में बैठकर गाँजे की कश लगाते कर्मचारियों के साथ विचारोत्तेजक बैठक करने को लेकर सिलिकॉन वैली की चर्चाओं में छाने लगे थे। 5 फरवरी, 1943 को क्लियरफील्ड (उटाह) में जनमे बुशनेल ने हाई स्कूल में पढ़ते हुए लैगून (मनोरंजन पार्क) में काम किया था और वहीं से आर्केड गेम के प्रति उनका आकर्षण शुरू हुआ था। सन् 1968 में उटाह विश्वविद्यालय (साल्टलेक सिटी, उटाह) के अभियांत्रिकी महाविद्यालय से विद्युत् अभियांत्रिकी की उपाधि हासिल करने के बाद बुशनेल ने एक अन्य साथी टेड डाबने के साथ मिलकर सन् 1969 में 'सीजीगी इंजीनियरिंग' नामक एक कंपनी की स्थापना की थी।

सीजीगी का कारोबारी उद्देश्य 'स्पेसवार' वीडियो गेम की नकल तैयार करना था, जिसे उन्होंने 'कंप्यूटर स्पेस' नाम दिया था। 'स्पेसवार' डिजिटल इक्विपमेंट

कॉरपोरेशन के पीडीपी-1 मिनी कंप्यूटर के लिए वर्ष 1962 में तैयार किया था और काफी लोकप्रिय हुआ था। लेकिन धन के अभाव में बुशनेल व डाबने के लिए 'कंप्यूटर स्पेस' के लिए गेमिंग-प्लेटफॉर्म का कार्यशील प्रारूप (प्रोटोटाइप) विकसित कर पाना संभव नहीं हो सका था। कुछ समय बाद उन्होंने सिक्का संचालित मनोरंजन मशीन बनानेवाली कंपनी 'नटिंग एसोसिएट्स' (माउंटेन व्यू) के साथ समझौता किया था। वर्ष 1971 के अंत में 'कंप्यूटर स्पेस' मशीन तैयार हो गई थी। करीब एक हजार मशीन की बिक्री से 30 लाख डॉलर का कारोबार भी हुआ था, लेकिन 'नटिंग एसोसिएट्स' ने उसे व्यावसायिक रूप से असफल करार दिया था और उसके अगले संस्करण के विकास का काम रोक दिया था।

इसके उलट बुशनेल व डाबने का मानना था कि 'नटिंग एसोसिएट्स' उस क्रांतिकारी गेमिंग मशीन को ठीक प्रकार से प्रचारित करने व वितरित करने में असफल रही थी। अब दोनों के पास पर्याप्त रकम थी, लिहाजा स्कॉट बोलवर्ड (सनीवेल) में अपना पहला कार्यालय किराए पर लेकर नई गेमिंग मशीन का विकास शुरू किया था। इसी दौरान उन्होंने कैलिफोर्निया विश्वविद्यालय (बर्कले) से विद्युत् अभियांत्रिकी व कंप्यूटर विज्ञान के स्नातक (बी.एस.-ई.ई.सी.एस.) एलन अल्कोर्न (जन्म 1 जनवरी, 1948; सैन फ्रांसिस्को) को पहला डिजाइन इंजीनियर नियुक्त किया था। इस बीच अप्रैल 1972 में 'मग्नावोक्स ओडिसी' में दुनिया का पहला वाणिज्यिक वीडियो गेम कंसोल बाजार में आ गया था। बुशनेल व डाबने ने इसी तर्ज पर अपनी मशीन को भी विकसित करने का फैसला किया था और 27 जून, 1972 को अटारी कॉरपोरेशन विधिवत् पंजीकृत कराया था। सितंबर 1972 में अटारी की पहली वीडियो गेम मशीन—पोंग का कार्यशील प्रारूप तैयार हो गया था। बुशनेल ने 'पोंग' के व्यावहारिक परीक्षण के लिए पहले प्रारूप को स्थानीय मदिरालय (बार)—एंडी कैपस टेवर्न—में स्थापित किया था। कुछ ही दिनों में साबित हो गया था कि 'पोंग' को ऐतिहासिक सफलता मिलनेवाली थी।

जल्द ही अटारी कॉरपोरेशन ने डिपार्टमेंट स्टोर श्रृंखला कंपनी—सियर्स, रोबक ऐंड कंपनी—से वितरण समझौता कर लिया था। लाभ के मामले में अटारी भले ही कामयाब नहीं हो सका था, लेकिन वर्ष 1973 के अंत तक करीब 2500 पोंग मशीन बेचकर उसने विडियो गेम उद्योग में शीर्ष स्थान बना लिया था। बुशनेल के दबंग व्यक्तित्व और करिश्माई प्रबंधन शैली के चलते आपूर्तिकर्ताओं के बीच अटारी की छवि गुंडे-बदमाशों के जमावड़ेवाली ही थी और कंपनी को बाजार से उधार न मिलने के चलते भुगतान संकट का भी सामना करना पड़ रहा था। लेकिन एकल खिलाडी रेसिंग आर्केड गेम—ग्रान ट्रैक 10—की सफलता के चलते अटारी के कारोबार में उछाल आ गया था और वर्ष 1974 के अंत तक कंपनी 8000 पोंग गेम मशीनें बेचने में सफल हुई थी।

अटारी की सफलता की चढ़ाई व लाभ-संकट के इसी दौर में जॉब्स अटारी के दफ्तर में काम के लिए पहुँचा था। उस वक्त तक कंपनी में करीब 50 कर्मचारी अभियंता व तकनीकज्ञों की भरती हो चुकी थी और एलन अल्कोर्न मुख्य अभियंता की भूमिका में नए-नए वीडियो गेम्स के विकास में जुटे हुए थे। अपने गंदे व बेतरतीब कंधे तक लटकते बालों व पैरों में चप्पल के साथ जब जॉब्स साक्षात्कार के लिए प्रस्तुत हुआ था तो कंपनी के कार्मिक निदेशक ने इसकी सूचना एलन अल्कोर्न को दी थी। अपने करिश्माई संस्थापक नोलन बुशनेल के मुकाबले अल्कोर्न थोड़े ज्यादा भारी-भरकम, खुशमिजाज व विनीत स्वभाव के व्यक्ति थे। पोंग की अपार सफलता का नशा अल्कोर्न के दिमाग पर नहीं चढ़ा था। अल्कोर्न ने जॉब्स की अजीबोगरीब वेश-भूषा को नजरअंदाज कर दिया और जॉब्स के साथ अपना बरताव सहज रखा था। इस मुलाकात के दौरान जॉब्स ने रोबर्ट फ्रीडलैंड से हासिल 'वास्तविकता विरूपण' कला को पहली बार आजमाया और अल्कोर्न को यह विश्वास दिलाने के कामयाब रहा रहा था कि वह अटारी के लिए काम का आदमी था।

इस तरह स्टीव जॉब्स को अटारी में पाँच डॉलर प्रति घंटे के मेहनताने पर तकनीकज्ञ की नौकरी मिल गई। अल्कोर्न ने जॉब्स जैसे हिप्पी को सूट-बूटवाले अभियंता डॉन लैंग के नेतृत्ववाले विकास दल में भेजा था। अगले ही दिन लैंग ने अल्कोर्न से शिकायत की थी कि किस गंजेड़ी-अफीमची हिप्पी को उसके पास भेज दिया गया था। लैंग ने अल्कोर्न को बताया था कि जॉब्स के बदन से अजीबोगरीब किस्म की बदबू आ रही थी—मानो वह हफ्तों से नहाया न हो, जिसके चलते कोई भी कर्मचारी उसके साथ बैठकर काम करने को तैयार न था। अल्कोर्न ने जॉब्स को बुलाकर पूछा तो उसका अड़ियल सा जवाब था कि वह तो फलों की अधिकतावाला शाकाहारी आहार ले रहा था, जिससे शरीर में न तो बलगम बनता था और न ही बदबू आती थी, लिहाजा उसे न तो नियमित तौर पर नहाने की जरूरत थी और न ही डिओडरेंट लगाने की।

जॉब्स की जिद के चलते अल्कोर्न व लैंग ने उसे नौकरी से छुट्टी कर देने का मन बना लिया था और इसकी जानकारी नोलन बुशनेल को दी। बुशनेल के लिए जॉब्स के बदन की बदबू या फिर दूसरों के साथ उसका बरताव कोई मुद्दा नहीं था; वह कारोबार को भी 'युद्ध' समझता था और उसकी प्रबंधन शैली में साम-दाम-दंड-भेद की युद्ध-रणनीति शामिल थी। बुशनेल खुद भी करिश्माई व्यक्तित्व का मालिक था और उसके सहारे अपने कर्मचारियों को अपने आभामंडल में बाँध रखा था। लेकिन बुशनेल जैसा छलिया इनसान भी जॉब्स की 'वास्तविकता विरूपण' कला के प्रभाव में आ गया था; उसे विश्वास हो गया था कि जॉब्स में गजब की प्रतिभा थी और वह उम्मीद कर रहा था कि जॉब्स जरूर कोई क्रांतिकारी गेम विकसित करने में सफल होगा। लिहाजा बुशनेल ने

जॉब्स को लैंग व उसके दल की पारी खत्म हो जाने के बाद देर रात तक अकेले बैठकर काम करने की इजाजत दे दी थी।

बुशनेल की आशा कामयाब हुई, जॉब्स ने अपनी लीक से हटकर सोचने-समझने-कल्पना करने की क्षमता के इस्तेमाल व इलेक्ट्रॉनिक्स के पूर्व अनुभव से खुद को वहाँ काम करनेवाले किसी भी प्रमाण-पत्रधारी अभियंता से बेहतर साबित कर दिया था। जॉब्स का सबसे उल्लेखनीय काम 'टच मी' वीडियो गेम की तकनीकी जटिलता को दूर कर ज्यादा आसान बनाना रहा था। वैसे तो जॉब्स अधिकांश कर्मचारियों से अलग-थलग ही रहा था, लेकिन कंपनी में प्रारूपकार (ड्राफ्ट्समैन) की भूमिका में कार्यरत रोन वायने से उसकी अच्छी दोस्ती हो गई थी। अटारी में आने से पहले वायने ने स्लॉट मशीन (जुआघरों की जुआ मशीन) के विकास का खुद का कारोबार शुरू किया था, जिसमें उसे 50 हजार डॉलर का नुकसान हुआ था। लेकिन इस क्रम में वायने ने जबरदस्त तकनीकी विशेषज्ञता हासिल कर ली थी और अब अटारी की गेमिंग मशीन के प्रारूप डिजाइन की जिम्मेदारी उसी के कंधों पर थी। जॉब्स अकसर उसके घर में दार्शनिक बातें किया करता था। बाद में उसे पता चला था कि वायने समलैंगिक था, फिर भी जॉब्स के मन में उसके प्रति किसी प्रकार के घृणा का भाव नहीं पनपा था। जॉब्स वायने की तकनीकी सूझ-बूझ का कायल था और उसने आगे भी अपनी दोस्ती जारी रखा था।

भारत की आध्यात्मिक-यात्रा

करीब दो महीने की नौकरी के बाद जॉब्स ने इतनी कमाई कर ली थी कि वह पहले से तैयार योजना के मुताबिक भारत की आध्यात्मिक यात्रा पर निकल सकता था। अप्रैल की शुरुआत में जॉब्स ने अटारी संस्थापक बुशनेल व मुख्य अभियंता अल्कोर्न को अपना फैसला सुना दिया था। कंपनी की तरफ से उसकी व्यक्तिगत-यात्रा का खर्च उठाने की कोई तुक नहीं थी, लेकिन अल्कोर्न ने जॉब्स की मदद करने का एक जुगाड़ बनाया था। असल में अटारी ने म्यूनिख (जर्मनी) में संयोजन केंद्र बना रखा था; जहाँ पर किट के रूप में भेजी गई मशीनों को संयोजित कर तुरीन (इटली) स्थित एक थोक विक्रेता को भेजा जाता था और फिर यूरोपीय देशों में अटारी की गेमिंग मशीनों की आपूर्ति होती थी। जब जॉब्स भारत-यात्रा की तैयारी कर रहा था, तब यूरोप की मशीनों में एक तकनीकी गड़बड़ी आ रही थी, जिससे निपटने में थोक विक्रेता के तकनीकज्ञ सफल नहीं हो पा रहे थे। इस समस्या को दूर करने के बहाने अल्कोर्न ने जॉब्स की यूरोप तक की यात्रा का खर्च उठाने का विकल्प पेश किया।

जॉब्स ने वैसा ही किया, उसने कुछ दिन म्यूनिख में बिताए और मशीनों की समस्या दूर कर दी थी। वहाँ के जर्मन तकनीकज्ञों को भी जॉब्स के बदन से आनेवाली

बदबू व उसके व्यवहार की दिक्कतों का सामना करना पड़ा था और उन्होंने अल्कोर्न से इस बात की शिकायत भी की थी। लेकिन अल्कोर्न के उन्हें समझा दिया था कि वह सिर्फ जॉब्स के काम से मतलब रखें और उन्होंने वैसा ही किया था। असल में, जॉब्स उन जर्मनों द्वारा मांसाहारी भोजन खिलाने की कोशिशों के कारण परेशान था और सिर्फ आलू खाकर अपना काम चला रहा था। हाँ, तुरीन के थोक विक्रेता ने उसका अच्छा खयाल रखा और वह उसे रोजाना वहाँ के एक बेहतरीन शाकाहारी रेस्तराँ में पसंदीदा खाना खिलाता रहा था। उसके बाद जॉब्स लुगानो (स्विट्जरलैंड) गया था, जहाँ रॉबर्ट फ्रीडलैंड के अरबपति रिश्तेदार मर्केल म्युलर ने उसकी अच्छी खातिरदारी की थी। कुछ दिनों बाद जॉब्स ने वहीं से भारत के लिए उड़ान भरी थी।

अभी अप्रैल का ही महीना था, लेकिन जब जॉब्स दिल्ली हवाई अड्डे पर विमान से बाहर निकला तो पता चला था कि वहाँ की सड़कों से मानो आग सी निकल रही थी। जब वह बताए गए होटल में पहुँचा था तो वह भरी हुई थी, लिहाजा वह उस होटल में चला गया जिसके लिए टैक्सी चालक उसे हवाई अड्डे से ही परेशान करता चला आ रहा था। जॉब्स को समझ आ रहा था कि टैक्सीवाला उससे धोखा कर रहा था, फिर भी वह उसी होटल में ठहर गया। उस जमाने में बोतलबंद खनिज पानी (मिनरल वाटर) का चलन नहीं था और होटल मालिक ने स्वच्छ पानी के नाम पर जॉब्स को साधारण पानी ही उपलब्ध कराया था। नतीजतन, जॉब्स पेचिश (डिसेंट्री) व बुखार की चपेट में आ गया। एक सप्ताह के भीतर उसका वजन 160 पौंड से घटकर सिर्फ 120 पौंड रह गया था।

कुछ दिनों बाद जब वह चलने-फिरने लायक हो गया तो उसने दिल्ली से तत्काल निकल भागना तय किया। जॉब्स का अगला पड़ाव हरिद्वार था, जहाँ कुंभ मेला चल रहा था। जॉब्स ने कुंभ मेले के बारे में सुन रखा था, लेकिन जब उसने अपनी आँखों से एक लाख से भी कम आबादीवाले हरिद्वार-ऋषिकेश क्षेत्र में एक करोड़ से भी अधिक लोगों का विशाल जन-समूह को देखा था तो उसका दिमाग घूम सा गया था। तमाम दिक्कतों के बावजूद जॉब्स कुछ दिनों तक हरिद्वार में यहाँ-वहाँ साधुओं के तंबुओं व मंदिरों के चक्कर काटता रहा था। लेकिन जॉब्स की असल आध्यात्मिक मंजिल थी—श्री कैंची हनुमान मंदिर व आश्रम (कैंचीधाम, नैनीताल, उत्तराखंड)।

हिमालय पर्वतमाला की तलहटी पर उलझी कुमाऊँ पहाड़ियों के बीच समुद्र तल से 1400 मीटर की ऊँचाई पर विकसित यह मंदिर-आश्रम—अब पूरे क्षेत्र को कैंचीधाम कहा जाता है—नैनीताल-अल्मोड़ा रोड पर भोवाली से 9 किलोमीटर दूर स्थित है। नैनीताल शहर से इसकी कुल दूरी करीब 17 किलोमीटर है। दो तेजी से झुकते हुए दुर्गम पहाड़ी रास्तों के चलते स्थानीय बोली में इस गाँव का नाम 'कैंची' पड़ गया था, जिसका कैंची (औजार) से कोई लेना-देना नहीं है। असल में इस स्थान पर सोमबारी महाराज व साधू

प्रेमी बाबा का तपस्या-स्थल है, जहाँ नीब करौरी बाबा उर्फ महाराजजी ने भी तपस्या की थी। वर्ष 1942 में महाराजजी ने कैंची गाँव के एक भक्त श्री पूर्णानंद के साथ मिलकर यहाँ आश्रम बनाने की योजना बनाई थी। लेकिन दुर्गम रास्ते को ठीक होने में 20 साल गुजर गए थे। फिर सन् 1962 में नीब करौरी बाबा ने अपने दोनों तपस्वी गुरुओं की याद में हुनमान मंदिर व आश्रम की स्थापना की थी और 15 जून को हर साल विशाल भंडारे के आयोजन का सिलसिला शुरू हुआ था। सन् 1973 में वृंदावन में समाधि लेने के बाद कैंची के इस आश्रम में नीब करौरी बाबा का अस्थि-कलश स्थापित किया गया था और सन् 1974 में भव्य मंदिर व आश्रम का निर्माण शुरू हुआ था। उसके बाद वहाँ दुनिया भर के हिप्पियों के आने का सिलसिला तेज हुआ था और अब 15 जून के भंडारे में हिस्सा लेनेवाले भक्तों की संख्या एक लाख से अधिक होने लगी थी।

जाहिर है कि जब स्टीव जॉब्स यहाँ पहुँचा था तब उसकी मुलाकात महाराजजी से नहीं हो सकी थी। वह हरिद्वार से रेल व बस के जरिए इस स्थान पर पहुँचा था। उसने पास के गाँव में एक घर किराए पर ले लिया था। वहीं पर जॉब्स की मुलाकात लैरी ब्रिलिएंट (भगवान दास व रामदास के साथ सेवा फाउंडेशन के सह-संस्थापक) से हुई थी और तभी से दोनों एक-दूसरे के घनिष्ठ मित्र बन गए थे। जॉब्स के लिए सबसे राहत की बात आश्रम में बननेवाला शाकाहारी भोजन था। फिर एक दिन जब हजारों भक्तों के बीच स्वादिष्ट भारतीय व्यंजनों का आनंद लेने में मस्त था तो आश्रम का संचालक व महाराजजी का मुख्य शिष्य उसे भीड़ से अलग उठा ले गया था। वह जॉब्स को पहाड़ी की ऊँचाई पर एक छोटे तालाब के पास ले गया, जहाँ उसका विधिवत् 'मुंडन संस्कार' (उस्तरे से बाल उतारने के बाद नहला-धुलाकर नए कपड़े पहनाकर धार्मिक दीक्षा देने की प्रक्रिया) संपन्न किया गया।

जॉब्स को यह प्रक्रिया समझ नहीं आई, लेकिन महाराजजी के उस प्रमुख शिष्य ने उसके बेहतर स्वास्थ्य के लिए इस संस्कार को जरूरी बताया था। उसके बाद जॉब्स ने भी दीक्षित साधुओं की तरह गेरुआ वस्त्र धारण करना शुरू कर दिया, जो भारतीय गरमी के लिहाज से राहत देनेवाला पहनावा था। उसने अपने एक शिवभक्त आश्रमवासी मित्र के साथ निर्जन जंगल में स्थित शिवालय में त्रिशूल व धूनी (लकड़ियों को जलाकर पैदा की गई आग) के पास बैठकर डरावने माहौल में तपस्या करने की असफल कोशिश करते हुए एक रात गुजारी थी। इस बीच डेनियल कोट्टके ने भी भारत पहुँच गया था और जॉब्स उसे लिवाने वापस दिल्ली गया था। कोट्टके भी जॉब्स द्वारा लिये किराए के मकान में रहना शुरू कर दिया। दोनों आध्यात्मिक किताबें पढ़ते, नियमित रूप से आश्रम के प्रवचन, भजन व सामूहिक भोज कार्यक्रमों में हिस्सा लेने लगे थे। यह ईंट से बना एक साधारण सा पक्का मकान था और उसके फर्श पर दो बिस्तर बिछा दिए गए थे। मकान मालिक की पत्नी उन्हें

स्थानीय शाकाहारी भोजन व गाय का दूध परोसती थी। लेकिन गाँव के इस मकान का एक आकर्षण यह भी था कि वहाँ आस-पास गाँजे के पौधे उपलब्ध थे। दोनों गाँजे की पत्तियाँ तोड़ लाते, उसे सुखा लेते, फिर चिलम जलाकर गाँजे के कश का आनंद लेते और उसके नशे में पास के आलू के खेतों में घंटों तक सोए पड़े रहते थे।

कैंची में करीब एक महीना गुजारने के बाद जॉब्स व कोट्टके का मन ऊबने लगा था। आश्रम में पेशेवर भजन-मंडलियाँ आती थीं, जिनका आध्यात्म से कोई लेना-देना नहीं थी। अधिकतर भक्तों की भीड़ पर्यटन के उद्‌देश्य से ही वहाँ आ रही थी। लिहाजा दोनों ने दिल्ली को अपना केंद्र बनाया और फिर उत्तर भारत के विभिन्न शहरों, धार्मिक स्थलों व गाँवों का भ्रमण करना शुरू किया था। वे अधिकतर रेल व बस की यात्रा करते थे। जहाँ रात हो जाती, वहीं किसी मंदिर में रुक जाते और जो भी शुद्ध शाकाहारी भोजन मिल जाता, उसे खाकर अपना पेट भर लेते। इस दौरान, एक दिन वे मनाली भी पहुँचे। जब वे वहाँ बस से उतरे थे तो पता चला था कि कोट्टके का स्लीपिंग बैग (सोने के लिये थैला) गायब हो गया था। कोट्टेके ने उसमें अपना यात्री बैंकचेक रखा हुआ था। खैर, जॉब्स ने दिल्ली वापसी तक का उसका खर्च उठाया।

इस तरह करीब सात महीने बीत चुके थे। जॉब्स के पास भी उतना धन नहीं बचा था कि वह अपने साथ कोट्टके का खर्च भी ज्यादा दिनों तक उठा पाता। इस तरह धन के अभाव में उनका बिना किसी उद्‌देश्य के यहाँ-वहाँ भटककर आध्यात्मिक ज्ञान हासिल करने का सिलसिला थम गया था। अब वे वापस अमेरिका जाने का रास्ता ढूँढ़ने लगे थे। इस दौरान जॉब्स ने कभी-कभी अपने माता-पिता को संक्षिप्त पत्र लिखकर अपनी यात्रा के बारे में सूचित किया था। उन्होंने अपने डाक के लिए अमेरिकन एक्सप्रेस ट्रेवल सर्विसेज (बाराखंभा रोड, नई दिल्ली) का पता दे रखा था। मनाली से लौटने के बाद जब दोनों अपनी डाक के बारे में पता लगाने वहाँ पहुँचे, तभी संयोगवश अमेरिकन एक्सप्रेस के दफ्तर में ओकलैंड अंतरराष्ट्रीय हवाई अड्‌डा (जॉब्स के लॉस अल्टोस स्थित घर से करीब 53 किलोमीटर दूर) से उन दोनों को वापस भेजने का निर्देश मिला था। लिहाजा अमेरिकन एक्सप्रेस ने दोनों को अगली उड़ान से वापस ओकलैंड भेज दिया।

स्टीव जॉब्स व डेनियल कोट्टके—दोनों साधु-वेश भूषा में ही ओकलैंड हवाई अड्‌डे पर उतरे। वहाँ पहले से मौजूद जॉब्स के माता-पिता उन दोनों को ढूँढ़ने की कोशिश कर रहे थे। वे पाँच बार उन दोनों के सामने से गुजरे चुके थे, लेकिन उन्हें पहचान नहीं पा रहे थे। फिर जॉब्स की माँ क्लारा उसके पास आई थीं और गौर से निहारते हुए आश्चर्यजनक भाव से पूछा था, 'स्टीव !' क्लारा को विश्वास नहीं हो रहा था कि वह सचमुच उनका खास बेटा 'स्टीव' ही थे। जॉब्स ने 'हाँ' में अपना सिर हिलाया था। तब तक पॉल जॉब्स भी माँ-बेटे के पास आ गए थे। यह नाउम्मीद पॉल व क्लारा जॉब्स के

लिए अपने खोए बच्चे को दुबारा से हासिल करने जैसा भावुक क्षण था। लेकिन स्टीव जॉब्स के चेहरे पर वही पुराना निर्मोही भाव बना रहा था।

पूर्वी आध्यात्मिकता, हिंदूवाद, जेन बौद्ध धर्म व आत्मज्ञान की खोज के प्रति जॉब्स की रुचि किसी 19 साल के युवा की गुजर जानेवाली जिज्ञासा नहीं थी, बल्कि वह उनके कई आधारभूत सिद्धातों का आजीवन पालन करता रहा था। जॉब्स ने आजीवन प्रयोगात्मक प्रज्ञा (ज्ञान या संज्ञानात्मक समझ) पर जोर दिया था। 'प्रज्ञा' ध्यान की ऐसी अवस्था है जिसे चित्त/मन की एकाग्रता के जरिए अंतर्ज्ञान से अनुभव किया जाता है। करीब तीन दशकों बाद जॉब्स ने अपने आत्मकथा लेखक वाल्टर आइसेक्सन से बातचीत के दौरान भारत-यात्रा के अनुभव को कुछ इस प्रकार से साझा किया था—

'भारत जाने के मुकाबले मेरे लिए अमेरिका वापस आना एक सांस्कृतिक सदमे से बहुत कुछ ज्यादा था। जैसे हम करते हैं, भारतीय ग्रामीण इलाकों में लोग अपनी बुद्धि का प्रयोग नहीं करते, वे इसके बजाय अपने अंतर्ज्ञान का उपयोग करते हैं और उनका अंतर्ज्ञान बाकी दुनिया की तुलना में कहीं अधिक विकसित है। मेरी राय में अंतर्ज्ञान बहुत शक्तिशाली चीज है, बुद्धि से अधिक शक्तिशाली। उसका मेरे काम पर एक बड़ा प्रभाव पड़ा है।

पश्चिमी तर्कसंगत सोच एक सहज मानवीय विशेषता नहीं है; यह सीखी गई है और पश्चिमी सभ्यता की महान् उपलब्धि है। भारत के गाँव में, उन्होंने इसे कभी नहीं सीखा। उन्होंने कुछ और सीखा, जो कुछ मायनों में उतना ही मूल्यवान है, लेकिन अन्य मायनों में नहीं। वह है अंतर्ज्ञान व अनुभवात्मक ज्ञान की शक्ति।

भारतीय गाँवों में सात महीने के बाद वापस आकर मैंने पश्चिमी दुनिया के पागलपन के साथ ही उसकी तर्कसंगत सोच की क्षमता को भी देखा। यदि आप यूँ ही बैठें व निरीक्षण करें तो आप देखेंगे कि आपका मन कैसे बेचैन है। यदि आप इसे शांत करने की कोशिश करें तो यह केवल इसे बदतर बना देता है, लेकिन समय के साथ यह शांत करता है, और जब यह होता है, तो अधिक सूक्ष्म बातें सुनने की जगह बनती है—तब जाकर आपका अंतर्ज्ञान खिलना शुरू होता है और आप चीजों को ज्यादा स्पष्टता से देखना व वर्तमान में ज्यादा रहना शुरू करते हैं। आपका मन बस धीमा हो जाता है और आप पल में एक जबरदस्त विस्तार देखते हैं। आप पहले देख सकने की तुलना में बहुत अधिक देखने लगते हैं। यह एक अनुशासन है; आपको इसका अभ्यास करना पड़ता है।'

आत्मज्ञान की तलाश

खैर, अक्तूबर 1975 में अमेरिका वापसी के बाद, लॉस अल्टोस में जॉब्स के घर कुछ समय बिताने के बाद डेनियल कोट्टके तो वापस रीड कॉलेज में आगे की पढ़ाई

वह अपने अंतर्ज्ञान को जाग्रत् कर खुद को ढूँढ़ने की कोशिशों में जुटा रहा। उसने सुबह व शाम को बाकायदा ध्यान लगाना व जेन बौद्ध धर्म संबंधी साहित्य का अध्ययन करना शुरू कर दिया था।

के लिए वापस लौट गया था। लेकिन जैसाकि जॉब्स के ऊपर दिए गए बयान में बताया है, वह काफी समय तक अशांत सा रहा। वह अपने अंतर्ज्ञान को जाग्रत् कर खुद को ढूँढ़ने की कोशिशों में जुटा रहा। उसने सुबह व शाम को बाकायदा ध्यान लगाना व जेन बौद्ध धर्म संबंधी साहित्य का अध्ययन करना शुरू कर दिया था। बीच के खाली समय में जॉब्स स्टैनफोर्ड विश्वविद्यालय की भौतिकी या अभियांत्रिकी कक्षाओं में जाता था और वहाँ के छात्रों के बीच रहते हुए सिलिकॉन वैली की प्रौद्योगिक गतिविधियों को समझने में रुचि लेने लगा था।

असल में, भारत-यात्रा से वापसी के कुछ ही दिनों बाद जॉब्स को पता चला था कि 'जेन माइंड, बिगिनरज्स माइंड' पुस्तक के रचनाकार व अमेरिका में जेन बौद्ध धर्म को प्रचारित करनेवाले भिक्षु शुन्रयु सुजुकी हर बुधवार को लॉस अल्टोस आते हैं और अनुयायियों के एक छोटे समूह के लिए ध्यान-शिविर लगाते हैं। सैन फ्रांसिस्को में सोटो जेन मंदिर सुजुकी का मुख्य केंद्र था। जापानी बौद्ध धर्म में जेन के तीन पारंपरिक संप्रदाय हैं—सोटो, रिंजई व ओबाकू। इनमें सोटो जेन या सोटो स्कूल सबसे बड़ा है, जो 'शिकांताजा' ध्यान पद्धति पर जोर देता था। इस पद्धति में किसी वस्तु, सहारे या सामग्री के बिना ही ध्यान किया जाता है।

23 मई, 1959 को सुजुकी ने वाको कजुमित्सू काटो से सोटो जेन मंदिर (बुश स्ट्रीट, जापानटाउन, वेस्टर्न एडिशन, सैन फ्रांसिस्को) के संचालक भिक्षु का कार्यभार ग्रहण किया था। पहले के भिक्षुओं का दायरा जापानी समुदाय के लोगों तक सीमित था और वहाँ हिप्पी युवा ही जाते थे। सुजुकी ने पारंपरिक ध्यान पद्धति को आसान बनाया था और सैन फ्रांसिस्को आर्ट इंस्टीट्यूट व अमेरिकन एकेडमी फॉर एशियन स्टडीज के जरिए हिप्पी युवाओं को अपने ध्यान-मार्ग की ओर आकर्षित करना शुरू किया था। जापान टाउन के मूल जापानी साधकों ने हिप्पियों के जमावड़े का विरोध करना शुरू कर दिया था, लिहाजा शुन्रयु सुजुकी ने सन् 1962 में मुख्य शहर में सैन फ्रांसिस्को जेन सेंटर (पेज स्ट्रीट, सैन फ्रांसिस्को) की स्थापना की थी।

फिर सुजुकी ने अमेरिका के पहले सोटो जेन मठ—तस्साजारा जेन माउंटेन सेंटर (कारमेल वैली विलेज, मोंटेरे काउंटी, कैलिफोर्निया)—की स्थापना की थी। दक्षिणी व मध्य कैलिफोर्निया में समुद्रतल से 2697 मीटर की ऊँचाई पर स्थित विशाल राष्ट्रीय जंगल—लॉस पैड्रेस नैशनल फॉरेस्ट के वेंटाना जंगल क्षेत्र में कारमेल वैली विलेज स्थित यह मठ निकटतम पक्की सड़क से 26 किलोमीटर दूर है और काफी ऊँची पगडंडी से

पैदल चलते हुए वहाँ तक पहुँचा जाता है। बहुत जल्द ही एकांत जंगल के बीच बसाया गया यह मठ हिप्पियों के लिए मनोत्तेजक अनुभव हासिल करने का पसंदीदा आश्रय स्थल बन गया था। इसी क्रम में सुजुकी ने 'जेन माइंड, बिगिनरिज्स माइंड' की रचना की थी। सन् 1970 में वह किताब जापान व अमेरिका से एक साथ प्रकशित हुई थी। यह जॉब्स जैसे हजारों बेचैन अमेरिकी हिप्पी युवाओं के लिए एक क्रांतिकारी आध्यत्मिक ग्रंथ साबित हुई थी। अब सुजुकी लॉस अल्टोस में पूर्णकालिक ध्यान केंद्र की स्थापना के लिए अपने सहायक कोबुन चाइनो ओटोगावा के साथ सक्रिय थे।

जॉब्स तत्काल ही सुजुकी का निष्ठावान् अनुयायी बन गया और लॉस अल्टोस के ध्यान शिविर में नियमित रूप से जाने लगा। इतना ही नहीं, जॉब्स ने अपनी यदा कदा प्रेमिका च्रिसन्न ब्रेन्नन सहित डेनियल कोट्टके व उसकी प्रेमिका एलिजाबेथ होलम्स को भी इस साधना-पथ को अपनाने के लिए प्रेरित किया। अपने इन साथियों के साथ जॉब्स अकसर तस्साजारा जेन माउंटेन सेंटर में भी जाने लगा था। चूँकि जेन बौद्ध धर्म के प्रति जॉब्स की आस्था गहरा गई थी, इसलिए उसने लगभग हर दिन कोबुन चाइनो ओटोगावा से मिलना शुरू कर दिया था। खुद को पूरी तरह से आध्यात्मिक मार्ग पर डालने के लिए जॉब्स ने कोबुन पर दबाव बनाना भी शुरू कर दिया था। लेकिन कोबुन ने हमेशा जॉब्स को यही समझाने की कोशिश की थी कि वह कारोबार करते हुए भी आध्यात्मिकता से गहराई से जुड़ा रह सकता है। लिहाजा कोबुन से जॉब्स का संबंध लगातार गहराता चला गया था। यह संबंध आजीवन जारी रहनेवाला था और 17 साल बाद कोबुन ने ही जॉब्स के विवाह समारोह में पुजारी की भूमिका निभाई थी।

कोबुन से इतनी निकटता के बावजूद जॉब्स का मन शांत नहीं हो पा रहा था, वह आत्म-जागरूकता (सेल्फ अवेयरनेस) हासिल के लिए व्याकुल था। असल में वह अपने असली माता-पिता द्वारा त्याग दिए जाने की क्रूर हकीकत को दबा या भुला नहीं पा रहा था। उसके मन में हमेशा यही सवाल गूँजता रहता था कि आखिर वह कौन है ? पॉल व क्लारा जॉब्स ने उसे इतना तो बता ही दिया था कि उसके असली माता-पिता काफी पढ़े-लिखे थे, लेकिन बाकी जानकारी उनके पास भी नहीं थी। ज्यादा जानकारी हासिल करने की जॉब्स की कोशिशें भी नाकाम साबित हुई थीं। इसका नतीजा यह हुआ था कि जॉब्स ने उस जमाने में लॉस एंजिल्स के मनोचिकित्सक आर्थर जेनोव द्वारा विकसित व लोकप्रिय की गई 'आरंभिक चीख चिकित्सा' (प्राइमर स्क्रीम थेरेपी) लेने का मन बनाया था। जनोव की यह मानसिक चिकित्सा इस अवधारणा पर आधारित थी कि मनुष्य की मनोवैज्ञानिक समस्याएँ उसके बचपन के दर्द को दबाने का नतीजा होती हैं। जेनोव का दावा था कि बचपन के दर्द के क्षणों को पूरी तरह से उभारने व रोगी को उस दर्द से दुबारा गुजारने, कभी-कभी चीत्कार कर, इन समस्याओं को दूर किया जा सकता था।

जॉब्स के रीड कॉलेज का गुरु रॉबर्ट फ्रीडलैंड भी अर्थर जेनोव का अनुयायी था और यूजीन (ओरेगन) के पुराने होटल में 'ओरेगन फीलिंग सेंटर' नाम से 'आरंभिक चीख चिकित्सा' पद्धति का केंद्र संचालित कर रहा था। पोर्टलैंड के बाद यूजीन ऑरेगन प्रांत का दूसरा सबसे बड़ा शहर है, जो पोर्टलैंड से 177 किलोमीटर दूर विल्मेट घाटी के दक्षिणी छोर—मैकेंजी और विल्मेट नदी के संगम—पर स्थित है। लेकिन यूजीन का यह चिकित्सा केंद्र फ्रीडलैंड के 'ऑल वन फार्म' से नजदीक पड़ता था। असल में फ्रीडलैंड ने जॉब्स को यकीन दिलाया था कि यह कार्यक्रम उसे अपने बचपन के दर्द से उबारने व आत्मज्ञान हासिल करने में मदद करेगा। लिहाजा जॉब्स व 1974 के अंत में एक हजार डॉलर की ऊँची रकम भरकर 12 सप्ताह के लंबे चिकित्सा कार्यक्रम में शामिल हो गया था। डेनियल कोट्टके भी इस कार्यक्रम में जाना चाहता था, लेकिन उसके लिए उतनी बड़ी रकम काफी ज्यादा थी।

जॉब्स ने यह चिकित्सा कार्यक्रम आधे-अधूरे मन से पूरा किया। उसे इस कार्यक्रम का संचालन सतही लगा था, जिससे कोई खास उपलब्धि नहीं हासिल होनेवाली थी। लिहाजा उसके बाद उसने कुछ समय 'ऑल वन फार्म' में बिताया और वापस लॉस अल्टोस आ गया था। लेकिन नजदीकियों ने महसूस किया था कि जेनोव के चिकित्सा कार्यक्रम के बाद जॉब्स में काफी आत्मविश्वास आ गया था। अब उसने ध्यान के लिए लॉस अल्टोस में अलग से एक कमरा किराए पर ले लिया था।

अटारी में वापसी व वोज्निअक से साझेदारी

वर्ष 1975 की शुरुआत में, संभवतः फरवरी में, एक दिन अचानक रोन वायने ने अटारी में एलन अल्कोर्न के सामने जॉब्स के वापस आने की खबर सुनाई। अल्कोर्न को इस खबर से काफी खुशी मिली और उसने वायने को जॉब्स को अटारी में फिर से बुलाने के लिए कहा। कुछ दिनों बाद जॉब्स अटारी के दफ्तर में 'हरे कृष्ण' साधुओं की तरह प्रकट हुआ—बिल्कुल नंगे पाँव, केसरिया चोगा पहने व हाथ में 'बी हियर नाउ' किताब थामे। अल्कोर्न के साथ-साथ बुशनेल ने भी जॉब्स की वापसी का स्वागत किया। एक बार फिर से दफ्तर के अन्य साथियों के साथ सामंजस्य बिठाने के लिए पहले की ही तरह जॉब्स को रात में ही अपना काम करने की इजाजत मिल गई थी।

इस तरह करीब ढाई साल बाद अब एक बार फिर से जॉब्स को अपने पुराने दोस्त व साझीदार वोज्निअक के साथ नजदीकियाँ बढ़ाने का मौका मिल गया था। वर्ष 1972 के अंत में जॉब्स रीड कॉलेज चला गया था और जनवरी 1973 से वोज्निअक ने हेवलेट पैकार्ड में अभियंता के रूप में कैलकुलेटर संबंधी हिस्से-पुरजों के डिजाइन विकास का काम शुरू किया था। नौकरी के बाद वोज्निअक की अच्छी आमदनी शुरू हो गई थी

और उसने अपने माता-पिता के निवास से करीब डेढ़ किलोमीटर दूर क्यूपरटिनो में एक अपार्टमेंट किराए पर लेकर रहना शुरू कर दिया था। इस बीच वोज्निअक का दोस्त एलन बौम भी एम.आई.टी. से इलेक्ट्रॉनिक्स अभियांत्रिकी की पढ़ाई पूरी कर हेवलेट पैकार्ड में प्रशिक्षु बन गया था। एक दिन बौम ने वोज को बताया कि उसे दुनिया के पहले वैज्ञानिक पॉकेट कैलकुलेटर—एच.पी.-35 परियोजना में काम करने का मौका मिला था। वोज के मुकाबले बौम को ज्यादा उन्नत प्रौद्योगिकी का काम मिला था, जो बिल्कुल कंप्यूटर विकसित करने जैसा था। लेकिन अब तक कंप्यूटर निर्माण के प्रति वोज की ज्यादा दिलचस्पी नहीं रह गई थी। वोज अपनी नौकरी में व्यस्त था और उसकी जिंदगी में ऐलिस रॉबर्टसन भी आ चुकी थी। (करीब दो साल प्रेमालाप के बाद दोनों ने 1976 में शादी कर ली थी, जो चार साल बाद 1980 में टूट गई थी।)

हाँ, इस बीच 'एडवांस्ड रिसर्च प्रोजेक्ट्स एजेंसी नेटवर्क' (अरपानेट) की लगातार बढ़ती लोकप्रियता ने वोज्निअक का ध्यान आकर्षित किया था और उसने इस संजाल से जुड़नेवाले एक वैकल्पिक टी.वी. टर्मिनल का विकास किया था। याद रहे कि अमेरिकी रक्षा विभाग द्वारा विकसित 'अरपानेट' (मौजूदा विश्वव्यापी इंटरनेट संजाल पूर्वज) को 1970 में सार्वजनिक करने का सिलसिला शुरू हो चुका था। जुलाई 1974 तक 58 अंतरफलक संदेश संसाधक (इंटरफेस मैसेज प्रोसेसर/आई.एम. पी., जिसे अब 'राउटर' कहा जाता है) परिचालन केंद्रों के जरिए अमेरिका के तमाम विश्वविद्यालयों व सरकारी संस्थानों को 'अरपानेट' संजाल से जोड़ दिया गया था। ध्यान रहे कि 'अपरानेट' टेलीफोन संजाल से जुड़ा मेनफ्रेम कंप्यूटरों का संजाल था। अब तक निजी क्षेत्र में भी मेनफ्रेम कंप्यूटर के साझा इस्तेमाल के लिए काल सहभाजन (टाइम-शेयरिंग)—कई उपयोगकर्ताओं के बीच एक कंप्यूटिंग संसाधन के आवंटन—का कारोबार काफी विकसित हो चुका था। 'अपरानेट' या फिर किसी निजी टाइम-शेयरिंग सेवा का इस्तेमाल करने के लिए कंप्यूटर टी.वी. टर्मिनल की जरूरत पड़ती, जो टेलीफोन के जरिए उनसे जुड़ती थी। अभी भी टी.वी. टर्मिनल काफी महँगा था। लेकिन वोज एक सस्ते टी.वी. व 60 डॉलर के एक की-बोर्ड का इस्तेमाल कर एक ऐसा टी.वी. टर्मिनल विकसित कर चुका था, जो प्रति सेकंड 60 लिपियों (करैक्टर) को प्रदर्शित करने की क्षमता रखता था। आब उन्नत प्रौद्योगिक युग में यह सुनने में भले ही सुस्त लगे, लेकिन उस वक्त यह एक बड़ी उपलब्धि थी। वोज का टी.वी. टर्मिनल बाजार में उपलब्ध अन्य महँगे टर्मिनलों के मुकाबले छह गुना ज्यादा तेज था। मतलब वोज का ध्यान खुद द्वारा विकसित, 'क्रीम सोडा कंप्यूटर' से भटक चुका था। अब वह अपनी इसी नई खोज में मस्त था।

जॉब्स की वापसी से वोज्निअक भी काफी खुश था; उसका अपार्टमेंट अटारी के

दफ्तर से ज्यादा दूर नहीं था और अकसर रात के खाने के बाद वह जॉब्स के पास आने लगा था। दोनों खूब हँसी-मजाक व आगे के काम के बारे में बातचीत किया करते थे। वोज वीडियो गेम्स का जबरदस्त शौकीन था। जाहिर है कि जॉब्स के पास आने का वोज का एक उद्देश्य यह भी था कि उसे अटारी के दफ्तर में मुफ्त में वीडियो गेम खेलने का मौका मिल जाता था।

इसी बीच गरमियों में एक दिन नोलन बुशनेल ने 'पोंग' का एकल खिलाड़ी संस्करण विकसित करने का फैसला किया था। दूसरे खिलाड़ी से मुकाबले करने की बजाय इस खेल में एकमात्र खिलाड़ी को ही गेंद डालना होता था; जब गेंद दीवार से टकराती थी तो उस दीवार की एक ईंट गिर जाती थी और सारी ईंटें गिराने के बाद वह खिलाड़ी विजयी हो जाता था। बुशनेल ने जॉब्स को अपने कक्ष में बुलाया था और छोटे श्यामपट्ट (ब्लैकबोर्ड) पर उस वीडियो गेम का रेखाचित्र बनाकर जॉब्स को पूरी योजना समझाई थी। असल में, बुशनेल ने जॉब्स को कम-से-कम चिप का इस्तेमाल कर इस गेम को विकसित करने तकनीकी चुनौती भी दी थी और साथ में लालच भी—यह बुशनेल का आजमाया हुआ प्रबंधन-सूत्र था। उसने कहा था कि वह 50 से कम हरेक चिप के लिए जॉब्स को अधिलाभ (बोनस) का भुगतान करेगा। बुशनेल को पता था कि जॉब्स महान् अभियंता नहीं था, लेकिन वह यह भी जानता था कि जॉब्स अपने दोस्त वोज्निअक—इलेक्ट्रॉनिक्स अभियांत्रिकी का जाना-माना जादूगर —की मदद से इस काम को अंजाम पर पहुँचा देगा।

ऐसा ही हुआ भी था। जॉब्स ने जब यह खबर वोज को सुनाई थी तो उसने यह नहीं पूछा था कि उसे इस काम का कितना हिस्सा मिलेगा, बल्कि वह इस खुशी में उत्तेजित हो उठा था कि उसे वीडियो गेम विकसित करने का मौका मिल रहा था। जॉब्स ने कहा था यह काम सिर्फ चार दिनों में करना था और वह भी कम-से-कम चिप के इस्तेमाल से। असल में जॉब्स ने अपनी तरफ से यह समय-सीमा तय की थी, क्योंकि वह कमाई कर 'ऑल वन फार्म' पर समय बिताने के लिए उतावला हो रहा था। जॉब्स ने वोज को यह भी नहीं बताया था कि इस काम के लिए हरेक चिप पर कोई अधिलाभ भी मिलनेवाला था। खैर, वोज व जॉब्स ने चार दिन के भीतर सिर्फ 45 चिप के इस्तेमाल से वीडियो गेम का इलेक्ट्रॉनिक परिपथ तैयार कर लिया था। वोज ने परिपथ का डिजाइन बनाया था और जॉब्स ने चिप्स की बारीक वायरिंग के काम को अंजाम दिया था।

इस बात का कोई प्रमाण नहीं मिलता है कि बुशनेल ने जॉब्स को उस काम का कितना भुगतान किया था। लेकिन करीब दस साल बाद जब जॉब्स व वोज के बीच खट-पट हो गई तो वोज ने यह तथ्य उजागर किया था कि जॉब्स ने अधिलाभ में कोई हिस्सा नहीं दिया था, उसे सिर्फ आधारभूत भुगतान में से आधा मिला था। असल में,

> **जॉब्स व वोज के बीच खट-पट हो गई तो वोज ने यह तथ्य उजागर किया था कि जॉब्स ने अधिलाभ में कोई हिस्सा नहीं दिया था, उसे सिर्फ आधारभूत भुगतान में से आधा मिला था।**

वोज्निअक के मन में यह आशंका तब पैदा हुई थी जब उसने इसकी पुष्टि बुशनेल व अल्कोर्न से की थी। वोज ने जगजाहिर किया था उस काम के एवज में जॉब्स ने सिर्फ 350 डॉलर का चेक दिया था, लेकिन उसने यह नहीं बताया कि असल में जॉब्स को इस काम के लिए अटारी ने कितना भुगतान किया था। बुशनेल व अल्कोर्न ने भी इस विवाद के बारे में अपनी तरफ से कोई सफाई नहीं दी थी। जॉब्स तो हमेशा यही कहता रहा था कि उसने ईमानदारी से वोज को आधी रकम दे दी थी, लेकिन उसने भी यह साफ नहीं किया था कि उसे कुल कितनी रकम मिली थी।

खैर, हकीकत जो भी हो, अटारी के अनुभव से जॉब्स को अपने कारोबार व उसके तौर-तरीके को आकार देने में मदद मिली थी। उसने बुशनेल की काम करवाने की कला को भी कुछ हद तक अपनाया था। अब जॉब्स पूरी तरह से समझ गया था कि वह वोज की काबलियत का किस तरह से इस्तेमाल करेगा और उसकी खुद की क्या भूमिका होगी।

काम खत्म होने के बाद, जॉब्स से बुशनेल से नकद भुगतान ले लिया और 'ऑल वन फार्म' पर चला गया। इस बार जॉब्स के सामने उस आध्यात्मिक सामुदायिक जीवन की हकीकत बहुत हद तक खुलकर सामने आ गई थी। जॉब्स ने जब फार्म निवासियों को रात में छुपकर दूसरे का खाना खाते देखा तो उसे धक्का लगा था। अधिकांश साधक आध्यात्मिकता का नाटक भर कर रहे थे। अब जॉब्स को पूरा अहसास हो गया था कि रॉबर्ट फ्रीडलैंड आध्यात्मिक केंद्र चलाने की आड़ में अपना फार्म चला रहा था। लिहाजा वह जल्द ही वापस आ गया था।

होमब्रिऊ क्लब व वोज का कंप्यूटर विकास

1960 के दशक में सांता क्लारा वैली के सिलिकॉन वैली व सैन फ्रांसिस्को के हिप्पी-राजधानी में बदलने के साथ-साथ इस समूचे क्षेत्र में एक 'जुगाड़बाज' समुदाय भी विकसित हुआ था, जिसे 'हैकर' के रूप में जाना गया था। इस समुदाय में पूरी व अधूरी शिक्षा हासिल करनेवाले इलेक्ट्रॉनिक्स अभियंताओं के अलावा काबिल तकनीकज्ञ व प्रौद्योगिकी के शौकीन आम लोग शामिल थे। ये वे लोग थे, जो इस क्षेत्र की रक्षा ठेकेदार, इलेक्ट्रॉनिक्स, सेमीकंडक्टर, वीडियो गेम्स या फिर कंप्यूटर कंपनियों की रोजमर्रा की कार्य-संस्कृति में खुद को समाहित नहीं कर सके थे। इनमें से अधिकांश विरोध संस्कृति व हिप्पी गतिविधियों में शामिल अर्ध-शैक्षणिक समूहों के रूप में सक्रिय थे। ये समूह लीक से हटकर कुछ खास करने की कोशिशों में जुटे हुए थे। हर नया प्रौद्योगिक

उपकरण इन 'हैकर' समुदायों के निशाने पर होता था। वे जुगाड़ के जरिए आम आदमी की पहुँच से बाहर की महँगी प्रौद्योगिकियों का सस्ता विकल्प निकालने की कोशिश करते थे। वे इस काम को गैर-कानूनी नहीं, बल्कि आम आदमी के हित में 'समानांतर प्रौद्योगिकी-क्रांति' मानते थे। जाहिर है कि इनका असल फायदा नकली या यूँ कहें कि वैकल्पिक प्रौद्योगिकी बेचनेवाले धंधेबाज उठाते थे।

डबलिन (आयरलैंड) के रॉक बैंड 'यू-2' के मुख्य गायक के रूप में दुनिया भर में मशहूर पॉल डेविड हेव्सन उर्फ बोनो, जो बाद में स्टीव जॉब्स का नजदीकी दोस्त बन गया था, अकसर बहस किया करता है कि रॉक संगीत सुनने व नशीली दवाओं का सेवन करनेवाले हिप्पी समुदाय के बागियों ने किस तरह समूचे सैन फ्रांसिस्को खाड़ी क्षेत्र के व्यक्तिगत कंप्यूटर उद्योग को आकार देने में महत्त्वपूर्ण भूमिका अदा की थी। जॉब्स की आत्मकथा लेखक वाल्टर आइसेक्सन से बातचीत में बोनो ने बखूबी कहा था—

'जिन लोगों ने इक्कीसवीं सदी का आविष्कार किया था वे गाँजा-धूम्रपान करनेवाले, चप्पल पहननेवाले स्टीव (जॉब्स) जैसे पश्चिमी तट (वेस्ट कोस्ट अमेरिका) के हिप्पी थे, क्योंकि वे अलग तरह से देखते थे। पूर्वी तट (ईस्ट कोस्ट अमेरिका), इंग्लैंड, जर्मनी व जापान की पदानुक्रमिक (सामाजिक) प्रणालियाँ इस अलग सोच को प्रोत्साहित नहीं करती हैं। साठ के दशक ने एक अराजक मानसिकता को पैदा किया था, जो ऐसी दुनिया—जो अभी अस्तित्व में नहीं थी—को चित्रित करने के लिए अच्छा था।'

1970 के दशक के शुरुआती वर्षों में कंप्यूटर प्रौद्योगिकी अमेरिकी सेनाओं व सरकारी नियंत्रण प्रणालियों, विश्वविद्यालयों की शोध प्रयोगशालाओं व बड़ी कंपनियों से गुजरती हुई आम लोगों के उपयोग के दायरे को छूना शुरू कर चुकी थी। मेनफ्रेम कंप्यूटर के बाद मिनी कंप्यूटर लोकप्रिय हो चुका था। इलेक्ट्रॉनिक परिपथ/चिप का आकार छोटा होता जा रहा था, जो मिनी कंप्यूटर के आकार को भी लगातार छोटा करता चला जा रहा था। अब व्यक्तिगत कंप्यूटर के सच होने की संभावना लगातार बढ़ती जा रही थी। ऐसे में विरोध संस्कृति को बढ़ावा देनेवाले शिक्षाविदों ने व्यक्तिगत कंप्यूटर को 21वीं सदी में व्यक्तिगत अभिव्यक्ति व मुक्ति के अचूक हथियार के रूप प्रचारित करना शुरू कर दिया था।

1960 के अंतिम वर्षों में स्टीवर्ट ब्रांड एक ऐसा व्यक्ति था, जिसने विरोध-संस्कृति के समर्थक हिप्पियों के बीच सामान नागरिक हितों के लिए लड़नेवाले जुगाड़बाज समुदाय—हैकर को प्रोत्साहित किया था। 14 दिसंबर, 1938 को रॉकफोर्ड (इलिनोइस) में जनमे स्टीवर्ट ब्रांड ने सन् 1960 में स्टैनफोर्ड विश्वविद्यालय से स्नातक जीव विज्ञान (बी.एस.-बायोलॉजी) किया था। फिर सैन फ्रांसिस्को आर्ट्स इंस्टीट्यूट से चित्रकला व सैन फ्रांसिस्को स्टेट कॉलेज में फोटोग्राफी सीखने के बाद मेलनो पार्क में 'एल.एस.डी.'

(उस वक्त कानूनी तौर पर वैध) पर चल रहे एक वैज्ञानिक अध्ययन में भाग लिया था। फिर उसने एस.आर.आई. इंटरनेशनल (मेलनो पार्क) में काम करते हुए डगलस एन्गेल्बर्ट के साथ संयुक्त कंप्यूटर सम्मेलन (9 दिसंबर, 1968, सैन फ्रांसिस्को) के दौरान 'सभी प्रदर्शनों की माँ' के रूप में पेश किए गए मशहूर कंप्यूटर-प्रदर्शन में हिस्सा लिया था। इस प्रदर्शन के जरिए आधुनिक व्यक्तिगत कंप्यूटर के सभी मौलिक तत्त्वों—मल्टीपल विंडोज, हाइपरटेक्स्ट, ग्राफिक्स, वीडियो कॉन्फ्रेंसिंग, कंप्यूटर माउस, वर्ड प्रोसेसिंग आदि को पहली बार दुनिया के सामने लाया गया था। बाद में इन्हीं आविष्कारों को 'जेरॉक्स पार्क' ने आगे बढ़ाया था, जिसके जरिए स्टीव जॉब्स ने एप्पल मैकिनटोश व बिल गेट्स माइक्रोसॉफ्ट विंडोज कंप्यूटर परिचालन प्रणालियों को विकसित किया था।

इसके बाद स्टीवर्ट ब्रांड ने अपनी पत्नी के साथ 'व्होल अर्थ ट्रक स्टोर' नामक एक घुमंतु ट्रक का निर्माण किया था और सैन फ्रांसिस्को सहित पश्चिमी तट के तमाम हिप्पी समुदायों के बीच आम उपयोग के घरेलू औजार, इलेक्ट्रॉनिक्स व कंप्यूटर प्रौद्योगिकी संबधी उपकरणों व किताबों का प्रचार-प्रसार करना शुरू किया था। जल्द ही उसने 'व्होल अर्थ कैटलॉग' का भी प्रकाशन शुरू कर दिया था, जो प्रौद्योगिक संबंधी वस्तुओं की आधिकारिक खरीदारी व उपयोग निर्देशिका के रूप में मशहूर हो गई थी। स्टीवर्ट ब्रांड के इस प्रौद्योगिकी जागरूकता अभियान ने हिप्पियों के बहुत बड़े समुदाय को प्रभावित किया था, जो कंप्यूटर व अन्य तकनीकों के जुगाड़बाज 'हैकर' समुदाय के रूप में लीक से हटकर किए गए गैर-कानूनी वैज्ञानिक कारनामों के कारण काफी बदनाम भी हुआ था। सन् 1971 में 'व्होल अर्थ कैटलॉग' का अंतिम संस्करण जारी करने के बाद स्टीवर्ट ब्रांड ने घुमंतु ट्रक मेलनो पार्क में खड़ा कर दिया और खुद को कंप्यूटर शिक्षा संबंधी अन्य सामाजिक गतिविधियों से जोड़ लिया था।

स्टीवर्ट ब्रांड प्रोत्साहन से 'पीपुल्स कंप्यूटर कंपनी' (मेलनो पार्क) की स्थापना हुई थी, जिसने अक्तूबर 1972 में 'पीपुल्स कंप्यूटर कंपनी न्यूजलेटर' नामक असामयिक पत्रिका का प्रकाशन शुरू किया था। इसके संस्थापक 'मुक्त भाषण आंदोलन' व हिप्पी संस्कृति से ज़ुड़े पूर्व कंप्यूटर पेशेवर बॉब अल्ब्रेक्ट व जॉर्ज फायरड्रेक थे। राजनीतिक कार्यकर्ता फ्रेड गूर व कंप्यूटर इंजीनियर व प्रोग्रामर गॉर्डन फ्रेंच ने भी इस संस्था के गठन में अहम भूमिका अदा की थी। पत्रिका के पहले अंक में घोषणा की गई थी—'कंप्यूटर लोगों के लिए इस्तेमाल किए जाने की बजाय लोगों के खिलाफ रहा है; लोगों को मुक्त करने की बजाय उन्हें नियंत्रित करने के लिए प्रयोग किया जाता रहा है; वह सब बदलने का समय है; हमें एक पीपुल्स कंप्यूटर कंपनी की जरूरत है।' घोषणा के मुताबिक, इस पत्रिका के जरिए आम लोगों, खास तौर पर बच्चों को कंप्यूटर सीखने, बेसिक कंप्यूटर भाषा के जरिए कार्यक्रम बनाने व कंप्यूटर प्रौद्योगिकी से सबंधित अन्य जानकारियों को

प्रसारित करने की कोशिशें शुरू हुई थीं। इस गंभीर विषय को मनोरंजक व आसान बनाने के लिए प्रकाशित आलेखों में कार्टून व रेखांकनों का भरपूर इस्तेमाल किया जाता था।

बॉब अल्ब्रेक्ट ने पत्रिका के दफ्तर में साप्ताहिक सामूहिक भोज—पॉटलक डिनर—का आयोजन शुरू किया था। इस भोज में प्रौद्योगिकी लेखकों के अलावा कंप्यूटर शौकीनों का समूह इकट्ठा होकर व्यक्तिगत कंप्यूटर के विकास के लिए जरूरी हार्डवेयर के निर्माण के बारे चर्चा किया करता था। लिहाजा यह पत्रिका सिलिकॉन वैली व सैन फ्रांसिस्को क्षेत्र में काफी लोकप्रिय हो गई थी। धीरे-धीरे बॉब अल्ब्रेक्ट का ध्यान व्यक्तिगत कंप्यूटर के विकास के लिए जरूरी प्रौद्योगिकी के विकास संबधी चर्चाओं की बजाय खबरों पर केंद्रित होता चला गया और उसने 1974 के अंत में साप्ताहिक 'पॉटलक डिनर' का आयोजन बंद कर दिया था। अल्ब्रेक्ट के इस एकतरफा फैसले से मूर व फ्रेंच काफी नाराज हो गए थे।

इसी बीच दिसंबर 1974 के अंतिम पखवाड़े में 'पॉपुलर इलेक्ट्रॉनिक्स' ने दुनिया के पहले व्यक्तिगत कंप्यूटर 'अल्टेयर-8800' के जल्द ही बाजार में आने संबंधी आवरण-कथा प्रकाशित की। इस खबर ने माइक्रोसॉफ्ट के संस्थापकों—बिल गेट्स व पॉल एलन तथा विभिन्न अमेरिकी विश्वविद्यालय में कंप्यूटर विज्ञान के छात्रों, शिक्षाविदों व कंप्यूटर प्रौद्योगिकी से जुड़ी कंपनियों के लाखों पेशेवर अभियंताओं के साथ-साथ सिलिकॉन वैली में सक्रिय कंप्यूटर प्रौद्योगिकी के जुगाड़बाजों में भी सनसनी पैदा कर थी। बिल गेट्स व पॉल एलन ने इस कंप्यूटर को विकसित करनेवाली कंपनी माइक्रो इंस्ट्रूमेंटेशन ऐंड टेलीमेटरी सिस्टम/एम.आई.टी.एस. (अल्बुक्वेर्क, न्यू मैक्सिको) के संस्थापक हेनरी एडवर्ड 'एड' रॉबर्ट्स से संपर्क साधा और उन्हें उस कंप्यूटर के लिए कंप्यूटर कार्यक्रम भाषा—बेसिक का दुभाषिया (इंटरप्रेटर) विकसित करने ठेका मिल गया।

दूसरी तरफ 'पीपुल्स कंप्यूटर कंपनी न्यूजलेटर' ने भी अन्य संबधित आलेखों के साथ 'पोपुलर इलेक्ट्रॉनिक्स' की आवरण-कथा को पुनर्प्रकाशित कर दुनिया के पहले व्यक्तिगत कंप्यूटर का स्वागत किया था। लेकिन मूर व फ्रेंच जैसे इस मंच से जुड़े रहे सिलिकॉन वैली के अन्य कंप्यूटर जुगाड़बाज इस व्यक्तिगत कंप्यूटर क्रांति में सक्रिय भूमिका अदा करना चाहते थी। फ्रेड मूर छात्र नेता रहा था और उसकी मेहनत व संगठन कला की बदौलत 'पीपुल्स कंप्यूटर कंपनी' इस मुकाम तक पहुँची थी। लेकिन बॉब अल्ब्रेक्ट ने चालाकी से पत्रिका को अपने नियंत्रण में लिया था और वायदे के मुताबिक मूर को मुख्य संपादक बनाने को लेकर भी आना-कानी करने लगा था। दूसरी तरफ, फ्रेंच का ध्यान पत्रिका की बजाय असल कंप्यूटर बनाने में था। साप्ताहिक पॉटलक डिनर बंद होने के चलते मूर व फ्रेंच अपने उन उत्साही दोस्तों से अलग हो गए थे, जिनका असल सपना जानकारी बाँटने की बजाय कंप्यूटर को सुलभ बनाना था। लिहाजा मूर व

फ्रेंच ने अपने पुराने दोस्तों से विचार कर 'होमब्रिऊ कंप्यूटर क्लब' के गठन का फैसला कर लिया था।

जल्द ही इस क्लब की पहली बैठक का आमंत्रण-पत्र स्टैनफोर्ड विश्वविद्यालय कंप्यूटर केंद्र, कैलिफोर्निया विश्वविद्यालय (बर्कले) के कंप्यूटर विभाग सहित सिलिकॉन वैली की प्रमुख प्रौद्योगिकी कंपनियों के विज्ञप्ति पटलों (बुलेटिन बोर्ड्स) पर चिपका दिया गया। 'होमब्रिऊ कंप्यूटर क्लब' को शौकिया कंप्यूटर उपयोगकर्ताओं का क्लब घोषित करते हुए उस आमंत्रण-पत्र को फ्रेड मूर के हस्ताक्षर से जारी किया गया था। उस ऐतिहासिक पत्र का हू-बहू अनुवाद इस प्रकार है—

'क्या आप अपना कंप्यूटर बना रहे हैं ? टर्मिनल ? टी.वी. टाइपराइटर ? आई/ओ (इनपुट/आउटपुट) यंत्र ? या कुछ अन्य अंकीय काला-जादू डिब्बा (डिजिटल ब्लैक-मैजिक बॉक्स) ?

यदि हाँ, तो आप समान-विचार हितोंवाले लोगों की सभा में आना पसंद कर सकते हैं। जानकारी आदान-प्रदान करें, विचारों की अदला-बदली करें, खरीददारी की चर्चा करें, परियोजना में काम कर मदद करें, अन्य कुछ भी—

हम गॉर्डन फ्रेंच के घर—614, 18 एवेन्यू, मेनलो पार्क (मार्श रोड के नजदीक) बुधवार की रात, 5 मार्च, (1975), 7 बजे एक साथ इकट्ठा हो रहे हैं।

यदि आप ऐसा इस बार नहीं कर सकते हैं, तो हमें अगली बैठक के लिए एक पत्र डाल दें।

यह आमंत्रण-पत्र कंप्यूटर द्वारा तैयार किया गया पत्र था, जिसके अंत में फ्रेड मूर ने हाथ से लिखा था—

'आशा है आप जरूर आओगे। वहाँ 'अल्टेयर' निर्माता भी होगा।'

जी हाँ, इस आमंत्रण-पत्र के अंत में हाथ से लिखी गई 'अल्टेयर' के निर्माता के उपस्थित होने की सूचना ने सिलिकॉन वैली के 'हैकर' समुदाय में खलबली मचा दी थी। कंपनियों के मठाधीश अभियंताओं का अभिजात्य समुदाय इसे भले ही हिप्पी-जुगाड़बाजों का जमघट समझ रहा हो, लेकिन यह कंप्यूटर स्वप्नदर्शियों के लिए यह इलेक्ट्रॉनिक्स-क्रांतिकारियों का सम्मेलन था। बौम ने इस बैठक की सूचना हेवलेट पैकार्ड के बुलेटिन बोर्ड पर पढ़ी थी और इसकी जानकारी वोज्निअक को दी थी। किसी कारण से वोज का जॉब्स से संपर्क नहीं हो सका था और वह बौम को साथ लेकर उस बैठक में पहुँचा था। गॉर्डन फ्रेंच के मेलनो पार्क स्थित गैराज में करीब 30 लोग जमा हुए थे; वहाँ 'अल्टेयर' को प्रदर्शित किया गया था और सभी उसी के बारे में चर्चा कर रहे थे।

वोज को बौम ने इसके बारे में नहीं बताया था कि वहाँ कंप्यूटर का प्रदर्शन होनेवाला था; वह तो अपने क्रांतिकारी टी.वी. टर्मिनल के साथ सबका ध्यान अपनी

ओर खींचने के आकर्षण में पहुँचा था। किसी ने वोज के कारनामे को तवज्जो नहीं दी थी; वोज भी सहमा सा चुपचाप 'अल्टेयर' की चर्चाएँ सुनता रहा था। सभी 'अल्टेयर' में इस्तेमाल किए गए सबसे आधुनिक माइक्रोचिप—'इंटेल-8080' के साथ-साथ और इंटेल कॉरपोरेशन द्वारा विकसित उससे पहले के इंटेल-8008 व 4004 के बारे में चर्चा कर रहे थे। वोज पिछले तीन साल से हेवलेट पैकार्ड में कैलकुलेटर डिजाइन करने व बाद में अपनी निजी परियोजना के तौर पर कंप्यूटर टर्मिनल विकसित करने के काम में डूबा रहा था, लिहाजा माइक्रोचिप के विकास के बारे में उसे कोई जानकारी नहीं थी। वोज के सामने चुपचाप सबकुछ सुनते रहने के अलावा कोई विकल्प नहीं था। उसे अफसोस हो रहा था कि वह इस बैठक में आया ही क्यों था और उसे बौम पर खीझ भी आ रही थी कि आखिर उसने पहले बताया क्यों नहीं। उसे इस बैठक में आना अपना समय खराब करने जैसा लग रहा था। इसी खीझ में उसने अपना परिचय भी दिया था और जब बैठक-प्रपत्र में अपने शौक के बारे में जानकारी भरने की बारी आई थी तो उस खाने में उसने लिख दिया था—'मेरे पास काफी कम खाली समय है।'

खैर, बैठक खत्म होने के पहले किसी सदस्य ने 'इंटेल-8008' 'माइक्रोचिप' की एक कनाडा की कंपनी द्वारा तैयार की गई नकल का आँकड़ा-पत्रक सभी सदस्यों को वितरित किया था। ठगा-ठगा सा वोज जॉब घर वापस लौट आया था। फिर उसने पत्रक को ध्यान से पढ़ा था तो उसका माथा ठनका था। अब उसे अफसोस हो रहा था कि जिस कंप्यूटर के विकास का काम उसने करीब पाँच साल पहले शुरू किया था, वह अब सबसे आधुनिक माइक्रोचिप—'इंटेल-8080' से लैस होकर दुनिया के पहले व्यक्तिगत कंप्यूटर के रूप में उसके सामने मुख्य चर्चा के केंद्र में था। वोज अच्छी तरह से समझ रहा था जब उसने क्रीम सोडा कंप्यूटर विकसित किया था, तब 'इंटेल-8080' के विकसित हो जाने की दूर-दूर तक कोई संभवना नहीं थी, लिहाजा 'अल्टेयर' से उसकी तुलना का कोई तुक भी नहीं बनता था। लेकिन वोज के जेहन में बार-बार यही सवाल उठ रहा था कि 'अल्टेयर' में 'इंटेल-8080' के अलावा ऐसा क्या था, जो उसके 'क्रीम सोडा कंप्यूटर' में नहीं था। शायद कुछ खास नहीं।

वोज के पास की-बोर्ड सहित एक कार्यरत कंप्यूटर टी.वी. टर्मिनल था, उसमें बस 'अल्टेयर' की तरह माइक्रोचिप जोड़कर उसकी क्षमता ही तो बढ़ाना था और फिर एकीकृत डेस्कटॉप कंप्यूटर तैयार। अल्टेयर तो सिर्फ एक सी.पी.यू. भर था और बाकी अन्य उपकरण अलग से खरीदने का विकल्प दिया गया था, जो बाजार में पहले से मौजूद थे। 'अल्टेयर' में एक माइक्रोचिप—'इंटेल-8080' का इस्तेमाल कर सी.पी.यू. बनाया गया था, जो उसने पाँच साल पहले कई चिपों को जोड़कर क्रीम सोडा कंप्यूटर के लिए तैयार किया था। दोनों सी.पी.यू. में बस आँकड़ा प्रसंस्करण क्षमता का फर्क था। याद रहे

कि 'होमब्रिऊ कंप्यूटर क्लब' की पहली बैठक में पेश किए गए 'अल्टेयर' में बिल गेट्स व पॉल एलन द्वारा तैयार किए जा रहे कंप्यूटर कार्यक्रम भाषा 'बेसिक' का दुभाषिया 'अल्टेयर बेसिक' को स्थापित नहीं किया जा सका था। लेकिन वोज के दिमाग में उसके अपने संपूर्ण कंप्यूटर का चित्र घूम गया था; उसे पता था कि वह अपने कंप्यूटर का कार्यक्रम भाषा दुभाषिया भी आसानी से तैयार कर लेगा। बस, फिर क्या था, उसने क्रीम सोडा कंप्यूटर के डिजाइन को परिष्कृत कर तत्काल अपने नए कंप्यूटर का रेखांकन शुरू कर दिया।

'होमब्रिऊ कंप्यूटर क्लब' की पहली बैठक में पेश किए गए 'अल्टेयर' में बिल गेट्स व पॉल एलन द्वारा तैयार किए जा रहे कंप्यूटर कार्यक्रम भाषा 'बेसिक' का दुभाषिया 'अल्टेयर बेसिक' को स्थापित नहीं किया जा सका था। लेकिन वोज के दिमाग में उसके अपने संपूर्ण कंप्यूटर का चित्र घूम गया था; उसे पता था कि वह अपने कंप्यूटर का कार्यक्रम भाषा दुभाषिया भी आसानी से तैयार कर लेगा।

वोज को 'अल्टेयर' खरीदकर उसकी नकल मारने की कोई जरूरत नहीं थी। दुनिया के तथाकथित व्यक्तिगत कंप्यूटर 'अल्टेयर' का सी.पी.यू. किट 439 डॉलर व उसका संयोजित संस्करण 621 डॉलर में। उस वक्त वोज का घर पहुँचनेवाला मासिक वेतन भी 400 डॉलर के आस-पास ही था तो अल्टेयर सी.पी.यू. किट खरीदना खामखाँ एक महँगा सौदा था। वैसे भी सिर्फ किट खरीदने से कोई बात नहीं बननेवाली थी, काम लायक अल्टेयर की कुल कीमत एक हजार डॉलर से ऊपर बैठनेवाली थी। वोज के सामने सवाल सिर्फ लागत का नहीं था, उसके दिमाग में अल्टेयर के मुकाबले कई गुना बेहतर कंप्यूटर का रेखाचित्र तैयार था। सिर्फ माइक्रोचिप के चुनाव की देर थी और कंप्यूटर का काम शुरू।

वोज का व्यक्तिगत कंप्यूटर विकास कार्यक्रम

अगले दिन से ही वोज ने अपने भविष्य के कंप्यूटर के दिमागी रेखाचित्र को कागज पर अंतिम रूप देने की प्रक्रिया शुरू कर दी। उसने पहले अल्टेयर की तरह 'इंटेल-8080' के इस्तेमाल के बारे में सोचा था, जिसे 'इंटेल कॉरपोरेशन' ने अप्रैल 1974 में 360 डॉलर की खुदरा कीमत पर बाजार में उतारा था। 'अल्टेयर' के संस्थापक एड रॉबर्ट्स ने अपनी सौदेबाजी कला से इसे महज 75 डॉलर के थोक भाव पर खरीदा था। यह तब गोपनीय तथ्य था और वोज का सिर्फ एक चिप के लिए 'इंटेल' से कोई सौदेबाजी करना संभव भी नहीं था। लिहाजा उसने दूसरे विकल्पों को आजमाना शुरू किया। उसे पता चला कि दिसंबर 1974 में मोटोरोला-6800 बाजार में आ चुका था, जो उसे हेवलेट पैकार्ड

के एक दोस्त के जरिए 40 डॉलर में मिल सकता था। उसने और तहकीकात की थी तो पता चला कि मोटोरोला के पूर्व अभियंताओं ने नई कंपनी बनाकर अभी हाल में ही मोस टेक्नोलॉजी-6502 को काफी कम कीमतों पर बाजार में पेश किया था, जो वोज को 20 डॉलर पर मिल सकता था।

खैर, वोज ने सबसे सस्ता विकल्प चुना, जो भविष्य में महँगा साबित होनेवाला था, क्योंकि तब तक इंटेल के चिप उद्योग का मानक बननेवाला था और वोज के कंप्यूटर के सामने सुसंगतता (कंपेटिबिलिटी) की समस्या खड़ी होनेवाली थी। जो भी हो, वोज ने तब इसके बारे में कोई चिंता नहीं की थी। वह रोजाना का काम खत्म कर टी.वी. देखते हुए रात का खाना खाकर हेवलेट पैकार्ड में वापस लौट आता था; फिर अपने टेबल पर सारे पुरजे बिखेरकर उसकी जगह निर्धारित करता और फिर उसे मदरबोर्ड पर सोल्डर से जोड़ना शुरू करता था। शुरू में वोज ने वैज्ञानिक कंप्यूटर कार्यक्रम भाषा—फोरट्रान में 'मोस टेक्नोलॉजी-6502' माइक्रोचिप का दुभाषिया तैयार करना शुरू किया था। लेकिन इस बीच क्लब की अप्रैल बैठक में बिल गेट्स व पॉल एलन का 'अल्टेयर बेसिक' का प्रदर्शन हो गया था और उसके साथ ही '101 बेसिक कंप्यूटर गेम्स' नामक किताब भी बाजार में आ चुकी थी। लिहाजा वोज ने भी 'बेसिक' कंप्यूटर कार्यक्रम भाषा को ही अपनाने का फैसला किया था।

करीब तीन महीने की अथक मेहनत से वोज ने सी.पी.यू. के साथ-साथ 'मोस टेक्नोलॉजी-6502' का बेसिक दुभाषिया भी लिख डाला था। यह रविवार, 29 जून, 1975 का दिन था, जब व्यक्तिगत कंप्यूटर के इतिहास ने एक नया मील का पत्थर पार किया था। वोज ने सॉफ्टवेयर को अपने कंप्यूटर पर चलाया था; मशीन ने हूँ…हूँ की आवाज के साथ उसे स्वीकार किया था; फिर की-बोर्ड पर टाइप किया गया कंप्यूटर टी.वी. स्क्रीन पर दिखना शुरू हो गया था। जाहिर है कि वोज की ऐतिहासिक उपलब्धि का पहला दर्शक भी जॉब्स ही था। इस बीच वोज के अभियान के लिए जरूरी घटकों की खोज व कम-से-कम लागत पर उसकी खरीददारी करने का जिम्मा जॉब्स ने उठा लिया था। खासतौर पर जॉब्स ने अपने प्रभावशाली व्यवहारकुशलता का इस्तेमाल कर नमूने के तौर पर इंटेल से मुफ्त में गतिशील रैम (डायनामिक रैंडम एक्सेस मेमोरी) चिप हासिल कर ली थी। वह हर मोड़ पर वोज से सवाल पूछता था और उसे अपनी डिजाइन को बेहतर बनाने के लिए उकसाता था।

अब 'होमब्रिऊ कंप्यूटर क्लब' के सदस्यों की संख्या बढ़कर 100 की हो गई थी और उसकी बैठक फ्रेंच के गैरेज की बजाय पालो आल्टो स्थित स्टैनफोर्ड लीनियर एक्सेलरेटर सेंटर (मेनलो पार्क) के सभागार में होनी शुरू हो गई थी और उसका संचालन ली फेलसेंस्टिन करने लगे थे। 27 अप्रैल, 1945 को फिलाडेल्फिया (पेंसिल्वेनिया)

में जन्मे फेलसेंस्टिन हाई स्कूल के समय से ही कट्टरपंथी वामपंथी आंदोलन—न्यू लेफ्ट—की गतिविधियों से जुड़े रहे थे। उन्होंने कैलिफोर्निया विश्वविद्यालय (बर्कले) के अक्तूबर-दिसंबर 1964 के 'मुक्त भाषण आंदोलन' में सक्रिय भागीदार की थी और गिरफ्तार भी हुए थे। वे प्रमुख भूमिगत अखबार-बर्कले बार्ब—के लिए भी लिखते रहे थे। बीच में कुछ समय बाहर रहने के बाद उन्होंने बर्कले से सन् 1972 में स्नातक-विद्युत् इंजीनियरिंग एवं कंप्यूटर विज्ञान (बी.एस.-ई.ई.सी.एस.) की उपाधि हासिल की थी। उन्होंने 'पीपुल्स कंप्यूटर कंपनी न्यूजलेटर' के लिए नियमित रूप से लिखना शुरू किया था और अन्य हिप्पी गतिविधियों में भी सक्रिय रहे थे।

जॉब्स भी 'होमब्रिऊ कंप्यूटर क्लब' की बैठकों में जाने लगा था। वह कंप्यूटर व टीवी टर्मिनल स्थापित करने में वोज की मदद करता था। वोज चूँकि शर्मीला था, इसीलिए वह सदस्यों के सवालों के जवाब देने में लड़खड़ाने लगता था। ऐसे मौके पर जॉब्स ही वोज की मदद करता था और कुशल विपणन प्रबंधक की तरह वोज की प्रौद्योगिक उपलब्धियों को पेश करता था। क्लब के संस्थापक फ्रेड मूर ने व्यवसाय की बजाय सदस्यों के बीच प्रौद्योगिकी की अदला-बदली व साझेदारी को क्लब का मूल्य उद्देश्य प्रचारित किया था। वोज भी मूर के आदर्शवाद से प्रभावित था और अपने कंप्यूटर को मुफ्त में सबसे साझा करने को तैयार हो गया था। लेकिन जॉब्स ने वोज को अपने आविष्कार को यूँ ही मुफ्त में न बाँटने के लिए सहमत कर लिया था और कंप्यूटर को व्यावसायिक रूप में पेश करने की तैयारी शुरू कर दी थी।

इस बीच जब पहली बार बिल गेट्स व पॉल एलन द्वारा तैयार 'अल्टेयर बेसिक' को प्रदर्शित किया गया तो किसी सदस्य ने उसे गायब कर दिया और जल्द ही उसकी 25 प्रतियाँ क्लब के सदस्यों कि बीच अदला-बदली की जानेवाली थीं। लेकिन जल्द ही बिल गेट्स को पता चल गया और उसने क्लब को ऐसा करने से साफ मना कर दिया। लेकिन क्लब ने उसे अनसुना कर अल्टेयर बेसिक की प्रतियाँ उतारना जारी रखा था। कई महीने बाद आखिरकार 3 फरवरी, 1976 को बिल गेट्स को 'शौकीनों के लिए खुला पत्र' जारी करना पड़ा और परोक्ष रूप से क्लब सदस्यों को कानूनी कारवाई की धमकी भी दी थी। तब जाकर यह सिलसिला थमा था। जब यह बहस का मुद्दा बना था तो वोज को जॉब्स की रणनीति पूरी तरह समझ आई थी।

जॉब्स बखूबी जानता था कि वोज द्वारा तैयार कंप्यूटर के परिपथ-पटल (सर्किट बोर्ड) को पेशेवर बनाना जरूरी था, ताकि उसकी उसकी कम-से-कम 50 प्रतियाँ तैयार की जा सकें। जॉब्स ने इस काम के लिए अटारी के पेशेवर डिजाइनर को चुना था। 300 डॉलर डिजाइनर शुल्क सहित कुल लागत 1300 डालर बैठ रही थी। मतलब 40 डॉलर प्रति बोर्ड के बिक्री मूल्य पर शुद्ध लाभ 700 डॉलर। वोज को जॉब्स के इस गणित पर

भरोसा नहीं थी, उसे नहीं लग रहा था कि इस बिक्री मूल्य पर कोई उसका बोर्ड खरीदेगा। वोज की परेशानी यह थी कि कंप्यूटर विकसित करने के चक्कर में उसका बैंक खाता खाली हो चुका था और किराए के कुछ चेक खारिज हो चुके थे। अब मकान मालिक नकद माँग रहा था। लेकिन जॉब्स को पता था कि वह वोज को कैसे उत्साहित करेगा!

जॉब्स ने इस बात पर बहस नहीं की थी कि वे लोग निश्चित रूप में फायदे में रहेंगे, बल्कि इस कारोबार को एक मजेदार साहसिक खेल के रूप में वोज के सामने पेश किया था। उसने वोज को समझाया था कि नुकसान भले ही हो, लेकिन उन्हें अपने जीवन की पहली कंपनी बनाने का तो मजा आएगा। वोज को असल लाभ की ज्यादा चिंता नहीं थी, लेकिन खुद अपनी कंपनी होने की बात सोचकर ही वह उत्साह से भर गया था। कंपनी में अपने हिस्से की पूँजी के लिए वोज ने 500 डॉलर में अपना एच.पी.-65 कैलकुलेटर बेच दिया था, लेकिन खरीदार 250 डॉलर से ज्यादा का भुगतान न करने पर अड़ गया था। इसी तरह, जॉब्स ने 1500 डॉलर में अपने वोक्सवैगन बस का सौदा किया था, लेकिन दो सप्ताह बाद उसका इंजन बैठ गया था और उसे खरीदार को इंजन की मरम्मत के लिए आधी रकम लौटानी पड़ी थी। इसके अलावा दोनों ने अपनी नकद बचत से भी कुछ धन निकाला था और कंपनी के लिए कुल 1300 डॉलर की कार्यशील पूँजी इकट्ठा हो गई थी। अब क्या था, जॉब्स व वोज अपने जीवन की पहली कंपनी की दिशा में आगे बढ़ गए थे।

□

4

एप्पल कंप्यूटर की स्थापना व शुरुआती सफलताएँ

कंपनी के लिए नाम का चुनाव जरूरी था। इस बीच जॉब्स 'ऑल वन फार्म' की यात्रा से लौटा था और वोज उसे सैन जोस हवाई अड्डे पर लिवाने गया था। लोस अल्टोस लौटते हुए दोनों कंपनी के नाम पर चर्चा करने लगे थे। दोनों के बीच मैट्रिक्स, एक्जीक्युटेक, पर्सनल कंप्यूटर इनकॉरपोरेशन आदि नामों पर बहस हुई थी, लेकिन किसी को भी कोई नाम पसंद नहीं आया था। जॉब्स ने एक दिन बाद कंपनी का दस्तावेज दाखिल करने की समय-सीमा तय कर दी थी। अगले दिन जॉब्स ने वोज के सामने 'एप्पल कंप्यूटर' नाम सुझाया और ऐलान कर दिया कि यदि वे उससे अगली दोपहर तक कोई बेहतर नाम नहीं ढूँढ़ सके तो उसी नाम से कंपनी का दस्तावेज दाखिल कर दिया जाएगा। वोज इस बात से सहमत हो गया था। वे किसी दूसरे नाम पर सहमत नहीं हो सके थे और अंततः कंपनी दस्तावेज में 'एप्पल कंप्यूटर' नाम दाखिल कर दिया गया था। कंपनी नामकरण की घटना के बारे में वाल्टर आइसेक्सन से बातचीत में जॉब्स ने याद किया था—

'मैं अपने एक फलाहारी भोजन क्रम पर था। मैं बस सेब-बगीचे (ऑल वन फार्म) से वापस आया था। यह मजेदार, सजीव व न डरानेवाला लग रहा था। 'एप्पल' के किनारे को 'कंप्यूटर' शब्द ने उतार दिया था। फायदा, यह फोनबुक में हमें 'अटारी' से पहले रखनेवाला था।'

'एप्पल' एक होशियार विकल्प था; यह शब्द तत्काल मित्रता व सादगी का संकेत देता है। यह असामान्य भी था और रसीला भी। इसमें विरोध-संस्कृति की खुशबू भी थी, और प्रकृति का सोंधापन भी। 'एप्पल' व 'कंप्यूटर' दोनों शब्दों के मेल—'एप्पल कंप्यूटर' का असल में कोई मतलब नहीं निकलता है, लिहाजा यह व्यक्ति-विशेष के दिमाग पर

जोर डालता है और यही बेतुका मेल कंपनी की ब्रांड जागरूकता को बढ़ाने में सबसे ज्यादा मददगार साबित हुआ था। आप हठात् सोचते हैं—एप्पल व कंप्यूटर—कोई तुक है? इसीलिए यह नाम खुद को 'खास' साबित करता था, और आप इसे भूल नहीं पाते।

साझीदारी कंपनी 'एप्पल कंप्यूटर' की स्थापना

'एप्पल कंप्यूटर' के नामकरण के दस्तावेज दाखिल किए जा चुके थे, लेकिन वोज पूर्णकालिक मालिक बनने को राजी नहीं था। हेवलेट पैकार्ड में उसकी पक्की नौकरी थी और वह उसे छोड़कर कोई बहुत बड़ा जोखिम उठाने को राजी न था। वह दिन में नौकरी रखना चाहता था और रात में एप्पल कंप्यूटर। बस, इससे ज्यादा कुछ नहीं। जॉब्स अपने व वोज के बीच में और किसी व्यक्ति को शामिल करना चाहता था, जो असहमति की स्थिति में दोनों के बीच मध्यस्थ की भूमिका निभा सके। इस भूमिका के लिए जॉब्स को सबसे सटीक व्यक्ति नजर आया था—रोन वायने, जो मध्यम आयु वर्ग का होने के साथ-साथ 'अटारी' में वीडियो गेम्स का अनुभवी प्रारूपकार अभियंता भी था। वायने को अच्छी तरह मालूम था कि वोज की हेवलेट पैकार्ड की नौकरी छुड़वाना आसान नहीं था और फिलहाल इसकी खास जरूरत भी नहीं थी। सबसे पहली जरूरत वोज को इस बात के लिए राजी करना था कि उसके द्वारा बनाया गए कंप्यूटर की स्वामी साझीदार कंपनी होगी, वह खुद नहीं।

जॉब्स के लिए वोज को इस बात के लिए राजी करना भी बहुत मुश्किल काम नहीं था। वोज भी जानता था कि वह भले ही प्रौद्योगिकी का दिग्गज था, लेकिन जॉब्स के बिना उसके लिए अकेले काम कर पाना मुश्किल था। जॉब्स भले ही उसके जैसा विशेषज्ञ नहीं था, लेकिन उसके सुझाव, दबाव व सौदेबाजी से वोज को पिछली तीनों परियोजनाओं—ब्लू बॉक्स, अटारी गेम डिजाइन व अभी हाल में कंप्यूटर का विकास—में काफी मदद मिली थी। जॉब्स के बिना तो वोज किसी उपकरण के कारोबार के बारे में सोच भी नहीं सकता था। कुल मिलाकर दोस्ती की शुरुआत से ही वोज के लिए जॉब्स एक जरूरी साझीदार बनता चला गया था। यह बात जॉब्स को भी पता थी कि वोज की उस्तादी के बिना उसका काम भी नहीं चलनेवाला था। हाँ, जॉब्स एक मामले में वोज से ऊपर था—वह अपनी समझाने की कुशलता से वोज को अपने पक्ष में कर सकता था। वोज की कमजोरी यही थी कि वह सिर्फ प्रौद्योगिकी के बारे में ही सोचता रहता था या फिर अपनी मस्ती के बारे में। बाकी दुनियादारी से उसका कोई रिश्ता नहीं था, और वह इसे जरूरी भी नहीं मानता था। जब वह अपना कंप्यूटर क्लब सदस्यों को मुफ्त में बाँटने को राजी हो गया था तो फिर उस कंपनी को क्यों नहीं, जिसका वह खुद भी मालिक था।

लेकिन वोज का आदर्शवाद फिर से जाग्रत् हो उठा था। उसका मानना था कि उसने

जो कुछ भी किया था हेवलेट पैकार्ड में काम करते हुए किया था, लिहाजा उसके कंप्यूटर पर पहला हक उसे नौकरी देनेवाली कंपनी का ही था। वोज ने ऐसा ही किया था, उसने मार्च 1976 में कंपनी के वरिष्ठ पदाधिकारियों के सामने अपने कंप्यूटर को प्रदर्शित किया था। सभी ने वोज के काम की सराहना की थी, लेकिन वे उसे महज एक शौकिया कंप्यूटर से ज्यादा कुछ मानने को तैयार नहीं हुए थे। उनका कहना था कि हेवलेट पैकार्ड परिष्कृत उत्पादों की कंपनी थी और वोज का कंप्यूटर फिलहाल उसके गुणवत्ता मानकों पर खरा नहीं उतरता था। वोज को ऐसी उम्मीद नहीं थी। न केवल उसका दिल टूटा था बल्कि वह खुद को अपमानित भी महसूस कर रहा था। इसका दूसरा पहलू यह भी था कि अब वह कंपनी के प्रति अपनी नैतिक जिम्मेदारी से मुक्त हो चुका था और एप्पल कंप्यूटर की साझेदारी में जाने के लिए भी आजाद था।

1 अप्रैल, 1976 को वोज व जॉब्स दोनों रोन वायने के माउंटेन व्यू स्थित अपार्टमेंट में साझेदारी समझौते को अंतिम रूप देने के लिए गए। अटारी में आने से पहले वायने ने स्लॉट मशीन बनानेवाली खुद की कंपनी स्थापित की थी, जो उसे 50 हजार डॉलर के भारी घाटे में बंद करनी पड़ी थी।

1 अप्रैल, 1976 को वोज व जॉब्स दोनों रोन वायने के माउंटेन व्यू स्थित अपार्टमेंट में साझेदारी समझौते को अंतिम रूप देने के लिए गए। अटारी में आने से पहले वायने ने स्लॉट मशीन बनानेवाली खुद की कंपनी स्थापित की थी, जो उसे 50 हजार डॉलर के भारी घाटे में बंद करनी पड़ी थी। जाहिर है कि उसे कंपनी निर्माण संबधी कानूनी पेचीदगियों का अनुभव था और उसने एप्पल कंप्यूटर के लिए तीन पेज का दस्तावेज तैयार किया था। प्रस्तावित कंपनी की हिस्सेदारी व लाभ संरचना—45% 45%10% थी और 100 डॉलर से ऊपर के खर्च के लिए कम-से-कम दो साझेदारों की सहमति अनिवार्य की गई थी। तीनों साझेदारों की जिम्मेदारियाँ भी स्पष्ट की गई थीं—वोज्निअक विद्युत् अभियांत्रिकी से संबंधित सामान्य व खास दोनों जिम्मेदारियाँ निभाएगा; जॉब्स विद्युत् अभियांत्रिकी व विपणन की सामान्य जिम्मेदारियाँ सँभालेगा और वायने यांत्रिक अभियांत्रिकी व दस्तावेजीकरण की प्रमुख भूमिकाएँ अदा करेगा। तीनों ने उस दस्तावेज पर हस्ताक्षर कर दिए थे और उसे सांता क्लारा काउंटी के कंपनी पंजीकरण कार्यालय में दाखिल कर दिया गया।

उसके बाद जॉब्स ने कंपनी की भविष्य की रणनीति बनाई और वित्तीय जरूरतों को रेखांकित कर वोज व वायने के सामने बैंक व अन्य स्रोतों से धन इकट्ठा करने का प्रस्ताव रखा। जॉब्स की महत्त्वाकांक्षी योजना व उसके लिए कर्ज की बात सुनकर वायने के हाथ-पाँव फूलने शुरू हो गए थे। वह पहले से अपने आर्थिक भविष्य को लेकर

काफी संवेदनशील था। उसने वैश्विक आर्थिक मंदी की आशंकाओं से निपटने के लिए अपने गद्दे में सोने के सिक्के छुपा रखे थे। अपनी कंपनी डूबने के बाद वह किसी तरह जीवन को अटारी की नौकरी की बदौलत पटरी पर लाया था और अब वह किसी भी हालत में कोई और आर्थिक संकट मोल लेने को तैयार नहीं था। चूँकि एप्पल कंप्यूटर का गठन एक साझेदारी कंपनी के रूप में हुआ था तो कंपनी असफल होने की स्थिति में उसकी देनदारियाँ भी साझेदारों की निजी संपत्ति से वसूली जानेवाली थीं। वायने को मालूम था कि जॉब्स या फिर वोज की अपनी कोई निजी संपत्ति नहीं थी, लिहाजा सारी देनदारियाँ वायने के ऊपर ही आनेवाली थीं। यह बहुत बड़ा जोखिम था। लिहाजा उसने इस साझेदारी से खुद को अलग करने का फैसला कर लिया और कंपनी गठन के दस्तावेज के दाखिल होने के 11 दिनों बाद अपनी 10 फीसदी हिस्सेदारी वापसी का बयान दाखिल कर दिया। बाद में उसने लिखा था कि हिस्सेदारी वापसी की एवज में उसे पहले 800 डॉलर और फिर 1500 डॉलर की प्राप्ति हो चुकी थी।

अब जरा सोचिए कि रोन वायने ने कितनी बड़ी गलती की थी। यदि उसने हिम्मत दिखाई होती तो 2012 में उसकी 10 फीसदी हिस्सेदारी का मूल्य 54 अरब डालर होता। लेकिन उस वक्त वायने की हालत क्या थी? चौंकिए मत, 2012 में वायने पहरुम्प (न्यू काउंटी, नेवादा) जैसे छोटे एकांत शहर में सामाजिक सुरक्षा अनुदान के सहारे अपना बुढ़ापा काट रहा था। वायने के साझेदारी से हटने के बाद जॉब्स व वोज ने खुद ही आगे बढ़ने का साहस दिखाया और कुछ ही वर्षों में कंपनी ने अप्रत्याशित सफलता हासिल कर ली। उसके बाद जब वायने से उसके डरपोक फैसले के बारे में संचार-माध्यमों ने पूछा तो वायने ने कोई अफसोस नहीं जाहिर किया। वायने का कहना था कि हिस्सेदारी वापसी के समय की स्थितियों के मुताबिक उसने बिल्कुल सही फैसला किया था। इसे ही शायद भाग्य कहते हैं। जिंदगी मौका देती है, लेकिन इनसान भाग्य के बस में उसे पहचान नहीं पाता। वरना वायने जैसे समझदार व अनुभवी इलेक्ट्रॉनिक्स अभियंता को अनुदान पर जीने के लिए मजबूर क्यों करती! एक बार फिर यहाँ यह बात सही साबित होती है—जोखिम नहीं तो फायदा नहीं।

खैर, अब जॉब्स व वोज ने आगे बढ़ने का साहस दिखाया और आर्थिक नुकसान की परवाह नहीं की। उन्हें तो अपनी कंपनी के मालिक होने में मजा आ रहा था और वे अपने सपने को हर हाल में दुनिया के सामने सच करने को बेताब थे। योजना के मुताबिक 50 बोर्ड तैयार हो गए थे; जॉब्स ने होमब्रू कंप्यूटर क्लब के सदस्यों को चौंका देने की कारोबारी रणनीति तैयार कर ली थी और अब बस उसकी पेशगी बाकी थी। दोनों क्लब की अगली बैठक में धमाका करने की सोच रहे थे। वोज ने अपना व्यापारिक कंप्यूटर—जो एक प्रिंटेड सर्किट बोर्ड भर था—को हाथ में उठाया था और उसकी खूबियाँ गिनाई

थीं। वोज ने सदस्यों को बताया था कि उसके कंप्यूटर में आठ के.बी. (किलोबाइट) स्मृति क्षमता का माइक्रोप्रोसेसर इस्तेमाल किया था और उसे संचालित करने के लिए जरूरी बेसिक दुभाषिया सॉफ्टवेयर भी तैयार था। इतना ही नहीं, वोज ने कहा था कि उसके कंप्यूटर को संचालित करने के लिए किसी एल.ई.डी. व स्विचवाले 'फ्रंट पैनल' की जरूरत नहीं थी, बल्कि यह सीधे मानव टंकित की-बोर्ड के जरिए लिपियों को टी. वी. परदे पर प्रदर्शित करने में सक्षम था।

उसके बाद जॉब्स की बारी थी। उसने अपने प्रभावशाली अंदाज में एप्पल कंप्यूटर को पेश करने की कोशिश की थी। उसने साफ किया था कि अल्टेयर के विपरीत एप्पल में सारे घटक एकीकृत थे और सॉफ्टवेयर बिल्कुल मुफ्त। जॉब्स ने अपने हिसाब से सदस्यों के सामने एप्पल को किसी अविश्वसनीय रूप से मूल्यवान आविष्कार के रूप में पेश किया और फिर एक चुनौतीपूर्ण सवाल फेंका था—आप लोग इस तरह की अद्‌भुत मशीन के लिए कितना भुगतान करने के लिए तैयार हो जाएँगे? लेकिन क्लब सदस्यों की तरफ से कोई खास प्रतिक्रिया नहीं आई। सदस्यों का कहना था कि एप्पल के कंप्यूटर में मोस टेक्नोलॉजी के सबसे सस्ते माइक्रोप्रोसेसर का इस्तेमाल किया गया था, जो इंटेल 8080 की गुणवत्ता का मुकाबला नहीं कर सकता था, लिहाजा ज्यादा विश्वसनीय नहीं साबित हो सकता था। मतलब, क्लब की बैठक में मौजूद अधिकांश सदस्यों को वोज व जॉब्स के दावे में कोई खास दम नजर नहीं आया था।

हर ऐतिहासिक घटना के समय ऐसा ही होता है। अधिकांश लोग क्रांतिकारी सोच की संभावनाओं को बिना दिमाग पर जोर डाले ही सिरे से खारिज कर देते हैं, लेकिन उसी भीड़ में कुछ लोग पारखी भी लोग होते हैं, जिन्हें भविष्य की आहट का अंदाजा हो जाता है। ऐसे ही पारखियों की बदौलत हर क्रांति को पनपने का मौका मिलता है और यहाँ भी ऐसा ही हुआ था। वोज भावुक खोजी था, लिहाजा क्लब के सदस्यों की ठंडी प्रतिक्रिया से परेशान हो गया, लेकिन जॉब्स के लिए यह लंबी प्रक्रिया का पड़ाव भर था। अब तक की दार्शनिक उड़ान से वह इतना समझदार तो हो ही गया था कि भीड़ की नकार में छुपी संभावना को परख सके। जाहिर है कि उसने वोज को तसल्ली दी थी और बैठक खत्म होने पर सारा सामान उठाकर घर वापस जाने के लिए पार्किंग लॉन में अपनी कार की ओर रवाना हो गए। तभी उनके पीछे-पीछे एक शख्स लगभग दौड़ता हुआ सा आया था।

वह शख्स था—पॉल टेर्रेल, जिसने सन् 1975 में 'बाइट शॉप' नाम से मेलनो पार्क से गुजरते ऐतिहासिक राज्य मार्ग—कामिनो रियल पर कंप्यूटर दुकान खोली थी। उसकी पहली दुकान सफल रही थी और अब तक वह दो और दुकानें खोल चुका था। इतना ही नहीं, अब टेर्रेल 'बाइट शॉप' को पूरे देश में फैलाने की योजना पर अमल कर

रहा था। यह शख्स समझदार व महत्त्वाकांक्षी कारोबारी था, लिहाजा उसे वोज व जॉब्स के कंप्यूटर में असीमित संभावना नजर आई थीं। वोज व जॉब्स कार में बैठकर रवाना होनेवाले थे कि टेर्रेल उनके पास पहुँच गया था। जॉब्स ने अपने संभावित ग्राहक की नजर को पढ़ लिया था और उसने पार्किंग लॉट में ही खड़े होकर टेर्रेल के लिए एक निजी-प्रदर्शन पेश किया। जॉब्स ने टेर्रेल को इतना प्रभावित तो कर ही दिया था कि उसने दोनों को मुलाकाती-पत्रक (विजिटिंग कार्ड) देते हुए कहा था, 'संपर्क में रहें।' जॉब्स के लिए इतना इशारा ही काफी था वह अपने ग्राहक की जरूरत को पहचान चुका था, लेकिन वोज इस दौरान यूँ ही चुपचाप खड़ा रहा, उसे कुछ भी समझ नहीं आया। वह तो सिर्फ यही सोच रहा था कि आखिर उसके कंप्यूटर में कमी क्या रह गई थी! घर लौटते हुए जॉब्स ने वोज को तसल्ली दी थी, फिर भी वह गुम-सुम ही रहा।

पॉल टेर्रेल को यह कतई उम्मीद नहीं थी कि उसने जिसे उँगली पकड़ाई थी, वह उसका गला दबाने आ धमकेगा। जी हाँ, जॉब्स का शातिर दिमाग बिल्कुल सही काम कर रहा था, वह मामले को ठंडा करने के पक्ष में नहीं था और अगले दिन 'बाइट शॉप' पर टेर्रेल के सामने खड़ा था—'मैं संपर्क रख रहा हूँ।' टेर्रेल को समझ आ गया कि उसके सामने नंगे पाँव केसरिया चोगे में कोई सनकी हिप्पी नहीं, बल्कि एक जिद्दी बाजारिया खड़ा था। बात बन गई थी। टेर्रेल को मोटा मुनाफा कमाने के लिए सस्ते व बढ़िया माल (कंप्यूटर) की जरूरत थी और जॉब्स जैसे महत्त्वाकांक्षी बाजारिए को अपना माल बेचने का पहला मौका! टेर्रेल उसे 50 कंप्यूटर का आदेश देने के लिए सहमत हो गया, लेकिन उसने जॉब्स के सामने एक बड़ी शर्त रख दी थी। टेर्रेल ने कहा था कि उसे 50 डॉलर का महज प्रिंटेड सर्किट बोर्ड नहीं चाहिए, जिसके साथ-साथ ग्राहकों को काम करने लायक कंप्यूटर बनाने के लिए बाकी सभी चिपें खरीदनी पड़ेंगी व उसका संयोजन करना या कराना पड़ेगा। टेर्रेल का तर्क था कि बोर्ड खरीदनेवाले ग्राहकों की संख्या सीमित थी, क्योंकि उसे तो सिर्फ कंप्यूटर शौकीन ही खरीदने को इच्छुक हो सकते थे। लिहाजा टेर्रेल ने एक ऐसे कंप्यूटर की जरूरत पर बल दिया, जो पूरी तरह संयोजित हो और उसके लिए वह प्रति कंप्यूटर 500 डॉलर की रकम देने को तैयार था। साथ ही, उसने माल पहुँचने पर नकद भुगतान का भी वायदा किया था।

टेर्रेल की शर्त पर जॉब्स ने क्या जवाब दिया था? क्या वह घबरा गया था? उसके पास तो फिलहाल प्रिंटेड सर्किट बोर्ड ही थे और टेर्रेल पूर्णतया संयोजित कंप्यूटर का आदेश दे रहा था। 50 संयोजित कंप्यूटर तैयार करना मामूली काम था क्या? इसके लिए ढेर सारे पुरजों की जरूरत पड़नी थी, उन्हें खरीदने के लिए बड़ी पूँजी चाहिए थी और फिर संयोजित करने के लिए तकनीकज्ञों का पूरा दल। कैसे हो पाएगा यह सब? अभी तो कंपनी के पास थोड़ी सी कार्यशील पूँजी थी, जो बोर्ड बनाने में पहले ही खर्च हो चुकी

थी, फिर कैसे पूरा होगा इतना बड़ा आदेश, और वह भी बिना किसी अग्रिम भुगतान के? माल पहुँचने पर यदि भुगतान में देरी हुई तो? पता नहीं कितने सवाल एक साथ दौड़े थे जॉब्स के दिमाग में। लेकिन जॉब्स ने 'हाँ' कहने में एक सेकंड नहीं लगाया था।

'बाइट शॉप' से निकलकर जॉब्स ने तत्काल वोज को फोन मिलाया था और पूछा था, 'क्या तुम उदास बैठे हो?' वोज ने यूँ ही ठीक-ठाक होने का दावा किया था, लेकिन जॉब्स को पता था कि वह काफी दु:खी था। जॉब्स ने वोज को चौंकाने का मन बनाया था और 50 कंप्यूटर के आदेश की खबर फोन पर नहीं दी थी। थोड़ी देर बाद वह वोज के सामने था और फिर यह खबर सुनाई। वोज अवाक् रह गया। उसने दशकों बाद जॉब्स की आत्मकथा लेखक से बातचीत में उस घटना को याद किया था, 'मैं हैरान था, बस पूरी तरह से हैरान। मैं उस पल को कभी नहीं भूलूँगा।'

खैर, जॉब्स व वोज ने बैठकर हिसाब लगाया, आदेश को पूरा करने के लिए कम-से-कम 15 हजार डॉलर मूल्य के पुरजों की जरूरत थी। वोज के दोस्त एलन बौम व उसके पिता उन्हें 5000 डॉलर का उधार देने को सहमत हो गए। जॉब्स ने लॉस अल्टोस के बैंक में भी ऋण लेने की कोशिश की थी, लेकिन प्रबंधक ने उसकी ओर देखा था और बस मना कर दिया था। लेकिन जॉब्स हार मानकर बैठनेवाला नहीं था। जॉब्स ने हल्टेक इलेक्ट्रॉनिक्स, जहाँ उसने कई साल पहले पुराने पुरजे बेचने का अंशकालिक काम भी किया था, का दरवाजा खटखटाया। वह वहाँ वोज के साथ पहुँचा था और पुरजे की आपूर्ति के बदले में एप्पल कंप्यूटर में हिस्सेदारी की पेशकश की थी। लेकिन हल्टेक के मालिक ने 'मैली-कुचैली दिखनेवाले लड़कों की जोड़ी' पर भरोसा नहीं किया था और बिना कुछ कहे बस पुरजे की आपूर्ति से भी मना कर दिया था। जॉब्स का अभियान जारी रहा, और उसने अटारी के मुख्य अभियंता एलन अल्कोर्न से भी निवेदन किया। लेकिन अल्कोर्न ने भी नकद भुगतान के बिना चिप की आपूर्ति से मना कर दिया।

अंत में, जॉब्स ने एक स्थानीय इलेक्ट्रॉनिक्स आपूर्तिकर्ता कंपनी—क्रेमर इलेक्ट्रॉनिक्स के प्रबंधक को पटा लिया। वह पुरजे की आपूर्ति के लिए तैयार हो गया, लेकिन वह भरोसा नहीं कर पा रहा था कि बिल्कुल एक नई कंपनी—एप्पल कंप्यूटर को सचमुच में 'बाइट शॉप' ने 25 हजार डॉलर का बड़ा आदेश दिया था। जॉब्स ने प्रबंधक को तसल्ली के लिए 'बाइट शॉप' के मालिक पॉल टेर्रेल को फोन करने को कहा था। उस वक्त टेर्रेल किसी बैठक में व्यस्त था और फोन पर नहीं आ सका था। जॉब्स के दबाव में प्रबंधक ने टेर्रेल को 'आपातकालीन बुलावा' का संदेश भेजा था। जब टेर्रेल फोन पर आया था तो प्रबंधक ने उससे पूछा था, 'दो गंदे से दिखनेवाले 'बाइट शॉप' के बड़े आदेश की बात कर रहे हैं, क्या यह सही है?' टेर्रेल ने 'क्रेमर इलेक्ट्रॉनिक्स' के प्रबंधक को 'हाँ' में जबाव दिया था। अब शंका की कोई गुंजाइश नहीं थी और 'क्रेमर

इलेक्ट्रॉनिक्स' 30 दिनों की उधारी पर एप्पल कंप्यूटर को जरूरी पुरजों की आपूर्ति के लिए तैयार हो गया।

जॉब्स के गैरेज में 'एप्पल-I' का सफल कारोबार

जॉब्स ने अपने माता-पिता के लॉस अल्टोस निवास के गैरेज को एप्पल कंप्यूटर की फैक्टरी बनाने का फैसला किया और घर को दफ्तर। जिस दत्तक माता-पिता को जॉब्स ने अब तक सिर्फ परेशान ही किया था, वे अपने खास बेटे के सपने को पूरा करने के लिए कुछ भी कर गुजरने को तैयार थे। क्लारा जॉब्स अपने 'खास' बेटे की कंपनी के लिए परिचारिका व स्वागत कर्मचारी की भूमिका में आ गई। पॉल जॉब्स ने अपने शौकिया कार-मरम्मत कारोबार को निलंबित करने का फैसला किया और गैरेज से सारे सामान को स्थानांतरित कर दिया। फिर उन्होंने गैरेज में कंप्यूटर-संयोजन की सभी जरूरी व्यवस्था कर दी थी। जॉब्स ने 'क्रेमर इलेक्ट्रॉनिक्स' की उधारी की अवधि खत्म होने से पहले 'बाइट शॉप' के आदेश को पूरा करने का लक्ष्य निर्धारित किया था।

अब काम को तेजी से पूरा करने के लिए कार्यदल के गठन की जरूरत थी। जॉब्स ने उपलब्ध सदस्यों की सूची बनाई—स्टीव जॉब्स, स्टीव वोज्निअक, डेनियल कोट्टके, एलिजाबेथ होल्म्स (जो कोट्टके से अपना प्रेम संबध तोड़ चुकी थी, और 'ऑल वन फार्म' की गतिविधियों से खुद को अलग कर लिया था) व पैटी जॉब्स (जॉब्स की गर्भवती बहन, जिसकी शादी हो चुकी थी)। पैटी का खाली शयन-कक्ष बन गया था पुरजे रखने का भंडार, घर की बैठक व रसोई बन गई थी एप्पल कंप्यूटर का स्वागत कक्ष और गैरेज बन गई थी कंप्यूटर संयोजित करने की फैक्ट्री। घर का फोन एप्पल कंप्यूटर का आधिकारिक फोन बन गया था, लेकिन जॉब्स ने कंपनी को पेशेवर रूप देने के लिए आंसरिंग मशीन की सेवा ली थी, जिसके जरिए फोन-कॉल को क्लारा जॉब्स के पास स्थानांतरित करने का नाटक किया जाता था। कंपनी के आधिकारिक पते के रूप में जॉब्स ने स्थानीय डाकघर में 'पोस्ट बॉक्स नंबर' आवंटित कराया था।

अब कार्यदल की जिम्मेदारी तय की गई। जॉब्स ने एलिजाबेथ होल्म्स के जिम्मे लिए चिप को सोल्डर करने का बारीक काम सौंपा था, क्योंकि उसने गहनों की डिजाइनिंग का प्रशिक्षण लिया हुआ था। उसने अपने हिसाब के अभी कुछ चिप ही जोड़े थे कि जॉब्स ने उसे रसोई घर के मेज पर बैठकर दस्तावेजीकरण व बही-खाते की जिम्मेदारी सौंप दी। होल्म्स सैन फ्रांसिस्को में रहती थी और वहाँ से अपनी कार में सप्ताह में एक दिन लॉस अल्टोस आती थी। जॉब्स ने उसका चार डॉलर प्रति घंटे का मेहनताना तय किया था। जॉब्स किसी भी सूरत में एक भी चिप खराब करने के पक्ष में नहीं था। लिहाजा कोट्टके के साथ उसने खुद भी चिप-सोल्डरिंग की जिम्मेदारी ले ली थी। जब किसी

बोर्ड का काम पूरा हो जाता था तो उसे अंतिम परीक्षण के लिए वोज को भेज दिया जाता। वोज ने पहले से ही अपने कंप्यूटर के नए संस्करण के बारे में सोचना शुरू कर दिया था, लिहाजा उसने मौजूदा कंप्यूटर को 'एप्पल-I' नाम दिया था।

जल्द ही करीब दर्जन भर एकीकृत बोर्ड तैयार हो गए। वोज के सख्त परीक्षण प्रक्रिया से गुजरने के बाद उन्हें अलग-अलग कार्डबोर्ड बॉक्स में पैक किया गया था। फिर पहली खेप लेकर जॉब्स 'बाइट शॉप' पहुँचा था। पॉल टेर्रेल ने जब वह बोर्ड देखा था तो चौंका था—उसमें विद्युत् आपूर्ति की कोई व्यवस्था नहीं थी; वह बिल्कुल नंगा बोर्ड था जिसे किसी धातुई आवरण से ढका नहीं गया था; उसके साथ न तो कोई मॉनिटर था और न ही कोई की-बोर्ड। टेर्रेल की कुछ ज्यादा ही अपेक्षा थी, लेकिन जॉब्स ने एक बार फिर से यहाँ अपनी 'वास्तविकता विरूपण' कला को आजमाया और टेर्रेल की तरफ एकटक देखता रहा था। आखिरकार टेर्रेल को मानना ही पड़ा, 'एप्पल-I' को उसी हालत में स्वीकार करना पड़ा।

इस तरह एक महीने के भीतर ही एप्पल कंप्यूटर लाभ की स्थिति में आ गई। जॉब्स ने शुरुआती अनुमान के मुकाबले ज्यादा सस्ते में 'क्रेमर इलेक्ट्रॉनिक्स' से पुरजों की आपूर्ति का सौदा किया था। लिहाजा 'बाइट शॉप' का आदेश पूरा करने के बावजूद एप्पल कंप्यूटर के पास करीब 50 एप्पल-I बना सकने योग्य पुरजे पड़े हुए थे। जल्द ही जॉब्स ने बचे पुरजों से बने कंप्यूटर बोर्डों को होमब्रू सदस्यों व मित्रों को बेच दिया और इसके जरिए 25 हजार डॉलर की अतिरिक्त कमाई करने में सफल हो गया। अब जॉब्स की नजर खुदरा कंप्यूटर विक्रेताओं के बड़े बाजार की तरफ गई, जिसके लिए 100 नए एप्पल-I का उत्पादन चालू कर दिया गया था। एक बार फिर से इसकी कीमत को लेकर वोज व जॉब्स में बहस हुई थी—जॉब्स ज्यादा कमाई करना चाहता था, जबकि वोज इसी लागत मूल्य पर। जाहिर है कि जॉब्स की योजना सफल हुई और एप्पल-I का खुदरा मूल्य 666.66 डॉलर तय किया गया था—थोक मूल्य 500 डॉलर से करीब 33 फीसदी ज्यादा।

फिर शौकिया पत्रिका 'इंटरफेस' ने अपने जुलाई 1976 अंक में 'एप्पल-I' के बारे में एक आलेख प्रकाशित किया। जॉब्स व उसके दोस्त अभी भी अपने हाथों से कंप्यूटर बना रहे थे, लेकिन उस आलेख में जॉब्स को निदेशक विपणन (डायरेक्टर मार्केटिंग) व अटारी का पूर्व निजी सलाहकार बताया गया था। इस लेख ने एप्पल कंप्यूटर को सचमुच की एक कंपनी के रूप में पेश किया था। यह एप्पल कंप्यूटर व जॉब्स के बारे में लिखा गया पहला आलेख था। यह जॉब्स के संचार-माध्यम प्रबंधन (मीडिया मैनेजमेंट) का पहला नमूना था, जो उसकी सफलता का सबसे बड़ा हथियार साबित होनेवाला था।

व्यक्तिगत कंप्यूटर की क्रांति रफ्तार पकड़ने लगी थी। अब तक 'अल्टेयर' के अलावा

जॉब्स एक बार फिर से अटारी के शीर्ष प्रबंधन के पास गया। अटारी का तत्कालीन अध्यक्ष जोए कीनन तो कंपनी के मुख्य अभियंता एलन अल्कोर्न व संस्थापक नोलन बुशनेल से भी ज्यादा रूढ़िवादी निकला।

आई.एम.एस. एसोसिएट्स का 'आई.एम.एस.आई.-8080' और प्रोसेसर टेक्नोलॉजी कॉरपोरेशन का 'सोल-20', जिसे होमब्रू कंप्यूटर क्लब के ली फेल्सनस्टीन व गोर्डन फ्रेंच ने डिजाइन किया था, बाजार में आ चुके थे। अब सभी लोग सन् 1976 के श्रम दिवस सप्ताहांत में एटलांटा (न्यू जर्सी) में आयोजित पहले पर्सनल कंप्यूटर फेस्टिवल (अब ट्रेंटन कंप्यूटर फेस्टिवल) की तैयारियों में जुटे हुए थे। वोज व जॉब्स भी 'एप्पल-I' व 'एप्पल-II' के प्रारूप के साथ वहाँ पहुँचे थे। जॉब्स को पूरा भरोसा था कि वोज का बनाया उत्पाद काम करने के लिहाज से सबसे अच्छा था, लेकिन उस महोत्सव में बाहरी रंगरूप के लिहाज से 'सोल-20' सब पर भारी पड़ा था; वह चिकने धातुई आवरण, की-बोर्ड, विद्युत् आपूर्ति व्यवस्था व केबल से लैस था। बिल्कुल वैसा ही, जैसा पॉल टेर्रेल ने जॉब्स से उम्मीद जताई थी। सचमुच 'सोल 20' सयाने व अनुभवी लोगों द्वारा तैयार बिल्कुल व्यावसायिक कंप्यूटर दिख रहा था, जबकि 'एप्पल-I' अपने हिप्पी विकासकर्ताओं की तरह मैला-कुचैला। लेकिन जॉब्स कतई निराश नहीं था, उसने ठान लिया था कि एप्पल-II हर लिहाज से सब पर भारी पड़ेगा। लेकिन कैसे?

एप्पल-II की तैयारी और बड़े निवेशक की तलाश

संपूर्ण एकीकृत कंप्यूटर-एप्पल-II का उत्पादन कोई आसान काम नहीं था, इसके लिए बहुत बड़ी पूँजी की जरूरत थी। जॉब्स व वोज के दिमाग में एक विचार आया था—क्यों न एप्पल-II का उत्पादन अधिकार किसी बड़ी कंपनी को बेच दिया जाए! जॉब्स एक बार फिर से अटारी के शीर्ष प्रबंधन के पास गया। अटारी का तत्कालीन अध्यक्ष जोए कीनन तो कंपनी के मुख्य अभियंता एलन अल्कोर्न व संस्थापक नोलन बुशनेल से भी ज्यादा रूढ़िवादी निकला। बाद में, अल्कोर्न व बुशनेल के साक्षात्कारों से पता चला था कि कीनन ने बेहद संभावनाशील प्रस्ताव को इसलिए खारिज कर दिया था, क्योंकि उसे जॉब्स का शारीरिक रख-रखाव पसंद नहीं आया था।

उसके बाद सितंबर में वैज्ञानिक कैलकुलेटर बनानेवाली कमोडोर इंटरनेशनल के कंप्यूटर विभाग के प्रमुख चक पेडल ने जॉब्स के घर में एप्पल-II का प्रदर्शन देखा था और वह काफी प्रभावित हुआ। कुछ सप्ताह बाद पेडल ने अपने मुख्यालय के आकाओं से जॉब्स व वोज की मुलाकात निश्चित कर दी। उस मुलाकात में जॉब्स ने कमोडोर के अधिकारियों के सामने बेहिचक कह दिया था कि 'हो सकता है कि आप हमें कुछ लाख

डॉलर में खरीदना चाहें।' वोज को जॉब्स की माँग बेहद हास्यास्पद लगी, लेकिन जॉब्स की ही चलनेवाली थी। कुछ दिनों बाद कमोडोर की तरफ से यह संदेश भिजवाया था कि उनके लिए खुद की बनाई गई मशीन ज्यादा सस्ती होगी। वोज को इस बात का दु:ख नहीं था कि उसे धन का नुकसान हुआ था, लेकिन उसके अभियांत्रिक- अहंभाव को तब ज्यादा बड़ा झटका लगा था। (साल भर के भीतर ही अक्तूबर 1977 में 'कोमोडोर पेट/पर्सनल इलेक्ट्रॉनिक ट्रांजेक्टर बाजार में आ गया था।)

सोच का यही अंतर वोज व जॉब्स के बीच संभावित झगड़े का असल कारण साबित होनेवाला था। कोमोडोर सौदे की विफलता को वोज के पिता जैरी वोज्निअक ने ज्यादा बड़ा मुद्दा बना दिया था। जैरी को स्वाभाविक रूप से खुद के रॉकेट अभियंता होने का अहंकार था; वह वोज की प्रौद्योगिक काबलियत के मुकाबले जॉब्स की विपणन क्षमता को कोई महत्त्व नहीं देते थे; और यही कारण था कि वे कंपनी में वोज व जॉब्स की समान हिस्सेदारी को अनुचित मानते थे। इस बीच एक दिन जब जॉब्स वोज से मिलने गया था तो जैरी वोज्निअक ने उससे झगड़ना शुरू कर दिया और उसे कंपनी से बाहर चले जाने तक के लिए कह दिया। जैरी ने अपने बेटे वोज को तत्काल अपनी साझेदारी तोड़ लेने का सुझाव दिया। लेकिन अपने पिता के मुकाबले वोज को बेहतर पता था कि उसकी प्रौद्योगिक सफलता के लिए कंपनी में जॉब्स का रहना कितना महत्त्वपूर्ण था। वोज बखूबी जानता था कि यदि जॉब्स न होता तो उसकी कंप्यूटर परियोजना यहाँ तक भी नहीं पहुँची होती—वोज तो अपनी प्रौद्योगिकी मुफ्त में होमब्रू सदस्यों का बाँट देना चाहता था, जबकि जॉब्स ने उसे ऐसा न करने के लिए मनाया था। लिहाजा वोज ने अपने पिता के सुझाव को सिरे से खारिज कर दिया और जॉब्स के साथ साझीदार बने रहने का फैसला सुना दिया।

यह एक होशियार फैसला था। एप्पल-II की सफलता के लिए वोज की बेहतरीन सर्किट डिजाइन के अलावा भी और बहुत कुछ की जरूरत थी। इसे बाकायदा एक उपभोक्ता उत्पाद में बदला जाना था, जिसे जॉब्स ही बेहतर जानता था। जॉब्स ने अपने पुराने साझीदार रोन वायने को एक बेहतरीन आवरण का डिजाइन करने को कहा, जो बिल्कुल अलग सा दिखे। वायने को लगा था कि उनके पास बड़ी पूँजी की कमी थी और उसने एक सस्ते धातुई आवरण का डिजाइन तैयार किया था। लेकिन जॉब्स कोई भी समझौता करने को तैयार नहीं था। उसे लीक से हटकर दिखनेवाला सरल व सुरुचिपूर्ण आवरण चाहिए था, न कि सस्ता। फिर जॉब्स ने खुद ही अपनी पसंद का नमूना ढूँढ़ना शुरू किया था। अमेरिकी घरेलू उपकरण कंपनी 'कोनेर कॉरपोरेशन' के खाद्य संसाधक (फूड प्रोसेसर) ब्रांड 'कुजीन आर्ट' का मोल्डेड प्लास्टिक से बना डिजाइन जॉब्स के मन को भा गया था।

अब जॉब्स को एक बेहतरीन डिजाइनर की तलाश थी। जल्द ही उसने होमब्रू की

बैठक में आनेवाले एक स्थानीय औद्योगिक डिजाइन विशेषज्ञ जेरी मेनोक को खोज लिया और उसके सामने 'कुजीन आर्ट' की तकनीक पर आधारित एप्पल-II का डिजाइन तैयार करने के लिए 1500 डॉलर की पेशकश कर दी थी। जॉब्स की संदेहास्पद दिखावट के चलते मेनोक ने उससे अग्रिम भुगतान की शर्त रख दी, जिसे जॉब्स ने बेहिचक खारिज कर दिया। जॉब्स के मना करने के बेपरवाह अंदाज से मेनोक ने तत्काल भाँप लिया था कि वह कोई साधारण शख्स नहीं था और उसने जॉब्स के आदेश को स्वीकार कर लिया। एक सप्ताह के भीतर मेनोक ने जॉब्स के सामने 'फोम मोल्डेड प्लास्टिक' से बना एक सरल आवरण-प्रारूप पेश कर दिया था। जॉब्स उस आवरण की सटीकता व दोस्ताना भाव पैदा करनेवाले आवरण को देखकर रोमांचित हो उठा।

अगला बड़ा मसला विद्युत् आपूर्ति की व्यवस्था का था। वोज के लिए यह कोई खास ध्यान देनेवाला उपकरण नहीं था, क्योंकि उसमें किसी उन्नत प्रौद्योगिकी की जरूरत नहीं थी। लेकिन उपयोगकर्ता की सहूलियत के लिहाज से इस उपकरण का चुनाव जॉब्स के लिए एक गंभीर मुद्दा था। खासतौर पर जॉब्स इस विद्युत् आपूर्ति उपकरण में से लगातार शोर पैदा करनेवाले पंखे की जरूरत को खत्म करना चाहता था। चूँकि जॉब्स को यह पंखा 'शोर' पैदा करनेवाला गैर-जरूरी हिस्सा लगता था। अटारी के एलन अल्कोर्न ने जॉब्स को 'रेड होल्ट' का नाम सुझाया। होल्ट पुराने जमाने का विद्युत् अभियंता था, जो हर जटिल काम को करने में सक्षम था। निरंतर धूम्रपान करते रहना उसकी पुरानी आदत थी, वह कट्टर मार्क्सवादी था और अब तक कई शादियाँ तोड़ चुका था। जैसाकि हर किसी को जॉब्स की पहली मुलाकात अजीब लगती रही थी, होल्ट के साथ भी वैसा ही हुआ। उसने जॉब्स को गंभीरता से नहीं लिया और कह दिया कि वह एक महँगा अभियंता था। इनसानी काबलियत को परखने में जॉब्स को तनिक भी देर नहीं लगती थी; उसे होल्ट की असाधारण प्रतिभा का अंदाजा हो चुका था; फिर उसने अपने बेपरवाह अंदाज में तपाक से कह दिया था कि उसके लिए लागत कोई समस्या नहीं थी।

होल्ट भी जॉब्स के सम्मोहन से बच नहीं सका और एप्पल कंप्यूटर में पूर्णकालिक सेवा देने के लिए तैयार हो गया। होल्ट ने पारंपरिक 'रैखिक विनियमित बिजली आपूर्ति (लीनियर रेगुलेटेड पॉवर सप्लाई) की बजाय दोलनदर्शी यंत्र (ओसिलियोस्कोप) में इस्तेमाल होनेवाली 'परिवर्तनशील अवस्था विद्युत् आपूर्ति' (स्विचिंग मोड पॉवर सप्लाई) तकनीक का इस्तेमाल किया। 'रैखिक' आपूर्ति की स्थिति में बिजली के चालू व बंद होने की रफ्तार 60 दोलन प्रति सेकंड होती है, जबकि 'परिवर्तनशील अवस्था' में यह रफ्तार हजारों गुना ज्यादा हो जाती है। इस विधि में उपकरण को बिजली को भंडारित करने की काफी कम जरूरत पड़ती है, लिहाजा उसमें काफी कम गरमी पैदा होती है। एप्पल-II के लॉजिक बोर्ड की ही तरह परिवर्तनशील अवस्था विद्युत् आपूर्ति प्रणाली

भी एक क्रांतिकारी आविष्कार था। बाद में लगभग सभी कंप्यूटर निर्माताओं ने होल्ट की प्रणाली के डिजाइन की नकल की थी और अब हरेक कंप्यूटर में यही इस्तेमाल होता है। लेकिन कंप्यूटर इतिहास में होल्ट के इस योगदान की काफी कम चर्चा होती है।

जॉब्स के पिता ने उसे बचपन में एक बार सिखाया था कि शिल्प-कला में पूर्णता के पालन का असल मतलब न दिखाई देनेवाले हिस्से का भी पूरा खयाल रखना होता है। मतलब, उपकरण सही मायने में तभी पूर्ण माना जा सकता है, जब उसका हर हिस्सा, भले ही वह दिखाई न दे, पूर्ण हो। जॉब्स ने आजीवन हर उपकरण के डिजाइन में इस मूल-मंत्र को जिद्दी भाव से लागू किया था। लिहाजा जॉब्स ने एप्पल-II के सर्किट बोर्ड की बनावट के भी बिल्कुल सटीक होने पर बल दिया था। जॉब्स ने कई शुरुआती बोर्ड को सिर्फ इसलिए खारिज कर दिया था कि उनकी रेखाएँ बिल्कुल सीधी नहीं थीं।

जॉब्स की शिल्प-कला के इसी मूल मंत्र ने उसे अपने हरेक उत्पाद पर संपूर्ण नियंत्रण के लिए उकसाया था। अधिकांश जुगाड़बाज व शौकीन लोग कंप्यूटर को अपने हिसाब से अनुकूलित व संशोधित कर उसमें हर तरह की सुविधा डालने की कोशिश करते हैं। जॉब्स इस मानसिकता को बेखटक उपयोगकर्ता अनुभव के लिहाज से खतरा मानता था। वोज दिल से एक जुगाड़बाज था, लिहाजा वह अपने कंप्यूटर में जुगाड़बाजी कर सकने के विकल्प देना भी जरूरी मानता था। यही कारण था कि वोज एप्पल-II में आठ अनुलग्नक खाँचों (अटैचमेंट स्लॉट) को शामिल करना चाहता था, ताकि उपयोगकर्ता मनचाहे बाहरी उपकरणों को कंप्यूटर से जोड़ सकें और हर उपलब्ध सुविधा का इस्तेमाल कर सकें। लेकिन जॉब्स दो खाँचों को ही जरूरी मानता था—एक मॉडेम व दूसरा प्रिंटर के लिए, बस। जॉब्स ने वोज को समझाया भी था कि कंप्यूटर में हर प्रकार के बाहरी उपकरणों की गुंजाइश छोड़ने का सीधा मतलब उसे 'आवारा' बना दिए जाने के लिए खुला छोड़ने जैसा था। लेकिन यह पहली व अंतिम बार था कि वोज अपनी मनमानी चला पाने में कामयाब हुआ था।

जॉब्स ज्यादा समझदार था, उसके सामने सबसे बड़ी चुनौती थी—पर्याप्त पूँजी का इंतजाम और वह एकदम उसी काम में लगा हुआ था। लिहाजा वोज को अपनी जिद पूरी कर लेने का मौका दे दिया था। जॉब्स जानता था कि वोज को उसकी बात समझ नहीं आ रही थी, लिहाजा ज्याद दबाव डालने पर वोज इतना भी नाराज भी हो सकता था कि वह साझेदारी तोड़ने की दिशा में बढ़ जाता।

एप्पल को बड़े निवेशक की तलाश

पूँजी की जरूरत ने एप्पल कंप्यूटर को बिल्कुल एक नई दिशा में आगे बढ़ने के लिए उकसा दिया था। कंप्यूटर के जिस आवरण को जॉब्स ने पसंद किया था, उसके साँचे

के निर्माण व उत्पादन में करीब एक लाख डॉलर की जरूरत पड़नेवाली थी। बाकी अन्य जरूरतों को पूरा करने के लिए एक लाख डॉलर और। मतलब, एप्पल-II को बाजार की हकीकत बनाने के लिए कम से दो लाख डॉलर की जरूरत थी। जॉब्स कुछ भी करने को तैयार था और उसके पास एक रास्ता था कि वह कंपनी की हिस्सेदारी बेचे। लेकिन नई कंपनी के हिस्सेदार ढूँढ़ना कौन सा आसान काम था। अब जॉब्स ने यह खोज शुरू की थी कि सिलिकॉन वैली की इंटेल जैसी कंपनियों कैसे सफल हुई थीं। कई बार उसे यह भी लगता था कि शायद वह अनुभवी नहीं है, इसीलिए उसे दिक्कत आ रही थी। लेकिन उसके सामने अटारी के नोलन बुशनेल का भी उदहारण था, जिसने बिना किसी खास अनुभव के चार साल पहले सन् 1972 में कंपनी शुरू की थी और अब वह खुद एक करोड़ डॉलर से अधिक का मालिक होने का दावा कर रहा था।

जॉब्स एप्पल-II बड़े स्तर पर बाजार में उतारना चाहता था, लेकिन वह सोच नहीं पा रहा था कि यह सब कैसे संभव हो सकेगा! जॉब्स खास तौर पर इंटेल के विज्ञापनों, बड़ी कारोबारी पत्रिकाओं—बिजनेस वीक, फॉर्च्यून व फोर्ब्स--में उसके बारे में लिखे गए आलेखों से प्रभावित हुआ। जॉब्स को लग रहा था कि एप्पल को बड़ी कंपनी बनाने के लिए उसे किसी विपणन विशेषज्ञ की सलाह की जरूरत थी। यह विचार आते ही उसने इंटेल में फोन कर पूछा कि उसका प्रचार-प्रसार कौन कर रहा था। वहाँ से उसे संपूर्ण विपणन सलाह व विज्ञापन-जनसंपर्क सेवा देनेवाली एजेंसी—रेगिस मैककेना इनकॉरपोरेशन का पता चला। जैसाकि एजेंसी के नाम से ही पता चलता है, रेगिस मैककेना इसके संचालक थे।

इस्पात कारोबार के लिए मशहूर नगर पिट्सबर्ग (पेंसिल्वेनिया) के एक बड़े कामगार परिवार में पले-बढ़े मैककेना ने वहीं के डंक्वेस्ने विश्वविद्यालय में स्नातक-उदारवादी कला (बीए-लिबरल आर्ट्स) की पढ़ाई शुरू की थी। लेकिन पाठ्यक्रम पूरा होने से पहले ही वे सांता क्लारा वैली आ गए और 1962 में मोस (मेटल ऑक्साइड सेमीकंडक्टर स्ट्रक्चर) प्रौद्योगिकी पर आधारित चिप बनानेवाली कंपनी—जनरल माइक्रोइलैक्ट्रोनिक्स के विपणन विभाग में अपना पेशेवर जीवन शुरू किया था। वर्ष 1967 में मैककेना नेशनल सेमीकंडक्टर के विपणन सेवाओं के प्रबंधक बन गए थे। उस वक्त कंपनी का तेजी से विस्तार हो रहा था और मैककेना को अमेरिका व यूरोपीय देशों सहित दुनिया के प्रमुख देशों में जबरदस्त विपणन अभियान चलाने का मौका मिला था। दो साल बाद मैकसेना ने स्वतंत्र विपणन सलाहकार के रूप में सांता क्लारा वैली को सिलिकॉन वैली में बदलनेवाली शुरुआती कंपनियों को विपणन सेवाएँ देनी शुरू की। वर्ष 1970 में कंपनी की विधिवत् स्थापना के बाद मैककेना ने विज्ञापन व संपर्क के क्षेत्र में तेजी से विस्तार किया और बड़े अखबारों व कारोबारी पत्रिकाओं के संपादकों व संवाददाताओं के बीच जबरदस्त पैठ बना ली थी।

ऐसे में जब जॉब्स ने मैककेना से संपर्क किया, तो वह बहुत व्यस्त था, लिहाजा काफी समय तक मुलाकात को टालता रहा। लेकिन जॉब्स कहाँ पीछा छोड़नेवाला था? अंततः मैककेना ने जॉब्स की बात सुनी थी और एप्पल-II को 'दुनिया के पहले व्यक्तिगत कंप्यूटर' के रूप में पेश करने के लिए विपणन रणनीति बनाने को तैयार हो गया। लेकिन मैककेना से बातचीत में जॉब्स को पता चल गया था कि एप्पल-II को सही तरीके से बाजार में उतारने के लिए काफी धन की जरूरत पड़ेगी। जॉब्स के संपर्क में एक धनी व सफल उद्यमी था और वह एकबार फिर से अटारी के संस्थापक नोलन बुशनेल के पास गया। इस बार जॉब्स ने बुशनेल के सामने 50 हजार डॉलर में कंपनी की एक-तिहाई बेचने का प्रस्ताव रखा। करोड़पति बुशनेल के लिए यह बहुत छोटी सी रकम थी और वह बहुत आसानी से निवेश कर सकता था। जॉब्स व वोज दोनों की अनोखी प्रतिभाओं से भी बुशनेल अच्छी तरह वाकिफ था। लेकिन वह अटारी की सफलता के नशे में मस्त था और खुद को किसी नई परियोजना में नहीं झोंकना चाहता था। लेकिन बुशनेल ने इस बार जॉब्स की मदद करने की कोशिश की थी। उसने जॉब्स को उद्यम पूँजी कंपनियों के निवेश के तौर-तरीकों बारे में बताया और सिकोइया कैपिटल के संस्थापक डॉन वेलेंटाइन के सामने एप्पल की व्यापार-योजना पेश करने का सुझाव दिया।

[फोर्डहैम विश्वविद्यालय (न्यूयॉर्क सिटी) से स्नातक (बीए) डोनाल्ड टी. 'डॉन' वेलेंटाइन (जन्म 1932)। वेलेंटाइन ने 1950 के दशक में सिलिकॉन वैली की पहली सेमीकंडक्टर कंपनी—फेयरचाइल्ड सेमीकंडक्टर (सैन जोस) से बिक्री व विपणन कार्यकारी के रूप में अपना पेशेवर जीवन शुरू किया था। फेयरचाइल्ड के पूर्व अभियंताओं ने जब वर्ष 1959 में नेशनल सेमीकंडक्टर (सांता क्लारा) की स्थापना की थी, तो वेलेंटाइन भी संस्थापक सदस्य के रूप में वहाँ आ गए थे और बिक्री व विपणन की जिम्मेदारी सँभाली थी। फिर वर्ष 1972 में 'उद्यमियों के पीछे के उद्यमी' के नारे के साथ उद्यम पूँजी कंपनी सिकोइया कैपिटल (सैंड हिल रोड, मेनलो पार्क) की स्थापना की थी। उन्होंने अटारी कॉरपोरेशन में भी निवेश किया था। बाद में उन्होंने एप्पल, गूगल, यूट्यूब, पेपैल, सिस्को सिस्टम्स, ओरेकल, इलेक्ट्रॉनिक आर्ट्स, याहू, लिंक्डइन व व्हाट्सएप्प जैसी दर्जनों कंपनियों में निवेश किया। अपनी दूरदर्शी सोच व उद्यमशीलता की बदौलत वेलेंटाइन ने 'सिलिकन वैली उद्यम पूँजी का दादा' कहलाने का मान हासिल किया था। 2012 में 'फोर्ब्स' पत्रिका ने अनुमान लगाया था कि सिकोइया कैपिटल द्वारा निवेशित कंपनियाँ नैस्डेक के कुल मूल्य में 19 फीसदी का योगदान कर रही थीं।]

जॉब्स ने वेलेंटाइन से फोन पर संपर्क किया और अपनी कंप्यूटर परियोजना के बारे में बताया। वेलेंटाइन को जॉब्स की योजना अच्छी लगी, लेकिन निवेश का फैसला करने से पहले कंपनी की हकीकत को नजदीकी से समझना उनकी आदत का हिस्सा था।

जॉब्स से मुलाकात के वक्त मार्ककुला की उम्र सिर्फ 33 साल थी। पहले फेयरचाइल्ड सेमीकंडक्टर और बाद में इंटेल कॉरपोरेशन में उसने विपणन प्रबंधक के रूप में जोरदार प्रदर्शन किया था और सिर्फ 32 साल की उम्र में सेवानिवृत्त हो गया था।

जल्द ही एक दिन बेहतरीन नीले सूट में सजे वेलेंटाइन ने अपनी महँगी मर्सडीज जॉब्स के गैराज के सामने रोकी और एप्पल कंप्यूटर के बारे में पूछा। जॉब्स ने वेलेंटाइन को आदरपूर्वक अपने घर की बैठक में बिठाया। क्लारा जॉब्स ने यथासंभव खातिरदारी करने की कोशिश की और जॉब्स व वोज ने अपना कंप्यूटर प्रदर्शित किया। पहली ही नजर में वेलेंटाइन को जॉब्स का हिप्पी हाव-भाव व बदन की बदबू बुरी लगी थी, लेकिन उन्होंने अपने मन के भाव बाहर नहीं आने दिए। वैसे भी वह किसी की शक्ल-सूरत व रख-रखाव के आधार पर उस व्यक्ति विशेष की प्रतिभा व कारोबारी संभावना का आकलन नहीं करते थे। उन्होंने कुछ देर तक जॉब्स व वोज से बातचीत की और उनकी योजना को ठीक प्रकार से समझा। फिर वेलेंटाइन ने सुझाया था कि एप्पल को विपणन व वितरण के किसी अनुभवी पेशेवर साझीदार की सख्त जरूरत थी, जो व्यावहारिक कारोबारी योजना तैयार कर सकने व कंपनी का नेतृत्व कर सकने में सक्षम हो।

जाहिर है कि वेलेंटाइन ने सीधे तौर पर जॉब्स की क्षमताओं पर सवाल खड़े किए थे। बुजुर्गों की सलाह मानना जॉब्स की आदत में शुमार नहीं था; वह अधिकांश सलाहों को आम तौर पर अनसुना कर देता था, लेकिन कुछ मामलों में वह काफी चिंतनशील भी हो जाता था। तब भी ऐसा ही हुआ था, उसने वेलेंटाइन की सलाह को संजीदगी से लिया और उचित व्यक्तियों के नाम सुझाने को कहा। कुछ दिनों बाद वेलेंटाइन ने जॉब्स को तीन नाम सुझाए और जॉब्स ने हरेक से मुलाकात की। जॉब्स को सिर्फ एक पसंद आया और उसका नाम था माइक मार्ककुला, जो अगले दो दशकों तक एप्पल में नाजुक भूमिका अदा करने जा रहा था।

आर्मस क्लिफर्ड 'माइक' मार्ककुला जूनियर का जन्म 11 फरवरी, 1942 को लॉस एंजिल्स (कैलिफोर्निया) में हुआ था। उसके परदादा का जन्म सीएवी (फिनलैंड) में हुआ था जो बाद में अमेरिका में आ बसे थे। उसने दक्षिणी कैलिफोर्निया विश्वविद्यालय (लॉस एंजिल्स) से विद्युत् अभियांत्रिकी में परास्नातक (एम.एस.) किया था। जॉब्स से मुलाकात के वक्त मार्ककुला की उम्र सिर्फ 33 साल थी। पहले फेयरचाइल्ड सेमीकंडक्टर और बाद में इंटेल कॉरपोरेशन में उसने विपणन प्रबंधक के रूप में जोरदार प्रदर्शन किया था और सिर्फ 32 साल की उम्र में सेवानिवृत्त हो गया था। दोनों कंपनियों में मार्ककुला को काफी हिस्सेदारी विकल्प (शेयर आप्शन) मिले थे, जिन्हें भुनाकर उसने करोड़ों

डॉलर की कमाई की थी। वह सतर्क व चतुर आदमी था। हाई स्कूल के दौर में वह एक अच्छा कसरती (जिमनास्ट) भी रहा था। फेयरचाइल्ड व इंटेल के अपने पेशेवर जीवन में उसने मूल्य निर्धारण की रणनीति बनाने व वितरण-संजाल स्थापित करने के अलावा विपणन व वित्तीय नियोजन में भी महत्त्वपूर्ण भूमिका निभाई थी।

मार्ककुला ने व्यक्तिगत जीवन को कुछ हद तक आरक्षित रखा था, लेकिन अचानक धन-प्राप्ति के बाद वह दिखावा भी करने लग पड़ा था। उसने केंद्रीय कैलिफोर्निया घाटी में सिएरा नेवादा पर्वत शृंखला के बीच एक बड़ी ताजे पानी की झील—लेक तहोए—के पास महँगा एकांत निवास बना रखा था। लेकिन वह अपनी पत्नी के साथ वुडसाइड (सैन मातेओ काउंटी)—सैन जोस व सैन फ्रांसिस्को के बीच, सांता क्लारा वैली के ठीक उत्तर में स्थित छोटा पहाड़ शहर—के आलीशान बँगले में रहता था। पहली बार जब वह जॉब्स से मिलने उसके गैरेज दफ्तर में आया तो वह डॉन वेलेंटाइन की तरह गहरे रंग की आम मर्सडीज में नहीं, बल्कि सुनहरे रंग की परिवर्तनीय खेल कार (कन्वर्टिबल स्पोर्ट्स कार)—शेवरलेट कार्वेट में था।

उस वक्त वोज अपनी कारीगर-मेज पर एप्पल-II के विकास के काम में जुटा हुआ था और जॉब भी उसके पास बैठा कुछ और काम कर रहा था। वोज ने माइक मार्ककुला को अपने नए कंप्यूटर की क्रांतिकारी प्रौद्योगिकी के बारे में विस्तार से बताया। मार्ककुला ने महसूस किया था कि एप्पल को तत्काल एक अच्छे दफ्तर की और उसके संस्थापकों को अपने बाल कटवाने व वेशभूषा बदलने की जरूरत थी। खैर, मार्ककुला ने तब ऐसा कुछ भी जाहिर नहीं किया और दोनों से घुलने-मिलने की कोशिश की। वोज व जॉब्स दोनों को मार्ककुला का मिलनसार स्वभाव अच्छा लगा। कुछ देर इधर-उधर की बातचीत के बाद मार्ककुला ने साफ किया कि वह जॉब्स के साथ मिलकर ठोस व्यापार योजना तैयार करने के बाद ही अपने निवेश के बारे फैसला कर सकेगा।

उसके बाद जॉब्स लगभग रोजाना शाम को मार्ककुला के वुडसाइड बंगले (लॉस अल्टोस में करीब 39 किलोमीटर दूर) जाने लगा। दोनों देर रात तक कई बार 4 बजे सुबह तक विभिन्न मुद्दों पर बहस करते रहे थे। मार्ककुला ने खुद ही लगभग पूरी योजना का दस्तावेज तैयार किया था। मार्ककुला ने एप्पल-II को सिर्फ कंप्यूटर शौकीनों को बेचने की बजाय आम उपभोक्ता घरों तक पहुँचाने की वितरण व बिक्री योजना बनाई। मार्ककुला ने कहा था कि एप्पल-II के जरिए आम उपभोक्ताओं के बहुत बड़े समुदाय को कंप्यूटर प्रेमी बनाया जा सकता है और एप्पल कंप्यूटर में व्यक्तिगत कंप्यूटर-क्रांति का नेतृत्व कर सकने की संभावना है। मार्ककुला ने यहाँ तक कह दिया था कि जल्द ही एप्पल कंप्यूटर 'फॉर्च्यून' पत्रिका द्वारा जारी की जानेवाली 'दुनिया की सबसे बड़ी 500 कंपनियों की सूची' में शामिल हो सकती है। जब इस बात पर खास तौर पर वोज हैरान हुआ था तो

मार्ककुला ने कहा था कि यह व्यक्तिगत कंप्यूटर उद्योग की शुरुआत थी और ऐसा मौका एक दशक में एक ही बार आता है, जब प्रौद्योगिकी उद्योग में जबरदस्त उछाल आता है।

मार्ककुला की कमान और एप्पल-II का शुभारंभ

माइक मार्ककुला ने जॉब्स व वोज के सामने एप्पल में एक तिहाई हिस्सेदारी के बदले ढाई लाख डॉलर तक उधार-निवेश का फैसला सुना दिया था। इसके लिए उसने एप्पल कंप्यूटर को एक विधिवत् निगमित इकाई में बदलने का प्रस्ताव किया था जिसमें तीनों—वोज, जॉब्स व वह खुद—26-26-26 फीसदी के बराबर हिस्सेदार होंगे और कंपनी की बाकी हिस्सेदारी को भविष्य के निवेशकों के लिए आरक्षित रखा जाएगा। जॉब्स व वोज ने इस प्रस्ताव को खुशी-खुशी मान लिया और माइक मार्ककुला के घर में संबधित दस्तावेज पर तीनों ने हस्ताक्षर कर दिए। तीन दशकों बाद वाल्टर आइसेक्सन से बातचीत में जॉब्स ने याद किया था, 'मैंने सोचा था, यह संभावना नहीं थी कि माइक कभी फिर से वह ढ़ाई लाख डॉलर देखेगा, और मैं प्रभावित था कि वह इस जोखिम के लिए तैयार था।'

अब वोज को इस बात के लिए राजी करना जरूरी कि वह पूर्णकालिक रूप से कंपनी के निदेशक मंडल में शामिल हो। लेकिन वोज ने सवाल दागा था कि यह क्यों संभव नहीं था कि वह हेवलेट पैकार्ड की जीवन भर के लिए सुरक्षित नौकरी को जारी रखते हुए एप्पल के लिए भी काम करे? लेकिन मार्ककुला ने साफ कर दिया था कि ऐसा नहीं चलेगा—तीनों हिस्सेदारों को पूरी तरह से एक नाव पर सवार होना पड़ेगा और उसने वोज को इस संबंध में अंतिम फैसला करने के लिए कुछ ही दिनों का वक्त दिया था। लेकिन एक नई कंपनी शुरू करने, जहाँ उससे लोगों को चारों तरफ दौड़ने व उन्हें नियंत्रित करने की अपेक्षा की जा रही थी, वोज ने खुद को असुरक्षित महसूस किया था। बहुत पहले ही वोज ने अपने बारे में तय कर लिया था कि वह किसी पर अपना अधिकार नहीं जमाएगा। लिहाजा कुछ दिनों बाद वोज एक दिन माइक मार्ककुला के घर पहुँचा था और अपना फैसला सुना दिया था कि वह हेवलेट पैकार्ड नहीं छोड़ेगा।

मार्ककुला के चहेरे पर वोज के फैसले का कोई असर नहीं हुआ था, उसने तत्काल कह दिया था, 'ठीक है।' लेकिन जॉब्स बुरी तरह से परेशान हो गया। उसने वोज को पटाने के कोशिश की। उसने दोस्तों को भी वोज को राजी करने की कोशिशों में जुटा दिया। वह खुद भी लगातार वोज के सामने रोता-पीटता रहा था और कई बार दोनों के बीच तीखी कहा-सुनी भी हुई थी। लेकिन वोज था कि टस-से-मस नहीं हो रहा था। इसके बाद जॉब्स ने वोज के माता-पिता के पास जाकर रोना शुरू कर दिया था और जैरी वोज्निअक से वोज को समझाने की विनती की थी। जैरी वोज्निअक ने जब जॉब्स की व्याकुलता को समझने की कोशिश की थी तो उसे साफ दिख गया था कि असल

कमाई का मौका सामने था। अब जैरी ने जॉब्स का पक्ष ले लिया था। माता, पिता, भाई, बहन सहित सभी दोस्तों ने भी वोज को दफ्तर में फोन कर-करके परेशान कर दिया था। सभी वोज को यही समझाने की कोशिश कर रहे थे कि उसका फैसला गलत था, लेकिन कोई भी वोज को समझा पाने में सफल नहीं हुआ।

फिर एलन बौम के सारे पुराने दोस्त होमस्टेड हाई स्कूल में इकट्ठा हुए और वोज को भी वहाँ बुलाया। सभी जिद पर अड़ गए थे कि उसे आगे बढ़ना पड़ेगा और नौकरी छोड़कर पूरी तरह से एप्पल का काम करना पड़ेगा। बौम ने समझाया था कि यदि वह एप्पल में पूर्णकालिक तौर पर शामिल होता है तो भी उसे प्रबंधन के काम में उलझने या फिर अभियंता संबंधी काम को छोड़ने की जरूरत नहीं पड़ेगी। यही सुनने के लिए वोज तरस रहा था और उसने तत्काल फैसला कर लिया कि वह संगठन तालिका में सबसे नीचे एक 'अभियंता' के रूप में काम करेगा। वोज ने जॉब्स को फोन मिलाकर अपने ताजे फैसले की जानकारी दे दी। जॉब्स की जान में जान आई, उसने आगे माइक मार्ककुला को बता दिया और एप्पल कंप्यूटर के पुनर्गठन की तैयारियाँ शुरू हो गई थीं।

3 जनवरी, 1977 को एक निगमित व्यावसायिक इकाई के रूप 'एप्पल कंप्यूटर कंपनी' का विधिवत् गठन हुआ। नई कंपनी ने जॉब्स व वोज द्वारा स्थापित नौ महीने पुरानी साझेदारी कंपनी को खरीद लिया। बहुत कम लोगों को इस ऐतिहासिक घटना का पता चला था। उस महीने की बैठक में होमब्रू कंप्यूटर क्लब ने अपने सदस्यों का सर्वेक्षण किया था—कुल 181 सदस्यों ने कंप्यूटर खरीदा था, जिनमें से सिर्फ छह के पास एप्पल-I था। इसके बावजूद जॉब्स का आत्मविश्वास सातवें आसमान पर था कि 'एप्पल-II' सबकुछ बदलकर रख देगा।

एप्पल विपणन दर्शन

वोज व जॉब्स के साथ बराबर के हिस्सेदार रहने के बावजूद एप्पल कंप्यूटर कंपनी की असल कमान माइक मार्ककुला के हाथों में चली गई थी। वोज को प्रबंधन से कोई लेना देना था नहीं, लिहाजा वह एप्पल-II को सजाने-सँवारने में लगा हुआ था। जॉब्स के लिए मार्ककुला दोस्त-दार्शनिक-प्रशिक्षक की भूमिका में आ गए थे। मार्ककुला ने 'एप्पल विपणन दर्शन' शीर्षक से कंपनी का एक पृष्ठ का कारोबारी दर्शन तैयार किया। इसके तीन मुख्य बिंदु तय किए गए थे—

समान अनुभूति (एम्पेथी)

पहला सिद्धांत 'समानुभूति' का मतलब है—ग्राहक की भावना के साथ एक अंतरंग संबंध। मार्ककुला ने लिखा था, 'हम सही मायने में अन्य कंपनी की तुलना में उनकी (ग्राहकों की) जरूरतों को बेहतर समझेंगे।'

केंद्र-बिंदु (फोकस)

दूसरा सिद्धांत 'केंद्र बिंदु' का मतलब है—महत्त्वपूर्ण अवसरों पर कंपनी की सारी ताकत झोंकना। मार्ककुला ने लिखा था, 'एक अच्छा काम करने के क्रम में हमें उन चीजों में से, जिन्हें हमने करने के लिए तय किया है, सभी महत्त्वहीन अवसरों को खत्म करना होगा।'

आरोपण (एंपुटेशन)

तीसरा सिद्धांत सुनने में भले ही अटपटा सा लग सकता है, लेकिन एप्पल की कारोबारी दूरदृष्टि बनाने में उसकी भी समान भूमिका रही है। 'आरोपण' का सतही अर्थ होता है—आरोप लगाना या थोपना, लेकिन यहाँ पर इसका अर्थ है—धारणा का आरोपण, किसी कंपनी या उत्पाद के बारे में। कारोबारी दर्शन में 'आरोपण' का बहुत ही गहरा व महत्त्वपूर्ण अर्थ है। यह उस मनोवैज्ञानिक हकीकत पर बल देता है कि लोग किसी कंपनी या उत्पाद के बारे में वही राय बनाते हैं जैसाकि उससे संकेत मिलता है। तो 'आरोपण' का मतलब ग्राहकों पर कंपनी या उत्पाद के बारे में राय बनाने के लिए संकेत आरोपित करना यानी उसे उसी रूप में पेश करना जैसाकि वह है। मार्ककुला ने लिखा था, 'लोग किताब के बारे में उसके आवरण से फैसला करते हैं। हमारे पास सबसे अच्छा उत्पाद, उच्चतम गुणवत्ता, सबसे अधिक उपयोगी सॉफ्टवेयर आदि हो सकता है; यदि हम उन्हें लापरवाह तरीके से पेश करते हैं, तो वे लापरवाह ही माने जाएँगे; यदि हम रचनात्मक, पेशेवर तरीके से उन्हें पेश करते हैं तो हम वांछित गुणों का 'आरोपण' करेंगे।'

जॉब्स ने माइक मार्ककुला के इन सिद्धांतों को अपने समूचे पेशेवर जीवन में लागू किया था। जॉब्स दुनिया के किसी भी कारोबारी नेता के मुकाबले उपभोक्ताओं की जरूरतों व इच्छाओं को ज्यादा बेहतर समझनेवाला था; मुट्ठी भर मूल उत्पादों पर अपना व कंपनी का ध्यान केंद्रित करनेवाला था; और उपभोक्ताओं पर उत्पादों के वांछित गुणों के 'आरोपण' के लिए जुनूनी विपणन व छवि निर्माण रणनीति को अमल में लानेवाला था। जाहिर है कि दुनिया एप्पल के उत्पादों के साथ स्टीव जॉब्स की शख्सियत की दीवानी होनेवाली थी। हालाँकि जल्द ही कुछ ऐसी विपरीत परिस्थितियाँ पैदा होने जा रही थीं, जब माइक मार्ककुला ने जॉब्स को अपने से दूर कर दिया था, लेकिन जॉब्स ने उसकी शिक्षा को हर पल अपने साथ रखा था।

माइक स्कॉट की नियुक्ति

एप्पल कंप्यूटर अब सचमुच की कंपनी थी; उसके पास पूँजी थी, भविष्य की योजना थी और एक दर्जन से अधिक कर्मचारियों पर अपनी जिम्मेवारियाँ पूरी करने का रोजाना का दबाव भी। व्यवस्थित कामकाज के लिहाज से जॉब्स का गैरेज पहले ही छोटा

पड़ चुका था और पूरे घर में पसर चुका था। लिहाजा मार्ककुला ने एप्पल कंप्यूटर के कामकाज को स्टीवन क्रीक बुलेवार्ड (क्यूपरटिनो) में एक किराए के दफ्तर में स्थानांतरित करने का फैसला किया। यह स्थान जॉब्स के क्रिस्ट ड्राइव (लॉस अल्टोस) निवास से करीब आठ किलोमीटर दूर था।

स्कॉट ने नेशनल सेमीकंडक्टर में काम शुरू किया और एप्पल में आने से पहले उत्पादन निदेशक के रूप में सालाना तीन करोड़ डॉलर मूल्य की चिप-उत्पादन इकाई को सँभाल रहा था। जाहिर है कि स्कॉट के पास प्रौद्योगिकी कंपनियों में काम करने का अच्छा-खासा अनुभव था और वह अभियांत्रिक प्रक्रियाओं व जरूरतों को गहराई से समझता था।

जॉब्स की जिम्मेदारियाँ लगातार बढ़ती जा रही थीं। लेकिन प्रबंधन की संवेदनशील जिम्मेदारी को जॉब्स ने संजीदगी से नहीं लिया था। कर्मचारियों के साथ उसका बरताव लगातार सख्त व फूहड़ होता जा रहा था। थोड़ी सी गलती पर भी वह कर्मचारियों को सार्वजनिक तौर पर जलील करने लग पड़ता था। अटारी के कर्मचारियों की तरह ही यहाँ भी कई लोग जॉब्स के बदन से आनेवाली बदबू से परेशान हो रहे थे। लेकिन जॉब्स अपनी पुरानी जिद पर अड़ा रहा था कि वह फलाहार करता है, इसीलिए रोजाना नहाने या गंधनाशक (डिओडरेंट) लगाने की कोई जरूरत नहीं थी। अपने तनाव को दूर करने के लिए वह शौचालय में पैर डुबोकर बैठ जाता था, जाहिर है कि उसकी ये हरकतें दफ्तर के अन्य साथियों को कतई पसंद नहीं थीं।

माइक मार्ककुला एक सुलझा हुआ पेशेवर था और रोजाना के कामकाज में उलझकर जॉब्स से सीधे टकराव की स्थिति नहीं पैदा करना चाहता था। लिहाजा मार्ककुला ने जॉब्स की गैर-पेशेवर हरकतों पर लगाम कसने व कंपनी के व्यवस्थित संचालन के लिए अध्यक्ष व मुख्य कार्यकारी अधिकारी (प्रेसिडेंट × सी.ई.ओ.) के रूप में एक अनुभवी पेशेवर नियुक्त करने का फैसला किया। इस पद के लिए मार्ककुला ने अपने एक मित्र माइकल 'स्कॉटी' स्कॉट (जन्म—11 फरवरी, 1945) को चुना, जो उस वक्त नेशनल सेमीकंडक्टर में एक उत्पादन इकाई का कामकाज सँभाल रहा था। स्कॉट से मार्ककुला तीन साल बड़ा था लेकिन दोनों का जन्मदिन एक था—11 फरवरी। मार्ककुला ने 11 फरवरी, 1977 को साझा जन्मदिवस भोज का आयोजन किया और स्कॉट को एप्पल में अध्यक्ष व मुख्य कार्यकारी अधिकारी के रूप में शामिल होने का औपचारिक निमंत्रण दिया।

कागजी तौर एप्पल के रोजाना के कामकाज संचालन के लिए स्कॉट उचित उम्मीदवार था। गैनेस्विल्ले (अल्चुआ काउंटी, फ्लोरिडा) में पढ़े स्कॉट ने कैलटेक

(पासाडेना, कैलिफोर्निया) से स्नातक-भौतिक विज्ञान (बी.एस.-फिजिक्स) की पढ़ाई पूरी करने बाद अगले कुछ वर्षों तक वहीं की एक जैव चिकित्सा प्रयोगशाला उपकरण निर्माता कंपनी बैकमैन इंस्ट्रूमेंट्स में अभियंता के रूप काम किया। फिर स्कॉट ने नेशनल सेमीकंडक्टर में काम शुरू किया और एप्पल में आने से पहले उत्पादन निदेशक के रूप में सालाना तीन करोड़ डॉलर मूल्य की चिप-उत्पादन इकाई को सँभाल रहा था। जाहिर है कि स्कॉट के पास प्रौद्योगिकी कंपनियों में काम करने का अच्छा-खासा अनुभव था और वह अभियांत्रिक प्रक्रियाओं व जरूरतों को गहराई से समझता था। लेकिन व्यक्ति के रूप में उसकी कुछ कमजोरियाँ थीं—वह काफी वजनी था व कई स्वास्थ्य समस्याओं से जूझ रहा था, लिहाजा उत्पादन-गतिविधियों के तनाव को संतुलित तरीके से झेल नहीं पाता था। वह फैक्ट्री में अकसर मुट्ठी भींचकर अपने गुस्से पर काबू पाने की कोशिश करता था और अकसर तीखी बहस में भी उलझ जाता था। ऐसे में, कंपनी के लगातार बढ़ते काम व भविष्य की विस्तार संभावनाओं के मद्देनजर एक अनुभवी पेशेवर की नियुक्ति का मार्ककुला का फैसला भले ही उचित था, लेकिन स्कॉट उस जिम्मेदारी के लिए उचित व्यक्ति नहीं था। ऊपर से, मार्ककुला ने स्कॉट को जॉब्स जैसे अति-उत्साही व प्रतिभाशाली संस्थापक को काबू में रखने की भी जिम्मेदारी दे दी थी। जाहिर है कि दोनों के बीच टकराव की स्थिति तो आनी ही थी। कुल मिलाकर मार्ककुला की कोशिशों ने एक निगमित कंपनी के रूप में एप्पल कंप्यूटर के शुरुआती विकासक्रम में ही भविष्य के सत्ता-संघर्ष का बीजारोपण कर दिया था।

इस नियुक्ति से वोज काफी खुश हुआ था। मार्ककुला की तरह वह भी जॉब्स से सीधे तौर पर उलझना नहीं चाहता था। लेकिन अभी जॉब्स एप्पल-II को बाजार में उतारने की तैयारियों में जुटा हुआ था और इस नियुक्ति के बाद के नतीजों के बारे में कुछ भी सोच पाने की स्थिति में नहीं था।

एप्पल-II का सफल शुभारंभ

मार्ककुला का विपणन-दर्शन जॉब्स की पहले की तैयारी से बिल्कुल मेल खाता था। अब न तो धन की कमी थी और न ही अनुभवी मार्गदर्शन की। लिहाजा जॉब्स ने रेगिस मैककेना से मुलाकात कर पूर्व विपणन योजना पर अमल के लिए हरी झंडी दिखा दी थी।

जल्द ही मैककेना व उसके कार्यदल ने एप्पल-II की विवरणिका (ब्रोशर) पर काम शुरू कर दिया। इस दिशा में उसने सबसे पहले एप्पल के व्यापार चिह्न (लोगो) को बदलने का फैसला किया। एप्पल का पहला 'लोगो' रोन वायने ने तैयार किया था जो 'विक्टोरियाई लकड़ी का साँचा शैली' में बनाया गया था और उसमें आदम व हव्वा की सेब-कथा को चित्रित करने की कोशिश की गई थी। मैककेना ने लोगो बनाने का

काम कला निदेशक रॉब जनोफ को सौंपा। जॉब्स ने पहले ही कह रखा था, 'इसे सुंदर न बनाएँ'। लिहाजा जेनोफ ने सेब आकार में दो साधारण नमूने तैयार किए थे—'समूचा' सेब व 'एक टुकड़ा खाया हुआ' सेव। पहले नमूने का सेव बहुत हद तक चेरी जैसा था। जाहिर है कि जॉब्स ने दूसरे नमूने को चुना था। चुने हुए नमूने में भी जॉब्स ने उसे पसंद किया था 'एक टुकड़ा खाया हुआ' सेब को हरी पृथ्वी व नीले-आसमानी रंगों के बीच कुछ रंगों में विभाजित किया गया था। जॉब्स की पसंद के लोगो की छपाई काफी कठिन व महँगी थी, लेकिन उसने उसी को चुना था। अंत में मैककेना ने इतालवी पुनर्जागरण के बहुज्ञ प्रणेता लियोनार्दो दा विंची के सूत्र-वाक्य 'सादगी परम परिष्कार है' (सिम्प्लिसिटी इज द अल्टीमेट सोफिस्टीकेशन) को भी विवरणिका के ऊपर चिपका दिया था। यह सूत्र-वाक्य जॉब्स के डिजाइन-दर्शन को परिभाषित करनेवाला नीतिवचन बन गया था।

इस बीच गणित व कंप्यूटर के प्राध्यापक व होमब्रू कंप्यूटर क्लब के सक्रिय सदस्य जिम वारेन ने पहले 'वेस्ट कोस्ट कंप्यूटर फेयरी' (16-17 अप्रैल, 1977; सैन फ्रांसिस्को) का ऐलान किया था। इस मेले को पहले सबसे बड़े व्यक्तिगत कंप्यूटर महोत्सव के रूप में प्रचारित किया गया था। जॉब्स को यह मेला एप्पल-II को बाजार में उतारने का सबसे बड़ा मौका समझ आया था; मार्ककुला ने जॉब्स की मंशा को तत्काल हरी झंडी दे दी थी और जॉब्स ने मेला हॉल में प्रवेश-द्वार के ठीक सामने के सबसे महँगे मुख्य स्थान को आरक्षित करने के लिए 5000 डॉलर का अग्रिम भुगतान कर दिया था।

मेला शुरू होने में काफी कम समय बचा था, लेकिन जॉब्स एप्पल-II को एक महान् कंपनी की महान् मशीन के रूप में दुनिया के सामने पेश करना चाहता था। जॉब्स की यह योजना मार्ककुला के 'आरोपण' सिद्धांत से मेल खाती थी और वह इस प्रदर्शन के जरिए उपभोक्ताओं पर गहरी छाप छोड़ना चाहता था। अधिकांश कंपनियाँ अपने उत्पादों के प्रदर्शन के लिए साधारण स्टॉल व टेबल का उपयोग कर रही थीं, लेकिन जॉब्स ने विशाल स्टॉल को हर लिहाज से भव्य बनाने की कोशिश की थी। प्रदर्शन फलक को काले वेलवेट से ढँका गया था और 'एप्पल' के लोगो को एक पारदर्शी थर्माप्लास्टिक शीशे पर सजाकर उसे पीछे से रोशन किया गया था। समूचे स्टॉल गें सिर्फ तीन एप्पल-II को प्रदर्शित किया गया था और बाकी जगह को खाली डिब्बों से सजाया गया था, ताकि सभी को यह लगे कि कंपनी के पास तैयार कंप्यूटर का अच्छा-खासा भंडार था। कंप्यूटर आवरण का शुरुआती नमूना बनकर आ गया था, लेकिन उसमें कुछ दोष थे। जॉब्स बुरी तरह बिफर पड़ा था और कंपनी के चंद कर्मचारियों ने कड़ी मेहनत से उसे पालिश कर दोषरहित बनाया था। इतना ही नहीं, मार्ककुला का 'आरोपण' जॉब्स व वोज के पहनावे पर भी लागू हुआ था और उन्हें सैन फ्रांसिस्को के एक दरजी के पास 'थ्री पीस सूट' के लिए भेजा गया था। ये सारी कोशिशें जरूरी थीं और इसके अच्छे नतीजे मिलनेवाले थे।

'वेस्ट कोस्ट कंप्यूटर फेयरी' के पहले दिन यानी 16 अप्रैल, 1977 को एप्पल-II दुनिया के सामने पेश किया गया। एप्पल-II मेले में प्रदर्शित की गई अन्य प्रमुख दो मशीनों—'टीआरएस 80' (ताँदी कॉरपोरेशन द्वारा निर्मित व रेडियो शैक स्टोर्स द्वारा वितरित) व 'कमोडोर पेट' (कमोडोर इंटरनेशनल) की तुलना में हर लिहाज से बेहतर साबित हुई थी। एप्पल कंप्यूटर ने एप्पल-II का मूल्य 1298 डॉलर रखा था और उसे इस दर पर 300 मशीनों का आदेश मिला था। इसी मेले के दौरान जॉब्स की मुलाकात जापानी कपड़ा उद्यमी मिजुशिमा सटोशी से हुई, जो जापान में एप्पल का पहला विक्रेता (डीलर) बना था।

कारोबार विस्तार व जॉब्स का वर्चस्व-संघर्ष

एप्पल-II के शानदार आगाज के बाद कंपनी के कारोबार में जबरदस्त विस्तार की संभावना बढ़ रही थी। मार्ककुला के दर्शन से प्रभावित जॉब्स कंपनी को तेजी से नए मुकाम पर लाने की कोशिशों में जुटा हुआ था। जॉब्स बचपन से ही जुनूनी स्वाभाव का रहा था और हर काम को पूरी मेहनत, लगन व सौ फीसदी शुद्धता से पूरा करने की हर संभव कोशिशें करता था। उसे काम में किसी तरह की लापरवाही या थोड़ी सी भी चूक बरदाश्त नहीं थी। ऐसे में, जब किसी से अनजाने में भी गलती हो जाती थी तो वह उसे स्वाभाविक मानवीय चूक मानने को तैयार नहीं होता था और उस पर बुरी तरह से झल्ला उठता था। अपनी उस झल्लाहट में वह अजीबोगरीब हरकतें करता था, कुछ भी बुरा-भला कह बैठता था और वह भी सार्वजनिक तौर पर। कोई अपमानित हो तो हो, जॉब्स को तो सौ फीसदी विशुद्ध नतीजे चाहिए। लेकिन इसका मतलब यह नहीं है कि वह ऐसा इरादतन करता था या फिर दूसरों को अपमानित करने में उसे खुशी मिलती थी। वह अपने साथियों का भरपूर खयाल रखता था और उत्साहित भी करता था। उसका प्यार भी अपने चरम पर था और दुत्कार भी। लिहाजा जॉब्स का नजदीकी दोस्त भी उसे बरदाश्त नहीं कर पाता था। लेकिन कोई खुश रहे या नाराज, जॉब्स को काम की कीमत पर कुछ भी स्वीकार नहीं था। यह जॉब्स की प्रबंधन शैली थी, जिसे बहुत बाद में उसके निकटतम साथियों ने भी स्वीकार किया था। फिलहाल अपनी इस जुनूनी शैली को प्रमाणित करने के लिए जॉब्स को लंबा संघर्ष करना था।

मार्ककुला ने यहीं पर गलती की थी, यदि उसने खुद से जॉब्स को समझाने-बुझाने की कोशिश की होती तो शायद बात नहीं बिगडती। लेकिन जो होना था, वह तय था। मार्ककुला ने माइक स्कॉट उर्फ स्कॉटी के चाबुक से जॉब्स जैसे बेलगाम घोड़े को काबू में रखने की कोशिश की थी, जिसका असफल हो जाना भी तय ही था। जॉब्स भले ही से उम्र में काफी छोटा था, लेकिन वह कंपनी का संस्थापक था। चाहे जितना भी बड़े पद

पर हो, मार्ककुला की तरह स्कॉटी कंपनी का हिस्सेदार मालिक नहीं, बल्कि वेतनभोगी कर्मचारी भर था। स्कॉटी की नियुक्ति के समय मार्ककुला को बराबर का हिस्सेदार होने के नाते जॉब्स को भी विश्वास लेना चाहिए था। लेकिन मार्ककुला ने अपने प्रति जॉब्स के सम्मान व भरोसे का नाजायज फायदा उठाया था। जॉब्स को अपनी कंपनी संचालन के लिए अनुभवी पेशेवर की दरकार थी, न कि उस पर हुक्म चलानेवाले अधिकारी की।

स्कॉटी ने भी मार्ककुला की प्रशासनिक कूटनीति को नहीं समझा और जॉब्स को अन्य कर्मचारियों की तरह निर्देशित करना शुरू कर दिया। टहलते हुए विचार-विमर्श करना जॉब्स का पसंदीदा तरीका था। जॉब्स के साथ टहलते हुए स्कॉटी ने एक दिन जॉब्स को अपने रख-रखाव पर ध्यान देने व ज्यादा बार नहाने का सुझाव दिया। जैसाकि अपेक्षित था, जॉब्स ने उलटे स्कॉटी को ही सलाह दे दी। जॉब्स ने स्कॉटी को अपनी मिताहार-पुस्तक दी और उसमें सुझाए तरीकों को अमल में लाकर अपना वजन कम करने को कहा। न तो स्कॉटी ने कभी उस पुस्तक में निर्देशित मिताहार-सूची (डाइट चार्ट) को अपनाकर अपना वजन कम करने की कोशिश की और न ही स्कॉटी के सुझाव के मुताबिक जॉब्स ने ज्यादा बार नहाने की जरूरत समझी थी।

थोड़ा समय गुजरते ही स्कॉटी को लग गया था कि जॉब्स यूँ ही माननेवाला नहीं था और उसने जॉब्स जैसे स्वाभिमानी को नीचा दिखाने की चाल चली। यह सिलसिला कर्मचारी पदानुक्रम सूची से शुरू हुआ। स्कॉटी ने वोज को पहले स्थान पर रखा और जॉब्स को दूसरे पर। इसमें कोई आश्चर्य की बात नहीं थी कि जॉब्स ने खुद को पहले स्थान पर रखने की इच्छा जताई थी। लेकिन स्कॉटी ने ठान लिया था कि वह जॉब्स की बात नहीं मानेगा, वरना उसका मान बढ़ जाएगा। मार्ककुला सबकुछ चुपचाप देख रहा था। जॉब्स को कंपनी राजनीति का अनुभव नहीं था और वह इस खेल को समझ नहीं पा रहा था। वोज को इन बातों से कोई लेना-देना ही नहीं था। उलटे वह इस बात से खुश था कि जॉब्स को काबू में रखने की कोशिशें की जा रही थीं और वह स्कॉट के समर्थन में था। जॉब्स को लग रहा था कि यह सब स्कॉटी कर रहा था और वह अपने मार्गदर्शक गुरु की शरण में पहुँचा। जॉब्स के काफी रोने-पीटने के बाद मार्ककुला ने एक नई चाल चली और फिर स्कॉट ने जॉब्स को कर्मचारी बिल्ला संख्या 'शून्य' जारी किया। लेकिन बैंक ऑफ अमेरिका को वेतन सूची क्रम में धनात्मक संख्या चाहिए थी और स्कॉटी ने उसमें जॉब्स का स्थान 'दूसरा' ही रखा था।

हर रचनात्मक कारोबार में स्वप्नदर्शी संस्थापकों व पेशेवर प्रबंधकों के बीच संघर्ष होता है। पेशेवर प्रबंधक उत्साही संस्थापक की मूल भावना को नहीं समझ पाते और उसे पारंपरिक प्रबंधन के अनुशासनात्मक दायरे में बाँधने की कोशिश करते हैं। पेशेवर प्रबंधक इस हकीकत को झुठलाने की कोशिश करते हैं कि स्वप्नदर्शी संस्थापकों की

गैर–पारंपरिक अराजक सोच के कारण ही किसी क्रांतिकारी उत्पाद की रचना होती है। एप्पल कंप्यूटर के मामले में भी यही हुआ था। वोज के सपने का दायरा महज तकनीकी उपलब्धियों तक सीमित था, जो उसकी खुद की खुशी से ज्यादा बाहर नहीं जाती थी। लेकिन जॉब्स की सोच का दायरा विशाल था, वह तकनीकी उपलब्धियों को उपभोक्ता की नजरों से देखता था, और उन्हें गैर–पारंपरिक अंदाज में अधिक–से–अधिक लोगों तक पहुँचना चाहता था। जॉब्स की जिद थी कि जब कोई चीज जैसी बननी चाहिए, वैसी नहीं बन पाती है तो उस उत्पाद का दायरा सीमित हो जाता है। लिहाजा वह अपने हर काम को 'आसमान में सुराख' जैसी जिद के साथ पूरा करने की कोशिश करता था और सभी से ऐसी ही अपेक्षा करता था।

लेकिन मार्ककुला विशुद्ध बाजारिया था, उसने तो एप्पल कंप्यूटर में भारी निवेश किया था और उसकी असल नजर मुनाफे की तरफ थी। लिहाजा मार्ककुला ने स्कॉट के जरिए जॉब्स की रचनात्मक सोच को फायदे–नुकसान के दायरे में बाँधने की कोशिश की थी। मसलन, एप्पल–II के आवरण का मसला लेते हैं। जॉब्स ने धन के अभाव के बावजूद, जब मार्ककुला ने निवेश भी नहीं किया था, गैर–पारंपरिक आवरण के डिजाइन पर 1500 डॉलर खर्च किया था। यह जॉब्स की फिजूलखर्ची नहीं थी, बल्कि अपनी कल्पना को हकीकत बनाने का जूनून था। जब कोई काम जुनून बन जाता है तो फायदे–नुकसान की परवाह ही कहाँ होती है? अब तो जॉब्स के पास पर्याप्त पूँजी थी, तो वह उस आवरण के उत्पादन में कोई समझौता क्यों करता? आवरण उत्पादन का ठेका पेनटोन को दिया गया, जिसके पास दो हजार रंगों के प्लास्टिक नमूने थे, लेकिन जॉब्स ने एक भी पसंद नहीं किया और उसने बिल्कुल नए रंग–छायावाले 'शुद्ध सफेद' की फरमाइश की थी। इतना ही नहीं, जब आवरण के अंतिम डिजाइन में मामूली फेरबदल की बारी आई थी तो उसे चुनने में भी जॉब्स ने काफी वक्त लगा दिया था। जॉब्स की यह देरी स्कॉटी को गैर–जरूरी लगी थी, क्योंकि उसे तो काम को फटाफट निपटाना था। वैसे भी, स्कॉटी को मानक धूसर (स्टैंडर्ड ग्रे) रंग पसंद था, जिसके उत्पादन में गड़बड़ होने की आशंका भी कम थी और उसने उत्पादन आदेश जारी कर दिया था। अब भला स्कॉटी की इस जुर्रत को जॉब्स जैसा जुनूनी क्यों माननेवाला था! लिहाजा जॉब्स ने उत्पादन आदेश को खारिज करने का हुक्म दे दिया। एक बार फिर से मामला मार्ककुला की अदालत में पहुँचा कि उत्पादन व खरीद आदेश जारी करने का अधिकार किसका था—जॉब्स या स्कॉटी का? मार्ककुला ने स्कॉटी का पक्ष लिया था।

अगला मामला उपभोक्ताओं के हितों से जुड़ा हुआ था, और जॉब्स एप्पल–II के साथ एक साल की आश्वस्ति (वारंटी) देने की जिद पर अड़ गया था। इसके विपरीत, स्कॉटी आम व्यापारिक चलन के मुताबिक तीन महीने से ज्यादा की वारंटी को एप्पल

के कारोबारी हितों के खिलाफ मानता था। मार्ककुला के सामने इस मुद्दे पर भी स्कॉटी से तीखी बहस हुई थी। अब जॉब्स बिल्कुल भड़क चुका था। एप्पल-II कितना शानदार कंप्यूटर था, यह जॉब्स से बेहतर मार्ककुला या स्कॉटी नहीं समझ सकते थे। जॉब्स का अपने उत्पाद की गुणवत्ता पर अटूट विश्वास था और वह 'एक साल की वारंटी' के जरिए अपने विश्वास को उपभोक्ताओं पर 'आरोपित' करना चाहता था। जॉब्स बखूबी जानता था कि एक साल वारंटी से एप्पल कंप्यूटर को कोई आर्थिक नुकसान नहीं होनेवाला था, बल्कि उपभोक्ताओं के भरोसे से ज्यादा बड़े कारोबार की संभावना बननी थी। ऐसे में जब स्कॉटी अपनी चलाने पर आमादा था तो जॉब्स का दिल टूट सा गया और निराशा में रोने लगा। मार्ककुला ने लाख समझाने की कोशिश की, लेकिन जॉब्स टस से मस नहीं हुआ; वह मार्ककुला का दिल से आदर करता था, लेकिन इस मामले में वह कुछ भी सुनने को राजी नहीं हुआ। अंततः स्कॉटी को समझौता करना पड़ा और जॉब्स उपभोक्ताओं को एप्पल-II पर एक साल की आश्वस्ति दिला पाने में कामयाब रहा।

वेस्टकोस्ट कंप्यूटर फेयरी से मिले 300 कंप्यूटरों का आदेश पूरा करने यानी 1298 प्रति एप्पल-II के हिसाब से कुल 3,89,400 डॉलर का कारोबार करने के बाद एप्पल कंप्यूटर में खरीद आदेशों की संख्या बढ़ने लगी और सितंबर के अंत तक कंपनी ने कुल 7,74,000 डॉलर का कारोबार किया। इस तरह बाजार में आने के चार महीने बाद ही एप्पल-II ने कंपनी को कुल 42 हजार डॉलर का मुनाफा दे दिया था।

खैर, एप्पल का कारोबार तेजी से बढ़ रहा था और मार्ककुला ने जॉब्स व स्कॉटी के बीच के इस शुरुआती व्यक्तिगत-संघर्ष को किसी तरह सँभाल लिया था। वेस्टकोस्ट कंप्यूटर फेयरी से मिले 300 कंप्यूटरों का आदेश पूरा करने यानी 1298 प्रति एप्पल-II के हिसाब से कुल 3,89,400 डॉलर का कारोबार करने के बाद एप्पल कंप्यूटर में खरीद आदेशों की संख्या बढ़ने लगी और सितंबर के अंत तक कंपनी ने कुल 7,74,000 डॉलर का कारोबार किया। इस तरह बाजार में आने के चार महीने बाद ही एप्पल-II ने कंपनी को कुल 42 हजार डॉलर का मुनाफा दे दिया था।

अब मार्ककुला व स्कॉटी का ध्यान आगे के संभावित कारोबार विस्तार के लिए जरूरी पूँजी की तरफ गया। अब तक सिलिकॉन वैली में उद्यम पूँजी का निवेश करनेवाली कंपनियों की संख्या 237 के करीब पहुँच रही थी, जिनमें से अधिकांश ने सैंडहिल रोड (मेनलो पार्क) में अपना दफ्तर खोल रखा था। मार्ककुला को उद्यम पूँजी कारोबार के बारे में ज्यादा कुछ पता नहीं था, लेकिन फेयरचाइल्ड व इंटेल में उसका सहकर्मी रहा एक मित्र हेंक स्मिथ फिलहाल रॉकफेलर परिवार द्वारा स्थापित उद्यम पूँजी कंपनी

वेनरॉक (पालो आल्टो) में सामान्य साझीदार था। मार्ककुला ने हेंक स्मिथ को एप्पल के दफ्तर में बुलाया और कंपनी के शुरुआती प्रदर्शन का सबूत पेश करते हुए वेनरॉक के निवेश की इच्छा जताई थी। एप्पल की संभावनाओं से स्मिथ काफी उत्साहित हुआ और जल्द ही मार्ककुला व स्कॉटी ने वेनरॉक के पूरे कार्यदल के सामने एप्पल की कारोबारी योजना पेश की। वेनरॉक ने एप्पल में निवेश को फायदेमंद माना और आगे के आकलन की तैयारी शुरू कर दी।

लेकिन मार्ककुला वेनरॉक के अलावा भी कुछ बड़े निवेशकों को जोड़ना चाहता था। लिहाजा उसने इंटेल के तत्कालीन कार्यकारी उपाध्यक्ष एंड्रयू स्टीफन 'एंडी ग्रोव, से संपर्क किया, लेकिन इंटेल में अपनी व्यस्तताओं के मद्देनजर ग्रोव ने मार्ककुला का सम्मान रखते हुए सिर्फ पाँच हजार शेयर खरीदने का फैसला किया। मार्ककुला द्वारा एप्पल-II के प्रदर्शन के वक्त ग्रोव के पास इंटेल के निदेशक व निवेशक आर्थर रॉक भी संयोगवश मौजूद थे। रॉक को एप्पल में निवेश की अच्छी संभावना दिखाई दी थी, लेकिन उसने ग्रोव के सामने मार्ककुला को कुछ भी नहीं बताया था। कुछ समय बाद आर्थर रॉक को अपने उद्यम पूँजी बाजार के सूत्रों से कई अन्य निवेशकों के भी एप्पल में निवेश करने की तैयारियों का पता चला और उसने मार्ककुला को फोन कर अपनी तरफ से निवेश की हामी भर दी थी।

माइकल मोरित्ज (टाइम पत्रिका के संवाददाता, जो बाद में सिकोइया कैपिटल के साझीदार के रूप में मशहूर हुए) की किताब 'लिटिल किंगडम' के मुताबिक, इसी क्रम में एक दिलचस्प घटना घटी थी। एक शाम हेंक स्मिथ के साथ मार्ककुला व जॉब्स मोंटेरी बे एरिया (क्यूपरटिनो से 113 किलोमीटर दूर सैन फ्रांसिस्को व सैन जोस के दक्षिण में एक प्रशांत महासागरीय खाड़ी क्षेत्र) के एक रेस्तराँ में खाना खाते हुए उद्यम पूँजी संबंधी योजनाओं को अंतिम रूप देने के बारे में विचार-विमर्श कर रहे थे। उन्हें पता नहीं चला कि सिकोइया कैपिटल के संस्थापक डॉन वेलेंटाइन, जिन्होंने जॉब्स को गैरेज में मुलाकात के बाद माइक मार्ककुला का नाम सुझाया था, वहाँ पहले से मौजूद थे। अचानक एक बैरा वाइन की बोतल व एक कागज के साथ मार्ककुला-जॉब्स-स्मिथ की मेज पर हाजिर हुआ था। उस कागज पर वेलेंटाइन का संदेश लिखा था कि 'इस तथ्य को नजरअंदाज न करें कि मैं एप्पल में निवेश करने की योजना बना रहा हूँ।'

खैर, जनवरी 1978 में, एप्पल कंप्यूटर में जब उद्यम पूँजी निवेश को अंतिम रूप देने व शेयरों की अदला-बदली की वैधानिक प्रक्रिया पूरी करने की बारी आई तो कंपनी का मूल्यांकन 30 लाख डॉलर हुआ। कंपनी में कुल 5,17,500 डॉलर का निवेश हुआ था, जिसमें वेनरॉक ने 2.88 लाख डॉलर, डॉन वेलेंटाइन ने 1.50 लाख डॉलर व आर्थर रॉक ने 57.60 हजार डॉलर का निवेश किया था। मार्ककुला व स्कॉट

ने सभी निवेशकों से कम-से-कम पाँच साल की वित्तीय प्रतिबद्धता संबंधी दस्तावेज पर हस्ताक्षर कराए।

इन नामचीन निवेशकों के एप्पल कंप्यूटर से जुड़ने की खबर धीरे-धीरे प्रौद्योगिकी उद्योग के अन्य बड़े निवेशकों के बीच फैलने लगी थी। करीब छह महीने बाद जून 1978 में शिकागो में आयोजित हुए पहले ग्रीष्मकालीन 'कंज्यूमर इलेक्ट्रॉनिक्स शो' में एप्पल कंप्यूटर ने हिस्सा लिया था। एप्पल के स्टाल पर शिकागो के कॉनटिनेंटल इलिनोइस नेशनल बैंक ऐंड ट्रस्ट कंपनी (1994 में बैंक ऑफ अमेरिका द्वारा अधिग्रहित) के निवेशकों का एक समूह पहुँचा और एप्पल में पाँच लाख डॉलर के निवेश की इच्छा जताई। मार्ककुला व स्कॉटी ने बाजार का तेज रुख भाँप लिया था और उन्होंने जनवरी 1978 की तुलना में तीन गुना ज्यादा कीमत पर शेयर जारी किया था। जब यह खबर वेनरॉक के साझीदारों को मिली थी तो उन्होंने शेयर भाव में बढ़ोतरी को लेकर अपना गुस्सा जाहिर किया था, लेकिन अंत में अतिरिक्त निवेश के साथ एप्पल में वेनरॉक की हिस्सेदारी बढ़ाकर 7.9 फीसदी कर दी थी। डॉन वेलेंटाइन भी नाराज हुए थे, लेकिन उन्होंने अपना निवेश नहीं बढ़ाया था।

यह खबर बड़े औद्योगिक समूह टेलीडीन टेक्नोलॉजीज (थाऊजेंड ओक्स, वेंचुरा काउंटी, कैलिफोर्निया) के सह-संस्थापक हेनरी अर्ल सिंगलटन, जो आर्थर रॉक के दोस्त थे, को मिली। सिंगलटन देसी किस्म के निवेशक थे। उन्होंने अगले कई महीनों तक खुद ही एप्पल-II का उपयोग करना सीखा था, फिर कंपनी के वित्तीय प्रदर्शन का अध्ययन किया था और अक्तूबर 1978 में 1,00,800 डॉलर मूल्य के शेयर खरीदकर एप्पल के निदेशक मंडल में शामिल हो गए थे।

लेकिन यह सब यूँ ही नहीं हुआ था। एप्पल कंप्यूटर जैसी नई कंपनी के प्रति अमेरिका के दिग्गज प्रौद्योगिकी निवेशकों का ध्यान खींचने में जिस शख्स ने सबसे ज्यादा योगदान किया था, वे थे बेंजामिन 'बेन' एम. 11 मार्च, 1933 को न्यू ऑरलियन्स (लुइसियाना) में एक दंतचिकित्सक के घर जनमे व पले-बढ़े रोजेन ने। कैलटेक (पासाडेना, कैलिफोर्निया) से स्नातक विज्ञान (बी.एस.), स्टैनफोर्ड विश्वविद्यालय से परास्नातक विज्ञान (एम.एस.) व कोलंबिया बिजनेस स्कूल (न्यूयॉर्क) से व्यवसाय प्रबंध निष्णात (एम.बी.ए.) किया था। रोजेन ने सन् 1961 में 'वाल स्ट्रीट' में वित्तीय विश्लेषण का पेशेवर जीवन शुरू किया था और फिलहाल नामचीन वित्तीय सेवा कंपनी मॉर्गन स्टेनली में वरिष्ठ प्रौद्योगिकी विश्लेषक व उपाध्यक्ष थे। इन 17 वर्षों में रोजेन ने अमेरिका की तमाम प्रौद्योगिकी कंपनियों को बहुत ही नजदीकी से देखा-परखा था और इस उद्योग के बड़े-बड़े दिग्गज उनसे व्यक्तिगत दोस्ती बनाने में दिलचस्पी लेते थे। हर नए प्रौद्योगिक उत्पाद पर रोजेन की तीखी नजर होती थी और इसके लिए वे अकसर हरेक प्रौद्योगिक मेलों में जाने की कोशिश करते थे।

पिछले साल सैन फ्रांसिस्को में मिली सफलता के बाद वर्ष 1978 में दूसरे वेस्ट कोस्ट कंप्यूटर फेयरी (3-5 मार्च) का आयोजन सैन जोस में हुआ था। इस मेले में रोजेन की नजर एप्पल-II पर गई थी। चूँकि रोजेन ने फेयरचाइल्ड व इंटेल का नजदीकी से अध्ययन किया था, इसीलिए वे मार्ककुला व स्कॉटी से भी परिचित थे। अप्रैल 1978 में रोजेन ने अपनी कंपनी को एप्पल-II खरीदने को कहा था और खुद उसका इस्तेमाल शुरू कर दिया था। अब रोजेन कंप्यूटर में आनेवाली हर छोटी दिक्कत के लिए सीधे मार्ककुला व जॉब्स से उनके घर के टेलीफोन पर संवाद करने लगे थे और एप्पल की तमाम गतिविधियों में उनकी दिलचस्पी बढ़ने लगी थी। मॉर्गन स्टेनली के न्यूयॉर्क सिटी मुख्यालय स्थित रोजन के दफ्तर में अकसर वॉल स्ट्रीट जर्नल, न्यूयॉर्क टाइम्स, बिजनेस वीक, फॉर्च्यून, फोर्ब्स आदि तमाम प्रौद्योगिकी संवाददाताओं का जमघट लगा रहता था। सभी की नजर रोजेन की मेज पर पड़े एप्पल-II पर जा रही थी, सभी उसके बारे में पूछते थे और रोजेन बड़े गर्व से उसकी खूबियों का बखान करते थे। रोजेन कोई आम कंप्यूटर उपयोगकर्ता तो थे नहीं, लिहाजा उनकी तारीफ के जरिए अनायास ही एक प्रभावशाली संचार-माध्यम समुदाय के बीच एप्पल-II का गुणवत्ता प्रमाण-पत्र बाँटा जा रहा था। इतना ही नहीं, रोजेन ने बड़े प्रौद्योगिकी निवेशकों के लिए आरक्षित गोपनीय संवाद सेवा में भी एप्पल की जमकर तारीफ की थी। लिहाजा प्रौद्योगिकी संवाददाता व निवेशकों के जरिए रोजेन की तारीफ ने कंप्यूटर सॉफ्टवेयर विकासकर्ताओं का ध्यान भी एप्पल-II की ओर खींचा था।

दूसरी तरफ रेगिस मैककेना ने विज्ञापन व अन्य प्रचार सामग्रियों के जरिए आम उपभोक्ता के बीच एप्पल-II का प्रचार जारी रखा था। शुरुआती सफलता के बावजूद मैककेना नई कंपनी पर बड़े विपणन व्यय का बोझ नहीं डालना चाहता था। लिहाजा मैककेना ने वर्ष 1978 के लिए मार्ककुला के सामने सिर्फ तीन लाख डॉलर का एक संकोची विपणन बजट पेश किया था। मार्ककुला ने मैककेना के बजट को सीधे दोगुना यानी छह लाख डॉलर कर दिया था। इस बीच वोज ने एप्पल-II में डिस्क ड्राइव का नया संशोधन भी कर दिया था और मशीन पहले के मुकाबले बेहतर हो गई थी। कंपनी के जोरदार समर्थन से उत्साहित रेगिस मैककेना ने जुलाई 1978 में बड़ा विज्ञापन अभियान शुरू किया। तमाम व्यापारिक पत्रिकाओं को दो पृष्ठों वाला बड़ा विज्ञापन जारी किया गया था, जिसका मुख्य शीर्षक था—एप्पल-II दुनिया का सबसे अधिक बिकनेवाला व्यक्तिगत कंप्यूटर क्यों है? इस विज्ञापन ने संभावित कंप्यूटर विक्रेताओं का ध्यान एप्पल की तरफ खींचा और एप्पल के दफ्तर में व्यापारियों की भीड़ जमा होना शुरू हो गई थी। 'पेंटहाउस', 'एस्क्वायर' जैसी वयस्क पत्रिकाओं सहित बढ़ रही कंपनियों पर केंद्रित मासिक पत्रिका 'इंक' व कंप्यूटर पत्रिका 'बाइट' ने एप्पल-II की सकारात्मक

समीक्षाएँ प्रकाशित की थीं। वैसे भी, एप्पल-II को अपने ग्राहक उपयोगकर्ताओं से जबरदस्त तारीफ मिल रही थी और वह मौखिक प्रचार के जरिए नए जिज्ञासु उपभोक्ताओं को अपनी तरफ आकर्षित कर रहा था।

दूसरी तरफ, एप्पल-II की घोषणा के कुल 15 महीने बाद जुलाई 1978 में एप्पल कंप्यूटर के उत्पादन विभाग में कुल 28 लोग काम कर थे। अन्य विभागों के मुकाबले उत्पादन इकाई की हालत खस्ता थी। सारा काम हाथ से किया जा रहा था। फिर भी रोजाना करीब 30 कंप्यूटर व हर सप्ताह करीब 15 डिस्क ड्राइव का उत्पादन हो रहा था। नतीजा सामने था—सितंबर 1978 तक एप्पल कंप्यूटर की कुल बिक्री करीब 79 लाख डॉलर के स्तर पर पहुँच गई थी और कंपनी ने 7.93 लाख डॉलर का मुनाफा कमाया था।

एप्पल II की बिक्री बढ़ने के साथ-साथ बाहरी विकासकर्ताओं ने विभिन्न प्रकार के अनुप्रयोग सॉफ्टवेयर विकसित किए थे और एप्पल कंप्यूटर ने उसका समर्थन किया था। मसलन, कैप्टेन क्रंच (जॉन ड्रेपर) ने 'इजी राइटर' नामक शब्द संसाधक (वर्ड प्रोसेसर) विकसित किया था, जिसके आधार पर एप्पल ने 'एप्पल राइटर' तैयार किया था। लेकिन सबसे उपयोगी अनुप्रयोग पहला स्प्रेडशीट कार्यक्रम—विसिकाल्क—साबित हुआ था, जिसे हार्वर्ड में पढ़ रहे छात्र डेनियल फीलस्ट्रा ने विकसित किया था, जिसे नेशनल कंप्यूटर कॉन्फ्रेंस (4 से 7 जून, 1979, न्यूयॉर्क सिटी) में बाजार में उतारा गया था। उस कॉन्फ्रेंस में एप्पल कंप्यूटर ने भव्य स्टाल लगाया था, लेकिन माइक मार्ककुला व जॉब्स का ध्यान संभावित निवेशकों को आकर्षित करने में लगा रहा था। बिन रोजेन ने 'विसिकाल्क' को अपने कंप्यूटर पर चलाया था और जुलाई के अपने संवाद-पत्र में 'किलर एप्प' कहकर इसकी तारीफ की थी। एप्पल ने भी उसे अधिकारिक तौर पर समर्थन दिया था और अक्तूबर 1989 से इसे एप्पल-II पर विशेष तौर पर स्थापित कर बेचा जाने लगा था।

इस बीच, 30 सितंबर, 1979 को खत्म हुए वित्त वर्ष में एप्पल कंप्यूटर ने पिछले साल के मुकाबले 509 फीसदी बढ़त के साथ कुल करीब 4.79 करोड़ डॉलर का बिक्री राजस्व हासिल किया और कंपनी को कुल 50.73 लाख डॉलर का मुनाफा हुआ। 'विसिकाल्क' की लोकप्रियता एप्पल-II की बिक्री को एक नए मुकाम पर ले गई थी। 30 सितंबर, 1980 को खत्म हुए वित्त वर्ष में कंपनी ने 145 फीसदी बढ़त के साथ 11.72 करोड़ डॉलर का बिक्री राजस्व हासिल किया था और मुनाफा 1.17 करोड़ डॉलर के स्तर पर पहुँच गया था।

खैर, आगे 16 वर्षों तक एप्पल-II को विभिन्न मॉडल में उतरा जाता रहा और उनकी कुल 6 करोड़ इकाइयाँ बिकी थीं। सही मायने में, एप्पल-II ने ही व्यक्तिगत कंप्यूटर क्रांति का नेतृत्व किया था। जाहिर है कि एप्पल-II का जबरदस्त सर्किट बोर्ड

व संबधित सॉफ्टवेयर के विकास का सारा श्रेय स्टीव वोज्निअक को जाता है। यह उस युग में किसी एक व्यक्ति द्वारा किए गए सबसे बड़े आविष्कारों में शुमार किया जाता है, लेकिन इस क्रम में स्टीव जॉब्स के योगदान को अकसर नजरअंदाज कर दिया जाता है। जबकि हकीकत यह है कि यदि जॉब्स ने वोज्निअक के आविष्कार को आकर्षक पैकेज—विद्युत् आपूर्ति से लेकर आवरण तक—में पेश न किया होता तो एप्पल-II किसी शौकिया दुकान पर पड़ा होता। फिर भी, एप्पल-II को अधिकांश लोगों ने वोज्निअक की ही रचना माना था। इस हकीकत ने जॉब्स को काफी परेशान किया था और वह आगे एक ऐसे महान् कंप्यूटर की रचना को दुनिया के सामने लाने के लिए व्याकुल हो उठा था, जिसे वह अपना बता सके।

□

5

एप्पल लिसा, ऐतिहासिक आईपीओ व मैकिनटोश

एक तरफ एप्पल का तेजी से विस्तार हो रहा था, जॉब्स की निजी जिंदगी संवेदनशील दौर से गुजर रही थी। एक बार फिर से च्रिसन्न ब्रेन्नन उसकी जिंदगी में आ गई थी। सन् 1972 की गरमी में लॉस अल्टोस की पहाड़ियों में एक केबिन में साथ रहने के बाद जब जॉब्स रीड कॉलेज चला गया था तो उनका संबध लगभग टूट चुका था। लेकिन अक्तूबर 1974 में भारत-यात्रा से लौटने के बाद जॉब्स व ब्रेन्नन के बीच नजदीक बढ़ी थी और दोनों एक साथ 'ऑल वन फार्म' में रहे थे। लेकिन लॉस अल्टोस लौटने के बाद जॉब्स अपने घर में रहते हुए अटारी में काम करता था और बेन्नन एक अलग घर में रहते हुए कोबुन चाइनो के जेन सेंटर में ज्यादा समय बिताने लगी थी।

वर्ष 1975 की शुरुआत में ब्रेन्नन की ग्रेग काल्हों से नजदीकी बढ़ गई थी। काल्हों रीड कॉलेज में जॉब्स, फ्रीडलैंड, कोट्टके व एलिजाबेथ होल्म्स की मित्र-मंडली में शामिल था और अब तक 'ऑल वन फार्म' की गतिविधियों में ज्यादा सक्रिय हो गया था और वहीं एक कमरा बनाकर रहने लगा था। सन् 1975 के वसंत में ब्रेन्नन भी उसी के साथ रहने लगी थी और फिर मार्च 1976 में दोनों भारत-यात्रा पर गए थे। ब्रेन्नन को भारत में अकेला छोड़ काल्हों तेहरान (ईरान) चला गया था और वहाँ अंग्रेजी पढ़ाने लगा था। बाद में दोनों अफगानिस्तान में मिले थे और सन् 1977 की गरमियों में अलग-अलग अमेरिका लौट आए थे।

माँ-बेटी से जॉब्स की बेरुखी व 'लिसा' विकास

जॉब्स अपने माता-पिता से अलग क्यूपरटिनो के अर्द्ध शहरी इलाके में 600 डॉलर प्रति माह किराए पर चार शयन-कक्षोंवाले एक फार्म हाउस में डेनियल कोट्टके

साथ रह रहा था। हालाँकि जॉब्स के साथ ब्रेन्नन के संबंध अच्छे नहीं थे, लेकिन वह उसी फार्म हाउस के एक कमरे में रहने लगी और एप्पल में काम करना भी शुरू कर दिया था। जाहिर है कि कुछ समय तक जॉब्स व ब्रेन्नन के बीच एक बार फिर से अंतरंग-संबंध हो गए। कुछ महीनों बाद बाद ब्रेन्नन को पता चला कि वह गर्भवती हो चुकी है, लेकिन जॉब्स ने उस बच्चे को अपना मानने से साफ इनकार कर दिया।

वर्ष 1977 के कृतज्ञता दिवस (24 नवंबर) के मौके पर जब ग्रेग काल्हों उस फार्म हाउस आया तो उसे साफ पता चल गया था कि ब्रेन्नन कि प्रति जॉब्स कोई जिम्मेदारी लेने को तैयार नहीं था। रॉबर्ट फ्रीडलैंड ने स्थिति सँभाली थी। एलिजाबेथ होल्म्स व अन्य दोस्त मिलकर ब्रेन्नन को 'ऑल वन फार्म' पर ले गए। वहाँ एक स्थानीय दाई के सहारे ब्रेन्नन ने 19 मई, 1978 को एक बच्ची को जन्म दिया। हालाँकि फार्म की परंपरा के मुताबिक बच्ची को हिंदू नाम देने का प्रस्ताव आया था, लेकिन ब्रेन्नन ने उसका नाम लिसा निकोले ब्रेन्नन रखा।

कुछ समय बाद लिसा के साथ ब्रेन्नन वापस लौट आई और सरकारी अनुदान के सहारे मेनलो पार्क में एक खस्ताहाल घर में रहना शुरू कर दिया। ब्रेन्नन लगातार जॉब्स से फोन कर गुहार लगाती रहती थी कि वह खुद को लिसा का पिता मानकर उन दोनों की सहायता करे लेकिन जॉब्स तैयार नहीं हुआ था। अंत में, ब्रेन्नन को सैन मातेओ काउंटी की अदालत का दरवाजा खटखटाना पड़ा। डी.एन.ए. परीक्षण हुआ था, जिसमें जॉब्स के पिता होने की 94.41 फीसदी संभावना सामने थीं। नतीजतन लिसा के जन्म के लगभग एक साल बाद अदालत ने जॉब्स को बच्चे की सहायता के लिए ब्रेन्नन को प्रतिमाह 385 डॉलर का भुगतान करने और काउंटी प्रशासन द्वारा अब तक चुकाई गई कुल 5856 डॉलर की सहायता राशि को लौटाने का आदेश दिया।

जॉब्स अब भी लिसा को अपनी बेटी स्वीकार करने को तैयार नहीं था। लेकिन वह मजबूर था, क्योंकि एप्पल को सार्वजनिक करने की तैयारियाँ चल रही थीं। ऐसे में, यदि मामला ऊँची अदालत में जाता तो जॉब्स के साथ-साथ एप्पल की भी बदनामी होती और आई.पी.ओ. की संभावना पर विपरीत असर पड़ सकता था। ऐसे में, जॉब्स ने न चाहते हुए भी अदालत का आदेश मान लिया था। यह अजीब संयोग था कि जब जॉब्स ने अपनी बच्ची को छोड़ा था, वह 23 का था, जिस उम्र में जॉब्स के माता-पिता ने उसे छोड़ दिया था। कुछ सालों बाद जॉब्स ने बेटी को तो दिल से अपना लिया, लेकिन ब्रेन्नन को कभी भी अपनी जिंदगी में वापस नहीं आने दिया। जॉब्स ने पालो आल्टो में एक घर खरीद लिया था, जिसने लिसा व ब्रेन्नन रहने लगी थी और फिर लिसा की पढ़ाई- लिखाई का भी अच्छा इंतजाम किया था।

अदालती काररवाई खत्म होने व लिसा को कानूनन ही सही, अपनी बेटी मान

लेने के बाद जॉब्स के जीवन में काफी बदलाव आया था। कुछ मामले में उसने खुद को जिम्मेदार बनाने की कोशिश की थी—नशाखोरी से नाता तोड़ लिया था, बेतरतीब बड़े-बड़े बाल कटवाकर आकर्षक बाल शैली को अपना लिया था। वह महँगे सूट भी पहने लगा था और सख्त फलाहारी आहार को भी सामान्य कर लिया था। जल्द ही उसकी रेगिस मैककेना के यहाँ काम करनेवाली खूबसूरत पोलिनेशियाई-पोलिश मूल की महिला—बारबरा जसिंस्की से नजदीकी बढ़ गई और उसके साथ ख़ुशहाल गैर-शादीशुदा जिंदगी बसर करते हुए एप्पल के कामकाज में ध्यान केंद्रित कर लिया था। उसने पास के शहर लॉस गटोस की पहाड़ियों एक अच्छा सा घर भी खरीद लिया था और उसे मैक्सफील्ड पर्रिश की चित्रकारियों से सजाया भी था। लेकिन उस घर में कोई पलंग, कुरसी या सोफे आदि अन्य साजो-सामान नहीं लगाए गए थे, क्योंकि जॉब्स को बाजार में उपलब्ध उपस्कर (फर्नीचर) पसंद नहीं था। घर लगभग खाली पड़ा था। उसके शयन- कक्ष के मध्य में एक गद्दा बिछा हुआ था। दीवारों पर आइंस्टीन व महाराजजी (नीब करौरी बाबा) की तसवीरें टँगी हुई थीं और सतह पर एक एप्पल-II पड़ा हुआ था। यहीं बैठकर वह ध्यान लगाया करता था।

वर्ष 1979 की गरमियों तक उद्यम पूँजी निवेशकों में एप्पल कंप्यूटर में निवेश करने की होड़ सी लग चुकी थी और 16 निवेशकों से कंपनी ने कुल 72,73,801 डॉलर की पूँजी हासिल की थी।

फिर भी बीच-बीच में जॉब्स का विद्रोही भाव जाग जाता था। उसने 1966 मॉडल की एक बी.एम.डब्लू. खरीद ली थी और अकसर बारबरा जसिंस्की व डेनियल कोट्टके के साथ स्टैनफोर्ड के पास फेल्ट लेक में नग्न-स्नान के लिए जाया करता था।

'जेरॉक्स पार्क' की उपलब्धियाँ व 'लिसा' का विकास

वर्ष 1979 की गरमियों तक उद्यम पूँजी निवेशकों में एप्पल कंप्यूटर में निवेश करने की होड़ सी लग चुकी थी और 16 निवेशकों से कंपनी ने कुल 72,73,801 डॉलर की पूँजी हासिल की थी। 10.50 डॉलर प्रति शेयर मूल्य पर एप्पल में निवेश करनेवालों में न्यूयॉर्क की मशहूर निवेश बैंकिंग फर्म—एलएफ रोथ्सचाइल्ड, उंटरबर्ग, टोबिन व दक्षिण कैलिफोर्निया में लॉस एंजिल्स स्थित अमेरिका के सबसे पुराने निजी इक्विटी फर्मों में से एक ब्रेंटवुड एसोसिएट्स भी शामिल थी। मार्ककुला व जॉब्स ने भी इस दौरान अपने करीब एक लाख शेयर बेचकर कंपनी में नए निवेशकों का स्वागत किया था।

लेकिन इन सबमें सबसे खास नाम था—जेरॉक्स कॉरपोरेशन, जिसका उद्यम पूँजी प्रभाग एप्पल में भारी निवेश के लिए उत्सुक था। लेकिन मार्ककुला, स्कॉटी सहित

जॉब्स ने सावधानी बरती थी और वह जेरोक्स जैसी महारथी कंपनी को पाँच फीसदी से ज्यादा हिस्सेदारी बेचने को सहमत नहीं हुआ था। इतना ही नहीं, जॉब्स ने जेरॉक्स को 10.50 डॉलर प्रति शेयर मूल्य पर एक लाख शेयर जारी करने के बदले में एक ऐसी शर्त यह भी लगा दी थी कि वह एप्पल के लिए अपनी शोध संस्था 'जेरॉक्स पालो आल्टो रिसर्च सेंटर' (जेरॉक्स पार्क) का दरवाजा खोलेगी।

उस वक्त जेरॉक्स के शीर्ष प्रबंधन को 'जेरोक्स पार्क' के अनमोल शोध खजाने की असीमित वैज्ञानिक संभावनाओं का अंदाजा नहीं था। जेरॉक्स के उद्यम पूँजी विभाग के अधिकारी एप्पल के शेयर-सौदे के लिए उतावले थे और उन्होंने अपनी कंपनी के शीर्ष प्रबंधन पर जॉब्स की शर्त मानने का दबाव बनाया हुआ था। लिहाजा शेयर की भारी कीमत चुकाने के साथ ही जेरॉक्स को एप्पल की यह शर्त भी माननी पड़ी थी। जेरॉक्स के उद्यम पूँजी विभाग को अपने हिसाब से कंपनी को भारी आर्थिक फायदा हुआ था, क्योंकि करीब डेढ़ साल बाद जब दिसंबर में एप्पल का प्रारंभिक सार्वजनिक प्रस्ताव (इनिशियल पब्लिक ऑफर/आई.पी.ओ.) आया था तो जेरॉक्स द्वारा 10.50 लाख डॉलर में खरीदे गए एक लाख शेयरों का बाजार मूल्य सीधे 1.76 करोड़ डॉलर के स्तर पर चला गया था।

जेरॉक्स पर शर्त थोपते समय जॉब्स को पूरी तरह पता नहीं था कि उसने मुफ्त में कितने बड़े खजाने की चाभी हासिल कर ली थी। हाँ, उसे अपने सहयोगी अभियंताओं द्वारा दी गई जानकारियों से इतना जरूर पता चल गया था कि जेरॉक्स पार्क में व्यक्तिगत कंप्यूटर संबंधी कुछ खास प्रौद्योगिकियाँ थीं, जिनसे एप्पल को फायदा हो सकता था। असल में, एप्पल-II की बिक्री व कंपनी में बड़े उद्यम पूँजी निवेशकों की रुचि बढ़ने के साथ ही जॉब्स चिंतित हो उठा था कि एकमात्र उत्पाद की बदौलत एप्पल कंप्यूटर कंपनी की बढ़त को ज्यादा दिनों तक कायम रख पाना संभव नहीं हो पाएगा। वोज तो एप्पल-II को ही बेहतर बनाने की कोशिशों में जुटा हुआ था। जॉब्स सेमीकंडक्टर उद्योग के तेजी से विकास व माइक्रोचिप की तेजी से बढ़ती क्षमताओं को लेकर भी परेशान था कि जल्द ही व्यक्तिगत कंप्यूटर उद्योग में गलाकाट प्रतिस्पर्धा का माहौल बनेगा। ऐसे में, यदि एप्पल ने उत्पाद विकास में तनिक भी ढिलाई बरती तो बाजी दूसरे के हाथों में चली जाएगी।

लिहाजा जॉब्स ने हेवलेट पैकार्ड के दो वरिष्ठ अभियंताओं—केन रोथमुल्लर व जॉन काउच को एप्पल में शामिल कर लिया और उन्हें एप्पल के लिए बिल्कुल नए कंप्यूटर के विकास की अवधारणा को ठोस रूप देने का काम सौंपा गया। जल्द ही 2000 डॉलर मूल्य के 16 बिट माइक्रोप्रोसेसर (एप्पल-II में 8 बिट माइक्रोप्रोसेसर का इस्तेमाल हुआ था) वाले कंप्यूटर का विचार पक्का हो गया और जॉब्स ने अपनी

परित्यक्त बेटी के नाम पर उस कंप्यूटर का नाम रखा था—एप्पल लिसा। लेकिन जल्द ही जॉब्स निराश होने लगा था, क्योंकि केन रोथमुल्लर व जॉन काउच 16 बिट माइक्रोप्रोसेसर की अपार क्षमताओं का इस्तेमाल कर कुछ नया करने की बजाय पारंपरिक 'टेक्स्ट डिसप्ले' के साथ एक सीधा-सपाट कंप्यूटर बनाने की दिशा में आगे बढ़ने लगे थे।

गनीमत यह थी कि लिसा विकास दल में एक कंप्यूटर प्रोग्रामर बिल एटकिंसन भी था, जिसमें वोज जैसी प्रौद्योगिक प्रतिभा तो थी ही, जॉब्स की तरह आश्चर्यकारी उत्पाद बनाने का उत्साह भी। हिप्पी गतिविधियों में शामिल एटकिंसन कैलिफोर्निया विश्वविद्यालय (सैन डिएगो) में तंत्रिका विज्ञान (न्यूरो साइंस) में पी-एच.डी. का छात्र था, जॉब्स उसे पढ़ाई छोड़कर एप्पल में आने के लिए पटा लिया था। जॉब्स ने एटकिंसन को सबसे पहले 'शेयर खोज-खबर प्रणाली' (स्टॉक ट्रैकिंग सिस्टम) विकसित करने के काम पर लगाया था, जो स्वतः फोन संचालन के जरिए ही डॉव जोंस सेवा की शेयर निवेश-सूची (स्टॉक पोर्टफोलियो), शेयर के भाव व अन्य जानकारियों पर पूरी नजर रखने में सक्षम हो। उसके बाद जॉब्स ने उससे एप्पल-II के लिए वैज्ञानिक कंप्यूटर कार्यक्रम भाषा—पास्कल का संस्करण तैयार कराया था।

इस तरह वर्ष 1979 के अंत में एप्पल में तीन विकास परियोजनाएँ चल रही थीं—एप्पल-III, लिसा व मैकिनटोश।

एप्पल-III एक जटिल कंप्यूटर था, जो कहने को तो वोज्निअक के नेतृत्व में विकसित हो रहा था, लेकिन वह असल में कई लोगों के सुझावों का घालमेल था। एप्पल-II के 90 फीसदी उपयोगकर्ता उद्योग-धंधे से जुड़े हुए लोग थे, जो 'विसिकाल्क' अनुप्रयोग के जरिए अपने तैयार कारोबारी आँकड़ों को कंप्यूटर पर सुरक्षित कर रहे थे। लिहाजा जॉब्स ने ही एप्पल-III को विसिकाल्क, मल्टीप्लान, एप्पल राइटर के साथ एक उन्नत कारोबारी कंप्यूटर के रूप में विकसित करने का फैसला किया था। लेकिन वोज सहित अन्य लोगों ने एप्पल-III में कई तरह की जटिलताएँ पैदा कर दी थीं। इसके लिए 'एप्पल एस.ओ.एस.' नामक एक परिष्कृत परिचालन प्रणाली (सोफिस्टिकेटेड ऑपरेटिंग सिस्टम/ एस.ओ.एस.) तैयार किया गया था। साथ ही एप्पल ने इसके लिए खुद ही कई नए बाह्य उपकरण—एस.ओ.एस. संचालित वास्तविक समय घड़ी (रियल टाइम क्लॉक), फ्लॉपी ड्राइव आदि विकसित किए थे। इसके अलावा इसमें कई अन्य जटिलताएँ भी थीं। लिहाजा जब मई 1980 में एप्पल-III बाजार में उतारा गया तो उसकी शुरुआती कीमतें 4340 से 7800 डॉलर के बीच थीं। यह बाजार में उपलब्ध सी.पी./एम. (कंट्रोल प्रोग्राम फॉर माइक्रोकंप्यूटर) परिचालन प्रणाली पर आधारित अन्य कंप्यूटरों की तुलना में काफी अधिक थी। लिहाजा एप्पल-III पिटना तय था।

जॉब्स ने एप्पल-III के साथ हुई सामूहिक छेड़छाड़ के नाजायज नतीजे का पहले ही अंदाजा लगा लिया था और खुद को काफी पहले ही उस परियोजना से दूर कर 'एप्पल लिसा' को विकसित करना शुरू कर दिया था। लेकिन लिसा कार्यदल के प्रमुख लोगों—केन रोथमुल्लर व जॉन काउच के बीच कोई तालमेल नहीं बन पा रहा था और जॉब्स की निराशा लगातार अपने चरम पर पहुँच रही थी।

इन दोनों परियोजनाओं के अलावा भी एक महत्त्वाकांक्षी परियोजना चल रही थी—मैकिनटोश, जो जॉब्स के कार्यक्षेत्र से बाहर थी। इसे जेफ रस्किन एक हजार डॉलर मूल्य में 'आम आदमी का कंप्यूटर' बनाने की कोशिशों में जुटा हुआ था। वोज को तो अपने काम से फुर्सत नहीं थी और रस्किन को जॉब्स का हस्तक्षेप पसंद नहीं था। इसीलिए मार्ककुला ने रस्किन को बिल्कुल स्वतंत्र परियोजना के रूप में एप्पल के मुख्य दफ्तर से अलग दफ्तर, कार्यदल व विकास बजट दिया हुआ था। इस परियोजना का गुप्त नाम 'एनी' रखा गया था। रस्किन की पसंदीदा सेब किस्म—मैकिनटोश थी, जो लाल व हरे रंग की त्वचा, तीखे स्वाद, सफेद मुलायम गूदे के लिए जानी जाती है। जॉन मैकिनटोश ने सन् 1811 में ऊपरी कनाडा के अपने दुंदेला खेत में मैकिनटोश सेब के मूल पौधे की खोज की थी। लिहाजा उस कंप्यूटर को रस्किन ने 'मैकिनटोश' नाम दे दिया था। रस्किन ने दावा किया था कि वह मैकिनटोश को एक संपूर्ण घरेलू उपभोक्ता उपकरण के रूप में पेश करेगा, जिसमें कंप्यूटर, की-बोर्ड, मॉनिटर व सॉफ्टवेयर सब एक साथ होगा और जिसकी कीमत एक हजार डॉलर से अधिक नहीं होगी।

9 मार्च, 1943 को न्यूयॉर्क सिटी के एक यहूदी परिवार में जनमे रस्किन ने स्टेट यूनिवर्सिटी ऑफ न्यूयॉर्क (स्टोनी ब्रूक) से स्नातक गणित (बीए-मैथमेटिक्स) व स्नातक विज्ञान-भौतिकी (बी.एस.-फिजिक्स) की दो-दो उपाधियाँ हासिल करने के बाद सन् 1967 में पेनसिल्वेनिया स्टेट यूनिवर्सिटी (पेंसिल्वेनिया) से परास्नातक-कंप्यूटर विज्ञान (एम.एस.-कंप्यूटर साइंस) किया था। हालाँकि विश्वविद्यालय कंप्यूटर विज्ञान में पी-एच.डी. कार्यक्रम के लिए अधिकृत नहीं था, लेकिन फिर भी रक्सिन ने पी-एच.डी. कार्य पूरा किया था। परास्नातक शोध प्रबंध के रूप में उसका पहला कंप्यूटर कार्यक्रम एक संगीत कार्यक्रम था। रस्किन ने कैलिफोर्निया विश्वविद्यालय (सैन डिएगो) के दृश्य कला (विजुअल आर्ट्स) विभाग में वर्ष 1968-74 तक सहायक प्राध्यापक के रूप में काम किया था। फिर विश्वविद्यालय में कंप्यूटर व मानविकी केंद्र स्थापित करने के लिए रस्किन को 'राष्ट्रीय विज्ञान फाउंडेशन अनुदान' से सम्मानित किया गया था। इस परियोजना के तहत रस्किन ने 16 बिट डेटा जनरल नोवा कंप्यूटर व ग्राफिक डिसप्ले टर्मिनलों का इस्तेमाल कर कला व मानविकी छात्रों को कंप्यूटर

कार्यक्रम पढ़ाने के लिए 'प्रवाह कार्यक्रम भाषा' (फ्लो प्रोग्रामिंग लैंग्वेज) विकसित की थी। वर्ष 1976 में पहले वेस्ट कोस्ट कंप्यूटर फेयरी में रस्किन की जॉब्स व वोज से मुलाकात हुई थी। जॉब्स ने रस्किन की कंपनी—बैनिस्टर ऐंड क्रून—को 50 डॉलर में एप्पल II के लिए बेसिक कार्यक्रम विवरणिका (बेसिक प्रोग्रामिंग मैनुअल) तैयार करने का काम दिया था। फिर जनवरी 1978 में रस्किन को एप्पल कंप्यूटर में 31वें कर्मचारी के रूप में प्रकाशन व नया उत्पाद समीक्षा विभाग का निदेशक नियुक्त किया गया था। जल्द ही रस्किन ने जॉब्स के मातहत काम करने से इनकार कर दिया और मार्ककुला के सामने क्रांतिकारी कंप्यूटर परियोजना पेश की थी।

रस्किन की मैकिनटोश परियोजना जेरोक्स पार्क द्वारा 1 मार्च, 1973 को जारी किए गए 'जेरोक्स आल्टो'—व्यक्तिगत इस्तेमाल के लिए बनाया गया पहला कंप्यूटर—पर आधारित थी। जेरोक्स आल्टो को स्टैनफोर्ड रिसर्च इंस्टीट्यूट (अब एस.आर.आई. इंटरनेशनल, मेनलो पार्क) के डगलस एंगेलबार्ट द्वारा विकसित की ऑन लाइन प्रणाली (एन.एल.एस.) की प्रेरणा से विकसित किया गया था। एन.एल.एस. को एंगेलबार्ट सैन फ्रांसिस्को में आयोजित संयुक्त कंप्यूटर सम्मेलन (9 दिसंबर, 1968) में 'सभी प्रदर्शन की माँ' संबोधित करते हुए दुनिया के सामने पेश किया था। जेरॉक्स आल्टो में टैक्सास इंस्ट्रूमेंट्स द्वारा विकसित पहला एकल चिप अंकगणितीय तर्क इकाई (अर्थमेटिक लॉजिक यूनिट/ए.एल.यू.)—टीआई 74181 के साथ-साथ की-बोर्ड व तीन बटनवाले माउस का इस्तेमाल हुआ था। लेकिन जेरॉक्स आल्टो की सबसे बड़ी खूबी चित्रात्मक उपयोगकर्ता अंतरफलक (ग्राफिकल यूजर इंटरफेस/जी.यू.आई.) थी, जो उपयोगकर्ताओं को ज्यादा आसानी से कंप्यूटर के साथ बातचीत में मदद करती थी। यह जी.यू.आई. जेरॉक्स पार्क द्वारा विकसित 'बिट मैपिंग' की अवधारणा पर आधारित थी, जिसे एक वस्तु-उन्मुख (ऑब्जेक्ट ओरिएंटेड), गतिशीलता के साथ टंकित व चिंतनशील कंप्यूटर कार्यक्रम भाषा—स्मालटॉक—का समर्थन हासिल था।

रक्सिन इन तीनों खूबियों—जी.यू.आई., बिट मैपिंग व स्मालटॉक को मैकिनटोश में शामिल करना चाहता था और जॉब्स सहित अन्य सहकर्मियों पर जेरॉक्स पार्क में जाने के लिए दबाव बनाने की कोशिश कर रहा था। रस्किन की दिक्कत यह थी कि जॉब्स उसे एक असह्य विचारक (जॉब्स की भाषा में—एक मूर्ख, जो बेकार है) मानता था। लिहाजा उसने बिल एटकिंसन (जिसे रस्किन ने विश्वविद्यालय में पढ़ाया था), को जॉब्स को मनाने के काम में जुटाया। रक्सिन को तब यह पता नहीं था कि जॉब्स की पहले से ही जेरॉक्स कॉरपोरेशन के अधिकारियों से नजदीकी बन चुकी थी और उसने पहले से ही जेरॉक्स पार्क के खजाने को अपने निशाने पर ले लिया था।

खैर, दिसंबर 1979 में जॉब्स, रक्सिन व लिसा कार्यदल के प्रमुख जॉन काउच

स्मालटॉक प्रदर्शन के दौरान एप्पल दल के सामने जेरॉक्स पार्क की तीन अद्‌भुत विशेषताएँ बेपरदा हुई थीं—पहला, कंप्यूटरों का संजालीकरण कैसे संभव हो सकता था। दूसरा, वस्तु उन्मुख कार्यक्रम कैसे काम करता सकता था। लेकिन जॉब्स व उसके दल को जेरॉक्स के सबसे बड़े चमत्कार—चित्रात्मक उपयोगकर्ता अंतरफलक ने आकर्षित किया था।

के साथ जेरोक्स पार्क के दफ्तर गया। वहाँ के युवा वैज्ञानिक लैरी टेस्लर ने तीनों मेहमानों को बड़े उत्साह से बहुत कुछ दिखाने की कोशिश की थी, लेकिन उसकी सहकर्मी अडले गोल्डबर्ग ने सीमित प्रदर्शन की ही इजाजत दी थी। गोल्डबर्ग को लग रहा था कि उसकी कंपनी अपने मुकुट के अनमोल हीरे-जवाहरातों को यूँ ही किसी को दे रही थी। जाहिर है कि जॉब्स संतुष्ट नहीं हुआ था और उसने जेरॉक्स मुख्यालय में अपनी नाखुशी का इजहार कर दिया। लिहाजा जॉब्स को दुबारा आमंत्रित किया गया। इस बार जॉब्स ने रक्सिन व काउच के अलावा बिल एटकिंसन व जेरॉक्स पार्क में काम कर चुके प्रोग्रामर ब्रूस हॉर्न को अपने साथ ले लिया। एक बार फिर से गोल्डबर्ग ने सारे दरवाजे खोलने में आनाकानी दिखाई। एक बार फिर से जॉब्स को जेरॉक्स के उद्यम पूँजी विभाग के प्रमुख को फोन मिलाना पड़ा। कुछ मिनटों में जेरॉक्स मुख्यालय ने गोल्डबर्ग को सबकुछ दिखाने का सख्त आदेश दे दिया था। गोल्डबर्ग नाराज होकर बाहर चली गई और फिर लैरी टेस्लर ने दिल खोलकर जॉब्स व एप्पल सदस्यों को सबकुछ दिखाया था।

ज्यों-ज्यों टेस्लर सबकुछ दिखता जा रहा था जॉब्स को विश्वास नहीं हो पा रहा था कि आखिर इतनी उन्नत प्रौद्योगिकियों का जेरॉक्स ने वाणिज्यीकरण क्यों नहीं किया था। वह हैरान था कि सोने की खान पर बैठा जेरॉक्स उसका कोई फायदा नहीं उठा रहा था। खास तौर पर बिल एटकिंसन जेरॉक्स पार्क के तमाम शोध-प्रबंधों को तन्मयता से पढ़ रहा था और उसका दिमाग सभी प्रौद्योगिकियों की प्रतिलिपियाँ बनाता जा रहा था। स्मालटॉक प्रदर्शन के दौरान एप्पल दल के सामने जेरॉक्स पार्क की तीन अद्‌भुत विशेषताएँ बेपरदा हुई थीं—पहला, कंप्यूटरों का संजालीकरण (नेटवर्किंग) कैसे संभव हो सकता था। दूसरा, वस्तु उन्मुख कार्यक्रम कैसे काम करता सकता था। लेकिन जॉब्स व उसके दल को जेरॉक्स के सबसे बड़े चमत्कार—चित्रात्मक उपयोगकर्ता अंतरफलक (जी.यू.आई.) ने आकर्षित किया था। जॉब्स की पारखी नजरों के सामने मानो अचानक 'कंप्यूटर के भविष्य' का नकाब उठा दिया गया था।

करीब दो घंटों तक चले इस ऐतिहासिक प्रदर्शन के बाद जॉब्स ने अपनी नई मर्सडीज में बिल एटकिंसन को बिठाया और वापस क्यूपरटिनो एप्पल दफ्तर की

ओर चल पड़ा। जिस तरह कार भाग रही थी, जॉब्स का मुँह भी चल रहा था। वह एटकिंसन को बता रहा था कि एप्पल को भी यह सबकुछ करना है। जॉब्स के सामने जोसेफ एइचलर की वास्तुकला घूम रही थी। एइचलर ने द्वितीय विश्व युद्ध के बाद वर्ष 1950-74 के बीच उत्तरी कैलिफोर्निया के अधिकांश इलाकों में मध्यमवर्गीय परिवारों के लिए 11 हजार सुंदर-सजीले-सस्ते घरों का निर्माण कर आधुनिक आवासीय-क्रांति का नेतृत्व किया था। उसी तरह जॉब्स भी मध्यम आयवाले उपयोगकर्ताओं के लिए बिल्कुल रसोई उपकरणों की तरह चलाने में आसान, दिखने में बेहद आकर्षक व खरीदने में सस्ता आधुनिक कंप्यूटर पेश कर व्यक्तिगत कंप्यूटर क्रांति को एक नए मुकाम पर ले जाना चाहता था। इसके जरिए जॉब्स दुनिया के सामने एक अनोखी रचना पेश करना चाहता था, जिसे वह अपना आविष्कार बता सके। जॉब्स ने एटकिंसन से पूछा कि जेरॉक्स पार्क जैसा कंप्यूटर बनाने में कितना वक्त लगेगा? एटकिंसन ने छह महीने का आशावादी अनुमान पेश किया। हालाँकि इसके बारे में वह खुद भी निश्चित नहीं था, लेकिन उसने अपने साथ-साथ जॉब्स को उत्साहित रखने के लिए ऐसा कह दिया था।

कुछ सप्ताह बाद ही जॉब्स ने जेरॉक्स पार्क के दो प्रमुख वैज्ञानिकों—बॉब बेलिविल व लैरी टेस्लर को 'एप्पल लिसा विकास कार्यदल' में शामिल कर लिया। जेरॉक्स पार्क में बेलिविल नए कंप्यूटर संस्करण 'जेरॉक्स स्टार' के हार्डवेयर डिजाइन दल का सदस्य और टेस्लर माउस व जी.यू.आई. आधारित पहली दस्तावेज तैयार करने की व्यवस्था यानी शब्द-संसाधक (वर्ड प्रोसेसर)—'जिप्सी' विकास दल का सदस्य था। न्यूयॉर्क में पले-बढ़े लॉरेंस गॉर्डन 'लैरी' टेस्लर (जन्म 24 अप्रैल, 1945) ने सन् 1965 में स्टैनफोर्ड विश्वविद्यालय के कंप्यूटर विज्ञान विभाग से स्नातक-गणित (बी.एस.-मैथमेटिक्स) करने के बाद कुछ समय तक स्टैनफोर्ड आर्टिफिशियल इंटेलिजेंस लेबोरेटरी में काम किया, फिर जेरॉक्स पार्क में आने के बाद 'स्मालटॉक' व 'कट, कॉपी, पेस्ट' सॉफ्टवेयर विकास दल का भी हिस्सा रहा था। जल्द ही जॉब्स ने काउच को नजरअंदाज कर लिसा के विकास का सारा काम अपने हाथों में ले लिया और एटकिंसन, बॉब बेलिविल व लैरी टेस्लर को सीधे निर्देशित करने लगा। अगले नौ महीनों में जॉब्स ने इन तीनों सहयोगियों के जरिए जेरॉक्स पार्क की मूल तकनीक में काफी रद्दोबदल कर दिया था और एप्पल लिसा प्रायोगिक प्रारूप के निर्माण के अंतिम दौर में पहुँच गया था।

जॉब्स का इरादा 'वोल्क्स लिसा' नामक एक सरल व आम आदमी के उपयोग के कंप्यूटर को बाजार में लाने का था। लेकिन जॉन काउच सहित लिसा विकास दल के अन्य पेशेवर अभियंताओं को जॉब्स की मनमानी व सीधा हस्तक्षेप कतई पसंद

नहीं था, और वे लोग जॉब्स के खिलाफ एकजुट हो गए थे। जाहिर है कि जॉब्स से खार खानेवाले सी.ई.ओ. माइक स्कॉट ने काउच व उसके गुट को समर्थन दिया था। एक बार फिर से, मार्ककुला ने गलती की थी, उसने जॉब्स के रचनात्मक जुनून को नजरंदाज किया और अपने मित्र स्कॉट के वर्चस्व को कायम रखने के लिए एप्पल के मूल संस्थापक जॉब्स को पूरी तरह अधिकारहीन बना देने की साजिश रची थी। सितंबर 1980 में, जब एक तरफ एप्पल कंप्यूटर को सार्वजानिक करने की तैयारियाँ चल रही थीं, मार्ककुला व स्कॉट ने रहस्यमय तरीके से कंपनी का पुनर्गठन कर दिया। काउच को महाप्रबंधक बनाकर लिसा प्रभाग का सर्वाधिकार संपन्न संपूर्ण प्रभारी बना दिया गया। जॉब्स को उपाध्यक्ष—शोध व विकास की जिम्मेदारी से मुक्त कर दिया गया और पदोन्नति के नाम पर एप्पल निदेशक मंडल का गैर-कार्यकारी चेयरमैन नियुक्त कर दिया। इस पद के जरिए जॉब्स को एप्पल का 'सार्वजनिक चेहरा' बनाकर उसके हाथों से व्यावहारिक परिचालन नियंत्रण पूरी तरह खत्म कर दिया गया था। मतलब जॉब्स के पास अब कोई काम नहीं था और वह दूसरे काम में कोई दखल भी नहीं दे सकता था। इस तरह अपनी बेटी के नाम पर विकसित हो रही कंप्यूटर परियोजना से जॉब्स को बेदखल कर दिया गया। शायद जॉब्स को अपनी बेटी को स्वीकारने में देर करने व उसकी माँ का खयाल न रखने की सजा मिली थी।

इतिहास कितना क्रूर मजाक करता है

25 साल की उम्र के एक जोशीले संस्थापक से उसका पसंदीदा काम ही छीन लेता है। जरा सोचिए कि यह कितनी बड़ी जघन्य साजिश थी और जॉब्स पर क्या बीत रही होगी? उसी की बनाई कंपनी में, उसी के हाथों से सारा कार्यकारी अधिकार छीन लिया गया था और पूँजी बाजार से अरबों जुटाने की तैयारियाँ चल रही थीं। लेकिन इतिहास तो इतिहास है—वह तो समय के रहस्यमय कदमों का दस्तावेज भर है और समय के गर्भ में क्या है, किसे पता होता है? यह तो समय ही उजागर करता है। साजिश रचनेवाले खुद ही अपने जाल में उलझ जाते हैं और परिस्थितियों को चुनौती देनेवाला महारथी बन जाता है। यही तो कहानी है स्टीव जॉब्स की! ये साजिशें न होतीं तो जॉब्स न होता और मैकिनटोश भी नहीं! आगे की रचनाओं का तो तब सवाल ही नहीं था।

ऐतिहासिक आई.पी.ओ. व जॉब्स की प्रसिद्धि

जब जनवरी 1977 में माइक मार्ककुला ने जॉब्स व वोज की साझेदारी कंपनी में शामिल होकर एप्पल कंप्यूटर कंपनी की स्थापना की तो उसका बाजार मूल्य 5039 डॉलर आँका गया था। एप्पल-II की अपार सफलता व दिग्गज निवेशकों की लगातार

बढ़ी पूँजी ने चार साल के भीतर ही एप्पल कंप्यूटर को सार्वजनिक कंपनी बन जाने की दिशा में आगे बढ़ा दिया था। जब 12 दिसंबर, 1980 को एप्पल का प्रारंभिक सार्वजानिक प्रस्ताव (आई.पी.ओ.) आया तो वर्ष 1956 के फोर्ड मोटर कंपनी के आई. पी.ओ. का कीर्तिमान ध्वस्त हो गया। आई.पी.ओ. में 22 डॉलर मूल्य पर कुल 46 लाख शेयर सार्वजनिक किए गए थे। बाजार खुलते ही शेयर का मूल्य 29 डॉलर हो गया था और कारोबार के पहले दिन की समाप्ति पर एप्पल कंप्यूटर का बाजार मूल्य करीब 177.80 करोड़ डॉलर हो गया था। एक दिन में 300 से ज्यादा लोग करोड़पति हो गए थे और 25 वर्ष की आयु में जॉब्स की शेयर संपति की कीमत करीब 25.60 करोड़ डॉलर हो गई थी।

लेकिन ऐसा सबके साथ नहीं हुआ था, जिनमें जॉब्स का जिगरी दोस्त डेनियल कोट्टके भी शामिल था। जी हाँ, वही कोट्टके जो जॉब्स के साथ रीड कॉलेज, भारत-यात्रा, ऑल वन फार्म व उसके बाद किराए के मकान में भी रहा था। प्रेमिका ब्रेन्नन के कानूनी विवाद के दौरान जॉब्स का साथ निभानेवाला सबसे नजदीकी साथी भी कोट्टके ही था। जब जॉब्स के गैराज में एप्पल की स्थापना हुई थी तो प्रति घंटा कर्मचारी के रूप में कोट्टके शामिल हुआ था। चार सालों में एप्पल कहाँ-से-कहाँ पहुँच चुकी थी, लेकिन कोट्टके की कर्मचारी हैसियत में कोई बदलाव नहीं आया था। चूँकि वह कंपनी का पूर्णकालिक तकनीकज्ञ कर्मचारी भी नहीं बन सका था, इसीलिए आई.पी.ओ. से पहले उसे कोई शेयर विकल्प भी जारी नहीं किया गया था। जॉब्स ने अपने शेयर में से भी कोट्टके को कुछ देना उचित नहीं समझा था। असल में, जॉब्स ने कभी भी कोट्टके के साथ कोई दूरी नहीं बरती थी और हमेशा दोस्तीवाला रिश्ता कायम रखा था। कोट्टके ने कभी भी जॉब्स से इस संबंध में कोई बात नहीं की थी। आई.पी.ओ. के करीब छह महीने बाद सहकर्मियों द्वारा उकसाए जाने पर आखिरकार एक दिन कोट्टके इस मुद्दे को लेकर जॉब्स के दफ्तर में चला गया। लेकिन जॉब्स के ठंडे रुख को देखकर कोट्टके कुछ भी बोल नहीं सका था। कुछ अन्य पुराने साथियों ने भी इस मुद्दे पर जॉब्स से बातचीत करने की कोशिश की थी, लेकिन कोई नतीजा नहीं निकला था।

इसके विपरीत वोज ने आई.पी.ओ. से पहले मध्यम स्तर के सभी कर्मचारियों को काफी कम कीमत पर अपने दो हजार शेयर बेच दिए थे। वोज की दरियादिली से लाभान्वित लोगों ने इतना कमा लिया था कि घर खरीद सकें । वोज ने भी वर्ष 1981 में दूसरी शादी कैंडिस क्लार्क से की थी और उसके लिए सपने का घर खरीद लिया था। कुछ सालों बाद सन् 1987 में क्लार्क ने वोज से तलाक लेकर घर अपने पास रख लिया था। वोज ने कंपनी द्वारा नजरअंदाज कर दिए गए डेनियल कोट्टके, बिल

फर्नांडीज सहित कुछ अन्य कर्मचारियों को मुफ्त में कुछ-कुछ शेयर बाँटे थे। वोज को सभी उसकी उदारता के लिए प्यार करते थे, लेकिन जॉब्स की तरह अधिकांश दोस्त वोज को जरूरत से ज्यादा भोलाभाला व बच्चे जैसा ही मानते थे।

लेकिन जॉब्स भोला-भाला नहीं था। उसने आई.पी.ओ. की प्रक्रिया शुरू होने से पहले ही च्रिसन्न ब्रेन्नन से समझौता कर लिया था। मार्ककुला व स्कॉट ने भले ही उसे अधिकारविहीन करने की कोशिश की थी, लेकिन समूची आई.पी.ओ. प्रक्रिया में वही कंपनी का चेहरा था। जॉब्स ने आई.पो.ओ. को सँभालने के लिए दो हामीदार (अंडरराइटर) निवेश बैंकों के चयन में अहम भूमिका निभाई थी—नेतृत्वकर्ता हामीदार (लीड अंडरराइटर) के रूप में वालस्ट्रीट की पारंपरिक दिग्गज संस्था मॉर्गन स्टेनली (न्यूयॉर्क) को चुना था तो दूसरे हामीदार के रूप में प्रौद्योगिकी क्षेत्र को विशिष्ट सेवाएँ देनेवाले गैर-पारंपरिक निवेशकर्ता बैंक हमबेर्चट ऐंड कुइस्ट (सैनफ्रांसिस्को) को। मॉर्गन स्टेनली के पुरानी सोच के लोगों ने जब एप्पल शेयर का प्रस्ताव मूल्य 18 डॉलर सुझाया था तो जॉब्स उनके साथ कुछ ज्यादा ही बेअदबी से पेश आया था। जॉब्स ने उन्हें साफ कर दिया था कि जब वे अपने चहेते निवेशकों को इतने सस्ते में शेयरों का आवंटन करने को उतावले थे तो फिर एप्पल से सात फीसदी दलाली क्यों ले रहे थे? मॉर्गन स्टेनली के दबाव के बावजूद जॉब्स ने उसे हमबेर्चट ऐंड कुइस्ट की मदद से शेयर आवंटन की पारदर्शी उल्टी नीलामी (रिवर्स ऑक्शन) प्रणाली को अपनाने व शेयर प्रस्ताव मूल्य को 22 डॉलर करने पर मजबूर किया था।

25 साल के लड़के

जॉब्स की कारोबारी कूटनीति व दूरदर्शिता पर मार्ककुला, स्कॉट व कंपनी के उद्यम पूँजी निवेशक ही नहीं, 'वाल स्ट्रीट' के दिग्गज भी हैरान हुए थे। इससे भी ज्यादा हैरानी की बात यह थी कि कंपनी के लिए ज्यादा-से-ज्यादा धन इकट्ठा करने की कोशिश करनेवाला जॉब्स आजीवन कभी भी धन के पीछे भागता नहीं दिखा। आई.पी.ओ. के बाद उसके पास काफी धन आया था, लेकिन उसके निजी ऐश्वर्य व रहन-सहन में कुछ ज्यादा फर्क नहीं आया था। धन को लेकर जॉब्स का व्यवहार काफी जटिल था—वह फकीर भी था और अमीर भी। एक तरफ वह भौतिकतावाद विरोधी हिप्पी था तो दूसरी तरफ उसने दोस्त के उन आविष्कारों को पूँजीकृत किया था, जिन्हें वह मुफ्त में बाँट देना चाहता था। एक तरफ जॉब्स नीब करौरी बाबा का शिष्य व जेन बौद्ध का अनुयायी था, दूसरी तरफ उसने व्यापार को अपना कार्यक्षेत्र चुना था। लेकिन जॉब्स के व्यक्तित्व में कभी भी इन दो विपरीत अवधारणाओं का टकराव नजर नहीं आया। निजी तौर पर वह ध्यानी, योगी जैसा फक्कड़ जीवन जीने

की कोशिश करता था, तो व्यापारिक प्रदर्शन में ऐश्वर्यवान राजाओं की तरह बेहिसाब दौलत भी लुटाता था।

कुछ भौतिक वस्तुओं, खासतौर पर सूक्ष्म बनावट व शिल्पकारी वाली वस्तुओं, के प्रति जॉब्स का बेहद लगाव था। पोर्श व मर्सडीज कार, हंकेल्स रसोई के चाकू, ब्राउन के उपकरण, बी.एम.डब्लू. की मोटरसाइकिल, अंसल एडम्स की सफेद-काली परिदृश्य तसवीरें, बोसेनडोर्फर के पियानो, बैंग ऐंड ओलुफसेन के श्रव्य (ऑडियो) उपकरण जॉब्स की पसंदीदा वस्तुएँ थीं, जिन्हें दुनिया के बेहतरीन व सबसे महँगे उत्पादों में शुमार किया जाता है। लेकिन जॉब्स ने अपना घरेलू रहन-सहन बिल्कुल सादा रखा हुआ था। उसने खूबसूरत व महँगी कारें खरीदीं, लेकिन हमेशा उन्हें खुद ही चलाया। जॉब्स ने कभी भी अपने लिए व्यक्तिगत कर्मचारियों की बहाली नहीं की और न ही सुरक्षा संबंधी ताम-झाम बढ़ाया। जब मार्ककुला अपने लिए बंबार्डियर का निजी विमान 'लेअरजेट' खरीदने लगा था तो उसके लिए जॉब्स को भी उकसाया था, लेकिन तब उसने मना कर दिया था। हाँ, सन् 1997 में एप्पल में वापसी के समय जॉब्स ने अपने उपयोग के लिए 'गल्फस्ट्रीम' निजी विमान की भी फरमाइश की थी। आपूर्तिकर्ताओं के साथ सौदेबाजी के मामले में जॉब्स अपने पिता पॉल की तरह बेहद सख्त रवैया अख्तियार करता था, लेकिन महान् उत्पादों की रचना करते समय उसने कभी भी अपने जुनून पर मुनाफे को हावी नहीं होने दिया।

'फोर्ब्स' पत्रिका के आकलन के मुताबिक जुलाई 2010 में जॉब्स की निजी संपत्ति 8.30 अरब डॉलर थी। लेकिन एप्पल के आई.पी.ओ. के आने के तीन दशक गुजर जाने के बावजूद धन के बारे में जॉब्स की सोच में कोई फर्क नहीं आया। देहावसान से कुछ समय पहले अपने आत्मकथा लेखक वाल्टर आइसेक्सन से जॉब्स ने कहा था—

'मैं कभी भी पैसे के बारे में चिंतित नहीं था। मैं एक मध्यम वर्गीय परिवार में पला-बढ़ा था, इसीलिए मुझे कभी भी नहीं लगा कि मैं भूखा रहूँगा। और मैंने अटारी में जान लिया था कि मैं एक ठीक-ठाक अभियंता हो सकता था, इसीलिए मैं हमेशा जानता था कि मैं कमा सकता था। जब मैं कॉलेज व भारत में था, मैं स्वेच्छा से गरीब था; और जब मैं काम कर रहा था, तब भी एक बहुत साधारण जीवन जी रहा था। इस तरह जब मैं काफी गरीबी से, जो अद्भुत था, क्योंकि मुझे पैसे की चिंता करने की जरूरत नहीं थी, अविश्वसनीय रूप से समृद्ध बना था, तो मुझे पैसे की चिंता करने की जरूरत नहीं थी।

'मैंने एप्पल में लोगों को देखा था, जिन्होंने बहुत पैसा बनाया था और महसूस किया था कि उन्हें अलग तरीके से जीना था। उनमें से कुछ ने रॉल्स-रॉयल व विभिन्न प्रकार के घर खरीदे थे, हरेक के साथ एक गृह प्रबंधक था फिर उन प्रबंधकों को

जॉब्स ने कभी भी खुद को परोपकारी बनाने का नाटक भी नहीं किया। उसने नीब करौरी बाबा की इच्छा के मुताबिक लैरी ब्रिलियंट द्वारा स्थापित 'सेवा फाउंडेशन' को आई.पी.ओ. से पहले ही चुपचाप पाँच हजार डॉलर का चेक जरूर भेज दिया था, लेकिन बाद में जब उन लोगों ने ज्यादा की अपेक्षा की थी तो कंप्यूटर के अलावा कुछ भी नहीं दिया था।

सँभालने के लिए कोई और। उनकी पत्नियों ने प्लास्टिक सर्जरी करवा ली थी और खुद को विचित्र प्राणियों में बदल लिया था। मैं इस तरह नहीं जीना चाहता था। यह पागलपन था। मैंने खुद से प्रतिज्ञा की थी कि मैं इस पैसे को अपने जीवन को बरबाद नहीं करने दूँगा।'

जॉब्स ने कभी भी खुद को परोपकारी बनाने का नाटक भी नहीं किया। उसने नीब करौरी बाबा की इच्छा के मुताबिक लैरी ब्रिलियंट द्वारा स्थापित 'सेवा फाउंडेशन' को आई.पी.ओ. से पहले ही चुपचाप पाँच हजार डॉलर का चेक जरूर भेज दिया था, लेकिन बाद में जब उन लोगों ने ज्यादा की अपेक्षा की थी तो कंप्यूटर के अलावा कुछ भी नहीं दिया था। जॉब्स ने एक फाउंडेशन की भी स्थापना की थी, लेकिन उसे इसलिए बंद कर दिया था कि बहाल किए गए लोगों ने उसे 'उद्यम' परोपकार के रूप में चलाने का सुझाव दिया था। जॉब्स ने सबसे बड़ा निजी उपहार—7.50 लाख डॉलर मूल्य के शेयर—अपने माता-पिता पॉल व क्लारा जॉब्स को दिया था। अपने 'खास' बेटे को उपहार में दिए गए कुछ शेयरों को बेचकर उन्होंने अपने लॉस अल्टोस के मकान की गिरवी का भुगतान किया था। जॉब्स के माता-पिता के लिए यह जिंदगी की सबसे ज्यादा खुशी का मौका था कि वह अपने गृह-कर्ज से मुक्त हुए थे। इस मौके पर पॉल व क्लारा जॉब्स ने अपने नजदीकी दोस्तों के साथ एक छोटे समारोह का भी आयोजन किया था और उसमें जॉब्स भी शामिल हुआ था। उन्होंने कभी भी बड़ा व ज्यादा आरामदेह घर खरीदने की इच्छा नहीं जताई थी, वे उसी मँझोले घर में खुश थे। हाँ, उन दोनों का सबसे बड़ा खर्चीला शौक था—साल में एक बार प्रिंसेस क्रूज में पनामा नहर की यात्रा पर जाना।

एप्पल कंप्यूटर के आई.पी.ओ. की अपार सफलता ने स्वाभाविक रूप से उसके जॉब्स को प्रसिद्ध भी बना दिया था। हालाँकि मई 1980 में बाजार में उतारा गया एप्पल-III पिट गया था, लेकिन एप्पल-II की बिक्री में बेतहाशा बढ़त जारी थी। सितंबर 1980 में खत्म हुए वित्त वर्ष में पिछले साल के मुकबले 145 फीसदी की बढ़त के साथ कंपनी का बिक्री राजस्व 11.72 करोड़ डॉलर व 129 फीसदी बढ़त के साथ शुद्ध लाभ 1.17 करोड़ डॉलर के स्तर पर पहुँच गया था। अगले साल भी यह सिलसिला जारी रहा था, सितंबर 1981 में खत्म हुए वित्त वर्ष में एप्पल ने 186

फीसदी बढ़त के साथ 33.50 डॉलर का बिक्री राजस्व व शुद्ध लाभ 240 फीसदी बढ़त के साल 3.94 करोड़ डॉलर के स्तर पर चला गया था। घोषित नेता होने के चलते इन सफलताओं का अधिकांश श्रेय भी जॉब्स की अनोखी उत्पाद प्रस्तुति पेशगी को ही दिया गया था। शुरुआती उद्यमों पर केंद्रित मासिक पत्रिका 'इंक' ने अक्तूबर 1981 के आवरण पृष्ठ पर जॉब्स को प्रकाशित कर एप्पल की सफलता को आवरण-कथा बनाया। यह पहली बार था कि जब किसी पत्रिका ने राष्ट्रीय कारोबारी फलक पर एप्पल व उसके नेता के रूप में जॉब्स को मान्यता दिलाने की कोशिश की थी। फरवरी 1982 में 'टाइम' पत्रिका ने एप्पल को अपने अंतरराष्ट्रीय संस्करण की आवरण-कथा बनाया और आवरण पृष्ठ पर जॉब्स का आकर्षक रेखाचित्र प्रकाशित किया।

लेकिन नई अमीरी व प्रसिद्धि के बावजूद जॉब्स अभी भी खुद को विरोध-संस्कृति में पैदा हुआ बच्चा ही समझ रहा था और स्टैनफोर्ड विश्वविद्यालय के युवाओं के बीच हिप्पी अंदाज में घुलने-मिलने-बोलने का सिलसिला जारी रखे था। वह अकसर परेशान होता था कि अमेरिकी युवा पीढ़ी में आदर्शवाद का अभाव था और वे भौतिकतावाद के पीछे भाग रहे थे। लेकिन इसी वर्ग के लिए जॉब्स को एप्पल के उत्पाद विकसित करने थे और उसके निशाने पर था—मैकिनटोश।

रस्किन के 'मैकिनटोश' पर जॉब्स का कब्जा

जेफ रस्किन के नेतृत्व में सितंबर 1979 में शुरू मैकिनटोश परियोजना सितंबर 1980 तक कोई खास प्रगति नहीं कर सकी थी। हरेक कुछ महीनों बाद ऐसी स्थिति आ जाती थी जब मार्ककुला इस परियोजना को बंद करने का फरमान सुनाता रहा था और जैफ रस्किन अपनी खुशामद की बदौलत मार्ककुला से अगले कुछ महीनों के लिए अभयदान हासिल कर लेता था। जैफ रस्किन सहित मैकिनटोश विकास दल में चार अभियंता थे और उन्हें मौजूदा एप्पल दफ्तर से अलग शुरुआती एप्पल दफ्तर में जगह दी गई थी। रस्किन ने मैकिनटोश प्रयोगशाला को इलेक्ट्रॉनिक खिलौने व रेडियो नियंत्रित प्रारूप हवाई जहाजों से भर रखा था और वहाँ का माहौल बिल्कुल बच्चों के 'दिवस-देखभाल केंद्र' (डे केयर सेंटर) जैसा बना हुआ था।

मैकिनटोश विकास दल का सबसे प्रतिभाशाली सदस्य था बुर्रेल कार्वर स्मिथ (जन्म 16 दिसंबर, 1955), जिसने किसी विश्वविद्यालय में विधिवत् पढ़ाई नहीं की थी। इलेक्ट्रॉनिक्स कारीगरों के साथ काम कर बुर्रेल ने खुद में कंप्यूटर हार्डवेयर अभियंताओं जैसा हुनर विकसित कर लिया था। फरवरी 1979 में एप्पल-II के मरम्मत तकनीकज्ञ (कर्मचारी संख्या 282) के रूप में बुर्रेल की बहाली हुई थी। बिल एटकिंसन ने बुर्रेल की क्षमता को पहचान लिया था और जैफ रस्किन को मैकिनटोश

विकास दल के लिए उसका नाम सुझाया था। शुरू में कुछ समय तक वोज ने भी अंशकालिक रूप में मैकिनटोश के मदरबोर्ड डिजाइन का काम देखा था, लेकिन अब बुर्रेल ने सारा काम सँभाल लिया था।

उपाध्यक्ष (शोध व विकास) की हैसियत से जॉब्स सारी परियोजना को शुरू से जानता था। वह रस्किन की दूरदृष्टि से तो काफी प्रभावित था, लेकिन कीमत को एक हजार डॉलर रखने के चक्कर में जरूरी प्रौद्योगिकियों के इस्तेमाल के मामले में उसके समझौतावादी रुख को नापसंद करता था। सितंबर 1980 की शुरुआत में जॉब्स ने रस्किन को निर्देश दिया था कि वह कीमत की चिंता छोड़ दूरगामी भविष्य की जरूरतों के मद्देनजर कंप्यूटर की क्षमताओं को बढ़ाने पर अपना ध्यान केंद्रित करे। लेकिन रस्किन ने जॉब्स द्वारा अपेक्षित क्षमताओं के साथ कंप्यूटर के विकास की शुरुआत को 'बेवकूफी' कहा था। रस्किन ने कहा था कि कंपनी को तात्कालिक व नजदीकी भविष्य की प्रौद्योगिकियों के साथ सीमित क्षमताओं वाले लक्ष्य के साथ कंप्यूटर का विकास करना चाहिए। कुल मिलकर रस्किन ने जॉब्स की 'जुनूनी महान' (इंसेनली ग्रेट) कंप्यूटर के विकास के इरादे को चुनौती देने व संस्थापक के आदेश की अवहेलना करने की कोशिश की थी। रस्किन सोच रहा था कि जॉब्स की खिलाफत में मार्ककुला व स्कॉट उसका साथ देंगे और काउच की 'लिसा' परियोजना की तरह ही उसे भी 'मैकिनटोश' का सर्वे-सर्वा बना दिया जाएगा।

लेकिन रस्किन गलत था, उसे अंदाजा नहीं था कि लिसा में जॉब्स की कोई खास दिलचस्पी नहीं रह गई थी और अब उसकी नजर मैकिनटोश पर टिक चुकी थी। जॉब्स का मजाक उड़ाते हुए रस्किन ने यह भी अनुमान नहीं लगाया था कि जॉब्स जैसे जुनूनी संस्थापक से टकराने का नतीजा क्या हो सकता था! लेकिन दफ्तर में अब यह चर्चा आम होने लगी कि एप्पल में रस्किन के दिन सीमित हो चुके थे, क्योंकि यह संस्थापक के आधिकारिक आदेश के उल्लंघन का मामला बनता था। काउच ने सीधे तौर पर कभी भी जॉब्स के आदेश को नकारने की गलती नहीं थी, लिहाजा जॉब्स ने भी लिसा से हटाए जाने को अपनी प्रतिष्ठा का मुद्दा नहीं बनाया था।

जॉब्स का पहला मतभेद रस्किन की एक कमजोर मोटोरोला 6809 माइक्रोचिप के इस्तेमाल की जिद को लेकर था। रस्किन की जिद थी कि मैकिनटोश की कीमत को एक हजार डॉलर के नीचे रखना था और उसे कीमत के सामने कंप्यूटर की क्षमता की कोई परवाह नहीं थी। लेकिन जॉब्स को 'जुनूनी महान्' कंप्यूटर बनाना था, जिसमें सबसे शक्तिशाली माइक्रोचिप—मोटोरोला 68000 का इस्तेमाल किया जाना सबसे अहम सवाल था। लिहाजा आई.पी.ओ. की गतिविधियाँ पूरी हो जाने के बाद वर्ष 1980 के क्रिसमस से कुछ दिनों पहले जॉब्स ने जेफ रस्किन को बिना बताए ही बुर्रेल स्मिथ

को मोटोरोला 68000 का इस्तेमाल कर कम-से-कम समय में नया कंप्यूटर प्रारूप तैयार करने की चुनौती दी थी। जी हाँ, जॉब्स ने यहाँ भी अपने आजमाए हुए प्रबंधन सूत्र को अपनाया था, जैसाकि वह वोज के साथ करता आया था। बुर्रेल भी वोज की ही तरह बिल्कुल पागल प्रौद्योगिकीविद था। जाहिर है कि जॉब्स की चुनौती को सच बनाने के लिए बुर्रेल ने दिन-रात कर दिया था। अगले तीन सप्ताह तक—बिना रुके, बिना थके, लगभग सारा दिन व सारी रात—बुर्रेल ने लगभग सभी प्रकार की सर्किट डिजाइन तकनीकों को आजमा लिया था और अंत में वह अपेक्षित सर्किट डिजाइन को अंतिम रूप देने में सफल हो गया था। एक बार फिर से जॉब्स की 'वास्तविकता विरूपण कला' का आश्चर्यजनक नतीजा सामने आया था—मोटोरोला 68000 माइक्रोचिप पर आधारित माइक्रोसॉफ्ट के युगांतकारी सर्किट बोर्ड का प्रारूप तैयार हो गया था। बुर्रेल को भी भरोसा नहीं हो रहा था कि आखिरकार शुरू में असंभव से लगनेवाले काम को उसने कैसे संभव कर लिया था!

जो भी हो, जॉब्स अपने इरादे में कामयाब हो गया था। नए सर्किट बोर्ड को देखकर रस्किन भी भौचक था। जॉब्स ने रस्किन को नए प्रारूप के आधार पर कंप्यूटर की कीमत का आकलन करने का आदेश दिया। रस्किन के पास जॉब्स की बात मान लेने के अलावा और कोई विकल्प नहीं था। असल में यह एक चिप के बदले दूसरे चिप के इस्तेमाल का ही मामला नहीं था, बल्कि मैकिनटोश पर एप्पल का भविष्य टिका हुआ था। रस्किन की जिद पर ही सभी जेरॉक्स पार्क गए थे और एकमत से उसकी माउस संचालित चित्रात्मक उपयोगकर्ता अंतर फलक (जी.यू.आई.) को अपनाने का फैसला हुआ था। लेकिन रस्किन जिस चिप को लेकर आगे बढ़ने की जिद में जॉब्स के आदेश की अवहेलना कर देने की जुर्रत कर रहा था, उससे तो यह सबकुछ संभव ही नहीं था। जाहिर है कि अब खुद रस्किन का शिष्य बिल एटकिंसन भी खुलकर जॉब्स के साथ खड़ा हो गया था, क्योंकि वह भी ताकतवर कंप्यूटर बनाने का पक्षधर था।

रस्किन को जॉब्स की बात माननी पड़ी और अब जॉब्स ने रस्किन को नजरंदाज कर मैकिनटोश कार्यदल को सीधे निर्देशित करना शुरू कर दिया। जॉब्स खुलेआम कहने लगा था कि रस्किन महज एक असंभव सपना देखनेवाला 'कोरा आदर्शवादी' था, जबकि वह अपनी सोच को साबित करनेवाला 'कर्ता' था। जॉब्स ने एप्पल के समूचे कार्यदल के सामने जॉन काउच से भी पाँच हजार डॉलर की बाजी लगाई थी कि 'लिसा' से पहले 'मैकिनटोश' बाजार में जाएगा। इतना ही नहीं, जॉब्स ने दावा किया था कि मैकिनटोश हर लिहाज से लिसा से बेहतर व सस्ता होगा। जॉब्स की इस खुली दावेदारी को भी रस्किन ने नजरअंदाज किया और खुद को मैकिनटोश का सर्वेसर्वा समझते हुए अपनी चलाने की कोशिश करता रहा।

जॉब्स का आक्रामक होना लाजमी था। रस्किन ने फरवरी 1981 में समूचे एप्पल कार्यदल को एक सामूहिक विचार-विमर्श के लिए दोपहर के खाने पर आमंत्रित किया, लेकिन जॉब्स ने कंपनी पर अपना हक जताने के लिए ऐन मौके पर खाने का आदेश रद्द कर दिया। जब रस्किन सभाकक्ष में पहुँचा था तो वहाँ करीब सौ लोग उसे सुनने व दोपहर के खाने का इंतजार का इंतजार कर रहे थे। जॉब्स ने अपने फैसले से किसी को भी अवगत करने की जरूरत नहीं समझी थी। रस्किन को मौके पर पता चला कि खाने का आदेश रद्द किया जा चुका था। खैर, रस्किन ने मन मसोसकर अपना भाषण खत्म किया और अपने दफ्तर में लौटकर जॉब्स के खिलाफ एप्पल कंप्यूटर कंपनी के अध्यक्ष माइक मार्ककुला को शिकायत भेजी, एक बार फिर से मार्ककुला के सामने अजीबोगरीब स्थिति उत्पन्न हो गई थी, लेकिन इस बार उसे कंपनी के भविष्य को चुनना था।

जॉब्स साबित कर चुका था कि मैकिनटोश परियोजना को वही बेहतर समझता था। बरताव संबंधी तमाम समस्याओं के बावजूद अधिकांश एप्पल कर्मचारियों के बीच पहले से ही जॉब्स की एक करिश्माई नेता की छवि बनी हुई थी और आई. पी.ओ. की ऐतिहासिक सफलता के बाद वह लाखों अमेरिकी निवेशकों का भी नायक बन चुका था। लिहाजा अब मार्ककुला के लिए यह संभव नहीं था कि एक विभाग प्रमुख को बचाने के लिए संस्थापक के खिलाफ फैसला सुनाए। लेकिन एक बार फिर से मार्ककुला ने अपने प्रति जॉब्स के सम्मान का नाजायज फायदा उठाया। इस बार भी जॉब्स को अपना जायज पक्ष रखने के लिए रस्किन की उपस्थिति में मार्ककुला के सामने रोना-गिड़गिड़ाना पड़ा था। लेकिन जॉब्स अपनी जिद पर अड़ा था—रस्किन या वह? मार्ककुला ने यहाँ भी एक कूटनीतिक चाल सोची थी—इसी बहाने जॉब्स मुख्यालय से बाहर चला जाएगा और ऐसा ही हुआ भी था। रस्किन को तत्काल प्रभाव में मैकिनटोश परियोजना से अलग कर दिया गया। यहाँ भी जॉब्स को मार्ककुला की दूरगामी रणनीति समझ नहीं आई, और उसने मुख्यालय (बैंडले ड्राइव-1,2 व 3, क्यूपरटिनो) की गतिविधियों से बिल्कुल दूर अपना सारा ताम-झाम मैकिनटोश के दफ्तर में स्थानांतरित कर लिया। (क्यूपरटिनो में गुडअर्थ रेस्तराँ के सामने का यह दफ्तर एप्पल का पहला मूल दफ्तर था, जहाँ पहले लिसा कार्यदल काम कर रहा था।)

मैकिनटोश का पुनर्गठन व स्कॉट की छुट्टी

जैफ रस्किन की असामयिक विदाई के कुछ दिनों बाद जॉब्स ने मैकिनटोश कार्यदल का पुनर्गठन शुरू कर दिया था। उसने बिल एटकिंसन को तो काफी पहले

से एप्पल-II के अलावा इस काम में भी खींच रखा था और अब तक बिल बुर्रेल स्मिथ उसका परम शिष्य बन चुका था।

जैफ रस्किन की असामयिक विदाई के कुछ दिनों बाद जॉब्स ने मैकिनटोश कार्यदल का पुनर्गठन शुरू कर दिया था। उसने बिल एटकिंसन को तो काफी पहले से एप्पल-II के अलावा इस काम में भी खींच रखा था और अब तक बिल बुर्रेल स्मिथ उसका परम शिष्य बन चुका था।

जॉब्स की अगली नजर प्रतिभाशाली युवा अभियंता एंडी हट्र्जफ्लेड पर थी, जो अगस्त 1978 में एप्पल-II में प्रणाली क्रमादेशक (सिस्टम प्रोग्रामर) के रूप में शामिल हुआ था। 6 अप्रैल, 1953 को फिलाडेल्फिया (पेनसिल्वेनिया) में जनमे हट्र्जफ्लेड ने वर्ष 1975 में ब्राउन विश्वविद्यालय (प्रोविडेंस, रोड आइलैंड) से स्नातक कंप्यूटर विज्ञान (बी.एस.) व वर्ष 1978 में कैलिफोर्निया विश्वविद्यालय (बर्कले) से परास्नातक कंप्यूटर विज्ञान (एम.एस.) किया था। जब एक दिन जॉब्स ने अचानक एंडी हट्र्जफ्लेड के सामने मैकिनटोश कार्यदल में शामिल होने का प्रस्ताव रखा तो वह घबरा सा गया था। काफी अन्य अभियंताओं की तरह वह भी जॉब्स से डरता था। लेकिन उसने जॉब्स को मना करने की बजाय अपने मौजूदा काम—एप्पल II के लिए डॉस कार्यक्रम—पूरा करने तक का समय माँगा। तब जॉब्स ने उसे समझाया था कि एप्पल-II पर ज्यादा दिमाग लगाना बेकार था, क्योंकि अगले कुछ सालों में उसका खत्म हो जाना तय था और मैकिनटोश एप्पल का भविष्य था, जहाँ उसके पास सितारा बनने का मौका था, इसके बाद भी जब एंडी हिलता नहीं दिखा तो जॉब्स ने तत्काल उसके मेज पर रखे कंप्यूटर का बिजली तार छुड़ा दिया था। फिर जॉब्स ने एंडी के कंप्यूटर व अन्य उपकरणों को खुद ही उठा लिया और उसे भी अपनी सिल्वर मर्सडीज में बैठने के लिए बाध्य कर दिया। थोड़ी देर बाद दोनों मैकिनटोश के दफ्तर में थे। जॉब्स ने उसका सारा सामान बुर्रेल स्मिथ के बगल के घनाकृतिक (क्यूबिकल) में रखा और कहा—अब तुम्हारी मेज यह है। जी हाँ, यह दफ्तर मैकिनटोश के पूर्व प्रभारी जेफ रस्किन का था और मेज की दराज में अब भी उसके इलेक्ट्रॉनिक खिलौने पड़े हुए थे।

इसके बाद, जॉब्स ने मैकिनटोश कार्यदल के लिए जरूरी बहाली का सिलसिला शुरू कर दिया था। लेकिन जॉब्स की जीत तब पूरी हुई थी, जब उसे माइक स्कॉट को अध्यक्ष व मुख्य कार्यकारी अधिकारी के पद से हटवाने का मौका मिला था।

25 फरवरी, 1981 को स्कॉट ने अपनी सनक में अचानक एप्पल-II कार्यदल के आधे सदस्यों सहित कुल 40 कर्मचारियों को एक साथ नौकरी से छुट्टी कर देने का आदेश जारी कर दिया। एप्पल-III की असफलता के बाद स्कॉट पर निदेशक मंडल

की तरफ से बेहतर कार्य-प्रदर्शन का दबाव बना हुआ था। जॉब्स को लिसा परियोजना से हटाने के बाद उसकी मनमानी कुछ ज्यादा ही बढ़ गई थी और उसने कर्मचारियों के कार्य-प्रदर्शन को अजीबोगरीब अंदाज में आँकने का सिलसिला शुरू कर दिया था। स्कॉट ने अपने हिसाब से तथाकथित नकारा लोगों की सूची बनाई और एक दिन अचानक सभी को निकालने का फरमान सुना दिया। एप्पल के अधिकांश कर्मचारियों, स्कॉट द्वारा द्वारा बहाल किए लोगों ने भी, उसकी इस काररवाई को अनुचित बताया था और उस दिन को 'काला बुधवार' कहकर स्कॉट की खिलाफत शुरू कर दी थी।

जॉब्स को स्कॉट से बदला लेने का मौका मिल गया और उसने उस विरोध को हवा दे दी। मामला निदेशक मंडल के पास पहुँचा और सभी ने एकमत से स्कॉट के फैसले को नाजायज करार दे दिया। फिर एक दिन जब स्कॉट की अनुपस्थिति में वह हवाई में छुट्टी का मजा ले रहा था, उसके दोनों पदों की जिम्मेदारी माइक मार्ककुला ने खुद अपने हाथों में ले ली थी। सीधे कंपनी से निकालने की बजाय निदेशक मंडल ने स्कॉट को पदोन्नत कर उप-सभापति बनाने का फैसला लिया था। लेकिन बिना अधिकार वाले पद पर ज्यादा दिनों तक काम कर पाना स्कॉट जैसे घमंडी व्यक्ति के लिए संभव नहीं था और 10 जुलाई, 1981 को उसने एप्पल को छोड़ देने का अपना फैसला सुनाया था।

स्कॉट की आंतरिक अड़ंगेबाजी के डर से आजाद होने के बाद जॉब्स ने जल्द ही मैकिनटोश दल के सदस्यों की संख्या बढ़ाकर 20 कर ली और उनके लिए एक बेहतर दफ्तर की माँग करने लगा। मार्ककुला ने कोई ऐतराज नहीं किया था और जॉब्स ने मैकिनटोश दल को एप्पल मुख्यालय से दो ब्लॉक दूर, दो मंजिले टेक्साको टावर (टेक्साको रेलवे स्टेशन के बाद) में स्थानांतरित कर दिया था। इस दफ्तर को जॉब्स ने अपने हिसाब से सजाया था और कर्मचारियों के मनोरंजन के लिए एंडी हट्र्जफ्लेड व बुर्रेल स्मिथ को एक महँगा स्टीरियो सिस्टम खरीदने की इजाजत भी दे दी थी।

जॉब्स का जुनून व मैकिनटोश का विकास

एक बार फिर से जॉब्स उस दफ्तर में आ गया था, जहाँ गैरेज से निकालने के बाद एप्पल ने अपना पहला दफ्तर बनाया था। 'गुडअर्थ' नामक इस छोटे से भवन में सोनी का बिक्री दफ्तर भी था। सोनी अपनी विशिष्ट शैली व यादगार उत्पाद डिजाइन के लिए प्रसिद्ध था, लिहाजा जॉब्स अकसर उस दफ्तर में विपणन सामग्रियों के अध्ययन के लिए जाया करता था। उसने सन् 1980 में सोनी के एक कर्मचारी डेनियल लेविन को एप्पल में भरती कर लिया था। लेकिन जून 1981 में, एस्पेन (कोलोराडो) में आयोजित इंटरनेशनल डिजाइन कॉन्फ्रेंस से हिस्सा लेने के बाद से सोनी के गहरे रंग

के औद्योगिक डिजाइन खूबियों की तरफ जॉब्स का खिंचाव कम हुआ था और जर्मन डिजाइन आंदोलन—बॉहॉस—में उसकी रुचि बढ़ती चली गई थी।

बॉहॉस शैली, जिसे 'अंतरराष्ट्रीय शैली' मानी जाती है, में अलंकरण की बजाय किसी वस्तु या भवन के काम व उसके डिजाइन के बीच सामंजस्य पर जोर दिया जाता है। वैसे भी जॉब्स ने पहले से ही इतालवी पुनर्जागरण के बहुज्ञ प्रणेता लियोनार्दो दा विंची के सूत्र-वाक्य 'सादगी परम परिष्कार है' को अपना डिजाइन मंत्र बना रखा था और एप्पल उत्पादों के डिजाइन को उनके उपयोग की सरलता के आधार पर ही अंतिम रूप देता आ रहा था। लिहाजा मैकिनटोश के डिजाइन के लिए भी इसी सिद्धांत को जारी रखने का फैसला किया था।

हम जानते हैं कि जॉब्स ने कजिन आर्ट के फूड प्रोसेसर के आधार पर एप्पल-II के डिजाइन का काम होमब्रू कंप्यूटर क्लब के सदस्य जैरी मनोक को सौंपा था। लॉस एंजिल्स में पले-बढ़े जेरोल्ड क्लिफर्ड 'जैरी' मनोक (जन्म—21 फरवरी, 1944) ने स्टैनफोर्ड विश्वविद्यालय से सन् 1966 में स्नातक-यांत्रिक अभियांत्रिकी (बीएस-मैकेनिकल इंजीनियरिंग) व सन् 1968 में परास्नातक—यांत्रिक अभियांत्रिकी उत्पाद डिजाइन (एमएस) की उपाधियाँ हासिल की थीं। सन् 1972 तक हेवलेट पैकार्ड के माइक्रोवेव प्रभाग में डिजाइन अभियंता के रूप काम करने के बाद मेनोक ने टेलीसेंसरी सिस्टम्स (पालो आल्टो) में मुख्य यांत्रिक अभियंता के रूप में अंधे व कम देखनेवालों के लिए तकनीकी उपकरणों की डिजाइनिंग की थी। उसके बाद स्वतंत्र उत्पाद डिजाइन सलाहकार के रूप में काम कर रहा था। एप्पल-II की सफलता के बाद जॉब्स ने सन् 1979 में मनोक को उत्पाद डिजाइन कार्यदल के प्रबंधक के रूप में एप्पल में शामिल किया था। उसके बाद मनोक ने एप्पल-III का आवरण, अलग करने योग्य (डीटैचेबल) की-बोर्ड, डिस्क ड्राइव-II, III व लिसा के डिजाइन में अहम भूमिका अदा की थी। अब जॉब्स ने मनोक सहित उसी के कार्यदल के एक अन्य सदस्य टेरी ओयामा को मैकिनटोश के लिए कंप्यूटर बक्से के ऊपर परिवीक्षक (मॉनिटर) व डीटैचेबल की बोर्ड का औद्योगिक डिजाइन विकसित करने का काम सौंपा था।

उसके बाद जॉब्स ने एप्पल के निदेशक-रचनात्मक सेवा (डायरेक्टर-क्रिएटिव सर्विसेज) जेम्स फेरिस से मैकिनटोश के बाहरी रंग-रूप व प्रचार-सामग्रियों के विकास की अवधारणाओं पर गंभीर चर्चाओं का सिलसिला शुरू किया था। एप्पल-II के सफल शुभारंभ व जबरदस्त विपणन अभियान के बाद ही जॉब्स ने फेरिस को विज्ञापन एजेंसी 'रेगिस मैककेना' से तोड़ लिया था और जॉब्स ने उसे एप्पल में 'आर्ट गॉड' जैसी हैसियत दे रखी थी। जॉब्स जर्मन मोटरवाहन निर्माता वोक्सवैगन द्वारा कम लागत

खरीद के लिए बनाई गई उत्कृष्ट कार—'वोक्सवैगन बीटल' की तर्ज पर मैकिनटोश को 'लोगों का कंप्यूटर' के रूप में पेश करना चाहता था।

याद रहे कि नाजी जर्मनी के नेता अडोल्फ हिटलर की फरमाइश पर फर्डिनेंड पोर्श ने सन् 1938 में 'लोगों की गाड़ी' (पीपुल्स कार यानी वोक्सवैगन) यानी सस्ती व सरल कार—'बीटल' की रचना की थी। बीटल को दुनिया में एक ही डिजाइन मंच पर सबसे लंबे समय (सन् 1938 से 2003) तक, सबसे ज्यादा उत्पादित (2.10 करोड़ इकाई) कार होने का गौरव हासिल है। फर्डिनेंड पोर्श ने ही वर्ष 1900 में दुनिया के पहले संकर वाहन (हाइब्रिड वेहिकल)—लोहनर पोर्श व वर्ष 1928 में अपने युग के सर्वाधिक सम्मानित खेल कार—मर्सिडीज बेंज एस.एस.के. की डिजाइन किया था।

फेरिस ने मैकिनटोश को इतालवी विलासिता खेल कार—फेरारी की तर्ज पर कामोत्तेजक बनाने का सुझाव पेश किया था। लेकिन जॉब्स ने 'फेरारी' की डिजाइन को बेवजह महँगी व भड़कीली डिजाइन करार दिया था और उसकी जगह 'पोर्शे' की कलात्मक डिजाइन को अपनाने पर जोर दिया था। असल में जॉब्स ने हाल ही में 'पोर्शे 928' खरीदी थी, जबकि मर्सडीज पहले से ही उसके पास थी। एक सप्ताहांत जब बिल एटकिंसन जॉब्स के घर गया था तो वह उसे पार्किंग लॉट में कारें दिखाने ले गया था। वाल्टर आइसेक्सन की जॉब्स की आत्मकथा के मुताबिक जॉब्स ने पोर्श व मर्सडीज की डिजाइन विशेषताओं का इस तरह बखान किया था—

'महान् कला रुचि का फैलाव करती है, यह रुचियों का अनुसरण नहीं करती। पिछले वर्षों में, उन्होंने (कार की) लकीरों को ज्यादा नरम बना दिया है, लेकिन विस्तारों को और भी फीका। यही हमें मैकिनटोश के साथ करना है।'

जैरी मनोक व टेरी ओयामा जॉब्स की डिजाइन अवधारणा को हकीकत बनाने में जी-जान से जुट गए थे। उन्होंने प्लास्टर ऑफ पेरिस से कंप्यूटर-प्रारूप बनाना शुरू किया। मैकिनटोश कार्यदल की मासिक बैठक में प्रारूप की समीक्षा की जाती थी। लगातार चार डिजाइन प्रारूपों को खारिज करने के बाद भी जॉब्स को संतुष्टि नहीं मिली थी। एक बार फिर से जॉब्स स्टैनफोर्ड शॉपिंग सेंटर (पालो अल्टो) स्थित उच्चस्तरीय विभाग भंडार (डिपार्टमेंट स्टोर) शृंखला—मैकी'ज में जा पहुँचा और अपने पसंदीदा कुजीन आर्ट रसोई उपकरणों की डिजाइन का बारीकी से निरीक्षण किया। अगले दिन डिजाइन दल को कुछ उपकरण खरीद लाने का सुझाव दिया। फिर मनोक व ओयामा को मैकिनटोश की डिजाइन में लकीरों, मोड़ों व झुकावों को कुजीन आर्ट उपकरणों की तरह बनाने का सुझाव दिया। इस बीच जॉब्स लगातार जोर देता रहा था कि मशीन दोस्ताना दिखनी चाहिए। नतीजतन जो कंप्यूटर प्रारूप सामने आया था, वह मानवीय चेहरे जैसा लगता था। चौंकिए मत, मैकिनटोश आवरण के पेटेंट आवेदन में मेनोक व

ओयामा के साथ जॉब्स ने अपना नाम भी शामिल किया था। क्या यह जायज था? जी हाँ, मेनोक व ओयामा ने इसे जॉब्स का हक बताया था। दोनों ने माना था कि जॉब्स ने भले कोई लकीर न खींची हो, लेकिन उसके विचार व प्रेरणा के बिना उनके लिए मैकिनटोश के प्रारूप को 'दोस्ताना' बना पाना संभव नहीं हो पाता।

सिर्फ बाहरी डिजाइन को लेकर ही नहीं, जॉब्स मॉनिटर पर उभरनेवाली अक्षराकृति (टाइपफेस) को लेकर भी काफी संवेदनशील था। उसने रीड कॉलेज में बाकायदा हस्तलिपि (कैलीग्राफी) का पाठ्यक्रम पूरा किया था, लिहाजा उसने उपलब्ध लिपियों की बजाय मैकिनटोश के लिए विशेष प्रकार की लिपि शृंखलाएँ विकसित करने का फैसला किया था। इसके लिए एंडी हट्र्जफ्लेड ने अपनी हाई स्कूल की दोस्त सुसन करे को बुलाया था। इथाका (न्यूयॉर्क) में पली-बड़ी सुसन ने वर्ष 1975 में महिलाओं के लिए उदार कला महाविद्यालय माउंट होलीओके कॉलेज (दक्षिण हैडली, मैसाचुसेट्स) से स्नातक (बी.ए.) व वर्ष 1978 में न्यूयॉर्क विश्वविद्यालय (न्यूयॉर्क सिटी) से पी-एच.डी. की थी। सन् 1982 की शुरुआत में एप्पल में शामिल (कर्मचारी संख्या-3978) होने से पहले वह म्युजियम ऑफ मॉडर्न आर्ट (सैन फ्रांसिस्को) में काम कर रही थी। सुसन ने मैकिनटोश के लिए कई नई लिपि शृंखलाएँ विकसित की थीं, जिन्हें जॉब्स के सुझाव पर विश्वस्तरीय महानगरों—न्यूयॉर्क, जिनेवा, लंदन, सैन फ्रांसिस्को, टोरंटो व वेनिस—के रूप में नामित किया गया था। इसके अलावा सुसन ने चित्रात्मक उपयोगकर्ता अंतरफलक (जी.यू.आई.) व मैकिनटोश परिचालन प्रणाली—मैक ओ.एस. के लिए कई चिह्न (आइकॉन) भी विकसित किए थे। मसलन बिटमैप छवि—'डॉगकाऊ', सामान्य बूटअप (स्टार्टअप) चिह्न—'हैप्पी मैक', की-बोर्ड शॉर्टकट कमांड—'कमांड केय' आदि।

विंडो सजावट का हिस्सा—शीर्षक पट्टी (टाइटल बार) की बनावट-दिखावट के लिए भी जॉब्स ने बिल एटकिंसन के साथ-साथ सुसन करे को काफी परेशान किया था। जॉब्स को लिसा के लिए विकसित बहुत ही काली व रूखी शीर्षक पट्टियाँ कतई पसंद नहीं थीं, और यह दोनों पर मैकिनटोश के लिए ज्यादा 'चिकनी' शीर्षक पट्टियाँ विकसित करना चाहता था। जॉब्स की जिद को पूरी करने के लिए एटकिंसन व सुसन ने काफी समय व मेहनत से 20 से ज्यादा नमूने तैयार किए थे, लेकिन जॉब्स ने उनमें से एक को भी पसंद नहीं किया। दोनों ने जॉब्स से गुजारिश की थी वह इस मामूली काम के लिए खामखाँ उनका समय खराब न कराए व अन्य गंभीर कामों को करने की इजाजत दे। उनकी दिक्कतों को समझने की बजाय जॉब्स भड़क उठा था, 'क्या तुम हर रोज उसे देखने की कल्पना कर सकते हो? यह सिर्फ छोटी बात नहीं है, यह कुछ ऐसा है, जिसे हमें सही करना है।'

मैकिनटोश डिजाइन विकास कार्यदल ने जॉब्स की पसंद को सर्वोत्तम माना था और उसे मैकिनटोश में लागू किया था। जॉब्स की डिजाइन दूरदृष्टि इतनी सटीक व कारगर साबित हुई थी कि उसे अगले 15 वर्षों तक मानक के रूप में इस्तेमाल किया जाता रहा था।

आखिरकार जॉब्स की समस्या का हल उसके प्रिय मैकिनटोश सदस्य च्रिस एस्पिनोसा ने निकाला। वर्ष 1976 में जब च्रिस 14 साल का था व स्कूल में पढ़ रहा था, तभी जॉब्स ने उसे अपनी गैरेज वाली एप्पल में आठवें कर्मचारी के रूप में भरती कर लिया था। वह स्कूल से आने के बाद सॉफ्टवेयर नियम पुस्तिका लिखने व कोडिंग का काम करता आ रहा था। च्रिस ने कैलिफोर्निया विश्वविद्यालय (बर्कले) में आगे की पढ़ाई के लिए नामांकन भी कराया था, लेकिन जॉब्स ने यह कहकर पढ़ाई छुड़वा दी थी कि वह पढ़ाई तो बाद में भी कर लेगा, लेकिन मैकिनटोश में काम करने का मौका नहीं मिलेगा। च्रिस ने खुद ही मैकिनटोश के लिए कैलकुलेटर विकसित करने का फैसला किया था। वह पिछले काफी समय से जॉब्स को अपना कैलकुलेटर डिजाइन दिखाता आ रहा था, लेकिन जॉब्स हर बार कोई-न-कोई कमी निकाल देता था। मसलन 'पृष्ठभूमि का रंग बहुत ज्यादा गहरा है', कुछ लकीरों की मोटाई गलत है, 'बटन बहुत बड़े हैं', आदि।

जॉब्स की समीक्षा के मुताबिक सुधार करते-करते च्रिस खीझ गया था। फिर एक दिन उसने जॉब्स के सामने एक नया समाधान—स्टीव जॉब्स खुद बनाओ अपना कैलकुलेटर निर्माण समुच्चय—पेश किया था। इसके जरिए उपयोगकर्ता कैलकुलेटर की मनचाही डिजाइन संरचना—पृष्ठभूमि रंग, लकीरों की मोटाई, बटन का आकार आदि—चुन सकता था। हँसने की बजाय जॉब्स उसमें खो गया था और इस अनोखी सुविधा के साथ करीब दस मिनटों तक खेलने के बाद उसने अपनी पसंद का डिजाइन चुन लिया था। हैरान होने की जरूरत नहीं है कि मैकिनटोश डिजाइन विकास कार्यदल ने जॉब्स की पसंद को सर्वोत्तम माना था और उसे मैकिनटोश में लागू किया था। जॉब्स की डिजाइन दूरदृष्टि इतनी सटीक व कारगर साबित हुई थी कि उसे अगले 15 वर्षों तक मानक के रूप में इस्तेमाल किया जाता रहा था। जी हाँ, यूँ ही कोई स्टीव जॉब्स नहीं हो जाता!

जेरॉक्स स्टार व आई.बी.एम. पी.सी. से प्रतिस्पर्धा

जब एप्पल में लिसा व मैकिनटोश के समानांतर विकास की तैयारियाँ तेज हुईं और उनकी चर्चा उद्योग जगत् में फैलने लगी तो जेरॉक्स कॉरपोरेशन की भी नींद टूटी। उन्होंने भी अपने शोध-रत्नों के वाणिज्यीकरण का फैसला किया और 'जेरॉक्स

आल्टो' में सुधार को तेज कर दिया। नतीजतन 27 अप्रैल, 1981 को 'जेरोक्स स्टार 8010' बाजार में आ गया, जो विंडोज आधारित चित्रात्मक उपयोगकर्ता अंतरफलक (जी.यू.आई.), आइकॉन, फोल्डर, माउस (दो बटन), ईथरनेट नेटवर्किंग, फाइल सर्वर, प्रिंट सर्वर व ई-मेल जैसी तमाम सुविधाओं से लैस था। जेरॉक्स भले ही एक बड़ी कंपनी थी, लेकिन उसका मुख्य कारोबार फोटोकॉपी मशीन तक ही सीमित था। उसके लिए कंप्यूटर जैसे अति-संवेदनशील उत्पाद की बाजार संभावनाओं का अंदाजा लगा पाना संभव नहीं था।

जेरॉक्स पार्क के वैज्ञानिक कंप्यूटर प्रौद्योगिकी के उस्ताद थे, लिहाजा उन्होंने जेरॉक्स स्टार को तमाम आधुनिकतम प्रौद्योगिकियों से लैस किया था। लेकिन उन वैज्ञानिकों को उपभोक्ता उत्पाद बनाने का कोई अनुभव नहीं था, इसीलिए उन्होंने मशीन में उपयोगकर्ता अनुभव को तवज्जो ही नहीं दी थी। मशीन काफी सुस्त थी—एक बड़ी फाइल खुलने व सुरक्षित होने में मिनटों का वक्त लगता था। 'जेरॉक्स स्टार' को आम उपभोक्ताओं के लिए नहीं बल्कि बड़े कार्यालयों को ध्यान में रखकर तैयार किया गया था और उसे 16,595 डॉलर के ऊँचे खुदरा मूल्य पर बाजार में उतारा गया था। गनीमत यह थी कि उसके मुकाबले का कोई कंप्यूटर बाजार में नहीं था और उसकी करीब 30 हजार मशीनें बिक गई थीं।

बाजार में आते ही जॉब्स अपने कार्यदल के साथ 'जेरॉक्स स्टार' को देखने के लिए स्थानीय विक्रेता के पास गया। थोड़ी देर देखने के बाद जॉब्स ने बखूबी अंदाजा लगा लिया था मैकिनटोश की जेरॉक्स स्टार से दूर-दूर तक कोई प्रतिस्पर्धा नहीं थी। नमूने के तौर पर ही सही, न तो जॉब्स को और न ही किसी अन्य सदस्य को ही, उतनी महँगी मशीन खरीदने का कोई औचित्य नजर आया था। लेकिन जॉब्स ने जेरॉक्स स्टार की तकनीकी खूबियों को नजरअंदाज नहीं किया था और जल्द ही जेरॉक्स स्टार के हार्डवेयर डिजाइनर बॉब बेल्लेविले को अपने मैकिनटोश कार्यदल का हिस्सा बनने के लिए जरूर राजी कर लिया था।

इसी क्रम में, 12 अगस्त, 1981 को इंटरनेशनल बिजनेस मशीन कॉरपोरेशन (आई.बी.एम.) ने अपना व्यक्तिगत कंप्यूटर—'आई.बी.एम. पी.सी.' बाजार में उतारा। प्रौद्योगिकी के हिसाब से यह मशीन 'जेरॉक्स स्टार' के सामने किसी भी मुकाबले में नहीं थी, क्योंकि उसमें विंडोज आधारित चित्रात्मक उपयोगकर्ता अंतरफलक (जी.यू.आई.) प्रौद्योगिकियों का इस्तेमाल नहीं हुआ था। याद रहे कि माइक्रोसॉफ्ट ने आई.बी.एम. पी.सी. के लिए ही अपनी पहली परिचालन प्रणाली (ऑपरेटिंग सिस्टम/ओ.एस.)— एम.एस.डॉस. (माइक्रोसॉफ्ट डिस्क ऑपरेटिंग सिस्टम) का विकास किया था, जिसमें पुरानी पड़ चुकी 'आदेश पंक्ति' (कमांड लाइन) संकेतों का ही इस्तेमाल संभव था।

जाहिर है कि महत्त्वाकांक्षी मैकिनटोश के विकास में जुटे जॉब्स व उसके सदस्यों को यही समझ में आया था कि आई.बी.एम. प्रौद्योगिकी के मामले में एप्पल से काफी पीछे चल रही थी। जॉब्स ने मेनफ्रेम व मिनी कंप्यूटर बाजार पर आई.बी.एम. की बादशाहत को भी कम करके आँका था और यह अनुमान लगाने में विफल रहा था कि छोटी-बड़ी कंपनियों के लाखों प्रौद्योगिकी प्रबंधक (टेक्नोलॉजी मैनेजर) कुछ साल पहले बाजार में उतरी 'एप्पल' के मुकाबले में महारथी ब्रांड 'आई.बी.एम.' को ज्यादा महत्त्व देंगे।

इतना ही नहीं, जॉब्स ने एम.एस. डॉस का विकास करनेवाली कंपनी माइक्रोसॉफ्ट व बिल गेट्स को भी कम करके आँका था। वर्ष 1981 में माइक्रोसॉफ्ट 128 कर्मचारियों वाली छोटी कंपनी थी, जिसका बिक्री राजस्व सिर्फ 1.6 करोड़ डॉलर था, जबकि उसके मुकाबले में एप्पल तीन हजार से अधिक कर्मचारियों सहित कुल 33.5 करोड़ डॉलर का राजस्व हासिल करनेवाली कंपनी थी। तब जॉब्स ने माइक्रोसॉफ्ट द्वारा जारी विंडोज आधारित अनुप्रयोगों के विकास को भी गंभीरता से नहीं लिया और यह नहीं सोचा कि वह भी विंडोज परिचालन प्रणाली का विकास कर लेगी। यही कारण था कि जॉब्स जब कुछ समय पहले सीएटल में माइक्रोसॉफ्ट के दफ्तर में गया और बिल गेट्स व पॉल एलन के सामने मैकिनटोश परियोजना के बारे में बढ़ा-चढ़ाकर बातें कीं और उन्हें मैकिनटोश के लिए कुछ अनुप्रयोग सॉफ्टवेयर विकसित करने का मौका देने की बात कही थी। उस वक्त जॉब्स की हैसियत 'राजा' जैसी थी और सॉफ्टवेयर अनुबंध हासिल करने के लिए बिल गेट्स ने 'दरबारी' की तरह एप्पल मुख्यालय का चक्कर काटना शुरू कर दिया था। जिस दिन आई.बी.एम. पी.सी. बाजार में आया था, उस दिन बिल गेट्स क्यूपरटिनो जॉब्स के दफ्तर में मौजूद था और उसके अति-आत्मविश्वासपूर्ण रवैये को नजदीकी से भाँप रहा था। इस घटना के तीन दशकों बाद गेट्स ने जॉब्स के आत्मकथा लेखक वाल्टर आइसेक्सन से कहा था, 'वे परवाह करते नहीं दिखे थे। क्या हुआ था, यह अहसास करने में उन्हें एक साल लगा था।'

असल में, जॉब्स के जेरॉक्स पार्क के दौरे के एक साल बाद, दिसंबर 1980 में माइक्रोसॉफ्ट के सह-संस्थापक पॉल एलन ने भी जेरॉक्स पार्क का दौरा किया था। असल में, जेरॉक्स पार्क के चित्रात्मक उपयोगकर्ता अंतरफलक (जी.यू.आई.) के बारे में पॉल एलन ने काफी पहले ही पढ़ रखा था, लेकिन ठोस संपर्क के अभाव में उसकी वहाँ पहुँच नहीं बन पा रही थी। इसी बीच सितंबर 1980 में जेरॉक्स पार्क में जी.यू.आई. आधारित अनुप्रयोगों का विकास कर रहे वैज्ञानिक चार्ल्स सिमोयी ने वहाँ अपना कोई भविष्य न देखकर माइक्रोसॉफ्ट में आवेदन किया था। पॉल एलन ने सिमोयी के काम देखने के ही बहाने से जेरॉक्स पार्क्स की यात्रा की थी। माइक्रोसॉफ्ट

में काम करने के अवसर मिलने के उत्साह में सिमोयी ने पॉल एलन के सामने अपनी शोध संस्था की सारी गोपनीय उपलब्धियों को उजागर कर दिया था। जनवरी 1981 में एलन ने सिमोयी को माइक्रोसॉफ्ट में शामिल कर लिया था और उसके नेतृत्व में चित्रात्मक उपयोगकर्ता अंतरफलक (जी.यू.आई.) आधारित क्रांतिकारी अनुप्रयोगों के समूह—माइक्रोसॉफ्ट वर्ड, ऑफिस व पॉवरपॉइंट के विकास का काम शुरू कर दिया। चूँकि उस समय माइक्रोसॉफ्ट आई.बी.एम. के लिए पहली परिचालन प्रणाली—'एमएस डॉस' के विकास काम में जुटा हुआ था, इसीलिए 'माइक्रोसॉफ्ट विंडोज' का विकास अभी दूर की कौड़ी थी।

कुछ महीनों बाद अक्तूबर 1981 में, जॉब्स के बुलावे पर मैकिनटोश के विकास कार्यक्रम की जरूरतों को विस्तार से समझने के लिए बिल गेट्स व पॉल एलन दोनों ने क्यूपरटिनो में हाजिरी दी। उस वक्त भी जॉब्स का राजाओं वाला अंदाज जारी था और खासतौर पर बिल गेट्स को गंभीरता से न लेने की गलती। फिर 22 जनवरी, 1982 को माइक्रोसॉफ्ट व एप्पल के बीच चार अनुप्रयोगों—'माइक्रोसॉफ्ट मल्टीप्लान' (इलेक्ट्रॉनिक स्प्रेडशीट प्रोग्राम), 'माइक्रोसॉफ्ट चार्ट' (बिजनैस ग्राफिक प्रोग्राम), 'माइक्रोसॉफ्ट फाइल' (डेटाबेस प्रोग्राम), 'माइक्रोसॉफ्ट एक्सेल' (इंटीग्रेटेड इलेक्ट्रॉनिक स्प्रेडशीट प्रोग्राम) और 'माइक्रोसॉफ्ट वर्ड' (वर्ड प्रोसेसिंग प्रोग्राम) के विकास का अनुबंध किया गया। इसमें एप्पल की ओर एक शर्त यह रखी गई थी कि माइक्रोसॉफ्ट इन अनुप्रयोगों को किसी और ग्राहक को मैकिनटोश के जारी होने के एक साल पहले नहीं करेगी। गेट्स वकील का बेटा था और उसके पास जॉब्स के मुकाबले अनुबंध की कानूनी बारीकियों की अधिक जानकारी थी। लिहाजा गेट्स ने उस अनुबंध में मैकिनटोश की जारी होने की अंतिम समय-सीमा 'जनवरी 1983' का बाकायदा उल्लेख कराया था। जाहिर है कि गेट्स ने इतना पहले अंदाजा लगा लिया था कि मैकिनटोश के बाजार में आने में देरी होनेवाली थी। मतलब गेट्स ने जॉब्स की कमजोरी को काफी पहले ही भाँप लिया था। गेट्स ने जॉब्स की तारीफ के पुल बाँधने शुरू कर दिए थे और अनुप्रयोग विकास के बहाने मैकिनटोश की क्रांतिकारी परिचालन प्रणाली 'मैक ओ.एस.' से संबंधित तमाम गोपनीय जानकारियाँ उसके सामने बेपरदा होती चली गई थीं। लेकिन दोस्ती के चक्कर में फँसे जॉब्स को कोई अनुमान नहीं था कि मैकिनटोश के बाजार में आने के महज साल भर के भीतर ही बिल गेट्स 'माइक्रोसॉफ्ट विंडोज' के साथ उसका सबसे बड़ा प्रतिस्पर्धी बनने जा रहा था।

हैरान होने की कोई जरूरत नहीं है कि जॉब्स अपनी मैकिनटोश परियोजना को लेकर इतना आश्वस्त था कि उसने आई.बी.एम. से सीधे मुकाबले का ऐलान कर दिया था। 22 अगस्त, 1981 को जॉब्स ने एप्पल की तरफ से सबसे प्रभावशाली व्यापारिक

समाचार-पत्र—'द वाल स्ट्रीट जर्नल' में समूचे पृष्ठ का विज्ञापन जारी किया था, जिसका शीर्षक था—'स्वागत, आई.बी.एम.। गंभीरतापूर्वक'। वह एक ऐतिहासिक विज्ञापन था, जिसके जरिए जॉब्स ने स्वागत की भाषा में 'आई.बी.एम.' जैसे महारथी ब्रांड को व्यक्तिगत कंप्यूटर के विकास में प्रतिबद्ध जिम्मेदारी निभाने की चुनौती दी थी। इतना ही नहीं, 'एप्पल' ने खुद को पहले व्यक्तिगत कंप्यूटर का आविष्कारक बताते हुए उद्योग के अन्य खिलाड़ियों को महत्त्वहीन बना देने की कोशिश की थी। उस विज्ञापन का अनुवाद इस प्रकार है—

'कंप्यूटर क्रांति के 35 साल पहले शुरू होने के बाद सबसे रोमांचक व महत्त्वपूर्ण बाजार में आपका स्वागत है।'

और आपके पहले व्यक्तिगत कंप्यूटर पर बधाई।

व्यक्ति-विशेष के हाथों में असली कंप्यूटर शक्ति देना पहले से ही लोगों के काम करने, सोचने, सीखने, संवाद करने व अपने अवकाश घंटे खर्च के तरीके में सुधार कर रहा है।

पढ़ने या लिखने की तरह कंप्यूटर साक्षरता तेजी से एक मौलिक कौशल बन रही है।

जब हमने पहली व्यक्तिगत कंप्यूटर प्रणाली का आविष्कार किया था, हमने अनुमान लगया था कि दुनिया भर के 14,00,00,000 से अधिक लोगों को, यदि केवल उन्हें इसके फायदे समझ आ जाएँ, एक खरीद का औचित्य साबित हो सकता था।

अगले सिर्फ एक साल में, हमारा अनुमान है कि 10,00,000 से भी कुछ ज्यादा को समझ आ जाएगा। अगले दशक के दौरान, व्यक्तिगत कंप्यूटर का विकास लघुगणक बढ़त जारी रहेगा।

दुनिया को यह अमेरिकी प्रौद्योगिकी को बड़े पैमाने पर वितरित करने के प्रयास में, हम जिम्मेदार प्रतियोगिता के लिए तत्पर हैं और हम आपकी प्रतिबद्धता की विशालता की सराहना करते हैं।

क्योंकि, हम व्यक्तिगत उत्पादकता को बढ़ाकर सामाजिक पूँजी बढ़ा रहे हैं।

एप्पल,

अपने समूचे पेशेवरे जीवनकाल के दौरान जॉब्स ने खुद को बुराई प्रधान साम्राज्य के खिलाफ सक्रिय प्रबुद्ध विद्रोही के रूप में देखना पसंद किया था। बिल्कुल यहूदी इजरायइली योद्धा डेविड की तरह, जिसने पौराणिक धर्मयुद्ध में मूर्तिपूजक फिलिस्तीनियों के विध्वंसक प्रतिनिधि विशालकाय गोलिएथ को हराया था; या फिर जापानी योद्धा समुदाय—समुराई की तरह, जिसने बौद्ध धर्म की स्थापना के लिए बुरी ताकतों को चुनौती दी थी। जी हाँ, जॉब्स के लिए आई.बी.एम. कंप्यूटर उद्योग का गोलिएथ ही

था, जो अपनी प्रौद्योगिकी बादशाहत को कायम रखने के लिए अपनी अकूत आर्थिक ताकत से कंप्यूटर उद्योग की विकास संभावनाओं को कुचलता चला आ रहा था। जॉब्स ने इस विज्ञापन द्वारा आई.बी.एम. के व्यक्तिगत कंप्यूटर बाजार में पाँव पसारने की कोशिश को भी परोक्ष रूप से 'गोलिएथ' की एक नई साजिश करार देने की कोशिश की थी। लेकिन आई.बी.एम. से लड़ने की कोशिश में जॉब्स ने, और व्यक्तिगत कंप्यूटर बाजार पर कब्जा जमाने की कोशिश में आई.बी.एम. ने—दोनों ने अपनी हार्डवेयर क्षमताओं के नशे में अपने कंधों पर बैठे सबसे बड़े दुश्मन बिल गेट्स व माइक्रोसॉफ्ट की 'सॉफ्टवेयर' ताकत को नहीं पहचान पाने की ऐतिहासिक गलती की थी।

सितंबर 1982 में खत्म हुए वित्त वर्ष में एप्पल का बिक्री राजस्व 74 फीसदी बढ़त के साथ 58.30 करोड़ डॉलर व शुद्ध लाभ करीब 60 फीसदी बढ़त के साथ 6.10 करोड़ डॉलर के स्तर पर पहुँच गया था।

खैर, व्यक्तिगत कंप्यूटर उद्योग तेजी से बढ़ रहा था और एप्पल का कारोबार भी। सितंबर 1982 में खत्म हुए वित्त वर्ष में एप्पल का बिक्री राजस्व 74 फीसदी बढ़त के साथ 58.30 करोड़ डॉलर व शुद्ध लाभ करीब 60 फीसदी बढ़त के साथ 6.10 करोड़ डॉलर के स्तर पर पहुँच गया था। मार्ककुला की भविष्यवाणी सही साबित हुई थी, अपनी स्थापना के करीब पाँच वर्षों में एप्पल कंप्यूटर अमेरिका की सबसे बड़ी कंपनियों में शामिल हो गई थी और 1983 की 'फॉर्च्यून-500' सूची में उसे 411वें स्थान पर रखा गया था। ज्यों-ज्यों वर्ष 1982 खत्म हो रहा था, जॉब्स की उम्मीदें बढ़ती जा रही थीं कि उसे 'टाइम' पत्रिका के 'मैन ऑफ द इयर' का खिताब हासिल होगा। उम्मीद का कारण यह भी था कि 'टाइम' पत्रिका ने अपने 15 फरवरी, 1982 के अंक में स्टीव जॉब्स की एक खास पेंटिंग—जॉब्स के सिर पर रखे सेब में कंप्यूटर से निकलते तीर का बेधन—आवरण पृष्ठ पर प्रकाशित किया था और उसे 'अमेरिका की जोखिमवाली' अन्य शख्सियतों के बीच सबसे प्रमुख स्थान दिया था। यह पहला मौका था जब 'टाइम' जैसी अंतरराष्ट्रीय पत्रिका ने जॉब्स को प्रकाशित किया था। इसके अलावा 'टाइम' पत्रिका के सैन फ्रांसिस्को ब्यूरो प्रमुख माइकल मोरित्ज ने सन् 1982 के वर्षांत अंक के लिए 'मैन ऑफ द इयर' सर्वेक्षण के बाबत जॉब्स से संपर्क साधा था। स्वाभाविक रूप से जॉब्स उत्साह में था और मोरित्ज को अपने साथियों से साक्षात्कार करने के लिए खुला मौका भी दिया था।

लेकिन 3 जनवरी, 1983 को जब टाइम पत्रिका का अंक बाजार में आया तो जॉब्स को बड़ा झटका लगा। इस साल 'टाइम' पत्रिका ने किसी भी व्यक्ति को नहीं, बल्कि 'कंप्यूटर' को 'मशीन ऑफ द इयर' चुना था। जाहिर है कि आवरण कथा

व्यक्तिगत कंप्यूटर उद्योग के तेज विकास पर केंद्रित थी, लेकिन उसके साथ जॉब्स के व्यक्तित्व संबंधी आलेख भी स्थान दिया गया था। उस आलेख में व्यक्तिगत कंप्यूटर उद्योग के विकास में जॉब्स के योगदान के बारे में इस प्रकार की टिप्पणी की गई थी—'अपनी चिकनी बिक्री ढाल व अंधविश्वास के साथ, जिससे प्रारंभिक ईसाई शहीदों को भी ईर्ष्या हो गई होती, यह स्टीवन जॉब्स है, किसी से भी अधिक, जिसने लात मारकर दरवाजा खोला और व्यक्तिगत कंप्यूटर को अंदर बढ़ने दिया।' माइकल मोरित्ज द्वारा जुटाई गई जानकारियों के आधार पर 'टाइम' पत्रिका के एक रॉक संगीत विशेषज्ञ संपादक जे. कॉक्स ने इस आलेख में जॉब्स के व्यक्तित्व की पैनी समीक्षा की थी। लेकिन जॉब्स के दु:खी होने का असल कारण यह था कि उस आलेख में जॉब्स द्वारा अपनी बेटी लिसा के परित्याग कर देने की हकीकत को सार्वजनिक कर दिया गया था।

खैर, 'टाइम' पत्रिका ने इस अंक की आवरण कथा में 'डाटाक्वेस्ट' के आँकड़ों के हवाले से व्यक्तिगत कंप्यूटर के विकास व भविष्य की संभावित गलाकाट प्रतिस्पर्धा को भी बखूबी रेखांकित किया था। उस आलेख के मुताबिक, सन् 1980 में करीब दो दर्जन कंपनियों ने करीब 180 अरब डॉलर मूल्य के 7.24 लाख कंप्यूटर बेचे थे। अगले साल इस भगदड़ में आई.बी.एम. सहित 20 अन्य कंपनियाँ भी शामिल हो गई थीं और वर्ष 1981 में 14 लाख कंप्यूटर इकाइयों की बिक्री के साथ उद्योग का कुल कारोबार 3 अरब डॉलर के स्तर पर पहुँच गया था। लेकिन वर्ष 1982 के कारोबारी आँकड़े चौंकानेवाले थे। व्यक्तिगत कंप्यूटर बनानेवाली कंपनियों की संख्या 100 से भी अधिक हो चुकी थी; माँग में सौ फीसदी की सालाना बढ़त की दर जारी थी और कंप्यूटर की कुल बिक्री 28 लाख दर्ज की गई थी; लेकिन उद्योग की कुल बिक्री आय महज 4.90 अरब के स्तर पर ही पहुँची थी। संकेत साफ था कि कंप्यूटर के मूल्य में गिरावट आ रही थी और कंपनियों के बीच की प्रतिस्पर्धा तीखी हो रही थी।

'डाटाक्वेस्ट' के अनुमानों के मुताबिक 1982 के अंत में, 1000 डॉलर से कम मूल्य वाले सबसे सस्ते कंप्यूटर बाजार में 35 फीसदी हिस्सेदारी के साथ टेक्सास इंस्ट्रूमेंट पहले स्थान पर था, जबकि टाइमेक्स दूसरे (26 फीसदी), कमोडोर तीसरे (15 फीसदी) व अटारी चौथे (13 फीसदी) पर था। जबकि उच्च श्रेणी यानी 1000 से 5000 डॉलर मूल्य के व्यक्तिगत कंप्यूटर बाजार में 26 फीसदी हिस्सेदारी के साथ एप्पल की बादशाहत अभी कायम थी, लेकिन यह पिछले साल की बाजार हिस्सेदारी के मुकाबले करीब छह फीसदी कम थी। महज साल भर के भीतर आई.बी.एम. पी.सी. ने 17 फीसदी बाजार को अपने कब्जे में ले लिया था। 10 फीसदी हिस्सेदारी के साथ टेंडी/रेडियो शैक उच्च श्रेणी कंप्यूटर बाजार का तीसरा बड़ा खिलाड़ी था।

'स्नो व्हाइट' औद्योगिक डिजाइन भाषा

वैसे तो उस वक्त जॉब्स का ध्यान मैकिनटोश के विकास पर केंद्रित था, लेकिन वह सभी एप्पल उत्पादों के लिए एक सुसंगत डिजाइन भाषा तैयार करना चाहता था, जिससे एप्पल कंप्यूटर को विश्वस्तरीय प्रतिष्ठा हासिल हो सके। इसके लिए जॉब्स को एक ऐसे विश्वस्तरीय डिजाइनर की तलाश थी, जो एप्पल के लिए ब्राउन का डाइटर रैम्स साबित हो।

1950 के दशक में, जर्मन उपभोक्ता उत्पाद कंपनी ब्राउन एजी (फ्रैंकफर्ट) के मुख्य डिजाइनर के रूप में डाइटर रैम्स ने सादे सौंदर्य व उपयोगकर्ता मित्रतावाले इलेक्ट्रॉनिक उपकरणों की रचना कर 'ब्राउन' को अंतरराष्ट्रीय ब्रांड बना दिया था। वर्ष 1967 में जिलेट कंपनी ने ब्राउन एजी का अधिग्रहण कर लिया था, जो खुद वर्ष 2005 में प्रोक्टर ऐंड गैंबल (पी ऐंड जी) समूह का हिस्सा बन गई थी। हालाँकि वर्ष 2005 में ब्राउन ब्रांड उत्पाद शृंखला में रैम्स द्वारा डिजाइन किए गए उपकरणों—कॉफी मेकर, कैलकुलेटर, रेडियो व रेजर—का उत्पादन बंद कर दिया गया था, लेकिन उन्हें म्युजियम ऑफ मॉडर्न आर्ट (मिडटाउन मैनहटन, न्यूयॉर्क सिटी) में अपनी स्थाई जगह हासिल हो गई थी।

जॉब्स ने एप्पल उत्पादों की औद्योगिक डिजाइन भाषा परियोजना का कूट नाम—'स्नो व्हाइट' रखा था, जिसके तहत 'सेवेन ड्वार्फ्स' कूट नाम वाले सात उत्पादों—कंप्यूटर व बाह्य उपकरणों की रचना की जानी थी। इसके लिए जॉब्स ने अंतरराष्ट्रीय स्तर के विभिन्न औद्योगिक डिजाइनरों से संपर्क किया था और सभी से उनके पहले के काम के नमूने मँगाए गए थे। परियोजना व उत्पादों के कूट नाम मशहूर जर्मन परीकथा 'स्नो व्हाइट ऐंड सेवेन ड्वार्फ्स' से लिये गए थे। (यह स्नो व्हाइट नामक एक राजकुमारी की कथा है, जिसकी सौतेली माँ उसकी खूबसूरती की जलन में उसे मारने की कोशिशें करती है। लेकिन सात बौनों की मदद से उसकी जान बची रहती है। फिर एक राजकुमार उसे जिंदा करता है और अंत में शादी समारोह में उसकी सौतेली माँ को जान गँवाने के लिए मजबूर कर देता है।) यह एक तरह की गुप्त प्रतियोगिता थी, जिसका विजेता जर्मन डिजाइनर हर्टमट एसलिंगर को चुना गया था।

पश्चिमी जर्मनी की जंगली पर्वत शृंखला—ब्लैक फॉरेस्ट क्षेत्र के छोटे शहर बेऊरेन (सीमर्सफेल्ड) में पले-बढ़े हर्टमट एसलिंगर (जन्म 5 जून, 1944) ने सच्वाबिस्च गमुंड कॉलेज ऑफ डिजाइन (सच्वाबिस्च गमुंड, ओस्ताल्ब, बदेन-वुर्तेमबर्ग) से पढ़ाई पूरी करने के बाद, सन् 1969 में औद्योगिक डिजाइन कंपनी—एसलिंगर डिजाइन (मुतलागेन, ओस्ताल्ब, बदेन-वुर्तेमबर्ग) की स्थापना की थी। अपनी अभिनव शैली के लिए मशहूर जर्मन उपभोक्ता इलेक्ट्रॉनिक्स (रेडियो व टेलीविजन) कंपनी 'वेगा'

ने एसलिंगर को अपनी पहली 'पूर्ण प्लास्टिक' रंगीन टी.वी. और हाईफाई श्रृंखला 'वेगा सिस्टम 3000' की रचना का मौका दिया था। इस अभिनव औद्योगिक रचना ने न केवल 'वेगा' को बल्कि एसलिंगर को तत्काल अंतरराष्ट्रीय ख्याति दिला दी थी। फिर वर्ष 1974 में सोनी कॉरपोरेशन ने एसलिंगर को अपने नए उत्पादों की डिजाइन का काम सौंपा था। वर्ष 1975 में सोनी ने वेगा (1923 में स्टटगार्ट, जर्मनी में स्थापित) को अधिग्रहित कर लिया था। एसलिंगर ने विशेष रूप से 'सोनी ट्रीनित्रोन' (टेलीविजन) व व्यक्तिगत संगीत उत्पादों के जरिए सोनी की वैश्विक डिजाइन छवि बनाने में महत्त्वपूर्ण भूमिका निभाई थी। वर्ष 1976 में एसलिंगर ने मशहूर फ्रेंच फैशन कंपनी—लुइस वीटॉन के लिए भी काम किया था।

वर्ष 1982 की शुरुआत में, जॉब्स ने हर्टमट एसलिंगर से नजदीकी मुलाकात के लिए जर्मनी के ब्लैक फॉरेस्ट क्षेत्र की यात्रा की थी। वह न केवल एसलिंगर के डिजाइन जूनून से प्रभावित हुआ था, बल्कि उसकी सौ मील प्रति घंटा से भी ऊपर की रफ्तार पर मर्सडीज चलाने के शौक से भी। कुल मिलकर जॉब्स की अपने ही जैसे जुनूनी व शौकिया इनसान से मुलाकात हुई थी। जर्मन होते हुए भी एसलिंगर ने एप्पल के उत्पादों में उसकी मूल 'वैश्विक अमेरिकी' छवि को बरकरार रखने का प्रस्ताव रखा था। उसका मानना था कि चूँकि 'एप्पल' का जन्म अमेरिकी विरोध संस्कृति की जन्मभूमि कैलिफोर्निया में हुआ था, इसीलिए उसके उत्पादों में हॉलीवुड, रॉक संगीत सहित अन्य हिप्पी कलाओं की झलक व स्वाभाविक लिंग आकर्षण (सेक्स अपील) भी आनी चाहिए थी। एसलिंगर के डिजाइन का मार्गदर्शक सिद्धांत था—'आकृति भावना का अनुसरण है'। मतलब, किसी भी उत्पाद की 'आकृति' को उसके 'कार्य' का अनुसरण करना चाहिए। यही तो जॉब्स की भी अवधारणा थी। लिहाजा जॉब्स ने एसलिंगर को अपनी अवधारणा को भौतिक स्वरूप में पेश करने की हरी झंडी दे दी थी।

एसलिंगर ने एप्पल के आठ उत्पादों के लिए 'हिमश्वेत' यानी बर्फ की तरह सफेद (स्नो व्हाइट) को मूल रंग चुना था और उसी रंग में कुल 40 नमूने तैयार किए थे। हिमश्वेत आवरण, तंग गोल वक्र और वायु-संचार व सजावट के पतले खाँचे इन उत्पादों की खूबियाँ थीं। जॉब्स ने इसे एप्पल-II सी में तत्काल लागू किए जाने का आदेश दे दिया, लेकिन मैकिनटोश संबंधी उत्पादों के विकास के लिए एसलिंगर के सामने अपना दफ्तर कैलिफोर्निया स्थानांतरित करने की शर्त रख दी थी। एसलिंगर ने अपनी कंपनी का नाम बदलकर 'फ्रॉग' (फेडरल रिपब्लिक ऑफ जर्मनी) डिजाइन कर लिया। वर्ष 1983 के मध्य में फ्रॉग डिजाइन ने पालो आल्टो में अपना दफ्तर खोल लिया और एप्पल के लिए सालाना 12 लाख डॉलर के अनुबंध पर काम शुरू कर दिया। (2000 में एसलिंगर ने फ्रॉग डिजाइन का मुख्यालय सैन फ्रांसिस्को स्थानांतरित

कर लिया। जी.ई., माइक्रोसॉफ्ट, सीमेंस, इंटेल, लुफ्थांसा, हेवलेट पैकार्ड, यूनिसेफ के लिए विभिन्न उत्पादों का विकास करती हुई फ्रॉग डिजाइन ने एक वैश्विक नवाचार कंपनी के रूप में दुनिया भर में अपना विस्तार कर लिया था।)

लिसा बनाम मैकिनटोश

दुर्भाग्य से जॉब्स ने खुद अपनी कंपनी के भीतर भी 'लिसा' को अपने 'मैकिनटोश' का प्रतिस्पर्धी मान लिया था। यदि जॉब्स के नजरिए से देखें तो जायज भी था, क्योंकि वर्चस्व की साजिश के तहत उसे उसकी भावनात्मक परियोजना से निकाल दिया था। जॉब्स ने एक स्वस्थ प्रतिस्पर्धा के रूप में मैकिनटोश कार्यदल को उत्साहित करने के लिए इस आंतरिक संघर्ष को जान-बूझकर बढ़ावा दिया था। जॉन काउच से पाँच हजार डॉलर की बाजी कि 'लिसा से पहले मैकिनटोश बाजार में जाएगा', ने भी कंपनी के भीतर एक स्वस्थ प्रतिस्पर्धा पैदा करने ही कोशिश थी। दिक्कत यह थी कि यह प्रतिस्पर्धा एप्पल के भीतर अस्वस्थ माहौल बना रही थी। जॉब्स अपने कार्यदल के अभियंताओं को 'बेहतरीन' व 'विजेता' साबित करने के लिए लिसा के कार्यदल के सदस्यों को 'हेवलेट पैकार्ड जैसा' यानी 'असफल' बता रहा था।

इतना ही नहीं, जॉब्स ने जैफ रस्किन द्वारा प्रस्तावित मैकिनटोश को 'सस्ता व कम ताकतवर' घरेलू उपकरण करार देने के बाद उसे 'लिसा' के निचले स्तर के संस्करण के डेस्कटॉप कंप्यूटर के रूप में ही विकसित करना शुरू किया था। मतलब 'मैकिनटोश' में 'लिसा' की तमाम खूबियाँ मौजूद होंगी, लेकिन वह उसके मुकाबले काफी सस्ता व चलाने में बेहद आसान भी होगा। यानी जॉब्स ने मैकिनटोश की पुनर्कल्पना करते वक्त ही तय कर लिया था कि बाजार में उसका सीधा मुकाबला 'लिसा' से होगा और उसकी जीत होगी। इस जीत को सुनिश्चित करने के लिए जॉब्स ने मैकिनटोश की मूल वास्तुकला को, बाजार के अन्य कंप्यूटरों से ही नहीं, बल्कि एप्पल-II व लिसा से भी अलग रखने का फैसला किया था। मतलब मैकिनटोश का हार्डवेयर व सॉफ्टवेयर अपने आप में न केवल संपूर्ण होगा, बल्कि उस पर किसी बाहरी सॉफ्टवेयर या उपकरण चल पाना संभव नहीं होगा।

वैसे मैकिनटोश को अपने आप में संपूर्ण कंप्यूटर बनाने के पीछे जॉब्स की मंशा सिर्फ लिसा से प्रतिस्पर्धा करने या बदला लेने की भावना नहीं थी। इसके पीछे जॉब्स की 'संपूर्ण नियंत्रण' की अपनी दार्शनिक अवधारणा भी काम कर रही थी। जैसाकि हम जानते हैं कि एप्पल-II की रचना के समय भी मॉडेम व प्रिंटर के अलावा किसी अन्य बाह्य उपकरण के लिए जॉब्स कोई भी खाँचा बनाने को तैयार नहीं था। जॉब्स की अवधारणा बिल्कुल स्पष्ट थी कि कंप्यूटर द्वारा अपेक्षित 'आदर्श

उपयोगकर्ता अनुभव' प्रदान करने के लिए उसके हार्डवेयर व सॉफ्टवेयर का आपस में घनिष्ठता के साथ जुड़ा होना सबसे जरूरी था। जॉब्स की नजर में सर्वोत्तम उत्पाद वही होता है जिसके हार्डवेयर व सॉफ्टवेयर, दोनों की रचना सिर्फ उसी विशेष उत्पाद के लिए की गई हो। बिल्कुल सपाट भाषा में कहें तो एक संपूर्ण कंप्यूटर या उत्पाद का अनुभव 'पति-पत्नी' या 'प्रेमी-प्रेमिका' के बीच के प्यार के उस विशिष्ट अहसास की तरह है, जो दोनों की आपसी एकनिष्ठता से पैदा होता है। जॉब्स की इसी सोच ने मैकिनटोश को बाजार के उन सभी कंप्यूटरों, जिनमें बिल गेट्स के माइक्रोसॉफ्ट की एक जैसी परिचालन प्रणाली काम कर रही थी, के बीच विशिष्ट बनाया था। लेकिन यह विशिष्टता जल्द ही जॉब्स व मैकिनटोश, दोनों के भविष्य के रास्ते में पहाड़ जैसी चुनौती भी बनने जा रही थी। दिलचस्प बात यह है कि जॉब्स उस बिल गेट्स के सामने मैकिनटोश की 'विशिष्टता' का बखान कर रहा था, जिसका समूचा कारोबारी भविष्य उसके सॉफ्टवेयर की 'सामान्यता' पर निर्भर था।

आखिरकार जॉब्स को यह चेतना क्यों नहीं आई थी कि माइक्रोसॉफ्ट की 'बहुनिष्ठता' उसकी 'एकनिष्ठता' की सबसे बड़ी दुश्मन थी? शायद इसलिए कि जॉब्स को मैकिनटोश की 'विशिष्ट उपयोगकर्ता अनुभव' प्रदान करा सकने की क्षमता पर अटूट भरोसा था, या फिर उसने घात लगाए बैठे क्रूर कारोबारी दुश्मन को 'दोस्त' समझने की गलती की थी? जाहिर है जॉब्स की सोच की सच्चाई उसे सफल बनाने जा रही थी, तो उसकी भावुकता क्रूर कारोबारी पाठ भी पढ़ानेवाली थी।

जो भी हो, जॉब्स ने मैकिनटोश को हर तरह से विशिष्ट बनाने की कोशिश की थी। अन्य उत्पाद विकासकर्ताओं की तरह जॉब्स यह भी भरोसा नहीं करता था कि हमेशा उपयोगकर्ता ही सही होता है। लिहाजा जॉब्स ने मैकिनटोश में बहुत से ऐसे प्रयोग किए थे जो उपयोकर्ताओं की पुरानी आदतों से अलग थे। मसलन की-बोर्ड से 'कर्सर तीर' हटा दिया था। यानी आपको जो भी करना है, माउस के कर्सर से क्लिक कर करो। इसका नतीजा यह हुआ था कि बाहरी अनुप्रयोग विकासकर्ता मैकिनटोश के लिए विशिष्ट कार्यक्रमों की रचना करने लगे थे।

खैर, आई.बी.एम. पी.सी. व एमएसडॉस आधारित लगभग एक जैसे कंप्यूटरों की लगातार बढ़ती चुनौतियों और जॉब्स के आंतरिक संघर्ष के बीच, 19 जनवरी, 1983 को एप्पल लिसा को 9995 डॉलर की प्रारंभिक कीमत पर बाजार में पेश कर दिया गया था। लिसा के विकास पर एप्पल कंप्यूटर को करीब 5 करोड़ डॉलर की लागत आई थी। जेरॉक्स स्टार के बाद यह पहला कंप्यूटर था, जिसमें विंडो आधारित चित्रात्मक उपयोगकर्ता अंतरफलक (जी.यू.आई.), माउस व फाइल सिस्टम का उपयोग किया था। इसमें मोटोरोला 68000 सी.पी.यू., 1 एम.बी. रैम व दो 'एप्पल फाइलवेयर'

(5.25 इंच का दोतरफा फ्लॉपी डिस्क ड्राइव) भी इस्तेमाल किया गया था। एप्पल-III एस.ओ.एस. की तर्ज पर विकसित लिसा परिचालन प्रणाली को बेहद उन्नत सुविधाओं—पूर्वक्रमिक बहुविध (प्रींपटीव मल्टीटास्किंग) व सुरक्षित स्मृति (प्रोटेक्टेड मेमोरी) से लैस किया गया था।

22 अक्तूबर, 1983 को होनोलूलू में आयोजित एप्पल बिक्री सम्मेलन में मैकिनटोश को बाजार में लाने की तिथि की घोषणा के महज 20 दिनों बाद ही 10 नवंबर, 1983 को न्यूयॉर्क में बिल गेट्स ने आई.बी.एम. पी.सी. व उसके अनुकूल तमाम कंप्यूटरों के लिए 'माइक्रोसॉफ्ट विंडोज 1.0' की घोषणा कर दी।

1970 के दशक की सबसे प्रभावशाली मासिक कंप्यूटर पत्रिका 'बाइट' ने लिसा का पूर्वावलोकन करने के बाद फरवरी 1983 के अंक में लिखा था कि 'यह पिछले पाँच साल में कंप्यूटर में सबसे महत्त्वपूर्ण घटना थी, जो आसानी से आई.बी.एम. पी.सी. को पछाड़ सकती थी।' लेकिन यह सन् 1980 के एप्पल-III की विफलता के बाद से कंपनी की सबसे बड़ी वाणिज्यिक विफलता साबित हुई थी। प्रौद्योगिकी प्रसंशकों के साथ लक्षित कारोबारी उपभोक्ताओं का बहुत बड़ा समुदाय भी इन्हीं खूबियों पर लट्टू हो रहा था, लेकिन ऊँची कीमतों ने सारी संभावनाओं पर पानी फेर दिया था। लिसा के मुकाबले हर लिहाज से पिछड़े आई.बी.एम. पी.सी. ने 1565 डॉलर की कम कीमत के चलते अधिकांश कारोबारी उपभोक्ताओं को अपनी तरफ खींच लिया था। रही-सही कसर स्टीव जॉब्स ने खुद ही पूरी कर दी थी। लिसा के शुभारंभ के प्रचार क्रम में दिए गए साक्षात्कारों में जॉब्स ने साफ संकेत दे दिया था कि जल्द ही लिसा के मुकाबले काफी कम कीमत पर मैकिनटोश भी बाजार में आनेवाला था।

जो भी हो, लिसा बाजार में आ चुका था और अब जॉब्स पर मैकिनटोश को बाजार में लाने का दबाव बढ़ गया था। जाहिर है वह लिसा विकास दल के प्रमुख से 5000 डॉलर की बाजी हार गया था। लेकिन वह जॉब्स था, उसने कार्यदल को बिल्कुल अपने अंदाज में उत्साहित किया था और मैकिनटोश को हर लिहाज से ऐतिहासिक बनाने में जुट गया था। लेकिन जॉब्स के मनसूबे को तब बहुत बड़ा झटका लगा था, जब 22 अक्तूबर, 1983 को होनोलूलू (हवाई) में आयोजित एप्पल बिक्री सम्मेलन में मैकिनटोश को बाजार में लाने की तिथि (24 जनवरी, 1984) की घोषणा के महज 20 दिनों बाद ही 10 नवंबर, 1983 को न्यूयॉर्क में बिल गेट्स ने आई.बी.एम. पी.सी. व उसके अनुकूल तमाम कंप्यूटरों के लिए 'माइक्रोसॉफ्ट विंडोज 1.0' की घोषणा कर दी। याद रहे कि माइक्रोसॉफ्ट को इसके विकास में करीब दो साल लग गए थे और वह 20 नवंबर, 1985 को विंडोज के पहले संस्करण को बाजार में उतार सकी

थी। जाहिर है कि बिल गेट्स के पास असल में एप्पल से मुकाबले कर सकने लायक परिचालन प्रणाली नहीं थी, और उसने अपनी शातिर कारोबारी रणनीति के तहत ही यह घोषणा की थी। गेट्स उस घोषणा के जरिए जॉब्स द्वारा मैकिनटोश के शुभारंभ को ऐतिहासिक बनाने की तैयारियों को नुकसान पहुँचाना चाहता था।

स्कुल्ली की कमान व मैकिनटोश का शुभारंभ

माइक मार्ककुला कभी भी एप्पल की सीधी कमान अपने हाथों में लेने के पक्ष में नहीं था, लेकिन निदेशक मंडल के दबाव में उसने स्कॉट की जगह लेनी पड़ी थी। वह नए घर को सजाने-सँवारने, निजी विमान में उड़ने व शेयर विकल्प की मोटी कमाई के जरिए अपनी पत्नी के साथ तनाव-मुक्त जीवन जीना चाहता था। वर्ष 198 2 की समाप्ति तक कंपनी की रोजाना की जिम्मेदारियों को करीब दो साल हो रहे थे। अब पत्नी ने उस पर अपना विकल्प तलाशने का दबाव बढ़ा दिया था। दूसरी तरफ अपने अक्खड़पन के बावजूद जॉब्स स्वयं सचेत था कि अभी वह खुद कंपनी को सँभालने की स्थिति में नहीं था, लेकिन उसके मन के किसी कोने में कंपनी की सीधी कमान अपने हाथों में लेने की इच्छा जरूर थी और वह अपनी योग्यता को आजमाना चाहता था। लिहाजा जब मार्ककुला ने जॉब्स की भावना का आदर करते हुए समझाया था कि अभी भी वह एप्पल की इतनी बड़ी जिम्मेदारी सँभालने के लिए कुछ हद तक ज्यादा कठोर व अपरिपक्व था तो उसे बुरा नहीं लगा था। उसके बाद दोनों ने उचित व्यक्ति की तलाश की कोशिशें शुरू कर दी थीं।

मार्ककुला व जॉब्स दोनों की पहली पसंद था डॉन एस्ट्रीज, जिसे आई.बी.एम. के व्यक्तिगत कंप्यूटर प्रभाग को बिल्कुल शून्य की स्थिति से उठाकर दबदबे की स्थिति में पहुँचाने का श्रेय दिया जा रहा था। जैक्सन विले (फ्लोरिडा) में पले-बढ़े फिलिप डोनाल्ड 'डॉन' एस्ट्रीज (23 जून, 1937-2 अगस्त, 1985) ने फ्लोरिडा विश्वविद्यालय से स्नातक विद्युत् अभियांत्रिकी (बी.एस.-इलेक्ट्रिकल इंजीनियरिंग) करने के बाद अमेरिकी थल सेना व वायु सेना के लिए आई.बी.एम. मेन फ्रेम कंप्यूटर के जरिए रेडार प्रणाली विकसित की थी। 1969 में आई.बी.एम. की बोका रटन (फ्लोरिडा) प्रयोगशाला में शामिल होने के बाद एस्ट्रीज ने आई.बी.एम. सीरिज-1 मिनी कंप्यूटर विकास दल का नेतृत्व किया था। लेकिन मिनी कंप्यूटर की व्यावसायिक अफलता के बाद आई.बी.एम. मुख्यालय (अरमोंक, न्यूयॉर्क) ने एक सजायाफ्ता मुजरिम की तरह एस्ट्रीज की हैसियत एक आम कर्मचारी जैसी कर दी थी। लेकिन संयोगवश जून 1980 में एस्ट्रीज को 'आई.बी.एम. एंट्री लेवल सिस्टम' प्रभाग की कमान सौंपी गई और अब आई.बी.एम. पी.सी. की अपार सफलता के बाद वह एक बार फिर नायक

की स्थिति में आ गए थे। जॉब्स ने बाकायदा बोका रटन की यात्रा की थी और एस्ट्रीज के सामने एप्पल का नेतृत्व सँभालने के लिए 10 लाख डॉलर वेतन व 10 लाख डॉलर हस्ताक्षर राशि का प्रस्ताव रखा था। लेकिन एस्ट्रीज अवसरवादी स्वाभाव का व्यक्ति नहीं था, जो दुश्मन के पाले में चला जाए। वैसे भी वह जॉब्स व वोज द्वारा ब्लू बॉक्स बनाकर टेलीफोन कंपनी को नुकसान पहुँचाने की कहानी जानता था और एप्पल को 'समुद्री लुटेरों' की जमात ही मानता था। ऐसे में उसने एप्पल में शामिल होकर खुद को 'लुटेरों का सरगना' बनाने की बजाय आई.बी.एम. जैसी स्थापित कंपनी में दुबारा प्राप्त सम्मान का आनंद लेना ज्यादा बेहतर समझा था। लिहाजा एस्ट्रीज ने जॉब्स के प्रस्ताव को खारिज कर दिया था।

फिर जॉब्स व मार्ककुला ने एप्पल के लिए योग्य सी.ई.ओ. तलाशने का काम हेईड्रिक ऐंड स्ट्रगल (शिकागो, इलिनोइस), कार्यकारी खोज व नेतृत्व परामर्श देनेवाली पहली अंतरराष्ट्रीय कंपनी, के तत्कालीन निदेशक गेराल्ड आर. रोचे को सौंप दिया था। उन्होंने प्रौद्योगिकी क्षेत्र के पदाधिकारियों की बजाय उपभोक्ता बाजार के विशेषज्ञों पर अपना ध्यान केंद्रित करने का फैसला किया था। जल्द ही रोचे की नजर उपभोक्ता विपणन के सबसे बड़े दिग्गज व पेप्सिको (पर्चेस, हैरिसन, वेस्टचेस्टर काउंटी, न्यूयॉर्क) के अध्यक्ष जॉन स्कुल्ली पर जा टिकी थी।

6 अप्रैल, 1939 को जॉन स्कुल्ली का जन्म न्यूयॉर्क सिटी के संभ्रांत परिवार में हुआ था। उसके पिता 'वॉल स्ट्रीट' के वकील व माता अपर ईस्ट साइड (मेनहट्टन, न्यूयॉर्क सिटी) की मुख्य परिचारिका (मेट्रोन) थी। स्कुल्ली ने सामाजिक दृष्टि से विशिष्ट, संभ्रांतवादी व पारंपरिक सेंट मार्क स्कूल (साउथ बोरो, मैसाचुसेट्स) से हाई स्कूल की शिक्षा ग्रहण करने बाद ब्राउन विश्वविद्यालय (प्रोविडेंस, रोड आइलैंड) से स्नातक—वास्तुशिल्प डिजाइन व पेंसिलवेनिया विश्वविद्यालय के व्हार्टन स्कूल (फिलाडेल्फिया, पेंनसिल्वेनिया) से एम.बी.ए. किया था। कुछ समय विज्ञापन एजेंसी मैककैन-एरिक्सन (न्यूयॉर्क सिटी) में काम करने के बाद सन् 1967 में, स्कुल्ली प्रशिक्षु के रूप में पेप्सिको की पेप्सी कोला डिवीजन में शामिल हुए थे। 1970 में 30 साल की उम्र में स्कुल्ली कंपनी के सबसे कम उम्र के विपणन उपाध्यक्ष बन गए थे। वर्ष 1975 में, स्कुल्ली द्वारा कोका कोला के खिलाफ प्रतिस्पर्धा करने के लिए चलाए गए बड़े विज्ञापन अभियान 'पेप्सी चैलेंज' को भारी सफलता मिली थी। इस अभियान के तरह लाखों अमेरिकी उपभोक्ताओं के बीच स्वाद-परीक्षण के जरिए यह साबित किया गया था कि पेप्सी का स्वाद कोक से बेहतर था। पुरस्कारस्वरूप वर्ष 1977 में, स्कुल्ली को पेप्सी का सबसे कम उम्र का अध्यक्ष नामित किया गया था।

वर्ष 1982 में, स्कुल्ली अपने सफलतम पेशेवर जीवन के शीर्ष पर था, जब

गेराल्ड आर. रोचे ने उसे एप्पल की कमान सँभालने का प्रस्ताव दिया था तो उसने अपनी पूर्व शादी के दो किशोर बेटी व बेटे के साथ क्रिसमस की छुट्टियाँ लॉस एंजिल्स में बिताने व उसी दौरान क्यूपरटिनो स्थित एप्पल मुख्यालय में भी जाने का मन बनाया था। लेकिन वहाँ जाने से पहले स्कुल्ली कंप्यूटर बाजार की स्थिति को जानना-परखना चाहता था। लिहाजा वह अपने बच्चों के साथ लॉस एंजिल्स के एक बड़े कंप्यूटर स्टोर में गया। जब बच्चों ने कंप्यूटर में अचानक बढ़ी दिलचस्पी के बारे में पूछा तो स्कुल्ली ने बताया था कि वह एप्पल के चेयरमैन स्टीव जॉब्स से मिलने की योजना बना रहा था। जॉब्स का नाम सुनकर बच्चों में खुशी की लहर दौड़ गई थी। स्कुल्ली हैरान था कि सितारों के बीच रहनेवाले उसके बच्चों की नजर में असल नायक तो स्टीव जॉब्स ही था। जाहिर है कि इस घटना ने स्कुल्ली को जॉब्स व एप्पल के बारे में गंभीर होने के लिए मजबूर कर दिया था। एप्पल मुख्यालय में सरल दफ्तरों व अनौपचारिक वातावरण को देखकर स्कुल्ली हैरान हुआ था। दोपहर के खाने के दौरान जॉब्स बिल्कुल बेपरवाही से उसकी प्लेट से सलाद उठाकर खा रहा था। इस दौरान स्कुल्ली ने जब कंप्यूटर उपयोग की समस्याओं व उसकी कीमतों का मुद्दा उठाया था, तो जॉब्स ने धर्म प्रचारक के अंदाज में कहा था, 'हम लोगों के कंप्यूटर के उपयोग का तरीका बदलना चाहते हैं।'

जॉब्स के दार्शनिक अंदाज से स्कुल्ली काफी प्रभावित था। न्यूयॉर्क लौटते हुए उसने अपने दिमाग में आम उभोक्ताओं व व्यापार अधिकारियों के लिए कंप्यूटर की योजना का रेखाचित्र बना लिया था। जल्द ही जॉब्स को स्कुल्ली द्वारा भेजा गया आठ पृष्ठों का विस्तृत ज्ञापन मिला था, लेकिन स्कुल्ली ने एप्पल में शामिल होने के बारे में तय नहीं किया था। फिर लिसा के शुभारंभ के दौरान, जनवरी, 1983 में, जब जॉब्स न्यूयॉर्क में था तो स्कुल्ली उससे मिलने आया था और दोनों के बीच काफी लंबी बातचीत हुई थी। अगले दिन स्कुल्ली ने जॉब्स को पेप्सिको का विशाल मुख्यालय व अपना आलीशान घर भी दिखाया था। इस दौरान जॉब्स ने महसूस किया था कि स्कुल्ली की सोच व शौक उससे मिलते-जुलते थे। कुछ सप्ताह बाद स्कुल्ली ने हवाई में पेप्सी बौटलर्स सम्मेलन से लौटते हुए एप्पल मुख्यालय में जॉब्स के साथ-साथ मैकिनटोश के विपणन प्रबंधक व अन्य सदस्यों से भी मुलाकात की थी। लेकिन जॉब्स ने स्कुल्ली के असल इरादे को लेकर अपने साथियों को कुछ भी नहीं बताया था। जॉब्स से नजदीकियाँ बढ़ने व उसकी योजनाओं से प्रभावित होने के बावजूद स्कुल्ली पेप्सिको जैसी कंपनी को छोड़ने के बारे में कोई फैसला नहीं कर पा रहा था।

मार्च 1983 में न्यूयॉर्क यात्रा के दौरान जॉब्स ने स्कुल्ली से काफी खुलकर चर्चा की थी। स्कुल्ली ने 10 लाख डॉलर व 10 लाख डॉलर की हस्ताक्षर राशि की जरूरत

बताई थी। जॉब्स ने साफ किया था कि धन कोई समस्या नहीं थी, क्योंकि यदि उसे अपनी जेब से भी भुगतान करना पड़ा तो उसे कोई दिक्कत नहीं होगी। जॉब्स ने दावा किया था कि अब तक वह जितने लोगों से मिला था, उसमें स्कुल्ली सर्वोत्तम था व एप्पल कंप्यूटर उसके जैसे बिल्कुल सटीक व योग्य उम्मीदवार की हकदार थी। इससे भी आगे बढ़कर जॉब्स ने कहा था कि उसने अब तक ऐसे किसी व्यक्ति के साथ काम नहीं किया था, जिसका वह दिल से आदर भी करता हो, लेकिन वह स्कुल्ली को एक ऐसा शख्स मानता था, जो उसे पढ़ा सकने की काबलियत रखता था। इतना कहने के बावजूद, स्कुल्ली ने अंत में जॉब्स से यही कहा था कि उन्हें आपस में दोस्त ही बना रहना चाहिए और जब कभी उसे सलाह की जरूरत होगी, वह हाजिर रहेगा। स्कुल्ली के जवाब पर जॉब्स गंभीर हो गया था और कुछ देर तक सिर झुकाए स्कुल्ली के पैरों पर निगाह जमाए हुए उसने चुनौती भरे लहजे में एक सवाल उछाल दिया था, 'क्या आप अपना बाकी जीवन चीनीवाला पानी बेचने में खर्च करना चाहते हैं, या दुनिया को बदलने का एक मौका चाहते हैं?'

जॉब्स की आधिकारिक जीवनी के लेखक वाल्टर आइसेक्सन के मुताबिक यह सवाल स्कुल्ली के दिमाग को अगले कई दिनों मथता रहनेवाला था। स्कुल्ली को लगा था कि जॉब्स ने उसके पेट में एक जबरदस्त घूँसा मार दिया था। मौन स्वीकृति देने के अलावा स्कुल्ली के पास जवाब देने का कोई और विकल्प नहीं बचा था। इस घटना के दशकों बाद आइसेक्सन से बातचीत में स्कुल्ली ने याद किया था—

'उसके पास हमेशा वह पाने की, जो वह चाहता था, एक व्यक्ति के आकार का अनुमान लगाने की व एक व्यक्ति तक पहुँचने के लिए वास्तव में क्या कहना है, जानने की एक अलौकिक क्षमता थी। मुझे चार महीने में पहली बार अहसास हुआ कि मैं 'नहीं' कह सकता था।'

मई 1983 में, एप्पल प्रबंधन ने मैकिनटोश की विपणन रणनीति को अंतिम रूप देने के लिए लोकप्रिय पर्यटन स्थल पजारो ड्यूंस (सांताक्रूज काउंटी, कैलिफोर्निया) में महत्त्वपूर्ण कर्मचारियों का सम्मेलन बुलाया था, जिसमें शामिल होकर स्कुल्ली ने एप्पल में खुद के आगमन का विधिवत ऐलान कर दिया। हालाँकि स्कुल्ली अपने सारे महँगे सूट ग्रीनविच (वॉशिंगटन काउंटी, न्यूयॉर्क) स्थित अपने निवास पर छोड़ आया था, फिर भी इस सम्मेलन के अनौपचारिक माहौल में ढलने में उसे काफी दिक्कत पेश आ रही थी। स्कुल्ली ने जॉब्स के उन्मुक्त सम्मेलन को निगमित बनाने की कोशिश में बहस के लिए एक कार्यसूची तैयार की थी। वह एप्पल उत्पादों—एप्पल-II, एप्पल-III, लिसा व मैकिनटोश को उनकी विशिष्टताओं के मुताबिक विपणन रणनीति पर बहस करना चाहता था, लेकिन बैठक कक्ष में जॉब्स पद्मासन (लोटस पोजीशन) में

बैठ जाता था और बहस अनायास आनेवाले विचारों, शिकायतों व वाद-विवाद में खत्म हो जाती थी।

इस तरह व्यवस्थित अधिकारी स्कुल्ली और विद्रोही दार्शनिक जॉब्स के बीच अजीबोगरीब दोस्ती का सिलसिला आगे की तरफ बढ़ना शुरू हो गया था। स्कुल्ली अपनी चलाने की कोशिश करता था, जबकि जॉब्स उसे अपने रंग-ढंग में ढल जाने के लिए उकसाता था। अगले काफी समय तक स्कुल्ली पर जॉब्स की वास्तविकता विरूपण कला का प्रभाव बना रहा था और वह जॉब्स का पिछलग्गू बने रहने की कोशिश भी करता रहा था। आखिरकार यह विरोधाभासी संबंध कितना लंबा चल सकता था? थोड़ा इंतजार करना होगा।

एप्पल बिक्री सम्मेलन में '1984' विज्ञापन का प्रदर्शन

सितंबर 1983 को खत्म हुए वित्त वर्ष में, एप्पल कंप्यूटर ने पिछले साल के मुकाबले 69 फीसदी बढ़त के साथ कुल 98.30 करोड़ डॉलर का बिक्री राजस्व व करीब 28 फीसदी बढ़त के साथ 7.70 करोड़ डॉलर का शुद्ध लाभ हासिल किया था। लेकिन व्यक्तिगत कंप्यूटर बाजार में ऊँची कीमत वाली श्रेणी में एप्पल के सिर से बादशाहत का ताज छिन चुका था। बाजार में आने के महज दो वर्षों में आई.बी.एम. पी.सी. व उसके नकलची कंप्यूटरों ने एप्पल को काफी पीछे छोड़ दिया था। 1982 में 2.79 लाख एप्पल-II की बिक्री हुई थी, जो 1983 में अच्छी-खासी बढ़त के साथ 4.20 लाख के स्तर पर आ गई थी। लेकिन इसी एक साल के भीतर आई.बी.एम. पी.सी. व उसके नकलची कंप्यूटरों की बिक्री 2.40 लाख से बढ़कर 13 लाख इकाइयाँ हो गई थी। एप्पल-III व लिसा की बिक्री नगण्य थी।

'बिजनेस वीक' पत्रिका (3 अक्तूबर, 1983 अंक) के आवरण पृष्ठ का मुख्य शीर्षक था—'व्यक्तिगत कंप्यूटर—और विजेता है···आई.बी.एम.' इस आवरण कथा में आई.बी.एम. पी.सी. की अप्रत्याशित बढ़त का यशोगान किया गया था। पत्रिका ने लिखा था कि पीछे दो साल में आई.बी.एम. 26 फीसदी बाजार को कब्जा चुका था और अगले दो साल में, यानी 1985 तक, विश्व बाजार में आई.बी.एम. पी.सी. की हिस्सेदारी 50 फीसदी से ऊपर चली जाएगी। साथ ही बाकी 25 फीसदी बाजार पर आई.बी.एम. अनुकूल नकलची कंप्यूटरों का कब्जा हो जाएगा। मतलब दो साल बाद, 75 फीसदी कंप्यूटरों में माइक्रोसॉफ्ट की परिचालन प्रणाली—एम.एस.डॉस या संभावित संस्करण का कब्जा हो जाएगा। जॉब्स जिस गेट्स को अपना चाटुकार दोस्त समझ रहा था, वही उसका सबसे बड़ा प्रतिस्पर्धी साबित होने का संकेत दे रहा था। लेकिन जॉब्स अभी भी आश्वस्त था कि गेट्स उसके साथ धोखा नहीं करेगा।

यही कारण था कि जब 22 अक्तूबर, 1983 को होनोलूलू (हवाई) में जॉब्स ने मैकिनटोश को बाजार में लाने की तिथि की घोषणा एप्पल बिक्री सम्मेलन का आयोजन किया था, तो लोटस डेवलपमेंट कॉर्पोरेशन (कैंब्रिज, मैसाचुसेट्स) के संस्थापक मिशेल डेविड 'मिच' कपोर व सॉफ्टवेयर पब्लिशिंग कॉरपोरेशन (माउंटेन व्यू) के सह-संस्थापक फ्रेड गिब्बंस के साथ बिल गेट्स को भी विशेष आमंत्रित अतिथि के रूप में बुलाया था। जब पूरे देश के करीब 750 एप्पल बिक्रीकर्ता सम्मेलन में भाग लेने हवाई पहुँच रहे थे, तब तक 'बिजनेस वीक' की आवरण कथा उनके दिमाग में एक ही सवाल पैदा कर रही थी—आखिर एप्पल का भविष्य क्या होगा?

22 अक्तूबर, 1983 को होनोलूलू में जॉब्स ने मैकिनटोश को बाजार में लाने की तिथि की घोषणा एप्पल बिक्री सम्मेलन का आयोजन किया था, तो लोटस डेवलपमेंट कॉर्पोरेशन के संस्थापक मिशेल डेविड 'मिच' कपोर व सॉफ्टवेयर पब्लिशिंग कॉरपोरेशन के सह-संस्थापक फ्रेड गिब्बंस के साथ बिल गेट्स को भी विशेष आमंत्रित अतिथि के रूप में बुलाया था।

जॉब्स ने बिक्री फौज में जोश भरने का नाटकीय इंतजाम किया था। इस मौके पर जॉब्स ने बिल गेट्स व अन्य दो विशेष मेहमानों के साथ एक प्रहसन पेश किया था। जॉब्स खुद संचालक की भूमिका में था जबकि गेट्स, कपोर व गिब्बंस प्रतियोगियों की तरह स्टूल पर बैठे थे। हाई स्कूल के छात्र की तरह दिखनेवाले बिल गेट्स ने जब यह कहा था कि 'वर्ष 1984 के दौरान, माइक्रोसॉफ्ट को अपने राजस्व का आधा मैकिनटोश के सॉफ्टवेयर से मिल जाने की उम्मीद है' तो सभाकक्ष तालियों की गड़गड़ाहट से गूँज उठा था। तब जॉब्स ने रहस्यमय मुसकराहट के साथ गेट्स से पूछा था कि क्या मैकिनटोश की परिचालन प्रणाली उद्योग के लिए एक नया मानक बनेगी? गेट्स ने जवाब दिया था, 'नए मानक की रचना के लिए बस थोड़ा सा अलग कुछ बनाने से काम नहीं चलता, इसके लिए कुछ ऐसा करना पड़ता है, जो वास्तव में नया है व लोगों की कल्पना पर कब्जा करता है। और मैंने अभी तक जितनी मशीनें देखी हैं उन सभी में मैकिनटोश ही अकेला है जो मानक को पूरा करता है।'

(हकीकत यह थी गेट्स एप्पल के साथ मिलकर काम करने की बजाय माइक्रोसॉफ्ट को उसका प्रतिस्पर्धी बनाकर आई.बी.एम. व उसके नकलची कंप्यूटरों के लिए मैकिनटोश जैसी परिचालन प्रणाली बेचने की अंदरूनी योजना पर अमल कर रहा था। लेकिन जॉब्स को गेट्स की साजिश का कतई अंदाजा नहीं था।)

खैर, जॉब्स तो आई.बी.एम. के साथ एक 'धर्म-युद्ध' जैसी तैयारी कर चुका

था। जल्द ही ऐतिहासिक साबित होने वाले '1984 विज्ञापन' की फिल्म तैयार हो चुकी थी और जॉब्स उसका पूर्व प्रदर्शन कर अपनी बिक्री फौज में आत्मविश्वास जगाना चाहता था। लेकिन उस एक मिनट के दूरदर्शन विज्ञापन को दिखाने से पहले जॉब्स ने जो भाषण दिया था, वह उसे एक दार्शनिक धर्मयोद्धा साबित करता है। उस भाषण का एक-एक शब्द व्यक्तिगत कंप्यूटर उद्योग में एप्पल के क्रांतिकारी योगदान को समझने के लिहाज से अत्यंत महत्त्वपूर्ण है। पेश है जॉब्स के उस मार्मिक अंग्रेजी संबोधन का हू-बहू हिंदी अनुवाद—

'यह 1958 है। आई.बी.एम. एक युवा, नवेली कंपनी, जिसने हाल में ही जैरोग्राफी नामक एक नई तकनीक का आविष्कार किया है, खरीदने का मौका ऊपर से गुजर जाने देता है। दो साल बाद, जेरोक्स का जन्म होता है, और तभी से आई. बी.एम. खुद को लात मारती रहती है।

दस साल बाद, यह 60 के दशक का अंत है। डिजिटल इक्विपमेंट कॉरपोरेशन (डीईसी) व अन्य मिनी कंप्यूटर का आविष्कार करते हैं। आई.बी.एम. मिनी कंप्यूटर को गंभीर कंप्यूटिंग के लिए बहुत ही छोटा, और इसीलिए अपने व्यवसाय के लिए महत्त्वहीन के रूप में खारिज करती है। पहले डी.ई.सी. एक सैकड़ों लाख डॉलर तक की निगम बन जाने तक बढ़ती है, अंत में आई.बी.एम. मिनी कंप्यूटर बाजार में प्रवेश करता है।

दस साल बाद, अब यह 70 के दशक का अंत है। 1977 में, एप्पल, पश्चिम तट पर एक युवा नवेली कंपनी, एप्पल-II का अविष्कार करती है, इसे आज हम पहले व्यक्तिगत कंप्यूटर के रूप जानते हैं। आई.बी.एम. व्यक्तिगत कंप्यूटर को गंभीर कंप्यूटिंग के लिए बहुत ही छोटा, और इसीलिए अपने व्यवसाय के लिए महत्त्वहीन के रूप में खारिज करती है।

80 के दशक की शुरुआत-1981। एप्पल-II दुनिया का सबसे लोकप्रिय कंप्यूटर बन गया है और अमेरिकी व्यापार के इतिहास में सबसे तेजी से बढ़ती कंपनी बनकर एप्पल 30 करोड़ डॉलर का निगम बन चुकी है। एक हिस्सेदारी के लिए 50 से अधिक कंपनियों की होड़ में आई.बी.एम. पी.सी. के साथ 1981 के नवंबर में व्यक्तिगत कंप्यूटर बाजार में प्रवेश करती है।

1983। एप्पल व आई.बी.एम. उद्योग के सबसे मजबूत प्रतिद्वंद्वियों के रूप में उभरते हैं, प्रत्येक 1983 में पर्सनल कंप्यूटर के लगभग 1 अरब डॉलर मूल्य की बिक्री कर रही है।

खदेड़ने का सिलसिला पूरे जोरों पर है। पहली बड़ी फर्म दिवालिया हो जाती है, जबकि दूसरी कगार पर झूल रही है। वर्ष 1983 के लिए उद्योग का घाटा एप्पल व आई.बी.एम. के व्यक्तिगत कंप्यूटर के संयुक्त मुनाफे को ढँक देता है।

अब यह 1984 है। यह प्रकट होता है कि आई.बी.एम. यह सब चाहता है। एप्पल को, आई.बी.एम. को उसके पैसे के बल मुकाबले को पेश करने की एकमात्र उम्मीद के रूप में देखा जाता है। शुरू में खुली बाँहों से आई.बी.एम. का स्वागत करनेवाले व्यापारियों को अब आई.बी.एम. वर्चस्व व नियंत्रित भविष्य का डर है। वे तेजी से एप्पल की तरफ मुड़ रहे हैं, एकमात्र ताकत मानकर जो उनकी भविष्य की स्वतंत्रता को सुनिश्चित कर सकता है।

आई.बी.एम. यह सब करना चाहता है और उद्योग को नियंत्रित करने की अपनी आखिरी बाधा—एप्पल पर अपनी बंदूकों का लक्ष्य कर रहा है। क्या 'बिग ब्लू' (आई.बी.एम.) समूचे कंप्यूटर उद्योग, समूचे सूचना युग पर हावी होगा? क्या जॉर्ज ऑरवेल 1984 के बारे में सही था?'

('उन्नीस सौ चौरासी' या '1984', अंग्रेजी उपन्यासकार जॉर्ज ऑरवेल का 1949 में प्रकाशित मशहूर उपन्यास है, जिसमें बिग ब्रदर व उसकी पार्टी द्वारा अधिक-से-अधिक अच्छे के नाम पर अपने दमनकारी शासन का औचित्य साबित करने की कहानी पेश की गई है।)

जॉब्स का संबोधन खत्म होते ही छत से एक परदा गिरता है और मैकिनटोश का प्रस्तावित '1984' विज्ञापन का प्रदर्शन शुरू हो जाता है।

जॉर्ज ऑरवेल के 'उन्नीस सौ चौरासी' उपन्यास में वर्णित एक नीले व भूरे रंग का औद्योगिक दृश्य प्रकट होता है। टेलीविजन व सुरक्षा कैमरों की निगरानी में एक लंबी सुरंग से कदम से कदम मिलाकर चलते लोगों (अस्पष्ट लिंग) की एक पंक्ति दिखती है। तभी एक पूर्ण रंगीन दृश्य में यह गुमनाम धावक (अन्या मेजर) दौड़ती दिखती है। चमकीले नारंगी एथलेटिक शॉर्ट्स, सफेद टैंक टॉप (जिस पर मैकिनटोश कंप्यूटर का चित्र छपा हुआ है) व जूते में वह एक प्रतिस्पर्धी धावक प्रतीत होती है। वह अपने हाथों में हथौड़ा लिये दौड़ रही है और उसे बिग ब्रदर की पुलिस खदेड़ रही है। फिर एक सभाकक्ष का दृश्य शुरू होता है, जहाँ विशाल टेलीविजन परदे पर 'बिग ब्रदर' भारी आवाज में भाषण दे रहा प्रकट होता है—

'आज हम सूचना शोधन के निर्देशों का पहली शानदार सालगिरह मना रहे हैं। समूचे इतिहास में पहली बार हमने शुद्ध विचारधारा का एक बगीचा बनाया है—जहाँ प्रत्येक कर्मचारी विरोधाभासी सत्य इकट्ठा करनेवाले कीटों से सुरक्षित रहते हुए खिल सकता है। हमारे विचारों का एकीकरण पृथ्वी पर किसी भी बेड़े या सेना से अधिक शक्तिशाली हथियार है। एक इच्छा, एक संकल्प, एक कारण के साथ हम एक लोग हैं। हमारे दुश्मन खुद ही मरने की बातें करेंगे और हम उन्हें उनके खुद के भ्रम के साथ दफना देंगे। हम प्रबल रहेंगे!'

तब तक धाविक सभाकक्ष में दौड़ती हुई स्क्रीन के करीब पहुँच जाती है और अपना हथौड़ा लहरा देती है। ठीक उसी क्षण जब बिग ब्रदर 'हम प्रबल रहेंगे' कहता है, हथौड़ा टेलीविजन के परदे मे टकरा जाता है। प्रकाश व धुएँ की बाढ़ के बीच तेज विस्फोट के साथ टेलीविजन का परदा नष्ट हो जाता है। सभाकक्ष में बैठी बिग ब्रदर की फौज चौंक पड़ती है। फिर टेलीविजन परदे पर काले रेंगते अक्षरों के साथ अमंगल पार्श्व स्वर उभरता है—'24 जनवरी, को एप्पल कंप्यूटर मैकिनटोश पेश करेगा और आप देखेंगे कि 1984 क्यों '1984' की तरह नहीं होगा।'

इसके साथ ही विज्ञापन समाप्त हो गया था। सम्मेलन कक्ष में बैठे 750 बिक्री कर्मियों के दल में आश्चर्यजनक जोश का संचार हुआ था। वे जॉब्स के भाषण व विज्ञापन फिल्म के जबरदस्त प्रभाव से रोमांचित हो उठे थे। सभागार में काफी समय तक तालियों की गड़गड़ाहट गूँजती रही थी। एप्पल के सेनानायक जॉब्स ने 'बिग ब्रदर' की तरह एकाधिकारवादी कंपनी आई.बी.एम. के खिलाफ जंग का ऐलान कर दिया था, और एप्पल की फौज मुकाबले के लिए जरूरी आत्मविश्वास से लबरेज हो गई थी। 'बिजनैस वीक' की खबर से बना डर का मनोवैज्ञानिक असर खत्म हो चुका था और उन्हें भरोसा हो गया था कि एप्पल हर हाल में इस 'धर्मयुद्ध' में विजय हासिल करेगी।

असल में, वर्ष 1983 की शुरुआत में ही, जॉब्स ने मैकिनटोश की खूबियों के मद्देनजर उसके शुभारंभ को क्रांतिकारी व चौंकानेवाला बनाने का ठान लिया था। अब एप्पल के विज्ञापन का काम चिअट/डे (विज्ञापन एजेंसी) देख रही थी, जिसने रेगिस मैककेना के विज्ञापन कारोबार का अधिग्रहण कर लिया था। चिअट/डे के रचनात्मक निदेशक (क्रिएटिव डायरेक्टर) ली क्लोव, प्रति लेखक (कॉपी राइटर) स्टीव हायडेन व कला निदेशक (आर्ट डायरेक्टर) ब्रेंट थॉमस ने जॉर्ज ऑरवेल के '1984' उपन्यास की पृष्ठभूमि पर लंबी माथापच्ची करने के बाद '1984 क्यों '1984' की तरह नहीं होगा' वाली चिपकू पंक्ति (टैगलाइन) को चुना था। जाहिर है कि जॉब्स को यह विचार काफी पसंद आया था और उसकी जिद पर इस विज्ञापन को फिल्माने के लिए स्कुल्ली को 7.50 लाख डॉलर का आश्चर्यजनक बजट जारी करना पड़ा था।

दिसंबर 1983 में, जॉब्स ने निदेशक मंडल की बैठक में वह विज्ञापन दिखाया था और 'सुपर बाउल' के दौरान टेलीविजन पर विज्ञापन चलाने के लिए 8 लाख डॉलर का बजट प्रस्ताव रखा था। पुरानी सोच के निदेशकों ने इस प्रस्ताव को खारिज कर दिया था। नेशनल फुटबॉल लीग (एन.एफ.एल.) द्वारा आयोजित वार्षिक चैंपियनशिप 'सुपर बाउल' पेशेवर अमेरिकी फुटबॉल का उच्चतम स्तर है। जाहिर है 'सुपर बाउल' का विज्ञापन समय काफी महँगा था। लेकिन जॉब्स की नजर करोड़ों अमेरिकी खेल

प्रेमियों पर थी और वह एक मिनट के इस क्रांतिकारी विज्ञापन के जरिए उनका ध्यान मैकिनटोश की तरफ खींचना चाहता था। लेकिन जॉब्स कहाँ माननेवाला था उसने वोज को वह फिल्म दिखाई और वह अपनी जेब से उसका खर्च उठाने को तैयार हो गया था। असल में, मई 1981 में अपने निजी विमान की दुर्घटना में बाल-बाल बचने के बाद वोज कंपनी की गतिविधियों में काफी कम रुचि लेता था और कभी-कभार ही वहाँ आता था। वोज ने निदेशक मंडल पर दबाव बनाया था और विज्ञापन को हरी झंडी मिल गई थी।

ब्रह्मांड में सेंध के लिए मैकिनटोश का आगाज

मैकिनटोश के शुभारंभ के दो दिन पहले, 22 जनवरी, 1984 को टाम्पा स्टेडियम (ताम्पा, फ्लोरिडा) में वॉशिंगटन रेडस्किंस व लॉस एंजिल्स रेडर्स के बीच 'सुपर बाउल XVIII' का आगाज हुआ था। स्टेडियम में 72,920 दर्शक मौजूद थे, लेकिन 9.60 करोड़ अमेरिकी टेलीविजन पर नजर गड़ाए हुए थे। खेल के बीच में अचानक दो सेकंड के लिए परदा काला होता और फिर मैकिनटोश के शुभारंभ की घोषणा करनेवाला एक मिनट का '1984' विज्ञापन चालू हो जाता था। यह एक ऐसा चौंकानेवाला विज्ञापन था, जो सुपर बाउल से भी ज्यादा आकर्षक साबित हुआ था। यह एक सनसनी था। जी हाँ, यह यू-ट्यूब का जमाना तो नहीं था, लेकिन उस विज्ञापन ने दर्शकों में इतना जूनून पैदा कर दिया था कि वह टेलीविजन पर 'वायरल' हो गया था। उस शाम सभी तीन टेलीविजन नेटवर्क सहित कुल 50 स्थानीय चैनलों के बीच उस विज्ञापन पर समाचार कथाएँ प्रसारित करने व बहस आयोजित करने की होड़ लग गई थी। यह सिलसिला काफी समय तक जारी रहा था। अंततः इस विज्ञापन को अमेरिकी साप्ताहिक टीवी पत्रिका 'टी.वी. गाइड' (सी.बी.एस. कॉरपोरेशन) व साप्ताहिक विज्ञापन बाजार विश्लेषण पत्रिका 'एडवरटाइजिंग ऐज' ने 'सभी समय का सबसे महान् विज्ञापन' घोषित किया था।

लेकिन मैकिनटोश के आगाज को ऐतिहासिक बनाने के लिए, जॉब्स ने इस विज्ञापन के अलावा भी बहुत कुछ किया था। पिछले कुछ वर्षों में स्टीव जॉब्स उत्पाद शुभारंभ (प्रोडक्ट लांच) के सबसे बड़े उस्ताद (ग्रैंड मास्टर) के रूप में उभर चुका था। शुरू से ही जॉब्स की प्रचार रणनीति का सबसे अचूक हथियार रहा था—संचार-साधनों (कम्युनिकेशन मीडिया) द्वारा की जानेवाली मुफ्त व्याप्तियाँ (फ्री कवरेज)। जॉब्स ने संचार माध्यमों के बीच की आपसी प्रतिस्पर्धाओं का बारीकी से अध्ययन किया था और उसने ऐसे तरीके खोज निकाले थे, जिनके जरिए वह प्रचार के विस्फोटों को भड़काने में पूर्ण सक्षम हो गया था। ये तरीके इतने शक्तिशाली थे कि एक उत्पाद

उत्पाद-शुभारंभ को एक घटना में बदल देना जॉब्स की स्वयंसिद्ध कला मानी जाती है। जॉब्स ने आजीवन अपने सभी उत्पाद शुभारंभों के लिए इस कला का बहुत ही सहजता के साथ इस्तेमाल किया था। मैकिनटोश का शुभारंभ जॉब्स की इस कला का पहला सबसे बड़ा प्रदर्शन माना गया है।

का प्रचार शृंखलाबद्ध प्रतिक्रियाओं के उन्माद में बदल जाता था। उत्पाद-शुभारंभ को एक घटना में बदल देना जॉब्स की स्वयंसिद्ध कला मानी जाती है। जॉब्स ने आजीवन अपने सभी उत्पाद शुभारंभों के लिंए इस कला का बहुत ही सहजता के साथ इस्तेमाल किया था। मैकिनटोश का शुभारंभ जॉब्स की इस कला का पहला सबसे बड़ा प्रदर्शन माना गया है। मीडिया जगत् के महारथी प्रौद्योगिकी पत्रकार जॉब्स की इस रणनीति को बखूबी समझते थे, लेकिन जॉब्स के प्रचार-जाल से बच पाना शायद किसी के लिए भी कभी संभव नहीं हो सका। जॉब्स की अदा ही कुछ ऐसी थी, उस पर फिदा होने के अलावा कोई और विकल्प नहीं बचता था। जॉब्स ने कुछ हद तक यह कला रेगिस मैककेना से सीखी थी, लेकिन जॉब्स ने स्वाभिमानी पत्रकारों को अपने मनोवैज्ञानिक प्रभाव में लेने की कला स्वयं ही साधी थी।

जी हाँ, मैकिनटोश के शुभारंभ को अंतरराष्ट्रीय घटना बनाने लिए जॉब्स ने 'न्यूज वीक' पत्रिका को अपने प्रभाव में लिया था। दिसंबर 1983 में, अपने अभियांत्रिकी जादूगरों—एंडी हेर्त्जफेल्ड व बुर्रेल स्मिथ के साथ जॉब्स न्यूयॉर्क स्थित 'न्यूज वीक' के मुख्यालय गया था। उस वक्त 'न्यूज वीक' 'वॉशिंगटन पोस्ट' कंपनी का हिस्सा थी। मैकिनटोश के प्रदर्शन के बाद उनकी मुलाकात समूह की सुप्रसिद्ध मालकिन कैथरीन ग्राहम से करवाई गई थी, जो नई चीजों में काफी रुचि लेती थी। जॉब्स ने उन्हें भी वास्तविक विरूपण कला के प्रभाव में ले लिया था। नतीजतन पत्रिका के प्रौद्योगिकी लेखक व फोटोग्राफर को क्यूपरटिनो भेजा गया था। फिर 'न्यूज वीक' ने एंडी हेर्त्जफेल्ड व बुर्रेल स्मिथ के साक्षात्कारों पर आधारित 'मैक की रचनावाले बच्चे' शीर्षक से चार पृष्ठों का आलेख प्रकाशित किया था। उस आलेख में हेर्त्जफेल्ड व स्मिथ के हवाले से जॉब्स की अनोखी नेतृत्व कला व मैकिनटोश को 'जुनूनी महान्' कंप्यूटर बनाने की उत्साहपूर्ण कोशिशों की जमकर तारीफ की गई थी।

इसके अलावा जॉब्स ने रोलिंग स्टोन पत्रिका के तत्कालीन प्रौद्योगिकी लेखक स्टीवन लेवी को भी अपने प्रभाव में लिया था और मैकिनटोश को आवरण कथा के रूप में प्रकाशित करने का दबाव बनाया। उस समय लेवी का आलेख आवरण-कथा नहीं बन सका था, लेकिन भविष्य में 'न्यूज वीक' के प्रौद्योगिकी लेखक के रूप में लेवी ने जॉब्स के हरेक कारनामे को अपनी जादुई लेखन शैली से बेजोड़ बनाने की कोशिशें की

थी। लेवी ने अपनी अंतरराष्ट्रीय ख्यातिप्राप्त रचनाओं—'हैकर्स' (1984), 'इनसेनली ग्रेट—द लाइफ ऐंड टाइम्स ऑफ मैकिनटोश, द कंप्यूटर दैट चेंज्ड एवरीथिंग' (1994) व 'द परफेक्ट थिंग—हाउ द आईपोड शफल्स कॉमर्स, कल्चर ऐंड कूलनेस' (2006) के जरिए स्टीव जॉब्स की महानता व आधिकारिक कथा को दुनिया तक पहुँचाया था।

मैकिनटोश के शुभारंभ को 'न्यूज वीक', टाइम या बिजनेस वीक ने अपनी आवरण कथा तो नहीं बनाया था, लेकिन सभी में इसकी जबरदस्त कवरेज हुई थी। भविष्य में जॉब्स ने सुनिश्चित किया था कि उसके हर उत्पाद के शुभारंभ को इन तीनों पत्रिकाओं में से कोई आवरण-कथा के रूप में पेश करे।

आखिरकार वह ऐतिहासिक दिन—24 जनवरी, 1984—आ गया था दुनिया के सामने जुनूनी महान् कंप्यूटर—मैकिनटोश को जॉब्स ने अपने खास अंदाज में दुनिया के सामने पेश किया था। 112 एकड़ में फैले स्थानीय डी अंजा कॉलेज के विशाल परिसर में बने 2600 कुरसियोंवाले फ्लिंट सभागार (फ्लिंट सेंटर ऑफ द परफार्मिंग आर्ट) में एप्पल के शेयर धारकों की वार्षिक बैठक के साथ-साथ मैकिनटोश का शुभारंभ समारोह भी आयोजित किया गया था। आठ दिन पहले से जॉब्स व उसके कार्यदल ने नाटकीय प्रस्तुति का पूर्वाभ्यास शुरू कर दिया था। जॉब्स ने खुद ही सारी पटकथा को अपनी भाषा में तैयार किया था। जॉब्स के भाषण का मुख्य हिस्सा हू-बहू वही था, जो उसने 20 अक्तूबर, 1983 को होनोलुलु बिक्री सम्मेलन में पढ़ा था। 10 बजे सुबह कार्यक्रम शुरू होने से बहुत पहले ही सभागार खचाखच भर चुका था।

एप्पल के चेयरमैन के नाते शेयरधारकों को संबोधित करने के लिए जॉब्स को सबसे पहले मंच पर आना था। सभागार की रोशनी मंद हो गई थी और स्टीव जॉब्स मंच के बाईं ओर बनी पीठिका (पोडियम) पर प्रकट हुआ। इस खास अवसर के लिए जॉब्स ने खुद को दोहरी छातीवाली नीले रंग की रंगीन जाकेट, सफेद कमीज, काली पतलून व हल्की हरी बाउ टाई से सजा रखा था। इस वेशभूषा में जॉब्स कंप्यूटर उद्योग के किसी कार्यकारी से अधिक लास वेगास के मनोरंजन समारोहों के संचालकों की तरह लग रहा था। तालियों की गड़गड़ाहट के बीच जॉब्स थोड़ा घबराया हुआ सा लगा था, लेकिन उसने गर्मजोशी से अभिवादन स्वीकार करते हुए बोलना शुरू किया—

'एप्पल के 1984 के वार्षिक शेयरधारकों की बैठक में आपका स्वागत है। मैं बॉब (डायलन) की पुरानी कविता का हिस्सा पढ़कर अपना भाषण शुरू करना चाहता हूँ।' डायलन के मशहूर गीत 'द टाइम्स दे आर ए चेंजिंग' (वे बदल रहे हैं समय) के लिए का दूसरा अंतरा पढ़ते हुए जॉब्स ने लंबी मुसकान बिखेरी थी—

लेखको और आलोचको आओ
कौन कर रहा है तुम्हारी कलम से भविष्यवाणी

और, खुली रखना अपनी आँखें,
मौका फिर नहीं आएगा
और बहुत जल्दी मत बोलो
पहिए के लिए जो अभी भी घूम रहा है
और कोई कह नहीं रहा है कौन
जिसका वह नाम बता रहा है ।
अभी हारनेवालों को
क्या बाद में जीतने दिया जाएगा
वे बदल रहे हैं समय के लिए।

(डायलन ने अधिकांश गीतों की रचना इस तरह से की थी कि श्रोता अपने हिसाब से व्याख्या कर मतलब निकाल सकें। उसने खुद कहा था कि आम तौर पर उसके गीतों का एक विशेष अर्थ नहीं था। आम व्याख्या के मुताबिक उपर्युक्त पंक्तियों में डायलन ने उस समय के लेखकों, पत्रकारों, कलाकारों को चेतावनी दी है कि वे बदलाव का निरीक्षण करें और उसे दर्ज करें। यहाँ उसने भाग्य के अचानक पलटने व अप्रत्याशित जीत की बात की है।)

जॉब्स के लिए यह गीत एक राष्ट्रगान की तरह था, जो एप्पल के करोड़पति चेयरमैन बन जाने के बावजूद उसकी विरोध-संस्कृति की छवि को बरकरार रखे हुए था। फिर जॉब्स ने एप्पल निदेशक मंडल के सदस्यों को उनके नामों से पुकारा और अशांत वर्ष में उनके समर्थन के लिए धन्यवाद दिया। उसके बाद उसने कानूनी काररवाई के लिए मंच को एप्पल के मुख्य वकील के हवाले कर दिया। फिर एप्पल के मुख्य कार्यकारी अधिकारी (सी.ई.ओ.) के नाते जॉन स्कुल्ली ने अपने वार्षिक वित्तीय प्रतिवेदन (एनुअल फाइनेंशियल रिपोर्ट) का सारांश पढ़ना शुरू किया। नौ महीने पहले कंपनी में शामिल होने के बाद, स्कुल्ली पहली बार सार्वजनिक मंच पर पेश हुआ था। जल्द ही सभागार में मौजूद दर्शकों की बेचैनी बढ़ने लगी थी, क्योंकि स्कुल्ली के भाषण तो वित्तीय आँकड़ों की कहानी थी। स्कुल्ली को यह बात समझ आ गई थी, उसने जॉब्स की प्रशंसा में कुछ शब्द बोलकर जल्दी-जल्दी अपना भाषण खत्म किया। एक बार फिर से सभागार की रोशनी धीमी हो गई और महानायक के अंदाज में जॉब्स दुबारा मंच पर प्रकट हुआ। उसने होनोलूलू में दिया गया अपना संबोधन दोहराया।

भाषण के दौरान सभागार के दर्शकों के बीच उन्माद सा का फैल गया था। एक अंतरा खत्म कर स्टीव ज्योंही एक क्षण के लिए उनकी तरफ देखता था कि तालियों की तूफानी गड़गड़ाहट से सभागार गूँज उठता था। फिर '1984' विज्ञापन चला था।

दो दिन पहले सुपर बाउल के दौरान प्रसारित होने से यह विज्ञापन पहले ही मशहूर हो चुका था। लिहाजा विज्ञापन के पूरा होने तक सभागार में मौजूद हर कोई खड़ा होकर जयध्वनि करने लगा था। स्टीव जॉब्स ने मुसकराते हुए इस ऐतिहासिक सामूहिक अभिवादन को स्वीकार किया था।

फिर एक नाटकीय अंदाज में टहलता हुआ जॉब्स अँधेरे मंच पर एक छोटी मेज की तरफ गया था, जिस पर एक कपड़े का थैला रखा हुआ था। उसने कहा था, 'अब मैं आपको मैकिनटोश व्यक्ति स्वरूप में दिखाना चाहता हूँ।' फिर जॉब्स ने थैले से कंप्यूटर, की-बोर्ड व माउस निकाला था और चतुराई से उन्हें एक साथ जोड़ा। फिर उसने अपनी कमीज की जेब से साढ़े तीन इंच का एक नया फ्लॉपी निकलकर कंप्यूटर में घुसाई। 'चरिओट्स ऑफ फायर' (आग के रथ)—1981 में जारी ब्रिटिश ऐतिहासिक ड्रामा फिल्म—का विषय गीत (थीम सांग) बजना शुरू हुआ। थोड़ी देर के लिए जॉब्स की साँस थम सी गई थी, क्योंकि पिछली रात किए गए पूर्वाभ्यास के दौरान यह ठीक प्रकार से नहीं चला था। लेकिन इस वक्त बिना किसी बाधा के चल रहा था। कंप्यूटर के परदे पर क्षैतिज रूप में 'MACIAUINTOSH' (मैकिनटोश) शब्द का कुंडलन (स्क्रॉलिंग) शुरू हो गया था और उसके नीचे 'इनसेनली ग्रेट' (जुनूनी महान्) शब्दों के अक्षर क्रमश: उभरने लगे थे—मानो कोई उसे हाथ से धीरे-धीरे लिख रहा हो। दर्शकों को अब तक किसी कंप्यूटर में इस तरह का 'चित्रात्मक प्रदर्शन' (ग्राफिकल डिसप्ले) देखने का अनुभव नहीं था, इसीलिए वे यह सब होते हुए चुपचाप देखते रहे थे। सभागार में महज कुछ सुगबुगाहट सुनाई पड़ रही थी। उसके बाद, बड़ी तेजी से चित्रपट छाया-चित्रों (स्क्रीन शॉट्स) की एक श्रृंखला प्रदर्शित की गई थीं। इनमें 'क्विक ड्रा' चित्रात्मक अनुप्रयोग, विभिन्न प्रकार की लिपियाँ, दस्तावेज (डॉक्यूमेंट), सारणियाँ, चित्रांकन, शतरंज का खेल, व्यावसायिक आँकड़ों को दर्ज करने के लिए फैलावदार-पत्रक (स्प्रेडशीट) व एक विचार बुलबुले के भीतर मैकिनटोश के स्टीव जॉब्स का समर्पण शामिल थे।

यह सब खत्म होने के बाद जॉब्स के चेहरे पर एक रहस्यमय मुसकान उभर आई थी—मानो वह दर्शकों को कुछ अजूबा दिखाने जा रहा था। जॉब्स ने कहा था, 'हम में से कुछ लोग अब से दो से अधिक वर्षों से मैकिनटोश पर काम करते रहे हैं और यह 'जुनूनी महान्' होकर उभरा है! हमने हाल में मैकिनटोश के बारे में ढेर सारी बातें की हैं। लेकिन आज, पहली बार, मैं चाहता हूँ कि मैकिनटोश खुद अपने बारे में बोले।' यह कहते हुए जॉब्स ने माउस का बटन दबा दिया था। मैकिनटोश खुद से अपना परिचय देनावाला पहला कंप्यूटर बन गया था—

'नमस्ते, मैं मैकिनटोश हूँ। उस बैग से बाहर निकलना निश्चित तौर पर महान् है!

'जैसाकि मैं सार्वजनिक भाषण का आदी नहीं हूँ, मैं आपसे साथ एक कहावत साझा करना चाहता हूँ, जो मैंने आई.बी.एम. मेनफ्रेम से पहली मुलाकात के समय सोचा था—एक कंप्यूटर पर भरोसा नहीं करें, जिसे आप नहीं उठा सकते!

'जाहिर है, मैं बात कर सकता हूँ, लेकिन अभी मैं वापस बैठना व सुनना पसंद करूँगा। तो यह है कि मैं काफी गर्व के साथ एक आदमी का परिचय देना चाहता हूँ, जो मेरे लिए एक पिता की तरह रहा है—स्टीव जॉब्स।'

प्रदर्शन पूरा होते ही एक बार फिर से सभागार में जुनूनी जयकारा शुरू हो गया था। नजदीकियों ने स्टीव जॉब्स के चेहरे पर इतनी बड़ी मुसकान इससे पहले कभी नहीं देखी थी। जाहिर है कि स्टीव भी उस क्षण से अभिभूत था और वह छलछलाते आँसुओं को सँभालने की कोशिश कर रहा था। पाँच मिनट तक तालियों की तूफानी गड़गड़ाहट का गूँजना जारी रहा था, जब जॉब्स ने खुद ही भीड़ से शांत हो जाने की गुजारिश की थी।

बाकी की बैठक शोर-शराबे के बीच गुजरी। जॉब्स ने लिसा के नए संस्करण पेश किए थे और स्लाइड शो के जरिए बारी-बारी से मैकिनटोश कार्यदल का परिचय दिया था। फिर जॉब्स ने शेयरधारकों की सूची पढ़ने व अन्य कानूनी रवायत पूरी करने के लिए मंच को वकील के हवाले कर दिया था। सभागार से बाहर जा रहे सभी दर्शकों को 'मैकवर्ल्ड' पत्रिका का पहला अंक बाँटा गया था, जिसके आवरण पर तीन मैकिनटोश के साथ जॉब्स का चित्र प्रकाशित किया गया था। मैकिनटोश दल ने आपस में एक-दूसरे को बधाई दी थी और फिर वे वहाँ से करीब डेढ़ किलोमीटर दूर एप्पल मुख्यालय (बैंडली ड्राइव) पहुँच गए थे। तभी करीब एक सौ मैकिनटोश के भरा एक ट्रक पहुँचा था। हरके कंप्यूटर की पीठ पर हरेक सदस्य के नाम की पट्टिका लगी हुई थी। जॉब्स ने हरेक से गर्मजोशी से हाथ मिलाया था और उसे उसका कंप्यूटर भेंट किया था। जॉब्स ने मैकिनटोश व उसकी रचना करनेवाले तथाकथित 'समुद्री डाकू बैंड' के सभी सदस्यों के साथ तसवीर खिंचवाई थी।

अनावरण के साथ ही, देश भर के विक्रेताओं द्वारा मैकिनटोश की बिक्री शुरू करने की योजना बनाई गई थी, लेकिन उस दिन तक अधिकांश के पास सिर्फ प्रदर्शित किए जानेवाला 'डेमो' कंप्यूटर ही पहुँच सका था। खैर, जॉब्स ने ब्रह्मांड में सेंध लगा दी थी और व्यक्तिगत कंप्यूटर के इतिहास का स्वर्ण-युग शुरू हो गया था।

□

6

एप्पल में जॉब्स की हार और रचनात्मक संघर्ष

मैकिनटोश के ऐतिहासिक शुभारंभ ने स्टीव जॉब्स को व्यक्तिगत कंप्यूटर उद्योग की क्रांति का महानायक बना दिया था। अब उसे अमेरिका के सुप्रसिद्ध व्यक्तियों में शुमार किया जाने लगा था।

जाहिर है कि एप्पल कंप्यूटर के अंदर भी स्वाभाविक रूप से उसकी व्यावहारिक हैसियत बदल गई थी। स्कुल्ली भी अब तक जॉब्स का अंतरंग बना हुआ था, लिहाजा उसने लिसा विकास दल को जॉब्स के हवाले कर दिया था। एक बार फिर से शोध व विकास कार्यक्रमों पर जॉब्स का एकाधिकार हो गया था। सफलता ने जॉब्स के आत्मविश्वास को सातवें आसमान पर पहुँचा दिया था, जिसके चलते उसकी ईमानदार-भाषा कुछ ज्यादा ही क्रूर हो गई थी। लिसा कार्यदल को भी मैकिनटोश में शामिल कर जॉब्स ने संयुक्त कार्यदल के प्रमुख पदों पर अपने चहेतों को बिठा दिया था। दिक्कत यह थी कि अपने पसंदीदा लोगों की प्रशंसा के चक्कर में जॉब्स लिसा सदस्यों को खुलेआम नकारा बताने से भी नहीं हिचकता था।

असल में, स्कुल्ली ने बहुत ही चतुराई से जॉब्स को शोध व विकास के कार्यों में उलझाने और उसके साथ दोस्ताना संबंध बनाए रखते हुए कंपनी पर अपना संपूर्ण नियंत्रण स्थापित करने की रणनीति बनाई थी। लेकिन स्कुल्ली को बहुत जल्द ही यह अहसास होने लगा था कि नियंत्रण में साझेदारी करना जॉब्स का स्वभाव नहीं था। चाहे वह उत्पाद हो या कंपनी, जॉब्स संपूर्ण नियंत्रण में विश्वास रखता था और वह अपने अधिकार के दायरे में किसी प्रकार का कोई भी हस्ताक्षेप बरदाश्त नहीं कर सकता था। हर काम को सौ फीसदी अपने अंदाज में करना जॉब्स का जुनून था, जिससे अकसर दूसरों का अहंभाव आहत होता था।

लिसा कार्यदल को भी मैकिनटोश में शामिल कर जॉब्स ने संयुक्त कार्यदल के प्रमुख पदों पर अपने चहेतों को बिठा दिया था। दिक्कत यह थी कि अपने पसंदीदा लोगों की प्रशंसा के चक्कर में जॉब्स लिसा सदस्यों को खुलेआम नकारा बताने से भी नहीं हिचकता था।

ऐसा ही तब हुआ था जब जॉब्स ने मैकिनटोश के उत्पादन के लिए फ्रेमोंट (अल्मिडा काउंटी, क्युपरटिनो से 40 किलोमीटर दूर) में अत्याधुनिक फैक्ट्री बनाने का फैसला किया था। जॉब्स ने निर्माण के हर कदम पर अपनी जिद चलाने की कोशिश की थी। वह मशीनों को एप्पल के लोगो की तरह छह चमकीले रंगों में रँगना चाहता था। ऐसा करने के चक्कर में काफी समय लग गया था और उत्पादन निदेशक मैट कार्टर ने मशीनों को मटमैले रंग में ही स्थापित कर दिया था। लेकिन जॉब्स ने उसे दुबारा पेंट करने का आदेश दिया था। इस चक्कर में एक काफी महँगी मशीन ने ठीक से काम नहीं किया था और खीझकर कार्टर ने इस्तीफा दे दिया था। इतना ही नहीं, जॉब्स ने फैक्ट्री की दीवारों को भी सफेद रंग में रँगवाया था। हकीकत यह थी कि जॉब्स अपनी फैक्ट्री को इतना साफ-सुथरा रखना चाहता था कि कोई फर्श पर बैठ कर खाना खा सके।

मैक का गुबार थमा, ठीकरा जॉब्स के सिर

क्रांतिकारी उत्पाद व प्रचार सम्मोहन के असर में मैकिनटोश की बिक्री को उपभोक्ताओं का जो तूफानी समर्थन मिला था, वह 1984 की दूसरी छमाही में धीरे-धीरे शांत होने लगा था। पहले सौ दिनों में सिर्फ 72 हजार मैकिनटोश की बिक्री हो सकी थी और साल के अंतिम महीनों में औसत मासिक बिक्री 10 हजार इकाइयों से भी नीचे चली गई थी। तमाम क्रांतिकारी प्रौद्योगिकियों से लैस होने के बावजूद मैकिनटोश काफी सुस्त व जरूरत से काफी कम ताकतवर कंप्यूटर साबित हुआ था।

जिन कार्यक्रमों को चलाने के लिए लिसा में 1000K (किलोबिट) रैम (रैंडम एक्सेस मेमोरी) का इस्तेमाल हुआ था, उन्हीं के लिए मैकिनटोश में सिर्फ 128K रैम का। इसके अलावा मैकिनटोश में आंतरिक यांत्रिक भंडारण क्षमता के लिए हार्ड डिस्क ड्राइव का इस्तेमाल नहीं किया गया था। यह पूरी तरह से 400 केबी (किलो बाइट) भंडारण क्षमतावाले एकतरफा 3.5 इंच फ्लॉपी डिस्क ड्राइव पर निर्भर था। ('बिट' बाइनरी अंकों की संख्याओं को गिनने के लिए इस्तेमाल होता है, जबकि 'बाइट' भंडारण क्षमता को मापने के लिए। 1 बाइट में 8 बिट समाहित होता है।) रैम को संरक्षित करने के लिए, शुरू से ही मैकिनटोश की परिचालन प्रणाली—मैक ओ.एस. को डिस्क आधारित किया गया था, जिसे 'स्टार्टअप डिस्क' की तरह अस्थायी

रूप से बाहर निकला जा सकता था। याद रहे कि मूल संचिका प्रणाली (रूट फाइल सिस्टम) को बाहर निकाल पाना मैकिनटोश की असामान्य विशेषता थी। जॉब्स ने मैकिनटोश की कीमत को कम रखने के लिए इस नवाचार को अपनाया था और उस कंप्यूटर में सिर्फ एक ही फ्लॉपी डिस्क ड्राइव की सुविधा दी गई थी। यानी यदि कंप्यूटर से किसी दस्तावेज की प्रतिलिपि बाहर निकालनी है तो पहले मैक ओ.एस. की फ्लॉपी बाहर निकलती थी। इसके अलावा जॉब्स की पंखा रहित विद्युत् आपूर्ति व्यवस्था भी उस वक्त ठीक प्रकार से कामयाब नहीं हो सकी थी और कंप्यूटर जल्द ही गरम हो जाता था। चूँकि मैक ओएस की वास्तुकला मुख्य तौर पर चित्रात्मक उपयोगकर्ता अंतरफलक (जी.यू.आई.) के लिए विकसित की गई थी, इसीलिए बाहरी विकासकर्ताओं को मैकिनटोश के लिए अनुप्रयोगों का विकास करने के लिए न केवल विशेष मेहनत करनी पड़ रही थी, बल्कि उन्हें सिर्फ मैकिनटोश का ही सीमित बाजार मिला था। इसके उलट, एम.एस.डॉस संचालित आई.बी.एम. पी.सी. सहित अन्य अनुकूल नकलची कंप्यूटरों का बाजार विशाल रूप लेता जा रहा था। जाहिर है कि ज्यादातर विकासकर्ता आसान 'आदेश आधारित अनुप्रयोग' (कमांड ड्रिवेन एप्लीकेशन) के विकास में रुचि ले रहे थे, जो माइक्रोसॉफ्ट की एम.एस.डॉस प्रणाली पर आधारित थी। मैकिनटोश की विशिष्टता को बड़ा झटका तब लगा था, जब बिल गेट्स ने अप्रैल 1984 में 'माइक्रोसॉफ्ट मल्टीप्लान' को और फिर जनवरी 1985 में 'माइक्रोसॉफ्ट वर्ड' को एमएसडॉस में इस्तेमाल करना शुरू कर दिया। गेट्स के इस धोखे से जॉब्स काफी आहत हुआ था और बाद में, एप्पल ने माइक्रोसॉफ्ट के खिलाफ कानूनी लड़ाई भी शुरू की, लेकिन तब मैकिनटोश को नुकसान पहुँचाकर माइक्रोसॉफ्ट अपना बाजार विस्तार करने में कामयाब रहा था।

इससे भी बड़ी बात यह थी कि जॉब्स की तमाम कोशिशों के बावजूद स्कुल्ली ने मैकिनटोश की कीमत को 2495 डॉलर से कम नहीं होने दिया था, जो आई.बी.एम. पी.सी. के मुकाबले करीब हजार डॉलर ऊपर था। याद रहे कि जॉब्स ने 12 जुलाई, 1981 को जो 'मैकिनटोश बिजनेस प्लान' बनाया था, उसमें कंप्यूटर की कीमत 1500 डॉलर रखी गई थी। उस आधार पर, जॉब्स ने मैकिनटोश को 1982 में बाजार में उतारने व 1985 के अंत तक यानी चार वर्षों में कुल 22.45 लाख इकाइयाँ (प्रति वर्ष 5.63 लाख या प्रतिमाह 47 हजार) बेचने का अनुमान लगाया था। बाजार में आने में दो साल की देरी हो जाने के बावजूद जॉब्स मैकिनटोश की अधिकतम कीमत को 1995 डॉलर से अधिक रखने के पक्ष में नहीं था। इस मुद्दे पर जॉब्स व स्कुल्ली के बीच काफी बहस हुई थी—जॉब्स बाजार की प्रतिस्पर्धा का तर्क देता रहा था, लेकिन स्कुल्ली लागत व मुनाफे के पारंपरिक तर्क के साथ अपनी जिद पर अड़ा रहा था। विज्ञापन

बजट के मामले में निदेशक मंडल के विरोधी रुख के बावजूद जॉब्स को स्कुल्ली का समर्थन मिला था, इसीलिए उसने मैकिनटोश की कीमत के मामले में स्कुल्ली की जिद को नजरअंदाज कर दिया था। जॉब्स की निराशा का अंदाजा लगाना मुश्किल नहीं था। वह मैकिनटोश की अत्याधुनिक प्रौद्योगिकी के जरिए 'ब्रह्मांड में सेंध' लगाने में तो कामयाब हो गया था, लेकिन वह तो इस कंप्यूटर को उद्योग का मानक बनाना चाहता था। इतनी कम बिक्री से तो सारा मामला ही उलटा हो गया था। एप्पल-II के आशिक ग्राहक तमाम कमियों के बावजूद मैकिनटोश को खरीदकर गर्व का अनुभव कर रहे थे, लेकिन जॉब्स ने तो मैकिनटोश को 'पीपुल्स कंप्यूटर' बनाना चाहा था। बिल गेट्स के धोखे ने भी जॉब्स को गहरा सदमा दिया था। ऐसे में, जॉब्स का मन अशांत हो गया था। लिहाजा उसके द्वारा कुछ गलत फैसले करना भी लाजिमी था।

जॉब्स को लग रहा था कि आम उपभोक्ता मैकिनटोश की अच्छाई को ठीक प्रकार से समझ नहीं पा रहे थे। लिहाजा उसने स्कुल्ली के साथ मिलकर 25 लाख डॉलर की लागत से भारी-भरकम प्रचार अभियान का आगाज किया था।

इस अभियान के तहत न्यूजवीक (नवंबर-दिसंबर,1984) विशेषांक में सभी 39 विज्ञापन पृष्ठों पर 'जी.यू.आई. गाइड बुक' प्रकाशित करने का फैसला किया गया। चूँकि 'न्यूज वीक' का यह विशेषांक रोनाल्ड रीगन के दुबारा अमेरिकी राष्टपति चुने जाने पर केंद्रित था और इसकी प्रसार संख्या आम अंकों से काफी ज्यादा थी, इसीलिए जॉब्स ने इसके जरिए आम अमेरिकियों को मैकिनटोश की खूबियाँ समझाने की कोशिश की थी। इसके आलावा देश भर में 'टेस्ट ड्राइव ए मैकिनटोश' नामक प्रचार अभियान भी चलाया गया था, जिसके तहत क्रेडिट-कार्डधारी उपभोक्ताओं को 24 घंटे के लिए मैकिनटोश को घर ले जाने व जी भर उपयोग करने के लिए उत्साहित किया गया था। लेकिन माँग के मुताबिक समय पर बिक्री केंद्रों पर कंप्यूटर उपलब्ध न होने और विक्रेताओं के पर्याप्त समर्थन न मिलने के कारण इस कार्यक्रम को उम्मीद से काफी कम सफलता मिली थी। इस अभियान के तहत जिन दो लाख आम उपभोक्ताओं को मैकिनटोश को आजमाने का भी मौका मिला था, लेकिन विक्रेताओं के असहयोगी रूख के चलते उनमें से अधिकांश ने मैकिनटोश खरीदने की हिम्मत नहीं दिखाई थी। सुपर बाउल-1985 (20 जनवरी) के दौरान 'मैकिनटोश ऑफिस' को बाजार में उतारने के लिए प्रसारित विज्ञापन 'लेम्मिंग्स' (उत्तरी ध्रुव के चूहे) ने रही-सही कसर पूरी कर दी थी। '1984' विज्ञापन में आई.बी.एम.-विरोधी भावना को दोहराने के चक्कर में दुर्भाग्य से 'लेम्मिंग्स' की पटकथा आई.बी.एम. पी.सी. खरीदनेवाले प्रौद्योगिकी प्रबंधकों की भावना को चोट पहुँचाने वाली साबित हुई थी।

'लेम्मिंग्स' विज्ञापन में गहरे सूट पहने प्रबंधकों की एक कतार को आँखों पर

पट्टी बाँधकर पहाड़ की चोटी की तरफ अग्रसर होते और एक-एक कर गिरकर मौत को गले लगाते दिखाया गया था। अंत में एक पार्श्व स्वर उभरता है कि 'मैकिनटोश ऑफिस जल्द ही घोषित किया जाएगा'। चोटी की कगार पर पहुँच चुका उस कतार का अंतिम प्रबंधक आवाज सुनकर रुक जाता है और अपनी पट्टी खोल स्थिति को समझने की कोशिश करता था। तभी पार्श्वस्वर सुनाई देता है 'आप इस पर गौर कर सकते हैं'। फिर आँख पर पट्टी बाँधे प्रबंधकों की एक दूसरी कतार पहाड़ की चोटी की तरफ बढ़ती दिखाई देती है और पार्श्वस्वर उभरता है 'या आप हमेशा की तरह काम पर जा सकते हैं'।

जाहिर है कि 'लेम्मिंग्स' साल भर पहले जारी '1984' की मूल भावना से उलट था। '1984' विज्ञापन ने दर्शकों में एप्पल की जो एक वीरतापूर्ण व आशावादी छवि बनाई थी, उसे 'लेम्मिंग्स' ने मिट्टी कर दिया था। वैसे इस विज्ञापन की पटकथा को लेकर शुरू से ही जॉब्स व स्कुल्ली दोनों ही असहज थे और विज्ञापन एजेंसी पर दूसरी पटकथा के लिए दबाव बनाए हुए थे। लेकिन ये वही लोग थे, जिन्होंने '1984' विज्ञापन बनाने का इतिहास बनाया था। चिअट/डे के ली क्लोव व जे चिअट ने जॉब्स व स्कुल्ली को आश्वस्त किया था कि वे खामखाँ पिछले साल की तरह चिंता न करें और विश्वास रखें कि 'लेम्मिंग्स' भी '1984' ही साबित होगा। लेकिन साल भर में माहौल बदल चुका था। मैकिनटोश ने उपभोक्ताओं में जो उम्मीद जगाई थी, वह उस पर खरा नहीं उतरा था। ऐसे में, 'लेम्मिंग्स' का संदेश युद्ध में हार गए योद्धा की खीझ जैसा लगता था।

24 फरवरी, 1985 को, जॉब्स ने अपने 30वें जन्मदिवस के मौके पर ऐतिहासिक पाँच सितारा होटल वेस्टिन सेंट फ्रांसिस (पावेल स्ट्रीट, सैन फ्रांसिस्को)—के विशाल व भव्य नृत्य-सभागार (बॉलरूम) में बेहद औपचारिक व चुलबुले समारोह का आयोजन किया था। इसमें जॉब्स ने अपने नजदीकी मित्रों व एप्पल के निदेशकों व प्रमुख पदाधिकारियों सहित प्रौद्योगिकी उद्योग से जुड़े एक हजार लोगों को आमंत्रित था। संबंधों में खटास होने के बावजूद जॉब्स ने बिल गेट्स को भी बुलाया था। लोटस कॉरपोरेशन के मिच कपोर भी मौजूद थे। मेहमानों के मनोरंजन के लिए जॉब्स ने अपने पसंदीदा संगीत कलाकार बॉब डायलन को बुलाने की कोशिश की थी। लेकिन डायलन के मना करने के बाद जॉब्स ने 'गीत की प्रथम महिला' व 'जैज की रानी' कही जानेवाली अमेरिकी जैज गायिका एला जेन फिजराल्ड़ को बुलाया था। इस समारोह में 'सैन फ्रांसिस्को सिम्फनी' ऑर्केस्ट्रा ने भी अपनी जबरदस्त पेशकश की थी। लेकिन सबसे यादगार चीज साबित हुआ था इस मौके के लिए भेजा गया 'आमंत्रण-पत्र', जिस पर जॉब्स ने लिखा था—

'एक पुरानी हिंदू कहावत है, जो कहती है 'अपने जीवन के पहले 30 वर्षों में, आप अपनी आदतें बनाते हैं। अपने जीवन के अंतिम 30 वर्षों में आपकी आदतें आप को बनाती हैं।' आएँ, मुझे अपना जश्न मनाने में मदद करें।'

आमंत्रण-पत्र से थोड़ी झलक मिलती है कि जॉब्स को आभास था कि उसकी आगे की जिंदगी में कुछ खास होने जा रहा था। लेकिन उसी माह 'प्लेबॉय' पत्रिका (1 फरवरी, 1985) में प्रकाशित एक अंतरंग साक्षात्कार में जॉब्स ने जो कुछ कहा था उससे साफ हो गया कि जॉब्स अपने भविष्य को बखूबी पढ़ सकने में सक्षम था। वरिष्ठ स्वतंत्र पत्रकार डेविड शेफ ने जॉब्स के साथ तमाम मुद्दों पर लंबी बातचीत की थी। उसका सबसे दिलचस्प हिस्सा इस प्रकार था—

'आपके विचार आपके दिमाग में मचान की तरह स्वरूपों का निर्माण करते हैं। आप वास्तव में स्वरूपों की नक्काशी कर रहे हैं। ज्यादातर मामलों में, लोग उन स्वरूपों में अटक जाते हैं, एक रिकॉर्ड में खाँचे की तरह, और वे उनमें से कभी बाहर नहीं निकलते।

'मैं हमेशा एप्पल के साथ जुड़ा रहूँगा। मुझे आशा है कि अपने जीवन भर, एक कसीदाकारी नमूना की तरह मेरे पास कुछ होगा, जिसमें मेरे जीवन का धागा व एप्पल का धागा एक-दूसरे के अंदर व बाहर बुना होगा। ऐसे कुछ वर्ष हो सकते हैं, जब मैं वहाँ नहीं रहूँ, लेकिन मैं हमेशा वापस आऊँगा।

'यदि आप एक कलाकार के रूप में अपने जीवन में रचनात्मक तरीके से जीना चाहते हैं, तो आपको बहुत ज्यादा पीछे मुड़कर नहीं देखना पड़ेगा। आपने जो भी किया है व आप जो कोई भी थे, आपको स्वीकार करने के लिए तैयार रहना होगा और उन्हें दूर फेंकना पड़ेगा। बाहर की दुनिया आपकी एक छवि को जितना ज्यादा सुदृढ़ करने की कोशिश करती है, कलाकार बने रहना उतना ही मुश्किल होता है, यही वजह है कि आम तौर पर कलाकारों को कहना पड़ता है, 'अलविदा। मुझे जाना है। मैं पागल हो रहा हूँ और मैं यहाँ से बाहर हो रहा हूँ।' और वे जाते हैं और कहीं शीत निद्रा में खो जाते हैं। बाद में वे थोड़ा अलग तरह से फिर से उभर सकते हैं।'

इन कथनों के एक-एक शब्द से झलकता है कि स्टीव जॉब्स अपने जीवन में निकट भविष्य में आनेवाले बदलावों को कितनी बारीकी से देख पा रहा था और खुद को एक रचनात्मक कलाकार बनाए रखने के रास्ते में आनेवाली चुनौतियों को संजीदगी से स्वीकार करने ने व उनका दृढ़ता से मुकबला करने की मानसिक तैयारी कर रहा था। जी हाँ, जॉब्स एक असाधारण शख्सियत था—एक ध्यानी, ज्ञानी व दूरदर्शी रचनाकार। दुनिया भले उसे जो समझे, वह एक फक्कड़ यात्री था, उसने तो अनवरत यात्रा को ही जीवन का पुरस्कार माना था। खैर, जो होना था, तय था। इतिहास को

बहाने की जरूरत होती है, सो जॉब्स के एप्पल से बाहर जाने के कई कारण बने व बनाए गए। जॉब्स ने डटकर मुकाबला करने की कोशिश की थी, लेकिन जैसाकि सदियों से होता चला आया था, वही हुआ। जॉब्स जैसे जुनूनी कलाकार के किसी भी काम में ढेर सारी कमियाँ ढूँढ़ पाना कोई मुश्किल काम नहीं था। नजदीकियों के लिए जॉब्स के जुनून के साथ ज्यादा दिनों तक बने रहना मुश्किल था।

फरवरी 1985 के अंतिम दिनों में, वोज के हवाले से 'स्ट्रीट जर्नल' में खबर छपी थी कि उसने एप्पल से इसलिए इस्तीफा दे दिया था क्योंकि पाँच सालों से एप्पल की दिशा भयावह रूप से गलत रही थी।

मसलन, मैकिनटोश के अधिकांश सॉफ्टवेयर की रचना करनेवाला एंडी हेर्त्जफेल्ड ने इस बात पर नाराज होकर इस्तीफा दे दिया था कि जॉब्स ने उसके निरीक्षक बॉब बेल्लेविले को 50 हजार डॉलर का बोनस दे दिया था। मैकिनटोश के शुभारंभ के बाद से ही हेर्त्जफेल्ड छुट्टी लेकर आराम फरमा रहा था और उसे लग रहा था कि उसके बिना जॉब्स का काम नहीं चलेगा। उसे लग रहा था कि जॉब्स उसकी वापसी के लिए खुशामद करेगा। लेकिन जॉब्स ने ऐसा कुछ कहने की बजाय यह कह दिया कि काम पहले से बेहतर चल रहा था, तो हेर्त्जफेल्ड के अहंभाव को चोट पहुँच गई थी और उसने वापस न आने का फैसला कर लिया था। इसके बाद मैकिनटोश दल के प्रमुख सदस्य बुर्रेल स्मिथ व ब्रूस हॉर्न ने भी अपने कारणों से इस्तीफा दे दिया। असल में ये लोग जॉब्स के दीवाने थे, लेकिन मैकिनटोश की लंबी व जुनूनी विकास प्रक्रिया से थक-ऊब गए थे और उन्हें अपने पेशेवर जीवन में बदलाव की जरूरत थी।

आपको अगर कोई सबसे बड़ा नुकसान पहुँचा सकता है तो वह आपका सबसे नजदीकी दोस्त ही होता है। जॉब्स के साथ भी ऐसा ही हुआ था। कुछ दिनों पहले जब वोज्निअक खुशी-खुशी जॉब्स को 30वें जन्मदिन की बधाई दे रहा था, तो कोई अनुमान नहीं लगा सकता था कि वह अंदर-ही-अंदर जॉब्स की प्रसिद्धि से किस हद तक जल-भुन चुका था। कुछ ही दिनों बाद, फरवरी 1985 के अंतिम दिनों में, वोज के हवाले से 'स्ट्रीट जर्नल' में खबर छपी थी कि उसने एप्पल से इसलिए इस्तीफा दे दिया था क्योंकि पाँच सालों से एप्पल की दिशा भयावह रूप से गलत रही थी। मतलब, जॉब्स को प्रमुखता देकर एप्पल ने बहुत बड़ी गलती की थी।

जॉब्स के लिए यह एक चौंकानेवाली खबर थी। जॉब्स ने कभी भी वोज्निअक को हाशिए पर डालने की कोशिश नहीं की थी, बल्कि उसने खुद ही एक अभियंता बनकर एप्पल में पूर्णकालिक रूप से शामिल होने का फैसला किया था। हकीकत यह थी कि जॉब्स ने वोज को मैकिनटोश दल में भी शामिल करने की कोशिश की थी,

लेकिन तब वह निजी विमान चलाने का शौक फरमा रहा था। वोज द्वारा सॉफ्टवेयर विकास में कोई रुचि न दिखाने के चलते ही जॉब्स ने माइक्रोसॉफ्ट को काम करने का मौका दिया था और गेट्स ने भी उसे अंततः धोखा ही दिया था। विमान दुर्घटना से लौटने के बाद भी वोज ने खुद को एप्पल-II तक ही सीमित रखा था। और अब यह तर्क दे रहा था कि एप्पल की 70 फीसदी कमाई एप्पल-II से हो रही थी, यानी उसकी ईजाद पर कंपनी चल रही थी। वोज भूल गया था कि जॉब्स की कोशिश के बिना एप्पल-II पता नहीं इतिहास के किस कोने में पड़ा होता!

लेकिन वोज को पिछले काफी समय से इस बात की जलन होने लगी थी कि एप्पल मैकिनटोश के प्रचार अभियान पर इतना क्यों खर्च कर रही थी! इसके लिए वोज ने सिर्फ जॉब्स की ही आलोचना नहीं की थी, बल्कि स्कुल्ली को भी घसीट लिया था।

खैर, करीब एक पखवाड़े के बाद, मार्च 1985 में जॉब्स व वोज्निअक ने एक साथ वॉशिंगटन की यात्रा की थी, जहाँ राष्ट्रपति रोनाल्ड रीगन ने उन दोनों को संयुक्त रूप से पहले 'नेशनल मेडल ऑफ टेक्नोलॉजी' से सम्मानित किया था। एप्पल के लिए यह बहुत बड़ी उपलब्धि थी और इसके उपलक्ष्य में स्वाभाविक रूप से एक भव्य समारोह का आयोजन होना चाहिए था। लेकिन वोज के इस्तीफे की खबर आम हो जाने के बाद संचार-माध्यमों से दूरी बरतने के चक्कर में एप्पल ने प्रचार के इतने बड़े मौके को गँवा देना ही बेहतर समझा था। उस दिन कार्यक्रम खत्म होने के बाद जॉब्स व वोज्निअक ने सैंडविच खाया था और टहलते हुए काफी देर तक बातचीत की थी। हालाँकि जॉब्स व वोज के बीच दोस्ती की पुरानी गर्मजोशी नहीं बची थी, फिर भी दोनों ने बहुत शालीनता से बातचीत की थी। जॉब्स ने वोज को 20 हजार डॉलर प्रतिमाह के वेतन पर अंशकालिक कर्मचारी के रूप में प्रवक्ता बनने व व्यापार मेले व अन्य सार्वजानिक कार्यक्रमों में एप्पल का प्रतिनिधित्व करने के लिए राजी कर लिया था।

क्यूपरटिनो लौटने के बाद, एक दिन जॉब्स यूँ ही पालो आल्टो में फ्रॉग डिजाइन के दफ्तर गया था तो वहाँ उसने वोज की प्रस्तावित कंपनी द्वारा बनाए जा रहे रिमोट कंट्रोल उपकरण का डिजाइन देख लिया था। जॉब्स इतना नाराज हो गया था कि उसने एप्पल के साथ डिजाइन करार तोड़ने के आरोप में फ्रॉग डिजाइन को कानूनी नोटिस भिजवा दिया। 'वॉल स्ट्रीट' का संवाददाता पहले से ही वोज के संपर्क में था। वोज ने आरोप लगाया कि जॉब्स व्यक्तिगत कारणों से ऐसा कर रहा था।

लेकिन जॉब्स ने जवाब दिया था, 'यह व्यक्तिगत नहीं है। हम अपनी डिजाइन भाषा को किसी दूसरे उत्पाद पर इस्तेमाल होते नहीं देखना चाहते। वोज को उसके खुद के संसाधन खोजने होंगे। वह एप्पल के संसाधनों का लाभ नहीं उठा सकता; वह उसके साथ विशेष रूप से व्यवहार नहीं कर सकते।'

हर्टमुत एस्लिंगर को जब इस घटना का पता चला तो वह जॉब्स पर काफी नाराज हुआ, लेकिन जॉब्स अपने फैसले पर कायम रहा था। अंत में, वोज को ही पीछे हटना पड़ा था, उसमें जॉब्स जैसे साँड़ के साथ मुकाबला करने की हिम्मत नहीं थी; लिहाजा उसने फ्रॉग डिजाइन की जगह दूसरी कंपनी से अपने उपकरण का डिजाइन करवाने का फैसला कर लिया। तमाम प्रचार अभियानों के बावजूद, मैकिनटोश की बिक्री लगातार गिरती जा रही थी। मार्च 1985 में, बजट भविष्यवाणी के मुकाबले सिर्फ 10 फीसदी बिक्री हुई थी। जॉब्स ने इसके लिए स्कुल्ली पर दोषारोपण शुरू कर दिया था कि उसकी ऊँची कीमत ही मैकिनटोश की कम बिक्री का नतीजा थी।

मैकिनटोश के विपणन प्रमुख माइक मुर्री सहित अन्य कर्मचारियों पर भी जॉब्स ने दबाव बढ़ना शुरू कर दिया। उसके व्यवहार को मुद्दा बनाकर मुर्री ने जॉब्स को मैकिनटोश से मुक्त किए जाने की माँग की थी। मैकिनटोश कार्यदल के बीच असंतोष बढ़ता जा रहा था। निदेशक मंडल का धैर्य भी टूट रहा था और उन्होंने जॉब्स व स्कुल्ली दोनों को फटकार लगाई थी। खासतौर पर स्कुल्ली को जॉब्स की मनमानियों पर लगाम कसने की हिदायत दी गई थी।

सत्ता-संघर्ष में हार, एप्पल से जॉब्स बाहर

इस बीच, जॉब्स की नजर पालो आल्टो की एक शुरुआती कंपनी वुडसाइड डिजाइन पर पड़ी थी, जो 'टच स्क्रीन डिसप्ले' प्रौद्योगिकी विकसित कर रहा था। जॉब्स पहले से ही, मैकबुक (लैपटॉप) बनाने के फिराक में था। लिहाजा उसने वुडसाइड डिजाइन के संस्थापक स्टीव किचन से कंपनी का अधिग्रहण कर उसे एप्पल लैब्स नाम देकर एक छोटे कार्यदल के साथ मैकबुक व संबंधित उत्पादों का विकास शुरू कर दिया। स्कुल्ली खुश था कि चलो जॉब्स खुद ही अपने लिए रास्ता ढूँढ़ रहा था और उसने फ्रांस के एप्पल प्रमुख जीन-लुइस गस्सी को जॉब्स की जगह मैकिनटोश की कमान सौंपने के लिए क्यूपरटिनो बुला लिया था। लेकिन जॉब्स ने अचानक अपना मन बदल लिया। असल में, मुर्री दोहरा खेल खेल रहा था।

एक तरफ वह स्कुल्ली को नीचा दिखाने के लिए जॉब्स को उकसा रहा था, तो दूसरी तरह आधिकारिक ज्ञापन में जॉब्स की शिकायत कर उसके खिलाफ काररवाई की माँग कर रहा था। स्कुल्ली को निदेशक मंडल के अधिकांश लोगों का समर्थन प्राप्त था, क्योंकि लगभग सभी निदेशक जॉब्स के रवैये को ही मैकिनटोश की असफलता का प्रमुख कारण मान रहे थे। स्कुल्ली के पास अब जॉब्स के खिलाफ तनकर खड़े होने के अलावा कोई विकल्प नहीं था। लिहाजा मार्च के अंत में एक शाम मानव संसाधन विभाग के प्रमुख जे. इलियट के साथ स्कुल्ली जॉब्स के दफ्तर पहुँचा। स्कुल्ली ने

शालीनता के साथ जॉब्स को समझाया कि उसकी काबलियत व दूरदृष्टि का सबसे बड़ा प्रशंसक वह खुद ही था, लेकिन अब मैकिनटोश प्रभाग के चलाने की उसकी (जॉब्स) क्षमता पर से उसका भरोसा उठ गया था। यह सुनकर जॉब्स के सब्र का बाँध टूट गया और उसने गुस्से में स्कुल्ली को यह कहकर नीचा दिखाना शुरू कर दिया था कि उसको कंप्यूटर की कोई समझ नहीं थी। फिर स्कुल्ली ने धमकी दी थी कि वह इस मामले को निदेशक मंडल के सामने रखनेवाला है और उसने जॉब्स को मैकिनटोश प्रभाग छोड़कर नई प्रौद्योगिकी पर ध्यान लगाने का फरमान सुना दिया था। जॉब्स कहाँ उसकी बात सुननेवाला था!

अंततः 11 अप्रैल, 1985 को स्कुल्ली ने निदेशक मंडल के सामने जॉब्स के संबंध में अपना प्रस्ताव रख दिया। सबसे प्रभावशाली निदेशक आर्थर रॉक ने स्कुल्ली को खरी-खरी सुनाई कि लगभग दो साल हो जाने के बावजूद वह न केवल कंपनी को अपने नियंत्रण में लेने में असफल रहा था, बल्कि जॉब्स को भी बेलगाम होने का मौका दिया। निदेशक मंडल को जॉब्स का पक्ष सुनने देने के लिए स्कुल्ली बाहर चला गया था।

जाहिर है उसने कंप्यूटर के बारे में स्कुल्ली की नासमझी व ज्यादा कीमत रखने की जिद को मैकिनटोश की असफलता का असल कारण बताया था। लेकिन रॉक ने उसे भी जबरदस्त डाँट पिलाई थी और साफ कर दिया कि उसने पिछले एक साल से मनमाने तरीके से मैकिनटोश प्रभाग को चलाया था, इसीलिए अब इस पद पर बने रहने का उसका कोई हक नहीं था। जॉब्स के कट्टर समर्थक निदेशक फिल सच्लेइन ने भी उसको बगल में ले जाकर समझाया कि वह अपना मौजूदा पद छोड़कर सम्मानपूर्वक कंपनी की शोध प्रयोगशाला का कामकाज देखे।

अब तक स्कुल्ली आर-पार की लड़ाई का मन बना चुका था। जब निजी तौर पर उसकी सफाई की बारी आई थी तो उसने निदेशक मंडल को साफ चेतावनी दे दी कि कंपनी को दोनों में एक चुनना होगा—जॉब्स या स्कुल्ली। स्कुल्ली ने कहा कि यदि कंपनी को उसकी काबलियत पर भरोसा है तो वह अचानक कोई बड़ी कारवाई करने की बजाय अगले कुछ महीनों जॉब्स को नई भूमिका के लिए तैयार करे बाकी वह सबकुछ ठीक कर लेगा, वरना कंपनी नए सी.ई.ओ. की तलाश कर सकती थी। निदेशक मंडल ने सर्वसम्मति से स्कुल्ली को उसकी सुविधा के मुताबिक जॉब्स को हटाने का अधिकार दे दिया था। बाहर प्रतीक्षा कर रहा जॉब्स समझ रहा था कि निदेशक मंडल उसके विरुद्ध था, लिहाजा जब वह अंदर गया तो उसने इस बदलाव को धीरे-धीरे अगले कुछ महीनों में लागू किए जाने की गुजारिश की। स्कुल्ली सहमत हो गया और निदेशक मंडल की बैठक खत्म हो गई।

मामला कुछ समय के लिए टल गया, लेकिन जॉब्स की हालत एक घायल शेर की तरह हो गई थी। वह स्कुल्ली से निपटने का मन बना चुका था और अपने समर्थकों के साथ कंपनी से विद्रोह करने की योजना बनाने लगा था। मई की शुरुआत में जॉब्स ने खुद को साबित करने के लिए स्कुल्ली से कुछ और समय माँगा। लेकिन स्कुल्ली ने ऐसा करने से मना कर दिया और जॉब्स ने उसे खरी-खोटी सुनाई। 14 मई, 1985 को मामला और भी विकराल हो गया था जब मैकिनटोश कार्यदल ने स्कुल्ली व अन्य एप्पल पदाधिकारियों के सामने तिमाही समीक्षा पेश की। जॉब्स ने अभी तक प्रभाग के प्रमुख का पद नहीं छोड़ा था। बैठक में मैकिनटोश प्रभाग के मूल उद्‌देश्य को लेकर स्कुल्ली व जॉब्स के बीच बहस छिड़ गई थी। जॉब्स ने ज्यादा-से-ज्यादा मैकिनटोश बेचने को असल लक्ष्य बताया था, जबकि स्कुल्ली ने समूची कंपनी के हित में ज्यादा मुनाफा कमाने को।

अभी भी जॉब्स का दृढ़ विश्वास था कि कुछ समय के लिए मुनाफा कमाने की बजाय यदि मैकिनटोश को सस्ते में बेचा जाए तो स्थिति बदल सकती थी। लेकिन पहले की तरह स्कुल्ली ज्यादा मुनाफे की जिद पर अड़ा रहा था।

खैर, दूसरे मुद्‌दे पर बातचीत के साथ वह समीक्षा बैठक खत्म हो गई और जॉब्स मैकिनटोश कार्यदल को रात के खाने पर ले गया। स्कुल्ली ने जॉब्स का कार्यभार सौंपने के लिए जीन-लुइस गस्सी को क्यूपरटिनो बुला रखा था। जॉब्स ने गस्सी को खाने पर आमंत्रित किया था।

सबके चले जाने के बाद बॉब बेल्लेविले ने जॉब्स के साथ उसकी मर्सडीज में बैठकर काफी देर तक बातचीत की और स्कुल्ली के साथ आर-पार की लड़ाई छेड़ने का सुझाव दिया। तय हुआ था कि जब 27 मई को चीन को कंप्यूटर के निर्यात करने के समझौते पर हस्ताक्षर के लिए स्कुल्ली 'ग्रेट हॉल ऑफ पीपल' (त्यानआनमेन चौक, चीन) की यात्रा पर रहेगा, तब विद्रोह का बिगुल बजाया जाएगा।

जॉब्स ने अपने हिसाब से पूरी तैयारी भी की थी। एक तरफ उसने स्कुल्ली को समझौते के जाल में उलझाए रखने की कोशिश की, तो दूसरी तरफ अपने समर्थकों के साथ माइक मार्ककुला पर स्कुल्ली को हटाने के समर्थन का दबाव बनाना शुरू कर दिया, लेकिन खुद अपने बड़बोलेपन का शिकार हो गया था। 23 जुलाई को उसने जीन-लुइस गस्सी से भी अपने मन की बात कह दी। जाहिर है यह खबर स्कुल्ली को मिल गई।

24 मई को स्कुल्ली ने अपनी चीन यात्रा रद्‌द कर दी और शुक्रवार के कार्यकारी पदाधिकारियों की बैठक में जॉब्स से भिड़ने का मन बना लिया। जॉब्स देर से पहुँचा तो देखा था कि स्कुल्ली की बगलवाली उसकी कुरसी हटा दी गई थी। जॉब्स आत्मविश्वास

से लबालब था, जबकि स्कुल्ली का चेहरा पीला पड़ा हुआ था। उसने जॉब्स से सीधे-सीधे पूछ लिया कि क्या वह उसने कंपनी से बाहर फेंकना चाहता था? जॉब्स ने भी मन की बात नहीं छुपाई और कह दिया था, 'मुझे लगता है आप एप्पल के लिए बुरे हो, और मुझे लगता है कि आप कंपनी को चलाने के लिए गलत व्यक्ति हो।

'आपको वास्तव में कंपनी छोड़ देनी चाहिए। मैं चाहता था कि आप यहाँ आओ और मुझे विकसित होने में मदद करो, और आप मेरी मदद करने में अप्रभावी रहे हो।' कमरे में बैठे सभी पदाधिकारी सन्नाटे में थे। आखिरकार स्कुल्ली ने जवाब दिया था, 'मैं तुम पर भरोसा नहीं करता और मैं अविश्वासी को बरदाश्त नहीं करूँगा।' फिर जब जॉब्स ने दावा किया कि वह कंपनी चलाने के मामले में स्कुल्ली से बेहतर साबित होगा। स्कुल्ली ने इस मुद्दे पर बैठक में मौजूद लोगों से ही पूछ लेने का जुआ खेला। रेगिस मैककेना, बिल कैंपबेल जैसे बाहरी सलाहकारों सहित कंपनी के वकील एल एइसेनस्टेट सहित बैठक में मौजूद अधिकांश पदाधिकारियों ने जॉब्स की तारीफ तो की थी, लेकिन कंपनी संचालन के मामले में स्कुल्ली को बेहतर बताया था।

जॉब्स को यह सच्चाई जानकर गहरी चोट पहुँची और वह कमरे से बाहर चला गया। किसी ने भी उसके समर्थन में बाहर आने की हिम्मत नहीं दिखाई। वह अपने दफ्तर में वापस चला गया और मैकिनटोश दल के अपने पुराने साथियों को बुलाकर रोना शुरू कर दिया कि उसे जाना होगा।

डेबी कोलेमन ने उसे शांत किया। दूसरी तरफ स्कुल्ली की हालत भी एक घायल योद्धा की तरह थी। जॉब्स की खिलाफत कर वह अंदर से टूट चुका था। उसने कंपनी के वकील अल एइसेनस्टेट के दफ्तर जाकर अपनी अजीबोगरीब स्थिति का अफसोस जताया और बाहर घूमने की इच्छा जताई। एइसेनस्टेट की पोर्शे में बैठने के बाद स्कुल्ली ने कह दिया था कि वह त्याग-पत्र दे देगा। लेकिन एइसेनस्टेट ने स्कुल्ली को शांत किया और उसके घर छोड़ दिया।

अपने पति को दोपहर में घर वापस लौटते देखकर स्कुल्ली की पत्नी चौंक उठी। स्कुल्ली ने उससे कहा था, 'मैं असफल हो चुका हूँ।' पति की हताशा से वह काफी नाराज हो गई। वैसे भी वह गुस्सैल स्वाभाव की थी और शुरू से स्कुल्ली की जॉब्स से नजदीकी को नापसंद करती थी। वह तत्काल जॉब्स से मिलने एप्पल मुख्यालय चली गई। वहाँ पता चला कि जॉब्स गुडअर्थ रेस्तराँ गया हुआ था। वह वहाँ भी पहुँच गई। पार्किंग लॉट में उसकी जॉब्स से मुलाकात हुई, जो मैकिनटोश कार्यदल के साथियों के साथ रेस्तराँ से बाहर लौट रहा था। उसने जॉब्स को जॉन स्कुल्ली की हैसियत याद दिलाई और उसके साथ ठीक से पेश आने की धमकी भी दी। जॉब्स सिर झुकाए उसकी बातें सुनता रहा।

27 मई, 1985 को स्मृति, दिवस के मौके पर जॉब्स ने स्कुल्ली के खिलाफ विद्रोह की योजना पर अमल करने की रणनीति को अंतिम रूप देने के लिए अपने वुडसाइड निवास पर मैकिनटोश दल के प्रमुख समर्थकों को रात के खाने पर बुलाया, जिसमें माइक मार्ककुला को भी आमंत्रित किया गया था।

25 मई को माइक मुर्री जॉब्स के घर गया और उससे एप्पल लैब्स का काम सँभालने के मुद्दे पर विचार करने का आग्रह किया। जॉब्स उस विकल्प पर विचार करने के पक्ष में दिखा। उसने फोन मिलकर स्कुल्ली से सुलह की बात की और उसे अगले दिन टहलते हुए बातचीत के लिए आमंत्रित किया।

26 मई रविवार को दोपहर जॉब्स ने आपसी बातचीत के लिए स्कुल्ली को स्टैनफोर्ड परिसर के पीछे टहलने के लिए बुलाया। दोनों कई घंटों तक टहलते रहे। उस दौरान जॉब्स ने उसे मनाने की हरसंभव कोशिश की। जॉब्स ने स्कुल्ली को यह समझाने की कोशिश की उसे एक अभिभावक की तरह चेयरमैन बन जाना चाहिए और अध्यक्ष व मुख्य कार्यकारी अधिकारी की जिम्मेदारी उसके हवाले कर देनी चाहिए। लेकिन जब स्कुल्ली उसकी बात मानने को तैयार नहीं हुआ तो जॉब्स ने आपस में कार्य विभाजन करने का प्रस्ताव रखा। उसका कहना था कि स्कुल्ली अपनी विशेषज्ञता के मुताबित विपणन व कारोबार संबंधी मामले सँभाले और उसकी विशेषज्ञतावाले उत्पाद विकास संबंधी काम उसे सौंप दे। लेकिन अंत में स्कुल्ली ने साफ कर दिया कि कंपनी किसी एक व्यक्ति को ही चलानी थी और उसके लिए उसके पास निदेशक मंडल का समर्थन था।

उसके बाद दोनों अपने-अपने रास्ते चले गए। घर लौटते हुए जॉब्स मार्ककुला से मिलने चला गया, लेकिन वह वहाँ नहीं था, इसलिए जॉब्स ने अगले दिन रात के खाने का निमंत्रण संदेश छोड़ दिया।

27 मई, 1985 (सोमवार) को स्मृति, दिवस—अमेरिकी गृहयुद्ध के दौरान मारे गए सैनिकों की याद में रखे गए राष्ट्रीय अवकाश—के मौके पर जॉब्स ने स्कुल्ली के खिलाफ विद्रोह की योजना पर अमल करने की रणनीति को अंतिम रूप देने के लिए अपने वुडसाइड निवास पर मैकिनटोश दल के प्रमुख समर्थकों को रात के खाने पर बुलाया, जिसमें माइक मार्ककुला को भी आमंत्रित किया गया था।

(जॉब्स ने करीब साल भर पहले 'जक्लिंग हाउस' नामक स्पेनिश औपनिवेशिक पुनर्जागरण वास्तु शैली में बनी 14 शयन-कक्षों, पारंपरिक आँगन, सुंदर बगीचोंवाली विशाल हवेली खरीदी थी। सन् 1925 में कैलिफोर्निया के विख्यात वास्तुकार जॉर्ज वॉशिंगटन स्मिथ ने तांबा खनन थैलीशाह डैनियल कोवान जक्लिंग व उसके परिवार

के लिए इस हवेली का निर्माण किया था।) निश्चित समय से एक घंटा पहले ही डेबी कालेमन, माइक मुर्री, सुसान बार्नेस व बॉब्र बेल्लेविले वहाँ पहुँच गए। जॉब्स के समर्थकों में कालेमन सबसे व्यावहारिक व समझदार थी, लिहाजा उसने जॉब्स को स्कुल्ली की बात मानकर एप्पल लैब्स को शुरू करने का सुझाव दिया। यह जानते हुए कि कालेमन जॉब्स की कट्टर सर्मथक थी, स्कुल्ली ने नई पुनर्गठन योजना में उसे उत्पादन विभाग का प्रमुख बनाया था, क्योंकि वह समझता था कि कालेमन की असल निष्ठा एप्पल के साथ थी। लेकिन बाकी लोग जॉब्स की प्रमुखता को बनाए रखने के पक्ष में थे। हालाँकि शुरू में मुर्री ने ही स्कुल्ली को जॉब्स के खिलाफ भड़काया था, लेकिन वह खुद को जॉब्स के साथ ज्यादा सुरक्षित मानता था। लिहाजा तीनों ने मार्ककुला से जॉब्स के समर्थन में खड़े होने गुजारिश की थी। लेकिन मार्ककुला ने सभी की बात सुनने के बाद जॉब्स का समर्थन करने से साफ इनकार कर दिया था और उन्हें भी यह भावुक कदम उठाने से मना किया।

28 मई (मंगलवार) की सुबह मार्ककुला ने फोन पर स्कुल्ली को बता दिया कि बीती रात जॉब्स उसे उसके खिलाफ भड़काने की कोशिश कर रहा था। अब स्कुल्ली ने अपनी पुनर्गठन योजना को तत्काल अमल में लाने का फैसला कर लिया। उसने जॉब्स को फोन पर बता दिया था कि गस्सी उसका कामकाज सँभालेगा और उसके चलाने के लिए कंपनी में कोई विभाग नहीं था। हाँ, स्कुल्ली ने जॉब्स को बिना किसी परिचालन जिम्मेदारी के चेयरमैन का पदनाम बनाए रखते हुए उत्पाद दूरदर्शी के रूप में अकेले काम करते रहने का विकल्प जरूर दे दिया था। अब स्कुल्ली ने 'एप्पल लैब्स' जैसे पुराने प्रस्ताव को भी वापस ले लिया था।

जाहिर है कि जॉब्स के पास कोई विकल्प नहीं बचा था, सिवाय इसके कि वह अकेले रोए। उसने अपने समर्थकों को फोन भी किया, लेकिन सभी ने उसे बिना कोई शोर-शराबा मचाए चुपचाप 31 मई, 1985 को दफ्तर आने की सलाह दी, जब स्कुल्ली नई पुनर्गठन योजना की घोषणा करनेवाला था उस दिन एप्पल के महानायक के लिए सभागार में कोई खास जगह नहीं थी और वह चुपचाप पिछली पंक्ति में बैठ गया। स्कुल्ली ने सारी घोषणाएँ कीं और जॉब्स एकटक उसी को शून्य नजरों से घूरता रहा। अंत में वहाँ से उठकर वह सीधे अपने घर चला गया।

अगले कुछ दिनों तक जॉब्स अपनी विशाल हवेली में ही कैद रखा, जहाँ उसके अलावा उसकी तत्कालीन प्रेमिका टीना रेड्सी भी रहती थी। उसने फोन की आंसरिंग मशीन चालू कर दी थी, सारे परदे गिरा दिए थे और प्रेमिका के साथ लगभग खुद को कैद सा कर लिया था। इस दौरान वह बार-बार बॉब डायलन का एक गीत 'द टाइम्स दे आर ए चेंजिंग, (वे बदल रहे हैं समय के लिए) सुनता रहा था। फिर रविवार

की रात मैकिनटोश दल के दो पुराने साथी एंडी हेर्त्जफेल्ड व बिल अटकिनसन, जो पहले ही एप्पल छोड़ चुके थे, जॉब्स को सांत्वना देने पहुँचे। वह हवेली भी निराली थी, जॉब्स ने वहाँ कोई फरनीचर नहीं लगाया था। रसोई के बगल के कमरे में बैठने की थोड़ी सी जगह थी, जहाँ सभी बैठे थे। जॉब्स ने टीना रेड्सी की मदद से उन्हें कुछ शाकाहारी खाना परोसा था। जॉब्स ने उन्हें बताया था कि यह समय उसके लिए कितना दु:खदायी था। खैर, स्कुल्ली ने मुख्यालय से जॉब्स का दफ्तर एक खाली पड़े भवन में स्थानांतरित कर दिया।

जॉब्स ने नए दफ्तर को 'साइबेरिया' नाम से संबोधित किया, जहाँ उसकी स्थिति अंग्रेजी शासन काल के कैदियों जैसी थी। स्कुल्ली ने पूरा प्रचारित किया था कि अब जॉब्स एप्पल के लिए अप्रासंगिक हो चुका था। हाँ, वह अब भी कंपनी का चेयरमैन था और उसे सार्वजिनक समारोहों में सम्मानित हस्ती के रूप में पेश होने का मौका दिया जाता था।

इसी सिलसिले में जून 1985 में जॉब्स ने पेरिस में आयोजित एक एप्पल समारोह में हिस्सा लिया था, जहाँ अमेरिकी उप-राष्ट्रपति जॉर्ज डब्लू. बुश के सम्मान में रात्रि-भोज रखा गया था। जॉब्स के साथ टीना रेड्सी भी थी और दोनों कुछ समय तक मोटरसाइकिल पर इटली की पहाड़ियों में घूमते रहे थे। इस दौरान फ्रांस की प्राकृतिक सुंदरता पर वह इतना फिदा हो गया था कि रेड्सी के साथ यहीं बस जाने पर विचार करने लगा। फिर दोनों रूस की राजधानी मास्को के लिए रवाना हो गए।

एप्पल को रूस में कंप्यूटर निर्यात करने में दिक्कतें आ रही थीं। जॉब्स ने वहाँ व्यक्तिगत कंप्यूटर की जरूरतों पर प्रभावी भाषण दिया और रूसी अधिकारियों ने एप्पल को निर्यात की इजाजत दे दी।

जॉब्स की अगले विकल्प की तैयारी व इस्तीफा

अगस्त, 1985 में यूरोप-यात्रा से लौटने के बाद जॉब्स ने अपने पेशेवर जीवन के अगले कदम के बारे में गंभीरता से सोचना शुरू कर दिया।

जॉब्स की मुलाकात 'स्टैनफोर्ड यूनिवर्सिटी स्कूल ऑफ मेडिसिन' के प्राध्यापक व बेकमैन सेंटर फॉर मॉलिक्यूलर ऐंड जेनेटिक मेडिसिन के निदेशक पॉल से हुई। बर्ग को पुनर्संयोजित डी.एन.ए. (अनुवांशिक पुनर्संयोजन के जरिए प्रयोगशाला विधियों से तैयार किए जानेवाले डी.एन.ए. अणु) के शोध में महत्त्वपूर्ण योगदान के लिए 1980 में नोबेल पुरस्कार (रसायन शास्त्र) व 1983 में 'नेशनल मैडल ऑफ साइंस' से नवाजा गया था। बर्ग ने जॉब्स के इस शोध के लिए एक '3 एम' कंप्यूटर—एक मेगाबाइट स्मृति (मेमोरी), एक मेगापिक्सल प्रदर्शन व एक एम.आई.पी.एस. (मिलियन

इंस्ट्रक्शन पर सेकंड/10 लाख निर्देश प्रति सेकंड) शक्तिवाला कंप्यूटर—विकसित करने की सलाह दी थी।

वैसे भी पिछले काफी समय से विश्वविद्यालय शोध जरूरतों के एक नए कंप्यूटर के बारे में सोचता आ रहा था। इस सिलसिले में जॉब्स लगातार प्राध्यापकों व वैज्ञानिकों से चर्चा कर रहा था। इस समय तक यूनिक्स—एक बहुधंधी, बहु-उपयोगकर्ता कंप्यूटर परिचालन प्रणाली—शिक्षा-क्षेत्र में एक मानक परिचालन प्रणाली के रूप में विकसित हो चुकी थी। लेकिन अभी तक इस बड़े बाजार के लिए कोई ताकतवर व्यक्तिगत कंप्यूटर का विकास नहीं हुआ था। लिहाजा जॉब्स ने यूनिक्स परिचालन प्रणाली के आधार पर मैकिनटोश के बड़े संस्करण 'बिग मैक' परियोजना पर काम शुरू कर रखा था। लेकिन मैकिनटोश दल का कार्यभार सँभालने के तत्काल बाद गस्सी ने सबसे पहले इसी परियोजना पर कुल्हाड़ी चलाई थी।

जॉब्स के कट्टर समर्थक पहले से ही नई कंपनी बनाने का दबाव बनाए हुए थे, लेकिन अभी तक वह कुछ भी तय नहीं कर सका था। लेकिन अब जॉब्स के दिमाग में 'बिग मैक' ने अपने जीवन की अगली महत्त्वाकांक्षी परियोजना के रूप में ठोस आकर लेना शुरू कर दिया था। इसके लिए विशेष रूप से बिग मैक के लिए मदरबोर्ड विकसित करनेवाले अभियंता रिच पेज व मूल मैकिनटोश के सॉफ्टवेयर प्रमुख बड ट्रिब्ब्ल ने जॉब्स पर दबाव बढ़ा दिया था। इस तरह नई परियोजना को आगे बढ़ाने के लिए जॉब्स के सबसे जरूरी हार्डवेयर व सॉफ्टवेयर विकासदलों को नेतृत्व प्रदान करनेवाले विशेषज्ञ तैयार बैठे थे। अब काम शुरू करने के लिए बस एक अनुभवी विपणन विशेषज्ञ की जरूरत थी और जॉब्स की नजर डेनिअल लेविन पर जा टिकी थी। जॉब्स ने लेविन को विश्वविद्यालयों का सामूहिक संघ—एप्पल यूनिवर्सिटी कंसोर्टियम—बनाकर संबंधित संस्थानों व छात्रों को छूट पर कंप्यूटर बेचने की अनोखी योजना तैयार करने का काम सौंपा हुआ था। लेविन को इस दिशा में अच्छी शुरुआती सफलता भी मिली थी। इस योजना के तहत फरवरी 1984 तक, एप्पल ने आस्ट्रेलिया के विश्वविद्यालयों को करीब 5 करोड़ डॉलर मूल्य के कंप्यूटर बेचे थे। लेकिन विपणन विभाग की पुनर्व्यवस्था में इस योजना को खारिज कर दिया गया था। ऐसे में जब लेविन को जॉब्स की नई परियोजना का पता चला तो वह काफी उत्साहित हो गया था।

अब जॉब्स ने अपनी नई कंपनी का प्रारूप तैयार कर लिया था, लेकिन एप्पल चेयरमैन पद पर बने रहते हुए इस दिशा में आगे बढ़ना संभव नहीं था। लिहाजा जॉब्स ने 13 सितंबर, 1985 को निर्धारित एप्पल निदेशक मंडल की बैठक की कार्यसूची में 'चेयरमैन का प्रतिवेदन' जोड़ने के लिए फोन किया था। पिछले चार महीने से स्कुल्ली

ने जॉब्स को कंपनी के नियमित प्रतिवेदन से भी दूर रखा था, लिहाजा उसकी घबराहट बढ़ गई थी कि कहीं इस मुद्दे पर उसे निदेशक मंडल की फटकार न सुननी पड़े। लेकिन जॉब्स ने कंपनी चेयरमैन पद से इस्तीफा देकर मध्यम स्तर के कुछ एप्पल कर्मचारियों के साथ नई कंपनी की योजना पेश की थी। अधिकांश सदस्यों को उसमें संभावना नजर आई थी और उन्होंने नई कंपनी में एप्पल की 10 फीसदी हिस्सेदारी लेकर जॉब्स को एप्पल निदेशक मंडल में बनाए रखने का सुझाव दिया था।

जॉब्स के समर्थक रात के खाने पर उसकी वुडसाइड हवेली में इकट्ठे हुए थे। जॉब्स ने नई कंपनी में एप्पल के निवेश में रुचि दिखाई थी, लेकिन बाकी लोगों ने इस कदम को गलत बताते हुए उसे ऐसा नहीं करने लिए राजी कर लिया। सभी ने एक झटके में इस्तीफा देकर बिल्कुल स्वतंत्र कंपनी की स्थापना का फैसला किया था। लिहाजा अगली सुबह जॉब्स ने 7.30 बजे की पदाधिकारियों की बैठक शुरू होने से पहले स्कुल्ली को छोड़नेवाले कर्मचारियों के नामों (बड ट्रीबल, जॉर्ज क्रो, रिच पेज, सुसान बार्न्स, सुसान करे, डेनिअल लेविन) का उल्लेख करते हुए एक औपचारिक पत्र थमा दिया था। स्कुल्ली ने सवाल उठाया था कि वे मध्यम दरजे के कर्मचारी नहीं थे, तो जॉब्स ने साफ कह दिया था, 'ठीक है, जो भी ये लोग इस्तीफा देने जा रहे हैं वे लोग 9 बजे अपने इस्तीफे थमा देंगे।' जॉब्स के नजरिए से वह ईमानदार था, क्योंकि ये लोग प्रभाग प्रबंधक या स्कुल्ली के प्रमुख कार्यदल के सदस्य नहीं थे। हकीकत यह थी कि इन सभी को स्कुल्ली ने अपनी पुनर्गठन योजना में पूरी तरह से दरकिनार कर अपमानित करने की कोशिश की थी। कुल मिलकर जॉब्स को लगा था कि उसने स्कुल्ली को समझा लिया था और आगे सबकुछ ठीक रहेगा और वह वापस चला गया था।

लेकिन स्कुल्ली ने जब पदाधिकारियों की बैठक में इस्तीफा देने जा रहे कर्मचारियों के नाम उजागर किए तो हंगामा हो गया था। शोर मचनेवालों में बिल कैंपबेल सबसे आगे था, जो बाद में जॉब्स के सबसे बड़े प्रशंसक निदेशक साबित होनेवाला था। लेकिन उस बैठक में कैंपबेल ने चिल्लाते हुए कहा था कि इस धोखाधड़ी के लिए जॉब्स को बेनकाब करना चाहिए, ताकि एप्पल के कर्मचारी उसे मसीहा मानना बंद करें। लेकिन यह बड़ा मामला था और स्कुल्ली जल्दबाजी में कोई कदम नहीं उठाना चाहता था। लिहाजा अपने पदाधिकारियों के रुख को देखते हुए स्कुल्ली ने निदेशकों का मन टटोला। लगभग सभी गुस्से में थे। कुछ समय पहले आर्थर रॉक ने तल्ख हो चुके आपसी रिश्ते को सामान्य करने के लिए जॉब्स को उसकी प्रेमिका सहित अपने घर खाने पर भी बुलाया हुआ था और वे जॉब्स से सहानुभूति रखने लगे थे। लेकिन इस मसले पर उन्होंने खुद को ठगा हुआ महसूस किया था और जॉब्स के

खिलाफ भड़क उठे थे। माइक मार्ककुला ने भी जॉब्स की कोशिश को कंपनी विरोधी करार दिया था। अगले कुछ दिनों में निदेशक मंडल सहित कार्यकारी पदाधिकारियों ने स्कुल्ली को एप्पल के सह-संस्थापक जॉब्स के खिलाफ युद्ध घोषित कर देने के लिए राजी कर लिया था।

15 सितंबर को माइक मार्ककुला ने जॉब्स के खिलाफ बाकायदा एक प्रेस विज्ञप्ति जारी की। उस विज्ञप्ति में मार्ककुला ने आरोप लगाया था कि जॉब्स ने निदेशक मंडल को दिए गए आश्वासन के विपरीत एप्पल के प्रमुख लोगों को तोड़ने की कोशिश की थी और कंपनी उसके खिलाफ हरसंभव काररवाई पर विचार कर रही थी। 16 सितंबर के अखबारों में खबर पढ़ने के बाद जॉब्स को बड़ा झटका लगा। उसने अपने साथ हुई नाइंसाफी को उजागर करने की ठानी और सनसनीखेज खुलासे के लिए अगले दिन अपनी हवेली में एक संवाददाता सम्मेलन बुलाने की तैयारी शुरू कर दी। जॉब्स ने रेगिस मैककेना के अपने प्रचार का काम देख रही एंडी चुनिंघम को भी फोन किया। चुनिंघम को जॉब्स के गुस्सैल स्वभाव का बखूबी पता था और उसने तत्काल भाँप लिया कि खुले संवाददाता सम्मेलन में जॉब्स जरूर कोई अपमानजनक टिप्पणी कर देगा, जो कानूनी तौर पर उसी के खिलाफ चली जाएगी। लिहाजा चुनिंघम ने जॉब्स को संतुलित रणनीतिक भाषा में अपना त्याग-पत्र जारी करने के लिए राजी कर लिया।

17 सितंबर, 1985 को जारी जॉब्स के ऐतिहासिक त्याग-पत्र का मजमून इस प्रकार था—'प्रिय माइक (मार्ककुला), आज सुबह के अखबार सुझाव दे रहे हैं कि एप्पल चेयरमैन के रूप में मुझे हटाने पर विचार कर रहा है। मुझे इन खबरों के स्रोत का पता नहीं है, लेकिन वे जनता को गुमराह व मेरे साथ अन्याय कर रहे हैं।

'आपको याद होगा कि पिछले गुरुवार को बोर्ड (निदेशक मंडल) की बैठक में मैंने कहा कि मैंने एक नया उद्यम शुरू करने का फैसला किया था और मैंने चेयरमैन के रूप में अपना त्याग-पत्र दे दिया था। बोर्ड ने मेरा इस्तीफा स्वीकार करने से मना कर दिया था और मुझसे इसे एक सप्ताह के लिए स्थगित करने के लिए कहा था। बोर्ड द्वारा प्रस्तावित नए उद्यम के संबंध में पेश किए गए प्रोत्साहन और एप्पल इसमें निवेश करेगा, के संकेत के आलोक में मैं ऐसा करने के लिए सहमत हुआ था। शुक्रवार को, जॉन स्कुल्ली को मेरे यह बताने के बाद कि कौन मेरे साथ शामिल होने जा रहा था, उसने एप्पल व मेरे नए उद्यम के बीच संभव सहयोग के क्षेत्रों पर चर्चा करने की एप्पल की इच्छा की पुष्टि की थी।

'इसके बाद कंपनी मेरे व नए उद्यम की तरफ शत्रुतापूर्ण मुद्रा अपनाते हुए प्रतीत

होती है। तदनुसार, मैं अपने इस्तीफे की तत्काल स्वीकृति पर जोर देना चाहूँगा।··· जैसाकि आप जानते हैं, कंपनी के हाल के पुनर्गठन के बाद मेरे पास करने के लिए कोई काम और यहाँ तक कि नियमित रूप से प्रबंधन की रिपोर्ट के लिए कोई पहुँच नहीं छोड़ी है। लेकिन मैं 30 का हूँ और अभी भी योगदान करना व हासिल करना चाहता हूँ।

'हमने जो एक साथ पूरा किया है, उसके बाद, मैं चाहूँगा कि हमारी विदाई भी सौहार्दपूर्ण व सम्मानजनक दोनों हो। सादर, स्टीव जॉब्स।'

संवाददाताओं को यह पत्र बाँटने के बाद जॉब्स सीधे माइक मार्ककुला के बँगले पर गया। जाहिर है कि दोनों के करीब आधे घंटे तक तीखी बहस चली थी। हैरान न हों, अगले दिन जब जॉब्स के इस्तीफे की खबर अखबारों में प्रकाशित हुई, तो एप्पल के शेयर की कीमतों में पूरे 7 फीसदी का उछाल आया था। 'वॉल स्ट्रीट' के दिग्गजों ने जॉन स्कुल्ली के नेतृत्व का समर्थन किया था, क्योंकि वह भी पूर्वी तटीय अमेरिकी था। वे लोग दक्षिण तटीय अमेरिकी स्टीव जॉब्स को अराजक हिप्पी से ज्यादा कुछ नहीं मानते थे। तो 'वॉलस्ट्रीट' की खुशी का असल कारण यह था कि दक्षिण तटीय कंपनी की कमान पूर्वीतट के शख्स के हाथों आ गई थी।

इतना ही नहीं, अगले कुछ दिनों में जॉब्स से कोई समझौता न हो पाने के बाद स्कुल्ली व एप्पल निदेशक मंडल ने जॉब्स के खिलाफ 'विश्वासाश्रित दायित्वों के उल्लंघनों के लिए' मुकदमा चलाने का फैसला कर लिया। इस मुकदमे में जॉब्स के खिलाफ तीन कथित अपराधों के आरोप मढ़े गए थे कि जॉब्स ने (1) गुप्त रूप से एप्पल के साथ प्रतिस्पर्धा करने के लिए एक उद्यम के गठन की योजना बनाई; (2) गुप्त रूप से योजना बनाई कि उसके प्रतिस्पर्धी उद्यम एप्पल की 'अगली पीढ़ी उत्पाद' की डिजाइन, विकास व बाजार करने की योजना का गलत लाभ व उपयोग करेगा; और (3) गुप्त रूप से एप्पल के प्रमुख कर्मचारियों को लालच देना।

उस वक्त जॉब्स के पास एप्पल में करीब 11 फीसदी (65 लाख शेयर) हिस्सेदारी थी, जिसका बाजार मूल्य 10 करोड़ डॉलर से अधिक था। जॉब्स ने अगले पाँच महीनों में सारे शेयर बेच दिए और अपने पास सिर्फ एक शेयर बचाए रखा था, ताकि एप्पल आम शेयरधारकों के सम्मेलन में जाने का अधिकार बचा रहे। लेकिन उस वक्त स्वाभाविक रूप से जॉब्स आपे से बाहर हो गया था। इस बार उसकी जनसंपर्क विशेषज्ञ एंडी चुनिंघम उसे रोक नहीं सकी थी। जॉब्स ने अपने पसंदीदा संवाददाताओं को अपनी हवेली में बुलाया और दिल खोलकर एप्पल की साजिश के खिलाफ अपना पक्ष रखा था।

खुद की स्थापित कंपनी से बाहर निकाले जाने के बाद जॉब्स अपनी अच्छी या बुरी सभी प्रवृत्तियों में शामिल होने में सक्षम था। वह सारे बंधनों से मुक्त रचनाकार हो गया था। जो मन में आया, वही किया। नतीजतन जॉब्स ने शानदार उत्पादों की नई श्रृंखला तैयार की, लेकिन बाजार में एक के बाद दूसरे, बुरी तरह पिटते चले गए।

अधिकांश संचार माध्यमों ने जॉब्स की न्याय की गुहार व तर्क में विश्वास जताया और एप्पल प्रबंधन की थू-थू हुई थी। सभी एक सवाल उठा रहे थे कि दो अरब डॉलर व 4300 कर्मचारियोंवाली विशाल कंपनी एप्पल नीली जींसवाले छह लोगों से डर गई थी। जॉब्स के तर्कों व उसके प्रति संचार माध्यमों की बढ़ती सहानुभूति की लहर को काटने के लिए स्कुल्ली ने वोज्निअक को आगे किया।

लेकिन वोज ने जॉब्स की बदतमीजियों व गुस्सैल स्वाभाव की चर्चा करते हुए उसकी जमकर तारीफ भी कर दी। वोज ने खासतौर यह उल्लेख किया था कि जॉब्स ने ही उसे एप्पल में प्रवक्ता बने रहने के लिए राजी किया था। कुल मिलकर मामला साफ हो गया था कि स्कुल्ली नेतृत्ववाला एप्पल प्रबंधन अपने संस्थापक को खामखाँ बदनाम करने की कोशिश कर रहा था।

नेक्स्ट व पिक्सर—शानदार रचनाओं के 11 वर्ष

बहुत बाद में आर्थर रॉक ने कहा था, 'स्टीव के साथ कभी जो सबसे अच्छी बात हुई, (वह यह है कि) जब हमने उसे निकाल दिया और उससे कहा कि दफा हो जाओ।' आर्थर की धारणा भले ही कुछ हद तक सही हो, लेकिन जॉब्स को नजदीकी से जानने समझनेवाले मानते हैं कि अपने काम के प्रति जुनून ने जॉब्स को ज्यादा ज्ञानी व परिपक्व बनाया था। खुद की स्थापित कंपनी से बाहर निकाले जाने के बाद जॉब्स अपनी अच्छी या बुरी सभी प्रवृत्तियों में शामिल होने में सक्षम था। वह सारे बंधनों से मुक्त रचनाकार हो गया था। जो मन में आया, वही किया। नतीजतन जॉब्स ने शानदार उत्पादों की नई श्रृंखला तैयार की, लेकिन बाजार में एक के बाद दूसरे, बुरी तरह पिटते चले गए।

जी हाँ, जॉब्स के पेशेवर जीवन का दूसरा अध्याय असफलताओं की शानदार कहानी है। लेकिन यह सीखने का सच्चा अनुभव साबित हुआ था, जिसकी बदौलत जॉब्स अपने जीवन के तीसरे (अंतिम) अध्याय में करिश्मा करनेवाला था।

नेक्स्ट इनकॉरपोरेशन

जॉब्स ने अपनी नई कंपनी का सीधा-सपाट नाम रखा था—नेक्स्ट इनकॉरपोरेशन। मतलब मैकिनटोश के बाद व्यक्तिगत कंप्यूटर की दिशा में जॉब्स के पेशवर जीवन

का अगला (नेक्स्ट) कदम। जॉब्स ने अपने साथियों के साथ स्टैनफोर्ड प्राध्यापक पॉल बर्ग से दुबारा चर्चा की और वेट लेबोरेटरी (डी.एन.ए. परीक्षण की जटिल तरल प्रयोगशाला) की नकल कर सकनेवाले '3 एम' कंप्यूटर के विकास का खाका तैयार कर लिया। योजना के मुताबिक यह एक ऐसा शक्तिशाली व्यक्तिगत कंप्यूटर विकसित किया जाना था, जिसे शोध-छात्र भी खरीद सकें व अपने छात्रावास के कमरे में रखकर उस पर काम कर सकें।

जॉब्स ने नई कंपनी का विश्वस्तरीय प्रतीक चिह्न (लोगो) व छवि पहचान (ब्रांड आइडेंटिटी) सामग्रियों के डिजाइन तैयार करने के लिए मशहूर ग्राफिक डिजाइनर पॉल रैंड को एक लाख डॉलर का ठेका दिया था। रैंड ने कंपनी के ब्रांड नाम को 'Next' की बजाय 'NeXT' लिखा था और उसे घन (क्यूब) आकर में 28 डिग्री झुकाकर पेश किया था। इस ब्रांड डिजाइन का ब्योरा पेश करने के लिए रैंड ने बाकायदा एक 100 पेज की विवरणिका तैयार की थी। आम तौर पर भले ही यह जॉब्स की सनक लगती है कि उसने कंपनी का असल काम शुरू होने से पहले ही इतनी बड़ी राशि सिर्फ लोगो बनवाने पर खर्च कर दी थी, लेकिन जॉब्स को तसल्ली थी कि उसकी नई कंपनी अंतरराष्ट्रीय अनुभव व पहचान के साथ शुरू हो रही थी। याद रहे कि रैंड ने एस्क्वायर, ए.बी.सी., यू.पी.एस. जैसे अंतरराष्ट्रीय ब्राडों का डिजाइन तैयार किया था और उस वक्त आई.बी.एम. से अनुबंधित था। जरा गौर करिए कि जिस आई.बी.एम. के खिलाफ जॉब्स हाथ धोकर पीछे पड़ा हुआ था, उसी के तत्कालीन सी.ई.ओ. जॉन अकेर्स ने रैंड को जॉब्स का काम करने की विशेष इजाजत दे दी थी। जी हाँ, यहाँ भी जॉब्स ने अपनी अचूक वास्तविकता विरूपण कला का इस्तेमाल किया था और यह घटना प्रौद्योगिकी उद्योग में चर्चा का विषय बनी थी।

अब 'नेक्स्ट' को अपनी अंतरराष्ट्रीय ब्रांड छवि के मुताबिक उत्पाद तैयार करने के लिए खास औद्योगिक डिजाइन भाषा विकसित करने की जरूरत थी। जॉब्स ने इसके लिए सिलिकॉन वैली के कई स्थापित औद्योगिक डिजाइनरों से मुलाकात की, लेकिन कोई भी उसकी दूरदृष्टि से सामंजस्य स्थापित कर सकनेवाला नजर नहीं आया। जाहिर है कि जॉब्स की नजर अपने पसंदीदा औद्योगिक डिजाइनर हर्टमुत एस्लिंगर पर जा टिकी, लेकिन वह तो एप्पल के साथ करार में बँधा हुआ था। हालाँकि वोज के रिमोट कंट्रोल उपकरण के डिजाइन के मामले में जॉब्स ने खुद ही एस्लिंगर को कानूनी नोटिस भेजकर नाराज कर रखा था, लेकिन वह जॉब्स का अहसानमंद था। जॉब्स की बदौलत ही एस्लिंगर को एप्पल का भारी भरकम अनुबंध हासिल करने व अपनी कंपनी 'फ्रॉग डिजाइन' को सिलिकॉन वैली में स्थापित करने का मौका मिला

था। लेकिन एप्पल प्रबंधन की इजाजत के बिना 'फ्रॉग डिजाइन' जॉब्स की कंपनी 'नेक्स्ट' के लिए कैसे काम कर सकता था?

लिहाजा जॉब्स ने नवंबर 1985 में, एप्पल द्वारा मुकदमा दायर करने के करीब पाँच सप्ताह बाद ही, इस संबंध में एप्पल के वकील अल एइसेनस्टेट को पत्र लिखा। जॉब्स के पक्ष में संचार माध्यमों की सहानुभूति के मद्देनजर अब तक एप्पल का शीर्ष प्रबंधन, खास तौर पर जॉन स्कुल्ली, मनोवैज्ञानिक दबाव में आ चुका था। दूसरी तरफ जॉब्स भी कानूनी पचड़े में पड़ने की बजाय अपने काम पर ध्यान केंद्रित करना चाहता था। लिहाजा जनवरी 1986 में जॉब्स व एप्पल के बीच न्यायालय से बाहर शांति समझौता हो गया। मुकदमा वापस लेने के एवज में एप्पल ने जॉब्स पर कुछ शर्तें थोपी थीं— 'नेक्स्ट' सिर्फ महँगे व उच्च शक्तिवाले कंप्यूटर का विकास करेगा व अपने कारोबार को शिक्षा-क्षेत्र तक ही सीमित रखेगा और उस कंप्यूटर को भी मार्च 1987 से पहले बाजार में नहीं उतारेगा। साथ ही, एप्पल ने यह भी सुनिश्चित किया था कि 'नेक्स्ट' का कंप्यूटर कोई ऐसी परिचालन प्रणाली नहीं लागू करेगा, जो मैकिनटोश के अनुकूल हो।

इस समझौते के बाद जॉब्स ने एस्लिंगर पर एप्पल के अपने कामकाज को जल्द से जल्द समेटने का दबाव बनाना शुरू कर दिया था, ताकि 'फ्रॉग डिजाइन' का ध्यान 'नेक्स्ट' के काम में केंद्रित हो। लेकिन ऐसा होने में थोड़ा ज्यादा ही वक्त लग गया था और एस्लिंगर वर्ष 1986 के अंत में 'नेक्स्ट' के लिए काम शुरू कर सका था। जॉब्स ने एस्लिंगर को अपना फैसला सुना दिया कि नेक्स्ट कंप्यूटर का आकार बिल्कुल सही 'घन' (क्यूब) होना चाहिए—हर दीवार एक फीट लंबी व सटीक 90 डिग्री कोणवाला। इसके लिए सर्किट बोर्ड के डिजाइन में पूरा रद्दोबदल किया जाना जरूरी था, क्योंकि पारंपरिक पिज्जा-बक्सा शैली का सर्किट बोर्ड घनाकार कंप्यूटर आवरण में शामिल नहीं हो सकता था। लिहाजा नेक्स्ट कंप्यूटर के सर्किट बोर्ड को 'टाल' (स्टैक) शैली में विकसित करना तय किया गया था।

यह सब औद्योगिक उत्पादन की दृष्टि से काफी मुश्किल काम था, लेकिन एस्लिंगर ने जॉब्स के सपने को हकीकत बनाने में कोई कसर नहीं छोड़ी थी। जॉब्स का खजाना खुला हुआ था। एस्लिंगर ने एक फीट लंबे, एक फीट चौड़े व एक फीट ऊँचे घनाकार 'नेक्स्ट' आवरण को मैग्नीशियम ढाँचे में ढालने का फैसला किया था। इनके हिस्सों के साँचे (मॉल्डिंग) शिकागो की एक विशेषज्ञ मशीन-शॉप में 6.50 लाख डॉलर की भारी लागत पर तैयार कराए गए थे। इसके बावजूद उत्पादन के दौरान आवरण पर हलकी लकीरों के निशान आ जा रहे थे। इन निशानों को मिटाकर 'नेक्स्ट' के आवरण को पूरी तरह दोषमुक्त बनाने के लिए जॉब्स ने उस साँचा निर्माण कंपनी को डेढ़ लाख डॉलर मूल्य की 'सैंडिंग मशीन' अलग से खरीदकर दी थी।

सिर्फ लोगो या कंप्यूटर ही नहीं, जॉब्स ने 'नेक्स्ट' के स्टैनफोर्ड इंडस्ट्रियल पार्क (3475 डीयर क्रीक रोड, पालो अल्टो) स्थित पहले मुख्यालय को विश्वस्तरीय बनाने में कोई कसर नहीं छोड़ी थी। शुरुआती दस कर्मचारियों में एक आंतरिक सज्जाकार (इंटीरियर डिजाइनर) की भी नियुक्ति हुई थी। जॉब्स ने अपने मुख्यालय के लिए जिस इमारत को किराए पर लिया था, वह नई व अच्छी तरीके से डिजाइन की हुई थी। उसने उसे पूरी तरह से गिराकर दुबारा बनाया था। दीवारों को शीशे से बदला गया था और कालीनों की जगह सख्त लकड़ियों के फर्श तैयार करवाए थे। दफ्तर को अंसल एडम की महँगी श्वेत-श्याम तसवीरों से सजाया गया था व रसोई में 12 सीटोंवाले 'यू' आकर के शानदार सोफे लगाए गए थे। कर्मचारियों व आगंतुकों के लिए बेहिसाब महँगे जूस व अन्य उन्नत खान-पान सामग्रियों का इंतजाम किया गया था। जॉब्स ने सुनिश्चित किया था कि 'नेक्स्ट' के कर्मचारियों को मैकिनटोश कार्यदल से भी ज्यादा बेहतरीन सुख-सुविधाएँ हासिल हों।

यही प्रक्रिया फिर से दोहराई गई थी, जब तीन साल बाद सन् 1989 में 'नेक्स्ट' ने अपना मुख्यालय सिलिकॉन वैली के सबसे महँगे स्वायत्तशासी समुद्र तटीय शहर 'रेडवुड सिटी' (900 चेसापीक ड्राइव) की काफी बड़ी सुविधा में स्थानांतरित किया था। दक्षिणी सैन फ्रांसिस्को खाड़ी के पश्चिमी किनारे पर बसा 'रेडवुड सिटी' सैन फ्रांसिस्को के 43 किलोमीटर दक्षिण व सैन जोस के 39 किलोमीटर उत्तर में स्थित है, जहाँ रेडवुड क्रीक के मुहाने पर काफी पुराना माल ढुलाई बंदरगाह है। वहाँ भी जॉब्स ने प्रवेश प्रतीक्षागृह को नाटकीय आकर्षण देने के लिए एलीवेटर (लिफ्ट) को हटवा दिया था और उसकी जगह आधुनिक वास्तुकला के गुरु माने जानेवाले चीनी-अमेरिकी वास्तुकार इयोह मिंग (आई. एम.) पेई से एक हवा में झूलती दिखाई देनेवाली भव्य सीढ़ी का निर्माण कराया था। यहाँ पर 10 हजार डॉलर मूल्यवाले सोफों, पाँच हजार डॉलर मूल्य की कुरसियों, 450 डॉलर मूल्य के टेलीफोन उपकरण सहित तमाम महँगी सुविधाओं का इंतजाम किया गया था।

'नेक्स्ट' के विकास के शुरुआती समय में जॉब्स व डेनिअल लेविन ने अपने कुछ साथियों के साथ कई विश्वविद्यालयों के दौरे किए थे और प्राध्यापकों व छात्रों से 'नेक्स्ट' कंप्यूटर की अपेक्षित खूबियों के बारे में गहराई से अध्ययन किया था। हार्वर्ड विश्वविद्यालय की यात्रा के दौरान जॉब्स ने अपने कार्यदल के साथ अपने मित्र व लोटस डेवलपमेंट कॉरपोरेशन (कैंब्रिज, मैसाचुसेट्स) के चेयरमैन मित्ज कपोर से भी मुलाकात की थी और उसे 'नेक्स्ट परिचालन प्रणाली' के लिए एक खास 'स्प्रेडशीट' कार्यक्रम विकसित करने के लिए राजी कर लिया था।

जॉब्स अपने सपने के 'नेक्स्ट कंप्यूटर' को उपयोगी विषय-वस्तुओं से भी

लैस करना चाहता था। लिहाजा जॉब्स ने एम.आई.टी. से कंप्यूटर विज्ञान में पी-एच. डी. करनेवाले 'नेक्स्ट' के एक इंजीनियर माइकल हवली को डिजिटल डिक्शनरी विकसित करने के काम पर लगा हुआ था। हवली ने जब जॉब्स को बताया था कि उसका एक दोस्त लॉर्ड बायरन ऑक्सफोर्ड यूनिवर्सिटी प्रेस (ऑक्सफोर्ड, यू.के.) में शेक्सपियर की रचनाओं का डिजिटल संस्करण तैयार कर रहा था, तो वह उससे मिलने को उतावला हो उठा था। वर्ष 1986 के वसंत में दोनों ऑक्सफोर्ड की यात्रा पर गए थे और 'नेक्स्ट कंप्यूटर' के लिए संपूर्ण शेक्सपियर डिजिटल संस्करण का उपयोग अधिकार हासिल करने के लिए दो हजार डॉलर के अग्रिम व प्रति कंप्यूटर 75 सेंट के स्वत्वाधिकार (रॉयल्टी) भुगतान का प्रस्ताव रखा था। इसके लिए 'नेक्स्ट' व ऑक्सफोर्ड यूनिवर्सिटी प्रेस के बीच सैद्धांतिक सहमति हो गई थी। करीब ढाई साल बाद जब 12 अक्तूबर, 1988 को 'नेक्स्ट कंप्यूटर' बाजार में आया तो उसमें सपूर्ण शेक्सपियर सहित मरियम वेबस्टर कॉलेजिएट शब्दकोश/ज्ञानकोश (डिक्शनरी/थिसारस) व ऑक्सफोर्ड डिक्शनरी ऑफ कोटेशंस के डिजिटल संस्करण को भी शामिल किया जा चुका था। इन सभी पुस्तकों की सामग्रियों को डिजिटल लाइब्रेरियन खोज इंजन के जरिए मनचाहे तरीके से ढूँढ़ा जा सकता था। यह उस जमाने की नायाब सुविधा थी और नेक्स्ट कंप्यूटर खोज योग्य इलेक्ट्रॉनिक किताबों को शुरू करनेवाले प्रणेताओं में सबसे आगे निकल गया था।

बाजार में उपलब्ध विभिन्न प्रकार के कार्यों को संपादित करनेवाले माइक्रोचिपों का इस्तेमाल करने की बजाय जॉब्स ने 'नेक्स्ट' के लिए एक ही चिप पर सभी कार्यों की सुविधा समाहित करने के लिए खास प्रकार की एकीकृत चिप का विकास कराया था। जॉब्स द्वारा 'नेक्स्ट' के कार्यों व सुविधाओं में लगातार संशोधन किए जाने के कारण यह एकीकृत चिप के विकास में देरी का सबसे बड़ा कारण बना था। 'नेक्स्ट कंप्यूटर' नए 25 मेगाहर्ट्ज मोटोरोला 68030 सेंट्रल प्रोसेसिंग यूनिट (सी.पी.यू.) के आधार पर तैयार किया गया था। इसमें 8 व 64 एमबी रैम (रैंडम एक्सेस मेमोरी); एक 256 एम.बी. मैग्नेटो ऑप्टिकल (एम.ओ.) ड्राइव, एक 40 एम.बी. (स्वैप केवल), 330 एम.बी., या 660 एम.बी. हार्ड ड्राइव; 10 बेस-2 ईथरनेट; नू-बस; और एक 832 × 1120 पिक्सल मापनेवाले 17 इंच के मेगापिक्सेल ग्रे-स्केल को शमिल किया गया था।

इतना ही नहीं, वर्ष 1986 के मध्य में, जॉब्स ने 'नेक्स्ट कंप्यूटर' का हार्डवेयर व सॉफ्टवेयर दोनों खुद ही तैयार करने का फैसला किया था। जल्द ही जॉब्स ने फ्रीमोंट में मैकिनटोश फैक्टरी के पास ही उससे ज्यादा अत्याधुनिक व पूर्ण स्वचालित फैक्टरी के निर्माण के लिए एक करोड़ डॉलर खर्च करने की योजना पर अमल शुरू कर दिया था। अब जॉब्स का कोई हाथ पकड़नेवाला नहीं था और उसने मैकिनटोश

फैक्टरी के निर्माण की गलतियों को और भी बड़े स्तर पर दोहराया था। बेहद संवेदनशील मशीनों व रोबोटों को 'नेक्स्ट' की रंग-योजना के मुताबिक रँगाई करने में काफी वक्त लगा था। दीवारों को भी मैकिनटोश फैक्ट्री की तरह पूरी तरह सफेद रखा गया था। मुख्यालय की तरह ही इस फैक्ट्री में महँगी कुर्सियाँ, विशेष प्रकार की सीढ़ियाँ व अन्य महँगी सुविधाओं का इंतजाम किया गया था। उसने 165 फीट लंबी संयोजन-शृंखला (असेंबली लाइन) को इस तरह से स्थापित किए जाने पर जोर दिया था कि सर्किट बोर्ड की संपूर्ण उत्पादन प्रक्रिया दाएँ से बाएँ क्रम में अग्रसर हों, ताकि दर्शक-दीर्घा में बैठे आगंतुकों को सबकुछ बेहतर दिखाई पड़े तथा वे इस जटिल प्रक्रिया को भली-भाँति समझ सकें। एक सिरे पर खाली सर्किट बोर्ड डाला जाता था, फिर शृंखलाबद्ध रोबोट अपने लेजर युक्त हाथों से उस पर चिपों को क्रमशः जोड़ते चले जाते थे और 20 मिनटों बाद दूसरे सिरे पर पूर्ण-संयोजित सर्किट बोर्ड बाहर निकलता था। इस फैक्टरी की सालाना स्थापित उत्पादन क्षमता डेढ़ लाख मशीनें थीं, जिनका कुल अनुमानित बाजार मूल्य एक अरब डॉलर था। लेकिन इसमें सिर्फ पाँच संयोजन श्रमिकों व कुल 100 से भी कम कर्मचारियों (अधिकांश अभियंता) को ही रोजगार के अवसर मिले थे। यह सिलिकॉन वैली में सबसे आधुनिक कंप्यूटर उत्पादन सुविधा थी।

70 लाख डॉलर खर्च हो जाने के बाद भी संभावित निवेशकों को यह समझ नहीं आ रहा था कि आखिरकार 'नेक्स्ट कंप्यूटर' कब बाजार में आएगा और कंपनी में राजस्व का प्रवाह कब शुरू होगा?

'नेक्स्ट' में रॉस पीरॉट का महँगा निवेश

अब तक जॉब्स 'नेक्स्ट कंप्यूटर' में अपना करीब 70 लाख डॉलर फूँक चुका था। मौजूदा खर्च के हिसाब से उसने अनुमान लगाया था कि अगले 18 महीनों में उसकी हालत पतली हो जाएगी। लिहाजा उसने उद्यम पूँजी कंपनियों से निवेश के लिए संपर्क साधना शुरू कर दिया। उसने महज 30 लाख डॉलर में 10 फीसदी हिस्सेदारी बेचने का प्रस्ताव किया था, जिसके हिसाब से कंपनी का कुल बाजार मूल्य 3 करोड़ डॉलर बनता था। लेकिन 70 लाख डॉलर खर्च हो जाने के बाद भी संभावित निवेशकों को यह समझ नहीं आ रहा था कि आखिरकार 'नेक्स्ट कंप्यूटर' कब बाजार में आएगा और कंपनी में राजस्व का प्रवाह कब शुरू होगा? जाहिर है कि एक के बाद दूसरे निवेशक चुपचाप खिसकते जा रहे थे।

जॉब्स जानता था कि ज्यादा देर हुई तो मामला बिगड़ सकता था, लेकिन अपनी वास्तविकता विरूपण कला से वह संचार माध्यमों में 'नेक्स्ट' की महत्त्वाकांक्षी योजनाओं

की हवा को कायम रखे हुए था। इसका नतीजा सामने आया था। लेकिन एक ऐसा जुआरी निवेशक भी था, जिसे जॉब्स की बाजीगरी में भारी संभावना नजर आई थी और उसका नाम था—हेनरी रॉस पीरॉट। वर्ष 1984 में, पीरॉट ने 2.40 अरब डॉलर में अपनी 22 साल पुरानी कंपनी 'इलेक्ट्रॉनिक डाटा सिस्टम्स' (ई.डी.एस.) की नियंत्रण हिस्सेदारी 'जनरल मोटर्स' को बेच दी थी और वह किसी लाभकारी उद्यम में निवेश के लिए उतावला हो रहा था। पीरॉट पहले ही माइक्रोसॉफ्ट में हिस्सेदारी के लिए सन् 1979 में बिल गेट्स के प्रस्ताव को ठुकराकर बड़ी गलती कर चुका था और उसे 'नेक्स्ट' में उस नुकसान की भरपाई होती नजर आई थी। पीरॉट ने 'द एंटरप्रिन्युर्स' पत्रिका के नवंबर 1986 के अंक में जॉब्स व उसकी महत्त्वाकांक्षी परियोजना के बारे में पढ़ा था। आलेख खत्म होते-होते पीरॉट को लगा था कि जॉब्स भी उसी के जैसा जुनूनी इनसान था और 'नेक्स्ट कंप्यूटर' आनेवाले भविष्य की बड़ी कारोबारी घटना बनने जा रही थी। अगले ही दिन, पीरॉट ने जॉब्स को फोन मिला दिया और प्रस्ताव किया कि जब कभी भी जॉब्स को 'नेक्स्ट' के लिए निवेशक की जरूरत हो तो उससे संपर्क कर सकता था।

जॉब्स को ऐसे ही जुनूनी निवेशक की सख्त जरूरत थी, लेकिन उसने अपनी तरफ से कोई उतावलापन नहीं दिखाया। जॉब्स को पता था कि यदि रॉस पीरॉट को उसकी जरूरत का पता चल गया तो मामला बिगड़ सकता था। लिहाजा जॉब्स ने एक सप्ताह बाद पीरॉट को फोन किया। कुछ दिनों बाद जब रॉस पीरॉट ने अपने विश्लेषकों को संभावना आकलन के लिए 'नेक्स्ट कंप्यूटर' के मुख्यालय में भेजा, तो जॉब्स ने उन्हें बिना किसी बातचीत के ही लौटा दिया और कहा कि वह सीधे पीरॉट से ही बात करना पसंद करेगा। रॉस पीरॉट को लगा था कि वह माइक्रोसॉफ्ट के बाद दूसरी गलती करने जा रहा है, लिहाजा उसने खुद जॉब्स से मुलाकात की। जॉब्स की वास्तविकता विरूपण कला का जादू चल गया और रॉस पीरॉट दो करोड़ डॉलर में 'नेक्स्ट इनकॉरपोरेशन' का 16 फीसदी हिस्सा खरीदने को राजी हो गया। इस तरह जॉब्स ने पीरॉट से कंपनी मूल्यांकन 12.60 करोड़ डॉलर करवाया था, जो हाल में ही उद्यम पूँजीपतियों को दिए गए प्रस्ताव से चार गुना से भी ज्यादा था। रॉस पीरॉट ने निवेश राशि की कोई परवाह नहीं की, वह तो इस बात से खुश था कि उसे जॉब्स जैसा संभावनाशील व रुतबेवाला दोस्त मिल गया था। वह काफी समय तक जॉब्स को बड़े-बड़े रात्रि-भोजों में लिये घूमता रहा था।

सॉफ्टवेयर के लिए गेट्स का इनकार

चाहे वह मैकिनटोश के लिए सॉफ्टवेयर का अनुबंध रहा हो या मैकओ.एस. का विचार चुराकर माइक्रोसॉफ्ट विंडोज विकसित करने का मामला, बिल गेट्स को

हमेशा जॉब्स से मोटी कमाई करने का मौका मिला था, फिर भी उस पर जॉब्स की वास्तविकता विरूपण कला का असर नहीं होता था। जॉब्स के बुलावे वर्ष 1987 की गरमियों में बिल गेट्स ने 'नेक्स्ट' के पालो आल्टो मुख्यालय का दौरा किया था। प्रवेश कक्ष में आधे घंटे तक इंतजार करवाने के बाद जॉब्स ने उससे मुलाकात की थी। पारदर्शी शीशे की दीवारों से गेट्स देख सकता था कि जॉब्स अपने दफ्तर में इधर-उधर की बातों में खामखाँ व्यस्त रहने का नाटक कर रहा था। 'नेक्स्ट' मुख्यालय की भव्यता देखकर बिल गेट्स वैसे ही हैरान रह गया था, लेकिन उसकी हैरानी तब और भी ज्यादा बढ़ गई थी जब उसके सामने दुनिया का सबसे महँगा गाजर जूस 'ओडवाला' (सांताक्रूज, कैलिफोर्निया की मशहूर कंपनी, जिसे 2001 में कोका कोला ने 18.11 करोड़ डॉलर में अधिग्रहित किया था) परोसा गया था। भले ही गेट्स जितना भी कामयाब हो गया हो, लेकिन जॉब्स ने बाकायदा यह जताने की कोशिश की थी कि उसकी नजर में गेट्स की हैसियत सॉफ्टवेयर अनुबंध हासिल करने लिए चमचागिरी करनेवाले बिक्री-कर्मी से ज्यादा कुछ नहीं थी। लिहाजा जॉब्स ने 'नेक्स्ट' को गेट्स के सुनहरे मौके के रूप में पेश किया था और उसके लिए सॉफ्टवेयर विकसित करने का मौका देने का अहसान पेश किया था। लेकिन अब समय बदल चुका था और गेट्स में भी अपनी सफलता का गुरूर आ चुका था। जॉब्स के पिछले अहसानों का गेट्स ने कोई लिहाज नहीं किया और उसके सामने 'नेक्स्ट' की तमाम कमियाँ खोलकर गिनाना शुरू कर दिया। जाहिर है जॉब्स नाराज हुआ, दोनों में काफी समय तक तीखी बहस होती रही और अंत में 'नेक्स्ट' के लिए सॉफ्टवेयर विकसित करने से साफ इनकार करते हुए गेट्स बाहर चला गया।

जॉब्स ने छोड़ा गेट्स को पछाड़ने का मौका

गेट्स की मनाही से जॉब्स बुरी तरह तिलमिलाया हुआ था और उसे सबक सिखाने का मौका ढूँढ़ रहा था। जॉब्स को बखूबी पता था कि वह गेट्स से बेहतर परिचालन प्रणाली विकसित कर सकता था और बाजार में मात भी दे सकता था। लेकिन यह तब तक संभव नहीं था जब तक कि वह अपने दो मूल सिद्धांतों से समझौता करे। पहला, वह अपना सॉफ्टवेयर दूसरे हार्डवेयर निर्माताओं से साझा करेगा और दूसरा, वह आई.बी.एम. से नफरत करना छोड़कर दोस्ती का रिश्ता कायम करेगा। जॉब्स के लिए यह फैसला करना आसान नहीं था, लेकिन गेट्स से तात्कालिक नाराजगी के चलते उसने जबरदस्ती ऐसा करने का मन बनाया था। चूँकि जॉब्स ने यह फैसला आधे-अधूरे मन से लिया था, इसीलिए इसका असफल होना भी तय ही था। जरा सोचिए, यदि जॉब्स अपने दिल से समझौता कर पाता और हार्डवेयर का मोह छोड़कर

पूरी तरह से सॉफ्टवेयर के धंधे में आ गया होता तो व्यक्तिगत कंप्यूटर उद्योग का परिदृश्य क्या होता? क्या माइक्रोसॉफ्ट व बिल गेट्स का कोई नामोनिशान बचता? संभवतः नहीं। लेकिन तब दुनिया को जॉब्स के क्रांतिकारी हार्डवेयर चमत्कार भी देखने को नहीं मिलते।

जी हाँ, संयोगवश जॉब्स के सामने माइक्रोसॉफ्ट व बिल गेट्स को कंप्यूटर उद्योग से विदा कर देने का जबरदस्त मौका आ गया था। 30 जून, 1987 को वॉशिंगटन में 'वॉशिंगटन पोस्ट' की मशहूर मालकिन कैथरीन ग्राहम (16 जून, 1917 से 17 जुलाई, 2001) के 70वें जन्मदिवस समारोह का भव्य आयोजन किया गया था, जिसमें राष्ट्रपति रोनाल्ड रीगन सहित 600 मेहमानों ने हिस्सा लिया था। उस खास समारोह में शामिल होने के लिए जॉब्स ने कैलिफोर्निया से और आई.बी.एम. के तत्कालीन चेयरमैन जॉन अकेर्स ने न्यूयॉर्क से विशेष उड़ान भारी थी। यह पहला मौका था जब जॉब्स व अकेर्स पहली बार एक-दूसरे से आमने-सामने मिल रहे थे। अब तक आई.बी.एम. व माइक्रोसॉफ्ट के संबंधों में खटास आ चुकी थी, क्योंकि बिल गेट्स द्वारा एम.एस. डॉस को नकलची कंप्यूटर निर्माताओं को जारी करने के चलते आई.बी.एम. पी.सी. का कारोबार बुरी तरह से प्रभावित होना शुरू हो चुका था। जॉब्स ने इस परिस्थिति का लाभ उठाया था और अकेर्स से बिल गेट्स की तीखी आलोचना की। जॉब्स ने अकेर्स को सावधान किया कि आई.बी.एम. जैसी कंपनी अपनी समूची सॉफ्टवेयर गतिविधियों को एक कंपनी के भरोसे छोड़कर बहुत बड़ी गलती कर रही थी। इतना ही नहीं, जॉब्स माइक्रोसॉफ्ट के सॉफ्टवेयर को काफी कमजोर व घटिया तक कहने से नहीं चूका था। अकेर्स तो पहले से ही पका हुआ था और माइक्रोसॉफ्ट व बिल गेट्स का विकल्प ढूँढ़ रहा था, लिहाजा उसने जॉब्स के सामने मदद का प्रस्ताव रख दिया।

जॉब्स को बिना किसी खास मेहनत के बिल गेट्स से बदला लेने का इतना बड़ा मौका मिल गया था। कुछ ही दिनों बाद जॉब्स अपने सॉफ्टवेयर विशेषज्ञ बड ट्रिबल के साथ आई.बी.एम. मुख्यालय (अरमोंक, न्यूयॉर्क) में 'नेक्स्ट' का नमूना पेश कर रहा था। आई.बी.एम. के अभियंताओं को 'नेक्स्ट' का विचार काफी पसंद आया, खासतौर पर 'नेक्स्ट' की वस्तु-उन्मुख (ऑब्जेक्ट ओरिएंटेड) परिचालन प्रणाली 'नेक्स्टस्टेप'। लेकिन आई.बी.एम. अभियंताओं द्वारा छोटे-छोटे संशोधनों को लेकर जॉब्स की जिद के चलते बातचीत के अंतिम दौर तक पहुँचने में काफी वक्त निकल गया था। अंत में, बातचीत का सिलसिला शुरू होने के नौ महीने बाद, अप्रैल 1988 में, रॉस पीरॉट ने खुद हस्तक्षेप किया और उसने अपने डलास (टेक्सास) मुख्यालय में दोनों पक्षों को बुलाकर एक-दूसरे से सहमत करवाया था।

लेकिन जब आई.बी.एम. ने नेक्स्ट मुख्यालय में 125 पृष्ठों का अनुबंध दस्तावेज भेजा तो जॉब्स एक बार फिर से भड़क उठा था। जॉब्स की इच्छा के मुताबिक आई. बी.एम. ने एक सप्ताह के भीतर ही कुछ पृष्ठों का दस्तावेज भेजना पड़ा था। कुल मिलकर जॉब्स ने आई.बी.एम. को अपनी शर्तों पर झुकाया था और 'नेक्स्टस्टेप' का गैर-विशिष्ट अनुज्ञापत्र (नॉन-एक्सक्लूसिव लाइसेंस) जारी करने के लिए छह करोड़ डॉलर का सौदा किया था। जाहिर है जॉब्स इस परिचालन प्रणाली का लाइसेंस दूसरे या अन्य सभी कंप्यूटर निर्माताओं को भी जारी करने के लिए स्वतंत्र था।

जॉब्स इस व्यवस्था को 'नेक्स्ट' के अक्तूबर 1988 में बाजार में आने तक गुप्त रखना चाहता था, लेकिन आई.बी.एम. इसकी घोषणा करने की जिद पर अड़ गया था। जब गेट्स को पता चला तो वह पागल सा हो गया। उसे पता था कि यह व्यवस्था सफल हो गई तो आई.बी.एम. की माइक्रोसॉफ्ट पर निर्भरता खत्म हो जाएगी। लिहाजा गेट्स ने आई.बी.एम. के पदाधिकारियों को यह कहकर गुमराह करना शुरू कर दिया कि 'नेक्स्टस्टेप' किसी अन्य परिचालन प्रणाली के साथ अनुकूल नहीं था, जिससे आई.बी.एम. को नुकसान हो सकता था।

एकबारगी लगा था कि जॉब्स ने गेट्स के लिए संकट का द्वार खोल दिया था। माइक्रोसॉफ्ट के एकाधिकार से परेशान हो रहे अन्य कंप्यूटर निर्माताओं, खासतौर पर कॉम्पैक व डेल ने जॉब्स के सामने 'नेक्स्ट' की नकल व 'नेक्स्टस्टेप' के लाइसेंस के प्रस्ताव रखने शुरू कर दिए थे। इन कंपनियों में से एक तो सालाना पाँच करोड़ डॉलर का भुगतान करने को तैयार हो गई थी। लेकिन इन कंपनियों की एक शर्त यह थी कि 'नेक्स्ट' हार्डवेयर कारोबार से बाहर चला जाए। उनका तर्क था कि वह जिस कंपनी के सॉफ्टवेयर का इस्तेमाल करेंगी, उसके कंप्यूटर से बाजार में कैसे मुकाबला करेगी? उनका तर्क अपनी जगह सही था। 'नेक्स्ट' के सॉफ्टवेयर प्रमुख बड ट्रिबल इस प्रस्ताव को बहुत बड़ा अवसर मान रहा था और उसे साफ दिखाई दे रहा था कि 'नेक्स्ट' दूसरा माइक्रोसॉफ्ट बन सकता था।

लेकिन हार्डवेयर विभाग से जुड़े लोग अपने भविष्य के मद्देनजर जॉब्स पर ऐसा नहीं करने का दबाव बनाए हुए थे। जॉब्स खुद भी दिल से नहीं चाहता है कि वह हार्डवेयर कारोबार से बाहर जाए। अव्वल वह तो शुरू से ही हार्डवेयर व सॉफ्टवेयर—दोनों को किसी से भी साझा करने के पक्ष में नहीं था। उसने न जाने कैसे खुद को सॉफ्टवेयर साझा करने के लिए राजी किया था। इसके अलावा जॉब्स यह भी नहीं चाहता था कि वह अपने पहले साझीदार आई.बी.एम. के प्रतिस्पर्धियों के साथ हाथ मिलाकर बिल गेट्स की तरह अवसरवादी बन जाए। लिहाजा जॉब्स ने कॉम्पैक व डेल के साथ समझौते की बातचीत को स्थगित कर दिया। लेकिन तब

जॉब्स के चाहनेवालों को पहले से पता था कि नेक्स्ट प्रदर्शन महज किसी उत्पाद का प्रदर्शन नहीं बल्कि एक अनोखी नाटकीय प्रस्तुति होगी, लिहाजा निर्धारित समय से दो घंटे पहले से हाल में मेहमानों का ताँता लगाना शुरू हो गया था और प्रस्तुति शुरू होने तक तीन हजार चुनिंदा मेहमानों ने बाकायदा अपना-अपना स्थान ग्रहण कर लिया था।

जॉब्स को पता नहीं था कि उसकी ईमानदारी उसी के खिलाफ चली जाएगी। जॉब्स को उम्मीद थी कि वह आई.बी.एम. से 'नेक्स्टस्टेप' के नए संस्करण के लिए और भी ऊँची कीमत पर सौदा कर लेगा और उसे अच्छी-खासी आमदनी हो जाएगी। लेकिन आई.बी.एम. का आंतरिक सत्ता समीकरण बदल गया था। 'नेक्स्ट समझौते' में अहम भूमिका निभानेवाले आई.बी.एम. के बोका रैटन प्रयोगशाला के निदेशक बिल लोवे जेरॉक्स चले गए थे। नए अधिकारी जिम कैनाविनो ने अज्ञात कारणों से 'नेक्स्टस्टेप' के नए संस्करण के लिए समझौता करने में कोई रुचि नहीं दिखाई। माना जाता है कि बिल गेट्स ने कैनाविनो को अपने मनोवैज्ञानिक दबाव में ले लिया था और जॉब्स ने बिल गेट्स को पटकनी देने का मौका गँवा दिया था।

'नेक्स्ट' का भव्य शुभारंभ व बाजार की असफलता

जॉब्स ने नेक्स्ट के प्रथम विश्व-प्रदर्शन के लिए 12 अक्तूबर, 1988 को लुईस एम. डेविस सिंफनी हॉल (सैन फ्रांसिस्को) में भव्य समारोह का आयोजन किया था। चाहे वह निमंत्रण-पत्र हो या फिर भोजन-सूची, हर छोटी-बड़ी चीज को जॉब्स खुद नियंत्रित कर रहा था। जॉब्स के चाहनेवालों को पहले से पता था कि नेक्स्ट प्रदर्शन महज किसी उत्पाद का प्रदर्शन नहीं बल्कि एक अनोखी नाटकीय प्रस्तुति होगी, लिहाजा निर्धारित समय से दो घंटे पहले से हाल में मेहमानों का ताँता लगाना शुरू हो गया था और प्रस्तुति शुरू होने तक तीन हजार चुनिंदा मेहमानों ने बाकायदा अपना-अपना स्थान ग्रहण कर लिया था। जॉब्स की भव्य तैयारी का अंदाजा इसी तथ्य से लगाया जा सकता है कि सिर्फ वीडियो प्रोजेक्शन व्यवस्था पर ही 60 हजार डॉलर फूँक दिए गए थे। व्यक्तिगत कंप्यूटर उद्योग के विकास के पन्नों को दुबारा पलटते हुए जॉब्स ने 'नेक्स्ट कंप्यूटर' की क्रांतिकारी खूबियों को विस्तार से बताया था। 'नेक्स्ट' की एक-एक खूबी ने दर्शकों की वाह-वाही लूटी थी। जॉब्स ने एक-एक खूबी को हासिल करने के लिए पिछले तीन वर्षों से की जा रही कठोर मेहनत व लाखों डॉलर की लागत का भी उल्लेख किया था।

जाहिर था कि जॉब्स नेक्स्ट की कीमत बताने से पहले उनकी मानसिक तैयारी कर रहा था। अंत में जॉब्स ने 'नेक्स्ट' की 6500 डॉलर की एकमात्र मूल्य का इस तरह से उल्लेख किया था मानो वह उसे मुफ्त में पेश कर रहा था। जॉब्स के प्रौद्योगिक चमत्कारों से सम्मोहित जुनूनी उपभोक्ताओं ने कीमत की परवाह नहीं करते हुए तालियाँ बजाई थीं, लेकिन अधिकांश दर्शक सन्नाटे में ही थे। यहाँ तक कि शैक्षिक सलाहकारों का दल भी हैरान था कि उन्होंने तो 'नेक्स्ट की कीमत दो से तीन हजार डॉलर के बीच रखने का सुझाव दिया था और जॉब्स ने उन्हें ऐसा ही करने का आश्वासन भी दिया था। फिर इतनी कीमत क्यों? कुछ तो तब और भी दु:खी हो गए थे, जब उन्हें पता चला था कि वैकल्पिक प्रिंटर की कीमत 2000 डॉलर व ऑप्टिकल डिस्क के धीमेपन को दूर करने के लिए जरूरी बाहरी हार्डडिस्क के 2500 डॉलर अलग से लगाने पड़ेंगे। मतलब, शैक्षिक संस्थानों व शोधार्थियों का बहुप्रतीक्षित 'नेक्स्ट कंप्यूटर' की असल लागत कुल 11 हजार डॉलर बैठनेवाली थी। लेकिन सैन फ्रांसिस्को सिंफनी की धुन व खान-पान के भव्य इंतजाम ने दर्शकों का ध्यान कीमत की तरफ जाने से रोक दिया था, और समारोह लक्षित सफलता के साथ उत्साहपूर्ण माहौल में संपन्न हो गया था।

हैरान होने की जरूरत नहीं कि अगले सात-आठ महीनों तक संचार-माध्यमों में 'नेक्स्ट' की प्रौद्योगिक उपलब्धियों व फ्रेमोंट फैक्ट्री की अत्याधुनिक सुविधाओं की ही चर्चा होती रही थी, क्योंकि 'नेक्स्ट कंप्यूटर' बाजार में उपलब्ध नहीं हो सका था। जुलाई 1989 के मध्य में जब 'नेक्स्ट' की बिक्री शुरू हुई थी तो फैक्टरी में कंप्यूटर के ढेर लगने शुरू हो गए थे, क्योंकि उत्पादन तो 10 हजार इकाइयाँ प्रतिमाह के हिसाब से शुरू हुआ था, जबकि बिक्री महज 400 इकाइयों की हो रही थी। जाहिर है कि ऊँची कीमत वाला 'नेक्स्ट कंप्यूटर' बाजार की अपेक्षाओं पर खरा नहीं उतरा था और खूबसूरत फैक्टरी महज एक नुमाइशी नमूना बन गई थी।

लेकिन ऐसा होने से पहले जॉब्स की वास्तविकता विरूपण कला अपना जादू बिखेर रही थी। शुरुआती उद्यम पर केंद्रित लोकप्रिय मासिक पत्रिका 'द एंटरप्रेनियूर' ने जॉब्स को 'दशक का उद्यमी' घोषित किया और अपने अप्रैल 1989 के अंक में कई पृष्ठों का लंबा साक्षात्कार प्रकाशित किया। बाकी पत्र-पत्रिकाओं व टीवी चैनल भी उसका गुणगान कर रहे थे। लेकिन जॉब्स को 'नेक्स्ट' की आंतरिक हालत का अंदाजा था। संचार माध्यमों का उत्साह ठंडा पड़ने व 'नेक्स्ट' के बाजार में आकर पिट जाने से पहले ही जॉब्स ने एक बार फिर से बड़ा निवेशक ढूँढ़ लिया। जून 1989 को शुरुआत में, जापानी कैमरा व कार्यालय उपकरण निर्माता कंपनी 'कैनन इनकारपोरेशन' ने 10 करोड़ डॉलर की ऊँची कीमत पर 'नेक्स्ट' थी 16.67 फीसदी हिस्सेदारी खरीद ली। मतलब, कैनन ने 'नेक्स्ट' का 60 करोड़ डॉलर का बाजार मूल्यांकन किया था।

जी हाँ, यह जॉब्स का ही कमाल था कि बिना किसी बिक्री राजस्व के करीब डेढ़ साल में कंपनी का मूल्यांकन करीब पाँच गुना बढ़ा लिया था। याद रहे कि सितंबर 1985 में कंपनी की स्थापना के बाद जॉब्स ने 'नेक्स्ट' में 70 लाख डॉलर से कुछ ज्यादा का निवेश किया था। करीब 14 महीने में कंपनी महज अपनी शुरुआती योजना ही तैयार कर रही थी तो नवंबर 1986 में रॉस पीरॉट जैसे खुर्राट कारोबारी को इस परियोजना में भारी संभावना नजर आई थी, उसने नेक्स्ट का मूल्यांकन 12.60 करोड़ डॉलर आँका था और दो करोड़ डॉलर मूल्य पर 16 फीसदी हिस्सेदारी खरीदकर अपनी समझदारी पर गर्व महसूस कर रहा था। और अब कैनन जैसी कंपनी 'नेक्स्ट' में क्रांतिकारी संभावना देख रही थी।

अब 'नेक्स्ट इनकॉरपोरेशन' में स्टीव जॉब्स की 50 फीसदी, नेक्स्ट के कर्मचारी समूह की 20 फीसदी व कैनन की 16.67 फीसदी हिस्सेदारी के बाद रॉस पीरॉट 12.5 फीसदी के साथ चौथे स्थान पर चले गए थे। स्टैनफोर्ड विश्वविद्यालय व कार्नेगी मेलॉन विश्वविद्यालय ने भी 'नेक्स्ट' में करीब 13 लाख डॉलर का निवेश किया था और उनकी हिस्सेदारी एक फीसदी से कम थी।

जॉब्स सपने बेचने का सिलसिला जारी रखे हुए था। 'नेक्स्ट' के अगले संस्करणों की तैयारियाँ जारी थीं। 18 सितंबर 1990 को 'नेक्स्ट' ने अपनी वैज्ञानिक शोध कंप्यूटर श्रृंखला के दो मुख्य संस्करण पेश किए। 'नेक्स्ट कंप्यूटर' के संशोधित व उन्नत संस्करण का नाम 'नेक्स्टक्यूब' रखा गया था, जो 10 हजार डॉलर मूल्य पर उपलब्ध था। काफी जद्दोजहद के बाद 'नेक्स्ट' 4995 डॉलर में अपना सस्ता संस्करण 'नेक्स्टस्टेशन' पेश करने में भी कामयाब रहा था। इसके दो उप-संस्करण भी थे—'नेक्स्टस्टेशन टर्बो' (6500 डॉलर) व 'नेक्स्टस्टेशन कलर' (7995 डॉलर)। नेक्स्ट मेगापिक्सेल डिस्प्ले—'कैथोड रे ट्यूब' (सी.आर.टी.) आधारित कंप्यूटर मॉनीटर के साथ जॉब्स ने 'नेक्सस्टेशन' को शक्तिशाली व्यक्तिगत कंप्यूटर के रूप में पेश करने की कोशिश की थी, जिसका सीधा मुकाबला 'सन माइक्रोसिस्टम्स' के कंप्यूटरों के साथ था। वर्ष 1990 में 'नेक्स्ट' ने 2.80 करोड़ डॉलर का बिक्री राजस्व हासिल किया था, जबकि 'सन माइक्रोसिस्टम्स' ने 2.5 अरब डॉलर का कारोबार किया था।

इस बीच जॉब्स की दूसरी महत्त्वाकांक्षी कंपनी—पिक्सर इमेज कंप्यूटर—का हार्डवेयर कारोबार भी असफल हो चुका था। लिहाजा असल अवसर चूक जाने के बाद जॉब्स को मजबूरन अपना ध्यान सॉफ्टवेयर व एनीमेशन फिल्म कारोबार पर केंद्रित करना पड़ा था।

पिक्सर इमेज कंप्यूटर

पिक्सर की कहानी 'नेक्स्ट कंप्यूटर' से पहले शुरू हो चुकी थी। असल में

यूरोप यात्रा से लौटने के बाद 1985 की गरमियों में जब जॉब्स को लग रहा था को एप्पल में उसकी स्थिति कमजोर हो रही थी, वह भविष्य में अपनी रचनात्मक भूमिका तलाशने की कोशिशें कर रहा था। इसी सिलसिले में एक दिन वह एलन कर्टिस काय के साथ टहल रहा था। याद रहे कि एलन काय ने जेरॉक्स पार्क में 'वस्तु उन्मुख कार्यक्रम' व 'डायनाबुक' का आविष्कार किया था और लिसा के विकास के समय से एप्पल के साथ शोध-सलाहकार के रूप में जुड़ा हुआ था। एलन ने जॉब्स को अपने मित्र डॉ. एडविन अर्ल 'एड' कटमुल्ल द्वारा कंप्यूटर ग्राफिक्स के क्षेत्र में किए जा रहे क्रांतिकारी प्रयोगों के बारे में बताया था। डॉ. कटमुल्ल अंतरराष्ट्रीय ख्यातिप्राप्त निर्माता-निर्देशक जॉर्ज लुकास की कंपनी—लुकास फिल्म लिमिटेड (स्काईवॉकर रैंच, निकासियो, मरीन काउंटी, कैलिफोर्निया) के कंप्यूटर प्रभाग में 'द ग्राफिक्स रूप' का नेतृत्व कर रहे थे।

पार्कर्सबर्ग (पश्चिम वर्जीनिया) में पले-बढ़े डॉ. कटमुल्ल (जन्म 31 मार्च, 1945) को वॉल्ट डिज्नी द्वारा निर्मित जीव-संचारित काल्पनिक चलचित्रों (एनिमेटेड फैंटेसी फिल्म)—'पिनोच्चियो' (1940) व 'पीटर पेन' (1955) ने काफी प्रभावित किया था और उन्होंने हाई स्कूल की पढ़ाई के दौरान ही कथा चित्र जीव-संचारक (फीचर फिल्म एनिमेटर) बनने का सपना देखना शुरू कर दिया था। इसलिए उसने 'फ्लिप बुक'—शृंखलाबद्ध चित्र-पुस्तक—की रचना के जरिए जीव-संचारण (एनीमेशन) कला को साधना शुरू किया था। लेकिन जल्द ही कटमुल्ल को पता चल गया था उसकी असल प्रतिभा कहीं और थी। लिहाजा फिल्म उद्योग में जाने की बजाय उसने अपनी प्रतिभा को गणित, भौतिकी व कंप्यूटर विज्ञान में लगाया था और वर्ष 1974 में उटाह विश्वविद्यालय (साल्ट लेक सिटी, उटाह) से कंप्यूटर विज्ञान में पी-एच.डी. की उपाधि हासिल की था। कटमुल्ल के शोध-प्रबंध का विषय था—घुमावदार सतहों के कंप्यूटर-प्रदर्शन के लिए उपखंड कलन-विधि (सब-डिवीजन अल्गोरिथम)। कंप्यूटर एडेड डिजाइन/मैन्युफैक्चरिंग (कैड/कैम) प्रणालियों की अग्रणी विकासकर्ता कंपनी—अप्लिकॉन इनकॉरपोरेशन (बेडफोर्ड, मैसाचुसेट्स) में काम करते हुए अभी कुछ माह ही हुए थे कि नवंबर 1974 में डॉ. कटमुल्ल ने न्यूयॉर्क इंस्टीट्यूट ऑफ टेक्नोलॉजी (न्यूयॉर्क) के संस्थापक एलेग्जेंडर स्चुरे के विशेष आमंत्रण पर उसके निजी विश्वविद्यालय के नवनिर्मित कंप्यूटर ग्राफिक्स लैब (सी.जी.एल.) के निदेशक का कार्यभार सँभाल लिया था।

डॉ. कटमुल्ल के नेतृत्व में सी.जी.एल. के शोधार्थियों ने कंप्यूटर ग्राफिक्स के क्षेत्र में कई आधारभूत तकनीकों के आविष्कार का काम आगे बढ़ाया था, लेकिन उसमें काफी तेजी तब आई थी जब वर्ष 1975 में डॉ. अल्वी रे स्मिथ (जन्म—8 सितंबर, 1943; मिनरल वेल्स, टेक्सास) भी सी.जी.एल. में शामिल हुआ था। न्यू

मेक्सिको स्टेट यूनिवर्सिटी (लॉस क्रूसेस, न्यू मेक्सिको) से स्नातक विद्युत् अभियांत्रिकी (बी.एस.-ई.ई.) करने के बाद स्मिथ ने स्टैनफोर्ड विश्वविद्यालय से कंप्यूटर विज्ञान में परास्नातक (एम.एस.) व पी-एच.डी. (1970) किया था। स्मिथ का शोध प्रबंध कंप्यूटर ग्राफिक्स के गणितीय अध्ययन से जुड़े 'सेलुलर ऑटोमेटा' सिद्धांत पर केंद्रित था। स्मिथ ने न्यूयॉर्क विश्वविद्यालय (ग्रीनविच विलेज, लोअर मैनहट्टन, न्यूयॉर्क) में कंप्यूटर ग्राफिक्स के सबसे शुरुआती दौर के शोधकर्ताओं में एक डॉ. हर्बर्ट फ्रीमैन के अधीन सहायक प्राध्यापक (वर्ष 1969 से 1973) के रूप में विद्युत् अभियांत्रिकी व कंप्यूटर विज्ञान पढ़ाया था। कैलिफोर्निया विश्वविद्यालय (बर्कले) में कुछ समय तक प्राध्यापन के बाद स्मिथ ने 'जेरॉक्स पार्क' में रिचर्ड शॉप (प्रोग्रामर) के साथ एक अग्रणी ग्राफिक्स कार्यक्रम व फ्रेमबफर (रैम का हिस्सा) कंप्यूटर प्रणाली 'सुपरपेंट' के विकास में महत्त्वपूर्ण योगदान दिया था।

सी.जी.एल. में डॉ. कटमुल्ल व डॉ. स्मिथ को कंप्यूटर ग्राफिक्स में महत्त्वपूर्ण भूमिका अदा करनेवाली प्रक्रिया 'अल्फा चैनल' या 'अल्फा कंपोजिटिंग' (आंशिक या पूर्ण पारदर्शिता के प्रकटन के लिए पृष्ठभूमि के साथ छवि के संयोजन की प्रक्रिया) के आविष्कार के लिए याद किया जाता है। यह कई द्विआयामी अंकीयकृत छवियों ((2-डी/टू डाइमेंशनल डिजिटल इमेज) को जोड़कर एक बनाने की प्रक्रिया है। कुल मिलकर सी.जी.आई. में डॉ. कटमुल्ल व स्मिथ ने करीब चार वर्षों तक '2-डी कंप्यूटर ग्राफिक्स' से संबंधित अनुप्रयोगों के विकास की दिशा में शोध किया था, जो मूल रूप से पारंपरिक मुद्रण व आरेखण प्रौद्योगिकियों (ड्राइंग टेक्नोलॉजीज)—मुद्रण कला (टाइपोग्राफी), तकनीकी मानचित्रकारी (टेक्निकल ड्राइंग), विज्ञापन आदि पर आधारित था। जाहिर है कि इसके बाद डॉ. कटमुल्ल व स्मिथ ने अपना ध्यान त्रिआयामी अंकीयकृत छवियों (3-डी/थ्री डाइमेंशनल डिजिटल इमेज) को जोड़ने की प्रौद्योगिकियों यानी '3-डी कंप्यूटर ग्राफिक्स' पर केंद्रित किया था, जो चलचित्र उत्पादन (मोशन पिक्चर प्रोडक्शन)—वीडियो, फीचर फिल्म, एनिमेशन आदि निर्माण में महत्त्वपूर्ण भूमिका अदा करनेवाली थीं। विश्वविद्यालय के शीर्ष प्रबंधन द्वारा समर्थन नहीं मिलने व शोध के लिए पर्याप्त धन न मिलने के कारण वे इस दिशा में कुछ खास नहीं कर पा रहे थे।

लेकिन डॉ. कटमुल्ल व डॉ. स्मिथ के शुरुआती प्रयासों ने अपनी तरफ हॉलीवुड का ध्यान खींचा था। 'स्टार वार्स' (1977) की ऐतिहासिक सफलता के बाद जॉर्ज लुकास ने सन् 1979 में फिल्म कंपनी के अंतर्गत ऑडियो-वीडियो संपादन व अंकीयकरण (डिजिटलाइजेशन) के लिए '3-डी कंप्यूटर ग्राफिक्स' की स्थापना के लिए डॉ. कटमुल्ल से संपर्क किया था। यह एक सुनहरा मौका था। डॉ. कटमुल्ल

के साथ स्मिथ ने भी सी.जी.आई. से इस्तीफा दे दिया था और लुकास फिल्म के करीब 4700 एकड़ में फैले स्काईवॉकर रैंच के करीब 15 एकड़ में विकसित विशाल मुख्यालय में 'द ग्राफिकग्रुप' की स्थापना की थी। बाद में सी.जी.आई. के अधिकांश शोधार्थी इस विभाग में शामिल होते चले गए थे। इस समूह ने '3-डी कंप्यूटर ग्राफिक्स' संबंधी हार्डवेयर व सॉफ्टवेयर के विकास की दिशा में कई महत्त्वपूर्ण प्रयोग किए थे। लेकिन वर्ष 1983 में लुकास का अपनी ऑस्कर पुरस्कार प्राप्त फिल्म संपादक पत्नी मेरिको लो ग्रिफिन से तलाक हो गया था और वह तथाकथित 5 करोड़ डॉलर के भारी तलाक मुआवजा भुगतान के चलते गंभीर आर्थिक संकट में आ गया था। लिहाजा लुकास ने 'द ग्राफिक ग्रुप' को बेचने का फैसला किया और डॉ. कटमुल्ल को संभावित निवेशक की तलाश करने को कहा।

यही वह मौका था जब एलन काय व जॉब्स ने वर्ष 1985 की गरमियों में लुकास फिल्म मुख्यालय का दौरा किया था। करीब 40 कर्मचारियोंवाले इस समूह के कारनामों में जॉब्स को क्रांतिकारी संभावना नजर आई थी। यह समूह उस वक्त वाणिज्यिक व वैज्ञानिक दृश्य बाजार को लक्षित 'पिक्सर इमेज कंप्यूटर' का विकास कर रहा था। इस समूह में डॉ. कटमुल्ल व स्मिथ के अलावा एक और संभावनाशील प्रतिभा थी—जॉन एलन लासेटर।

हॉलीवुड (लॉस एंजिल्स) के नजदीकी शहर व्हिटिएर (लॉस एंजिल्स काउंटी, कैलिफोर्निया) में पले-बढ़े जॉन लासेटर (जन्म—12 जनवरी, 1957 को) ने अपनी शिक्षिका माँ के प्रोत्साहन से कैलिफोर्निया इंस्टीट्यूट ऑफ द आर्ट्स /कैलआर्ट्स (वालेंसिया, लॉस एंजिल्स काउंटी) में जीव-संचरण कलाकार (एनीमेटर) की शिक्षा हासिल की थी। वॉल्ट डिज्नी कंपनी के संस्थापक वाल्टर इलियास 'वॉल्ट' डिज्नी ने विभिन्न कलाओं के छात्रों को पाठ्यक्रम पूरा करते हुए अपनी रचना-कल्पनाओं को साकार रूप देने का अवसर प्रदान करने के उद्देश्य से सन् 1961 में कैलआर्ट्स की स्थापना की थी। कैलआर्ट्स में पढ़ाई के दौरान लासेटर ने दो जीव-संचरित लघु चल चित्रों (एनिमेटेड शॉर्ट फिल्म) 'लेडी ऐंड द लैंप' (1979) व 'नाईटगेयर' (1980) का निर्माण किया था और इन दोनों फिल्मों को छात्र अकादमी पुरस्कार (ऑस्कर) प्राप्त हुआ था। गरमी की छुट्टियों में वॉल्ट डिज्नी कंपनी (डिज्नीलैंड पार्क, एनाहाइम, ऑरेंज काउंटी, लॉस एंजिल्स महानगरीय क्षेत्र) में 'जंगल क्रूज' के कप्तान (स्किपर) के रूप में काम करते हुए लासेटर ने दर्शकों का मनोरंजन करने के लिए हास्य चलचित्र (कॉमेडी फिल्म) व हास्य चित्रकलाओं (कॉमिक्स) के बुनियादी गुर सीखे थे। पढ़ाई पूरी होने के बाद लासेटर को वॉल्ट डिज्नी एनीमेशन स्टूडियो (बरबैंक, लॉस एंजिल्स काउंटी) में जीव-संचरण कलाकार (एनीमेटर) का पूर्णकालिक काम

लासेटर को जल्द ही यह अहसास हो गया था कि '101 डालमतिअंस' की रचनात्मक ऊँचाई हासिल करने के बाद से डिज्नी एनीमेशन अपनी पुरानी रचनाओं की नकल मारता आ रहा था।

मिल गया था।

लासेटर को जल्द ही यह अहसास हो गया था कि '101 डालमतिअंस' (1961) की रचनात्मक ऊँचाई हासिल करने के बाद से डिज्नी एनीमेशन अपनी पुरानी रचनाओं की नकल मारता आ रहा था। लासेटर को वहाँ कोई खास रचनात्मक संभावना नजर नहीं आ रही थी। इस बीच उसका ध्यान अपने दोस्तों द्वारा कंप्यूटर-जनरेटेड इमेजरी (सी.जी.आई.) प्रौद्योगिकी के आधार पर तैयार किए जा रहे 2-डी एनीमेशन फिल्म की ओर आकर्षित हुआ। लासेटर ने कैलआर्ट्स के पुराने सहपाठी व डिज्नी में कार्यरत एनिमेटर ग्लेन केआने के साथ थॉमस एम डिस्क के उपन्यास 'द ब्रेव लिटिल टोस्टर' पर आधारित प्रौद्योगिकी की दृष्टि से महत्त्वाकांक्षी 2-डी एनीमेशन फिल्म की परियोजना तैयार की, लेकिन डिज्नी के शीर्ष प्रंबधन को लासेटर की यह कोशिश कंपनी की पारंपरिक 'मल्टिपल कैमरा' आधरित प्रौद्योगिकी को चुनौती देनेवाली लगी थी और उसे जनवरी 1984 में नौकरी से मुअत्तल किए जाने का आदेश सुना दिया गया।

अपने भविष्य के प्रति चिंतित लासेटर ने डॉ. कटमुल्ल से संपर्क किया। जाहिर है कि डॉ. कटमुल्ल को लासेटर में काफी संभावना नजर आई थी। डॉ. कटमुल्ल हॉलीवुड में परियोजना खत्म होने के बाद प्रतिभाशाली कलाकारों को बेरहमी से निकाल दिए जाने की परंपरा से वाकिफ थे। लिहाजा उन्होंने लासेटर को अपने साथ रख उसकी कला संभावनाओं को निखारने का फैसला किया। लेकिन उनके सामने एक बड़ी समस्या थी—खर्च को संतुलित रखने के लिए जॉर्ज लुकास ने पूर्णकालिक एनिमेटर की नियुक्ति पर रोक लगाईं हुई थी। लिहाजा लासेटर को 'द ग्राफिक ग्रुप' में इंटरफेस डिजाइनर के रूप में बहाल किया गया था।

खैर, जॉब्स को इस समूह में काफी संभावना नजर आई थी, लेकिन उसने मौके की नजाकत को भाँपते हुए जॉर्ज लुकास की माँग से काफी कम राशि का प्रस्ताव किया था—50 लाख डॉलर नकद व 50 लाख डॉलर का निवेश यानी कुल एक करोड़ डॉलर। चूँकि इस बीच एप्पल में सत्ता-संघर्ष शुरू हो चुका था और जॉब्स खुद 'नेक्स्ट' की स्थापना में व्यस्त हो गया था, इसीलिए अंतिम समझौता 30 जनवरी, 1986 को संपन्न हुआ। नई कंपनी का नाम 'पिक्सर इमेज कंप्यूटर' रखा गया था। 70 फीसदी मालिकाना हक अपने पास रखकर जॉब्स ने बाकी 30 फीसदी शेयर को डॉ. कटमुल्ल, डॉ. स्मिथ सहित अन्य सभी 38 संस्थापक कर्मचारियों में वितरित कर दिया था। जॉब्स चेयरमैन बना था, जबकि अध्यक्ष के रूप में

डॉ. कटमुल्ल व कायर्कारी उपाध्यक्ष के रूप में डॉ. स्मिथ को कंपनी के निदेशक मंडल में शामिल किया गया था।

जॉब्स द्वारा अधिग्रहण के करीब तीन माह बाद 1.35 लाख डॉलर मूल्य पर 'पिक्सर इमेज कंप्यूटर' की बिक्री शुरू हुई थी। इस उच्च प्रौद्योगिकी मशीन को संचालित करने के लिए सन माइक्रोसिस्टम्स या सिलिकॉन ग्राफिक्स द्वारा निर्मित 35 हजार डॉलर मूल्य का कंप्यूटर अलग से खरीदना पड़ा था। यह समय से काफी पहले ईजाद की गई प्रौद्योगिकी थी, लिहाजा प्रयोगशालाओं व शोध संस्थाओं में इसकी अच्छी-खासी एकल बिक्री हुई थी। वॉल्ट डिज्नी एनिमेशन स्टूडियो ने भी इस मशीन को खरीदा था। इस क्रांतिकारी मशीन प्रौद्योगिकी को प्रचारित करने के लिए लासेटर ने 'लुक्सो जूनियर' नामक दो मिनट की छोटी एनीमेशन फिल्म भी बनाई थी, जिसे 17 अगस्त 1986 को डलास (टेक्सास) में आयोजित सिगग्राफ (स्पेशल इंटरेस्ट ग्रुप ऑन ग्राफिक्स ऐंड इंटरेक्टिव टेक्निक्स) सम्मेलन के दौरान पेश किया गया। 'लुक्सो जूनियर' को वर्ष 1986 के 'सर्वश्रेष्ठ एनिमेटेड लघु फिल्म' श्रेणी में अकादमी पुरस्कार (ऑस्कर) के लिए भी नामित किया गया था।

जॉब्स के दबाव में वर्ष 1987 में इसका 30 हजार डॉलर मूल्य का सस्ता संस्करण भी बाजार में उतारा गया। इसे अस्पतालों में एक्स-रे सीटी (कंप्यूटेड टोमोग्राफी) मशीन के साथ बेचने की योजना बनाई गई थी, लेकिन 1988 में कुल 188 मशीन ही बेची जा सकी थीं। इस बीच पिक्सर विकास दल ने 1987 में 'रेंडरमैन' नामक क्रांतिकारी ग्राफिक्स सॉफ्टवेयर कार्यक्रम का विकास व पेटेंट दाखिल किया। लासेटर ने 'रेंडरमैन' के प्रचार के लिए 'टिन टॉय' लघु एनीमेशन फिल्म का निर्माण किया था, जिसने 1988 का 'सर्वश्रेष्ठ एनिमेटेड लघु फिल्म' श्रेणी में अकादमी पुरस्कार (ऑस्कर) हासिल किया। लासेटर की सफलताओं से डिज्नी की नींद खुली और उसके नए सी.ई.ओ. माइकल एइस्नर ने उसे कंपनी में वापस लेने की कोशिश की। लेकिन लासेटर के रचनात्मक सपनों में विश्वास कायम रखते हुए जॉब्स अब तक पिक्सर में 5 करोड़ डॉलर का अतिरिक्त निवेश कर चुका था। लासेटर के लिए भी अब डिज्नी के एनीमेशन प्रभाग के निदेशक का पद व मुँहमाँगी तनख्वाह का कोई महत्त्व नहीं रह गया था। उसे पूरा भरोसा हो चुका था कि सिर्फ जॉब्स के संरक्षण में ही उसकी एनीमेशन फिल्म निर्माण का नया इतिहास रचने की महत्त्वाकांक्षा पूरी हो सकती थी।

इस बीच, जुलाई 1989 में पिक्सर ने सैन फ्रांसिस्को के एक दूरदर्शन विज्ञापन फिल्म निर्माता कंपनी—'कोलोसल पिक्चर्स' के साथ मिलकर एनीमेशन विज्ञापन फिल्मों के निर्माण का कारोबार शुरू किया। प्रसारण माध्यमों (ब्रॉडकास्ट मीडिया) में 'कोलोसल पिक्चर्स' के अनुभव व पिक्सर की अद्वितीय कंप्यूटर क्षमताओं के बीच की

साझेदारी ने जबरदस्त सफलता का रास्ता खोला था। इस साझेदारी के तहत पिक्सर ने ट्रॉपिकाना, लिस्ट्रीन, लाइफ सेवर्स जैसे बड़े ब्रांडों के लिए एनीमेशन विज्ञापन फिल्मों की श्रृंखला का निर्माण किया, जो विभिन्न दूरदर्शन संजालों (टेलीविजन नेटवर्क) पर काफी लोकप्रिय साबित हुआ था। इस बीच रेंडरमैन सॉफ्टवेयर कार्यक्रम व अनुप्रयोग कार्यक्रम अंतरफलक (एप्लीकेशन प्रोग्रामिंग इंटरफेस/ ए.पी.आई.) को डिजिटल इक्विपमेंट कॉरपोरेशन, आई.बी.एम., इंटेल कॉरपोरेशन व सन माइक्रोसिस्टम्स जैसे उद्योग महारथियों का समर्थन हासिल हो चुका था। कुल मिलकर पिक्सर की सारी संभावना सॉफ्टवेयर कारोबार पर आ टिकी थी।

लिहाजा अप्रैल 1990 में पिक्सर ने वियोकॉम सिस्टम्स (फ्रेमोंट, अल्मिडा काउंटी, कैलिफोर्निया) को 20 लाख डॉलर में अपनी सभी मालिकाना हार्डवेयर प्रौद्योगिकियाँ व इमेजिंग सॉफ्टवेयर बेच दिए। इसके साथ ही पिक्सर के 18 कर्मचारी भी वियोकॉम में समायोजित हो गए। जॉब्स ने पिक्सर के कारोबार को पूरी तरह से एनीमेशन फिल्मों के निर्माण पर केंद्रित करने का फैसला किया और उसके दफ्तर को प्वाइंट रिचमंड टेक सेंटर (रिचमंड, कैलिफोर्निया) में 1.5 करोड़ डॉलर की लागत से तैयार शानदार स्टूडियो सुविधा में स्थानांतरित कर दिया था। हालाँकि साल के अंत तक पिक्सर ने अब तक का सबसे अधिक 34 लाख डॉलर का राजस्व हासिल किया था, लेकिन अभी भी कंपनी का घाटा 80 लाख डॉलर के स्तर पर था। लिहाजा फरवरी 1991 में जॉब्स ने सख्त फैसला किया और कंप्यूटर विभाग के अध्यक्ष चार्ल्स कोलस्टड सहित 30 कर्मचारियों की छँटनी कर दी। अब पिक्सर में एनीमेशन कारोबार से जुड़े कुल 42 कर्मचारी ही बचे थे।

लॉरेन पॉवेल से जॉब्स की शादी

पेशेवर जीवन में उथल-पुथल के बीच सौभाग्य से जॉब्स की निजी जिंदगी में स्थायित्व आने जा रहा था। एप्पल के उत्थान के बीच जॉब्स के जीवन में भी काफी उथल-पुथल चलता रहा था। लिसा के जन्म व क्रिस्न ब्रेन्नन से पूरी तरह अलग हो जाने के बाद जॉब्स के जीवन में लोकगायिका जोआन बैज आई थी, जो बॉब डायलन की पूर्व प्रेमिका रह चुकी थी। अपने स्वभाव के मुताबिक जॉब्स ने उसे भी दिल से चाहा था और शादी का प्रस्ताव रखा था, लेकिन वह उम्र में जॉब्स से करीब 14 साल बड़ी थी। वैसे भी वह स्वछंद स्वभाव की कलाकार थी और जॉब्स की पत्नी व उसके बच्चे की माँ बनने की जिम्मेदारी नहीं उठा सकती थी। लिहाजा दोनों अलग हो गए थे। उसके बाद जॉब्स के जीवन में 'पीपल्स कंप्यूटर' कंपनी में काम करनेवाले खूबसूरत टीना रेसी आई। दोनों करीब चार साल तक एक साथ रहे, लेकिन जॉब्स

व रेसी दोनों का स्वभाव एक जैसा था। दोनों एक-दूसरे को जितनी गहराई से प्यार करते थे, उतनी ही दोनों के बीच छोटी-छोटी बातों पर तकरार भी होती थी। लिहाजा जॉब्स के शादी के लिए जिद करने के बाद भी अक्तूबर 1989 में रेसी उससे दूर हो गई। इस बीच 1985 में जॉब्स ने अपनी असल माँ व बहन को भी खोज लिया था और परोक्ष रूप से अपने जन्मदाता पिता से भी उसकी मुलाकात हो गई थी।

अक्तूबर 1989 में एक दिन जॉब्स 'नेक्स्ट कंप्यूटर' के सिलसिले में स्टैनफोर्ड ग्रेजुएट स्कूल ऑफ बिजनेस में भाषण दे रहा था तो अचानक उसकी मुलाकात वहाँ की एक छात्रा लॉरेन पॉवेल से हो गई। जॉब्स ने पहली नजर में ही लॉरेन को पसंद कर लिया और अपने बाकी काम की तरह उसके पीछे पड़ गया। जाहिर है कि वह जॉब्स के जीवन में आ जाने के लिए मजबूर सी हो गई थी। वेस्ट मिलफोर्ड (पस्सैक काउंटी, न्यू जर्सी) जैसे छोटे शहर में पली-बढ़ी लॉरेन पॉवेल (जन्म—6 नवंबर, 1963) ने पेंसिलवेनिया विश्वविद्यालय (फिलाडेल्फिया, पेंसिल्वेनिया) से स्नातक कला (बी.ए.) व वहीं के व्हार्टन स्कूल से स्नातक-अर्थशास्त्र (बी.एस.) की उपाधियाँ हासिल की थीं। उसके बाद अगले तीन सालों (1985-88) लॉरेन ने बहुराष्ट्रीय निवेश बैंक गोल्डमैन सैश ग्रुप (न्यूयॉर्क) में निश्चित आय व्यापार रणनीतिकार के रूप में बड़े निवेशकों का कामकाज देखा था। फिर आठ महीने फ्लोरेंस (इटली) में गुजारने के बाद स्टैनफोर्ड में एम.बी.ए. के कार्यक्रम में दाखिला लिया था।

लॉरेन के पिता अमेरिकी नौ सेना के यूनाइटेड स्टेट्स मरीन कॉर्प्स (यू.एस.एम.सी.) में जाँबाज विमानचालक थे, जिन्होंने आवासीय क्षेत्र को दुर्घटना से बचाने की कोशिश में खुद की जान गँवा दी थी। लॉरेन ने अपनी माँ की दूसरी असफल शादी के दर्द को नजदीकी से देखा था। वह बचपन से ही आत्मनिर्भर रही थी और अपनी जिंदगी के बारे में जल्दबाजी में कोई फैसला नहीं करना चाहती थी। लिहाजा लॉरेन ने जॉब्स से नजदीकी रखने के बावजूद अपना एम.बी.ए. जारी रखा था। दिसंबर 1990 में लॉरेन ने जॉब्स के साथ उसके पसंदीदा पर्यटन स्थल कोना विलेज (हवाई) में गुजरा था। जल्द ही पता चल गया था कि वह गर्भवती हो चुकी थी। दूसरी तरफ उसका एम.बी.ए. भी पूरा होनेवाला था। लिहाजा अब लॉरेन ने जॉब्स के साथ जिंदगी बिताने का फैसला कर लिया।

18 मार्च, 1991 को 36 साल के स्टीवन पॉल जॉब्स व 27 साल की लॉरेन पॉवेल की शादी हो गई। शादी समारोह के लिए जॉब्स ने कैलिफोर्निया के पश्चिमी सिएरा नेवादा पहाड़ों में योशेमाइट राष्ट्रीय उद्यान में हिमनद घाटी—योशेमाइट वैली के मुहाने पर निर्मित राष्ट्रीय ऐतिहासिक स्मारकों में गिने जानेवाले अहवाहनी होटल (अहवाहनी, योशेमाइट नेशनल पार्क, मरिपोसा काउंटी) को चुना था। जॉब्स के बौद्ध

जेन गुरु कोबुन चाइनो ओटोगावा ने इस शादी समारोह को बौद्ध रीति से संपन्न किया था। जॉब्स के पिता पॉल जॉब्स, बहन मोना सिम्पसन व उसके प्रेमी सहित कुछ 50 मेहमानों से इस समारोह में हिस्सा लिया था।

जॉब्स की तरह लॉरेन की भी प्राकृतिक आहारों में रुचि थी। स्टैनफोर्ड में पढ़ते हुए उसने अंशकालिक तौर पर मशहूर जूस कंपनी ओडेल्ला इनकॉरपोरेशन (हाफ मून बे, सैन मातेओ काउंटी, कैलिफोर्निया; अब कोका कोला कंपनी का हिस्सा) में भी काम किया था। आत्मनिर्भर रहना लॉरेन की जिंदगी का उसूल था, लिहाजा शादी के बाद उसने खुद की खाने के लिए तैयार जैविक भोजन का कारोबार करनेवाली कंपनी—'टेरावेरा' की स्थापना की। अगल-थलग वुडसाइड हवेली में रहने की बजाय अब जॉब्स दंपती ने पुराने पालो आल्टो के समृद्ध व दोस्ताना माहौल वाले इलाके (2101 वेवरली स्ट्रीट) में रहना शुरू कर दिया था। आगे का सारा जीवन जॉब्स इसी घर में बिताने जा रहा था। बाद में पुराने साथी एंडी हेर्टेजफेल्ड व जोअन्ना होफ्फमैन सहित मशहूर उद्यम पूँजी निवेशक जॉन डेओर, गूगल संस्थापक लैरी पेज, फेसबुक संस्थापक मार्क जुकरबर्ग भी जॉब्स के पड़ोसी बननेवाले थे। वे घर बहुत ज्यादा दिखावटी नहीं थे और उनकी चारदीवारी ही ज्यादा ऊँची थीं। पारिवारिक व्यक्ति बनने के बाद अब जॉब्स एक ऐसे इलाके में रहना चाहता था जहाँ बच्चे खेलते-कूदते एक-दूसरे के साथ बेहिचक मिल सकते थे। लॉरेन ने 1991 में रीड पॉल जॉब्स, 1995 में एरिन सिएना जॉब्स व 1998 में ईव पॉल जॉब्स को जन्म दिया। जॉब्स की बेटी लिसा ब्रेन्नन जॉब्स भी परिवार का हिस्सा हो गई थी। कुल मिलाकर लॉरेन के आने के बाद जॉब्स के जीवन ने बिल्कुल नई करवट ली थी। जॉब्स के निजी जीवन में खुशियों का सिलसिला शुरू हुआ तो पेशेवर जीवन में सफलताओं की ऐतिहासिक श्रृंखला खड़ी होनेवाली थी।

डिज्नी के कंधों पर पिक्सर की सफल सवारी

जॉन लासेटर को फुसलाने में नाकाम हो जाने के बाद डिज्नी फिल्म प्रभाग के प्रमुख जेफरी कत्जेनबर्ग ने जॉब्स को डिज्नी के वॉल्ट डिज्नी स्टूडियो (बरबैंक) में परिचालित प्रौद्योगिकियों का मुआयना करने के लिए आमंत्रित किया। वाल्ट डिज्नी कंपनी ने पिक्सर के कंप्यूटर एनीमेशन प्रोडक्शन सिस्टम का लाइसेंस हासिल किया था और वह पिक्सर का सबसे बड़ा ग्राहक था। डिज्नी समूह के संस्थापक वॉल्ट डिज्नी कहा करते थे, 'असंभव को करना एक तरह का मजा है।' जाहिर है कि जॉब्स को वॉल्ट डिज्नी के इस कथन से काफी प्रेरणा मिलती रही थी। लिहाजा जब बरबैंक स्टूडियो के कारिंदे जॉब्स को सारी प्रौद्योगिकियाँ दिखा रहे तो जॉब्स ने कत्जेनबर्ग

से पूछा था, 'क्या डिज्नी पिक्सर के साथ खुश है?' जबरदस्त उत्साह के साथ जब कत्जेनबर्ग ने 'हाँ' कहा था तो जॉब्स ने नया सवाल पूछा था, 'क्या आपको लगता है कि पिक्सर के हम (लोग) डिज्नी के साथ खुश हैं?' कत्जेनबर्ग ने कहा था कि वह तो ऐसा ही सोचता था। तब जॉब्स ने कहा था, 'नहीं, हम (खुश) नहीं हैं। हम आपके साथ एक फिल्म बनाना चाहते हैं, जो हमें खुश बनाएगा।'

स्टूडियो का मुआयना करने के बाद जब जॉब्स, डॉ. कैटमुल्ल, डॉ. स्मिथ व लासेटर चारों सभा कक्ष की मेज पर आमने-सामने बैठे थे, तो कत्जेनबर्ग ने लासेटर की आँखों में आँखें डालकर कहा था, 'जॉन, चूँकि तुम मेरे यहाँ काम करने नहीं आओगे, मैं इसे इस तरीके से करने जा रहा हूँ' यानी कत्जेनबर्ग ने जॉब्स के प्रस्ताव पर तत्काल मुहर लगा दी थी।

कत्जेनबर्ग तो पहले से ही पिक्सर के लघु एनीमेशन फिल्मों की रचनात्मक उपलब्धियों का दीवाना बन चुका था, तभी तो लासेटर को डिज्नी में दुबारा लाने की कोशिशें की थी। स्टूडियो का मुआयना करने के बाद जब जॉब्स, डॉ. कैटमुल्ल, डॉ. स्मिथ व लारोटर चारों सभा कक्ष की मेज पर आमने-सामने बैठे थे, तो कत्जेनबर्ग ने लासेटर की आँखों में आँखें डालकर कहा था, 'जॉन, चूँकि तुम मेरे यहाँ काम करने नहीं आओगे, (इसलिए) मैं इसे इस तरीके से करने जा रहा हूँ' यानी कत्जेनबर्ग ने जॉब्स के प्रस्ताव पर तत्काल मुहर लगा दी थी।

लेकिन कत्जेनबर्ग व जॉब्स दोनों बराबर जुनूनवाले व्यक्ति थे। वे 'तानाशाह' प्रवृत्ति व 'आम तौर पर खुद को सही माननेवाली' शख्सियत थे। लिहाजा पिक्सर व डिज्नी के बीच सौदेबाजी का सिलसिला कुछ ज्यादा ही लंबा खिंचता चला गया था। कत्जेनबर्ग ने डिज्नी को 3-डी एनीमेशन बनाने के पिक्सर की स्वामित्व वाली प्रौद्योगिकी का अधिकार दिए जाने पर जोर दिया था। जॉब्स ने साफ मना कर दिया था और अंततः कत्जेनबर्ग को यह माँग छोड़ देने के लिए सहमत कर लिया था। उलटे जॉब्स ने अब अपनी शर्त रख दी थी—फिल्म व उसके चरित्रों के आंशिक स्वामित्व के साथ-साथ वीडियो अधिकार व उत्तर-कृति (सीक्वल) में भी पिक्सर की हिस्सेदारी होगी। लेकिन कत्जेनबर्ग ने जॉब्स की इस माँग को साफ मना कर दिया था।

दोनों कुशल सौदेबाज थे। लेकिन यह ऐसा तलवारबाजी मुकाबला था, जिसमें कत्जेनबर्ग के हाथों में तलवार थी व जॉब्स सिर्फ ढाल से उसे जीतने की कोशिश कर रहा था। पिक्सर दिवालिया होने की कगार पर था और उसे डिज्नी से सौदे की सख्त जरूरत थी। डिज्नी समूचे उद्यम का वित्त-पोषण करने में सक्षम था, जबकि पिक्सर

ऐसा नहीं कर सकता था। जाहिर है कि जॉब्स को अपनी जिद छोड़नी पड़ी। 3 मई, 1991 को डिज्नी व पिक्सर तीन फिल्मों के निर्माण के लिए अनुबंध की शर्तों पर समझौते के लिए तैयार हो गए, जिस पर जुलाई में हस्ताक्षर किए गए। आखिरकार सौदे में साफ तौर पर यह लिखा गया था कि डिज्नी फिल्म व उसके चरित्रों पर संपूर्ण स्वामित्व व रचनात्मक नियंत्रण रखेगा और पिक्सर को सिर्फ टिकट राजस्व का लगभग 12.5 फीसदी का भुगतान किया जाएगा। इस समझौते में पिक्सर की अगली दो फिल्मों के निर्माण लिए भी डिज्नी ने सिर्फ 'वैकल्पिक' वादा किया था यानी डिज्नी के मुकर जाने की स्थिति में पिक्सर उस पर कोई दावा नहीं कर सकता था। इतना ही नहीं, मामूली आर्थिक दंड के साथ डिज्नी ने फिल्म निर्माण को किसी भी समय खत्म कर देने का अधिकार भी अपने पास ही सुरक्षित रखा था।

सौदे में पहली फिल्म 'टॉय स्टोरी' का शुरुआती बजट 1.75 करोड़ डॉलर निर्धारित किया गया, जिसमें अधिकतम 25 लाख डॉलर की बढ़त का प्रावधान किया गया था। पिक्सर के लिए तब तो यही राहत की बात थी कि उसके हाथ में दो करोड़ डॉलर (अंतत: 2.60 करोड़ डॉलर) का एक काम आ गया था और उसके कार्यदल की रचनात्मक प्रतिभा पर डिज्नी जैसी महारथी कंपनी ने भरोसे की मुहर लगा दी थी। तब जॉब्स की मजबूरी थी कि वह तब डिज्नी की एकतरफा शर्तों को मान ले, लेकिन यह लंबे समय तक नहीं चलनेवाला था।

हकीकत यह थी कि जॉब्स की दूसरी कंपनी 'नेक्स्ट कंप्यूटर' का संकट भी अपने चरम पर पहुँच चुका था। रॉस पीरॉट की उम्मीदें टूट रही थीं और उसने 1991 में 'नेक्स्ट' के निदेशक पद से इस्तीफा देकर अपनी सूचना प्रौद्योगिकी सेवा कंपनी 'पीरॉट सिस्टम्स' (प्लानो, कॉलिन काउंटी, टेक्सास) पर अपना ध्यान केंद्रित करना बेहतर समझा था। लगातार संशोधनों को जारी रखते हुए 'नेक्स्ट' ने 1992 में 14 करोड़ डॉलर का बिक्री राजस्व हासिल किया था, लेकिन यह कंपनी को कारोबार में बनाए रखने के लिए काफी नहीं था। लेकिन भविष्य की उम्मीदों पर जॉब्स ने एक बार फिर से कैनन को 5.50 करोड़ डॉलर के निवेश के लिए तैयार कर लिया था।

इस बीच, पिक्सर व डिज्नी की साझीदारी में विकसित कंप्यूटर एनीमेशन प्रोडक्शन सिस्टम (कैप्स)—स्कैनिंग कैमरा सिस्टम, सर्वर, नेटवर्क कंप्यूटर वर्क-स्टेशन व कस्टम डेस्क संबंधी सॉफ्टवेयर कार्यक्रमों का संग्रह—ने वैज्ञानिक व अभियांत्रिकी श्रेणी में 1992 का अकादमी पुरस्कार (ऑस्कर) हासिल कर लिया था।

जाहिर है कि अब जॉब्स को सिर्फ सॉफ्टवेयर कारोबार में ही उम्मीद की रोशनी नजर आ रही थी। लिहाजा न चाहते हुए भी जॉब्स को मार्च 1993 में अपनी खूबसूरत

फैक्टरी सहित हार्डवेयर डिजाइन सेंटर को करीब 3.50 करोड़ डॉलर में बेचने के लिए राजी होना पड़ा था। यह रकम कैनन के पिछले साल में निवेश में समायोजित की गई थी। इस तरह 'नेक्स्ट इनकॉरपोरेशन' में कैनन का हिस्सेदारी निवेश बढ़कर 12 करोड़ डॉलर के स्तर पर चला गया था। जाहिर है कि जॉब्स को पिक्सर की तरह ही 'नेक्स्ट' में भी भारी मात्रा में छँटनी करनी पड़ी थी और सारा ध्यान सॉफ्टवेयर विकास के काम में लगाने के लिए मजबूर होना पड़ा था।

सन् 1993 में, पिक्सर के 'रेंडरमैन' अनुप्रयोग सॉफ्टवेयर व अनुप्रयोग कार्यक्रम अंतरफलक (ए.पी.आई.) ने वैज्ञानिक व अभियांत्रिकी श्रेणी में 'अकादमी पुरस्कार' (ऑस्कर) हासिल किया। यह पिक्सर का तीसरा ऑस्कर था। पिक्सर द्वारा जॉनसन ऐंड जॉनसन के मुँह साफ करनेवाला रोगाणुरोधक उत्पाद/ब्रांड 'लिस्ट्रीन' (2006 में फाइजर द्वारा अधिग्रहित) के लिए निर्मित 'एरोज' (तीर) नामक 33 सेकंड की एनीमेशन विज्ञापन फिल्म ने दुनिया का सबसे प्रतिष्ठित सालाना अंतरराष्ट्रीय विज्ञापन पुरस्कार 'क्लियो अवाड्र्स' शृंखला का स्वर्ण पदक 'क्लियो गोल्ड' हासिल किया। 1994 में पिक्सर द्वारा 'लाइफ सवेर्स' (क्राफ्ट फूड्स समूह का मिंट व फलों के कृत्रिम स्वाद वाला अंगूठी आकार वाला सख्त कलाकंद/ हार्ड कैंडी ब्रांड; 2004 में रिग्ले कंपनी द्वारा अधिग्रहित) के लिए निर्मित एनीमेशन विज्ञापन फिल्म 'कोंगा' ने भी 'क्लियो गोल्ड' हासिल किया। समीक्षकों व उद्योग जगत् की इतनी भारी वाह-वाही व 56 लाख डॉलर के राजस्व के बावजूद पिक्सर ने वर्ष 1994 में 24 लाख डॉलर का घाटा दर्ज किया था।

इस बीच, जब नवंबर 1993 में 'टॉय स्टोरी' की आधी फिल्म तैयार हो गई और उसे डिज्नी को दिखाया गया तो एनीमेशन विभाग के प्रमुख पीटर स्च्नेइडर ने लासेटर की रचना को सिरे से खारिज कर दिया। वैसे भी स्च्नेइडर ने कभी भी कत्जेनबर्ग के इस विचार को समर्थन नहीं दिया था कि डिज्नी अपनी फिल्म का निर्माण किसी बाहरी स्रोत से कराए। जाहिर है कि डिज्नी ने अपने अधिकार का इस्तेमाल कर फिल्म निर्माण को तत्काल रोक देने का आदेश दे दिया था। लासेटर को स्च्नेइडर के सुझावों में दम नजर आया था, लिहाजा उसने 'टॉय स्टोरी' की कहानी व चरित्र में सुधार के लिए वक्त की गुजारिश की, जिसे कत्जेनबर्ग ने मान लिया था। तीन महीने बाद लासेटर ने बिल्कुल ताजी कहानी व चरित्र पेश किया और फरवरी 1994 में 'टॉय स्टोरी' को फिर से हरी झंडी मिल गई थी।

अब तक जॉब्स चुपचाप बैठा सबकुछ देख रहा था। वह लासेटर व फिल्म विकास की रचनात्मक प्रक्रिया में कोई दखल नहीं देता था। लेकिन नई परियोजना

19 नवंबर को डिज्नी ने अपने ऐतिहासिक 'एल कैप्टेन थिएटर' (6838 हॉलीवुड बोलवर्ड, हॉलीवुड, लॉस एंजिल्स) में 'टॉय स्टोरी' को दुनिया के सामने पेश करने के लिए भव्य समारोह का आयोजन किया था।

पर काम शुरू होते ही जॉब्स ने कत्जेनबर्ग के सामने बजट को संशोधित करने का प्रस्ताव रख दिया था। जाहिर है कि कत्जेनबर्ग पुराने बजट पर अड़ गया था और जॉब्स अपनी जिद पर। लेकिन जॉब्स के मुकाबले डॉ. कैटमुल्ल ज्यादा कूटनीतिक था, लिहाजा उसने बीच-बचाव का रास्ता अपनाया और कत्जेनबर्ग को उत्पादन बजट में कुछ बढ़त के लिए राजी कर लिया। लेकिन इस रस्साकसी में जॉब्स बहुत बारीकी से डिज्नी की मजबूरियों को भाँप रहा था, ताकि मौका पड़ने पर उसकी बाँह मरोड़ी जा सके।

वर्ष 1994 के घाटे के बाद जॉब्स एकबारगी इतना निराश हो चुका था कि पिक्सर को बेचने का ही मन बना लिया था और माइक्रोसॉफ्ट सहित कुछ अन्य कंपनियों से इस संबंध में सौदे पर भी चर्चा शुरू कर दी थी। वर्ष 1995 में ज्यों-ज्यों 'टॉय स्टोरी' का निर्माण पूरा होने की दिशा में बढ़ रहा था, जॉब्स का आत्मविश्वास बढ़ता जा रहा था कि यह फिल्म न केवल उसके भाग्य को, बल्कि समूचे फिल्म उद्योग में क्रांतिकारी बदलाव लाने जा रही थी। इतना ही नहीं, वर्ष 1995 की पहली तीन तिमाही में 'रेंडरमैन' की एक लाख से अधिक की बिक्री हुई थी और माइक्रोसॉफ्ट ने भी इसके लिए मोटा सौदा किया था। नतीजतन पिक्सर ने 1.06 करोड़ डॉलर के राजस्व के साथ 31 लाख डॉलर का अपना पहला मुनाफा घोषित किया था। आत्मविश्वास से लबालब जॉब्स ने पिक्सर को सार्वजानिक करने की तैयारियाँ पूरी कर ली थी। अब जॉब्स के लिए वह वक्त आ गया था कि वह डिज्नी को झटका देकर 'टॉय स्टोरी' की सफलता पर अपनी दावेदारी पुख्ता करे।

डिज्नी ने 'टॉय स्टोरी' की उपलब्धियों का श्रेय झटकने के लिए पिक्सर व जॉब्स को इसकी शुभारंभ व विपणन प्रक्रिया से पूरी तरह अलग रखा था। 22 नवंबर, 1995 को अमेरिका व कनाडा के ढाई हजार से अधिक सिनेमा घरों में 'टॉय स्टोरी' का प्रदर्शन निश्चित था। इससे तीन दिन पहले 19 नवंबर को डिज्नी ने अपने ऐतिहासिक 'एल कैप्टेन थिएटर' (6838 हॉलीवुड बोलवर्ड, हॉलीवुड, लॉस एंजिल्स) में 'टॉय स्टोरी' को दुनिया के सामने पेश करने के लिए भव्य समारोह का आयोजन किया था। 'टॉय स्टोरी' के चरित्रों के जीवंत प्रदर्शन के लिए डिज्नी ने थिएटर के बगल में विशाल 'फन हाउस' का निर्माण किया था। इस मौके को पूरी तरह से अपने पक्ष में भुनाने के लिए डिज्नी ने सुनिश्चित किया था कि पिक्सर विकास दल के चंद लोग

ही इस समारोह में शिरकत करें, लिहाजा काफी कम प्रवेश पत्र जारी किए गए थे।

जाहिर है कि फिल्म में कार्यकारी निर्माता होने के बावजूद स्टीव जॉब्स को उस समारोह में हिस्सा लेने जाना अपमानजनक लगा था, और वह वहाँ जान-बूझकर नहीं गया था। जॉब्स ने पिक्सर की तरफ से 'टॉय स्टोरी' को अपने अंदाज में दुनिया के सामने रखने की पुख्ता योजना तैयार की थी। 20 नवंबर को 'एल कैप्टेन थिएटर' के मुकाबले ज्यादा आधुनिक रंगशाला 'रीजेंसी सेंटर' (1290 सूटर स्ट्रीट, सैन फ्रांसिस्को) में भव्य समारोह का आयोजन किया था। इसमें 'टॉय स्टोरी' के मुख्य अभिनेता टॉम हैंक्स या हॉलीवुड की स्टीव मार्टिन जैसी अन्य प्रसिद्ध हस्तियों की बजाय जॉब्स ने सिलिकॉन वैली के अपने महारथी मित्रों लॉरेंस यूसुफ 'लैरी' एलिसन (ओरेकल कॉर्पोरेशन के सह-संस्थापक व मुख्य कार्यकारी अधिकारी) व 'इंटेल कॉरपोरेशन' के तत्कालीन अध्यक्ष एंड्रयू स्टीफन एंडी ग्रोव को प्रमुखता दी थी। इस समारोह के बाद हॉलीवुड व सिलिकॉन वैली में चर्चाओं का बाजार गरम हो गया था कि आखिर 'टॉय स्टोरी' का असल हकदार कौन था—डिज्नी या पिक्सर?

खैर, 'टॉय स्टोरी' बेहद सफल फिल्म साबित हुई थी। पहले ही सप्ताह में इसने 3 करोड़ डॉलर की अपनी लागत पूरी कर ली और साल की सबसे ज्यादा कारोबार करनेवाली फिल्म बन गई। डिज्नी व पिक्सर दोनों ने कुल 14 करोड़ डॉलर के कारोबार का अनुमान लगाया था, लेकिन 'टॉय स्टोरी' ने अमेरिका के 19.20 करोड़ डॉलर सहित कुल 36.20 करोड़ डॉलर का विश्वस्तरीय कारोबार किया था।

'टॉय स्टोरी' के तूफानी शुभारंभ के महज एक सप्ताह बाद जब 30 नवंबर 1985 को, 'पिक्सर एनीमेशन स्टूडियो इनकॉरपोरेशन' का प्रारंभिक सार्वजनिक प्रस्ताव (आई. पी.ओ.) आया तो उसने जबरदस्त कारोबार किया। शुरू में शेयर का प्रस्तावित मूल्य 12 से 14 डॉलर प्रति शेयर रखने पर विचार हुआ था, लेकिन जॉब्स के आत्मविश्वास को देखते हुए 22 डॉलर के भाव पर कुल 69 लाख शेयरों का प्रस्ताव किया गया। लेकिन जॉब्स का आत्मविश्वास भी कम साबित हुआ। पहले दिन बाजार खुलते ही आधे घंटे में पिक्सर का शेयर 45 डॉलर की ऊँचाई पर पहुँच गया। माँग इतनी थी कि कारोबार को कुछ समय के लिए स्थगित करना पड़ा। बाजार के दुबारा खुलते ही शेयर ने 49 डॉलर की ऊँचाई हासिल कर ली और अंत में 39 डॉलर पर बंद हुआ। आई.पी.ओ. के जरिए पिक्सर ने 15.18 करोड़ डॉलर की सार्वजनिक पूँजी हासिल की।

पिक्सर के कुल 3.74 करोड़ बकाया शेयरों का 80 फीसदी जॉब्स के पास था और उसका बाजार मूल्य 1.20 अरब डॉलर के स्तर पर पहुँच गया था। यह वर्ष 1980 में एप्पल के आई.पी.ओ. के वक्त जॉब्स की हिस्सेदारी के बाजार मूल्य से

करीब पाँच गुना अधिक था। याद रहे कि जॉब्स ने पिक्सर में शुरुआती एक करोड़ डॉलर के अलावा बाद में पाँच करोड़ डॉलर का अतिरिक्त निवेश किया था। लेकिन जॉब्स के लिए इस धन का कोई खास महत्त्व नहीं था, क्योंकि इस रकम से उसकी निजी जिंदगी में कोई फर्क नहीं पड़नेवाला था। सफल आई.पी.ओ. का सीधा मतलब यह था कि अब पिक्सर आर्थिक रूप से आत्मनिर्भर हो गया था और अपनी अगली महत्त्वाकांक्षी परियोजनाओं के लिए वह डिज्नी के रहमो-करम का मोहताज नहीं था। जाहिर है कि अब जॉब्स की शर्तों पर डिज्नी को काम करना था। जी हाँ, समय बदल गया था, भविष्य के फिल्म निर्माण में पिक्सर व डिज्नी की बराबर भागीदारी रहनेवाली थी—लागत व मुनाफा दोनों आधा-आधा। नतीजतन डिज्नी के कंधे पर सवार होकर पिक्सर अंतरराष्ट्रीय फिल्म उद्योग में लगातार 10 बेहद सफल एनीमेशन फिल्मों का योगदान करनेवाली थी।

वर्ष 1996 में पिक्सर ने पिछले साल के मुकाबले तीन गुना से भी ज्यादा कुल 3.82 करोड़ का राजस्व और 2.53 करोड़ डॉलर का मुनाफा दर्ज किया। □

7

एप्पल का दिवाला और जॉब्स की वापसी

वर्ष 1985 में जॉब्स को निकाले जाने के बाद से एप्पल के वित्तीय प्रदर्शन पर नजर दौड़ाएँ तो एकबारगी हैरानी होती है। लेकिन यह जॉन स्कुल्ली की विशुद्ध विपणन कला का नतीजा था। ऊँची कीमत पर मैकिनटोश बेचने की कोशिशों के चलते ही उसका जॉब्स के साथ मतभेद हुआ था। लेकिन जॉब्स के जाने के बाद स्कुल्ली को खुली छूट मिल गई थी। एप्पल को 'महान् उपभोक्ता उत्पाद कंपनी' बनाने के सपने को स्कुल्ली ने पूरी तरह से ध्वस्त कर दिया था।

सन् 1987 के एक साक्षात्कार में स्कुल्ली ने कहा था, 'यह एक पागल योजना थी।''' एप्पल एक उपभोक्ता उत्पाद कंपनी कभी नहीं होगी।'''हम दुनिया को बदलने के अपने सभी सपनों के लिए हकीकत को नहीं मोड़ सकते थे।'''उच्च तकनीक को उपभोक्ता उत्पाद के रूप में बनाया व बेचा नहीं जा सकता था।'

स्कुल्ली विशुद्ध बाजारिया था। उसके लिए कंपनी की महानता का या फिर उपभोक्ताओं की सहूलियतें प्राथमिकता नहीं थी। उसका सीधा लक्ष्य था—अधिक-से-अधिक मुनाफा कमाना। उत्पाद विकास के बारे में उसे न तो समझ थी और न ही उसने इसके बारे में ज्यादा गहराई से सोचने-समझने की ही कोशिश की थी। नतीजतन उसने पहले एप्पल-II को भुनाने के कोशिश की और फिर उसका सारा ध्यान मैकिनटोश की तरफ चला गया था। स्कुल्ली की कमान में सात सालों तक एप्पल के बिक्री राजस्व में लगातार इजाफा हुआ और निदेशकों ने भी यह ध्यान नहीं दिया कि आखिर कंपनी किस दिशा में जा रही थी। आठवें साल में जब एप्पल औंधे मुँह गिरना शुरू हुई तो निदेशक मंडल की नींद खुली। लेकिन तब तक काफी देर हो चुकी थी। 'पेशेवरों की कमान में एप्पल का वित्तीय प्रदर्शन' से पता चलता है कि जॉब्स की अनुपस्थिति में एप्पल पूरी तरह से दिशाहीन हो गई थी और दिवालिया होने कि कगार पर पहुँच गई थी।

पेशेवरों की कमान में एप्पल का वित्तीय प्रदर्शन

वित्त वर्ष (1 अक्तूबर से 30 सितंबर तक)	कुल बिक्री आय (करोड़ डॉलर)	शुद्ध लाभ (करोड़ डॉलर)	राजस्व वृद्धि दर
1985	191.8	6.1	27%
मैकिनटोश के दम पर जॉन स्कुल्ली की कलाकारी			
1986	190.2	15.4	−1%
1987	266.1	21.8	40%
1988	407.1	40.0	53%
1989	528.4	45.4	30%
1990	555.8	47.5	5%
1991	630.9	31.0	12%
1992	708.7	53.0	12%
1993	797.7	8.7	13%
बेलगाम खर्च पर माइकल स्पिंडलर का नियंत्रण			
1994	918.9	31.0	46%
1995	1106.2	42.4	20%
सुधार के जाल में खुद फँसते गिल अमेलिओ			
1996	983.3	−81.6	−11%
1997	708.1	−104.5	−28

स्रोत—ब्रेबर्न कैपिटल (एप्पल परिसंपत्ति प्रबंध कंपनी)

स्कुल्ली की कमान में एप्पल की दिशाहीनता

एप्पल से जॉब्स को निकाले जाने के बाद जॉन स्कुल्ली ने एप्पल की उत्पाद आधारित संरचना को खत्म कर पारंपरिक कार्य आधारित संरचना को अपनाया था। स्कुल्ली ने निदेशक मंडल को समझा लिया था कि पुरानी उत्पाद आधारित संरचना के कारण 'मैकिनटोश बनाम लिसा' व 'एप्पल II बनाम हरेक' जैसी आंतरिक कलह की स्थिति उत्पन्न हुई थी। लिहाजा स्कुल्ली ने विभिन्न कार्यों—शोध व विकास, उत्पादन, विपणन व बिक्री को अगल-अलग प्रभागों में बाँट दिया था। जीन लुइस गस्सी को जॉब्स की जगह एप्पल के नए अनुसंधान व विकास प्रभाग—एप्पल प्रोडक्ट्स—का प्रमुख बनाया गया था और माइकल स्पिंडलर को विपणन विभाग का अंतरराष्ट्रीय प्रमुख। स्कुल्ली ने इन दोनों प्रभागों को सीधे मुख्य परिचालन अधिकारी (चीफ ऑपरेटिंग ऑफिसर/ सी.ओ.ओ.) डेलबर्ट डब्ल्यू 'डेल' योकैम के अंतर्गत कर दिया गया था।

इस तरह रोजाना के कामकाज से मुक्त कर स्कुल्ली ने खुद को जॉब्स की जगह एप्पल का सार्वजनिक चेहरा बना लिया था।

अमेरिकी नागरिक डेलबर्ट डब्ल्यू योकैम (जन्म—24 दिसंबर, 1943) कैलिफोर्निया स्टेट यूनिवर्सिटी (लांग बीच) से व्यवसाय प्रशासन निष्णात (एम.बी.ए.) करने के बाद फोर्ड मोटर कंपनी, कंट्रोल डाटा कॉरपोरेशन व फेयरचाइल्ड कॉरपोरेशन में काम करने के बाद सन् 1979 में उपाध्यक्ष-विनिर्माण व संचालन के रूप में एप्पल में शामिल हुआ था। सन् 1983 में उसे एप्पल-II समूह के कार्यकारी उपाध्यक्ष व महाप्रबंधक की जिम्मेदारी दी गई थी। सन् 1985 में वह एप्पल का पहला सी.ओ.ओ. पदोन्नत हुआ था।

नाजी जर्मनी में पले-बढ़े माइकल स्पिंडलर ने 1964 में प्रतिष्ठित हेंईस्चे फछोचस्चुले कोलोन से कंप्यूटर अभियांत्रिकी करने के बाद पेरिस स्थित डिजिटल इक्विपमेंट कॉरपोरेशन की सहायक कंपनी से अपने पेशेवर जीवन की शुरुआत की थी।

नाजी जर्मनी में पले-बढ़े माइकल स्पिंडलर (जन्म—22 दिसंबर, 1942, बर्लिन) ने 1964 में प्रतिष्ठित हेंईस्चे फछोचस्चुले कोलोन (कोलोन, नॉर्थ राइन-वेस्टफालिया, जर्मनी) से कंप्यूटर अभियांत्रिकी करने के बाद पेरिस स्थित डिजिटल इक्विपमेंट कॉरपोरेशन (डी.ई.सी.) की सहायक कंपनी से अपने पेशेवर जीवन की शुरुआत की थी। अभियंता होते हुए भी स्पिंडलर ने आई.बी.एम. एकाधिकारवाले यूरोपीय बाजारों में डी.ई.सी. के मिनी कंप्यूटर को स्थापित करने में महत्त्वपूर्ण भूमिका निभाई थी। उसके बाद स्पिंडलर ने नवजात इंटेल के यूरोपियन विभाग में काम करना शुरू किया था और माइक मार्ककुला से उसकी अच्छी नजदीकी हो गई थी। लिहाजा जब एप्पल की स्थापना हुई थी तो मार्ककुला ने उसे यूरोपीय बाजारों का विपणन प्रमुख बना दिया था। जाहिर है कि स्पिंडलर ने एप्पल में भी जबरदस्त प्रदर्शन किया था और वर्ष 1983 में स्कुल्ली ने उसे कार्यकारी उपाध्यक्ष के रूप में पदोन्नत कर दिया था।

फ्रांस में पले-बढ़े जीन लुइस गस्सी (जन्म—मार्च 1944, पेरिस) ने पेरिस विश्वविद्यालय-XI (ओरसे, फ्रांस) से परास्नातक भौतिकी (एम.एस.-फिजिक्स) करने के बाद अगले छह वर्षों तक हेवलेट पैकार्ड में काम किया था। उसने कंपनी के पहले वैज्ञानिक डेस्कटॉप कंप्यूटर का शुभारंभ व फ्रांस में बिक्री संगठन के निर्माण में महत्त्वपूर्ण भूमिका अदा की थी और उसे यूरोप का बिक्री प्रमुख बना दिया गया था। उसके बाद उसने डाटा जनरल में महाप्रबंधक (फ्रांस), क्षेत्रीय प्रबंधक (लैटिन अमेरिका व मध्य-पूर्व) व विपणन निदेशक (यूरोप) में काम किया था। वर्ष 1981 में एप्पल में शामिल होने से पहले वह एक्सान ऑफिस सिस्टम्स की फ्रांस की सहायक कंपनी का अध्यक्ष

व महाप्रबंधक था। वर्ष 1985 में एप्पल प्रोडक्ट्स के अध्यक्ष की जिम्मेदारी सँभालने से पहले गस्सी ने अपने नेतृत्व में एप्पल-फ्रांस को अमेरिका के बाद सबसे ज्यादा कमाई करनेवाली इकाई बना दिया था।

योकैम एक कुशल उत्पादन प्रबंधक व कड़क प्रशासक था। स्पिंडलर एक उत्कृष्ट रणनीतिकार तो था, लेकिन कुशल प्रबंधक नहीं था, लिहाजा ठोस योजनाओं की रणनीति विकसित करने के लिए अपनी भरोसेमंद विश्वस्त मंडली पर ही भरोसा करता था। अकसर चमड़े की पैंट-जैकेट में सजा-धजा रंगीन-मिजाज स्वभाव का गस्सी एप्पल पदाधिकारियों के बीच सबसे अधिक राजनीतिक सत्ता का भूखा व जिद्दी व्यक्ति था। गस्सी अपने प्रभाग में काफी लोकप्रिय था, क्योंकि उसने शोध व विकास का सारा काम उत्पाद-प्रबंधकों के भरोसे छोड़ रखा था और किसी काम को निश्चित समय पर पूरा करने का दबाव नहीं बनाता था। चूँकि जॉब्स के निकाले जाने के बाद स्कुल्ली सहित सभी पदाधिकारियों पर एप्पल के अच्छे प्रदर्शन का दबाव था, लिहाजा शुरुआती वर्षों में अच्छे नतीजे सामने आए थे।

16 जनवरी, 1986 को मैकिनटोश शृंखला का तीसरा मॉडल 'मैकिनटोश प्लस' 2599 के मूल्य पर उतारा गया था। फिर 15 सितंबर, 1986 को एप्पल-II शृंखला का पाँचवाँ व सबसे उन्नत मॉडल 'एप्पल II जीएस' 999 डॉलर के प्रारंभिक मूल्य पर बाजार में आया था। 'जीएस' का मतलब 'ग्राफिक्स' व 'साउंड' था और इसे एप्पल-II व मैकिनटोश की खूबियोंवाले संकर कंप्यूटर के रूप में 'एपल II हमेशा के लिए' घोषवाक्य के साथ पेश किया गया था। मशीन ने अपने उत्पादन के पहले वर्ष के दौरान मैकिनटोश सहित अन्य सभी एप्पल उत्पादों को पीछे छोड़ दिया था। लेकिन जल्द ही कंपनी का सारा ध्यान मैकिनटोश मंच के विकास पर केंद्रित हो गया था।

जब 2 मार्च, 1987 को एक तरफ मूल मैकिनटोश शृंखला के नए दो फ्लॉपी ड्राइव वाले मॉडल 'मैकिनटोश एसई' को 2900 डॉलर मूल्य पर बाजार में उतारा गया था, तो उसी के साथ मैकिनटोश की नई शृंखला 'मैकिनटोश-II' को भी 5500 डॉलर में पेश किया गया था। संयोग से दोनों मशीनों की अच्छी बिक्री हुई थी। इसके उत्साह में 15 अक्तूबर, 1990 को 999 डॉलर मूल्य का अब तक का सबसे सस्ता मॉडल 'मैकिनटोश क्लासिक' बाजार में आया। लेकिन उसके साथ ही 1500 डॉलर मूल्य पर इसका उन्नत संस्करण भी पेश किया गया था। साल भर बाद 21 अक्तूबर, 1991 को 'मेकिनटोश क्लासिक-II' से 1900 डॉलर का उन्नत संस्करण पेश किया गया था।

इस बीच 20 सितंबर, 1989 को एप्पल ने बैटरी क्षमता युक्त पहला पोर्टेबल कंप्यूटर 'मैकिनटोश पोर्टेबल' को एल.सी.डी. (लिक्विड क्रिस्टल डिस्प्ले) स्क्रीन के साथ 6500 डॉलर मूल्य पर बाजार में उतारा था। इसे समीक्षकों का तो अच्छा समर्थन

मिला था, लेकिन ऊँची कीमतों के कारण यह बाजार में औंधे मुँह गिर पड़ा था। फिर 21 अक्तूबर, 1991 को एप्पल ने 'पॉवर बुक' शृंखला के तीन लैपटॉप—'पॉवर बुक 100' (2300 डॉलर), 'पॉवर बुक 140' (3199 डॉलर) व 'पॉवर बुक 170' (4599 डॉलर) बाजार में उतारे। 10 लाख डॉलर के छोटे विज्ञापन बजट के बावजूद इस शृंखला के लैपटॉप ने पहले साल में कुल एक अरब डॉलर का कारोबार किया था और 40 फीसदी लैपटॉप बाजार पर अपना कब्जा जमा लिया था। लेकिन विकासकर्ता दल के अधिकांश सदस्यों के कॉम्पैक कंप्यूटर कॉरपोरेशन में भाग जाने के चलते इस शृंखला के आगे की विकास प्रक्रिया में काफी व्यवधान आ गया था। नतीजतन वर्ष 1992 में पेश की गई संशोधित शृंखला उतनी कामयाब नहीं हो सकी थी।

जी हाँ, स्कुल्ली ने जॉब्स के जुनूनी महान् उत्पादों का जमकर लाभ उठाया था। वर्ष 1986 से अगले पाँच वर्षों तक चित्रात्मक उपयोगकर्ता अंतरफलक (जीयूआई) प्रौद्योगिकी व मैकओएस परिचालन प्रणाली पर एप्पल का एकाधिकार था, इसीलिए स्कुल्ली की विपणन योजनाएँ सफल होती चली गईं थीं, लेकिन बिल गेट्स के झाँसे में आकर स्कुल्ली ने खुद ही एप्पल के पाँव पर कुल्हाड़ी चला दी थी। जॉब्स के निकाले जाने के बाद अक्तूबर 1985 में माइक्रोसॉफ्ट व एप्पल के बीच माइक्रोसॉफ्ट विंडोज को लेकर काफी बहस चली थी, लेकिन 'माइक्रोसॉफ्ट ऑफिस' को मैकिनटोश से हटा लेने की धमकी देकर बिल गेट्स ने एप्पल को 'विंडोज 1.0' में मैकिनटोश की प्रौद्योगिकी के इस्तेमाल की इजाजत हासिल कर ली थी। 20 नवंबर, 1985 को 'माइक्रोसॉफ्ट विंडोज 1.0 बाजार' में आया। दो दिन बाद 22 नवंबर को स्कुल्ली ने बाकायदा उस समझौते पर हस्ताक्षर भी कर दिए, क्योंकि 'विंडोज 1.0' किसी भी सूरत में 'मैकओएस' से मुकाबला करने योग्य नहीं था। लेकिन बिल गेट्स वकील का बेटा था, उसने विंडोज 1.0 की इजाजत के बहाने आगे का रास्ता साफ कर लिया था।

'मैकओएस' का विकल्प पेश करना कोई आसान काम नहीं था, लेकिन माइक्रोसॉफ्ट की कोशिशें जारी रही थीं। 9 दिसंबर, 1987 को माइक्रोसॉफ्ट विंडोज 2.0 बाजार में आ गया। अब स्कुल्ली को अपनी भयानक गलती का अहसास हुआ और स्थिति को सँभालने के लिए उसने माइक्रोसॉफ्ट को अदालत में घसीटने का फैसला किया। 17 मार्च, 1988 को एप्पल ने मैकिनटोश का 'लुक' व 'फील' चुराने के आरोप में माइक्रोसॉफ्ट व हेवलेट पैकार्ड के खिलाफ 5.5 अरब डॉलर का मुकदमा दायर किया। 22 मई, 1989 को अदालत ने एप्पल द्वारा ऐतराज जताए गए 189 मामलों में से सिर्फ 10 को ही वर्ष 1985 के अनुबंध के मुताबिक जायज पाया था। लिहाजा विंडोज के अगले संस्करण का रास्ता साफ हो गया था और माइक्रोसॉफ्ट ने 22 मई, 1990 को 'माइक्रोसॉफ्ट विंडोज-3.0' को बाजार में उतार दिया। इसके बाद बाजार का समीकरण तेजी से बदलना शुरू हो गया था।

माइक्रोसॉफ्ट से अदालती लड़ाई के बीच स्कुल्ली ने 2 अक्तूबर, 1991 को एप्पल द्वारा आई.बी.एम. व मोटोरोला से हाथ मिलाकर 'एआईएम एलायंस' का गठन किया। इस गठजोड़ का अंतिम लक्ष्य एक क्रांतिकारी कंप्यूटिंग मंच—पीआरइपी (पॉवरपीसी रिफरेंस प्लेटफार्म)—तैयार करना था। इस मंच पर तैयार होनेवाले कंप्यूटरों को आई.बी.एम. व मोटोरोला द्वारा हार्डवेयर और एप्पल द्वारा सॉफ्टवेयर की आपूर्ति की जानी थी। इस मंच के लिए एप्पल ने 'पॉवर मैकिनटोश' नाम से शक्तिशाली कंप्यूटर शृंखला के विकास का काम शुरू किया था, लेकिन इस शृंखला की पहली मशीन 'पॉवर मैकिनटोश 6100' के विकसित होने में काफी वक्त लग गया और वह 14 मार्च, 1994 को बाजार में आई।

इस बीच वर्ष 1988 में जब एप्पल का भविष्य सुनहरा दिख रहा था तो पदाधिकारियों के बीच सत्ता-संघर्ष भी तेज हो गया। मैकओएस के जापानी भाषा स्थानीयकरण 'कांजीटॉक' की बदौलत स्पिंडलर को जापानी बाजार में भारी सफलता मिली थी। वह बाजार रणनीतिकार था, इसीलिए उसकी स्कुल्ली से अनबन शुरू हो गई। दूसरी तरफ सी.ओ.ओ. के रूप में सफल होने के चलते योकैम से भी स्कुल्ली को खतरा नजर आने लगा था। स्कुल्ली की महत्त्वाकांक्षा अपने चरम पर थी और उसने खुद से ही एप्पल की शीर्ष सत्ता-समीकरण को बिगाड़ लिया था। कुशल प्रबंधक न होने के बावजूद स्पिंडलर को 'एप्पल यूरोप' प्रमुख बना कर विशाल संगठन को सँभालने का काम दे दिया गया। कुशल प्रबंधक व कड़क प्रशासक योकैम को नवगठित 'एप्पल प्रशांत व शिक्षा' का प्रमुख बनाकर कंपनी के सत्ता समीकरण से बाहर निकाल दिया था। इस पुनर्गठन में गस्सी की महत्त्वाकांक्षा पूरी हुई थी, उसे एप्पल प्रोडक्ट्स के अलावा अंतरराष्ट्रीय विपणन प्रमुख भी बना दिया गया था। एलन लोरेन को 'एप्पल अमेरिका' का प्रमुख नियुक्त किया गया था। अब सभी प्रभाग के लोग सीधे स्कुल्ली के नियंत्रण में यानी पूर्णतया स्वतंत्र थे।

अपमान के बावजूद योकैम ने त्याग-पत्र नहीं दिया और कनाडा, ऑस्ट्रेलिया, जापान सहित पूर्वी एशिया व लैटिन अमेरिका के उभरते हुए बाजारों में एप्पल को स्थापित करने की कोशिशें करने लगा। चूँकि स्पिंडलर यूरोप में पहले भी काम कर चुका था, इसीलिए वहाँ के कार्यदल ने उसका जबरदस्त स्वागत किया और उसकी रणनीति को अमल में लाकर अच्छे प्रदर्शन किए। लेकिन योकैम के नियंत्रण से मुक्त होने के बाद गस्सी की मनमानी बढ़ गई थी और एप्पल प्रोडक्ट्स प्रभाग को बेनतीजा शोध कार्यों में उलझा दिया गया। एलन लोरेन की मनमानी भी बढ़ गई थी और घरेलू बाजार में एप्पल की हालत बिगड़ती चली गई थी।

जब तक स्कुल्ली को यह अहसास हुआ कि योकैम को सीओओ की जिम्मेदारी से हटाना व प्रभाग प्रमुखों को खुली छूट देना उसकी गलती थी, तब तक देर हो चुकी थी। योकैम ने दुबारा जिम्मेदारी लेने से मना कर दिया। ऐसे में स्कुल्ली को यूरोपीय

बाजार के नायक स्पिंडलर में उम्मीद दिखाई दी। पिछले दो वर्षों में स्पिंडलर ने एप्पल यूरोप के कारोबार को 40 करोड़ डॉलर से बढ़ाकर 120 करोड़ डॉलर के स्तर पर पहुँचा दिया था। पेरिस स्थानांतरित होने के बाद स्पिंडलर ने स्कुल्ली से अपने रिश्ते सुधार लिए थे, इसीलिए अपने शुभचिंतकों के मना करने के बावजूद स्कुल्ली ने 30 जनवरी, 1990 को सी.ओ.ओ. नियुक्त करने की घोषणा कर दी थी।

नतीजा सामने था, 'एप्पल अमेरिका' के प्रमुख एलन लोरेन ने त्याग-पत्र दे दिया, तो खुद को स्कुल्ली का उत्तराधिकारी समझनेवाले गस्सी ने स्पिंडलर के मातहत काम करने से मना कर दिया। लेकिन गस्सी में इस परिस्थिति का मुकाबला करने की ताकत नहीं बची थी। शोध व विकास का बजट फूलकर 30 करोड़ डॉलर की ऊँचाई पर चला गया था, लेकिन अधिकांश दूरगामी परियोजनाओं का कोई खास नतीजा नहीं निकल सका था। फरवरी 1990 के पहले ही सप्ताह में, मुख्य वित्तीय अधिकारी (चीफ फाइनेंशियल ऑफिसर/सी.एफ.ओ.) जोए ग्रैजियानो व सी.ओ.ओ. स्पिंडलर दोनों ने संयुक्त तौर पर स्कुल्ली से गस्सी को मुअत्तल करने की सिफारिश कर दी थी। लेकिन स्कुल्ली ने ऐसा करने की बजाय गस्सी को विशेष परियोजनाओं का प्रमुख बना दिया। हालाँकि एप्पल प्रोडक्ट्स प्रभाग के 150 अभियंताओं ने गस्सी के समर्थन में प्रदर्शन भी किया, लेकिन निदेशक मंडल ने प्रबंधन के फैसले को बदलने से साफ मना कर दिया था। लिहाजा अपमानित गस्सी के पास एप्पल छोड़ देने के अलावा कोई और रास्ता नहीं बचा था।

इसके बाद स्कुल्ली ने खुद को मुख्य प्रौद्योगिकी अधिकारी (चीफ टेक्निकल ऑफिसर, सी.टी.ओ.) भी घोषित कर लिया था और रोजाना के कामकाज में अपनी दखलंदाजी बढ़ा दी थी। चूँकि वह खुद अभियंता नहीं था, इसीलिए साल भर के भीतर वर्ष 1991 में कंपनी का शोध व विकास बजट फूल कर 60 करोड़ डॉलर के खतरनाक स्तर पर पहुँच गया था। सी.टी.ओ. होने के नाते स्कुल्ली के फैसले पर सी.ओ.ओ. कोई रोक नहीं लगा सकता था, लिहाजा अपना ध्यान बाजार पर केंद्रित कर दिया था। वर्ष 1991 व 1992 में एप्पल अच्छी बढ़त कायम करने में सफल रहा था। आई.बी.एम. व सन माइक्रो सिस्टम्स द्वारा एप्पल के अधिग्रहण की चर्चाओं के बीच 'ए.आई.एम. एलायंस' का गठन हो गया था। वर्ष 1993 की शुरुआत में स्कुल्ली ने एप्पल निदेशक मंडल के सामने आई.बी.एम. के सी.ई.ओ. बनकर अपने पूर्वी तट की तरफ वापस जाने की इच्छा भी जता दी थी। गिरते आर्थिक नतीजों के बीच स्कुल्ली का यह भटकाव एप्पल निदेशक मंडल को नागवार गुजरा, और अंदरखाते स्कुल्ली के विकल्प की तैयारी शुरू हो गई थी। 7 जून, 1993 को निदेशक मंडल की बैठक में स्कुल्ली ने एप्पल की कमाई में भारी गिरावट का आँकड़ा पेश करने के साथ-साथ साल के अंत में खुद सेवानिवृत्त हो जाने की भी घोषणा कर दी थी।

खर्चे घटाने के लिए स्पिंडलर ने कई अलोकप्रिय फैसले किए थे। मसलन, उपाहार-गृह में मुफ्त खाना रद्द कर दिया गया था और स्वास्थ्य-केंद्र के उपयोग पर दो डॉलर प्रति सप्ताह का शुल्क थोप दिया गया था। कर्मचारियों की सारी अभिवृद्धियों व वेतन वृद्धि को निलंबित कर दिया गया था।

लेकिन निदेशक मंडल ज्यादा देर करने के पक्ष में नहीं थी। लिहाजा 10 दिनों बाद ही, 18 जून, 1993 को, कंपनी की आर्थिक स्थिति की गहन समीक्षा के लिए विशेष बैठक बुलाई गई। सबसे कड़क निवेशक-निदेशक आर्थर रॉक ने बैठक की अध्यक्षता की। अधिकांश निदेशकों के बहुमत से रॉक ने स्कुल्ली को सी.ई.ओ. पद छोड़ देने व कंपनी द्वारा विकसित किए जा रहे पर्सनल डिजिटल असिस्टेंट (पी.डी.ए.) 'न्यूटोन' के शुभारंभ तक चेयरमैन पद पर बने रहने का आदेश सुना दिया। स्कुल्ली को यह नहीं बताया गया था कि उसका उत्तराधिकारी कौन होगा। उसके बाद बैठक कक्ष में स्पिंडलर को बुलाया गया और निदेशक मंडल ने उसे अध्यक्ष व सी.ई.ओ. नियुक्त करने के प्रस्ताव पर मुहर लगा दी। इस तरह एप्पल चेयरमैन के नाते खुद जॉन स्कुल्ली को प्रेस विज्ञप्ति जारी कर इस बदलाव को सार्वजनिक करना पड़ा था। करीब तीन माह बाद 15 अक्तूबर, 1993 को स्कुल्ली ने एप्पल चेयरमैन पद से भी त्याग-पत्र दे दिया।

एप्पल के नियंत्रण में स्पिंडलर की असफलता

सी.ई.ओ. पद सँभालते ही स्पिंडलर ने वही किया था, जो एक बाजार रणनीतिकार कर सकता था। उसने सबसे पहले 2500 कर्मचारियों की छँटनी कर दी, जिसके लिए कंपनी को 19.86 करोड़ डॉलर का मुआवजा भुगतान करना पड़ा और तिमाही नतीजों में कंपनी एक करोड़ डॉलर का घाटा दिखाना पड़ा था। खर्चे घटाने के लिए स्पिंडलर ने कई अलोकप्रिय फैसले किए थे। मसलन, उपाहार-गृह में मुफ्त खाना रद्द कर दिया गया था और स्वास्थ्य-केंद्र के उपयोग पर दो डॉलर प्रति सप्ताह का शुल्क थोप दिया गया था। कर्मचारियों की सारी अभिवृद्धियों (बोनस) व वेतन वृद्धि को निलंबित कर दिया गया था। इतना ही नहीं, स्पिंडलर ने एप्पल निदेशक मंडल के सचिव व कंपनी अधिवक्ता अल एइसेनस्टेट के आठ लाख डॉलर के वेतन व अन्य सुविधाओं के औचित्य पर सवाल खड़े कर दिए थे और उसे अपमानित होकर त्याग-पत्र देना पड़ा था।

हालाँकि स्पिंडलर को पता था कि एप्पल 'उत्पाद' की बजाय 'कार्य' आधारित होने के चलते दिशाहीन हो चुकी थी, लेकिन उसे हर हाल में कंपनी की बाजार हिस्सेदारी को ऊपर की ओर ले जाना था। वर्ष 1993 में एप्पल का बिक्री राजस्व 13 फीसदी

बढ़त के साथ करीब 7.97 अरब डॉलर के स्तर पर पहुँच गया, लेकिन शुद्ध लाभ 53 करोड़ डॉलर से 8.7 करोड़ डॉलर पर धड़ाम हो गया था। लेकिन साल भर में स्पिंडलर ने स्थिति को सँभाल लिया था। वर्ष 1994 में 46 फीसदी बढ़त के साथ बिक्री राजस्व करीब 9.19 अरब डॉलर व शुद्ध लाभ 22.30 करोड़ डॉलर से बढ़कर 31 करोड़ डॉलर के स्तर पर आ गया था। उस वक्त एप्पल का शेयर भाव 45 डॉलर के आस-पास चला रहा था और आई.बी.एम. ने 50 डॉलर के मूल्य पर एप्पल के अधिग्रहण का प्रस्ताव रखा था। लेकिन स्पिंडलर से इस प्रस्ताव को ठुकरा दिया था, क्योंकि वह 'पॉवरबुक' की अच्छी बिक्री से काफी उत्साहित था। वर्ष 1995 में बेहतर नतीजे आए थे—20 फीसदी बढ़त के साथ बिक्री राजस्व करीब 11 अरब डॉलर व 12.4 करोड़ डॉलर की बढ़त के साथ शुद्ध लाभ 42.4 करोड़ डॉलर के स्तर पर पहुँच गया था।

लेकिन 24 अगस्त, 1995 को 'माइक्रोसॉफ्ट विंडोज 95' के बाजार में आने के बाद व्यक्तिगत कंप्यूटर बाजार की स्थिति पूरी तरह बदल गई थी। याद रहे कि मैकिनटोश के शुभारंभ (24 जनवरी, 1984) के कुल 11 वर्ष 7 महीनों की लगातार कोशिशों के बाद बिल गेट्स को 'मैकओएस' के मुकाबले की परिचालन प्रणाली को बाजार में लाने में सफलता मिली थी। लेकिन इतने वर्षों में एप्पल उसी पुरानी प्रौद्योगिकी के आस-पास कदमताल करता रहा था।

अक्तूबर 1995 की एप्पल निदेशक मंडल की बैठक में कंपनी के सी.एफ.ओ. जोए ग्राजियानो ने कंपनी की नाजुक आर्थिक स्थिति का मुद्दा बनाकर स्पिंडलर को सी.ई.ओ. पद से हटाने की पेशकश की , लेकिन स्पिंडलर ने अपने आँकड़ों से निदेशक मंडल को अपने पक्ष में कर लिया था। नतीजतन ग्राजियानो को कंपनी छोड़नी पड़ी थी। लेकिन जब 31 दिसंबर, 1995 को खत्म हुए वित्तवर्ष 1996 की पहली तिमाही के नतीजे सामने आए थे तो सभी चौंक पड़े थे। एप्पल की बाजार हिस्सेदारी 9 फीसदी से घटकर 7.4 फीसदी रह गई थी। 3.15 अरब डॉलर के बिक्री राजस्व पर एप्पल ने इस तिमाही में 6.9 करोड़ डॉलर का घाटा दर्ज किया था।

स्पिंडलर के लिए यह अनुमान लगाना मुश्किल नहीं था कि अगली तीन तिमाहियों में एप्पल का घाटा एक अरब डॉलर को पार कर सकता था। लिहाजा उसने एक बार फिर से 1300 कर्मचारियों की छँटनी कर दी। एप्पल की तमाम पुरानी प्रतिभाएँ कंपनी छोड़ने के लिए मजबूर हो गई थीं।

ऐसे में जब 23 जनवरी, 1996 को एप्पल शेयरधारकों की वार्षिक आम बैठक का आयोजन हुआ था तो शेयरधारकों ने सवालों की झड़ी लगा दी थी। पूरी बैठक के दौरान हाथों में सिर थामे स्पिंडलर काफी उदास बैठा रहा था और काफी नम्रता से अपना बचाव किया था। स्पिंडलर ने कंपनी के खराब नतीजों के लिए खुद के कई कदमों को

भी जिम्मेदार ठहराया था। आम बैठक के बाद निदेशक मंडल की बैठक शुरू हुई तो यह तथ्य सामने आया कि वर्ष 1995 के बिक्री राजस्व में एक अरब डॉलर के अधिक मूल्य के उत्पाद अधिशेष थे, जो अच्छी बिक्री संभावनाओं के नाम पर विक्रेताओं पर थोपे गए थे। स्पिंडलर ने इस अधिशेष राशि को बट्टे खाते में डाले जाने का प्रस्ताव रखा। करीब 9 अरब डॉलर की बिक्री राजस्ववाली कंपनी के लिए एक अरब डॉलर बहुत बड़ी रकम थी।

इतना ही नहीं, इस बदहाली को ढँकने की कोशिश में स्पिंडलर ने सन माइक्रोसिस्टम्स द्वारा एप्पल के अधिग्रहण का प्रस्ताव आगे कर दिया था। सन ने 25 डॉलर मूल्य पर खरीद प्रस्ताव रखा था, जबकि उस वक्त एप्पल के शेयर का बाजार भाव 31 डॉलर पर चल रहा था। निदेशकों को स्पिंडलर के प्रस्ताव में कोई तुक नजर नहीं आई थी और यह प्रस्ताव बहुमत से खारिज कर दिया गया। वर्ष 1994 में एप्पल निदेशक मंडल में शामिल हुए निदेशक गिल्बर्ट फ्रैंक 'गिल' अमेलिओ ने स्पिंडलर की कोशिशों की तीखी आलोचना की। निदेशक मंडल की बैठक को देर रात तक जारी रखा गया था। एक-एक कर सभी प्रमुख पदाधिकारियों को बैठक में बुलाया गया और हरेक से उसके विभाग की असल स्थिति की जानकारी ली गई। अधिकांश पदाधिकारियों ने माफी माँगी और अपने खराब प्रदर्शन का ठीकरा स्पिंडलर की गलत नीतियों पर फोड़ दिया था। निदेशक मंडल ने बिना किसी फैसले के उक्त बैठक को स्थगित कर दिया था और अगली बैठक की तिथि 29 जनवरी, 1996 निश्चित कर दी गई।

सारे दिन इंतजार कर रहे संवाददाताओं को यह तो पता नहीं चला कि एप्पल निदेशक मंडल के सामने एक अरब डॉलर की अधिशेष राशि को बट्टे खाते में डाले जाने का प्रस्ताव रखा गया था, लेकिन यह खबर आम हो गई थी कि एप्पल दिवालिया होने की कगार पर थी। इतना कुछ होने के बावजूद स्पिंडलर को उम्मीद थी कि उसे कंपनी को दुबारा पटरी पर लाने का मौका दिया जाएगा। लिहाजा जब न्यूयॉर्क के सेंट रेजिस होटल (फिफ्थ एवेन्यू, मैनहट्टन) में निदेशक मंडल की अगली बैठक के रात्रिभोज का आयोजन किया गया तो स्पिंडलर ने उसमें अपनी पत्नी को भी बुला लिया। स्पिंडलर ने अपने पक्ष में भाषण दिया। उसने कहा था कि उसकी रणनीति सही थी, लेकिन वह उसे ठीक से कार्यान्वित नहीं कर सका था। लेकिन निदेशक मंडल ने उसके तर्कों को स्वीकार नहीं किया था। अंत में माइक मार्ककुला को स्पिंडलर से त्याग-पत्र माँगने की जिम्मेदारी निभानी पड़ी। याद रहे कि माइक की मित्रता की बदौलत ही 15 वर्ष पहले स्पिंडलर को एप्पल में आने का मौका मिला था और इस मुकाम तक पहुँच सका था।

अमेलिओ की नाकामी और जॉब्स की वापसी

गिल अमेलियो ने 2 फरवरी, 1996 को एप्पल के नए सी.ई.ओ. व चेयरमैन का पद सँभाल लिया।

मियामी, फ्लोरिडा में पले-बढ़े गिल्बर्ट फ्रैंक 'गिल' अमेलिओ (जन्म—1 मार्च, 1943) ने जॉर्जिया इंस्टीट्यूट ऑफ टेक्नोलॉजी (एटलांटा, जॉर्जिया) से भौतिकी में स्नातक, परास्नातक व पी-एच.डी. की उपाधि ग्रहण करने बाद वर्ष 1967 में शोध वैज्ञानिक के रूप में अपना पेशेवर जीवन शुरू किया था। वर्ष 1971 में फेयरचाइल्ड सेमीकंडक्टर में आने के बाद अमेलिओ को पहले चार्ज कपल्ड डिवाइस (सी.सी.डी.) प्रभाग के नेतृत्व का मौका मिला था तो वर्ष 1977 में उसे मोस (मेटल ऑक्साइड सेमीकंडक्टर) प्रभाग की जिम्मेदारी दी गई थी। उसके बाद रॉकवेल इंटरनेशनल के सेमीकंडक्टर विभाग के अध्यक्ष के रूप काम किया और फरवरी 1991 से नेशनल सेमीकंडक्टर में अध्यक्ष व मुख्य कार्यकारी पद पर कार्यरत थे।

वर्ष 1994 में एप्पल ने अमेलिओ को विशेष आमंत्रित सदस्य के रूप गें अगने निदेशक मंडल में शामिल किया था। तब जॉब्स ने अमेलिओ को फोन कर मिलने की इच्छा जाहिर की थी। अमेलिओ से मिलने जॉब्स नेशनल सेमीकंडक्टर के मुख्यालय गया था। बातचीत के दौरान जॉब्स ने खुद को एकमात्र व्यक्ति बताया था, जो एप्पल को संकट से बाहर निकाल सकता था। जॉब्स ने अमेलिओ को समझाया था कि मैकिनटोश का युग समाप्त हो गया था और एप्पल को कुछ नया करने की जरूरत थी। लेकिन जॉब्स ने साफ नहीं किया था कि मैकिनटोश के खत्म होने के बाद एप्पल क्या कुछ कर सकती थी। अमेलिओ ने तब जॉब्स को गंभीरता से नहीं लिया था। उसे लगा था कि जॉब्स एप्पल में खुद की वापसी के लिए ऐसा कह रहा था। अमेलिओ ने जॉब्स की वास्तविक विरूपण कला के बारे में सुन रखा था और उसने तय कर रखा था कि वह उसकी इस कला के प्रभाव में नहीं आएगा। लिहाजा उसने जॉब्स को बिना किसी औपचारिकता के अपने दफ्तर से टरका दिया था।

अब एप्पल की कमान सँभालने के बाद अमेलिओ के सामने कई मुद्दे एक साथ आ गए थे—नकदी व तरलता की कमी, कम गुणवत्तावाले उत्पाद, व्यावहारिक परिचालन प्रणाली (ओ.एस.) की रणनीति की कमी, अनुशासनहीन निगमित संस्कृति और बहुत कुछ करने की कोशिश में कई दिशाओं में भटकाव। इन समस्याओं से निपटने के लिए अमेलिओ ने विभिन्न खर्चों में कटौती के साथ-साथ एक ही झटके में एक-तिहाई कर्मचारियों की छँटनी कर दी। उसे जल्द ही अहसास हो गया था कि एप्पल का कार्यदल जिस वैकल्पिक परिचालन प्रणाली 'कोपलैंड' का विकास कर रहा था, वह अभी प्रारंभिक चरण में ही थी और उसके अगले एक साल में पूरी होने की कोई संभावना नहीं थी।

लिहाजा 'कोपलैंड' परियोजना को खारिज करते हुए बिना किसी ठोस योजना के ही यह घोषणा कर दी थी कि एप्पल जल्द ही बेहतर संजालीकरण (नेटवर्किंग) व स्मृति सुरक्षा (मेमोरी प्रोटेक्शन) सुविधावाली परिचालन प्रणाली विकसित कर लेगा।

अमेलिओ ने एप्पल कार्यदल द्वारा विकसित किए जा रहे 'मैकओएस 8' को भी नजरअंदाज कर दिया था और बाहरी स्रोत से बिल्कुल नई पीढ़ी की परिचालन प्रणाली लाने की खोजबीन शुरू कर दी थी। एप्पल से निकाले जाने के बाद जीन लुइस गस्सी ने वर्ष 1990 में बी इनकॉरपोरेशन (मेनलो पार्क) की स्थापना की और 'बीओएस' नामक परिचालन प्रणाली का विकास किया। अगस्त 1996 में अमेलिओ ने गस्सी से 'बीओएस' को खरीदने की बातचीत शुरू की थी। गस्सी ने 15 फीसदी हिस्सेदारी, जिसका बाजार मूल्य करीब 50 करोड़ डॉलर बनता था, की शर्त पर अपने 50 कर्मचारियों के दल के साथ एप्पल में शामिल होने की इच्छा जाहिर की थी। अमेलिओ भौंचक रह गया था। एप्पल के आकलन के मुताबिक 'बीओएस' की कीमत 5 करोड़ डॉलर से अधिक नहीं थी। लिहाजा काफी तोलमोल के बाद अमेलिओ ने एप्पल की ओर से 20 करोड़ डॉलर का प्रस्ताव रखा था, लेकिन गस्सी 27.5 करोड़ डॉलर पर अड़ गया था। गस्सी ने सोचा था कि एप्पल के पास कोई विकल्प नहीं था और वह उसे किसी भी हद तक दबा सकता था। जब गस्सी के इस दंभ की जानकारी अमेलिओ को मिली तो उसे बुरा लगा और उसने सौदेबाजी को तत्काल रोककर गस्सी को सबक सिखाने का मन बना लिया।

इस बीच मई 1996 में अमेलिओ ने नेशनल सेमीकंडक्टर में कार्यकारी उपाध्यक्ष व सी.ओ.ओ. पद पर कार्यरत एलेन हानकॉक को एप्पल का मुख्य प्रौद्योगिकी अधिकारी (सी.टी.ओ.) से नियुक्त किया। न्यूयॉर्क में पली-बढ़ी हानकॉक ने फोर्डहैम विश्वविद्यालय (न्यूयॉर्क सिटी) गणित में परास्नातक करने के बाद अगले 29 वर्षों तक आई.बी.एम. में काम किया था। सितंबर 1985 में अमेलिओ ने जब उसे नेशनल सेमीकंडक्टर में बहाल किया तो वह वरिष्ठ उपाध्यक्ष के रूप में आई.बी.एम. के नेटवर्क हार्डवेयर व सॉफ्टवेयर का काम सँभाल रही थी। हानकॉक सन माइक्रोसिस्टम्स के यूनिक्स आधारित 'सोलारिस' परिचालन प्रणाली को खरीदने की जिद कर रही थी, जिसका उपयोगकर्ता अंतरफलक बेहद जटिल था। लेकिन अमेलिओ को 'माइक्रोसॉफ्ट विंडोज एनटी' बेहतर विकल्प नजर आया था, जिसको 'मैकओएस' जैसा बनाया जा सकता था और उसे माइक्रोसॉफ्ट के तमाम सॉफ्टवेयर के साथ अनूकल भी रखा जा सकता था। बिल गेट्स इस सौदे के लिए बेताब था और इसके लिए अमेलिओ को खुद ही फोन पर फोन किए जा रहा था। लेकिन माइक्रोसॉफ्ट के बारे में कोई अंतिम फैसला करने से पहले अमेलिओ दूसरे विकल्पों पर भी गंभीरता से विचार करना चाहता था।

तभी एक दिन अचानक अमेलिओ को एप्पल की आधिकारिक पत्रिका 'मैक

वर्ल्ड' में दो साल पहले प्रकाशित हुई हास्य प्रेस विज्ञप्ति की याद आई, जिसमें स्तंभकार गाए कावासाकी ने एप्पल द्वारा 'नेक्स्ट' के अधिग्रहण व जॉब्स को एप्पल का सी.ई.ओ. बनाने की घोषणा की थी। अमेलिओ को कावासाकी की काल्पनिक भविष्यवाणी में तथ्य नजर आया माइक्रोसॉफ्ट की तुलना में 'नेक्स्ट' बेहतर विकल्प नजर आया। दो साल पहले जब यह लेख प्रकाशित हुआ था, तभी जॉब्स ने अमेलिओ से मुलाकात की थी। उस वक्त जॉब्स 'नेक्स्ट' व 'पिक्सर' के भारी घाटे में परेशान था और अमेलिओ के पास काफी उम्मीद से पहुँचा था, लेकिन अमेलिओ ने जॉब्स के साथ ठीक व्यवहार नहीं किया था। पिक्सर की ऐतिहासिक सफलता के बाद जॉब्स की हैसियत एक बार फिर से महानायक जैसी हो गई थी। लिहाजा जॉब्स से सीधी बातचीत करने में अमेलिओ को शर्म आ रही थी।

लेकिन अमेलिओ को जॉब्स को फोन करने की नौबत नहीं आई। 'नेक्स्ट' के एक मध्यम दरजे के विपणन अधिकारी गर्रेट राइस ने जॉब्स को सूचित किए बिना ही, अपनी सामान्य बिक्री कोशिशों के तहत एप्पल सी.टी.ओ. एलेन हानकॉक को फोन मिलाकर 'नेक्स्टस्टेप' परिचालन प्रणाली के बारे में उसकी रुचि के बारे में जिज्ञासा जाहिर की थी। हानकॉक ने अपने किसी अधिकारी को राइस से मिलने भेज दिया था। इस तरह नवंबर 1996 के अंतिम सप्ताह में 'नेक्स्टस्टेप' के बारे में एप्पल व नेक्स्ट के बीच मँझले स्तर के अधिकारियों की बातचीत शुरू हो गई थी। इसी दौरान एक दिन जॉब्स ने सीधे अमेलिओ को फोन मिलाया और कहा कि वह जापान यात्रा पर निकल चुका था, लेकिन अगले सप्ताह लौटने के बाद उससे मिलना पसंद करेगा। जॉब्स ने अमेलिओ को कहा था कि उन दोनों की बातचीत से पहले वह कोई अंतिम फैसला न करे। जॉब्स की पहल से अमेलिओ गद्गद हो गया था। उसने जॉब्स को आश्वस्त किया कि वह उससे मुलाकात के पहले 'बी.ओ.एस.' या 'माइक्रोसॉफ्ट एनटी' के बारे में कोई फैसला नहीं करेगा।

'बी' के साथ जॉब्स की प्रतिस्पर्धा पेशेवर भी थी और निजी भी। 'नेक्स्ट' की हालत खस्ता थी और एप्पल की संभावित खरीदारी उसे जीवनदान दे सकती थी। इसके अलावा जॉब्स की गस्सी से व्यक्तिगत खुन्नस थी। जॉब्स मानता था कि यदि गस्सी ने वर्ष 1985 में उसकी पीठ में छुरा न घोंपा होता तो वह स्कुल्ली को हटाने में कामयाब हो जाता। जॉब्स को इस बात का संतोष था कि स्कुल्ली ने उसकी पीठ में नहीं बल्कि सीधे सीधे छुरा घोंपा था। लिहाजा बाद में आपसी सुलह हो जाने के बावजूद जॉब्स ने गस्सी को अपने पहले निशाने पर ले रखा था।

लिहाजा जापान से लौटने के बाद, 2 दिसंबर, 1996 को, एप्पल से निकाले जाने के कुल 11 वर्षों बाद, जॉब्स एप्पल के मुख्यालय में कदम रख रहा था। पदाधिकारी

जॉब्स ने कंप्यूटर प्रणाली की चार लहरों की चर्चा करते हुए 'नेक्स्टस्टेप' को मौजूदा दौर की सबसे कारगर परिचालन प्रणाली के रूप में पेश किया। जॉब्स न तो अमेलिओ को और न ही हानकॉक को दिल से पसंद करता था, फिर भी उसने उन्हें सम्मोहित करने में कोई कसर नहीं छोड़ी थी।

सभाकक्ष में उसकी मुलाकात अमेलिओ व हानकॉक से हुई। जॉब्स ने एक बार फिर उसी पुराने श्वेत पटल पर लिखना शुरू किया और 'नेक्स्ट' की खूबियों की व्याख्या की। जॉब्स ने कंप्यूटर प्रणाली की चार लहरों की चर्चा करते हुए 'नेक्स्टस्टेप' को मौजूदा दौर की सबसे कारगर परिचालन प्रणाली के रूप में पेश किया। जॉब्स न तो अमेलिओ को और न ही हानकॉक को दिल से पसंद करता था, फिर भी उसने उन्हें सम्मोहित करने में कोई कसर नहीं छोड़ी थी। असल में जॉब्स 'नेक्स्ट' का सबकुछ एप्पल को बेच देने के लिए उतावला था और उसने उन दोनों के सामने अपना यही रुख प्रकट किया था। जॉब्स के जीवनी लेखक वाल्टर आइसेक्सन के मुताबिक उस मौके पर जॉब्स ने कहा था—

'यह शायद एक पूरी तरह से जुनूनी विचार है, (लेकिन) मैं आपकी चाहत के मुताबिक सौदे को किसी भी रूप में संरचित कर लूँगा—सॉफ्टवेयर का लाइसेंस, आपको कंपनी बेचना, कुछ भी। जब आप करीब से देखोगे, तो आप फैसला करोगे कि आप मेरे सॉफ्टवेयर से भी ज्यादा कुछ चाहते हो। आप पूरी कंपनी को खरीदना और सभी लोगों को रखना चाहोगे।'

खैर, 10 दिसंबर 1996 को गार्डन कोर्ट होटल (पालो आल्टो) में अमेलिओ व हानकॉक सहित एप्पल के छह अन्य अधिकारियों के सामने 'नेक्स्ट' व 'बी' के बीच मुकाबला प्रदर्शन आयोजित किया गया। जॉब्स नेक्स्ट के प्रौद्योगिकी प्रमुख अवादिस 'अवी' तेवानियन के साथ पेश हुआ था। तेवानियन ने नेक्स्टस्टेप को प्रदर्शित किया था और जॉब्स ने अपनी जबरदस्त बिक्री कला का प्रदर्शन किया। [वेस्टब्रूक (मेन) में पले-बढ़े अरमेनियाई मूल के तेवानियन ने रोचेस्टर विश्वविद्यालय (रोचेस्टर, न्यूयॉर्क) से स्नातक गणित और कार्नेगी मेलॉन विश्वविद्यालय (पिट्सबर्ग, पेंसिल्वेनिया) से कंप्यूटर विज्ञान में परास्नातक व पी-एच.डी. करने के बाद 'नेक्स्ट' से अपना पेशेवर जीवन शुरू किया था।] उसके बाद गस्सी की बारी आई थी और उसने अपना पुराना जिद्दी रूख बरकरार रखा था, मानो एप्पल का उसके 'बी.ओ.एस.' के बिना काम नहीं चलनेवाला था।

खैर, अमेलिओ को बखूबी पता था कि जॉब्स की एप्पल में वापसी दोधारी तलवार साबित हो सकती थी। लेकिन गस्सी की वापसी कम खतरनाक नहीं थी। 'बीओएस' के मुकाबले 'नेक्स्टस्टेप' काफी बेहतर था। एप्पल के शोध सलाहकार व मैकिनटोश

विकास दल के दिग्गज लैरी टेसलर ने भी अमेलिओ को 'नेक्स्ट' की सिफारिश की थी। टेसलार ने भी अमेलिओ को आगाह किया था कि चाहे वह जॉब्स को चुने या फिर गस्सी को, दोनों उसकी नौकरी के लिए खतरनाक थे। याद रहे कि अमेलिओ के सी.ई.ओ. बनने से पहले दिसंबर 1995 में, संचार माध्यमों से इस खबर ने काफी सुर्खियाँ बटोरी थीं जब लैरी एल्लिसन (ओरेकल कॉरपोरेशन के सह-संस्थापक) ने कुछ निवेशकों के साथ 3 अरब डॉलर में एप्पल को अधिग्रहित करने व अपने दोस्त जॉब्स को कंपनी का सी.ई.ओ. बनाने का अभियान छेड़ा था। लेकिन अमेलिओ अब तक जॉब्स की वास्तविकता विरूपण कला के प्रभाव में आ चुका था और उसकेउसी के साथ जाने का फैसला कर लिया था।

गस्सी के प्रदर्शन खत्म होने के बाद अमेलियो ने जॉब्स को फोन पर बता दिया था कि वह एप्पल निदेशक मंडल के सामने नेक्स्ट की खरीदारी का प्रस्ताव व उसके लिए खुद को अधिकृत करने का प्रस्ताव रखने की योजना बना रहा था। अमेलिओ ने जॉब्स से पूछा कि वह बैठक में दुबारा आ सकता था। जॉब्स ने 'हाँ' में जवाब दिया था। जब वह उस होटल के बैठक कक्ष में दाखिल हुआ तो एक भावुक दृश्य उत्पन्न हो गया। इतने लंबे अरसे बाद उसका पुराना उपदेशक व साझीदार माइक मार्ककुला उसके सामने था। जॉब्स ने गर्मजोशी से मार्ककुला से हाथ मिलाया।

इधर-उधर की बातचीत के बाद जॉब्स ने दोस्ताना माहौल में नेक्स्ट की सौदेबाजी की बातचीत के लिए अमेलिओ को अपने पालो आल्टो निवास में आमंत्रित किया। थोड़ी देर बाद अमेलिओ जॉब्स के घर पहुँच गया और चाय की चुस्कियाँ लेते हुए दोनों के बीच 'नेक्स्ट' को खरीदने की गंभीर चर्चा शुरू हो गई। जॉब्स किसी भी सूरत में गस्सी जैसी गलती करने के पक्ष में नहीं था, लिहाजा उसने 'नेक्स्ट' को 12 डॉलर प्रति शेयर भाव पर एप्पल को बेचने का प्रस्ताव रखा। इस हिसाब से 'नेक्स्ट' की कीमत 50 करोड़ डॉलर बनती थी। अमेलिओ ने इसे महँगा बताया तो जॉब्स ने 10 डॉलर के भाव में 40 करोड़ डॉलर का प्रस्ताव रख दिया। 'बी इनकॉरपोरेशन' की तुलना में 'नेक्स्ट' के पास असल उत्पाद, राजस्व व एक शानदार कार्यदल था। इसके बावजूद जॉब्स द्वारा बहुत ही नम्रता से कीमत घटा लेने की पहल अमेलिओ को पसंद आई थी। जाहिर है कि अमेलिओ ने जॉब्स के प्रस्ताव को तत्काल स्वीकार कर लिया था।

अब एप्पल द्वारा 40 करोड़ डॉलर में 'नेक्स्ट' की खरीद के मामले में सिर्फ रकम देने का मुद्दा बचा था। जॉब्स ने पूरी रकम नकद माँगी थी। लेकिन अमेलिओ इस सौदे में जॉब्स को भी एक खास अवधि तक बाँधे रखना चाहता था। लिहाजा उसने एप्पल शेयर के जरिए भुगतान का प्रस्ताव रखा और यह शर्त भी लगा दी थी कि जॉब्स उन शेयरों को कम-से-कम एक साल तक नहीं बेचेगा। जॉब्स ने विरोध जताया। लेकिन जल्द ही

दोनों सहमत हो गए। शर्त थी—जॉब्स को 12 करोड़ डॉलर नकद व 3.70 करोड़ एप्पल शेयर जारी किए जाएँगे, जिसे वह कम-से-कम छह महीने तक नहीं बेचेगा।

उसके बाद दोनों काफी देर तक टहलते रहे। जॉब्स ने अमेलिओ से खुद को एप्पल निदेशक मंडल में भी शामिल करने की गुजारिश की, लेकिन अमेलिओ ने उसे यह समझाकर मना कर दिया कि निदेशक मंडल ऐसा नहीं चाहता था। टहलने के बाद जब दोनों घर लौटे तो जॉब्स की पत्नी लौरेन पॉवेल ने बच्चों के साथ अमेलिओ का स्वागत किया और सभी ने एक साथ मिलकर सफल सौदे का सांकेतिक जश्न मनाया। जॉब्स परिवार से विदा लेते हुए अमेलिओ को ऐसा लग रहा था मानो वे जीवन भर के दोस्त हों।

खैर, अमेलिओ ने गस्सी को यह सूचित कर दिया था कि एप्पल नेक्स्ट को खरीदने जा रहा था, लेकिन बिल गेट्स को यह बात बताने में उसे हिचकिचाहट महसूस हुई थी। गेट्स को यह समझते देर नहीं लगी कि जॉब्स ने उसका बना बनाया खेल बिगाड़ दिया था। जीवनी लेखक वाल्टर आइसेक्सन के मुताबिक बिल गेट्स ने अमेलिओ को भड़काने के लिए जॉब्स की तीखी आलोचना की थी। गेट्स ने अमेलिओ से कहा था, 'क्या आपको सचमुच लगता है कि स्टीव वहाँ (नेक्स्ट में) कुछ भी है? मैं उसकी प्रौद्योगिकी को जानता हूँ, यह गरम किए हुए यूनिक्स के अलावा कुछ भी नहीं है और आप इसे अपनी मशीन पर कभी भी काम करने में सक्षम नहीं बना पाएँगे। क्या आप नहीं जानते हैं कि स्टीव प्रौद्योगिकी के बारे में कुछ भी नहीं जानता? वह सिर्फ एक बेहतरीन बिक्रीकर्मी है। मैं विश्वास नहीं करता कि आप इस तरह का मूर्खतापूर्ण फैसला कर रहे हैं!···वह अभियांत्रिकी के बारे में कुछ भी नहीं जानता और वह जो बोलता है व सोचता है, 99 फीसदी गलत होता है। आप आखिर किसलिए कचरा खरीद रहे हैं?'

दशकों बाद जब आइसेक्सन ने इस तीखी प्रतिक्रिया के बारे में पूछा था तो भी गेट्स ने यही बहस की थी कि नेक्स्ट ने एप्पल को कोई नई परिचालन प्रणाली नहीं दी थी। गेट्स का मानना था कि उस सौदे के जरिए एप्पल में अवी तेवानियन आया था, जिसने पहले से मौजूद एप्पल परिचालन प्रणाली—मैकओएस में नेक्स्ट की प्रौद्योगिकी को सम्मिलित किया था। गेट्स को मालूम था कि वह सौदा जॉब्स को सत्ता में वापस लानेवाला सौभाग्य था। गेट्स ने कहा था, 'अमेलिओ ने नेक्स्ट के लिए बहुत बड़ा भुगतान किया था, और सच कहूँ तो नेक्स्ट ओएस का कभी भी वास्तव में उपयोग नहीं किया गया। लेकिन वह भाग्य का मोड़ था। उन्होंने एक ऐसे आदमी से खरीददारी संपन्न की थी, जिसके बारे में ज्यादातर लोगों भविष्यवाणी नहीं की थी कि वह एक महान् सी.ई.ओ. होगा, क्योंकि वह इसके बारे में ज्यादा अनुभवी नहीं था, लेकिन वह महान् डिजाइन परख व महान् अभियांत्रिकी परखवाला प्रतिभाशाली आदमी था। खुद को अंतरिम सी.ई.ओ. नियुक्त किए जाने के लिए उसने अपने जुनून को पर्याप्त रूप से पार कर लिया था।'

जॉब्स के एप्पल में जाने के बारे में उसके दोस्त लैरी एल्लिसन या कट्टर विरोधी बिल गेट्स की जो भी धारणा रही हो लेकिन अधिकांश तथ्य यह संकेत देते हैं कि वह खुद बहुत परेशान था। सौदे की घोषणा के कुछ दिन पहले अमेलिओ ने जॉब्स के सामने एप्पल में पूर्णकालिक तौर पर शामिल होकर परिचालन प्रणाली के विकास को सँभालने की पेशकश की थी। लेकिन जॉब्स उसके आग्रह को टरकाता रहा था। अंत में 20 दिसंबर 1986 को वह ऐतिहासिक दिन आ गया था, जब शाम को एप्पल द्वारा नेक्स्ट के अधिग्रहण की घोषणा होनी थी। एप्पल के बंधन में बाँधने के लिए अमेलिओ ने उस दिन जॉब्स को खुद अपनी भूमिका तय करने की छूट दे दी थी। जॉब्स ने अपने अधिवक्ता से काफी विचार-विमर्श के बाद तय किया था कि वह 'चेयरमैन का सलाहकार' जैसा कोई नामकरण पसंद करेगा। खैर, एप्पल मुख्यालय में जय-जयकार करते 250 कर्मचारियों के बीच उस सौदे की घोषणा हुई और अमेलिओ ने जॉब्स को अंशकालिक सलाहकार की भूमिका में रखने की घोषणा की। जॉब्स ने पीछे के दरवाजे से सभागार में प्रवेश किया और गलियारे में खड़ा रहा। सभी ने तालियों की गड़गड़ाहट से उसका स्वागत किया। बाद में उसने इतना भर कहा था, 'मैं बहुत उत्साहित हूँ। मैं कुछ पुराने सहयोगियों को दुबारा जानने का इंतजार कर रहा हूँ।'

कार्यक्रम खत्म होने के बाद 'फाइनेंसियल टाइम' की संवाददाता लुईस केहोए ने जॉब्स से पूछा था कि क्या वह एप्पल को अधिग्रहित करने जा रहा था? जॉब्स ने जवाब दिया था, 'अरे नहीं, लुईस। मेरे जीवन में बहुत सी अन्य चीजें भी हो रही हैं। मेरा परिवार है। मैं पिक्सर में शामिल हूँ। मेरा समय सीमित है, लेकिन मुझे लगता है कि मैं कुछ विचारों को साझा कर सकता हूँ।'

जॉब्स की बादशाहत वापस पाने की ललक

जॉब्स के आधिकारिक जीवनी लेखक वाल्टर आइसेक्सन के मुताबिक जॉब्स ने अपने मित्र लैरी एल्लिसन को साफ कर दिया था कि नेक्स्ट को एप्पल को बेचना, उसके निदेशक मंडल में शामिल होना और जब सी.ई.ओ. गिल अमेलिओ को बाहर निकला जाए तो वहाँ मौजूद रहना, उसकी वापसी की रणनीति थी। एल्लिसन भले ही हैरान हुआ था जब जॉब्स ने जोर देकर कहा था कि उसकी यह कोशिश धन से प्रेरित नहीं थी, लेकिन यह आंशिक रूप से हकीकत थी। वह न तो एल्लिसन की तरह बेहद खर्चीला व विलासितापूर्ण दिखावटी जीवन जीना चाहता था और न ही बिल गेट्स की तरह महादानी कहलाने व दुनिया के सबसे अमीर लोगों की सूची में सबसे ऊपर रखने की होड़ में शामिल होना चाहता था। अहंभाव की जरूरतों व व्यक्तिगत आकांक्षाओं ने जॉब्स को लोगों को चकित करनेवाली विरासत की रचना में तृप्ति तलाशने की तरफ

आगे बढ़ा दिया था। वास्तव में जॉब्स दोहरी विरासत—अभिनव उत्पादों की रचना व एक स्थायी कंपनी निर्माण—को कायम करना चाहता था। वह खुद को दुनिया की सभी महान् हस्तियों की सूची में एडविन हर्बर्ट लैंड (आविष्कारक व पोलरॉइड कॉरपोरेशन के सह-संस्थापक), बिल हैवलेट व डेविड पैकार्ड (हेवलेट पैकार्ड के सह-संस्थापक) जैसे महारथियों से एक पायदान ऊपर रखना चाहता था। यह सब हासिल करने का सबसे बेहतर रास्ता यही था कि वह एप्पल में वापस लौटे और अपनी बादशाहत को दुबारा प्राप्त करे। और उसने ऐसा ही किया भी।

आधिकारिक तौर पर जॉब्स ने जनवरी 1997 से एप्पल मुख्यालय में अमेलिओ के अंशकालिक सलाहकार के रूप में काम करना शुरू किया। अमेलिओ ने निदेशक मंडल में शामिल न कर साफ तौर पर जॉब्स को अपमानित करने की कोशिश की थी। वह जॉब्स के जरिए अपना मतलब भी साधना चाहता था और उसे सत्ता समीकरण से दूर भी रखना चाहता था। लिहाजा जॉब्स ने खुद को असामान्य रूप से निष्क्रिय बनाए रखा था। हाँ, जॉब्स ने अपने दो चहेतों अवी तेवानियन को सॉफ्टवेयर अभियांत्रिकी व जॉन रुबिनस्टीन को हार्डवेयर अभियांत्रिकी का प्रमुख बनावाकर परोक्ष रूप से शोध व विकास का सारा नियंत्रण जरूर अपने हाथों में ले लिया था। इस तरह अमेलियो की चहेती एलेन हानकॉक का सी.टी.ओ. पद महज दिखावटी नामकरण भर रह गया था।

याद रहे कि अमेलिओ के पद भार सँभालने के आठ महीने बाद 30 सितंबर, 1996 को खत्म हुए वित्त वर्ष में एप्पल की बिक्री 11 फीसदी गिरावट के साथ करीब 9.84 अरब डॉलर रह गई थी, और कंपनी ने 81.6 करोड़ डॉलर का घाटा दर्ज किया था। उसके बाद भी गिरावट का सिलसिला जारी था। अमेलिओ ने जब ये नतीजे 6 फरवरी, 1997 में आयोजित शेयरधारकों की सालाना आम बैठक में उजागर किए, तो उसकी जबरदस्त किरकिरी हुई। आम शेयरधारकों के सवालों के उत्तर देने में अमेलिओ बुरी तरह नाकाम साबित हुआ था।

उस मौके पर मौजूद एप्पल निदेशक मंडल के तत्कालीन चेयरमैन एडगर एस वूलार्ड (वर्ष 1989-1995 तक ड्यूपॉन्ट के चेयरमैन व मुख्य कार्यकारी अधिकारी) को यह स्थिति नागवार गुजरी। वूलार्ड को आभास हो गया था कि अमेलिओ के नेतृत्व में एप्पल की तबाही सुनिश्चित थी। याद रहे कि एप्पल के सह-संस्थापक माइक मार्ककुला को निदेशक मंडल के चेयरमैन पद से नीचे उतारकर उप-चेयरमैन बना दिया गया था। लिहाजा एप्पल का अगला नेतृत्व चुनने में वूलार्ड की भूमिका अहम होनेवाली थी। वूलार्ड के दिमाग में अमेलिओ के विकल्प के रूप में जॉब्स नजर आया था। वूलार्ड की जॉब्स से कभी मुलाकात नहीं हुई थी, फिर भी उसने जॉब्स को फोन मिला दिया। उसने जॉब्स को ड्यूपॉन्ट मुख्यालय (विलमिंगटन, डेलावेयर) में पदाधिकारियों को संबोधित

करने का निमंत्रण दिया, जिसका असल इरादा जॉब्स से नजदीकियाँ बढ़ाना था। जब जॉब्स ने यह निमंत्रण अस्वीकार कर दिया तो वूलार्ड सीधे मुद्दे पर आ गया और अमेलिओ के बारे में उसकी राय माँगी। एक पल के लिए जॉब्स के दिमाग में आया कि वह अमेलिओ की बुराई न करे, लेकिन एप्पल के दूरगामी भविष्य के लिए वूलार्ड को हकीकत बताना जरूरी था। जॉब्स ने अमेलिओ को अपने जीवन अनुभव का 'सबसे घटिया सी.ई.ओ.' करार दिया था।

अमेलिओ ने 14 मार्च, 1997 को 2700 पूर्णकालिक व 1400 अंशकालिक कर्मचारियों की छँटनी का ऐलान कर बड़ा धमाका कर दिया। यह अमेलिओ के 13 महीने के कार्यकाल की दूसरी व एप्पल के इतिहास की सबसे बड़ी छँटनी थी।

खैर, तब यह बात आई-गई सी हो गई थी। लेकिन अमेलिओ ने 14 मार्च, 1997 को 2700 पूर्णकालिक व 1400 अंशकालिक कर्मचारियों की छँटनी का ऐलान कर बड़ा धमाका कर दिया। यह अमेलिओ के 13 महीने के कार्यकाल की दूसरी व एप्पल के इतिहास की सबसे बड़ी छँटनी थी। इस घोषणा से ठीक पहले एप्पल में करीब 11 हजार पूर्णकालिक व 2500 अंशकालिक कर्मचारी कार्यरत थे। अमेलिओ ने एप्पल को लाभ में लाने की कोशिशों के तहत परिचालन व्यय में 50 करोड़ डॉलर की कटौती करने की रणनीति के तहत इतनी बड़ी छँटनी की थी। संचार-माध्यमों में एप्पल नेतृत्व की थू-थू शुरू हो गई थी और अमेलिओ को हटाए जाने की अटकलों का बाजार गरम हो गया था।

अफवाहों की यह आग तब और भी भड़क उठी थी, जब 27 मार्च, 1997 को सैनजोस मरकरी न्यूज में यह खबर छपी कि लैरी एल्लिसन एक बार फिर से एप्पल को अधिग्रहित कर अपने मित्र स्टीव जॉब्स को सी.ई.ओ. बनाने की तैयारी कर रहा था। एल्लिसन ने दावा किया था कि वह निवेशक-समूह के जरिए एक अरब डॉलर में एप्पल की बहुमत हिस्सेदारी खरीदने की तैयारी कर रहा था। उस वक्त एप्पल का कुल बाजार मूल्य करीब 2.3 अरब डॉलर के आस-पास चल रहा था। इस खबर के चलते उस दिन एप्पल के शेयर मूल्य में 11 फीसदी का इजाफा हुआ था। एल्लिसन ने इस अभियान को 'एप्पल बचाओ' नाम दिया था और इसके लिए आम शेयरधारकों की राय माँगी थी।

जॉब्स कुछ हद तक एल्लिसन की स्वयं-घोषित भूमिका से खुश था, लेकिन प्रकट रूप में सभी संवाददाताओं को यही जवाब दे रहा था कि वह एप्पल में सिर्फ 'सलाहकार' भर था। जाहिर है कि इस खबर से अमेलिओ बुरी तरह परेशान हो गया था। उसने एल्लिसन को भला-बुरा कहने के लिए फोन मिलाया, लेकिन वह फोन पर नहीं आया। फिर उसने हकीकत जानने के लिए जॉब्स को फोन मिलाया। जॉब्स ने इस खबर पर आश्चर्य जाहिर किया और अमेलिओ को आश्वस्त किया कि इस मामले में उसका कोई

हाथ नहीं थी। यदि जॉब्स चाहता तो एल्लिसन के विचार को खारिज करनेवाला बयान जारी कर इस अफवाह को ठंडा कर सकता था। अमेलियो इस बात से और भी परेशान था कि जॉब्स ने ऐसा कुछ क्यों नहीं किया था! कुल मिलाकर जॉब्स ने इस मामले से खुद को अलग बनाए रखा था, उसने न तो एल्लिसन के विचार का समर्थन किया था और न ही खारिज। लेकिन संचार माध्यमों ने आसमान सिर पर उठा लिया था और अमेलियो की नेतृत्व-क्षमता पर सवाल दागते हुए उसे हटाए जाने का अभियान सा छेड़ दिया था।

लगातार बढ़ते तनाव के बीच जून 1997 के दूसरे सप्ताह में अमेलिओ ने जॉब्स को पत्नी सहित रात के खाने पर बुलाया। इस खास अवसर के लिए अमेलिओ अपने घरेलू संग्रह से 1964 में निर्मित मशहूर फ्रांसीसी वाइन ब्रांड—'शैट्यू शेवाल ब्लैंक' (रेड वाइन) व मोंट्राचेट (व्हाइट वाइन) की दो बोतलें लाया था, जिनमें से हरेक की कीमत 300 डॉलर थी। जबकि जॉब्स ने रेडवुड सिटी के एक शाकाहारी भोजनालय को पसंद किया था, जहाँ खाने की कुल कीमत 75 डॉलर बैठी थी। अमेलिओ व जॉब्स दंपती की वह मुलाकात खुशनुमा माहौल में हुई। जॉब्स को अपनी इच्छा के मुताबिक लोगों को फुसलाने व सम्मोहित करने की कला में महारत हासिल थी। वह जिनसे नफरत करता था, उनपर प्यार भी उड़ेल सकता था और जिन्हें सचमुच पसंद करता था, उन्हें दुत्कार भी सकता था। जाहिर है कि जॉब्स ने उस अवसर पर अपनी सम्मोहन कला का इस्तेमाल किया था। अमेलिओ को भरोसा हो गया था कि जॉब्स उसका दिल से सम्मान करता था। वैसे भी पिछले करीब छह महीने की सलाहकार की भूमिका में जॉब्स ने अमेलिओ के 90 फीसदी विचारों पर अपनी सहमति जताई थी। लिहाजा अमेलिओ के पास यह सोचने का कोई तथ्य नहीं था कि जॉब्स उससे नफरत करता था।

लेकिन इस खुशनुमा रात्रिभोज के करीब एक सप्ताह बाद ही अमेलिओ का मोहभंग हो गया था, जब 26 जून, 1997 को यह खबर आई थी कि किसी निवेशक ने एकमुश्त 15 लाख शेयर बेच दिए थे और एप्पल का बाजार भाव 12 वर्षों के सबसे निचले स्तर पर चला गया था। 'नेक्स्ट' के खरीद सौदे में अमेलिओ ने सुनिश्चित किया था कि जॉब्स कम-से-कम छह महीने तक शेयर न बेचे। जून में यह समय खत्म हो चुका था। अमेलिओ का अनुमान सही था कि किसी शेयर दलाल के जरिए इतनी बड़ी गोपनीय बिकवाली जॉब्स ने ही की थी। लेकिन अमेलिओ ने जब जॉब्स को उनके बीच हुए समझौते की याद दिलाई थी तो जॉब्स ने 'ठीक है' कह कर गोल-मोल सा जवाब दे दिया। अमेलिओ ने तब भी जॉब्स के जबाव को सही मान लिया था और बयान जारी कर दिया था कि वे शेयर जॉब्स के नहीं। लेकिन कुछ महीनों बाद अमेरिकी प्रतिभूति व विनिमय आयोग (एस.ई.सी.) में दाखिल दस्तावेज से जगजाहिर हो गया कि वे शेयर जॉब्स के ही थे।

आखिरकार जॉब्स ने अमेलिओ को धोखे में क्यों रखा कि उसने शेयर नहीं बेचे थे? जॉब्स के आधिकारिक जीवनी लेखक वाल्टर आइसेक्सन ने इसे जॉब्स का मूल स्वभाव माना है। जॉब्स कभी-कभी सच्चाई को नजरअंदाज कर देता था। अमेरिकी राज्य सचिव (1973-77) व बहुचर्चित कूटनीतिज्ञ हेनरी अल्फ्रेड किसिंजर के बारे में यह बात मशहूर है कि 'वह झूठ बोलता है, इसलिए नहीं कि यह उसके हित में है, वह झूठ बोलता है, क्योंकि यह उसके स्वाभाव में है।' ऐसा ही कुछ जॉब्स का भी स्वभाव था। गुमराह करना या फिर जब जरूरी हो, गोपनीयता बरकरार रखना जॉब्स के स्वभाव में था। लेकिन जॉब्स के स्वभाव का दूसरा पहलू भी है। वह अधिकांश मौके पर बेदर्द ईमानदार भी रहा था और उसे सच बयान करने में तनिक भी हिचकिचाहट नहीं होती थी। हकीकत यह है कि जॉब्स एक अलग ही किस्म का ही इनसान था, उसके परस्पर विरोधी व्यवहारों को साधारण मानवीय नियमों के तराजू पर तौलना उचित नहीं होगा।

यह बात अपनी जगह सही है कि अमेलिओ की बुराई करने का जॉब्स ने कोई मौका नहीं छोड़ा था, लेकिन अमेलिओ के खिलाफ फैसला करने के लिए एप्पल निदेशक मंडल के पास भयानक तथ्य मौजूद थे। 26 जून की बिकवाली की घटना के बाद निदेशक मंडल की विशेष बैठक बुलाई गई, जिसमें तत्कालीन सी.एफ.ओ. फ्रेड एंडरसन ने निदेशक मंडल के सामने कंपनी की क्रूर आर्थिक हकीकत का ब्योरा पेश किया। जल्द ही कंपनी दिवालिया होने की कगार पर पहुँचनेवाली थी। अमेलिओ को बैठक से बाहर करने के बाद निदेशक मंडल के चेयरमैन एडगर एस वूलार्ड ने अपनी राय पेश की थी। वाल्टर आइसेक्सन के मुताबिक वूलार्ड ने निदेशकों को आगाह किया था, 'यदि हम सी.ई.ओ. के रूप में गिल के साथ रहते हैं, तो मुझे लगता है कि 10% संयोग है कि हम दिवालियापन से बचे रहेंगे। यदि हम उसे निकाल देते हैं और जॉब्स को कार्यभार सँभालने के लिए राजी करते हैं, तो हमारे पास जीवित रहने का 60% संयोग है। यदि हम गिल को निकाल देते हैं, स्टीव को वापस नहीं आने देते हैं और नए सी.ई.ओ. की तलाश शुरू करते हैं, तो हमारे पास जीवित रहने का 40% संयोग है।' जाहिर है कि निदेशक मंडल ने वूलार्ड को जॉब्स की वापसी के लिए अधिकृत कर दिया था।

वूलार्ड ने पहले से तय कार्यक्रम के मुताबिक अपनी पत्नी के साथ टेनिस प्रतियोगिता 'विंबलडन चैंपियनशिप' के खेलों का आनंद लेने के लिए विंबलडन (लंदन) के लिए उड़ान भरी और दिन में खेल देखने के बाद उसने होटल के टेलीफोन पर अमेरिका में बातचीत का सिलसिला शुरू किया। उसने सबसे पहले जॉब्स के सामने सी.ई.ओ. का प्रस्ताव रखा, लेकिन जॉब्स ने बिना वेतन के सलाहकार बने रहने व निदेशक मंडल में शामिल होने पर अपनी सहमति दी थी। उसने निदेशक मंडल के चेयरमैन बनने से भी इनकार कर दिया था। वूलार्ड ने जॉब्स के फैसले की जानकारी सभी निदेशकों को दी।

चाहे वह जिस भूमिका में आए, जॉब्स की वापसी की खबर निदेशकों के लिए राहत की बात थी। निदेशकों ने जॉब्स की वापसी के साथ-साथ अमेलिओ को बर्खास्त किए जाने के फैसले का अधिकार भी वूलार्ड को दे दिया था।

4 जुलाई, 1997 को जब अमेलिओ अपने पूरे परिवार से मिलने के लिए छुट्टी पर जाने की तैयारी कर रहा था तो लंदन से वूलार्ड का फोन आया। वूलार्ड ने उसे तत्काल प्रभाव से पद मुक्त किए जाने के एप्पल निदेशक मंडल के फैसले की जानकारी दी। यह अमेलिओ का एप्पल में 49वाँ कार्यदिवस था। अमेलिओ ने सफाई दी कि उसने अपनी नियुक्ति के समय कहा था कि कंपनी को फिर से अपने पाँव जमाने में कम-से-कम तीन साल लगेंगे और वह तो अभी बीच रास्ते में ही था। वूलार्ड ने साफ कर दिया कि निदेशक मंडल फैसला कर चुका है और अब इस मुद्दे पर आगे कोई बातचीत संभव नहीं थी। फिर अमेलिओ ने वूलार्ड से पूछा था कि इस फैसले की जानकारी किन लोगों को थी। वूलार्ड ने सच्चाई बयान कर दी—निदेशक मंडल के बाकी सदस्यों के अलावा जॉब्स को। वूलार्ड ने उसके बारे में जॉब्स की राय भी साफ कर दी थी, 'उसका मानना है कि आप सचमुच में अच्छे आदमी हो, लेकिन आप कंप्यूटर उद्योग के बारे में ज्यादा नहीं जानते हैं।' इस बात पर अमेलिओ भड़क उठा था, लेकिन वूलार्ड ने उसकी बातों को सुने बिना ही फोन काट दिया था।

अपनी खोई बादशाहत पर जॉब्स की कब्जेदारी

7 जुलाई, 1997 (सोमवार) को एप्पल मुख्यालय में सभी उच्च पदाधिकारियों को सभाकक्ष आने का फरमान जारी किया गया था। अमेलिओ ने शांत भाव से बस इतना कहा था, 'ठीक है, मैं सूचित करते हुए दुःखी हूँ कि यह मेरे लिए स्थानांतरित होने का समय है।' उसके बाद अंतरिम मुख्य कार्यकारी अधिकारी की भूमिका स्वीकार करनेवाले सी.एफ.ओ. फ्रेड एंडरसन ने सभा को संबोधित किया था। उसने साफ किया कि वह अपना हर फैसला जॉब्स के इशारे पर लेने जा रहा था।

ठीक 12 वर्ष पहले इसी 4 जुलाई सप्ताहांत सत्ता संघर्ष में जॉब्स ने अपनी बादशाहत गँवाई थी। एंडरसन के भाषण के बाद जॉब्स मंच पर प्रकट हुआ। चाहे वह सार्वजनिक रूप से भले ही स्वीकार न करे, लेकिन उसे मंच पर आने से पहले ही सभी को तत्काल पता चला गया था कि वह सिर्फ सलाहकार की भूमिका में नहीं, बल्कि एप्पल को पूरी तरह से नियंत्रित करने जा रहा था। भले ही वह बिल्कुल अनौपचारिक वेश-भूषा—घुटने तक का पाजामा (शॉर्ट्स), बंद गले की काली टीशर्ट व कपड़े के जूते—में प्रकट हुआ था, लेकिन संबोधन का बादशाही अंदाज पुराना था। एप्पल उसके लिए प्रेमिका जैसी थी और वह बिना किसी औपचारिकता के उसे फिर से सजाने-सँवारने के काम में तत्काल

जुट गया था। उसका सीधा सवाल था, 'ठीक है, मुझे बताएँ, (आखिर) इस जगह के साथ गलत क्या है?' अचानक सभा में खुसर-फुसर शुरू हो गई थी कि बीच जॉब्स खुद ही बोल उठा था, 'यह उत्पाद है! तो उत्पाद के साथ गलत क्या है?' इसके बाद कुछ लोगों ने उत्तर देना शुरू किया था कि बीच में ही जॉब्स ने उन्हें सही उत्तर थमा दिया था, 'उत्पाद चूसते हैं! उनमें कोई लिंग बचा नहीं रह गया है।'

याद रहे कि वूलार्ड ने जॉब्स को इस बात के लिए सहमत कर लिया था कि एक सलाहकार के रूप में उसकी भूमिका बहुत सक्रिय होगी। जॉब्स ने इस बयान का अनुमोदन किया था कि वह निदेशकों की मदद करने 90 दिनों के लिए एप्पल में अपनी भागीदारी के लिए आगे आने पर सहमत हुआ था, जब तक कि वे नए सी.ई.ओ. की बहाली नहीं कर लेते। लेकिन वूलार्ड ने बड़ी चालाकी से उक्त बयान में कहा था कि जॉब्स 'सलाहकार के रूप में कार्यदल को नेतृत्व देने' वापस आ रहा था।

खैर जॉब्स ने एप्पल मुख्यालय में पदाधिकारियों के तल पर 'निदेशक कक्ष' के बगल में एक छोटे दफ्तार में बैठना शुरू किया। उसने जान बूझकर लाखों डॉलर खर्च करके तैयार करवाए गए अमेलिओ के बड़े दफ्तर में बैठने से परहेज किया था।

गौरतलब है कि वर्ष 1993 में एप्पल का नया मुख्यालय '1-इनफिनिट लूप' का निर्माण पूरा हो चुका था। अंतरराज्यीय राज्यमार्ग-280 व डी अंजा बुलेवार्ड के दक्षिण पूर्वी कोने पर स्थित है यह परिसर 32 एकड़ में फैला था, जिसमें कुल 8.50 लाख वर्ग फीट क्षेत्रफल के छह चार-मंजिला भवन बने हुए थे। जॉब्स के आने के पहले इन भवनों को 'आर ऐंड डी-1, 2, 3…6' पुकारा जाता था, जिनमें कुछ भवनों में ही शोध व विकास का काम किया जा रहा था। जॉब्स ने इसे 'इनफिनिट लूप' (अनंत कुंडली) संबोधित किया था, जिसका निहितार्थ कंप्यूटर कार्यक्रम की उस स्थिति से जहाँ वह अनंत गणना कुंडली में फँसकर अपेक्षित निर्देश का जवाब नहीं खोज पाती है। फिलहाल इस मुख्यालय के अलावा 'एप्पल' ने क्यूपरटिनो में 30 अन्य भवन भी किराए पर ले रखे हैं। (वर्ष 2006 में जॉब्स ने मौजूदा मुख्यालय करीब डेढ़ किलोमीटर पूर्व में हेवलेट पेकार्ड के 98 एकड़ में फैले पूर्व मुख्यालय सहित नौ संपत्तियों का अधिग्रहण कर कुल 175 एकड़ में करीब 5 अरब डॉलर की लागत से परिसर-2 के निर्माण का ऐलान किया था। इस परिसर में 28 लाख वर्ग फीट के विशाल वृत्ताकार अंतरिक्ष यान जैसे चार-मंजिला भवन का निर्माण किया जा रहा है, जिसके वर्ष 2016 तक पूरा होने की संभावना जताई गई थी। इसमें कुल 23 हजार कर्मचारियों की बैठने की व्यवस्था प्रस्तावित थी।)

दफ्तर में बैठना शुरू करने के तत्काल बाद जॉब्स ने कारोबार के तमाम पहलुओं—चाहे वह उत्पाद डिजाइन का मामला हो या फिर आपूर्तिकर्ता सौदेबाजी या फिर विज्ञापन एजेंसी की समीक्षा—में खुद को शामिल कर लिया था। वह शीर्ष एप्पल के कर्मचारियों

जॉब्स अभ्यास-मूल्य को घटना चाहता था, ताकि हिस्सेदारी विकल्प एक बार फिर से मूल्यवान हो सके। हालाँकि इसे अच्छा निगमित व्यवहार नहीं माना जाता था, लेकिन उस वक्त ऐसा करना कानूनी तौर पर जायज था।

के बहाव को रोकने के लिए उनके हिस्सेदारी विकल्प (स्टॉक आप्शन) को दुबारा मूल्यांकित करना चाहता था। असल में, एप्पल के शेयर के भाव इतने गिर चुके थे कि कर्मचारियों के हिस्सेदारी विकल्प की कीमत नगण्य रह गई थी। जॉब्स अभ्यास-मूल्य (एक्सरसाइज प्राइस) को घटना चाहता था, ताकि हिस्सेदारी विकल्प एक बार फिर से मूल्यवान हो सके। हालाँकि इसे अच्छा निगमित व्यवहार नहीं माना जाता था, लेकिन उस वक्त ऐसा करना कानूनी तौर पर जायज था। एप्पल का कामकाज सँभालने के चौथे दिन यानी पहले बृहस्पतिवार को ही उसने निदेशक मंडल की टेलीफोन-बैठक बुला ली थी और इस समस्या से अवगत कराया था। लेकिन अधिकांश निदेशकों ने इसके कानूनी व वित्तीय प्रभावों के आकलन में समय लगने की बात कर इस मसले को टालने की कोशिश की थी। जॉब्स के समर्थक वूलार्ड ने भी इस व्यवहार को अनुचित ठहरा दिया था।

वाल्टर आइसेक्सन के मुताबिक, जॉब्स ने दलील दी थी, 'यह तेजी से किया जाना है। हम अच्छे लोगों को खो रहे हैं। आप इस बात को ठीक करने के लिए मुझे यहाँ लाए हैं और लोग महत्त्वपूर्ण हैं।' इस पर निदेशक मंडल ने विचार करने की सहमति तो दे दी थी, लेकिन इसके अध्ययन के लिए दो महीने का समय माँग लिया था। अब जॉब्स आपे से बाहर हो गया था, 'क्या आप लोग पागल हो?' उसने कुछ देर चुप रहकर खुद को सँभाला था और फिर आगे कहा था, 'सज्जनो, यदि आप लोग इसे नहीं करना चाहते हैं तो मैं सोमवार को वापस नहीं आऊँगा, क्योंकि मुझे हजारों महत्त्वपूर्ण निर्णय करने हैं, जो इसकी तुलना में कहीं अधिक कठिन हैं, और यदि आप लोग इस तरह के फैसलों में अपना समर्थन नहीं दे सकते हैं तो मैं असफल हो जाऊँगा। लिहाजा यदि आप लोग ऐसा नहीं कर सकते हैं, मैं यहाँ से बाहर हो जाऊँगा और आप मुझ पर दोष लगा सकते हैं, आप कह सकते हैं, 'स्टीव इस काम के लायक नहीं था।'

जॉब्स ने जैसा चाहा था, वैसा ही हुआ था। अगले दिन सभी निदेशकों से सलाह-मशविरा करने के बाद वूलार्ड ने जॉब्स को फोन किया, 'हम इसे अनुमोदित करने जा रहे हैं, लेकिन निदेशक मंडल के कुछ सदस्य इसे पसंद नहीं करते हैं। हमें लगता है कि तुमने हमारे सिर पर बंदूक रख दी है।' इस तरह निदेशक मंडल ने शीर्ष कार्यदल के हिस्सेदारी विकल्प को प्रति शेयर 13.25 डॉलर के भाव (अमेलिओ को हटाए जानेवाले दिन के भाव) पर पुनर्मूल्यांकित कर दिया था।

क्या आपको लगता है कि जॉब्स अपनी जीत की घोषणा करने जा रहा था या

एप्पल निदेशक मंडल को उसके फैसले के लिए धन्यवाद देने जा रहा था? जी नहीं, जॉब्स जुनूनी था, वह ताल ठोंककर काम करना जानता था और अपने काम में किसी प्रकार की देरी या फिर किसी प्रकार की बाहरी टोकाटाकी बरदाश्त नहीं करता था। अब उसका एक नमूना देखिए। जब वूलार्ड ने उसे 'सिर पर बंदूक रखने' की बात कही थी तो जॉब्स ने ऐसा जवाब दिया था, जिसकी वूलार्ड ने कभी भी कल्पना नहीं की होगी। जॉब्स ने वूलार्ड से कहा था, 'रेलगाड़ी को रोक दीजिए, यह काम नहीं करनेवाला है। यह कंपनी खँडहर में है, मेरे पास निदेशक मंडल को बच्चों की तरह दूध पिलाने के लिए समय नहीं है, तो मुझे जरूरत है (कि) आप सभी इस्तीफा दे दें। वरना मैं इस्तीफा देने जा रहा हूँ और सोमवार को वापस नहीं आऊँगा।' जॉब्स ने साफ किया था कि निदेशक मंडल में सिर्फ एक आदमी को बने रहना चाहिए था। वूलार्ड को बड़ी राहत मिली थी, जब जॉब्स ने आगे कहा था, 'और वह है वूलार्ड।'

तो यह थी जॉब्स की अदा! उसको अब किस बात की परवाह थी! वह पिक्सर का अरबपति चेयरमैन व मुख्य कार्यकारी अधिकारी था। वह अपनी प्रेमिका सी प्यारी कंपनी एप्पल को गौरवशाली स्थान पर लाना चाहता था, जिसके लिए उसकी की सोच वाले निदेशक मंडल की जरूरत थी। यही वह समय था, जब जॉब्स ने थोड़ी सी भी ढिलाई बरती होती तो न तो एप्पल बचता और न ही जॉब्स अपना कीर्तिमान स्थापित कर पाटा। जॉब्स समझता था कि यह 'करो या मरो' का समय था और उसने वही किया था। वह यह भी जानता था कि वह अपनी शर्तों पर झुका सकता था। एप्पल को गर्त में पहुँचानेवाले निदेशकों में अब इतनी नैतिक ताकत नहीं बची थी कि 'जॉब्स के बाहर जाने' के संचार-माध्यमों के तूफान को झेल सकें।

लिहाजा एक बार फिर एप्पल निदेशक मंडल को जॉब्स के सामने नतमस्तक होना पड़ा। उनकी तरफ से एक गुजारिश की गई थी, 'वह वूलार्ड के अलावा एक और निदेशक के बने रहने की इजाजत देगा?' जी हाँ, निदेशक मंडल को लगा था कि जॉब्स एप्पल के सह-संस्थापक व अपने पुराने मार्गदर्शक माइक मार्ककुला को रखना पसंद करेगा। लेकिन उसने ऐसा नहीं किया। उसने वूलार्ड के अलावा सिर्फ एक और निदेशक गैरेथ चांग (ह्यूजेस इंटरनेशनल के तत्कालीन अध्यक्ष) को बने रहने की इजाजत दी थी।

यह बहुत बड़ी घटना थी। माइक मार्ककुला वही शख्स था, जिसने एप्पल को पहले 2.5 लाख डॉलर की बैंक उधारी की जमानत दी थी और एप्पल कंप्यूटर का गठन संभव हुआ था। लेकिन यह वही मार्कक़ुला था, जिसने शुरू से ही अपने वर्चस्व को कायम रखने के लिए जॉब्स के जुनून को तरजीह देने की बजाय उसे काबू में रखने की साजिश रची थी और अंत में जॉब्स को कंपनी छोड़ने पर मजबूर किया था। अब एक बार फिर से जॉब्स को अपनी एप्पल का नया इतिहास रचने का मौका मिला था तो वह

ऐसे किसी शख्स को कैसे बरदाश्त कर सकता था, जिसने उसकी पीठ में छुरा घोंपने का पाप किया था!

लेकिन अब तक जॉब्स कूटनीति में भी माहिर हो चुका था। लिहाजा वह वुडसाइड पहाड़ियों में बनी मार्ककुला की आलीशान हवेली में उसने मिलने गया और उसे अपने फैसले की अहमियत बताई। मार्ककुला जानता था कि वह जॉब्स के फैसले का विरोध करने की स्थिति में नहीं था। अब मार्ककुला को यह भी अहसास हो रहा था कि उसने जॉब्स को कितनी बेदर्दी से निकाल बाहर किया था, जबकि वह अभी भी उसके साथ इज्जत से पेश आ रहा था। एक बार फिर से मार्ककुला का 'गुरु-भाव' जाग गया था। लिहाजा वह काफी देर तक जॉब्स के साथ टहलता रहा था और उसे आगे की रणनीति के संबध में कई महत्त्वपूर्ण सुझाव दिए। जॉब्स एप्पल को एक टिकाऊ कंपनी के रूप में फिर से खड़ा करना चाहता था और उसने मार्ककुला से इसका सूत्र पूछा था। मार्ककुला ने बताया था कि टिकाऊ कंपनियाँ खुद को नए अंदाज में पेश करती हैं। हेवलेट पैकार्ड ने ऐसा कई बार किया था—वह एक उपकरण कंपनी के रूप में शुरू हुई थी, फिर कैलकुलेटर कंपनी बनी और फिर कंप्यूटर कंपनी। मार्ककुला ने बताया कि व्यक्तिगत कंप्यूटर कारोबार में माइक्रोसॉफ्ट ने एप्पल को धकियाकर बगल में डाल दिया था। लिहाजा उसने जॉब्स को दूसरे उपभोक्ता-उत्पादों या साधनों के क्षेत्र में एप्पल को नए अंदाज में पेश करने का सुझाव दिया। मार्ककुला ने कहा, 'तुम्हें तितली की तरह बनना है और (एप्पल की) एक कायापलट करनी है।' जॉब्स ने ज्यादा कुछ नहीं कहते हुए मार्ककुला के सुझावों पर सहमति जताई थी।

खैर, जुलाई में ही आगामी बदलाव के अनुमोदन के लिए पुराने निदेशक मंडल की बैठक बुलाई गई। उस बैठक में जब जॉब्स जींस, बंद गले की टी-शर्ट व कपड़े के जूते में क्रोधी मुद्रा में शामिल हुआ तो वूलार्ड आशंकित हो उठा कि पता नहीं जॉब्स बुजुर्ग निदेशकों के साथ कैसा बरताव करेगा! लेकिन वह बिल्कुल शालीन था, और 'सबको नमस्ते' कहा। निदेशक मंडल ने वूलार्ड व गैरेथ चांग के अलावा तमाम पुराने सदस्यों के इस्तीफे मंजूर किए; जॉब्स को निदेशक निर्वाचित किया और वूलार्ड व जॉब्स को नए निदेशक मंडल चुनने का अधिकार सौंपा।

आश्चर्यचकित होने की जरूरत नहीं है कि जॉब्स की पहली पसंद 'एप्पल के शत्रुतापूर्ण अधिग्रहण की कोशिशें' करनेवाला उसका मित्र लैरी एल्लिसन ही था। भला एल्लिसन को अपने जिगरी दोस्त के निदेशक मंडल में शामिल होने में खुशी क्यों न होती? लेकिन एल्लिसन माइक्रोसॉफ्ट के बाद दुनिया की सबसे बड़ी ओरेकल कॉरपोरेशन का सी.ई.ओ. था, बाकी समय अपने आलीशान शौक को पूरे करने में लगाता था, तो उसे निदेशक मंडल में माथापच्ची करने की फुरसत कहाँ थी? फिर भी जॉब्स एल्लिसन

जैसे लीक से हटकर सोचने-समझनेवाले उत्साही, कामयाब व मनोरंजक मित्र को आधिकारिक तौर पर अपने पास रखना चाहता था। एल्लिसन ने जॉब्स से कुल बैठकों में से सिर्फ आधे में शामिल होने का वायदा किया था, जबकि हकीकत में वह एक-तिहाई से भी कम बैठकों में आने में सक्षम हो सका था। जॉब्स ने 'बिजनेस वीक' के आवरण पर छपी एल्लिसन की एक तसवीर को आदमकद आकार में तैयार करवाया था। जिस बैठक में वह नहीं आता था तो उस तसवीर को उसकी कुरसी पर सजा दिया जाता था।

जॉब्स की पसंद सूची का दूसरा नाम था—बिल कैंपबेल, जो फिलहाल सॉफ्टवेयर कंपनी इनट्यूट इनकॉरपोरेशन (माउंटेन व्यू) का चेयरमैन व सी.ई.ओ. था। यह वही शख्स था जो जॉब्स के निकाले जाने के वक्त एप्पल में उपाध्यक्ष-विपणन था और उसने जॉब्स द्वारा 'नेक्स्ट' के लिए 'एप्पल' के कुछ लोगों को ले जाने के मुद्दे पर आसमान सिर पर उठा लिया था। लेकिन वह शुरू से जॉब्स के जुनूनी व्यक्तित्व का प्रशंसक रहा था। जॉब्स के निकाले जाने के बाद उसने जॉब्स की खूबियों का हवाला देते जॉन स्कुल्ली के कई फैसलों का जमकर विरोध किया था और एप्पल छोड़ दिया था। फिर उसकी जॉब्स से दोस्ती हो गई थी। अब उसका नाम सिलिकॉन वैली के दिग्गज विपणन व कारोबारी रणनीतिकारों में शुमार होने लगा था। एप्पल की पुनर्स्थापना में जॉब्स को उससे महत्त्वपूर्ण मदद मिलनेवाली थी।

वूलार्ड की मदद से जेरी यॉर्क (क्रिसलर व आई.बी.एम. के पूर्व सीएफओ) को भी जॉब्स ने निदेशक मंडल में शामिल किया था। वूलार्ड द्वारा सुझाए गए कई नए नामों को जॉब्स ने विचार करने के बाद खारिज कर दिया था, जिनमें मेग व्हिटमैन भी शामिल थी। ड्रीमवर्क्स व प्रोक्टर ऐंड गैंबल में उच्च पदों पर काम करने के बाद व्हिटमैन उस वक्त 'हैस्ब्रो इनकॉरपोरेशन' के प्लेस्कूल प्रभाग की महाप्रबंधक थी। (वह 1998-2008 तक ई-बेय व उसके बाद हेवलेट पैकार्ड की सी.ई.ओ. बनी।) बाद के वर्षों में जॉब्स ने अल गोर (अमेरिका के पूर्व उप-राष्ट्रपति), एरिक शिमट (गूगल के चेयरमैन व पूर्व सीईओ), आर्थर डी.। लेविनसन (ग्रीनटेक के चेयरमैन, जो जॉब्स की मृत्यु के बाद नवंबर 2011 में एप्पल के चेयरमैन बने), मिलार्ड एस 'मिकी' ड्रेक्स्लर (गैप इनकॉरपोरेशन के पूर्व व जे क्रू ग्रुप के मौजूदा सीईओ) व एंड्रिया जंग (एवन प्रोडक्ट्स की पूर्व सी.ई.ओ. व मौजूदा चेयरमैन, ग्रामीण अमेरिका की मौजूदा सीईओ) को भी एप्पल बोर्ड में शामिल किया था। जॉब्स ने हर निदेशक के चुनाव में यह सुनिश्चित किया था कि वह वैचारिक व व्यक्तिगत, दोनों लिहाज से उसका वफादार रहेगा।

बोस्टन में जॉब्स का ऐतिहासिक संबोधन

अभी एक महीना भी नहीं बीता था और जॉब्स के घोषित पद 'सलाहकार व निदेशक' ही थे, लेकिन यह बात जगजाहिर हो गई थी कि अब एप्पल जॉब्स की सीधी

'मैकिनटोश' के शुभारंभ के बाद, जॉब्स ने अपनी करिश्माई नाटकीय प्रस्तुतियों से 'मैकवर्ल्ड' को जबरदस्त घटनाओं का सिलसिला बना दिया था। लेकिन पिछले 12 वर्षों में यह एप्पल उत्पादों की घोषणाओं का रस्मी कार्यक्रम भर रह गया था और एप्पल के दीवाने उपयोगकर्ताओं की इसमें कोई खास रुचि नहीं रह गई थी।

कमान में थी। आम निवेशकों व शेयर बाजार ने जॉब्स की अपनी खोई बादशाहत पर कब्जेदारी की गंभीर पहल का जोरदार स्वागत किया था। एप्पल शेयर का बाजार भाव 13 डॉलर से 20 डॉलर पर आ चुका था। अब सभी को 6 अगस्त, 1997 को बोस्टन (मेसाचुसेट्स) में आयोजित होने जा रहे एप्पल के सार्वजनिक सम्मेलन—'मैकवर्ल्ड' में जॉब्स के करिश्माई प्रदर्शन का बेसब्री से इंतजार था।

इंटरनेशनल डाटा कॉरपोरेशन/आईडीसी (फ्रामिंघम, मैसाचुसेट्स) की सहयोगी प्रौद्योगिकी संचार, शोध व कार्यक्रम प्रबंधन (इवेंट मैनेजमेंट) कंपनी इंटरनेशनल डेटा समूह (आईडीजी) ने इस कार्यक्रम को 'मैकवर्ल्ड एक्सपो' के रूप में प्रस्तुत किया था। 31 जनवरी, 1997 को सैन फ्रांसिस्को में आयोजित 'मैकवर्ल्ड एक्स्पो' से यह सिलसिला शुरू हुआ था, जो गिल अमेलिओ के बेकार प्रदर्शन के चलते बुरी तरह से पिट चुका था। अमेलिओ ने उस कार्यक्रम में जॉब्स को बहुत ही मामूली तरीके पेश किया था, मानो एप्पल में उसकी कोई खास भूमिका नहीं होनेवाली थी। 'मैकिनटोश' के शुभारंभ के बाद, जॉब्स ने अपनी करिश्माई नाटकीय प्रस्तुतियों से 'मैकवर्ल्ड' को जबरदस्त घटनाओं का सिलसिला बना दिया था। लेकिन पिछले 12 वर्षों में यह एप्पल उत्पादों की घोषणाओं का रस्मी कार्यक्रम भर रह गया था और एप्पल के दीवाने उपयोगकर्ताओं की इसमें कोई खास रुचि नहीं रह गई थी। लेकिन अबकी बार व्यक्तिगत कंप्यूटर उद्योग के महानायक स्टीव जॉब्स की अपने 'मैकवर्ल्ड' में ऐतिहासिक वापसी होने जा रही थी।

लिहाजा कार्यक्रम शुरू होने से घंटों पहले जॉब्स के मुख्य संभाषण को सुनने के लिए 'बोस्टन पार्क प्लाजा होटल ऐंड टावर्स' के विशाल सभामंडप 'कैसल कन्वेंशन हॉल' में पाँच हजार से अधिक प्रशंसकों की भीड़ जमा हो गई थी। सभी इसी असमंजस में थे कि क्या उनके महानायक स्टीव जॉब्स में अभी भी पुराना करिश्मा बरकरार था? क्या स्टीव जॉब्स एप्पल को गौरवशाली नेतृत्व प्रदान कर सकेगा? जल्द ही उनके मन की दुविधा निराधार साबित होने जा रही थी, उनका महानायक पहले से कहीं ज्यादा परिपक्वता व आत्मविश्वास के साथ उनके सामने पेश होने जा रहा था।

सभी दिल थामकर बैठे थे। कार्यक्रम की शुरुआत एप्पल के खराब वित्तीय प्रदर्शन, गिल अमेलियो के निष्कासन की समाचार-कतरनों के प्रदर्शन से शुरू हुई। फिर एप्पल के गौरवशाली कंप्यूटर उत्पादों की शृंखला की तसवीरों का सिलसिला शुरू हुआ और अंत

में 'तीन मैकिनटोश कंप्यूटर के बीच में खड़े स्टीव जॉब्स' की तसवीरवाला 'मैकवर्ल्ड' पत्रिका के प्रथम अंक (जनवरी 1984) का आवरण परदे पर रुक गया। अभी उद्घोषक आगे कुछ बोलता कि तभी विशाल सभाकक्ष 'स्टीव! स्टीव! स्टीव! के उद्घोष से गूँजने लगा पड़ा था।…' तो मिलिए स्टीव जॉब्स से' कहता हुआ उद्घोषक मंच से बाहर चला गया…और मंच प्रकट हुआ था स्टीव जॉब्स। लेकिन मैकवर्ल्ड-आवरण वाले जॉब्स व सामने खड़े जॉब्स में काफी अंतर आ चुका था। अब वह नटखट लकड़ों की तरह नहीं बल्कि एक धीर-गंभीर वयस्क था; उसकी आँखों पर ऐनक आ चुका था; पहनावा बिल्कुल पहले की तरह अनौपचारिक था—बिना कॉलर वाली बाँह तक मोड़ी गई पूरी बाँह की झक सफेद कमीज, ऊपर से काली बंडी, नीचे जींस पतलून व कपड़े के जूते; और रहस्यमय मुसकान भी पुरानी ही थी।

हजारों दर्शकों ने खुशी में चीखना शुरू कर दिया और उनके चेहरों से आशा की किरणें फूट रही थीं। जी हाँ, भीड़ ने किसी भी रॉक स्टार से ज्यादा जुनूनी उत्साह से जॉब्स का स्वागत किया। लेकिन जॉब्स ने चिर-परिचित रहस्यमय मुसकान के साथ जयकारा लगाते हजारों शुभचिंतकों को निहारा और बिना कोई वक्त गँवाए उसने तत्काल बोलना शुरू कर दिया। तो आप भी लीजिए जॉब्स की अनोखी भाषण कला का आनंद। पेश है जॉब्स के उस ऐतिहासिक अंग्रेजी भाषण का हू-बहू अनूदित व संपादित प्रतिलेख—

'गर्मजोशी से स्वागत के लिए बहुत-बहुत धन्यवाद…मैं आज आप लोगों को जो चल रहा है, उस पर एक स्थिति प्रतिवेदन (स्टेटस रिपोर्ट) देने और आपको उन कदमों में से कुछ के बारे बताने आया हूँ, जो हम एप्पल को फिर से स्वस्थ बनाने की कोशिश के लिए उठा रहे हैं। जैसाकि आप जानते हैं, मैं पिक्सर नामक एक कंपनी का चेयरमैन व सी.ई.ओ. हूँ, और…(तालियाँ)…

'धन्यवाद'…(तालियाँ)…'और मैं, बहुत सारे अन्य लोगों की तरह, एप्पल को स्वस्थ होने में मदद करने के लिए एक साथ जोर लगा रहे हैं. और मुझे असाधारण विश्वास है कि ऐसा होने जा रहा है। अब, जब मैंने शामिल होना शुरू कर दिया, (तो) बहुत से लोगों ने मुझे सलाह दी है। और, कुछ सलाह, जोकि सबसे अधिक लोकप्रिय थी, (वह) थी 'एप्पल' अप्रासंगिक हो गया है।' एक महान् सलाह यह थी कि 'एप्पल' 'कुछ भी लागू नहीं कर सकता', और दूसरी थी 'एप्पल संस्कृति, अराजकता है, तुम नहीं कर सकते, कोई भी इसे सँभाल नहीं सकता।' आप इन सब चीजों को अखबारों में पढ़ते हैं। एप्पल प्रासंगिक नहीं है, जितनी प्रासंगिक यह हर जगह हुआ करती थी, लेकिन कुछ अविश्वसनीय रूप से महत्त्वपूर्ण बाजार क्षेत्रों में यह असाधारण रूप से प्रासंगिक है। और मैं आपके साथ आज उसमें से कुछ साझा करना चाहता हूँ।

'एप्पल कई गलत चीजों को अद्भुत रूप में क्रियान्वित कर रहा है। (ठहाके)

हालाँकि वास्तव में संगठन में कार्यान्वित करने की क्षमता उच्च है, मेरा मतलब है, मैंने एप्पल में कुछ असाधारण लोगों से मुलाकात की है। एप्पल में बहुत से महान् लोग हैं। वे गलत चीजें कर रहे हैं, क्योंकि योजना गलत रही हैं। और अंत में मुझे जो मिला, अराजकता की बजाय कुछ और है, मैं लोगों को मिला हूँ, जो एक अच्छी रणनीति के पीछे पंक्ति में गिर जाने का इंतजार नहीं कर सकते हैं। वहाँ पर एक भी ऐसी (रणनीति) नहीं रही है। (तालियाँ)।

'लिहाजा···जो मैं देख रहा हूँ, (वह) एक बहुत ही स्वस्थ कंपनी की स्थापना है, कुछ असाधारण प्रतिभाशाली लोगों के साथ, जो अभी भी कंप्यूटिंग के सपने के प्रति उतने ही भावुक व प्रतिबद्ध हैं, जितने वे पहले कभी रहे थे, उन्हें एक साथ आने और महान् योजना बनाने और फिर इसे कार्यान्वित करने की शुरुआत करने की जरूरत है, और पिछले चार सप्ताह के दौरान वास्तव में वैसा ही होता आ रहा है।

'अब, मौलिक समस्या क्या है? मुझे लगता है (कि) मौलिक समस्या कुछ अधिक सूक्ष्म है, (यह) एक लक्षण है। लेकिन, संक्षेप में, एप्पल की बिक्री वर्ष 1995 में 11.1 अरब, 96 में 9.5 अरब, और आपको मालूम हो, इस साल 7 अरब से अधिक थोड़ा ज्‍यादा रहेगी। यह समस्या है या लक्षण, आपके देखने के तरीके पर निर्भर है। उसे स्थिर करने और पूरी तरह से घुमा देने की आवश्यकता है, और लोग ऐसा करने के लिए बहुत मेहनत कर रहे हैं।

'तो, कुछ शुरुआती कदम क्या हैं, जो हम लोग उठा रहे हैं? पहले में से पहला तो शीर्ष से शुरू होना है, निदेशक मंडल का (तालियाँ)···प्रासंगिकता पर ध्यान केंद्रित करना है। एप्पल को खोजने की कि यह अभी भी कहाँ अविश्वसनीय रूप से प्रासंगिक है और उन क्षेत्रों पर ध्यान केंद्रित करने की जरूरत है। इसे अपनी मूल परिसंपत्तियों का पता लगाने और उनमें अधिक निवेश करने की जरूरत है।

'एप्पल ने कुछ समय से अपनी मूल परिसंपत्तियों की उपेक्षा की है। इसे कुछ सार्थक साझेदारियाँ स्थापित करनी हैं, सिर्फ प्रेस विज्ञप्तिगों में नहीं, और इसे कुछ नए उत्पाद-मानदंडों को परिभाषित करने की जरूरत है। हमें कुछ महान् विचार मिल गए हैं, हालाँकि आज उत्पादों के बारे में बात नहीं करना चाहता हूँ, बस, मैं आपको बताना चाहता हूँ कि हमारे पास अभी से साल के अंत तक कुछ अद्‌भुत विचार हैं।'

(फिर जॉब्स ने अपने पसंदीदा नए निदेशक मंडल के सदस्यों एड वूलार्ड, गरेथ चांग, लैरी एल्लिसन व बिल कैंपबेल की विशेषज्ञताओं का संक्षिप्त परिचय दिया। उनकी जमकर तारीफ की और उनसे संबंधित एक वीडियो भी चलाया। साथ ही, जॉब्स विदा लेनेवाले निदेशकों को भी धन्यवाद देना नहीं भूला था।)

'तो, आप देख सकते हैं कि यह एक बहुत ही विविध लोगों का समूह है। गहरी

उद्योग विशेषज्ञतावाले लोगों का जमावड़ा, जो यह कहने के लिए एक साथ आया है, 'अरे, यह दुनिया एक स्वस्थ एप्पल कंप्यूटर के साथ एक बहुत बेहतर जगह है'। ठीक है…

'अगला, बाजार केंद्रीकरण। हाँ, मुझे कोई नहीं मिल सका, जो बता सके कि एप्पल की निश्चित बाजार हिस्सेदारी संख्या क्या है, लेकिन जितना मैं इकट्ठा कर सका हूँ, यह लगभग 7 फीसदी है। और सवाल यह है कि एप्पल कहाँ प्रासंगिक है? कहाँ पर एप्पल अभी भी प्रमुख खिलाड़ी है, किस बाजार क्षेत्र में? और ये दो हैं। पहले एक को मैं रचनात्मक सामग्री कहता हूँ, यह है प्रकाशन, डिजाइन, छपाई पूर्व कार्य (प्रीप्रेस) आदि। यह रचनात्मक पेशेवर कंप्यूटरों का उपयोग करते हैं। और जो दिलचस्प है कि एप्पल अभी भी रचनात्मक पेशेवरों के लिए प्रमुख बाजार-नेता है। अब तक, यह विज्ञापन, ग्राफिक कला, डिजाइन, प्रीप्रेस में इस्तेमाल कंप्यूटरों का करीब 80 फीसदी है, सभी मैकिनटोश। और, 64 फीसदी, जो सबसे अच्छी संख्या मैं खोज सका हूँ, सभी इंटरनेट वेबसाइट की 64 फीसदी की रचना मैक का उपयोग कर की गई है। यह अद्भुत है। (तालियाँ)

'दूसरा बाजार वह है जो मेरे दिल के बहुत करीब है, यह शिक्षा है। (तालियाँ) एप्पल ने शिक्षा के क्षेत्र में पहले कंप्यूटर डाले थे। एप्पल ने मैकिनटोश के साथ फिर से किया था। और एप्पल अभी भी शिक्षा में प्रमुख नेता है। अब मैं आप से एक सवाल पूछता हूँ। दुनिया की सबसे बड़ी शिक्षा कंपनी कौन है? (श्रोताओं के बीच खुसर-पुसर होती है)। हाँ, जवाब है…एप्पल…एप्पल दुनिया में सबसे बड़ी अकेली शिक्षा आपूर्तिकर्ता है। ठीक है, दुनिया में शिक्षा की आपूर्तिकर्ता। दुनिया में सबसे बड़ी अकेली शिक्षा कंपनी। अब, मैंने एप्पल में सौ लोगों को यह पूछा और सिर्फ दो को एप्पल का विचार आया था। यह अविश्वसनीय है, एप्पल का अभी भी शिक्षा के क्षेत्र में स्थान है। शिक्षा के सभी कंप्यूटर का 60 फीसदी एप्पल है। शिक्षकों के उपयोग के 64 फीसदी कंप्यूटर एप्पल के हैं। तो यह एप्पल के लिए हर साल दो से ढाई अरब डॉलर का कारोबार है। निर्माण करने के लिए कैसी अविश्वसनीय नींव है! निर्माण करने के लिए कैसी अविश्वसनीय विरासत है?

'और इसीलिए आप देखेंगे कि एप्पल इन दो बाजारों पर, जहाँ यह बहुत ही प्रासंगिक है, लगातार बहुत अधिक ध्यान केंद्रित करनेवाला है। और ये दोनों बाजार सालाना 20 फीसदी से ज्यादा बढ़ रहे हैं। फिलहाल इन बाजारों में एप्पल की हिस्सेदारी धीरे-धीरे सिमट रही है, लेकिन मुझे लगता है कि हम इसे स्थिर होते देखेंगे व पूरी तरह से घुमा देंगे। और आप एप्पल को इन दो बाजारों के साथ बढ़ते देखेंगे, क्योंकि यह ध्यान केंद्रित कर ज्यादा बेहतर काम करने जा रही, जहाँ इसकी प्रासंगिकता है व जहाँ इसकी विरासत है।

'अगली मूल परिसंपत्तियाँ। जैसाकि आप जानते हैं, एप्पल की सबसे महान्

मूल संपत्ति है आप सभी। यह दो से ढाई करोड़ सक्रिय उपयोगकर्ताओं का समूह है, जो विश्वास करते हैं कि एप्पल उत्पाद व मैकिनटोश अभी भी दुनिया में सर्वोत्तम हैं। (तालियाँ)। मुझे नहीं लगता कि हम आपकी देखभाल करने में बहुत अच्छा काम करते रहे हैं। क्या आपने पुकारा है, मेरा मतलब, मैंने खुद की समर्थन-शृंखलाओं को पुकारा है। (ठहाके)। मुझे समूचे संकेत से बहुत परिचय मिल गया है। और इसीलिए मुझे लगता है (हम) जल्द ही बदलाव को देखनेवाले हैं¨(तालियाँ)

'लेकिन अभी मैं थोड़ा और विश्लेष्णात्मक होना चाहता हूँ। और मैं एक प्रकार के विश्लेषणात्मक दृष्टिकोण से कहना चाहता हूँ, एप्पल की मूल परिसंपत्तियाँ क्या हैं। और उनमें से दो हैं, जिन्हें मैं उजागर करने में सक्षम रहा हूँ। पहले एक तो ब्रांड ही है। और दूसरा है मैक ओएस। अब यदि आपको पूछें कि दुनिया के महानतम पाँच ब्रांड क्या हैं? यदि आप पेशेवरों से पूछें, मेरा मानना है कि 'नाइके' हरेक की सूची में होगा, 'कोका कोला' हरेक की सूची में होगा, 'डिज्नी' हरेक की सूची में होगा, और 'एप्पल' हरेक की सूची में होगा। (तालियाँ)

'हमारे पास दुनिया के सबसे महान् ब्रांडों में से एक है और हमने पिछले कई वर्षों में इसे ज्यादा ध्यान नहीं दिया है, और मेरा मानना है कि आप देखनेवाले हैं कि वह बदलाना शुरू हो गया है। और अब मैं 'मैक ओएस' पर ध्यान केंद्रित चाहता हूँ। 'मैक ओएस' एप्पल के लिए अविश्वसनीय मूल परिसंपत्ति है और हम इसको रौंदते चले आ रहे हैं! (ठहाके व अफसोस)। मेरा मतलब है, अधिकतर लोग मानते हैं कि हम 'मैक ओएस' का परित्याग करनेवाले हैं! जैसाकि आप जानते हैं, मैकिनटोश ओएस, जिसे हमने हाल में ही जारी किया था, को 'टेंपो' (रफ्तार) कूटनाम दिया गया था। ठीक है? तो हमने अभी 'टेंपो' जारी किया, और अधिकतर लोग मानते हैं कि अगले साल हमारा अंक बाहर आएगा, जिसका कूटनाम 'अलीग्रो' (तेज रफ्तार) होगा, फिर हमारा अगला अंक 'रिक्विम' (शांतिपाठ) होगा। (ठहाका)।

'और, यह पागलपन है! यह पूरी तरह से पागलपन है। मैक ओएस अभी भी दुनिया में सबसे अच्छी चीज है, यह अभी भी दुनिया में सबसे अच्छी चीज है। दो करोड़ से अधिक सक्रिय उपयोगकर्ताओं हैं, संख्या 2.5 करोड़ के थोड़ा करीब है। हजारों विकासकर्ता हैं और इस चीज के आस-पास डेढ़ अरब डॉलर का सॉफ्टवेयर उद्योग है। यह कंपनी की मूल परिसंपत्तियों में से एक है। और हम इसमें बहुत ज्यादा निवेश करने जा रहे हैं, क्योंकि उन्हें लगता है कि यह एक अविश्वसनीय परिसंपत्ति है और इसका वास्तव में पूरी तरह से फायदा उठाया जाना अभी बाकी है।

'एप्पल 'मैक ओएस' के आस-पास है। हम लोग दूसरी चीजें करने जा रहे हैं, क्योंकि हम रचनात्मक लोग हैं। लेकिन, मूल में, एप्पल मैक ओएस के आस-पास है।

और, सभी के डर, जो मैंने लोगों से सुना है कि हम इसे परित्याग करनेवाले हैं, बिल्कुल सच नहीं हैं। हमारा नवीनतम अंक 'मैक ओएस 8', मेरे पास सचमुच आपके लिए कुछ अच्छी खबर है। हमने इसे दो सप्ताह पहले जारी किया और हम पहले से ही 12 लाख कंप्यूटरों को बेच चुके हैं। (तालियाँ)। यह हमारे पूर्वानुमान से चार गुना ज्यादा है। तो हम सबकुछ बेचने के लिए हाथ-पाँव मार रहे हैं, और यदि आप लोग, यदि इसे आपकी थोड़ी मदद मिल जाएगा, कृपा करें, मैं उसके लिए माफी माँगता हूँ, लेकिन हम हाथ-पाँव मार रहे हैं। और यह संख्या ऊपर जा रही है। तो ओएस 8 के साथ चीजें अच्छी जा रही हैं।'

(अब जॉब्स कुछ ऐसी घोषणा करनेवाला था, जिसका किसी ने भी अनुमान नहीं लगाया था। माइक्रोसॉफ्ट द्वारा मैक ओएस का 'लुक' व 'फील' चुराने के मामले में अब तक एप्पल के अधिकांश दावे खारिज किए जा चुके थे, लेकिन अभी कुछ आरोपों पर मामला लटका हुआ था। अमेलिओ द्वारा माइक्रोसॉफ्ट एनटी की बजाय नेक्स्ट को अपनाने के बाद बिल गेट्स नाराज हो गया था और उसने एप्पल के लिए मैक ऑफिस विकसित करने से मना कर दिया था। लेकिन तत्कालीन बिल क्लिंटन नेतृत्ववाली अमेरिकी सरकार के न्याय विभाग ने माइक्रोसॉफ्ट को अविश्वास मुकदमे में बुरी तरह से घसीट लिया था। ऐसे में गेट्स अपने तमाम अदालती मामलों से छुटकारा पाने की कोशिशों में जुटा हुआ था। दूसरी तरह जॉब्स को एप्पल के लिए धन की सख्त जरूरत थी। अदालती पचड़े में कुछ मिलनेवाला नहीं था। लिहाजा जॉब्स ने गेट्स की मजबूरी का जमकर फायदा उठाया था। लेकिन जॉब्स ने इस मसले को किस खूबसूरती से पेश किया था, उसे आप खुद ही महसूस करें।) जॉब्स का भाषण जारी है—

'अब मैं सार्थक भागीदारों के बारे में बात करना चाहूँगा। एप्पल एक पारिस्थितिकी-तंत्र (इकोसिस्टम) में रहती है, और इसे अन्य भागीदारों की मदद की जरूरत है। और जैसाकि आज है, इस उद्योग में विनाशकारी रिश्ते किसी की मदद नहीं करते हैं। इसलिए, पिछले कई हफ्तों के दौरान हमने कुछ संबंधों पर ध्यान दिया है और एक रिश्ता निकलकर सामने आया है जो अच्छा नहीं चलता रहा है, लेकिन मुझे लगता है, (उसमें) दोनों कंपनियों के लिए महान् होने की संभावना थी। और मैं आज अपनी पहली, बहुत, बहुत सार्थक साझेदारियों में से एक की घोषणा करना चाहूँगा। और वह एक है माइक्रोसॉफ्ट के साथ।

(दर्शकों की मिश्रित प्रतिक्रिया आती है। एक समूह तालियाँ बजाता है, तो दूसरा अफसोसजनक आवाजें निकालता है। जॉब्स की मुसकराहट तेज हो जाती है और वह आगे बोलता है।)

'मैं आपको इसकी तह में ले जाना चाहूँगा। वास्तव में, क्योंकि कुछ पेटेंट विवाद थे, (इसीलिए) चर्चाएँ शुरू हुई थीं। और, बजाय⋯(दर्शकों के ठहाके गूँजते हैं और

जावा पर माइक्रोसॉफ्ट के साथ सहयोग करने जा रहे हैं, यह सुनिश्चित करने के लिए हमें एक-दूसरे का सबसे अच्छा मिल सकता है, और यह सुनिश्चित करने के लिए कि हमारी आभासी मशीनों के बीच अनुकूलता है। हम जानते हैं कि वह हर किसी के हितों के लिए काम करेगा।

जॉब्स भी अपनी हँसी रोक नहीं पाता है।) मैं जानता हूँ। इतिहास को दोहराने की बजाय, मुझे दोनों कंपनियों पर बहुत ज्यादा गर्व है कि उन्होंने एक बहुत, बहुत ही पेशेवर तरीके से इन मतभेदों को हल कर लिया है। और, मुझे लगता है, इसने एक समग्र रिश्ते को प्रेरित किया है, जिसकी हम आज घोषणा कर रहे हैं कि उसके कई हिस्से हैं और हम उसके बारे में बहुत उत्साहित हैं।

'इसका पहला हिस्सा एक पेटेंट निपटान व परस्पर-अनुज्ञापत्र (क्रॉस-लाइसेंस) है। दोनों कंपनियों ने, मौजूदा सभी पेटेंट व अगले पाँच साल के भीतर दाखिल किए जानेवाले पेटेंट के लिए, एक पूर्ण परस्पर-अनुज्ञा-पत्र प्राप्त किया है। यह एक बहुत ही गंभीर पेटेंट बंदोबस्त किया गया है। इसका दूसरा हिस्सा है (कि) माइक्रोसॉफ्ट अगले पाँच साल के लिए मैकिनटोश पर 'माइक्रोसॉफ्ट ऑफिस' जारी करने जा रहा है। वे प्रमुख अंकों की समान संख्या जारी करनेवाले, जितना कि वे विंडोज पर करेंगे। उनका पहला अंक, वे साल के अंत के आस-पास इसे बाहर करने के लिए लक्षित करने जा रहे हैं, यह अगले वर्ष में कुछ महीने फिसल सकता है, लेकिन वे इस पर असली मुश्किल काम कर रहे हैं, और यह बहुत, बहुत अच्छा लग रहा है।

'अगला, हमने बाहरी ब्राउजरों पर नजर डाली है, और एप्पल ने 'इंटरनेट एक्सप्लोरर' को मैकिनटोश पर अपना डिफॉल्ट ब्राउजर बनाने का फैसला किया गया है। (दर्शक अफसोस जाहिर करते हैं)। चूँकि हम पसंद में विश्वास करते हैं। इसके साथ ही हम मैकिनटोश पर अन्य इंटरनेट ब्राउजर भी भेजने जा रहे हैं, और जाहिर है, उपयोगकर्ता, जो वे चुनना चाहते हैं, अपने डिफॉल्ट को बदल सकते हैं। (तालियाँ)। लेकिन हम मानते हैं कि 'इंटरनेट एक्सप्लोरर' बहुत अच्छा ब्राउजर, और हमें लगता है यह ठीक डिफॉल्ट ब्राउजर बनने जा रहा है। जावा। हम जावा पर माइक्रोसॉफ्ट के साथ सहयोग करने जा रहे हैं, यह सुनिश्चित करने के लिए हमें एक-दूसरे का सबसे अच्छा मिल सकता है, और यह सुनिश्चित करने के लिए कि हमारी आभासी मशीनों के बीच अनुकूलता है। हम जानते हैं कि वह हर किसी के हितों के लिए काम करेगा। और अंत में, माइक्रोसॉफ्ट एप्पल में एक निवेश कर रही है। माइक्रोसॉफ्ट बाजार कीमत पर 15 करोड़ डॉलर मूल्य के एप्पल के शेयर खरीद रहा है। यह गैर-मतदान शेयर है। (तालियाँ)

'और वे कम-से-कम तीन साल के लिए उन्हें नहीं बेचने के लिए सहमत हुए हैं। तो इसका मतलब यह है (कि) माइक्रोसॉफ्ट हमारे साथ, जब तक हम इस कंपनी

का स्वास्थ्य बहाल करते हैं, इस खेल का हिस्सा बनने जा रही है, (और) उस शेयर की कीमत ऊपर जाने में (उसका) निहित स्वार्थ है। और मुझे लगता है कि यह एक बहुत ही स्वस्थ रिश्ते को आगे बढ़ाने जा रहा है। तो यह आज एक पैकेज घोषणा है। हम इसके बारे में बहुत-बहुत उत्साहित हैं। और मेरे साथ उपग्रह अधथशृंखला (सैटेलाइट डाउनलिंक) के जरिए आज एक विशेष अतिथि रहनेवाले हैं। और यदि हम अभी उसे मंच पर मिल सकें।''

(मंच पर स्थापित एक बड़े टीवी स्क्रीन पर बिल गेट्स प्रकट होता है। दर्शक तालियों व अफसोसजनक आवाजों में गेट्स का स्वागत करते हैं।) बिल गेट्स बोलना शुरू करता है—

'मैंने अपने पेशेवर जीवन में जो सबसे रोमांचक काम किया है, वह मैकिनटोश पर स्टीव के साथ किया गया काम रहा है। चाहे यह पहला परिचय है या 'मैक एक्सेल' की तरह के उत्पाद, ये प्रमुख मील के पत्थर रहे हैं, और मैकिनटोश के लिए अपनी प्रतिबद्धता को नवीनीकृत करना बहुत रोमांचक है। हमारे पास मैकिनटोश पर माइक्रोसॉफ्ट सॉफ्टवेयर का उपयोग करनेवाले 80 लाख से अधिक ग्राहक हैं। हम मैकिनटोश उपयोग करनेवाले लोगों के लिए अपने दस्तावेज लेने और सभी प्रकार की मशीनों के साथ काम करना बहुत आसान बनाते हैं। हम नए रिलीज के बारे में, (जिसका) हम निर्माण कर रहे हैं, बहुत उत्साहित हैं। यह 'मैक ऑफिस 98' कहा जाता है। हमें इस साल के अंत तक इसके बाहर निकलने की उम्मीद है। और हमें कुछ, कुछ असल में रोमांचक सुविधाएँ मिल गई हैं। यह एक उत्पाद है (जिसे) किसी स्थापना (सेटअप) की आवश्यकता नहीं होनेवाली है। यह अतीत के मुकाबले लोगों के लिए एक आसान बदलाव होने जा रहा है। और मुझे लगता है कि यह वास्तव में, प्रदर्शन के साथ अच्छा काम करने और अद्वितीय मैक सुविधाओं के दोहन के लिए, एक नया मानक तय करने के लिए लाया जा रहा है। हमने जो विंडोज मंच पर तैयार किया है, यह कई मायनों में ज्यादा उन्नत है। (तालियाँ)

'हम भी इंटरनेट एक्सप्लोरर के बारे में उत्साहित हैं। और हमें कैलिफोर्निया में एक बहुत समर्पित कार्यदल मिल गया है, जो उस उत्पाद पर काम करता है। और कूटलिपि (कोड) को वास्तव में विशेष रूप से मैकिनटोश के लिए विकसित किया गया है। यह वैसा बंदरगाह नहीं है, जो हमने विंडोज वातावरण में किया है। (तालियाँ) और इसलिए हम एप्पल का समर्थन करने पर खुश हैं। हमें लगता है कि एप्पल कंप्यूटर उद्योग के लिए एक बड़ा योगदान करता है। हमें लगता है कि इसे मदद करने का बहुत मजा आनेवाला है, और जैसाकि हम अधिक मैकिनटोश सॉफ्टवेयर करने के लिए आगे बढ़ रहे हैं, हम आप सभी से प्रतिक्रिया के लिए तत्पर हैं। धन्यवाद।' (तालियाँ)।

(टीवी स्क्रीन से गेट्स का चेहरा गायब हो जाता है। 'धन्यवाद बिल' कहता हुआ

जॉब्स दर्शकों की तरफ मुखातिब होता है।) जॉब्स आगे बोलता है—

'आप जानते हैं कि हम अभी कहाँ हैं, हम कंप्यूटर उद्योग में सबसे बड़ी संपत्तियों में से कुछ की चरवाही कर रहे हैं। और यदि हम आगे बढ़ना और एप्पल को फिर से स्वस्थ व सफल देखना चाहते हैं, (तो) हमें कुछ बातें यहीं छोड़ देनी चाहिए। हमें इस धारणा को निकाल देना चाहिए कि एप्पल के जीतने के लिए माइक्रोसॉफ्ट को खोना पड़ेगा। (तालियाँ) हमें एक धारणा को गले लगाना है कि एप्पल को जीतने के लिए, एप्पल को बहुत अच्छा काम करना पड़ेगा। और यदि हमें दूसरे मदद करने जा रहे हैं तो यह बहुत अच्छी बात है, क्योंकि हमें सभी, जो हम प्राप्त कर सकते हैं, की मदद की जरूरत है। और, यदि हम पेंच लगाते हैं और हम एक अच्छा काम नहीं करते हैं, तो यह किसी और की गलती नहीं है। यह हमारी गलती है। इसलिए मुझे लगता है कि एक बहुत ही महत्त्वपूर्ण नजरिया है।

'मुझे लगता है, यदि हम मैक पर 'माइक्रोसॉफ्ट ऑफिस' चाहते हैं, तो हम इसे लानेवाली कंपनी के साथ कुछ आभार के साथ बेहतर बरताव करें। हम उनके सॉफ्टवेयर को पसंद करते हैं। जहाँ तक मेरा ताल्लुक है, तो एप्पल व माइक्रोसॉफ्ट के बीच प्रतियोगिता की स्थापना करने का युग खत्म हो गया है। यह एप्पल को स्वस्थ करने के बारे में है, और यह एप्पल के उद्योग के लिए आश्चर्यजनक रूप से महान् योगदान करने के लिए सक्षम होने के बारे में है, फिर से स्वस्थ व समृद्ध होने के लिए है।

'इस पर मैं जो अंतिम नजरिया आप पर छोड़ देना चाहता हूँ, (वह यह) कि कभी-कभी नजरिया आपको चीजों को वास्तव में अलग तरह से दिखा सकता है। जैसाकि मुझे हुआ, जब मैं आँकड़ों की तलाश कर रहा था और यह मुझे आसमानी बिजली कौंधने की तरह लगा था कि एप्पल दुनिया की सबसे बड़ी शिक्षा कंपनी है। वह बहुत बड़ा था। निर्माण करने के लिए कैसा आश्चर्यजनक आधार! बिजली की एक और कौंध है कि एप्पल व माइक्रोसॉफ्ट डेस्कटॉप कंप्यूटर बाजार के 100 फीसदी के बराबर होते हैं। और हाँ, एप्पल व माइक्रोसॉफ्ट जो भी करने के लिए सहमत हैं, यह एक मानक है। और मुझे लगता है कि आप हमें माइक्रोसॉफ्ट के साथ अधिक काम करते देखेंगे, क्योंकि वे डेस्कटॉप उद्योग में एकमात्र दूसरे खिलाड़ी हैं, और मुझे लगता है कि आप माइक्रोसॉफ्ट को एप्पल के साथ काम करते देखना चाहेंगे, क्योंकि एप्पल ही डेस्कटॉप उद्योग में एकमात्र दूसरा खिलाड़ी है। इसलिए मुझे आशा है कि हम भविष्य में भी अधिक-से-अधिक सहयोग करते रहेंगे, क्योंकि उद्योग ऐसा चाहता है।

'अंत में, मैं बस एप्पल व ब्रांड के बारे में थोड़ी बात करना चाहता हूँ और हममें से बहुतों के लिए, मुझे लगता है, इसका क्या मतलब है। आप तो जानते हैं, मुझे लगता है कि एप्पल कंप्यूटर खरीदने के लिए आपको हमेशा थोड़ा अलग होना पड़ा था। जब

हमने एप्पल II बाजार में भेजा था, आपको कंप्यूटर के बारे में अलग सोचना पड़ा था। कंप्यूटर ऐसी चीजें थी जो आप फिल्मों में देखते थे, वे विशाल कमरे घेरते थे। वे ऐसी चीजें नहीं थीं, (जिन्हें) आप मेज के ऊपर (डेस्कटॉप) रखते थे। आपको अलग तरह से सोचना पड़ा, क्योंकि शुरुआत में कोई सॉफ्टवेयर नहीं था। आपको अलग तरह से सोचना पड़ा था, जब पहला कंप्यूटर स्कूल में पहुँचा था, इससे पहले जहाँ कभी भी कोई (कंप्यूटर) नहीं गया था, और यह 'एप्पल-II' था।

'मुझे लगता है कि आपको वास्तव में अलग ढंग से सोचना पड़ा था, जब आपने मैक खरीदा। यह एक पूरी तरह से अलग कंप्यूटर था, पूरी तरह अलग तरीके से काम करता था, आपके मस्तिष्क के पूरी तरह अलग हिस्से का उपयोग किया था। और इसने बहुत सारे लोगों के लिए एक कंप्यूटर की दुनिया को खोला था, जो अलग ढंग से सोचते थे। आप एक स्थापित आधार के साथ कंप्यूटर खरीद रहे थे। आपको ऐसा करने के लिए अलग तरह से सोचना पड़ा था; और मुझे लगता है कि आपको अभी भी एक एप्पल कंप्यूटर खरीदने के लिए अलग ढंग से सोचना पड़ेगा। मुझे लगता है कि जो लोग उन्हें खरीदते हैं, अलग तरह से सोचते हैं, और वे इस दुनिया की रचनात्मक आत्माएँ हैं। वे ऐसे लोग हैं, जो एक काम को बस निपटा देना नहीं चाहते हैं, वे दुनिया को बदलने की चाहत रखते हैं। और, वे जो भी महान् औजार प्राप्त कर सकते हैं उन्हीं का उपयोग कर दुनिया को बदलने की चाहत रखते हैं। और हम उन प्रकारों के लोगों के लिए उपकरण बनाते हैं। तो उम्मीद है कि आपने जो आज यहाँ देखा है, कुछ शुरुआती कदम हैं, जो आपको कुछ भरोसा देते हैं कि हम भी, अलग ढंग से सोचनेवाले हैं, और (उन) लोगों की सेवा करने जा रहे हैं, जो हमारे उत्पादों को शुरू से ही खरीदते रहे हैं। चूँकि बहुत बार लोग मानते हैं कि वे जुनूनी हैं, लेकिन उस जुनून में हम अपूर्व बुद्धि का मनुष्य देखते हैं, और वे वही लोग हैं, जिनके लिए हम औजार बनाते हैं। आपको बहुत-बहुत धन्यवाद।'

मैंने जान-बूझकर अधिकांश भाषण को बिल्कुल उसी अंदाज में अनूदित करने की कोशिश की है, जैसाकि जॉब्स ने कहा था। जरा अनुमान लगाइए कि इसका सभाकक्ष में मौजूद पाँच हजार से ज्यादा की जमात पर क्या असर हुआ होगा? पूरा सभाकक्ष उठ खड़ा हुआ था, जयकारे लग रहे थे, सीटियाँ बजाई जा रही थीं। काफी देर बाद जब जोश शांत हुआ था तो लोग एक-दूसरे को अचरज से देख रहे थे और कुछ लोगों अपनी आँखों में आँसू पोंछ रहे थे। जरा गौर फरमाइए, जॉब्स जैसे-जैसे बोलता गया था उसके अंदर का जुनून ज्यादा तीव्रता के साथ बाहर छलकना शुरू हो गया था, और वह एप्पल के लिए 'वे' कहना भूल गया था। उसकी जगह उसके मुँह से 'हम' व 'मैं' शब्द निकलने लग पड़े थे। मतलब, एक बार फिर से जॉब्स एप्पल का और एप्पल जॉब्स का हो गया था। और जॉब्स ने सभी को भरोसा दिला दिया था कि अब एप्पल को फिर से

आसमान छूने से कोई रोक नहीं सकता था, क्योंकि अब वह जॉब्स की कमान में थी। जी हाँ, एप्पल को एप्पल बनाने के लिए जॉब्स की जरूरत होती है और जॉब्स को जॉब्स बनाने के लिए एप्पल की।

□

8

जॉब्स के नेतृत्व में एप्पल की महान् सफलताएँ

माइक्रोसॉफ्ट को जॉब्स '1990 दशक का आई.बी.एम.' कहता था। लड़कों जैसे दिखनेवाले शातिर बिल गेट्स को जॉब्स ने बढ़ावा दिया था। बदले में गेट्स ने उसे धोखा दिया था और बेशर्मी से 'मैक ओएस' की नकल मारी थी और 'विंडोज' परिचालन प्रणाली श्रृंखला के जरिए खुद को व्यक्तिगत कंप्यूटर उद्योग का दुर्दांत एकाधिकारवादी बादशाह बना लिया था। अमेरिकी सरकार गेट्स के खिलाफ अविश्वास मुकदमा चला रही थी, और आम अमेरिकी नागरिक उसे घृणा की दृष्टि से देख रहा था। लेकिन जॉब्स ने उसी से हाथ मिलाया था। क्यों? एप्पल के आर्थिक स्वास्थ्य-लाभ के लिए। माइक्रोसॉफ्ट 15 करोड़ डॉलर मूल्य के गैर-मतदान एप्पल शेयर से निवेश करनेवाला था। 6 अगस्त, 1997 को जब बोस्टन मैकवर्ल्ड में जॉब्स ने इसकी घोषणा की थी तो क्या हुआ था? शाम तक एप्पल के शेयर में 33 फीसदी यानी 6.56 डॉलर का उछाल आया था। उस दिन प्रति एप्पल शेयर का भाव 26.31 डॉलर पर बंद हुआ था। यह गिल अमेलिओ के निकाले जानेवाले दिन (4 जुलाई, 1997) के भाव से दोगुना था। मतलब जॉब्स की कमान में महज एक महीने में एप्पल का भाव 100 फीसदी बढ़ चुका था। सिर्फ एक दिन में एप्पल शेयर का बाजार मूल्य 83 करोड़ डॉलर बढ़ गया था। जी हाँ, जॉब्स ने दुश्मन से हाथ मिलाकर एप्पल को मौत के मुँह से बाहर निकाल लिया था।

जॉब्स ने भले ही खुद को निदेशक मंडल का एक सदस्य व सलाहकार बताया था, लेकिन 'वाल स्ट्रीट' सहित समूची सिलिकॉन वैली को इस तथ्य का पुख्ता विश्वास हो गया था कि अब एप्पल जॉब्स की कमान में आ चुकी थी। अपने हजारों दीवाने उपभोक्ताओं को 'थिंक डिफरेंट' (अलग तरह से सोचो) कहकर उत्साहित करनेवाला जॉब्स ज्यादा दिनों तक अपनी सक्रिय जिम्मेदारी की घोषणा से कैसे बच सकता था? लिहाजा 16 सितंबर, 1997 को जॉब्स ने ना-नुकुर करते हुए 'अंतरिम मुख्य कार्यकारी अधिकारी (इंटेरिम सीईओ) का

पद स्वीकार कर लिया था। वित्त वर्ष 1997 की समाप्ति पर जब एप्पल 1.04 अरब डॉलर का ऐतिहासिक वार्षिक घाटा दर्ज करनेवाला था, ठीक उसके दो दिन पहले जॉब्स ने एप्पल के ऐतिहासिक विज्ञापन अभियान 'थिंक डिफरेंट' का आगाज कर दिया था। जॉब्स ने तूफानी सुधार कार्यक्रम लागू किए थे। 7 जनवरी, 1998 को सैन फ्रांसिस्को मैकवर्ल्ड में चालू वित्त वर्ष की पहली तिमाही में 4.5 करोड़ डॉलर के लाभ की घोषणा के साथ 'थिंक प्रॉफिट' का नारा दिया था और 1998 वित्त वर्ष (30 सितंबर, 1998 तक) के अंत में एप्पल ने 30.9 करोड़ डॉलर का मुनाफा दर्ज किया था। जॉब्स का आगे का रास्ता आसान नहीं था, लेकिन एप्पल का कायापलट होता गया था और 2001 व 2002 का 'इंटरनेट बुलबुला' विस्फोट का झटका बरदाश्त करने के बाद कंपनी ने कभी पीछे मुड़कर नहीं देखा।

आगे की कहानी पढ़ने से पहले जरा इन आँकड़ों पर गौर फरमाइए—

स्टीव जॉब्स की वापसी के बाद एप्पल का वित्तीय प्रदर्शन

वित्त वर्ष (1 अक्तूबर से 30 सितंबर)	कुल बिक्री आय (करोड़ डॉलर)	शुद्ध लाभ (करोड़ डॉलर)	राजस्व वृद्धि दर (%)
1997	708.1	−104.5	−28
1998	594.1	30.9	−16
1999	613.4	60.1	3
2000	798.3	78.6	30
2001	536.3	−2.5	−33
2002	524.7	6.5	−2
2003	620.7	5.7	18
2004	827.9	26.6	33
2005	1,393.1	132.8	68
2006	1,931.5	198.9	39
2007	2,457.8	349.5	27
2008	3,749.1	611.9	53
2009	4,290.5	823.5	14
2010	6,522.5	1,401.3	52
2011	10,824.9	2,592.2	66
2012	15,650.8	4,173.3	45

स्रोत—ब्रेबर्न कैपिटल (एप्पल परिसंपत्ति प्रबंध कंपनी)

'थिंक डिफरेंट' अभियान व कंपनी का पुनर्निर्माण

अमेलिओ के हटाए जाने के बाद, जब जॉब्स ने एप्पल मुख्यालय में अपना काम शुरू किया था, तो उसने जिन खास लोगों से संपर्क साधा था, उनमें टीबीडब्लूए/चिअट/डे का रचनात्मक निदेशक ली क्लो भी शामिल था। जी हाँ, वही शख्स जिसने मैकिनटोश के आगाज के लिए '1984' विज्ञापन अभियान को निर्देशित किया था। उस समय जॉब्स एप्पल के लिए नई विज्ञापन एजेंसी का चुनाव कर रहा था। जॉब्स ने क्लो व उसकी एजेंसी टीबीडब्लूए/चिअट/डे को एप्पल के विज्ञापन-खाता के लिए प्रतियोगिता करने के लिए आमंत्रित किया था, लेकिन क्लो ने एप्पल में कोई रुचि नहीं दिखाई। फिर जॉब्स ने क्लो को काफी समझाया और आश्वस्त किया कि अभी भी एप्पल 'जीवित' थी और वह उसके पास कुछ 'खास' था। खैर, क्लो मान गया था।

अमेलिओ के हटाए जाने के बाद, जब जॉब्स ने एप्पल मुख्यालय में अपना काम शुरू किया था, तो उसने जिन खास लोगों से संपर्क साधा था, उनमें टीबीडब्लूए/चिअट/डे का रचनात्मक निदेशक ली क्लो भी शामिल था।

जॉब्स व क्लो के बीच इस मुद्दे पर काफी बहस हुई थी। दोनों इस बात पर सहमत थे कि उपभोक्ताओं के 'भावनात्मक लगाव' के आधार पर एप्पल दुनिया के सबसे महान् ब्रांड में से एक था। लेकिन पिछले 12 वर्षों में यह लगाव लगभग खत्म सा हो चुका था और इसे एकबार फिर से जगाने की जरूरत थी। लिहाजा उत्पादों पर केंद्रित विज्ञापन जारी करने की बजाय दोनों ने एक 'ब्रांड छवि अभियान' चलाने की जरूरत पर बल दिया था। आखिर कैसे ? तय हुआ था कि 'कंप्यूटर क्या कर सकता है' की बजाय इस अभियान के जरिए 'रचनात्मक लोग कंप्यूटर के साथ क्या कर सकते हैं'। इसी सोच के आधार पर क्लो व उसके कार्यदल ने 'थिंक डिफरेंट' विज्ञापन अभियान का प्रस्ताव किया था। अन्य विज्ञापन एजेंसियों के प्रस्तावों के मुकाबले यह विचार दस गुना ज्यादा बेहतर था। जाहिर है कि एप्पल कार्यदल को यह काफी पसंद आया था। इस तरह जॉब्स ने एक बार फिर से एप्पल का विज्ञापन खाता अपनी पसंदीदा एजेंसी को दे दिया था।

जॉब्स के साथ काफी माथापच्ची करने के बाद क्लो व उसके दो साथियों—केन सेगाल्ल व क्रैग तानीमोटो ने 60 सेकंड के टीवी विज्ञापन की मूल कविता रची थी—

यहाँ है जुनूनी लोगों के लिए। अनुपयुक्तों। विद्रोहियों। हुल्लड़बाजों। वर्ग छेद में गोल खूँटे।

कुछ अलग ढंग से देखनेवाले लोग। वे नियमों के शौकीन नहीं हैं। और उन्हें यथास्थिति के लिए कोई सम्मान नहीं है। आप उनको उद्धृत, उनसे असहमत, उनकी तारीफ या उनको गालियाँ दे सकते हैं।

लेकिन केवल एक चीज है, जो आप नहीं कर सकते, उन्हें अनदेखा। क्योंकि वे चीजों को बदलते हैं। वे अविष्कार करते हैं। वे कल्पना करते हैं। वे घाव भरते हैं। वे अन्वेषण करते हैं। वे रचना करते हैं। वे प्रेरित करते हैं। वे आगे मानव जाति को धक्का लगाते हैं।

शायद उन्हें जुनूनी होना पड़ता है।

और कैसे आप एक खाली कैनवास को निहार सकते हैं और कलाकृति को देखते हैं? या मौन में बैठते हैं और एक गाना सुनने लगते हैं, जो कभी लिखा ही नहीं गया है? या लाल ग्रह पर टकटकी लगाते हैं और पहियों पर एक प्रयोगशाला देखते हैं?

हम इस तरह के लोगों के लिए उपकरण बनाते हैं।

'जब कुछ लोग उन्हें जुनूनी के रूप में देखते हैं, हम प्रतिभा को देखते हैं; क्योंकि जो लोग यह सोचने के लिए पर्याप्त जुनूनी होते हैं कि वे दुनिया को बदल सकते हैं, वही वे हैं, जो करते हैं।'

यह कविता सुनते हुए आपको जॉब्स द्वारा बोस्टन मैकवर्ल्ड में दिए गए भाषण की अंतिम पंक्तियाँ याद आ रही होंगी। जी हाँ, जॉब्स हर शब्द सोची-समझी रणनीति के तहत ही बोलता था। तब तक इस ब्रांड छवि अभियान की मूल अवधारणा को अंतिम रूप दिया जा चुका था। जॉब्स ने इस कविता के एक-एक शब्द पर तीखी बहस की थी। विज्ञापन में इस कविता को कौन पढ़े, इसके बारे में भी काफी माथापच्ची की गई थी। कई लोकप्रिय अभिनेताओं से संपर्क साधा गया था, लेकिन बहुप्रतिभाशाली अमेरिकी कलाकार रिचर्ड ड्रेफस इसके लिए तैयार हुए थे, क्योंकि वह खुद भी एप्पल के उत्पादों के दीवाने थे। ड्रेफस को खासतौर पर रूमानी हास्य नाटक फिल्म 'द गुडबाय गर्ल' (1977) के लिए जाना जाता है, जिसमें उन्हें सर्वश्रेष्ठ अभिनेता के अकादमी पुरस्कार (ऑस्कर) से नवाजा गया था।

इस दूरदर्शन विज्ञापन के अलावा जॉब्स व ली क्लो ने 'थिंक डिफरेंट' प्रचार अभियान के तहत जिस विज्ञापन-शृंखला की रचना की थी उसे प्रकाशित विज्ञापन इतिहास के सबसे यादगार विज्ञापनों में शुमार किया जाता है। हरेक विज्ञापन एक महान् ऐतिहासिक हस्ती की श्वेत-श्याम तसवीर (ब्लैक × व्हाइट पोर्ट्रेट) भर थी। तो विज्ञापन क्या था? तसवीर के ऊपरी हिस्से में एक छोटा सा रंगीन एप्पल प्रतीक-चिह्न (लोगो) व उसके ठीक नीचे काली पृष्ठभूमि से उभरता दो शब्दों का सफेद घोष वाक्य 'थिंक डिफरेंट'। दिलचस्प यह है उक्त तसवीर-विज्ञापन में उस शख्सियत का अनुशीर्षक (कैप्शन) तक नहीं लिखा गया था। क्यों? क्योंकि वे हस्तियाँ किसी परिचय की मोहताज नहीं थीं। ये हस्तियाँ थीं—

- अल्बर्ट आइंस्टीन—जर्मनी में जनमे स्विस मूल के अमेरिकी सैद्धांतिक भौतिक विज्ञानी, दार्शनिक व लेखक। अपने समय के सबसे प्रभावशाली व सबसे ज्ञात वैज्ञानिकों-बुद्धिजीवियों में से एक। 'आधुनिक भौतिकी के जनक' से संबोधित।
- अल्फ्रेड हिचकॉक—अंग्रेजी फिल्म निर्देशक व निर्माता। रहस्य-रोमांच फिल्मों के प्रणेता। 'द मास्टर ऑफ सस्पेंस' उपनाम से संबोधित।
- एमेलिया इअरहार्ट—अटलांटिक महासागर के आर-पार एकल उड़ान भरनेवाली पहली अमेरिकी महिला हवाबाज। 2 जुलाई, 1937 को प्रशांत महासागर में हॉवलैंड द्वीप के लिए उड़ान भरने के बाद गायब।
- अंसल एडम्स—अमेरिकी छायाकार व पर्यावरणविद्, पूर्वी मध्य कैलिफोर्निया स्थित योशेमाइट नेशनल पार्क की श्वेत श्याग परिदृश्य तसवीरों के लिए खासतौर पर मशहूर।
- बिल बर्नबेच—अमेरिकी विज्ञापन के ऐतिहासिक दिग्गज। अंतरराष्ट्रीय विज्ञापन एजेंसी 'डोयले डेन बर्नबेच' (डीडीबी) के तीन संस्थापकों में से एक। वोक्सवैगन बीटल के विज्ञापन अभियान 'थिंक स्माल' के निर्देशन के लिए मशहूर।
- बॉब डायलन—अमेरिकी संगीतकार, गायक, गीतकार, कलाकार व लेखक। लोकप्रिय संगीत में पाँच दशकों से अधिक समय तक प्रभावशाली। अनौपचारिक इतिहासकार, सामाजिक अशांति व विरोध-संस्कृति के अघोषित प्रचारक। अपने समय के सबसे अधिक बिकनेवाले कलाकारों में से एक।
- बज एल्ड्रिन—अमेरिकी अंतरिक्ष यात्री। 20 जुलाई, 1969 को पहले मानव-चालित अंतरिक्ष-यान 'अपोलो-11' से नील आर्मस्ट्रांग के साथ चाँद पर उतरनेवाले दूसरे व्यक्ति।
- चार्ली चैपलिन—अंग्रेजी हास्य अभिनेता व फिल्म निर्माता। मूक-युग के सबसे यादगार परदा-चरित्र 'द लिटिल ट्रैंप' (नन्हा आवारा) के लिए विश्व-विख्यात। फिल्म उद्योग के इतिहास में सबसे महत्त्वपूर्ण नेताओं में से एक।
- दलाई लागा—तेनजिन ग्यात्सो, चौदहवें व वर्तमान दलाई लामा। नवीनतम तिब्बती बौद्ध धर्म संप्रदाय 'गेलुग' के प्रधान भिक्षु। नोबेल शांति पुरस्कार विजेता। दुनिया के सबसे प्रसिद्ध बौद्ध भिक्षु और भारत में निर्वासित तिब्बती सरकार के नेता।
- एलिएनॉर रूजवेल्ट—संयुक्त राज्य अमेरिका की सबसे लंबे समय तक सेवारत प्रथम महिला (1933-1945)। पति फ्रेंकलिन रूजवेल्ट की 'नया सौदा'

(न्यू डील) घरेलू कार्यक्रम नीतियों की समर्थक। कार्यस्थल में महिलाओं की विस्तारित भूमिका, अफ्रीकी अमेरिकियों, एशियाई अमेरिकियों, व द्वितीय विश्व-युद्ध के शरणार्थियों के नागरिक अधिकारों की वकालत के लिए श्रद्धांजलि स्वरूप 'विश्व की प्रथम महिला' से संबोधित।

- फ्रांसेस फोर्ड कोपोला—इतालवी मूल के अमेरिकी फिल्म निर्देशक, निर्माता व पटकथा लेखक। 'गॉडफादर' (1972) के जरिए अपराध-फिल्म निर्माण में क्रांति के लिए मशहूर।
- फ्लिक द एंट—पिक्सर स्टूडियो की एनिमेटेड फिल्म 'ए बग्स लाइफ' (1998) का मुख्य नायक 'फ्लिक', जो एक नर चींटी है। 'फ्लिक' के पास जीवन को सुधारने के लिए भव्य विचार होते हैं, लेकिन बाकी चीटियाँ उसके विचारों व आविष्कार को आगे नहीं बढ़ने देतीं। 'फ्लिक' के जरिए स्टीव जॉब्स के जीवन-चरित्र को दरशाने की कोशिश की गई है।
- फ्रैंक रसेल काप्रा—इतालवी मूल के अमेरिकी फिल्म निर्देशक, निर्माता व लेखक। लॉस एंजिल्स की इतालवी यहूदी बस्ती में संघर्ष करते हुए उभरनेवाले रचनात्मक-व्यक्तित्व। सर्वश्रेष्ठ निर्देशक के रूप में तीन अकादमी पुरस्कारों (ऑस्कर) के विजेता व 1930 दशक के सबसे प्रभावशाली फिल्म निर्देशकों में से एक। 'अमेरिकी स्वप्न के अवतार' कहे जानेवाले प्रेरणा-पुरुष।
- फ्रैंक सिनात्रा—11 ग्रैमी पुरस्कार प्राप्त अमेरिकी गायक व फिल्म अभिनेता, सभी समय के सबसे ज्यादा बिकनेवाले कलाकारों में से एक।
- जेम्स डेवी वाटसन—अमेरिकी आण्विक जीवविज्ञानी, आनुवंशिकीविद् और जीव विज्ञानी। फ्रांसिस क्रिक के साथ सन् 1953 में डीएनए की संरचना के सह आविष्कारक।
- फ्रैंक लॉयड राइट—अमेरिकी वास्तुकार, आंतरिक सज्जाकार, लेखक व शिक्षाविद्। मानवता व पर्यावरण के साथ सामंजस्य स्थापित करनेवाली जैविक वास्तुकला के पैरोकार।
- जैकी रॉबिंसन—अमेरिकी बेसबॉल खिलाड़ी, आधुनिक युग में मेजर लीग बेसबॉल में खेलनेवाला पहला अफ्रीकी-अमेरिकी।
- जेन मॉरिस गूडॉल—ब्रिटिश मानवविज्ञानी व संयुक्त-राष्ट्रसंघ की शांतिदूत। चिंपांजी पर दुनिया की अग्रणी विशेषज्ञ। गोंबे स्ट्रीम नेशनल पार्क (तंजानिया) में जंगली चिंपांजियों की सामाजिक व पारिवारिक सहभागिता पर 45 वर्षों के अध्ययन के लिए विश्वविख्यात।

- जिम हेंसन व केर्मिट—अमेरिकी कठपुतली कलाकार व कार्टूनिस्ट। अमेरिकी इतिहास में सबसे ज्यादा लोकप्रिय कठपुतली कलाकारों में से एक। कठपुतली चरित्रों 'मपेट' के जनक। कठपुतली टीवी शृंखला 'मपेट शो' के लिए मशहूर। 'केर्मिट' एक कठपुतली चरित्र है, जिसे एक मेढक के रूप में पेश किया गया है। यह 'मपेट शो' का मुख्य कलाकार व मेजबान है। एप्पल विज्ञापन में हेंसन के कंधे पर 'केर्मिट' को भी पेश किया गया है।
- जिमी हेंड्रिक्स—अमेरिकी गिटारवादक, गायक व गीतकार। मुख्यधारा में केवल चार वर्षों तक सक्रिय रहने के बावजूद लोकप्रिय संगीत के इतिहास में सबसे प्रभावशाली बिजली गिटार वादकों व 20वीं सदी के सबसे मशहूर संगीतकारों में से एक। 'रॉक ऐंड रोल हॉल ऑफ फेम' (क्लीवलैंड, ओहियो, अमेरिका) द्वारा 'रॉक संगीत इतिहास में सबसे बड़े यंत्र-वादक' के रूप में वर्णित।
- जोआन बैज—अमेरिकी लोक गायिका, गीतकार, संगीतकार व सामाजिक कार्यकर्ता। शक्तिशाली प्रकंपित स्वर में विशिष्ट गायन शैली के लिए विख्यात। विरोध-संस्कृति के समर्थन व विभिन्न सामाजिक मुद्दों पर धारदार गीतों की रचना के लिए बहुचर्चित। बॉब डायलन व जॉब्स की पूर्व प्रेमिका।
- जॉन मार्सेलस ह्यूस्टन—अमेरिकी फिल्म निर्देशक, पटकथा लेखक और अभिनेता। 46 साल के पेशेवर जीवन में दो अकादमी पुरस्कार (ऑस्कर) व 15 नामांकन। हॉलीवुड फिल्म उद्योग में 'भीमकाय मानव' 'विद्रोही' व 'पुनर्जागरण पुरुष' के रूप में संदर्भित।
- जॉन लेनन व योको ओनो—लोकप्रिय संगीत के इतिहास में सबसे सफल व्यावसायिक बैंड 'बीटल्स' के संस्थापक सदस्य जॉन लेनन व उसकी जापानी प्रयोगात्मक कलाकार पत्नी योको ओनो। नवंबर 1968 में एप्पल रिकॉर्ड्स द्वारा जारी अपने पहले एल्बम 'टू वर्जिंस' (दो अनजान) में प्रयोगात्मक संगीत शैली व आवरण पर स्वयं-छायांकित युगल नग्न-चित्र के दुस्साहसपूर्ण प्रकाशन और वियतनाम युद्ध के विरुद्ध सन् 1969 में 25 से 31 मार्च तक एमसटर्डम हिल्टन होटल (अपोलोबुउर्ट, एम्सटर्डम, नीदरलैंड्स) व 26 मई से 1 जून तक क्वीन एलिजाबेथ होटल (मॉन्ट्रियल, क्यूबेक, कनाडा) में सुहाग-बिस्तर (हनीमून बेड) पर अहिंसक विरोध प्रदर्शन के लिए विश्वविख्यात। 1 जून को सुहाग-बिस्तर पर प्रदर्शित लेनन व ओनो द्वारा प्रदर्शित गीत 'गिव पीस ए चांस' अमेरिकी युद्ध विरोधी आंदोलन का समूहगान बना।

- लुसिल्ले बॉल व देसी अर्नाज—अमेरिकी टीवी हास्य शृंखला 'आई लव लूसी' की मशहूर अभिनेत्री व अभिनेता।
- महात्मा गांधी—ब्रिटिश शासन काल में प्रमुख भारतीय राष्ट्रवादी नेता, अहिंसक 'सविनय अवज्ञा' आंदोलन के प्रणेता।
- मारिया कैल्लस—अमेरिका में जनमी यूनानी 'सोप्रानो'/ उच्चतम स्वर-सीमावाली शास्त्रीय गायिका, 20वीं सदी के सबसे प्रसिद्ध व प्रभावशाली ओपेरा गायकों में से एक।
- मरथा ग्राहम—आधुनिक नृत्यकला की सबसे महान् व सबसे अधिक प्रभावशाली नृत्यांगनाओं में एक, नृत्य-निर्देशकों में एक, 70 वर्षों से अधिक समय तक नाचने व नृत्य-निर्देशन करनेवाली अमेरिकी सांस्कृतिक राजदूत।
- माइल्स डेविस—अमेरिकी जाज संगीतकार, बिगुल वादक, 20वीं सदी के सबसे प्रभावशाली संगीतकारों में से एक।
- मुहम्मद अली—अमेरिकी पेशेवर बॉक्सर। खेल के इतिहास में सबसे बड़े दिग्गजों में शुमार। 'स्पोर्ट्स इलस्ट्रेटेड' अंतरराष्ट्रीय खेल पत्रिका द्वारा 'सदी का खिलाड़ी' व अंतरराष्ट्रीय प्रसारण समूह 'ब्रिटिश ब्रॉडकास्टिंग' कॉर्पोरेशन (बीबीसी) बीबीसी द्वारा 'सदी का खेल व्यक्तित्व' से सम्मानित।
- नेल्सन मंडेला—दक्षिण अफ्रीका के रंगभेद विरोधी क्रांतिकारी, राजनीतिज्ञ और परोपकारी। नोबेल शांति पुरस्कार (1993) विजेता। 1994-1999 तक दक्षिण अफ्रीका के राष्ट्रपति।
- पाब्लो पिकासो—स्पेन के चित्रकार- मूर्तिकार, 20वीं सदी के सबसे महान् व सबसे अधिक प्रभावशाली कलाकारों में से एक, 'घनवाद' कला आंदोलन के प्रणेता।
- पॉल रेंड—अमेरिकी कला निर्देशक व ग्राफिक डिजाइनर। कॉरपोरेट लोगो डिजाइन के लिए विश्वविख्यात।
- रिचर्ड फेनमैन—अमेरिकी सैद्धांतिक भौतिक विज्ञानी, क्वांटम यांत्रिकी के पथ अविभाज्य सूत्रीकरण के लिए विख्यात।
- सीजर शावेज—मेक्सिको अमेरिकी खेत मजदूर, श्रमिक नेता व नागरिक अधिकार कार्यकर्ता, नेशनल फार्म वर्क्स एसोसिएशन/ यूनाइटेड फार्म वर्क्स यूनियन के सह-संस्थापक।
- टेड टर्नर—अमेरिकी संचार बादशाह/मीडिया मुगल व दानवीर। पहले 24 घंटे की केबल समाचार चैनल 'केबल न्यूज नेटवर्क'/ सीएनएन के संस्थापक)।

- थॉमस एडीसन—फोनोग्राफ, मोशन पिक्चर कैमरे, व्यावहारिक बिजली बल्ब के अमेरिकी आविष्कारक।

शायद दुनिया में अब तक स्टीव जॉब्स जैसी कोई दूसरी कारोबारी हस्ती नहीं रही है, जिसने अपने ब्रांड को गांधी, आइंस्टीन, पिकासो व दलाई लामा जैसे इतिहास-पुरुषों के साथ जोड़ने का शानदार दुस्साहस किया हो।

ये सभी ऐतिहासिक महापुरुष स्टीव जॉब्स के जीवन-नायक रहे थे। ये रचनात्मक लोग रहे हैं, जिन्होंने जोखिम उठाया, असफलताओं को चुनौतियाँ दीं और बिल्कुल अलग तरीके से काम करते हुए अपने जीवन-लक्ष्य को पूरा करने का दाँव खेला। इन हस्तियों में जॉब्स ने खुद को देखा था। चाहे वह '1984' विज्ञापन हो या फिर 'थिंक डिफरेंट', जॉब्स ने अपने विद्रोही चरित्र के विस्तार के रूप में एप्पल की ब्रांड छवि को प्रस्तुत किया किया था। इस प्रचार अभियान के तहत 'टाइम' व 'न्यूज़वीक' जैसी अंतरराष्ट्रीय पत्रिकाओं सहित विभिन्न समाचार-पत्रों में विज्ञापन जारी किए जाने के अलावा इन प्रमुख हस्तियों के 26 × 36 इंच आकार के पोस्टर भी जारी किए गए थे, जो आज भी दुनिया भर के एप्पल उपयोगकर्ताओं द्वारा दुर्लभ कलाकृतियों के रूप में संग्रह किए जाते हैं।

शायद दुनिया में अब तक स्टीव जॉब्स जैसी कोई दूसरी कारोबारी हस्ती नहीं रही है, जिसने अपने ब्रांड को गांधी, आइंस्टीन, पिकासो व दलाई लामा जैसे इतिहास-पुरुषों के साथ जोड़ने का शानदार दुस्साहस किया हो। जॉब्स ही ऐसा कारोबारी महारथी था, जो अपने उपभोक्ताओं को कंप्यूटर के उपयोग के जरिए उन्हें खुद को निगमित संगठन विरोधी (एंटी कॉर्पोरेट), रचनात्मक व अभिनव विद्रोहियों के रूप में परिभाषित करने के लिए प्रोत्साहित करने में सक्षम था। ओरेकल कॉरपोरेशन के सह-संस्थापक लैरी एल्लिसन, जॉब्स के मित्र ने उसके बारे में गर्व से कहा था, 'प्रौद्योगिकी उद्योग में सिर्फ स्टीव ने ही जीवन-शैली ब्रांड की रचना की थी। कारें हैं (जिन्हें) लोग रखने में गर्व करते हैं—पोर्शे, फेरारी, प्रियस—क्योंकि जो मैं चलाता हूँ, वह मेरे बारे में कुछ कहता है। लोग उसी तरह महसूस करते हैं एप्पल उत्पाद के बारे में।'

'थिंक डिफरेंट' से शुरू होकर एप्पल के अपने बाकी समूचे जीवन काल में, जॉब्स ने उपभोक्ता संवाद रणनीति को सूत्रबद्ध करने लिए, हर बुधवार दोपहर को तीन घंटे लंबी चलनेवाली विचार-मंथन बैठकों का सिलसिला जारी रखा था। इन बैठकों में विज्ञापन एजेंसी व एप्पल के विपणन व जनसंपर्क विभागों के तमाम बड़े पदाधिकारी शामिल हुआ करते थे। टीबीडब्लूए/चिअट/डे का रचनात्मक निदेशक ली क्लो ने जॉब्स के आधिकारिक जीवनी लेखक वाल्टर आइसेक्सन को बताया था, 'धरती पर कोई

सी.ई.ओ. नहीं है जो विपणन के साथ स्टीव की तरह ताल्लुक रखता है। हर बुधवार को वह हरेक नए (टीवी) वाणिज्यिक, छपनेवाले विज्ञापन व विज्ञापन-पट्टिका (बिलबोर्ड) को अनुमोदित करता है।' बैठक के अंत में वह ली क्लो को उसके दो सहकर्मियों डंकन मिलनर व जेम्स विन्सेंट को सख्त पहरेदारी वाले एप्पल डिजाइन स्टूडियो में ले जाता था और बड़े ही जुनून व भावनात्मकता के साथ उन उत्पादों को दिखता था, जिन पर काम चल रहा होता था। इस तरीके से वह हरेक विज्ञापन की रचना के लिए अपने विज्ञापन-कलाकारों में अपनी भावना को पिरोने की कोशिश करता था। जाहिर है कि इस प्रकिया के बाद जो विज्ञापन रचनाएँ बाहर आती थीं, वे जॉब्स की सोच को ही रूपायित करती रही थीं।

'अनंत' मुख्य कार्यकारी अधिकारी

'थिंक डिफरेंट' ब्रांड छवि निर्माण योजना को अंतिम रूप देते हुए जॉब्स ने एप्पल में अपनी भविष्य की भूमिका के बारे में भी अगल तरीके से सोचना शुरू कर दिया था। अमेलिओ के जाने के बाद करीब 10 सप्ताह बीत चुके थे। व्यावहारिक तौर पर तो जॉब्स के हाथ में कंपनी की पूरी कमान आ चुकी थी, लेकिन वैधानिक रूप से वह 'सलाहकार' व निदेशक मंडल का एक सदस्य भर ही था। अब तक सीएफओ फ्रेड एंडरसन अंतरिम मुख्य कार्यकारी अधिकारी (इन्टेरिम सीईओ) पद की अतिरिक्त जिम्मेदारी सँभाल रहा था। हालाँकि अपनी खुद की घोषणा के मुताबिक एंडरसन अपना हर फैसला जॉब्स के निर्देशानुसार ही लेता आ रहा था, लेकिन जॉब्स पर निदेशक मंडल की तरफ से सीधे जिम्मेदार का दबाव बना हुआ था। लिहाजा 16 सितंबर, 1997 को जॉब्स ने अंतरिम सी.ई.ओ. का पद स्वीकार करने का ऐलान कर दिया था।

अभी भी जॉब्स की वैधानिक प्रतिबद्धता अस्थाई थी—उसने कोई वेतन लेना या अनुबंध पर हस्ताक्षर करना स्वीकार नहीं किया था। लेकिन वह कारवाई के मामले में अस्थायी नहीं था, वह प्रभारी था, और वह अपने फैसले के लिए आम-सहमति का मोहताज नहीं था। कुछ सप्ताह तक जॉब्स व निदेशक मंडल ने स्थायी सी.ई.ओ. की तलाश जारी रखा रखी थी। कई नाम सामने आए थे—जॉर्ज माइल्स कोरडेल फिशर (1993-2000 तक ईस्टमैन कोडक कंपनी के मुख्य कार्यकारी अधिकारी व अध्यक्ष), सैमुअल जे पल्मिसानो (आई.बी.एम. ग्लोबल सर्विसेज के तत्कालीन वरिष्ठ उपाध्यक्ष, जो अक्तूबर 2000 में आई.बी.एम. समूह के अध्यक्ष व मुख्य परिचालन अधिकारी/ सीओओ, मार्च 2002 में सी.ई.ओ. व जनवरी 2003 में चेयरमैन × सी.ई.ओ. बने), एडवर्ड जे. जंदर (सन माइक्रोसिस्टम्स के तत्कालीन सीओओ व अध्यक्ष, जो सन् 2004 में मोटोरोला सी.ई.ओ. व चेयरमैन बने)। लेकिन किसी ने भी एप्पल में जॉब्स के रहते

हुए सी.ई.ओ. बनने में कोई रुचि नहीं दिखाई थी। अब एप्पल निदेशक मंडल में सारे जॉब्स समर्थक ही थे, और कंपनी जॉब्स के नेतृत्व में ठोस उम्मीद के साथ आगे बढ़ रही थी, तो जॉब्स को बिना किसी के बारे में सोचने का समय खत्म हो चुका था। लिहाजा आगे कुछ समय बाद जॉब्स को एप्पल के अंदर ही नहीं, समूचे सिलिकॉन वैली में व संचार माध्यमों में भी जॉब्स को 'इंटेरिम' की बजाय 'इंडेफिनिट' सी.ई.ओ. यानी अनंत मुख्य कार्यकारी अधिकारी मान लिया गया था।

जनाब, जरा जॉब्स की हालत का अंदाजा लगाइए। वह पिक्सर का भी चेयरमैन व सी.ई.ओ. था। 'टॉय स्टोरी' व आईपीओ की ऐतिहासिक सफलता के बाद वहाँ भी कंपनी की धुँआधार बढ़त को बनाए रखने की चुनौती थी और उसके लिए जॉब्स का पर्याप्त समय देना जरूरी थी। लेकिन राहत की बात यह थी कि पिक्सर की पूरी रचनात्मक जिम्मेदारी डॉ. कैटमुल्ल व जॉन लासेटर जैसे जुनूनी पेशेवरों के मजबूत कंधों पर थी और जॉब्स को ज्यादा चिंता करने की जरूरत नहीं थी। फिर भी यह जॉब्स के जीवन का सबसे व्यस्त व कठिन समय था। जॉब्स के सामने पेशेवर व पारिवारिक दोनों मोरचों पर खुद को सफल करने की कठिन चुनौतियाँ थीं।

लौरेन पॉवेल ने जॉब्स की पारिवारिक जिंदगी को खुशियों से भर दिया था। लौरेन ने पारिवारिक मोरचे को खुद ही बखूबी सँभाल रखा था, फिर भी जॉब्स एक जिम्मेदार पति व पिता की भूमिका निभाने की ख्वाहिश रखता था, जोकि उससे संभव नहीं हो पा रहा रहा। बेटा रीड पॉल जॉब्स अब सात का साल हो चुका था, बेटी एरिन सिएना जॉब्स दो साल की थी और तीसरी संतान ईव (बेटी) अभी लौरेन के गर्भ में पल रही थी। लौरेन के घर सँभालने के बाद जॉब्स की पहली बेटी लिसा ब्रेन्नन उन्हीं के साथ रहने लगी थी।

हुआ यूँ था कि वर्ष 1992 के मध्य में जब लिसा पालो आल्टो हाई स्कूल में पढ़ रही थी तो एक दिन स्कूल से जॉब्स को बुलावा भेजा गया था। कुछ गंभीर मसले थे और लिसा के लिए यह जरूरी था कि वह अपनी माँ च्रिसन्न ब्रेन्न से अलग रहे। जॉब्स काफी देर तक लिसा के साथ घूमता रहा था और उसकी समस्या जानने के बाद अपने साथ रखने का प्रस्ताव किया था। अगले चार वर्षों तक लिसा, हाई स्कूल की पढ़ाई पूरी करने तक, जॉब्स व लौरेन के साथ रही थी और उसके नाम लिसा निकोल ब्रेन्न के आगे 'जॉब्स' भी जुड़ गया था। न केवल शक्ल-सूरत से बल्कि स्वभाव से भी वह जॉब्स जैसी ही जिद्दी थी। जॉब्स उससे बहुत प्यार करता था, लेकिन अकसर वह उससे दूरी भी बढ़ा लेता था। लिसा अकसर रूठकर पड़ोसियों के घर भी चली जाती थी और अपने पिता का सामना नहीं करना चाहती थी। लेकिन लौरेन ने बाप-बेटी की भावुक तकरार के वक्त सगी माँ जैसा प्यार लुटाया था। उसने लिसा की बेहतरीन परवरिश करने की

हरसंभव कोशिशें की थीं। लिसा के स्कूल-कार्यक्रमों में अभिभावक की भूमिका लौरेन ही अदा करती रही थी।

लिसा में पिता की विद्रोही रचनात्मक प्रतिभा तब उभरकर सामने आई थी, जब 11वीं में पढ़ रही थी। अब तक वह स्कूल के समाचार-पत्र की सह-संपादक की भूमिका अदा करने लगी थी। बिल हेवलेट, जिसने अपनी कंपनी में जॉब्स को काम का पहला मौका दिया था, उसका पोता बेन हेवलेट लिसा का सहपाठी था। दोनों में गहरी दोस्ती थी और उन्होंने स्कूल निदेशक मंडल द्वारा प्रशासकों को दी गई तथाकथित 'रिश्वत' का भंडाफोड़ किया था। वर्ष 1996 में लिसा ने हार्वर्ड विश्वविद्यालय के स्नातक-पत्रकारिता पाठ्यक्रम में दाखिला लिया और हार्वर्ड के समाचार-पत्र 'द क्रिमसन' व साहित्यिक पत्रिका 'द एडवोकेट' से जुड़ गई। ज्यों-ज्यों लिसा बड़ी होती गई थी और उसकी समझदारी बढ़ती गई थी, उसे अपनी जन्मदाता माँ च्रिसन्न ब्रेन्नन की आर्थिक तंगहाली बरदाश्त नहीं होती थी। लिसा अपनी माँ को मदद करना चाहती थी, जबकि जॉब्स उसके लिए फूटी कौड़ी भी खर्च करने को तैयार नहीं था। लिहाजा इस मुद्दे पर लिसा व जॉब्स के बीच लगातार तकरार भी चलती आ रही थी। कुल मिलकर लिसा को किसी अरबपति पिता की संतान की तरह बेहिसाब जिंदगी जीने की छूट नहीं थी। लिहाजा वह जब भी पालो आल्टो आती थी, जॉब्स से उसकी तकरार हो जाती थी।

(वर्ष 2000 में हार्वर्ड से स्नातक करने के बाद लिसा ने अपने प्रेमी के साथ कुछ समय इटली में बिताया था। फिर अलग होकर किंग्स कॉलेज, लंदन से 'लेखन' का पाठ्यक्रम पूरा किया था और न्यूयॉर्क में स्वतंत्र रूप से लेखन करने लगी थी। जॉब्स ने लिसा के नाम पर च्रिसन्न ब्रेनन के लिए 7 लाख डॉलर का घर खरीद दिया था। लेकिन लिसा ने उसे वापस अपनी माँ के नाम कर दिया, जिसे बेचकर वह अपने आध्यत्मिक सलाहकार के साथ पेरिस में रहने चली गई थी। पैसा खत्म हो जाने के बाद च्रिसन्न ब्रेन्नन वापस सैन फ्रांसिस्को में आ बसी व पेंटिंग कलाकार के रूप में जीवन बसर करने लगी थी।)

जाहिर है कि एप्पल को दुबारा से गौरवशाली बनाने के साथ-साथ जॉब्स को पारिवारिक स्तर पर कई प्रकार की समस्याओं से जूझना पड़ रहा था। वह सुबह 7 बजे घर से निकलता था तो फिर 9 बजे रात से पहले वापस नहीं जा पाता था। बच्चे सो रहे होते थे। वह मानसिक रूप से इतना उलझा व शारीरिक रूप से इतना थका होता था कि लौरेन से भी कोई बात नहीं करता था। वह आधे घंटे तक टीवी देखता और फिर शाकाहारी भोजन कर सो जाया करता था। सुबह फिर से वही काम, पहले पिक्सर के दफ्तर व उसके बाद एप्पल। जॉब्स अपनी पसंदीदा काले रंग की पोर्शे को खुद ही चलाता

था। इसी दौरान उसके गुरदे में पथरी की शिकायत शुरू हो गई थी। इस आपा-धापी में वह हस्पताल जाता था, डेमेरोल (मेपेरिडीन)—गंभीर दर्द के तत्काल इलाज के लिए इस्तेमाल की जानेवाली एक मादक दर्दनिवारक—की सूई लगवाता था और फिर काम शुरू। अपने शरीर के प्रति यही लापरवाही एक दिन जॉब्स के लिए जानलेवा कैंसर के रूप से सामने आनेवाली थी।

एप्पल के पुनरुद्धार के लिए दिन-रात काम करने का जुनून सिलिकॉन वैली में चर्चा का विषय बन गया था। इसी बीच, 6 अक्तूबर, 1997 को ऑरलैंडो (फ्लोरिडा) में सूचना प्रौद्योगिकी अनुसंधान व सलाहकार कंपनी गार्टनर द्वारा आयोजित सालाना समारोह 'गार्टनर सिम्पोजियम ऐंड आईटीक्स्पो-97' में डेल इनकॉरपोरेशन के सी.ई.ओ. माइकल डेल ने एप्पल व जॉब्स के बारे में एक विवादित बयान दे दिया था। एक सवाल के जबाव में कि यदि वह स्टीव जॉब्स की जगह एप्पल का अधिग्रहण करने का अवसर मिलता तो वह उसका संचालन कैसे करते, डेल ने कह दिया था, 'मैं क्या करता? मैं उसे बंद कर देता और शेयरधारकों को उनका धन वापस लौटा देता।' जॉब्स ने इस पर तीखी प्रक्रिया जाहिर की थी कि और डेल कोई एक इ-मेल ठोंका था, 'सी.ई.ओ. से स्तर की अपेक्षा की जाती। मुझे लगता है कि यह ऐसी राय नहीं है, जो आप धारण करते हैं।' जल्द ही डेल का यह बयान उसी पर भारी साबित होनेवाला था, जब एप्पल ने डेल को काफी पीछे छोड़ दिया था और जॉब्स का करिश्मा सिर चढ़कर बोलना शुरू हो गया था। हकीकत यह है कि जॉब्स के स्वर्ग सिधार जाने के बाद भी वह बयान माइकल डेल का पीछा करता है और उसे बगलें झाँकने व अफसोस जताने के लिए मजबूर होना पड़ता है।

असल में, जॉब्स अपने कार्यदल को संगठित करने व उनमें जुनून पैदा करने के लिए इस तरह की प्रतिद्वंद्विता को बढ़ावा देना पसंद करता था। उसने आई.बी.एम. व माइक्रोसॉफ्ट के साथ-साथ को डेल को अपने निशाने पर रखा था। जॉब्स उत्पादन व वितरण प्रक्रिया में कार्य-कुशलता को बढ़ावा देने के लिए डेल की ही तरह 'बिल्ड टू ऑर्डर' (आदेश के लिए निर्माण) प्रणाली को लागू करना चाहता था। इसके लिए जब वह प्रबंधकों को सामूहिक-बहस के लिए इकट्ठा करता था तो सभाकक्ष के पृष्ठभूमि-परदे पर माइकल डेल का बड़ा चित्र प्रदर्शित करता था, और उसके चेहरे पर निशाना बनाते हुए कहा करता था, 'हम तुम्हारे पीछे आ रहे हैं, दोस्त!' ऐसा कर वह अपने लोगों में जोश भरने की कोशिश करता था।

जॉब्स को प्रेरित करनेवाले जुनूनों में एक था—टिकाऊ कंपनी का निर्माण करना। 12 वर्ष की उम्र में जॉब्स को हेवलेट पैकार्ड में ग्रीष्मकालीन नौकरी का मौका मिला था। उस दौरान उसने एक बात सीखी थी कि सुचारू ढंग से चलनेवाली कंपनी किसी

रचनात्मक व्यक्ति विशेष के मुकाबले काफी ज्यादा नवाचार के अंडे दे सकती है। इस संबंध में जॉब्स ने अपने जीवनी लेखक वाल्टर आइसेक्सन को बतया था, 'मुझे पता चला था कि सबसे अच्छा नवाचार कभी-कभी कंपनी होती है, आप जिस तरीके से कंपनी को संगठित करते हैं। आप एक कंपनी का निर्माण कैसे करते हैं, (वह) समूची धारणा मन को लुभानेवाली होती है। जब मुझे एप्पल में वापस आने का मौका मिला था, तो मैंने महसूस किया था कि बिना एक कंपनी के मैं बेकार हो जाऊँगा, और इसी कारण से मैंने बने रहने व इसे निर्माण करने का फैसला किया था।'

मैकिनटोश क्लोन की हत्या—'थिंक डिफरेंट' अभियान शुरू करने के तुरंत बाद जॉब्स ने मैकओएस पर आधारित 'क्लोन कंप्यूटर' निर्माण के लाइसेंस को खारिज कर दिया था। यह हमेशा से तीखी बहस का मुद्दा रहा था कि एप्पल को भी माइक्रोसॉफ्ट विंडोज की तरह अपनी परिचालन प्रणाली 'मैक ओएस' का लाइसेंस जारी कर कमाई करनी चाहिए। जॉब्स हमेशा से इसका सख्त विरोधी रहा था। उसका मानना रहा था कि किसी कंप्यूटर के संपूर्ण उपभोक्ता अहसास के लिए उसके हार्डवेयर व सॉफ्टवेयर दोनों का विशिष्ट होना सबसे जरूरी होता है और इसी कारण से उसने मैकिनटोश को 'एप्पल-II' व 'एप्पल लिसा' के साथ भी अनुकूलित नहीं होने दिया था।

जॉब्स के निकाले जाने के बाद बिल गेट्स ने जॉन स्कुल्ली को काफी उकसाया था कि एप्पल मैकओएस का लाइसेंस दूसरे कंप्यूटर निर्माताओं जारी करे, ताकि वह उन्हें भी 'माइक्रोसॉफ्ट ऑफिस' व अन्य अनुप्रयोग सॉफ्टवेयर बेच कर कमाई कर सके। गेट्स ऐसा इसलिए चाहता था कि तब तक उसे विंडोज के विकसित हो जाने की कोई उम्मीद नहीं थी। लेकिन स्कुल्ली ने ऐसा नहीं किया था, क्योंकि वह अगले करीब एक दशक तक 'मैक ओएस' के एकाधिकार की बदौलत ही अपना विपणन चमत्कार दिखा सका था। लेकिन विंडोज 3.0 की सफलता के दबाव में जब स्कुल्ली को निकाला गया था तो भारी आर्थिक दबाव में वर्ष 1994 में माइकल स्पिंडलर ने कुछ छोटे कंप्यूटर निर्माताओं—पॉवर कंप्यूटिंग व रेडियस—को मैकिनटोश की 'क्लोन' (नकल) बनाने के लिए मैकओएस का लाइसेंस जारी कर दिया था। गिल अमेलिओ ने इस सूची में मोटोरोला को भी जोड़ दिया था। यह विचित्र आत्मघाती कदम था। ये तीनों कंप्यूटर निर्माता अपने नकल कंप्यूटर की कम कीमत के दम पर एप्पल के ही बाजार को खाने की कोशिश कर रहे थे। एप्पल को प्रति नकल कंप्यूटर के लिए 80 डॉलर का लाइसेंस शुल्क प्राप्त होता था, जबकि बिक्री घटने से उसे प्रति कंप्यूटर 500 डॉलर के लाभ का नुकसान हो रहा था।

सवाल सिर्फ घाटे का नहीं था, जॉब्स के नजरिए से यह एप्पल उपभोक्ताओं

के साथ धोखा था। लिहाजा जब 26 जुलाई, 1997 को 'मैक ओएस 8' जारी हुआ था तो जॉब्स ने उसे नकल निर्माताओं को जारी किए जाने से साफ मना कर दिया था। पावर कंप्यूटिंग ने जॉब्स के इस फैसले के खिलाफ बोस्टन मैकवर्ल्ड में प्रदर्शन भी किया था। एप्पल निदेशक मंडल ने जॉब्स के फैसले का समर्थन किया था। फिर सितंबर में जॉब्स ने पॉवर कंप्यूटिंग से सौदा किया था और 10 करोड़ डॉलर का भुगतान कर लाइसेंस वापस ले लिया था। उसके तुरंत बाद जॉब्स ने बाकी निर्माताओं के लाइसेंस भी रद्द कर दिए थे।

जॉब्स कहा करता था, 'यह फैसला करना कि 'क्या नहीं करना है' उतना ही महत्त्वपूर्ण है, जितना 'क्या करना है' का फैसला करना। वह कंपनियों के लिए हकीकत है, और यह उत्पादों के लिए।' और जॉब्स ने प्रबंधन-दर्शन के इन सिद्धांतों को बहुत ही निर्दयता व जुर्रत के साथ एप्पल में भी लागू किया था।

उत्पाद-शृंखला की समीक्षा—चाहे वह व्यक्तिगत-प्रबंधन का मामला हो या फिर कंपनी-प्रबंधन का, जॉब्स की सबसे बड़ी खासियत उसकी ध्यान-केंद्रित करने की क्षमता थी। जॉब्स कहा करता था, 'यह फैसला करना कि 'क्या नहीं करना है' उतना ही महत्त्वपूर्ण है, जितना 'क्या करना है' का फैसला करना। वह कंपनियों के लिए हकीकत है, और यह उत्पादों के लिए।' और जॉब्स ने प्रबंधन-दर्शन के इन सिद्धांतों को बहुत ही निर्दयता व जुर्रत के साथ एप्पल में भी लागू किया था।

जॉब्स ने छोटे-बड़े हरेक उत्पाद दल को बारी-बारी से सभाकक्ष में बुलाकर कठोर समीक्षा का सिलसिला शुरू किया था। उस दौरान उसने हरेक को यह साबित करने का मौका दिया था कि उसका उत्पाद कंपनी की रणनीति के लिए क्यों जरूरी था। भावुकता को कोई जगह नहीं, यदि उत्पाद लाभ नहीं दे रहा था तो उसका खारिज होना तय था, चाहे उस पर काम करनेवाले अभियंताओं को वह उत्पाद कितना ही जरूरी क्यों न नजर आ रहा हो। उसने काररवाई करने से पहले व्यापार के सभी पहलुओं का जबरदस्त विश्लेषण किया था। गिल अमेलिओ ने उसके काम को पहले ही आसान कर दिया था; वह उत्पाद की कुल संख्या को 350 से घटाकर 50 कर चुका था, जॉब्स ने उसमें से भी 40 पर कुल्हाड़ी चला दी थी और अंत में काम करने लायक सिर्फ 10 उत्पाद ही बचे थे। उनमें भी मूल उत्पादों की संख्या सिर्फ चार थी। जॉब्स ने एप्पल उत्पादों की दो मुख्य श्रेणियों—'उपभोक्ता' व 'पेशेवर' में बाँटा था और हरेक श्रेणी में दो उत्पादों—'डेस्कटॉप' व 'पोर्टेबल' के विकास की इजाजत दी थी। मतलब, एप्पल आम उपभोक्ताओं के उपयोग को ध्यान में रखकर एक डेस्कटॉप कंप्यूटर व एक लैपटॉप

कंप्यूटर का विकास करेगा और इसी तरह पेशेवर या व्यावसायिक जरूरतों के लिए भी।

जॉब्स के इसी फैसले ने एप्पल की जान बचा ली थी। दो चरणों की छँटनी के जरिए अमेलिओ ने एप्पल की भारी-भरकम फौज को पहले ही काफी कम कर दिया था, अब रही सही कसर जॉब्स ने पूरी कर दी थी। उसने अपनी वापसी के साल भर के अंदर तीन हजार से अधिक गैर-जरूरी कर्मचारियों को निकाल बाहर कर दिया था।

जॉनी व जॉब्स का बेजोड़ डिजाइन गठजोड़

अंतरिम सी.ई.ओ. बनने के बाद जब जॉब्स ने उच्च पदाधिकारियों की सभा बुलाई तो उसमें एप्पल के डिजाइन कार्यदल का प्रमुख जोनाथन पॉल 'जॉनी' ईव भी मौजूद था। वह पिछले लंबे समय से इस बात से परेशान होकर कंपनी छोड़ने का मन बना चुका था कि कंपनी का ध्यान उत्पादों की बेहतर डिजाइन बनने की बजाय लाभ कमाने पर केंद्रित हो चुका था। उस बैठक में जब जॉब्स ने यह ऐलान किया, 'हमारा लक्ष्य सिर्फ लाभ कमाना नहीं बल्कि महान् उत्पादों की रचना करना है' तो जॉनी ने अपने फैसले पर दुबारा से विचार करने का मन बनाया था। जॉनी को अंदाजा लगाते देर नहीं लगी थी कि जिस 'मैकिनटोश' से प्रभावित होकर उसने सन् 1992 में एप्पल में शामिल होने का फैसला किया था, उसका असल रचनाकार कंपनी की कमान सँभाल चुका था और एप्पल एक बार फिर से अपने गौरवशाली डिजाइन सिद्धांतों को लागू करनेवाला था। जल्द ही जॉब्स व जॉनी के बीच एक ऐसा घनिष्ठ गठजोड़ स्थापित होनेवाला था, जो इस सदी की सबसे महान् औद्योगिक डिजाइन सहकार्यता (इंडस्ट्रियल डिजाइन कोलोबोरेशन) साबित होनेवाला था।

जोनाथन पॉल ईव (जन्म—27 फरवरी, 1967) लंदन के उत्तर-पूर्वी किनारे पर बसे उपनगर चिंगफोर्ड में पला-बढ़ा था। उसके पिता एक शानदार चाँदी शिल्पकार थे, जो मिडिलसेक्स पॉलिटेक्निक (अब मिडिलसेक्स विश्वविद्यालय, हेंडन, उत्तरी लंदन) में व्याख्याता (लेक्चरर) थे। बचपन से ही जोनाथन अपनी पिता की शिल्पकारी का दीवाना था। क्रिसमस की छुट्टियों के दौरान उसके पिता उसे क्रिसमस उपहार के रूप में सिर्फ एक दिन के लिए अपनी कॉलेज कार्यशाला में जाने का मौका देते थे और मनमाफिक चीज बनाने में उसकी मदद करते थे। उसमें भी उसकी एक शर्त यह होती थी कि उसे सबकुछ हाथ से करना पड़ता था। यहीं से जोनाथन में हस्त-शिल्पकला की खूबियों को जानने, समझने व परखने की ललक पनपी थी, जो भविष्य में उसे औद्योगिक डिजाइन का महारथी बनानेवाली थी।

चिंगफोर्ड फाउंडेशन स्कूल (तब वाल्टन हाई स्कूल, स्टैफोर्ड, ग्रेटर लंदन) में हाई स्कूल की पढ़ाई करते समय जोनाथन का झुकाव कार डिजाइन की तरफ हो गया

था। लिहाजा 12वीं करने के बाद उसने पहले रॉयल कॉलेज ऑफ आर्ट (लंदन) में कार डिजाइनिंग के पाठ्यक्रम का विकल्प टटोला था। लेकिन वहाँ पर छात्रों की भीड़ भरा माहौल उसे रास नहीं आया था। अंत में उसने सन् 1985 में न्यूकैसल पॉलिटेक्निक (अब नोर्थुम्ब्रिया विश्वविद्यालय, न्यूकैसल अपॉन टाइन, उत्तर-पूर्वी लंदन) में औद्योगिक डिजाइन का पाठ्यक्रम चुना था। हालाँकि बचपन से ही जोनाथन को विभिन्न प्रकार की चीजों के निर्माण का शौक था, लेकिन यहाँ पर विभिन्न विशेषज्ञों से मुलाकात के बाद उसने 'उत्पाद-डिजाइन' को अपनी विशेषज्ञता बनाने का फैसला किया था। पढ़ाई के दौरान अपने खाली समय व ग्रीष्मकालीन अवकाश में उसने लंदन की डिजाइन एजेंसी रॉबर्ट्स वीवर ग्रुप में काम करना शुरू किया था। यहाँ पर उसने कई उत्पादों की रचना की थी, जिनमें सबसे खास थी एक कलम, जिसके ऊपर उसने एक छोटी सी गेंद बनाई गई थी। यह गेंद कलम के उपयोगकर्ता के साथ चुलबुला भावनात्मक संबंध स्थापित करती थी। अपने शोध-प्रबंध के लिए जोनाथन ने श्रवण-बाधित बच्चे के साथ संवाद करने के लिए शुद्धतम स्वेत प्लास्टिक से एक माइक्रोफोन व ईयरपीस की रचना की थी। उसके द्वारा तैयार ऑटोमेटेड टेलर मशीन (एटीएम) व घुमावदार फोन, दोनों ने रॉयल आर्ट्स सोसायटी (लंदन)—सामाजिक चुनौतियों के लिए व्यावहारिक समाधान खोजने के लिए प्रतिबद्ध विश्व प्रसिद्ध ब्रिटिश संगठन—से पुरस्कार भी जीते थे।

स्नातक कला (बीएफए) की उपाधि हासिल करने के बाद जोनाथन ने सन् 1989 में लंदन में अपने एक सहपाठी की साझेदारी में डिजाइन सलाहकार कंपनी 'टंगेरिन' की स्थापना की थी। माइक्रोवेव ओवन व टूथब्रश की विविध उत्पाद शृंखलाओं की रचना कर जोनाथन ने औद्योगिक डिजाइन के क्षेत्र में अपनी अलग पहचान कायम की थी। यही कारण था कि सन् 1990 में टेंगरिन के साथ एप्पल ने पॉवरमैक के प्रारंभिक डिजाइन का अनुबंध किया था। उसकी डिजाइन प्रतिभा से प्रभावित एप्पल के औद्योगिक डिजाइन विभाग के तत्कालीन प्रमुख रॉबर्ट ब्रूनर ने उस पर पूर्णकालिक रूप से कंपनी में शामिल होने का दबाव बना रखा था, लेकिन उसने सिर्फ अंशकालिक सलाहकार की भूमिका ही स्वीकार की थी। इस बीच जोनाथन ने नलसाजी स्थिर वस्तुओं (प्लंबिंग फिक्श्चर) की बहुराष्ट्रीय कंपनी—आइडियल स्टैंडर्ड इंटरनेशनल (ब्रूसेल्स, बेल्जियम) के लिए शौचालय, बेसिन व सिंक का डिजाइन किया था। लेकिन आइडियल के संचालक ने उन डिजाइनों को यह कहकर खारिज कर दिया थे कि वे अत्याधुनिक व काफी महँगे थे। इससे जोनाथन इतना निराश हुआ था कि उसने टेंगरिन को छोड़ पूर्णकालिक रूप से एप्पल के डिजाइन दल में शामिल होने का फैसला कर लिया था।

वर्ष 1989 से निदेशक-औद्योगिक डिजाइन की भूमिका अदा करनेवाले ब्रूनर ने

वर्ष 1996 में त्याग-पत्र दे दिया था। उसके बाद एप्पल डिजाइन विभाग की जिम्मेदारी जोनाथन के कंधों पर आ गई थी और उसे पदोन्नत कर इस विभाग का प्रमुख नियुक्त कर दिया गया था। लेकिन अमेलिओ द्वारा कोई डिजाइन प्रोत्साहन न मिलने के कारण जॉनी को एप्पल में अपना कोई भविष्य नहीं नजर आ रहा था। ऐसे में जब जॉब्स ने कमान सँभाली और 'महान् उत्पादों' की रचना का ऐलान किया तो जॉनी ने 'इंतजार करो व परखो' का फैसला किया था।

शुरू में जॉब्स ने विश्वस्तरीय डिजाइनर की तलाश में बाहरी प्रतिभाओं पर नजर दौड़ाई थी। इस सिलसिले में उसने 'थिंक पैड' के रचनाकार जर्मन औद्योगिक डिजाइनर रिचार्ड सैपर (अपनी पीढ़ी के सबसे महत्त्वपूर्ण औद्योगिक डिजाइनरों में एक व आई. बी.एम. के प्रमुख औद्योगिक डिजाइन सलाहकार) और 'फेरारी-250' व 'मसेराटी घिब्ली' की रचना करनेवाले इतालवी ऑटोमोबाइल डिजाइनर गिओर्गेत्तो गिउगिआरो (1999) में 'सदी की कार डिजाइनर' से सम्मनित) से भी संपर्क साधा था। इसी क्रम में एक दिन अचानक जॉब्स ने एप्पल डिजाइन स्टूडियो का मुआयना किया, जहाँ उसकी सीधी मुलाकात जॉनी से हुई। उत्सुक, मिलनसार व जोशीले जॉनी से जॉब्स तुरंत घुल-मिल गया। अब तक जॉनी की सीधी पहुँच जोन रुबिंस्टीन तक ही थी, जिसे जॉब्स ने हार्डवेयर प्रभाग के प्रमुख के रूप में हाल में ही बहाल किया था। जॉब्स ने उससे रूपों व सामग्रियों के दृष्टिकोण के बारे में गंभीर चर्चा की थी। जॉनी व जॉब्स दोनों के सोचने का तौर-तरीका बिल्कुल एक जैसा था। जॉनी को पहली बार अहसास हुआ था कि वह जिस कारण से एप्पल में आया था, उसका असल दार्शनिक व पैरोकार तो जॉब्स ही था। दूसरी तरफ जॉब्स को भी लगा था कि उसे जैसी प्रतिभा की तलाश थी, वह तो घर में ही मौजूद थी। यानी जॉनी को उसका अभिभावक व दार्शनिक गुरु मिल गया था और जॉब्स को उसकी महान् डिजाइन कल्पनाओं को साकार रूप देनेवाला परम शिष्य। जाहिर है कि इस मुलाकात के बाद जॉब्स ने जॉनी को व्यावहारिक रूप से अपनी सीधी कमान में ले लिया था।

करीब डेढ़ दशक बाद, अपने जीवनी लेखक वाल्टर आइसेक्सन से बातचीत में जॉब्स ने जॉनी के प्रति अपने प्यार व आदर का इजहार कुछ इस तरह से किया था—

'जॉनी जो बदलाव लाया है, वह न सिर्फ एप्पल में बल्कि दुनिया में, विशाल है। वह सभी मायनों में शैतान किस्म का बुद्धिमान व्यक्ति है। वह व्यापार अवधारणाओं, विपणन अवधारणाओं को समझता है। वह बस ऐसे सामान को चुनता है, जो खटका पैदा करे। वह किसी से भी बेहतर समझता है (कि) हम अपने मूल में क्या करते हैं। यदि एप्पल में मेरा कोई आध्यात्मिक साथी था, तो यह जॉनी है। जॉनी व मैं एक साथ अधिकतर उत्पादों के बारे माथापच्ची करते हैं और फिर दूसरों को खींच लेते हैं और कहते

हैं, 'अरे, आप इस बारे में क्या सोचते हैं?' वह प्रत्येक उत्पाद के बारे में बड़ी तसवीर के साथ-साथ सबसे छोटी से छोटी जानकारी भी प्राप्त करता है। और वह समझता है कि एप्पल एक उत्पाद कंपनी है। वह बस एक डिजाइनर नहीं है। इसीलिए वह सीधे मेरे लिए काम करता है। उसके पास मेरे अलावा और किसी से भी ज्यादा परिचालन अधिकार है। कोई नहीं है, जो उससे कह सके कि क्या करना है, या किस चीज को लात मारकर बाहर निकाल देना है। यही तरीका है, जिसे मैंने स्थापित किया है।'

अधिकांश डिजाइनरों की तरह, जॉनी को भी एक विशेष डिजाइन में लगनेवाले दर्शन व कदम-दर-कदम सोच के विश्लेषण में आनंद आता था। लेकिन जॉब्स के लिए यह ज्यादा अंतर्ज्ञान या सहज बुद्धि से जुड़ी हुई प्रक्रिया थी। वह उन प्रारूपों व रेखांकनों की तरफ इशारा करता था, जो उसे बिना कुछ सोचे-विचारे बस एक नजर में पसंद आ जाए, बाकी को वह यूँ ही खारिज कर देता था। जॉब्स के पसंद या नापसंद से जॉनी उन अवधारणाओं को विकसित करने की प्रेरणा लेता था, जिन्हें जॉब्स का आशीर्वाद मिलता था।

जॉब्स की तरह जॉनी भी जर्मन औद्योगिक डिजाइनर डाइटर रैम्स, जो प्रयोगवादी जर्मन उपभोक्ता उत्पाद कंपनी—बारुन एजी (अब जिलेट कंपनी की पूर्ण स्वामित्व वाली सहायक कंपनी) के लिए काम करता था, का प्रशंसक था। रैम्स कम लेकिन बेहतर का उपदेश दिया करता था, और इसी उपदेश को लागू कर जॉब्स व जॉनी हर नए डिजाइन पर गुत्थम-गुत्था करते थे। वे किसी भी डिजाइन को अधिक-से-अधिक सरल बनाने के लिए अंतिम समय तक जूझते रहते थे। याद रहे कि जॉब्स ने पहली विवरणिका (ब्रोशर) पर इतालवी पुनर्जागरण के बहुकलाविद् लियोनार्डो दा विंसी का बोधवाक्य 'सादगी परम परिष्कार है' को कंपनी के दर्शन के रूप में घोषित किया था।

लेकिन इस अवधारणा के पीछे जॉब्स की सोच को बारीकी से समझना जरूरी था। जॉब्स की नजर में किसी उत्पाद की 'सादगी' का मतलब उसकी 'प्रौद्योगिक जटिलताओं को जीतना' है, न कि उन्हें नजरंदाज करना। जॉब्स की 'सादगी' को हासिल करने के लिए एप्पल के डिजाइन कार्यदल को बहुत कड़ी मेहनत करनी पड़ती थी। जॉब्स की नजर में उत्पाद विशेष की सरलता उसकी बेहतरीन कार्यशीलता से भी जुड़ी हुई है। इसके लिए सबंधित प्रौद्योगिकियों को जड़ से खोदा जाता था, उनकी बारीकियों को गहराई से समझना पड़ता था, उनके कई डिजाइन विकल्प तैयार किए जाते थे और तब उनमें से सबसे सुरुचिपूर्ण विकल्प को चुना जाता था। जरा सोचिए कि इसके लिए डिजाइन कार्यदल को किस प्रकार के अंतहीन प्रयोग सिलसिले से

एप्पल मुख्यालय परिसर 'इनफिनिट लूप' में अगर सबसे ज्यादा पहरेदारी किसी चीज की होती है तो वह है 'एप्पल डिजाइन स्टूडियो'। यह इनफिनिट लूप-2 के भूमि तल पर है। यह रँगी हुई खिड़कियाँ व भारी-भरकम दरवाजे में पूरी तरह से सुरक्षित की गई है।

गुजरना पड़ता होगा और इस लंबी प्रक्रिया के हर कदम पर जॉनी को जॉब्स का आशीर्वाद हासिल करना पड़ता था। जी हाँ, जॉब्स की तारीफ यूँ ही नहीं मिलती रही थी जॉनी को, इसके लिए उसे व उसके कार्यदल को दिन-रात एक करना पड़ता था। तारीफ करने के मामले में जॉब्स बहुत ही कंजूस था। हकीकत यह है कि जॉब्स ने सतही नहीं बल्कि सच्ची सादगी की खोज के लिए जॉनी में अपने जीवन-साथी को ढूँढ़ लिया था।

अन्य कंपनियों में अभियंता डिजाइन को परिचालित करते हैं। मतलब हार्डवेयर अभियंता किसी उत्पाद विशेष के डिजाइन का विशेष विवरण (स्पेसिफिकेशन) निश्चित करता है और फिर औद्योगिक डिजाइनर उपलब्ध उत्पादन सुविधाओं के मुताबिक उसका प्रारूप-डिजाइन तैयार करता है। लेकिन जॉब्स ने इस प्रक्रिया को बिल्कुल उलट दिया था। जरा मैकिनटोश की रचना प्रक्रिया को याद करिए, पहले जॉब्स ने यह तय किया था कि मैकिनटोश का आवरण कैसा होगा और उसके मुताबिक हार्डवेयर अभियंताओं को मदरबोर्ड व अन्य अवयवों का डिजाइन करना पड़ा था। लेकिन जॉब्स के निकाले जाने के बाद एप्पल में भी अन्य कंपनियों की तरह एक बार फिर से हार्डवेयर अभियंता उत्पाद डिजाइनरों को निर्देशित करने लगे थे। अब एक बार फिर से प्रक्रिया जॉब्स के मुताबिक हो गई थी। जॉब्स व जॉनी तय करनेवाले थे कि कौन सा उत्पाद कैसे रचा जाएगा और उनकी सोच का मुख्य केंद्र उपभोक्ताओं की चाहत व उपयोग की सरलता थी। फिर उत्पाद की जरूरत के मुताबिक हार्डवेयर व सॉफ्टवेयर बनाए जाएँगे। जॉब्स की इस जिद के चलते कई तरह की तकनीकी समस्याएँ भी आनेवाली थीं। लेकिन जॉब्स के लिए उपभोक्ता सर्वोपरि था, उसका स्पष्ट मत था—प्रौद्योगिकी उपभोक्ता के लिए होती है, न कि उपभोक्ता प्रौद्योगिकी के लिए।

एप्पल का डिजाइन स्टूडियो

एप्पल मुख्यालय परिसर 'इनफिनिट लूप' में अगर सबसे ज्यादा पहरेदारी किसी चीज की होती है तो वह है 'एप्पल डिजाइन स्टूडियो'। यह इनफिनिट लूप-2 के भूमि तल पर है। यह रँगी हुई खिड़कियाँ व भारी-भरकम दरवाजे में पूरी तरह से सुरक्षित की गई है। अंदर जाते ही शीशे से बना खूबसूरत स्वागत-पटल है, जहाँ दो सहायक सुरक्षाकर्मी तैनात होते हैं। बिना विशेष अनुमति के एप्पल के उच्च-पदों के कर्मचारियों

को भी इसके अंदर जाने की इजाजत नहीं दी जाती है। खुद जॉनी भी संवाददाताओं या अन्य लोगों से बाहर आकर ही मिला करता था। जॉब्स के आधिकारिक जीवनी लेखक वाल्टर आइसेक्सन को भी सिर्फ एक बार अंदर की झलक पाने का मौका दिया गया था।

उस वर्णन के मुताबिक, प्रवेशद्वार के बाएँ हिस्से के विशाल कक्ष में कई मेज लगी हैं, जिन पर युवा डिजाइनर काम करते हैं; दाहिने हिस्से में गुफाओंवाला मुख्य कक्ष है जिसमें इस्पात की छह लंबी मेजों के साथ उन उत्पादों को प्रदर्शित व चालू रखा जाता है, जिनका काम प्रगति में होता है। इस मुख्य कक्ष के पार विशाल कंप्यूटर प्रणालियों से भरा एक कैड (कंप्यूटर एडेड डिजाइन) स्टूडियो है। इस स्टूडियो के साथ एक कक्ष में मोल्डिंग मशीनें लगी हुई हैं, जिन पर कैड कंप्यूटरों पर प्रदर्शित डिजाइन के फोम के प्रारूप बनाए जाते हैं। उसके बाद रोबोट-नियंत्रित स्प्रे पेंटिंग कक्ष में उन प्रारूपों को असल रंग-रूप में बदला जाता है। धातुई-धूसर सजावट के साथ एक औद्योगिक परिदृश्य पैदा करता है। बाहर के पेड़ों के पत्ते रंगीन खिड़कियों पर प्रकाश व छाया के हिलते-डुलते स्वरूप बनाते हैं और पृष्ठभूमि में जैज व टेक्नो संगीत बज रहे होते हैं।

जब तक जॉब्स स्वस्थ रहा था और अगर वह मुख्यालय में होता था तो वह जॉनी के साथ ही दोपहर का खाना खाता था। उसके बाद वह स्टूडियो का मुआयना करते हुए हरेक उत्पाद की प्रगति का बारीकी से अध्ययन करता था। आम तौर पर सिर्फ वे दोनों ही एक साथ होते थे, बाकी डिजाइनर दूर खड़े उनके आदेश की प्रतीक्षा करते होते थे। यदि जॉब्स की कोई खास चीज समझनी होती थी तो वह यांत्रिक डिजाइन के प्रमुख को या फिर जॉनी के किसी सहायक को बुलाता था। यदि कोई चीज उसे उत्तेजित करती थी या फिर निगमित-रणनीतिक (कॉर्पोरेट स्ट्रेटेजी) से सबंधित कोई खास विचार कौंधता था तो वह मुख्य परिचालन अधिकारी टिम कुक या विपणन प्रमुख फिल स्चिलर को विचार-विमर्श में शामिल होने के लिए बुला लिया करता था।

असल में, जॉब्स भले ही खुद डिजाइनर नहीं था, लेकिन वह हरेक उत्पाद की संपूर्ण डिजाइन प्रक्रिया को निर्देशित करता था। और यही कारण था कि अधिकांश उत्पादों की रचना का सार्वजनिक श्रेय भी वह खुद को ही देता था। आखिरकार जॉनी एक भावुक कलाकार था और जब सार्वजनिक मंचों पर जॉब्स उसके किसी डिजाइन विशेष के लिए खुद को श्रेय दे रहा होता था, तो उसे बुरा भी लगता था। जॉनी को तब भी काफी बुरा लगता था, जब किसी उत्पाद के लिए बाहरी लोग जॉब्स की तारीफ करते थे, मानो सभी काम जॉब्स ने अकेले किया हो! लेकिन वह जॉब्स का परम शिष्य था और कभी भी जॉब्स की सर्वोच्चता को अपने अहंभाव से टकराने नहीं दिया था। जॉनी ने वाल्टर आइसेक्सन से अपने मन की भावना को साझा किया था,

'कई अन्य कंपनियों में विचार व महान् डिजाइन प्रक्रिया में खो जाते हैं। मेरे व मेरे कार्यदल से आनेवाले विचार पूरी तरह से अप्रासंगिक हो गए होते, यदि स्टीव हमें ठेलने, हमारे साथ काम करने व हमारे विचारों को उत्पादों में बदलने के सभी प्रतिरोध से गुजारने के लिए यहाँ न रहा होता।'

'आई मैक' से एप्पल के भविष्य की वापसी

जॉनी व जॉब्स के गठजोड़ की पहली महान् डिजाइन विजय थी—'आई मैक' (iMac), घरेलू कंप्यूटर बाजार को लक्षित डेस्कटॉप कंप्यूटर शृंखला। 6 मई, 1998 को इसकी पेशकश की गई थी और तीन महीने बाद 15 अगस्त को इस शृंखला के पहले कंप्यूटर 'आई मैक जी3' को बाजार में उतारा गया था। इसके बारे में जॉब्स की निश्चित अवधारणा थी। की-बोर्ड व मॉनिटर के साथ यह डेस्कटॉप कंप्यूटर 'ऑल-इन-वन' (सबकुछ एक में) उत्पाद होना चाहिए, जो बक्से से निकलकर काम करने के लिए पूरी तरह तैयार हो। इसका विशिष्ट डिजाइन किया जाना चाहिए, जो ब्रांड की अभिव्यक्ति करे। और इसे 1200 डॉलर के आस-पास बेचा जाना चाहिए। याद रहे कि उस वक्त एप्पल का कोई भी कंप्यूटर 2000 डॉलर से नीचे नहीं बिक रहा था। इसके लिए जॉब्स ने अपने शीर्ष कार्यदल को वापस मूल '1984 मैकिनटोश' की जड़ों में जाने का आदेश दिया था। इस कंप्यूटर का निर्माण बिल्कुल एक घरेलू उपभोक्ता उपकरण की तरह होना चाहिए और उसका मतलब था कि डिजाइन व अभियांत्रिकी एक साथ मिलकर काम करे।

शुरुआती योजना बिना किसी हार्ड ड्राइव के एक सस्ता 'नेटवर्क कंप्यूटर' बनाने की थी, जिसका इस्तेमाल मुख्य रूप से इंटरनेट व अन्य संजाल से जोड़नेवाले एक कंप्यूटर टर्मिनल के रूप में किया जाना था। इस अवधारणा को जॉब्स के मित्र व ओरेकल के सह-संस्थापक लैरी एल्लिसन ने आगे बढ़ाया था। लेकिन सीएफओ फ्रेड एंडरसन ने हार्डड्राइव युक्त संपूर्ण घरेलू डेस्कटॉप कंप्यूटर की जरूरत पर बल दिया था और अंत में जॉब्स ऐसा करने को सहमत हो गया था। हार्डवेयर प्रभाग के प्रमुख जोन रुबिंस्टीन ने इस प्रस्तावित नई मशीन के लिए एप्पल के तत्कालीन उच्च-श्रेणी पेशेवर कंप्यूटर 'मैकपॉवर जी3' की प्रसंस्करण क्षमता व ताकत को अपनाने का फैसला किया था। जॉब्स व रुबिंस्टीन ने एक और साहसिक कदम बढ़ा दिया था। इस मशीन में 'फ्लॉपी डिस्क ड्राइव' की बजाय 'हार्ड डिस्क ड्राइव' व कॉम्पैक्ट डिस्क (सीडी) के लिए 'सीडी ट्रे' लगाने का मन बना लिया था। यह समय से जरा पहले का कदम था, लेकिन जल्द ही समूचा व्यक्तिगत कंप्यूटर उद्योग जॉब्स के इस साहसिक कदम का अनुसरण करनेवाला था।

जॉनी व उसके सबसे वरिष्ठ सहायक डैनी कोस्टर ने भविष्योन्मुख डिजाइन को रेखांकित करना शुरू किया था। उन्होंने दर्जनों फोम प्रारूप बनाए थे और जॉब्स उन सभी को बस एक नजर डालकर खारिज करता चला गया था। लेकिन जॉनी को पता था कि जॉब्स को किस नरमाई से निर्देशित करना है। जॉनी ने जॉब्स की हाँ में हाँ मिलाई थी, उसके खारिज करने के सभी तर्कों को जायज माना था और फिर एक सबसे ज्यादा संभावनाशील डिजाइन पर जॉब्स को गौर फरमाने के लिए राजी कर लिया था। यह घुमावदार था, देखने में चुलबुला था और मेज पर आधारित न खिसका सकनेवाले पटिया की तरह प्रतीत नहीं होता था। इससे एक स्थान से दूसरे स्थान पर आसानी से लाया व ले जाया जा सकता था। जॉब्स ने इस डिजाइन पर आगे बढ़ने की सहमति दे दी थी।

अगले प्रदर्शन में जॉनी ने इस डिजाइन के चुलबुलेपन में और भी सुधार कर दिया था, जो जॉब्स को पहली नजर में भा गया था। उसने उस फोम प्रारूप को हमेशा अपने साथ रखना और अपने विश्वस्त सहयोगियों व निदेशक मंडल के सदस्यों को दिखाना शुरू कर दिया था। एक तरफ 'थिंक डिफरेंट' प्रचार अभियान के जरिए एप्पल ऐतिहासिक महापुरुषों 'अलग तरह से सोचने' की गौरवशाली कोशिशों का उत्सव मना रहा था, लेकिन उसके खुद के पास ऐसा कोई कुछ भी नहीं था, जो बाजार के अन्य कंप्यूटरों के बीच 'अलग तरह का' कहा जा सकता हो। आखिरकार जॉब्स को वह चीज मिल गई थी, जिसे वह बिल्कुल खास, नया व अलग तरह का कह सकता था।

जॉनी व डैनी कोस्टर ने, जो अंडाकार कंप्यूटर आवरण प्रारूप प्रस्तावित किया था, उसे समुद्री हरे नीले रंग पेश किया गया था। बाद में इस रंग को एप्पल ने 'बोंदी बीच' (सिडनी, न्यू साउथ वेल्स, ऑस्ट्रेलिया) नामक समुद्र-तट के पानी के रंग के ऊपर 'बोंदी ब्लू' नाम दिया था। यह एक पारभासी (अर्द्ध-पारदर्शी) आवरण था, जिससे मशीन के अंदर की सारी बनावट व अवयवों को साफतौर पर देखा जा सकता था। जॉनी ने वाल्टर आइसेक्सन से कहा था, 'हम कंप्यूटर की भावना व्यक्त करने के लिए कोशिश कर रहे थे (कि वह) गिरगिट की तरह आपकी आवश्यकताओं के आधार पर बदलने में सक्षम है। इसी कारण हमने अर्द्ध-पारदर्शिता को पसंद किया था। आपको रंग चाहिए था, लेकिन यह बहुत ही झिलमिलाता सा लगता था और यह गुस्ताख की तरह सामने आता था।'

लाक्षणिक व वास्तविक, दोनों तौर पर अर्द्ध-पारदर्शता कंप्यूटर की आंतरिक इंजीनियरिंग व बाहरी डिजाइन को जोड़ती थी। जॉब्स हमेशा जोर देकर कहता था कि परिपथ-पटल (सर्किट बोर्ड) पर माइक्रोचिप की पंक्तियाँ साफ-सुथरी लगनी चाहिए,

भले ही उन्हें कभी देखा न जाएगा। लेकिन अब उसे देखा जानेवाला था। कंप्यूटर के सभी घटकों को बनाने व उन्हें एक-साथ जोड़ने में कितनी सावधानी बरती गई है, यह सबकुछ अब पारभासी आवरण के कारण सबके सामने उजागर होनेवाला था। चुलबुला डिजाइन 'सादगी' को जाहिर करने के साथ-साथ इस गहराई का भी खुलासा करनेवाला था कि 'सच्ची सादगी' को हासिल करने के लिए कितनी मेहनत करनी पड़ती है।

अर्द्ध-पारदर्शी प्लास्टिक आवरण की सादगी को हासिल करने के लिए भी जॉनी व उसके कार्यदल को काफी मशक्कत करनी पड़ी थी। उन्हें आवरण की उत्पादन प्रक्रिया को दोषरहित बनाने के लिए एप्पल के कोरियाई विनिर्माण कंपनी के उत्पादन अभियंताओं के साथ मिलकर कई अभियांत्रिक जटिलताओं को सुलझाना पड़ा था। पारभासी रंगों को चटकदार व मोहक कैसे बनाया जाए, इसका अध्ययन करने के लिए जॉनी व उसका कार्यदल जेली बीन (शुगर कैंडी) कारखाने में भी गया था। आईमैक के एक पारभासी आवरण की उत्पादन लागत 60 डॉलर आई थी, जो सामान्य कंप्यूटर आवरण के मुकाबले तीन गुना ज्यादा थी। अन्य कंपनियाँ इस बढ़ी लागत के लिए शायद यह सर्वेक्षण करवातीं कि आखिर पारभासी आवरण से कंप्यूटर की बिक्री कितनी बढ़नेवाली थी। आखिरकार लागत व बिक्री संभावना के बीच तार्किक आधार होना तो लाजमी था! लेकिन यह जॉब्स की कंपनी थी, यहाँ विशिष्ट उत्पाद का निर्माण ज्यादा महत्त्वपूर्ण था। जब जॉनी को जॉब्स का आशीर्वाद प्राप्त हो तो भला कौन सवाल पूछता कि वह यह खूबसूरत जोखिम क्यों उठा रहा था।

इतना ही नहीं, जॉनी ने आईमैक के खूबसूरत हत्थे (हैंडल) के डिजाइन के लिए भी काफी मशक्कत की थी। आप कह सकते हैं कि आखिरकार डेस्कटॉप कंप्यूटर में हत्था लगाने की क्या जरूरत थी, क्योंकि उसे आम तौर पर ज्यादा बार इधर से उधर करने की जरूरत नहीं होती है। सचमुच हत्थे का कंप्यूटर की कार्यात्मकता से ज्यादा कुछ लेना-देना नहीं था, बल्कि यह आई मैक को और ज्यादा चुलबुला बनने के लिए एक लाक्षणिक प्रयोग था। इसके पीछे जॉनी का अपना ही तर्क था, जो इसकी जरूरत को एक महान् दार्शनिक पहल साबित करता है। जॉनी ने वाल्टर आइसेक्सन को बताया था—

'उस वक्त लोग प्रौद्योगिकी के साथ सहज नहीं थे। यदि आप किसी चीज से डरे होते हैं, तो आप उसे नहीं छूते। मैं देखता था कि मेरी माँ इसे छूने से डरती थी। तो मुझे लगा था (कि) यदि इसके ऊपर हत्था लगा हो, तो यह एक संबंध को संभव बनाता है। यह पहुँच योग्य है। यह सहज ज्ञान युक्त है। यह आपको छूने की इजाजत देता है। यह आपको अंतर का भाव देता है। दुर्भाग्य से, गुप्त हत्थे के निर्माण में बहुत सारा

पैसा खर्च होता है। पुराने एप्पल में, मैं बहस में हार गया होता। स्टीव के बारे में जो वास्तव में महान् था, वह यह है कि उसने देखा व कहा, 'वह बहुत बढ़िया (कूल) है!' मैंने सारी सोच की व्याख्या नहीं की थी, लेकिन वह सहजज्ञान से इसे समझ गया था। वह बस जान गया था कि यह आईमैक के दोस्तानापन व चुलबुलेपन का हिस्सा था।'

जॉनी की सौंदर्य इच्छाओं व विभिन्न डिजाइन की सनक ने हार्डवेयर विभाग के अभियंताओं के लिए भारी समस्याएँ खड़ी कर दी थीं। रुबिंसटेन के उकसावे पर उत्पादन अभियंताओं ने लागत के हवाले से जॉनी के डिजाइन को अव्यावहारिक साबित करने के लिए जॉब्स के सामने कुल 38 कारण गिनाए थे और उत्पादन कर सकने में अपनी असमर्थता जताई थी। लेकिन जॉब्स ने साफ कह दिया था कि 'नहीं, हम इसे करेंगे।' जब उन अभियंताओं ने सवाल किए थे कि आखिर वह ऐसा क्यों कह रहा था, तो जॉब्स ने सीधा कहा था, 'क्योंकि मैं सी.ई.ओ. हूँ, और मुझे लगता है यह किया जा सकता है।' जी हाँ, वास्तव में जॉब्स को पक्का भरोसा था कि वह उसी हार्डवेयर दल से सबकुछ करवा लेगा, और वैसा ही हुआ भी था। यही तो जॉब्स की वास्तविकता विरूपण कला—असंभव को संभव महसूस कराने की कला—का कमाल था।

जाहिर है कि जॉब्स ने किसी की एक नहीं सुनी थी। हार्डवेयर कार्यदल जॉब्स के आशीर्वाद प्राप्त जॉनी की सनक को व्यवहारिक बनाने में जुट गया था, और जॉब्स आगे की तैयारी में। जॉब्स ने तत्काल ली क्लो व केन सेगल सहित टीबीडब्लूए/चिअट/डे के विज्ञापन रचनाकारों को बुलावा भेजा और नमूना दिखाकर उसका नाम सुझाने को कहा। सभी उस कंप्यूटर के अंडाकार पारभासी आवरण को देखकर भौंचक रह गए थे। उन्हें भरोसा नहीं हो रहा था कि आखिरकार जॉनी व जॉब्स ने कैसे इस तरह का क्रांतिकारी डिजाइन सोचा था! केन सेगल ने पाँच नाम सुझाए थे, जिनमें एक 'आईमैक' था, लेकिन जॉब्स ने सभी को खारिज कर दिया था। अगले सप्ताह एजेंसी ने पाँच और नाम सुझाए थे, लेकिन 'आईमैक' को सबसे बेहतर नाम करार दिया था। तब जॉब्स का जवाब था, 'मैं इस सप्ताह इससे नफरत नहीं करूँगा, फिर भी मुझे यह पसंद नहीं है।' फिर उसने प्रारूप पर इसकी सिल्क-स्क्रीनिंग करवाकर देखा था और उसे यह नाम जँच गया था। और फिर जॉब्स ने इसके लिए विज्ञापन डिजाइन करने का आदेश दे दिया था।

शुभारंभ की तारीख नजदीक आ रही थी और जॉब्स प्रदर्शन की तैयारियों को अंतिम रूप देने जुटा हुआ था। उसके सामने आईमैक का अंतिम कार्यशील प्रारूप (प्रोटोटाइप) तब सामने आया था, जब वह प्रदर्शन का पूर्वाभ्यास कर रहा था। उसने कंप्यूटर के डिस्क ड्राइव का बटन दबाया तो 'सीडी ट्रे' बाहर निकल आई थी। जॉब्स

6 मई, 1998 को 'आईमैक' के शुभारंभ के भव्य नाटकीय कार्यक्रम के जरिए जॉब्स ने दर्शकों को 1984 की याद दिला दी थी। इसके लिए क्यूपरटिनो में डे अंजा कॉलेज के उसी फ्लिंट सभागार को चुना था, जहाँ करीब 14 साल पहले मैकिनटोश का शुभारंभ हुआ था।

एकदम से नाराज हो गया था। उसे उम्मीद थी कि रुबिंसटेन 'सीडी ट्रे' की बजाय अत्याधुनिक 'सीडी स्लॉट' का इस्तेमाल करेगा। 'सीडी स्लॉट' का कोई हिस्सा बाहर नहीं निकलता। हकीकत यह थी कि जॉब्स ने भी शुरू में 'सीडी ट्रे' पर ही अपनी सहमति जताई थी। जब रुबिंसटेन ने उसे यह याद दिलाने की कोशिश की थी तो वह एकदम से भड़क गया था और शुभारंभ रद्द करने की धमकी दे दी थी। अब सबके हाथ-पाँव फूल गए थे। सबने उसे मनाने की कोशिश की थी। जॉब्स जानता था कि अब ऐसा हो पाना संभव नहीं था। इस लाचारी में उसकी आँखें डबडबा आई थीं। फिर रुबिंसटेन ने उससे वायदा किया था कि वह अगली खेप में 'सीडी ट्रे' को 'सीडी स्लॉट' से बदल देगा।

आईमैक का शुभारंभ

6 मई, 1998 को 'आईमैक' के शुभारंभ के भव्य नाटकीय कार्यक्रम के जरिए जॉब्स ने दर्शकों को 1984 की याद दिला दी थी। इसके लिए क्यूपरटिनो में डे अंजा कॉलेज के उसी फ्लिंट सभागार को चुना था, जहाँ करीब 14 साल पहले मैकिनटोश का शुभारंभ हुआ था। जॉब्स ने स्टीव वोज्निअक, माइक मार्ककुला, माइक स्कॉट, एंडी हेर्त्जफेल्ड सहित मूल मैकिनटोश कार्यदल के सदस्यों को खासतौर पर आमंत्रित किया था।

जॉब्स एक बार फिर से अपने भावुक अंदाज में था। उसने पुराने दिनों को याद किया था, 'मैंने अपने पिता के गेराज में स्टीव वोज्निअक के साथ कंपनी की शुरुआत की थी और आज स्टीव (वोज) यहाँ है।' उसने हाथ से पहली पंकित में बैठे वोज की तरफ इशारा किया था, जिस पर तालियाँ बज उठी थीं। उसने आगे कहा था, 'हमारे साथ माइक मार्ककुला शामिल हुए थे और उसके तुरंत बाद हमारे पहले अध्यक्ष माइक स्कॉट। वे दोनों लोग आज दर्शकों के बीच हैं और इन लोगों के बिना हमारे में से कोई भी यहाँ नहीं होता।' यह कहते हुए जॉब्स की आँखें नम हो गई थीं, और एक बार फिर से सभागार तालियों की गड़गड़ाहट से गूँजने लगा था। फिर जॉब्स ने गर्व से एंडी हेर्त्जफेल्ड सहित मूल मैकिनटोश कार्यदल के सदस्यों की तरफ मुसकराते हुए देखा था।

फिर अपनी नई उत्पाद रणनीति के बारे में बताने के बाद जॉब्स ने नए कंप्यूटर

की कार्यक्षमता का बखान किया। उसने आगे कहा, 'यह वह है, जैसाकि आज कंप्यूटर दिखता है', और तभी उसके पीछे मंच के विशाल परदे पर प्रोजेक्टर पर मौजूदा बक्से की तरह दिखाई देनेवाला कंप्यूटर, मॉनिटर व बाकी ताम-झाम से उलझा हुआ चित्र उभर आया था। वह टहलता हुआ मंच के बीच में गया था और एक मेज पर रखे 'आईमैक' पर से कपड़े को हटाते हुए बोला, 'और मैं आपको दिखाने का विशेषाधिकार लेना चाहता हूँ कि वे आज से किस तरह दिखने जा रहे हैं।' फिर उसने मूल मैकिनटोश के शुभारंभ की ही तरह, माउस को क्लीक किया था और विशाल परदे पर कंप्यूटर की आश्चर्यजनक खूबियों को दरशानेवाली चित्र-शृंखला का प्रदर्शन शुरू हो गया···और अंत में एक बार फिर से उसी पुरानी लिपि में 'हेलो' उभरकर सामने आ गया था, लेकिन इस बार उसके बाद कोष्ठक में लिखा 'अगेन' सभाकक्ष तालियों की गड़गड़ाहट शुरू हो गई थी। जॉब्स मंच के किनारे पर आ गया था और परदे पर प्रदर्शित मैकिनटोश की तरफ गर्व से देखते हुए कहा था, 'ऐसा लगता है यह दूसरे ग्रह से आया है। एक अच्छे ग्रह से। बेहतर डिजाइनरोंवाले ग्रह से।'

एक बार फिर से जॉब्स ने प्रतिष्ठित नया उत्पाद—नई शताब्दी का अग्रदूत—दुनिया के सामने पेश कर दिया था। 'थिंक डिफरेंट' प्रचार अभियान के जरिए जॉब्स ने एप्पल के उपभोक्ताओं के बीच 'अलग तरह से सोचने' का जो नया भरोसा जगाया था, उसे 'आईमैक' के जरिए पूरा कर दिखाया था। यह पारंपरिक मटमैले रंग का कंप्यूटर बक्सा, मोनिटर व तारों का उलझा हुआ संजाल नहीं था, जिसे चालू करने लिए भारी-भरकम स्थापना-निर्देशिका (सेटअप मैन्युअल) की जरूरत पड़ती थी। 'आईमैक' तो उपयोगकर्ता-अनुकूल, खूबसूरत व नाजुक घरेलू उपकरण था। इसकी रोबिन चिड़िया के अंडे जैसी शक्ल आँखों को सुकून देती थी और उसे चूमने का मन करता था। आप प्यारे से गुप्त हत्थे को पकड़कर इसे खूबसूरत सफेद कार्डबोर्ड बक्से से बाहर निकाल सकते थे और दीवार के किसी बिजली सॉकेट से जोड़कर इसे तत्काल चालू कर सकते थे। जो लोग अब तक कंप्यूटर को झंझटवाली प्रौद्योगिकी समझ कर डरते थे, अब उन्हें भी एक आईमैक की चाहत हो गई थी। वे उसे अपने बैठक कक्ष में सजाकर रखने लगे थे, ताकि घर में आनेवाले दूसरे लोगों की उस पर सीधी नजर पड़े और वे उसे देखकर ललचाएँ और खरीददार की पसंद की तारीफ करें।

'न्यूज वीक' पत्रिका में स्टीवन लेवी ने लिखा था, 'हार्डवेयर का एक नमूना, जो कॉकटेल छतरी के आडंबर व सनक के साथ विज्ञान-कथा की टिमटिमाहट को मिश्रित करता है। यह वर्षों में पेश किया गया न केवल सबसे बढ़िया दिखनेवाला कंप्यूटर है, बल्कि छाती ठोंककर दिया गया बयान है कि सिलिकॉन वैली की मूल

स्वप्नदर्शी कंपनी अब नींद में चलनेवाली नहीं रह गई है।' फोर्ब्स पत्रिका ने 'उद्योग को चेतावनी देनेवाली सफलता' करार दिया था। एप्पल के पूर्व सी.ई.ओ. जॉन स्कुल्ली ने अपने निर्वासन की चुप्पी को तोड़ा था, 'उसने वही सरल रणनीति को लागू किया गया है, जिसने 15 साल पहले एप्पल को इतना सफल बनाया था—सफल उत्पाद बनाओ और भयानक विपणन के साथ उन्हें बढ़ावा दो।'

हाँ, एक जाने-पहचाने कोने से नुक्ताचीनी भी सुनाई दी थी। आईमैक का यश ज्योंही तेजी से फैलना शुरू था कि बिल गेट्स ने माइक्रोसॉफ्ट में वित्तीय विश्लेषकों की एक सभा को आश्वासन दिया था कि यह भी एक गुजर जानेवाला गुबार होगा। गेट्स ने विंडोज आधारित व्यक्तिगत कंप्यूटर, जिसने उसने मजाकिया तौर पर लाल रंग में रँगवाया था, की ओर इशारा करते हुए कहा था, 'एप्पल अब जो एक चीज प्रदान रही है, वह है रंगों में नेतृत्व। उसे पकड़ने में हमें लंबा समय नहीं लगेगा, मुझे नहीं लगता।' गेट्स ही वह शख्स था, जिसने पहले भी जॉब्स की क्रांतिकारी रचनाओं का छिद्रान्वेषण किया था। हालाँकि यह भी जगजाहिर था कि गेट्स को जॉब्स द्वारा विकसित ऐतिहासिक कंप्यूटर परिचालन प्रणाली 'मैकओएस' की कारगर नकल 'विंडोज 95' तक पहुँचने में करीब 11 साल लग गए थे। अभी जब सारा देश उसकी तीखी आलोचना कर रहा था तो जॉब्स ने ही आगे बढ़कर उससे समझौता किया था और उसे अदालती पचड़ों से बाहर निकलने का मौका दिया था। लेकिन एक बार फिर से साबित हो गया था कि गेट्स को जॉब्स की सफलता कतई नहीं सुहाती थी। जॉब्स ने पहले भी गेट्स को 'बिना स्वाद वाला इनसान' करार दिया था, अबकी बार उसे और ज्यादा तीखा होना पड़ा था। एक संवाददाता के पूछे जाने पर उसने गेट्स की टिप्पणी का बिना उसका नाम लिये जवाब दिया था, 'उन्हें पता नहीं चल रहा है कि वह क्या है? जिसने आईमैक को अन्य कंप्यूटरों की तुलना में इतना अधिक आकर्षक बनाया है। हमारे प्रतिस्पर्धियों को जो बात पता नहीं चल रही है, वह यह है कि उन्हें लगता है कि यह फैशन के बारे में है, उन्हें लगता है कि यह सतही दिखावट है। वे कहते हैं, हम इस कबाड़ कंप्यूटर पर थोड़ा रंग थोप देंगे और हमें भी वैसा एक मिल जाएगा।'

खैर, अनावरण के करीब तीन महीने बाद 15 अगस्त से 1299 डॉलर के खुदरा मूल्य पर 'आईमैक जी3' की बिक्री शुरू हो गई थी। पहले छह सप्ताह में 2.78 लाख इकाइयों की बिक्री हुई थी, जो साल के अंत तक 8 लाख के स्तर तक पहुँच गई थी। इस तरह एप्पल के इतिहास में 'आईमैक' सबसे तेजी से बिकनेवाला व अमेरिका का सबसे ज्यादा बिकनेवाला कंप्यूटर बन गया था। सबसे बड़ी बात यह थी कि 32 फीसदी बिक्री उन लोगों के बीच हुई थी जिन्होंने पहली बार कंप्यूटर खरीदा था और

12 फीसदी वे लोग थे जो विंडोज पी.सी. का इस्तेमाल कर रहे थे। जल्द ही जॉनी व उसके कार्यदल ने 'बोंदी ब्लू' के अलावा चार अन्य रसीले रंगों में उस कंप्यूटर को पेश कर दिया था। बाद में इसे कुल 13 रंगों में उपलब्ध कराया जाने लगा था। करीब साल भर बाद, 5 अक्तूबर, 1999 को, जॉब्स की जिद भी पूरी कर दी गई थी और 'सीडी ट्रे' को हमेशा लिए 'सीडी स्लॉट' में बदल दिया गया था।

टिम कुक का उत्पादन-नियंत्रण चमत्कार

जॉब्स के साथ तीन महीने तक काम करने के बाद ही तत्कालीन परिचालन प्रमुख इस्तीफा दे दिया था। उसके बाद लगभग साल भर तक जॉब्स को खुद ही सारा काम सँभालना पड़ा था, क्योंकि इस बीच उसने जितने संभावित उम्मीदवारों का साक्षात्कार किया था, वे सभी उसकी नजर में 'पुराने विनिर्माण लहर' के लोग थे। जॉब्स को एक परिचालन प्रमुख की तलाश थी, जो माइकल डेल की तरह 'जस्ट-इन-टाइम' (बस, समय में) उत्पादन रणनीति पर आधारित फैक्टरियों व वितरण-शृंखलाओं (सप्लाई चेन) का विकास करने में सक्षम हो। ('जस्ट-इन-टाइम' उत्पादन रणनीति के जरिए प्रक्रियागत माल-भंडारण मात्रा व संबद्ध वितरण-शृंखला लागत को कम-से-कम कर निवेश पर लाभ के अनुपात को बढ़ाया जाता है।)

सन् 1998 की शुरुआत में जॉब्स की मुलाकात टिम कुक से हुई थी, जो उस वक्त कॉम्पैक कंप्यूटर में उपाध्यक्ष (निगमित सामग्री/कॉर्पोरेट मैटेरियल्स) के रूप में उसकी संपूर्ण वितरण-शृंखला को सँभाल रहा था। कुक करीब छह महीने पहले ही कॉम्पैक से आया था। पहली मुलाकात में ही जॉब्स ने कुक को पसंद कर लिया था और कुक भी जॉब्स का मुरीद हो गया था। मार्च 1998 में, कुक ने एप्पल में वरिष्ठ उपाध्यक्ष (विश्वव्यापी परिचालन) का कार्यभार सँभाल लिया था और जॉब्स के शीर्ष-नियंत्रण कार्यदल का सबसे महत्त्वपूर्ण हिस्सा बन गया था। (यही कारण था कि 2004 व 2007 में जॉब्स के बीमार होने पर कुक ने उसके सी.ई.ओ. पद की जिम्मेदारी सँभाली थी। उसे जनवरी 2007 में मुख्य परिचालन अधिकारी/सीओओ पदोन्नत किया गया था। मृत्यु से कुछ माह पहले जॉब्स ने कुक को स्थाई रूप से सी.ई.ओ. की कुरसी सौंपकर अपना उत्तराधिकारी बना दिया था।)

टिमोथी डोनाल्ड 'टिम' कुक (जन्म—1 नवंबर, 1960) एक छोटे शहर रोबेर्सडेल (बाल्डविन काउंटी, अलबामा) में पला-बढ़ा था। उसके पिता जहाज निर्माणशाला (शिपयार्ड) के श्रमिक थे व माँ एक फार्मेसी में काम करती थी। स्थानीय रोबेर्सडेल हाई स्कूल में पढ़ाई पूरी करने के बाद कुक ने सन् 1982 में ऑबर्न विश्वविद्यालय (ऑबर्न, अलबामा) से औद्योगिक अभियांत्रिकी (इंडस्ट्रियल इंजीनियरिंग) में स्नातक

(बीएस) किया था। उसके बाद कुक ने अगले 12 वर्षों तक आईबीईएम की रिसर्च ट्राएंगल पार्क (डरहम, उत्तरी कैरोलिना) स्थित फैक्टरी में काम किया। इस बीच सन् 1988 में, कुक ने फुकुआ स्कूल ऑफ बिजनेस (ड्यूक विश्वविद्यालय, डरहम, उत्तरी कैरोलिना) से व्यवसाय प्रशासन निष्णात (एमबीए) की उपाधि हासिल कर ली थी और आई.बी.एम. में निदेशक (उत्तर अमेरिका आपूर्ति) के स्तर तक पहुँच गया था। सन् 1994 में उसने कंप्यूटर बिक्री संजाल कंपनी इंटेलीजेंट इलेक्ट्रॉनिक्स (एक्सटोन, पेंसिल्वेनिया) में कंप्यूटर पुनर्विक्रेता प्रभाग के सीओओ की जिम्मेदारी सँभाली थी। जुलाई 1997 में जनरल इलेक्ट्रिक कंपनी द्वारा इंटेलीजेंट इलेक्ट्रॉनिक्स के प्रत्यक्ष कंप्यूटर बिक्री कारोबार को 13.6 करोड़ डॉलर में अधिग्रहित कर लिया था। उसके बाद कुक कॉम्पैक कंप्यूटर में आ गया था।

कुक हमेशा से एक बहुत ही तार्किक अभियंता रहा था और वह कॉम्पैक को बेहतर विकल्प मानता था। लेकिन मुलाकात के तत्काल बाद वह जॉब्स के प्रभामंडल में खिंचा चला गया था। अपनी उस मुलाकात को बाद में कुक ने कुछ इस तरह से याद किया था—'जॉब्स के साथ अपने साक्षात्कार में पाँच मिनट बाद ही मैं अपने सतर्कता व तार्किकता को हवा में उड़ा देना और एप्पल में शामिल होना चाहता था। मेरे अंतर्ज्ञान ने मुझे बताया कि एप्पल में शामिल होना रचनात्मक प्रतिभा के लिए काम करने का जीवन भर में सिर्फ एक बार मिलनेवाला अवसर होगा। अभियंताओं को विश्लेषणात्मक तरीके से निर्णय करना सिखाया जाता है, लेकिन कुछ वक्त ऐसा होता है जब अंतर्भावना या अंतर्ज्ञान पर भरोसा करना सबसे ज्यादा अपरिहार्य होता है।'

एप्पल में उसकी भूमिका जॉब्स के अंतर्ज्ञान को लागू करना हो गई थी, जो उसने काफी परिश्रम के साथ पूरी की। कुक ने कभी शादी नहीं की थी, वह खुद को पूरी तरह काम में लगाता रहा था। वह अधिकांश दिनों में 4.30 बजे सुबह ही जग जाता था, ई-मेल भेजना शुरू कर देता था, तब एक घंटा व्यायाम करता था और 6 बजे के आस-पास अपने दफ्तर में पहुँच जाता था। उसने रविवार की शाम को हरेक सप्ताह के आगे की तैयारी के लिए फोन पर सम्मेलन बुलावे (कॉन्फ्रेंस कॉल) के लिए अनुसूचित कर रखा था। जॉब्स जैसे सी.ई.ओ. के नेतृत्व में कुक का काम करना आसान नहीं था, क्योंकि यह अनुमान लगाना कठिन था कि वह कब किस बात पर बिफर पड़े या ऐसी बात कह दे, जिससे दिल टूट जाए। लेकिन शांत व्यवहार, सुखदायक अलबामा उच्चारण व चुपचाप बस देखने रहने की कला से कुक ने तमाम नाजुक स्थितियों को अपने काबू में रखा था।

कुक ने एप्पल के मुख्य आपूर्तिकर्ताओं की संख्या को सौ से घटाकर 24 कर

दिया था, उन्हें अपने कारोबार को बनाए रखने के लिए बेहतर सौदे करने पर मजबूर कर दिया था, कइयों को एप्पल संयंत्रों के आस-पास स्थानांतरित हो जाने के लिए राजी कर लिया था और 19 गोदामों में से 10 को बंद कर दिया था। जब रखने की जगह कम हो गई तो उसी के हिसाब से माल-भंडारण की मात्रा भी घट गई थी। आने के शुरुआती महीनों में ही उसने दो महीने की बजाय सिर्फ एक माह की जरूरत का भंडारण लक्ष्य हासिल कर लिया था। सितंबर 1998 तक एप्पल का माल भंडारण समय घटकर सिर्फ छह दिन रह गया था, जो साल भर बाद सितंबर 1999 में आश्चर्यजनक रूप से कम होकर सिर्फ दो दिन पर आ गया था। इतना ही नहीं, कुक ने एप्पल कंप्यूटर की उत्पादन प्रक्रिया को चार महीने से घटाकर दो महीने करने में भी सफलता हासिल कर ली थी। इससे सिर्फ धन की ही बचत नहीं हुई थी, बल्कि हरेक नए कंप्यूटर में उपलब्ध नवीनतम घटकों का भी इस्तेमाल बढ़ गया था।

सहभागिता-संस्कृति का विकास

जॉब्स का मूल स्वभाव निरंकुशता रही थी, और उसने कभी भी आम सहमति का रास्ता नहीं अपनाया था। लेकिन जॉब्स ने एप्पल में 'सहभागिता-संस्कृति' (कोलोबरेशन कल्चर) विकसित करने व उसके पालन-पोषण के लिए कड़ी मेहनत की थी। कई कंपनियाँ अपने यहाँ कम-से-कम बैठक करने में गर्व करती हैं, लेकिन जॉब्स बैठकों के अंतहीन सिलसिले के लिए मशहूर रहा था। वह हर सोमवार को कंपनी की व्यापक रणनीति तय करने के लिए उच्च पदाधिकारियों का सत्र बुलाता था, तो हर बुधवार दोपहर को विपणन, विज्ञापन व जनसंपर्क विभाग प्रमुखों के साथ लंबी बैठक कर युद्धस्तरीय विपणन-रणनीति को धार देता था। उत्पाद-समीक्षा सत्रों की कोई निश्चित संख्या नहीं थी, वह हर उत्पाद विकास दल के साथ सीधा-संपर्क रखता था और कभी भी किसी दल को सभाकक्ष में आमंत्रित कर माथापच्ची का सिलसिला शुरू कर देता था। जॉब्स को 'पॉवर पॉइंट' व दूसरे प्रकार की औपचारिक प्रस्तुतियों से घृणा सी थी, वह मेज पर बैठे विभिन्न विभागों के लोगों को अपने-अपने नजरिए से मुद्दे उछालने के लिए उकसाता था, और सभी को उस बहस में सक्रिय भागीदारी के लिए प्रोत्साहित करता था।

जॉब्स का मानता था कि संपूर्ण यांत्रिक-उपकरण (मैकेनिकल डिवाइस/विजेट) की निर्माण प्रक्रिया में—डिजाइन से लेकर हार्डवेयर, सॉफ्टवेयर व विषयवस्तु तक सभी का एकीकरण एप्पल की सबसे बड़ी लाभदायकता थी। वह इस बात पर सबसे ज्यादा जोर देता था कि कंपनी के सभी विभाग एक साथ मिलकर समानांतर रूप से काम करें। वह इसके लिए अकसर 'गहन सहभागिता' (डीप कोलोबरेशन) व 'समवर्ती

अभियांत्रिकी' (कॉनकरंट इंजीनियरिंग) जैसी शब्दावलियों का उपयोग करता था। आम तौर पर अधिकांश प्रौद्योगिकी कंपनियों में 'क्रमिक उत्पाद विकास प्रक्रिया' को लागू किया जाता है, जिसमें विभिन्न विभागों का क्रम इस प्रकार रहता है—अभियांत्रिकी, डिजाइन, विनिर्माण, विपणन व वितरण। मतलब अभियांत्रिकी विभाग उत्पाद की मूल परिकल्पना तैयार करता है; डिजाइन विभाग उत्पाद-प्रारूप तैयार करता है; उस प्रारूप के मुताबिक विनिर्माण विभाग उत्पादन करता है; फिर विपणन विभाग उसका छवि निर्माण व प्रचार करता है और अंत में वितरण व बिक्री विभाग उसे बाजार में पहुँचता व बेचता है। इस विकास-प्रक्रिया में विभाग के बीच आपसी सहभागिता नहीं होती है, उत्पाद का संपूर्ण नियंत्रण अभियांत्रिकी विभाग के हाथों में रहता है, बाकी सभी विभाग उनका अनुसरण करते हैं। लेकिन जॉब्स ने एप्पल में हर उत्पाद विकास प्रक्रिया में शुरू से अंत तक हर विभाग की सहभागिता को सुनिश्चित किया था। हर विभाग दूसरे विभागों के साथ आपसी तालमेल बनाए रखते हुए एक ही समय पर अपना-अपना काम समानांतर रूप से करता था। लिहाजा जो अंतिम उत्पाद सामने आता था, वह हर लिहाज से संपूर्ण होता था और उसमें हरेक विभाग की बराबर की भागीदारी होती थी। अभी भी एप्पल में यही प्रक्रिया लागू है।

जॉब्स के पाँच विभागों के सेनापतियों—टिम कुक (परिचालन), अवी तेवानियन (सॉफ्टवेयर), फिल शिलर (विपणन), जोन रुबिंसटेन (हार्डवेयर) व जोनाथन इव (डिजाइन)—को हर मुद्दे पर एक-दूसरे से तालमेल बिठाना पड़ता था। यह प्रमुख नियुक्तियों के मामले में भी लागू होता था। उच्च पदों के हर उम्मीदवार को इन पाँचों विभाग-प्रमुखों की अलग-अलग साक्षात्कार-प्रक्रिया से गुजरा जाता था। फिर सभी प्रमुख आपस में विचार-विमर्श कर उक्त उम्मीदवार के बारे में आम सहमति से अंतिम फैसला करते थे कि उसे बहाल करना है या नहीं। इस प्रक्रिया से जॉब्स का असल उद्देश्य कंपनी के महत्त्वपूर्ण पदों पर गैर-जरूरी या गैर-समावेशी व्यक्तियों के प्रवेश को रोकना था। इस संदर्भ में जॉब्स अकसर 'महत्त्वहीनों का विस्फोट' (बोजो एक्स्प्लोजन) शब्दावली का उपयोग करता था, जिसके चलते किसी कंपनी में औसत दरजे की प्रतिभाओं का जमावड़ा हो जाता है और फिर वहाँ प्रथम श्रेणी या अनोखी प्रतिभाओं को टिकाए रखना या नई प्रतिभाओं की बहाली मुश्किल हो जाती है। एप्पल में ऐसी कोई परिस्थिति न आ पाए, इसके लिए जॉब्स ने आजीवन बहाली प्रक्रिया पर खुद की कड़ी निगरानी रखी थी। जॉब्स ने वाल्टर आइसेक्सन से बातचीत में अपनी अवधारणा की व्याख्या इस प्रकार की थी—

'जीवन की अधिकतम चीजों में औसत व सबसे अच्छे के बीच की सीमा 30

फीसदी के आस-पास होती है। सबसे अच्छी हवाई यात्रा, सबसे अच्छा भोजन, वे आपकी औसत से 30 फीसदी बेहतर हो सकते हैं। मैंने जो वोज में देखा था, वह ऐसा व्यक्ति था, जो औसत अभियंताओं से 50 गुना बेहतर था। वह अपने दिमाग में ही बैठकें कर सकता था। मैक कार्यदल, उसी तरह के प्रथम श्रेणी के खिलाड़ियों का एक संपूर्ण कार्यदल, बनाने की एक कोशिश थी। लोग कहते थे, वे एक साथ नहीं चल पाएँगे, वे एक-दूसरे के साथ काम करने में घृणा करेंगे। लेकिन मैंने महसूस किया था कि प्रथम श्रेणी के खिलाड़ी प्रथम श्रेणी के खिलाड़ी के साथ काम करना पसंद करते हैं, वे बस तीसरे दरजे के खिलाड़ियों के साथ काम करना नहीं पसंद करते थे। पिक्सर में, यह प्रथम श्रेणी के खिलाड़ियों की संपूर्ण कंपनी थी। जब मैं एप्पल में वापस आया था, मैंने वैसा ही करने की कोशिश करने का फैसला किया था। आपको एक सहभागितापूर्ण नियुक्ति प्रक्रिया की जरूरत थी। जब हम किसी की नियुक्ति कर रहे थे, चाहे वे विपणन में जानेवाले हों, मुझे उन्हें डिजाइन के लोगों, अभियंताओं से बातचीत के लिए भेजना होता था। मेरा आदर्श जे रॉबर्ट ओपेनहेइमर (परमाणु बम के जनक) थे। मैंने परमाणु बम परियोजना (द्वितीय विश्व युद्ध में पहली परमाणु हथियार परियोजना—मेनहट्टन परियोजना) के लिए उसके द्वारा माँगे गए लोगों के प्रकार के बारे में पढ़ा था। मैं उसके जितना अच्छा नहीं था, लेकिन मैं वैसा ही करने की आकांक्षा रखता था।'

प्रक्रिया भले ही डराने-धमकाने-उकसानेवाली रही थी, लेकिन प्रतिभा तलाश करने के मामले में जॉब्स की नजर पैनी थी। जब वह एप्पल की नई परिचालन प्रणाली 'मैक ओएसएक्स' के चित्रात्मक उपयोगकर्ता अंतरफलक (जीयूआई) के डिजाइन के लिए किसी सुयोग्य उम्मीदवार की तलाश कर रहा था, उसे किसी युवा सॉफ्टवेयर अभियंता का ई-मेल आया और उसने उसे अपने दफ्तर में आमंत्रित किया। जॉब्स के प्रभामंडल से वह युवा आवेदक इतना डरा हुआ था कि ठीक तरह से उसके सवालों के जवाब नहीं दे सका था। वह बेचारा यूँ ही एप्पल मुख्यालय के आगंतुक कक्ष में उदास बैठा था कि वहाँ जॉब्स आया था और उस पर बरस पड़ा था। डरते हुए उस युवा ने बस इतना पूछा था कि क्या वह अपने काम की एक झलक दिखा सकता था? जॉब्स ने हामी भर दी और उसके पास खड़ा हो गया था। जॉब्स उसके छोटे से प्रदर्शन से इतना प्रभावित हुआ था कि उसकी तत्काल बहाली कर ली थी। इसी युवा ने बाद में बहु स्पर्श चित्रपट (मल्टी टच स्क्रीन) में 'जड़त्वीय कुंडलन' (इनेर्सिअल स्क्रॉलिंग)—वह मनमोहक विशेषता, जो स्पर्श की रिहाई (स्वाइपिंग) के बाद कुछ क्षण के लिए चित्रपट को फिसलते हुए रखता है, यानी जड़ता के साथ एक वस्तु

वह अकसर अपने लोगों को उकसाता था, मौका देता था कि वे उसके विचारों को चुनौती दें। लेकिन सभी को इस बात के लिए भी तैयार रहना पड़ता था कि वह भी उनपर अपने विचारों का आक्रमण कर सकता था, हर छोटे-छोटे मुद्दे पर उनका दिमाग चाट सकता था। कुल मिलाकर किसी के लिए भी उससे बहस में जीत पाना मुमकिन नहीं था।

की उपस्थिति का अनुकरण करता है, की रचना की।

'नेक्स्ट कंप्यूटर' के लंबे अनुभव के बाद जॉब्स काफी परिपक्व हो गया था, लेकिन वह बहुत ज्यादा विनम्र नहीं हुआ था। वह अभी भी अपनी मर्सडीज पर आज्ञा-पट्ट (लाइसेंस प्लेट) नहीं लगाता था और मुख्य दरवाजे के बगल में विकलांगों के लिए आरक्षित स्थान पर अपनी कार को लगाता था। यह एक चलता-फिरता ढकोसला था। कर्मचारियों ने उसका 'पार्क डिफरेंट' लिखकर मजाक भी बनाया था, लेकिन जॉब्स पर कोई फर्क नहीं पड़ता था। वह बिंदास था, हर काम अपने तरीके से करता था। वह अकसर अपने लोगों को उकसाता था, मौका देता था कि वे उसके विचारों को चुनौती दें। लेकिन सभी को इस बात के लिए भी तैयार रहना पड़ता था कि वह भी उनपर अपने विचारों का आक्रमण कर सकता था, हर छोटे-छोटे मुद्दे पर उनका दिमाग चाट सकता था। कुल मिलाकर किसी के लिए भी उससे बहस में जीत पाना मुमकिन नहीं था। मसलन, आप कोई भी प्रस्ताव रखें तो वह उसे तत्काल मूर्खतापूर्ण विचार करार दे सकता था और बाद में उसी को अपना विचार बताकर जायज भी ठहरा सकता था। यानी चित भी उसकी और पट भी उसकी। जो भी हो, जॉब्स को दिल से चाहनेवाले ही उसके साथ काम कर सकने में सक्षम थे और जॉब्स ऐसे दीवानों की फौज खड़ी कर पाने सफल था।

'अंतरिम सीईओ' से सीईओ

जुलाई 1997 में दुबारा वापसी के बाद जॉब्स को दो साल से ज्यादा बीत चुके थे और एप्पल एक बार फिर से अपने गौरवशाली भविष्य की तरफ तेजी से कदम बढ़ा रहा था। एप्पल उत्पाद श्रृंखला को कम कर दिए जाने के कारण वित्त वर्ष 1998 (30 सितंबर तक) में पिछले साल के मुकाबले 16 फीसदी की गिरावट के साथ कुल बिक्री राजस्व 5.94 अरब डॉलर के स्तर पर रह गया था, लेकिन पिछले साल के 104 करोड़ डॉलर के भारी घाटे को झेलने के बाद इस साल कंपनी ने 30.9 करोड़ का मुनाफा हासिल किया था। वित्त वर्ष 1999 (30 सितंबर तक) में तीन फीसदी की मामूली बढ़त के साथ 6.13 अरब डॉलर का बिक्री राजस्व दर्ज किया था। लेकिन मुनाफे में करीब सौ फीसदी की बढ़त हुई थी, अब यह 60.1 करोड़ डॉलर के स्तर

पर आ गया था। जुलाई 1997 में एप्पल शेयर का जो भाव 14 डॉलर से भी नीचे चला गया था, वह 2000 की शुरुआत में 102 डॉलर प्रति शेयर के उच्च स्तर पर पहुँच चुका था। यानी जॉब्स की एप्पल में वापसी के 29 महीनों में एप्पल के बाजार मूल्य में 700 फीसदी से ज्यादा की बढ़त हो चुकी थी।

हालाँकि इसका एक कारण यह भी था कि उस वक्त 'वाल स्ट्रीट' सहित दुनिया भर के पूँजी बाजारों में 'इंटरनेट बुलबुला' का बुखार अपने चरम पर पहुँच रहा था। लेकिन एप्पल शेयर की कीमतों की चढ़ाई का श्रेय जॉब्स की नेतृत्व क्षमत की बदौलत कंपनी के जबरदस्त वित्तीय प्रदर्शन को ही दिया जा रहा था।

याद रहे कि जुलाई 1997 में जब जॉब्स ने एप्पल निदेशक मंडल के चेयरमैन एड वूलार्ड की बात मानकर वापसी का फैसला किया था तो वूलार्ड ने उसे शेयर विकल्प देने की पेशकश की थी, लेकिन जॉब्स ने उसे यह कहकर मना कर दिया था कि यदि वह ऐसा करेगा तो लोग यही समझेंगे कि वह अमीर होने के लिए एप्पल में वापस आ रहा था। यदि जॉब्स ने वूलार्ड द्वारा प्रस्तावित शेयर विकल्प लिया होता तो उसकी कीमत 40 करोड़ डॉलर हो गई होती। लेकिन इस दौरान जॉब्स ने एप्पल से सिर्फ 2.5 डॉलर कमाया था, क्योंकि उसने प्रति वर्ष सिर्फ एक डॉलर का सांकेतिक सालाना वेतन ही स्वीकार किया था।

इस बीच वूलार्ड व निदेशक मंडल के अन्य सदस्यों ने जॉब्स पर अपने पद से 'अंतरिम' शब्द हटा लेने और एप्पल में वैधानिक रूप से पूर्णकालिक व पूर्ण वेतनभोगी सी.ई.ओ. का पद स्वीकार कर लेने का दबाव तेज कर दिया था। वाल्टर आइसेक्सन का भी मानना है कि जॉब्स इतने लंबे समय तक इसलिए 'अंतरिम सीईओ' ही बना रहा था, क्योंकि उसे भी पूरा भरोसा नहीं था कि एप्पल एक बार फिर से अपने पाँव पर खड़ी हो जाएगी। लेकिन वित्त वर्ष 1999 के नतीजे आने के बाद, यह बिल्कुल साफ हो गया था कि अब एप्पल का वित्तीय कायापलट हो चुका था और वह एक बार फिर से सुरक्षित भविष्य की दिशा में सधे कदम बढ़ा रही थी। चाहे वे एप्पल कर्मचारी हों या फिर सिलिकॉन वैली के दिग्गज या फिर 'वाल स्ट्रीट' के वित्तीय विश्लेषक, सभी जॉब्स के पदनाम से 'अंतरिम' शब्द का हटना महज एक वैधानिक औपचारिकता ही मान रहे थे, क्योंकि व्यावहारिक रूप से एप्पल का एकमात्र सर्वाधिकार प्राप्त नेता जॉब्स ही था।

लेकिन जॉब्स के लिए यह एक गंभीर फैसला था। इसके बारे में अंतिम फैसला करने से पहले जॉब्स ने अपनी पत्नी व अपने तीन प्यारे बच्चों की माँ लौरेन से गंभीर विचार-विमर्श किया था। दोनों लंबी पदयात्रा पर निकले थे और सभी पहलुओं पर

गौर किया था। यदि वह 'अंतरिम' पदनाम हटाता था तो उसके मन की अब तक सारी कल्पनाओं के साकार करने का एकमात्र मंच एप्पल ही बन जानेवाला था। जॉब्स का सपना एक ख्वाब एप्पल को कंप्यूटर के दायरे से बाहर निकलना भी था और जॉब्स ने ऐसा ही करने का फैसला कर लिया था।

जॉब्स के फैसले से वूलार्ड काफी खुश था और उसने जॉब्स को बताया था कि निदेशक मंडल ने उसे भारी पैमाने पर शेयर अनुदान देने का मन बनाया हुआ था। लेकिन अब जॉब्स ने क्या माँगा था? निजी विमान। उसने कहा था कि अब उसका तीसरा बच्चा भी हो चुका था और वह परिवार के साथ व्यावसायिक हवाई जहाज पर बाहर घूमने जाने में असुविधा महसूस करने लगा था। वैसे भी पिछले काफी समय से अपने मित्र लैरी एल्लिसन के निजी विमान का इस्तेमाल कर रहा था। वर्ष 1999 में जॉब्स की यात्राओं के लिए एप्पल ने एल्लिसन को करीब 10 लाख डॉलर से अधिक का भुगतान किया था। एप्पल निदेशक मंडल की हैसियत से एल्लिसन ने कहा था कि जॉब्स ने एप्पल के लिए जितना कुछ किया था, उसके बदले उसे पाँच हवाई जहाज भी दिए जाते तो कम था। उसने इसे जॉब्स के लिए एप्पल की तरफ से एक 'आदर्श धन्यवाद तोहफा' बताया था, जिसने एप्पल को दिवालिएपन से बाहर निकाला था और उसके बदले में कुछ भी नहीं लिया था।

लिहाजा वूलार्ड सहित सभी निदेशकों ने एक मत से खुशी-खुशी जॉब्स के लिए उच्च श्रेणी की आलीशान 'गल्फस्ट्रीम-V' खरीदने के अलावा उसे 1.40 करोड़ शेयर का अनुदान भी देने का भी फैसला किया था। चौंकिए मत, अब तक एप्पल से अपनी सेवा के बदले में कुछ भी न लेनेवाला जॉब्स इस अनुदान से खुश नहीं हुआ था। उसने दो करोड़ शेयरों (कुल शेयर का 5 फीसदी) की माँग रख दी थी। ध्यान रहे कि निदेशक मंडल को अधिकतम इतने ही शेयर का अनुदान देने का अधिकार प्राप्त था और उसने वैसा ही किया था। इसके लिए निदेशक मंडल को जटिल हल निकलना पड़ा था। जनवरी 2000 में 1 करोड़ शेयर की पहली खेप जारी की गई थी, जिसका मूल्यांकन तो मौजूदा बाजार मूल्य पर किया गया था, लेकिन उसकी गिनती 1997 के 'अभ्यास मूल्य' (एक्सरसाइज/स्ट्राइक प्राइस) पर की गई थी। 2001 में बाकी शेयर जारी किया जाना तय था। जॉब्स ने अपना शेयर विकल्प भुनाया नहीं था। लेकिन 2001 के अंतिम दिनों में जब इंटरनेट बुलबुला फट चुका था और शेयर के भाव काफी नीचे आ गए थे तो जॉब्स अपने सहित बाकी पदाधिकारियों के भी शेयर विकल्पों को एक बार फिर से निचले अभ्यास मूल्य पर जारी किए जाने की जिद पर अड़ गया था। निदेशक मंडल जॉब्स की जिद पूरी करनी पड़ी थी। इसके चलते

आनेवाले समय में कंपनी को अमेरिकी प्रतिभूति एवं विनिमय आयोग (एसईसी) की जाँच का गंभीर वैधानिक संकट भी झेलना पड़ा था। जो भी हो, जॉब्स ने शेयर विकल्प से कोई लाभ तो नहीं कमाया था, लेकिन उसने निजी विमान का मजा लेने में कोई कसर नहीं छोड़ी थी। उसने अपने विमान को बिल्कुल नए अंदाज में डिजाइन करवाया था, जो उसके मित्र एल्लिसन के विमान की सुविधाओं से अलग व खास था।

5 जनवरी, 2000 का मैकवर्ल्ड (सैनफ्रांसिस्को) कई मायने में खास था। जॉब्स ने एप्पल की वित्तीय उपलब्धियाँ गिनाई थीं, तीन साल पहले एप्पल द्वारा अधिग्रहित नेक्स्ट की परिचालन प्रणाली को मैकओएस-8 में समाहित कर तैयार की गई बिल्कुल नई परिचालन प्रणाली 'मैक ओएस एक्स' का अनावरण किया था और अंत में सी.ई.ओ. का पद स्वीकारने की घोषणा की थी। जाहिर है जॉब्स के दीवाने एप्पल उपभोक्ताओं की मन की बहुत पुरानी मुराद पूरी हो रही थी, और सभी ने जॉब्स का साष्टांग जयध्वनि (स्टैंडिंग ओवेशन) के साथ जबरदस्त अभिवादन किया था। लोगों के भावुक स्वागत से जॉब्स शरमा-सा गया था, और विनम्र भाव से कहा था 'आप लोग मुझे अजीब महसूस करा रहे हैं। मुझे हर दिन काम पर आने और एप्पल व पिक्सर में धरती पर सबसे प्रतिभावान लोगों के साथ काम करने को मिल रहा है। लेकिन ये सारे काम टोली के खेल हैं। मैं एप्पल के हर व्यक्ति की तरफ से आप लोगों का अभिवादन स्वीकार करता हूँ।' लेकिन जॉब्स ने यह नहीं कहा था कि कप्तान के बिना टोली नहीं बन पाती है और फिर खेल जीतने की बात तो दूर, खेलने का भी अवसर नहीं मिलता है। एप्पल व पिक्सर के खिलाडियों को जॉब्स की कप्तानी में खुलकर खेलने का मौका मिला था और उन्होंने खेल-खेल में वह सब कर दिखाया था, जिसे लोग प्रौद्योगिक चमत्कार से कम नहीं मानते। वरना किसी व्यावसायिक कंपनी के प्रमुख का ऐसा भव्य स्वागत कहाँ देखने को मिलता है।

'मैक ओएस एक्स' का संपूर्ण संस्करण 24 मार्च, 2001 को जारी किया गया था, जो एप्पल के पुनरुत्थान व वर्तमान सफलता का मूल बन गया था।

'एप्पल स्टोर' में 'संपूर्ण ग्राहक अनुभव' का जलवा

जॉब्स को किसी भी चीज का नियंत्रण दूसरे के हाथों में सौंपना कतई पसंद नहीं था। वह हमेशा से अपने उपयोगकर्ता को 'संपूर्ण ग्राहक अनुभव' देने की कोशिशें करता आ रहा था। यही कारण था कि अपने हार्डवेयर, सॉफ्टवेयर, खूबसूरत डिब्बे, रचनात्मक विज्ञापन, तत्पर ग्राहक सेवा आदि सारी प्रक्रियाओं पर एप्पल का संपूर्ण नियंत्रण था। लेकिन जॉब्स को लंबे अरसे से यह खटक रहा था कि अपने विशिष्ट बिक्री केंद्रों के अभाव में एप्पल अपने उत्पादों के खरीदारों को 'संपूर्ण ग्राहक अनुभव'

मार्च 1998 में एप्पल में शामिल होने के बाद जॉब्स के निर्देशन में टिम कुक ने एप्पल उत्पादों की खुदरा बिक्री व्यवस्था को चुस्त-दुरुस्त बनाना शुरू कर दिया था। मैक अधिकृत पुनर्विक्रेताओं की कड़ी समीक्षा की गई थी और 2000 तक इनकी कुल संख्या 20 हजार से घटकर 11 हजार रह गई थी।

नहीं दे पा रहा था। स्थानीय स्तर पर विशेष कंप्यूटर दुकानों का जमाना खत्म हो रहा था और अब कंप्यूटर की बिक्री भी विशाल दुकान-शृंखलाओं (मेगा स्टोर चेन) के कोने में सिमटती जा रही थी। वहाँ तमाम तरह के कंप्यूटर उत्पादों के साथ एप्पल के उत्पाद भी प्रदर्शित हो रहे थे। जॉब्स की नजर में, इन मेगास्टोर के सहायक ग्राहकों को ठीक प्रकार से एप्पल उत्पादों की खूबियाँ नहीं बता पाते थे और उनके साथ वैसा विशिष्ट बरताव भी नहीं करते थे, जिसके वे स्वाभाविक रूप से हकदार थे।

जॉब्स नहीं चाहता था कि रचनात्मक खूबियों व उच्च कीमत पर्ची (प्राइस टैग) वाला एप्पल का 'आई मैक', डेल व कॉम्पैक जैसे आम सुविधाओंवाले अपेक्षाकृत काफी सस्ते कंप्यूटरों के साथ एक ही जगह प्रदर्शित हो। इन बड़े भंडारों में ग्राहक स्वाभाविक रूप से एप्पल उत्पादों की ओर आकर्षित होते थे। लेकिन उन्हें न तो एप्पल उत्पादों की विशेष खूबियों का और न ही उनकी ऊँची कीमतों का औचित्य पता चल पाता था। लिहाजा वे खरीदने तो एप्पल कंप्यूटर आते थे, लेकिन कीमतों के अंतर के चलते दूसरे कंप्यूटर को खरीदकर बाहर निकल जा रहे थे। स्वाभाविक रूप से जॉब्स की चिंता बढ़ रही थी कि जल्द ही इसका कारगर विकल्प नहीं ढूँढ़ा गया तो नए ग्राहकों को जोड़ पाना मुश्किल हो जाएगा। जब तक एप्पल विशिष्ट भंडार नहीं होगा, ग्राहकों को उत्पादों की खूबियाँ बता पाना, उनकी विशिष्टताओं का अनुभव करा पाना और उनकी ऊँची कीमत का औचित्य समझा पाना काफी मुश्किल होगा। और ऐसा नहीं हुआ तो आम उपभोक्ताओं में कंप्यूटर उपयोग की जागरूकता पर एप्पल द्वारा किए जा रहे भारी निवेश का फायदा दूसरी कंपनियाँ उठा ले जाएँगी। सबसे बड़ा खतरा तो यह था कि खूबियों की पर्याप्त जानकारी के अभाव में नए ग्राहक एप्पल को अतार्किक रूप से महँगा उत्पाद मान बैठेंगे। जाहिर है कि इस धारणा के लगातार पुख्ता होते जाने की आशंका से जॉब्स कुछ ज्यादा ही व्याकुल था।

जॉब्स ने इस समस्या को समय रहते ही भाँप लिया था और इस दिशा में कई प्रयोग किए थे। वर्ष 1997 के अंत में ही एप्पल ने सियर्स, बेस्ट बाय, सर्किट सिटी, कंप्यूटर सिटी व ऑफिस मैक्स जैसे विशाल खुदरा शृंखलाओं के अनुबंधों को रद्द

करने का सिलसिला शुरू कर दिया था। इस बीच जॉब्स ने सैन फ्रांसिस्को की ब्रांडिंग व डिजाइन कंपनी—'एइट इनकॉरपोरेशन' द्वारा जापान के 34 स्थलों पर निर्मित 'भंडार के भीतर भंडार' का अध्ययन किया था। जॉब्स को यह अवधारणा अच्छी लगी थी, और उसने ऐसे ही विशिष्ट भंडारों (स्पेशलिटी स्टोर्स) के लिए अमेरिकी उपभोक्ता इलेक्ट्रॉनिक्स व प्रौद्योगिकी उत्पाद पुनर्विक्रेता कंपनी—'कॉम्पयूएसए इनकॉरपोरेशन' के साथ समझौता किया था। 'कॉम्पयूएसए' ने अपने बिक्री केंद्रों पर एप्पल को 'भंडार के भीतर भंडार' बनाने के लिए 15 फीसदी जगह प्रदान की थी। मैकवर्ल्ड व अन्य उत्पाद शुभारंभ कार्यक्रमों के आयोजन का काम भी 'एइट इनकॉरपोरेशन' के पास ही था और उसी ने इन विशेष भंडारों को डिजाइन किया था। 19 जनवरी, 1998 को कॉम्पयूएसए के 57 बिक्री केंद्रों पर एप्पल के 'दुकान के भीतर दुकान' का शुभारंभ किया गया। लेकिन कॉम्पयूएसए ने बड़ी चालाकी से एप्पल को 'सबसे कम आगंतुक क्षेत्र' में जगह दी थी। एप्पल द्वारा नियुक्त अंशकालिक बिक्री सहायकों को भी कॉम्पयूएसए प्रबंधन की तरफ से जरूरी सहयोग नहीं मिला था। लिहाजा जॉब्स की अपेक्षा के मुताबिक इस योजना को कामयाबी नहीं मिल रही थी।

मार्च 1998 में एप्पल में शामिल होने के बाद जॉब्स के निर्देशन में टिम कुक ने एप्पल उत्पादों की खुदरा बिक्री व्यवस्था को चुस्त-दुरुस्त बनाना शुरू कर दिया था। मैक अधिकृत पुनर्विक्रेताओं की कड़ी समीक्षा की गई थी और 2000 तक इनकी कुल संख्या 20 हजार से घटकर 11 हजार रह गई थी।

इस बीच, 7 जनवरी, 1999 को मैकवर्ल्ड एक्सपो (टोक्यो, जापान) में जॉब्स ने गैप इनकॉरपोरेशन के तत्कालीन सी.ई.ओ. मिलार्ड 'मिकी' ड्रेक्स्लर (जे. क्रू ग्रूप के वर्तमान चेयरमैन व सीईओ) को एप्पल निदेशक मंडल का सदस्य नियुक्त किए जाने की घोषणा की थी। 1990 के दशक में, कपड़े व उपसाधनों की अमेरिकी खुदरा विक्रेता कंपनी 'गैप' को बहुराष्ट्रीय ब्रांड बनाने में ड्रेक्स्लर ने अहम भूमिका अदा की थी। तब किसी ने ध्यान नहीं दिया था कि जॉब्स ने प्रौद्योगिकी कंपनी में खुदरा विशेषज्ञ को क्यों निदेशक चुना था। असल में, यह जॉब्स की 'एप्पल स्टोर' शृंखला की भविष्य की योजना को अमल में लाने की दिशा में पहला कदम था। वर्ष 1999 के अंत में जॉब्स ने इस योजना को अमल में लाने का मन बना लिया था। लेकिन उसने इसके लिए निदेशक मंडल को विश्वास में नहीं लिया था और बड़े गुपचुप तरीके से इस अभियान को नेतृत्व प्रदान कर सकनेवाले के लिए सुयोग्य उम्मीवार को ढूँढ़ना शुरू कर दिया था।

जॉब्स की नजर टारगेट कॉरपोरेशन, वालमार्ट के बाद दूसरी सबसे बड़ी अमेरिकी

खुदरा कंपनी, के वरिष्ठ उपाध्यक्ष (खुदरा परिचालन/ रिटेल ऑपरेशंस) रॉन जॉनसन पर जा टिकी थी। जॉनसन ने टारगेट स्टोर्स श्रृंखला में मशहूर अमेरिकी वास्तुकार माइकल ग्रेव्स द्वारा डिजाइन की हुई विशिष्ट दिखनेवाले उपभोक्ता उत्पादों को बिल्कुल खास अंदाज में पेश किया था। इसके चलते टारगेट की ब्रांड छवि में काफी सुधार हुआ था और उसकी गिनती उच्च श्रेणी की खुदरा कंपनियों में होने लगी थी। अमेरिका के मिनेसोटा प्रांत के सबसे बड़े नगर मिनियापोलिस के सबसे समृद्ध उपनगरों में से एक एडिना में पले-बढ़े रॉन जॉनसन (जन्म—15 अक्तूबर, 1959) ने स्टैनफोर्ड विश्वविद्यालय से स्नातक कला (बीए)-अर्थशास्त्र व हार्वर्ड बिजनेस स्कूल से एमबीए किया था। जाहिर है कि पहली मुलाकात में ही जॉनसन पर जॉब्स का जादू चल गया था और वह जॉब्स के 'एप्पल स्टोर' के आसमानी सपने को साकार करने के लिए जनवरी 2000 में एप्पल में शामिल हो गया था।

जब जॉनसन साक्षात्कार के लिए आया था तो जॉब्स उसे सुबह 8.30 बजे 140 भंडारों वाले विशाल स्टैनफोर्ड शॉपिंग मॉल में घुमाने ले गया था। उस वक्त भंडार खुले नहीं थे, लिहाजा दोनों आसानी से समूचे मॉल में ऊपर से नीचे तक कई चक्कर लगाते हुए काफी देर तक विशाल खरीदारी केंद्रों (शॉपिंग मॉल) को संगठित करने के तौर-तरीकों, विभागीय भंडारों (डिपार्टमेंटल स्टोर) की भूमिका व विशिष्ट दुकानों (स्पेशलिटी स्टोर) की सफलता या असफलता के कारणों पर गंभीर विचार-विमर्श करते रहे थे। 10 बजे जब भंडार खुले थे तो दोनों कपड़ों की भंडार श्रृंखला 'एडी बौएर' (एडी बौएर होल्डिंग्स, सिएटल, वॉशिंगटन द्वारा संचालित) में गए। इसका एक प्रवेश द्वार मॉल से अलग और दूसरा पार्किंग से अलग खुलता था। जॉब्स ने फैसला किया था कि 'एप्पल स्टोर' का एक ही प्रवेश-द्वार होना चाहिए, ताकि अनुभव को नियंत्रित कर पाना आसान हो। दोनों इस बात पर भी सहमत थे कि एडी बौएर स्टोर काफी लंबा व सँकरा था। उन्हें सबसे महत्त्वपूर्ण बात यह लगी थी कि भंडार में प्रवेश करते ही ग्राहकों को खुद-ब-खुद उसकी बनावट (लेआउट) पकड़ में आ जानी चाहिए और उन्होंने एप्पल स्टोर्स के लिए आसानी से समझ में आनेवाली जीवंत-बनावट का फैसला किया था।

उस मॉल में एक भी प्रौद्योगिकी केंद्रित भंडार नहीं था। जॉनसन ने उसके पीछे की धारणा की व्याख्या की थी। पारंपरिक सोच यह थी कि कंप्यूटर जैसी प्रमुख व कभी-कभार की खरीदारियों के लिए ग्राहक कम सुविधाजनक जगहों पर भी जाने को इच्छुक होंगे और वहाँ भंडार संचालकों को मॉल के मुकाबले काफी कम किराया लागत पड़ेगी। जाहिर है कि जॉब्स ने इस पारंपरिक सोच को सिरे से खारिज कर दिया

था। उसने जॉनसन को स्पष्ट निर्देश दिया था कि 'एप्पल स्टोर' बड़े मॉल में या फिर भरपूर आगंतुकोंवाले इलाके के मुख्य स्थान पर होना चाहिए, चाहे किराया कितना भी ज्यादा क्यों न हो। जॉब्स का मानना था कि ग्राहकों, खासतौर पर विंडोज पी.सी. के खरीदारों के लिए 10 मील कार चलाकर एप्पल उत्पादों का मुआयना कर पाना संभव नहीं होगा। लिहाजा 'एप्पल स्टोर' ऐसी मुख्य जगह पर होना चाहिए और इतना शानदार व आमंत्रित करनेवाला होना चाहिए कि आम उपभोक्ता भी अपने कौतूहल को रोक न सकें और 10 कदम बढ़ाकर हमारे पास आ जाएँ। जॉब्स का दावा था कि एप्पल को बस एक मौका मिलना चाहिए कि वह ग्राहकों को दिखा सके कि उसके पास क्या है, फिर उसकी विजय सुनिश्चित थी।

फिर जॉनसन ने कहा था कि भंडार का आकार ब्रांड की महत्ता का संकेत देता है। उसने जॉब्स से पूछा था, 'क्या एप्पल उतना बड़ा ब्रांड है जितना कि 'गैप'? जाहिर है जॉब्स ने बताया था कि एप्पल 'गैप' से बहुत ही ज्यादा बड़ा ब्रांड था। फिर जॉनसन ने फरमाइश की थी कि 'एप्पल स्टोर' का आकार 'गैप' के भंडारों के मुकाबले बड़ा होना चाहिए। जॉब्स ने उसकी राय का समर्थन करते हुए कहा कि यदि आकार बड़ा न हुआ तो 'एप्पल स्टोर' की प्रासंगिकता ही नहीं रहेगी। जॉब्स ने माइक मार्ककुला के नीतिवाक्य को एक बार फिर से याद किया था कि एक अच्छी कंपनी को अपने हर काम से, चाहे वह डिब्बा हो या फिर विपणन, अपने मूल्य व महत्ता को जाहिर करना चाहिए। यानी कंपनी को अपनी छवि को ग्राहकों पर आरोपित करना चाहिए और निश्चित तौर पर यह सिद्धांत कंपनी के भंडार पर भी लागू होता था। यह सुनकर जॉनसन काफी खुश हुआ था और भविष्यवाणी की था कि 'एप्पल स्टोर' एप्पल ब्रांड की सबसे शक्तिशाली भौतिक अभिव्यक्ति होगी। इस संदर्भ में जॉनसन ने अमेरिकी फैशन डिजाइनर राल्फ लॉरेन ('पोलो राल्फ लॉरेन' कपड़ा-ब्रांड के लिए विश्वविख्यात) के फ्रांसीसी पुनर्जागरण पुनरुद्धार हवेली—गर्टरूड राइनलैंडर वाल्डो हाउस (मैडिसन एवेन्यू, मैनहट्टन, न्यूयॉर्क सिटी) स्थित भंडार के अपने बचपन के अनुभव का हवाला दिया था। जॉनसन ने कहा था, 'मैं जब कभी भी पोलो कमीज खरीदता हूँ, मैं उस हवेली के बारे सोचता हूँ, जोकि राल्फ के विचारों की भौतिक अभिव्यक्ति थी। मिकी ड्रेक्स्लर ने वैसा 'गैप' के साथ किया था। आप स्वच्छ जगह, लकड़ी के फर्श, सफेद दीवारों व मुड़े हुए मालवाले महान् 'गैप' की दुकान के बारे में सोचे बिना 'गैप' के उत्पाद के बारे में सोच नहीं सकते।'

काफी देर तक घूमते हुए इन तमाम मुद्दों पर विचारों का आदान-प्रदान करने के बाद जॉब्स व जॉनसन एप्पल मुख्यालय में आ गए। दोनों सभाकक्ष में बैठकर

एप्पल उत्पादों के संभावित प्रदर्शन के बारे विचार करने लगे थे। उत्पादों की संख्या इतनी नहीं थी कि उन्हें पारंपरिक भंडारों जैसी अलमारियों में भरा जा सके, लेकिन वह एक फायदा ही था। उन्होंने एक ऐसा भंडार बनाने का फैसला किया था, जो कम उत्पादों को रखने का फायदा उठाएगा। यह कम उत्पादोंवाला व हवादार होगा और चीजों को आजमाने के लिए लोगों को काफी अधिक जगह की पेशकश करेगा। जॉनसन ने कहा था, 'अधिकतर लोग एप्पल उत्पादों को नहीं जानते हैं। वे एप्पल के बारे में एक संप्रदाय के रूप में सोचते हैं। आप (एप्पल को) एक संप्रदाय से कुछ बहुत अच्छी चीज की तरफ ले जाना चाहते हैं और एक रहस्यपूर्ण दुकान का होना, जहाँ लोग चीजों को आजमाएँगे, इसमें मदद करेगा।' मतलब, 'एप्पल स्टोर' एप्पल के उत्पादों के चुलबुला, आसान व रचनात्मक होने के मूल संस्कार को आरोपित करेगा।

लेकिन जब जॉब्स ने यह विचार रखा था तो एप्पल निदेशक मंडल रोमांचित नहीं हुआ था। आर्ट लेविनसन ने एप्पल के बहुत छोटी कंपनी होने का तर्क दिया था तो एड वूलार्ड ने 'गेटवे कंप्यूटर्स' के उपनगरीय भंडार शृंखलाओं के बुरी तरह असफल हो जाने की घटना का हवाला दिया था। वूलार्ड ने 'डेल' की बिना किसी कंपनी भंडार के सीधे ग्राहकों को कंप्यूटर बेचने की रणनीति को सबसे कारगर विकल्प बताया था। लेकिन जब जॉब्स कोई फैसला कर लेता था तो उसे इस बात की कतई परवाह नहीं होती थी कि कौन खुश है या फिर नाराज। इस मसले पर भी वह निदेशक मंडल के विचारों को मानने को तैयार नहीं हुआ था। जॉब्स अपनी तरफ से कोई कदम बढ़ाए, इससे पहले वूलार्ड ने खुद ही त्याग-पत्र देने का फैसला कर लिया था। इसका कुछ व्यक्तिगत कारण भी था, लेकिन असल बात यह थी कि जॉब्स की जिद व मनमानियों से वूलार्ड ऊब चुका था और जॉब्स के साथ किसी विवाद में नहीं उलझना चाहता था। जो भी हो, वूलार्ड के चेयरमैन पद से त्याग-पत्र देने से पहले, एप्पल निदेशक मंडल को जॉब्स की योजना के मुताबिक पहले चरण के चार 'एप्पल स्टोर' के निर्माण को हरी झंडी देनी पड़ी थी।

हाँ, निदेशक मंडल में मिकी ड्रेक्स्लर ही एकमात्र निदेशक था, जो जॉब्स की योजना को भलीभाँति समझ पा रहा था और उसका समर्थन भी किया था। न्यूयॉर्क शहर के सुदूर उत्तरी नगर निगम नगर क्षेत्र ब्रोंक्स में पले-बढ़े मिकी ड्रेक्स्लर (जन्म—17 अगस्त, 1944) ने विज्ञान प्रतिभाओं को आकर्षित करनेवाले अग्रणी माध्यमिक विद्यालय—ब्रोंक्स हाई स्कूल ऑफ साइंस (ब्रोंक्स), सिटी विश्वविद्यालय के सबसे पुराने महाविद्यालय सिटी कॉलेज ऑफ न्यूयॉर्क (मेनहट्टन) व पूर्वोत्तर अमेरिका के सबसे बड़े विश्वविद्यालय यूनिवर्सिटी ऑफ बफेलो (बफेलो, न्यूयॉर्क) से शिक्षा ग्रहण

की थी। बाद में बोस्टन यूनिवर्सिटी स्कूल ऑफ मैनेजमेंट (बोस्टन, मेसाचुसेट्स) से एमबीए भी किया था। न्यूयॉर्क के मशहूर विशेषता खुदरा भंडार शृंखलाओं एन टेलर, ब्लूमिंगडेल'स व मेसी'ज में काम करने के बाद मिकी ड्रेक्स्लर अब्राहम ऐंड स्ट्रॉस का उपाध्यक्ष (मर्केंडाइजिंग) बन गया था। लेकिन ड्रेक्स्लर की प्रतिभा तब निखरकर सामने आई थी, जब सन् 1983 में वह सैनफ्रांसिस्को के 'गैप इनकॉरपोरेशन' का सी.ई.ओ. बना था। उस वक्त 'गैप' छूट पर जींस बेचनेवाली एक मामूली विक्रय-भंडार (एंपोरियम) शृंखला थी, जिसके सैनफ्रांसिस्को व सांता क्लारा वैली में करीब दो दर्जन भंडार थे, और उसका कुल सालाना कारोबार करीब 48 करोड़ डॉलर था। लेकिन ड्रेक्स्लर ने हिप्पी आंदोलन का फायदा उठाकर 'गैप' को अमेरिकी युवाओं की 'आरामदायक संस्कृति' (कैजुअल कल्चर) का प्रतीक बना दिया। खुदरा उद्योग में ड्रेक्स्लर ने 'मर्चेंट प्रिंस' की हैसियत बनाई थी, तो संचार माध्यमों में उसे 'अमेरिका को कपड़े पहनानेवाला व्यक्ति' कहा जाने लगा था। (वर्ष 2002 में जब ड्रेक्स्लर को निकाला गया था तो 'गैप' 450 से अधिक भव्य भंडार शृंखलाओंवाली अंतरराष्ट्रीय ब्रांड बन चुकी थी और उसका सालाना कारोबार करीब 14.5 अरब डॉलर के स्तर पर पहुँच गया था।) कुल मिलाकर ड्रेक्स्लर को दुनिया भर की उन चंद हस्तियों में शुमार किया जाता है, जो डिजाइन, छवि व उपभोक्ता-आकांक्षाओं के मामलों में स्टीव जॉब्स जैसा सफल व सहज-बुद्धिवाला था। जॉब्स की तरह ड्रेक्स्लर भी उत्पाद निर्माण से ग्राहक तक पहुँचने की 'शुरू से अंत तक' प्रक्रियाओं पर संपूर्ण नियंत्रण का पैरोकार था। यही कारण था कि जॉब्स ने उसे एप्पल के निदेशक मंडल में शामिल किया था।

ड्रेक्स्लर ने जॉब्स को एक सलाह दी थी कि वह एप्पल परिसर के आस-पास 'एप्पल स्टोर' का एक कार्यशील प्रारूप तैयार करे, उसे पूरी तरह से सजाए, उसे अपनी स्थायी मुलाकात का अड्डा बनाए और पूरी तसल्ली होने तक उसमें सुधार की प्रक्रिया को जारी रखे। लिहाजा जॉनसन व जॉब्स ने क्यूपरटिनो में ही एक गोदाम किराए पर लिया और अगले छह महीने तक हर मंगलवार को सुबह से दोपहर तक माथा-पच्ची सत्रों का सिलसिला जारी रखा था। भंडार निर्माण की प्रक्रियाओं का मुआयना करते हुए दोनों अपने 'खुदरा बिक्री दर्शन' (रिटेलिंग फिलोसफी) को परिष्कृत करते रहे थे। यह एप्पल के डिजाइन स्टूडियो सरीखा एक स्वप्न-भंडार था, जहाँ जॉब्स अपने दृश्य दृष्टिकोण के मुताबिक विकसित हो रही चीजों व विकल्पों को स्पर्श कर परखते हुए नवाचारों को लागू करता रहा था। जॉब्स कभी-कभी मिकी ड्रेक्स्लर व अपने मित्र निदेशक लैरी एल्लिसन सहित विश्वस्त पदाधिकारियों व मित्रों को भी इस माथा-पच्ची सत्र में आमंत्रित करता था।

एल्लिसन की कंपनी 'ओरेकल कॉरपोरेशन' 'एप्पल स्टोर' में इस्तेमाल की जानेवाली हस्तधारित जाँच प्रणाली/उपकरण (हैंडहेल्ड चेकआउट सिस्टम/ डिवाइस) का सॉफ्टवेयर विकसित कर रही थी। वह जब भी इस सत्र में आता था तो जॉब्स उसे ग्राहकों की खरीद जाँच प्रणाली को युक्तिसंगत बनाने व उसके कदमों को कम-से-कम करने पर जोड़ देता था, चाहे वह ग्राहकों को क्रेडिट कार्ड सौंपने का मामला हो या फिर फिर पावती (रिसीप्ट) की छपाई का। ऐसे ही, ड्रेक्स्लर इस प्रारूप भंडार में ध्यान-भंग करनेवाली वास्तु विशेषताओं व रंगों के बारे में अपना सुझाव पेश करता था। वह इस बात पर जोर देता था कि खुदरा बिक्री जगह में ग्राहकों को आराम से चलने-फिरने का मौका प्रदान करना चाहिए। जॉब्स सहमत था कि एप्पल उत्पाद की तरह 'सरलता' व 'ध्यान-भंग का अभाव' ही महान् एप्पल भंडार की चाभियाँ थीं।

अक्तूबर 2000 में जब 'एप्पल स्टोर' का प्रारूप करीब-करीब तैयार हो गया तो अचानक रोन जॉनसन के दिमाग में भंडार की बनावट को पूरी तरह से उलट-पलट करने का विचार आ गया। पिछले छह महीने से वे भंडार को एप्पल की मुख्य उत्पाद-श्रृंखला 'पॉवर मैक', 'आई मैक', 'आई बुक' व 'पॉवर बुक' को खास जगह देकर संगठित करते आ रहे थे। इस बीच जॉब्स के मन में एक नई अवधारणा उपजी थी कि कंप्यूटर को सभी प्रकार की अंकीयकृत गतिविधियों (डिजिटल एक्टिविटीज)—वीडियो, फोटो, संगीत, इलेक्ट्रॉनिक किताब व पत्रिकाओं की सँभाल, संचालन व संपादन—के केंद्र (हब) यानी 'डिजिटल हब' के रूप में विकसित किया जाना चाहिए। जॉनसन भी ऐसा ही कुछ चाहता था कि एप्पल स्टोर्स को न केवल कंपनी की चार उत्पाद श्रृंखलाओं के आस-पास बल्कि उसे संभावित उपभोक्ता गतिविधियों को ध्यान में रखकर विकसित किया जाना चाहिए। ऐसा करने का सीधा मतलब था कि एक बार फिर सबकुछ नए सिरे से शुरू किया जाए। उस मंगलवार को जब जॉनसन इस विचार के साथ जॉब्स के पास काफी पहले पहुँच गया था तो जॉब्स उस पर बुरी तरह भड़क गया था। दोनों प्रारूप भंडार स्थल तक चुपचाप पहुँचे थे। लेकिन जब बाकी दल के साथ माथा-पच्ची शुरू हुई थी, तो जॉब्स ने जॉनसन के प्रस्ताव को स्वीकार किए जाने की जरूरत को विश्लेषित किया था और भंडार निर्माण प्रक्रिया पूरी तरह संशोधित करने का ऐलान किया था।

इस काम पर कुछ महीने और बीत गए थे। जनवरी 2001 में जॉब्स के सपनों का 'एप्पल स्टोर' का नमूना प्रारूप तैयार हो गया था और उसने पहली बार समूचे एप्पल निदेशक मंडल को इसका मुआयना करने का मौका दिया था। जॉब्स व जॉनसन के कमाल को सभी ने बेहद पसंद किया था, सभी निदेशकों ने एकमत से इस परियोजना

> **जनवरी 2001 में जॉब्स के सपनों का 'एप्पल स्टोर' का नमूना प्रारूप तैयार हो गया था और उसने पहली बार समूचे एप्पल निदेशक मंडल को इसका मुआयना करने का मौका दिया था।**

को आगे बढ़ाए जाने के प्रस्ताव को अनुमोदित कर दिया था। हालाँकि बाहर के विशेषज्ञ अभी भी इसकी सफलता पर सवाल उठा रहे थे। खासतौर पर 'बिजनेस वीक' पत्रिका ने इस मुद्दे पर विशेषज्ञों की राय के आधार पर बड़ी कहानी बनाई थी कि 'एप्पल स्टोर' की योजना क्यों सफल नहीं हो सकती थी। लेकिन जॉब्स को अब कंपनी निदेशकों व विश्वस्तों का समर्थन मिल चुका था और उसने जॉनसन व उसके कार्यदल को तेजी से काम में जुटा दिया था।

19 मई, 2001 को अमेरिका के वॉशिंगटन प्रांत के सबसे बड़े मॉल 'टायसंस कॉर्नर सेंटर' (टायसंस कार्नर, उत्तरी वर्जीनिया, वॉशिंगटन महानगर क्षेत्र) व कैलिफोर्निया प्रांत में लॉस एंजिल्स काउंटी क्षेत्र के दूसरे सबसे बड़े मॉल 'ग्लेनडेल गैलरिया' (ग्लेनडेल) में पहले दो 'एप्पल स्टोर' का एक साथ शुभारंभ किया गया। 'टायसंस कॉर्नर सेंटर' वॉशिंगटन डीसी मुख्य नगर केंद्र (डाउन टाउन) के 18 किलोमीटर पश्चिम व फेयरफैक्स के करीब 10 किलोमीटर उत्तर-पूर्व में स्थित है। इन भंडारों को चमचमाते सफेद पटलों (काउंटर) व प्रक्षालित लकड़ी फर्श (ब्लीच्ड वुड फ्लोर) व बिस्तर में लेटे जॉन लेनन-योको ओनो के 'थिंक डिफरेंट' के विशाल विज्ञापन-पत्र (पोस्टर) से सजाया गया था। आशंका के विपरीत, पहले दिन दोनों भंडारों में आगंतुकों की कुल संख्या 7700 रही व कुल बिक्री 5.99 लाख डॉलर रही थी। 30 सितंबर, 2001 तक 'एप्पल स्टोर' की कुल संख्या 27 हो चुकी थी और उसमें तेजी से विस्तार हुआ था। (तालिका देखें—'एप्पल स्टोर' शृंखला का तेज विस्तार व वित्तीय प्रदर्शन।

'एप्पल स्टोर' शृंखला का तेज विस्तार व वित्तीय प्रदर्शन

वित्त वर्ष (30 सितंबर तक)	नए 'एप्पल स्टोर' खुले	आगंतुकों की संख्या (करोड़)	खुदरा बिक्री सीपीयू इकाइयाँ (लाख)	खुदरा बिक्री राजस्व (करोड़ डॉलर)	शुद्ध लाभ (करोड़ डॉलर)
2001	27	—	0.07	1.90	—
2002	13	0.225	0.82	28.20	2.20
2003	25	1.39	1.87	62.10	0.50
2004	21	2.52	3.14	118.50	3.90
2005	38	5.07	6.09	235.00	15.10

2006	41	8.11	8.86	335.90	19.80
2007	32	10.24	13.86	411.50	57.30
2008	54	14.68	20.34	631.00	133.00
2009	26	17.03	21.15	657.70	139.20
2010	44	23.33	28.46	908.00	236.40
2011	41	29.80	35.16	1412.70	310.00
2012	33	37.20	38.32	1882.80	493.00
2013	27	39.50	—	2022.80	403.00

स्रोत—आईएफओएप्पलस्टोर.कॉम

वर्ष 2002 में लकड़ी के फर्श को, नीले-भूरे रंग के 'पिएट्रा सेरेना', इल कासोने (फिरेंजुओला, फ्लोरेंस, इटली) के पहाड़ों से प्राप्त होनेवाले खास किस्म के कीमती बलुआ पत्थर, से बदल दिया गया था। साथ ही अधिकांश भंडार में 'जीनियस बार' की भी व्यवस्था बनाई गई थी, जहाँ ग्राहकों को मुफ्त तकनीकी सलाह, उत्पादों की मरम्मत व नई सेवाओं की स्थापना की सुविधाएँ प्रदान की गई थीं। इसके अलावा जॉब्स ने बड़े भंडारों में विशेष किस्म की सीढ़ियों व वास्तुकला के अन्य अद्भुत नमूने पेश किए थे। आईएफओएप्पलस्टोर.कॉम के आकलन के मुताबिक, एप्पल के बने-बनाए साधारण मॉल भंडार में लकड़ी फरनीचर पर औसत लागत 3.15 लाख डॉलर है, जबकि कंपनी निर्मित साधारण मॉल-भंडार की औसत लागत 13 लाख डॉलर (4.5 लाख डॉलर के फर्नीचर सहित)। व्यस्ततम स्थानों पर बने उच्च-श्रेणी के साधारण भंडारों की लागत 80 लाख से एक करोड़ डॉलर के बीच है, जबकि उच्च श्रेणी के असाधारण भंडारों के निर्माण पर एप्पल दो से चार करोड़ डॉलर तक खर्च करता है।

सबसे ऊँचे 'एप्पल स्टोर' क्रमशः गिन्जा (टोक्यो, जापान), वेस्ट 14 स्ट्रीट (मैनहट्टन, न्यूयॉर्क सिटी, अमेरिका), बॉयल्सटन स्ट्रीट (बोस्टन, मैसाचुसेट्स, अमेरिका) व वांगफुजिंग (बीजिंग, चीन) में स्थित हैं, जिनकी तीन मंजिले ग्राहक-तलों को बेशकीमती सर्पिल काँच की सीढ़ियाँ से जोड़ा गया है। दुनिया के चार सबसे बड़े 'एप्पल स्टोर' लंदन के रीजेंट स्ट्रीट (25 हजार वर्गफीट) व कोवेंट गार्डन (24,603 वर्गफीट); न्यूयॉर्क सिटी में फिफ्थ एवेन्यू (मैनहट्टन) में ग्रैंड सेंट्रल टर्मिनल (23 हजार वर्ग फीट) व नीदरलैंड के एम्स्टर्डम (21 हजार वर्गफीट) में स्थित हैं। स्ट्रैटफोर्ड सिटी (लंदन) स्थित 'एप्पल स्टोर' का मत्था 10.5 फीट × 20 फीट आकार के 40 मिमी मोटे व 4200 पौंड वजनवाले चार शीशा-पटलों से बना है, जिनमें से हरेक पटल

की लागत 65,110 डॉलर आई। इसी तरह ग्रैंड सेंट्रल टर्मिनल स्थित एप्पल स्टोर में हर तरफ शीशे के 18 पटल लगाए गए हैं।

अप्रैल 2014 में, दुनिया के 16 देशों में कुल 424 'एप्पल स्टोर' की शृंखला स्थापित हो चुकी थी और ऑनलाइन एप्पल स्टोर (स्टोर.एप्पल.कॉम) की सेवाएँ 39 देशों में उपलब्ध थी। अमेरिका में सबसे ज्यादा 254 एप्पल स्टोर संचालित किए जा रहे थे, जिनमें सबसे ज्यादा सघनता चार प्रांतों में थी—कैलिफोर्निया-52, टेक्सास-17, न्यूयॉर्क-17 व फ्लोरिडा-16। इसके अलावा, यूनाइटेड किंगडम में 37, कनाडा में 29, ऑस्ट्रेलिया में 21, फ्रांस में 16, इटली में 14, जर्मनी में 13, चीन में 10, स्पेन में 10, जापान में 7, स्विट्ज़रलैंड में 3, हांगकांग (चीन) में 3, स्वीडन में 3, नीदरलैंड में 2, ब्राजील में 1 व तुर्की में 1 एप्पल स्टोर की विशाल शृंखला स्थापित हो चुकी थी। वित्त वर्ष 2013 की तीसरी तिमाही में इन भंडारों में प्रति सप्ताह औसत आगंतुक संख्या 16,600 थी। वित्त वर्ष 2013 के अंत में इन भंडारों में कुल 42,800 पूर्णकालिक कर्मचारी काम कर रहे थे; खुदरा कारोबार कंपनी के कुल सालाना राजस्व में 11.9 फीसदी व शुद्ध लाभ में 9.3 फीसदी का योगदान कर रहा था। वित्त वर्ष 2013 में, प्रति वर्ग फीट औसत सालाना बिक्री राजस्व के मामले में 4551 डॉलर की कमाई के साथ 'एप्पल स्टोर' पहले स्थान पर था, जबकि बेशकीमती गहने व विलासिता वस्तुओं की बहुराष्ट्रीय विशिष्ट खुदरा भंडार शृंखला 'टिफनी ऐंड कंपनी' ने सिर्फ 4017 डॉलर की कमाई की थी और अन्य अमेरिकी मॉल की औसत बिक्री सिर्फ 386 डॉलर थी।

लेकिन असल मुद्दा यह नहीं था कि 'एप्पल स्टोर' से कमाई करेगा, बल्कि जॉब्स ने इसके जरिए एप्पल ब्रांड की शक्तिशाली भौतिक अभिव्यक्ति करने की कोशिश की थी, जिसमें उसे ऐतिहासिक सफलता हासिल हुई थी।

डिजिटल हब अवधारणा—आईट्यून से आईपॉड तक

जरा सोचिए, जॉब्स यह सब कब कर रहा था? तब जब 'वाल स्ट्रीट' में 'इंटरनेट/डॉट कॉम बुलबुला' फूट चुका था और सिलिकॉन वैली में कोहराम मचा हुआ था। असल में, 1990 के दशक के मध्य में सिलिकॉन वैली में इंटरनेट आधारित प्रौद्योगिकी कंपनियों का उत्थान शुरू हुआ था। 17 जुलाई, 1995 को अमेरिकी शेयर बाजार का प्रमुख शेयर सूचकांक 'नैस्डेक' 1000 अंक के ऊपर चल रहा था, लेकिन 9 अगस्त, 1995 को नेटस्केप कम्युनिकेशंस, 'नेटस्केप नेविगेटर' नामक पहला लोकप्रिय वेब-ब्राउजर कंपनी का आई.पी.ओ. आया था। 'नेटस्केप' ने अंतिम समय में अपना प्रस्तावित शेयर मूल्य 14 से बढ़ाकर 28 डॉलर कर दिया था, फिर भी उसका शेयर पहले ही दिन 75 डॉलर की रिकॉर्ड ऊँचाई को छूने के बाद 58.25 डॉलर पर बंद हुआ

था। एक ऐसी कंपनी, जिसने अब तक कोई लाभ नहीं दर्ज नहीं किया था, पहले ही दिन उसका बाजार मूल्य 2.90 अरब डॉलर के स्तर पर पहुँच गया था। और यहीं से, 'वॉल स्ट्रीट' के देखा-देखी दुनिया भर के पूँजी बाजारों में इंटरनेट आधारित कंपनियों के प्रति आश्चर्यजनक निवेश संभावनाओं के आकलन का दौर शुरू हुआ था। अगले डेढ़ साल के भीतर, 'नैस्डेक' में सौ फीसदी का उछाल आ चुका था और वह वर्ष 1998 के अंत में 2000 अंक पर पहुँच गया था। इसकी यही रफ्तार जारी रही थी और 1999 के अंत में नैस्डेक 4069.31 अंक पर बंद हुआ था।

अगले कुछ महीने बाद, 10 मार्च, 2000 को नैस्डेक 5132.52 अंक पर पहुँचकर 5048.62 अंक की ऐतिहासिक ऊँचाई पर बंद हुआ था। साप्ताहिक समाचार-पत्र 'बैरन'स (डो जोंस ऐंड कंपनी) के मुताबिक, 'उस वक्त अमेरिकी शेयर बाजारों में सूचीबद्ध 371 अमेरिकी इंटरनेट कंपनियों का कुल बाजार मूल्य 1300 अरब डॉलर के स्तर पर चला गया था, जो समूचे कारोबार का 8 फीसदी था। लेकिन यही गिरावट 'इंटरनेट/डॉटकॉम बुलबुले' से हवा निकलना शुरू होने का दिन साबित हुआ था। नैस्डेक में गिरावट का सिलसिला जारी रहा था, यह 1 सितंबर 2000 को 4234. 33 अंक पर बंद हुआ, जो 2 जनवरी, 2001 को 2291.86 रह गया था और आगे 10 अक्तूबर, 2002 को 1108.49 की ऐतिहासिक तलहटी पर धड़ाम हो गया था। इस तरह मार्च 2000 से अक्तूबर 2002 के बीच 'नैस्डेक कंपोजिट' सूचकांक के शेयरों का बाजार मूल्य 6700 अरब डॉलर से गिरकर 1600 अरब डॉलर रह गया था, यानी 5100 अरब डॉलर का नुकसान हुआ था। जाहिर है कि इस गिरावट का सबसे अधिक नुकसान इंटरनेट व कंप्यूटर प्रौद्योगिकी कंपनियों को ही हुआ था।

करीब 25 साल पहले, जब 1 अप्रैल, 1976 को जॉब्स व वोज्निअक ने एप्पल की स्थापना की थी, तब से अब तक व्यक्तिगत कंप्यूटर (पी.सी.) ही अंकीय-क्रांति (डिजिटल रेवोलुशन) का केंद्रबिंदु रहा था। लेकिन वर्ष 2001 की शुरुआत में सिलिकॉन वैली व वॉलस्ट्रीट के दिग्गज विश्लेषक अनुमान लगाने लगे थे कि डिजिटल क्रांति के अलगे चरण में पी.सी. की मुख्य भूमिका खत्म होने जा रही थी। वित्त वर्ष 2000 (30 सितंबर तक) में एप्पल ने पिछले साल के मुकाबले 30 फीसदी बढ़त के साथ करीब 7.98 अरब डॉलर का बिक्री राजस्व व 18.5 करोड़ डॉलर की बढ़त के साथ 78.60 करोड़ डॉलर का मुनाफा दर्ज किया था। लेकिन इंटरनेट बुलबुले के फटने का विपरीत असर एप्पल के कारोबार पर भी पड़ा था। वित्त वर्ष 2001 में एप्पल ने 33 फीसदी नुकसान के साथ सिर्फ 5.36 अरब डॉलर का बिक्री राजस्व व 81 करोड़ डॉलर के नुकसान के साथ 2.5 करोड़ का शुद्ध घाटा दर्ज करने जा रहा था। वित्त

वर्ष 2001 की पहली तिमाही (1 अक्तूबर से 31 दिसंबर, 2000 तक) के नतीजों से जॉब्स को चालू वित्त वर्ष के संभावित नतीजों का अनुमान लग गया था।

लिहाजा, 9 जनवरी, 2001 को सैनफ्रांसिस्को में आयोजित मैकवर्ल्ड में जॉब्स ने एक महान् रणनीति की घोषणा की थी, जो एप्पल के साथ-साथ समूचे प्रौद्योगिकी उद्योग को बदलनेवाला था। उस दिन जॉब्स ने 'मैक ओएस एक्स' परिचालन प्रणाली का मूल संस्करण, 'सुपरड्राइव' सीडी/डीवीडी रीडर/राइटर व टाइटेनियम डिजाइन भाषा में बना चौड़ी-चित्रपट (वाइड स्क्रीन) वाला मूल लैपटॉप संस्करण 'पॉवरबुक जी4' का भी शुभारंभ किया था।

लेकिन मुख्य-भाषण का सबसे महत्त्वपूर्ण हिस्सा था 'डिजिटल हब' अवधारणा का परिचय। जॉब्स ने सिलिकॉन वैली व 'वॉल स्ट्रीट' के विश्लेषकों द्वारा व्यक्तिगत कंप्यूटर की भूमिका पर उठाए जा रहे सवालों को सिरे से खारिज कर दिया था और दावा किया था कि पी.सी. का भविष्य ज्यादा महत्त्वपूर्ण व उज्ज्वल था। जॉब्स ने कहा था कि व्यक्तिगत कंप्यूटर के लिए 1980 का दशक 'उत्पादकता युग' था, जब लोगों ने इसका इस्तेमाल अपनी उत्पादकता को बढ़ाने यानी शब्द संसाधक (वर्ड प्रोसेसर) के जरिए दस्तावेज बनाने, स्प्रेडशीट पर खाता बनाने आदि के लिए किया था। जॉब्स ने 1990 के दशक को 'संजालीकरण-युग' (नेटवर्किंग ऐज) बताया था, जब कंप्यूटर का इस्तेमाल इटरनेट आधारित कामों के लिए किया गया था। फिर जॉब्स ने भविष्यवाणी की थी कि 21वीं सदी के पहले दशक में व्यक्तिगत कंप्यूटर 'अंकीय जीवन शैली युग' (डिजिटल लाइफस्टाइल ऐज) में प्रवेश कर रहा था। उसने कहा था कि अब लोग बड़ी तेजी से अंकीय उपकरणों (डिजिटल डिवाइस)—डिजिटल कैमरा, कैमकॉर्डर, म्यूजिक प्लेयर, पी.डी.ए. (पर्सनल डिजिटल अस्सिस्टेंट/व्यक्तिगत अंकीय सहायक) आदि का इस्तेमाल करने लगे थे। जॉब्स का कहना था कि कंप्यूटर के बिना इन उपकरणों का कोई तुक नहीं बनता था; लिहाजा व्यक्तिगत कंप्यूटर सभी प्रकार की अंकीयकृत गतिविधियों (डिजिटल एक्टिविटीज)—संगीत, फोटो, विडियो, संपर्क, दस्तावेज-आँकड़े, इलेक्ट्रॉनिक किताब व पत्रिकाओं की सँभाल, संचालन व संपादन—सुविधाओं के साथ 21वीं सदी के 'डिजिटल लाइफस्टाइल' का 'डिजिटल हब' बनने जा रहा था। फिर जॉब्स ने बताया था कि किस तरह एक बार फिर से 'मैकिनटोश' कंप्यूटर श्रृंखला की नवीनतम पेशकश 'आईमैक' परिष्कृत परिचालन प्रणाली 'मैक ओएस एक्स' के साथ संपूर्ण 'डिजिटल हब' बनकर 21वीं सदी के 'डिजिटल लाइफस्टाइल' का नेतृत्व करने जा रहा था।

कुल मिलाकर जॉब्स ने साफ संकेत दे दिया था कि आनेवाले समय में 'एप्पल

एप्पल के स्वामित्ववाला चलचित्र संपादन सॉफ्टवेयर 'आईमूवी' का मूल संस्करण 5 अक्तूबर, 1999 को ही पेश किया जा चुका था और 19 जुलाई, 2000 को 'मैक ओएस एक्स' का अनुकूल संस्करण 'आईमूवी 2' भी उतारा जा चुका था।

कंप्यूटर इनकॉरपोरेशन' नाम से 'कंप्यूटर' शब्द हटने जा रहा था और वह सिर्फ कंप्यूटर ही नहीं, बल्कि क्रांतिकारी अंकीयकृत उपकरणों (डिजिटल गैजेट्स/डिवाइसेज)—आईपॉड, आईफोन व आईपैड का विकास कर एक 'डिजिटल लाइफस्टाइल प्रोडक्ट्स' कंपनी बनने जा रही थी।

जॉब्स ने 30वें जन्मदिवस के मौके पर एक सरल हिंदू कहावत 'जीवन के पहले 30 वर्षों में व्यक्ति अपनी आदतें बनाता है और बाद के 30 साल में वे आदतें उस व्यक्ति को बनाती हैं' का उल्लेख करते हुए संगीतकारों पर मजाक किया था कि आखिरकार वे 30 साल के बाद कुछ नया क्यों नहीं करते व पुरानी चीजों से ही क्यों चिपके रह जाते हैं? लेकिन जॉब्स ने 30वें साल पेशेवर जीवन का नया दौर 'नेक्स्ट' शुरू किया था और अब 45 साल की उम्र में भी वह अपनी वृक्षवाटिका को नई दुनिया बसाने की रोमांचकारी-यात्रा पर निकलने का दुस्साहस दिखा रहा था। जॉब्स 'अपनी नाव जला डालो, खड़े हो जाओ, और लड़ो' कहावत को चरितार्थ करते हुए खुद सुविधा-क्षेत्र (कंफर्ट जोन) से बाहर निकाल रहा था और अपने साथ-साथ एप्पल को भी नई रचनात्मक ऊँचाइयों की ओर अग्रसर कर रहा था।

फायरवायर

9 जनवरी, 2001 को सैनफ्रांसिस्को में आयोजित मैकवर्ल्ड में जब जॉब्स बता रहा था कि किस तरह आम उपभोक्ता अपने चलचित्र अभिलेखीकरण उपकरण (वीडियो रिकॉर्डिंग डिवाइस)—'कैमकॉर्डर' से वीडियो को 'आईमूवी' सॉफ्टवेयर के जरिए अपने 'आईमैक' कंप्यूटर पर उतार (डाउनलोड) व संपादित कर चलचित्र (विडियो/फिल्म) का निर्माण करने में सफल रहा था और आगे आनेवाले समय में किस तरह तमाम डिजिटल गतिविधियों को नियंत्रित-संचालित करने जा रहा था, तो दर्शक बस दम साधे इसे सुनते रहे थे। वे जॉब्स द्वारा दिखाए जा रहे बिल्कुल नए संसार की कल्पना मात्र से रोमांचित हो उठे थे।

याद रहे कि एप्पल के स्वामित्ववाला चलचित्र संपादन (वीडियो एडिटिंग) सॉफ्टवेयर 'आईमूवी' का मूल संस्करण 5 अक्तूबर, 1999 को ही पेश किया जा चुका था और 19 जुलाई, 2000 को 'मैक ओएस एक्स' का अनुकूल संस्करण 'आईमूवी 2' भी उतारा जा चुका था।

असल में, व्यक्तिगत कंप्यूटर को 'डिजिटल हब' बनाने की दिशा में जॉब्स ने पहला कदम अक्तूबर 1999 में ही बढ़ा दिया था, जब उसने आईमैक का नए संस्करण में उच्च गति संचार प्रौद्योगिकी 'फायरवायर' का इस्तेमाल किया था, जिसके जरिए एक उपकरण से दूसरे उपकरण में भारी डिजिटल फाइल, खासतौर पर वीडियो फाइल को तेजी से स्थानांतरित कर पाना संभव था। मतलब, 'कैमकॉर्डर' से आईमैक का कोई भी वीडियो तेजी से उतारा जा सकता था। इसको सही मायने में उपयोगी बनाने के लिए, आईमैक में एक बेहतरीन वीडियो-संपादन अनुप्रयोग सॉफ्टवेयर की जरूरत थी।

इसके लिए जॉब्स ने डिजिटल ग्राफिक्स क्षेत्र की अग्रणी कंपनी एडोबी सिस्टम्स (एडोब सिस्टम्स (सैन जोस, सिलिकन वैली के भीतर सबसे बड़ा शहर) के सह-संस्थापक व अपने मित्र जॉन एडवर्ड वारनोक से संपर्क किया था और वीडियो संपादन सॉफ्टवेयर अनुप्रयोग 'एडोबी प्रीमियर', जो माइक्रोसॉफ्ट विंडोज मंच पर काफी लोकप्रिय था, का मैक-संस्करण विकसित करने का अनुरोध किया था। लेकिन एडोबी के पदाधिकारियों से जॉब्स को सीधे-सीधे यह कहकर नकार दिया था कि मैक-मंच के लिए इतना कीमती अनुप्रयोग विकसित करने का कोई मतलब नहीं था, क्योंकि विंडोज के मुकाबले मैक के पास उपयोगकर्ताओं की संख्या काफी कम थी। जाहिर है जॉब्स काफी नाराज हुआ था और उसने एडोबी को अपने निशाने पर ले लिया था। मामला तब और भी नाजुक हो गया था जब एडोबी ने विंडोज मंच पर लोकप्रिय फोटो संपादन सॉफ्टवेयर अनुप्रयोग 'एडोबी फोटोशॉप' का 'मैक ओएस एक्स' संस्करण विकसित करने से मना कर दिया था। जॉब्स की तिलमिलाहट काफी बढ़ गई थी, क्योंकि मैक डिजाइनर व रचनात्मक लोगों के बीच सबसे ज्यादा लोकप्रिय था। जॉब्स अपने अपमान को कतई नहीं भूला था और करीब 10 साल बाद 'आईपैड' पर 'एडोबी फ्लैश प्लेयर' (विंडोज मंच पर लोकप्रिय मुफ्त मल्टीमीडिया अनुप्रयोग सॉफ्टवेयर) को चलने देने से रोक दिया था।

खैर, एडोबी की बदमिजाजी ने एक बार फिर से जॉब्स की धारणा को पुख्ता किया था कि एप्पल हार्डवेयर के साथ-साथ सॉफ्टवेयर पर भी अपना संपूर्ण नियंत्रण कायम करेगा। लिहाजा जॉब्स ने 1999 की शुरुआत में ही रचनात्मक व प्रौद्योगिकी उपयोगकर्ताओं को ध्यान-केंद्र में रखकर मैक के लिए सभी जरूरी अनुप्रयोगों का विकास शुरू कर दिया था। इनमें, डिजिटल विडियो संपादन के लिए पेशेवर संस्करण 'फाइनल कट प्रो' व आम उपभोक्ताओं के लिए बेहद आसान संस्करण 'आईमूवी'; वीडियो व ऑडियो सीडी/डीवीडी तैयार करने के लिए 'आईडीवीडी', फोटो संपादन व 'एडोबी फोटोशॉप' को सीधी टक्कर देने के लिए 'आईफोटो', संगीत रचना व

संगीत मिलावट के लिए 'गेराजबैंड', गानों के प्रबंधन के लिए 'आईट्यून' और गाने खरीदने के लिए 'आईट्यून स्टोर' शामिल थे।

लेकिन जॉब्स के दिमाग में कंप्यूटर को 'डिजिटल हब' बनाने की अवधारणा ने तब ठोस रूप लिया था, जब उसने पहली बार 'आईमूवी' के कैमकॉर्डर से उपयोगी रिश्ते को समझा था। कच्चे दृश्यों (रॉ फुटेज) में सैकड़ों घंटों की माथापच्ची करने की बजाय, 'आईमूवी' के जरिए कैमकॉर्डर में बनाए गए वीडियो को आसानी से आईमैक कंप्यूटर पर उतारना, संपादन करना, सुरुचिपूर्ण तरीके को घुलना-मिलाना, उसमें संगीत डालना, भूमिकाओं को रेखांकित करना व खुद को कार्यकारी निर्माता घोषित कर पाना संभव हो गया था। मतलब इस अनुप्रयोग के जरिए आम उपयोगकर्ता भी मामूली प्रशिक्षण के साथ चलचित्र निर्माण जैसी जटिल प्रकिया को आसानी से पूरा कर खुद की रचनात्मक प्रतिभा को दुनिया के सामने लाने में सक्षम हो सकता था।

जॉब्स को दूसरी अंतर्दृष्टि यह हुई थी कि यदि कंप्यूटर 'डिजिटल हब' बन जाए तो इससे ढोने योग्य उपकरणों (पोर्टेबल डिवाइस) की जटिलताओं को दूर कर उन्हें ज्यादा आसान बनाया जा सकता था। मसलन कैमकॉर्डर में वीडियो या कैमरे में फोटो संपादन सुविधा की जरूरत खत्म सकती थी, क्योंकि उनके छोटे चित्र-पटों पर इस काम को कर पाना जटिल था। कंप्यूटर इस काम को बहुत आसानी से कर सकता था। जॉब्स को यह भी साफ दिखाई पड़ा था कि यह सब तभी संभव था, जब उपकरण, कंप्यूटर, परिचालन प्रणाली, अनुप्रयोग सॉफ्टवेयर, फायरवायर आदि सबकुछ एकीकृत हों। जॉब्स की इस अनुभूति की खूबसूरती यह थी कि इस एकीकृत अवधारणा को लागू कर पाने में सिर्फ एक कंपनी एप्पल ही सक्षम थी। 'माइक्रोसॉफ्ट' सिर्फ सॉफ्टवेयर बनाता था तो 'डेल' व कॉम्पैक सिर्फ हार्डवेयर, सोनी सिर्फ ढेर सारे डिजिटल उपकरण व एडोबी सिर्फ अनुप्रयोग। जी हाँ, सिर्फ एप्पल ही एक ऐसी कंपनी थी जिसके पास हार्डवेयर, परिचालन प्रणाली व बुनियादी अनुप्रयोग सॉफ्टवेयर थे।

खैर, जॉब्स जानता था कि डिजिटल फोटोग्राफी का भी विस्फोट होनेवाला था और मैक को 'फोटो हब' बनाना भी जरूरी था। लेकिन उसने आईमैक को 'वीडियो हब' बनाने की दिशा में आगे बढ़ने के लिए 'आईमूवी' के कारगर विकास पर अपना ध्यान केंद्रित किया था।

आईट्यून

जॉब्स को यह समझने में भी ज्यादा वक्त नहीं लगा था कि संगीत के अंकीयकरण (डिजिटलाइजेशन) की प्रक्रिया तेज हो चुकी थी और इस क्षेत्र में भी क्रांतिकारी संभावना थी। सन् 2000 में 32 करोड़ खाली सीडी की बिक्री हुई थी, जबकि अमेरिका

की जनसंख्या सिर्फ 28.10 करोड़ ही थी। फिर इतनी बड़ी संख्या में खाली सीडी का इस्तेमाल किस काम में हो रहा था, हकीकत जगजाहिर थी। लोग 'नेपस्टर' जैसी इंटरनेट आधारित संगीत दस्तावेज साझेदारी सेवाओं (म्यूजिक फाइल शेयरिंग सर्विसेज) के जरिए मुक्त स्रोत संगीत के अलावा स्वत्त्वाधिकार (कॉपीराइट) दायरे में आनेवाले संगीतों को भी कंप्यूटर पर उतारकर सीडी बना रहे थे। जॉब्स ने आईमैक में सीडी राइटर तो लगा दिया था, लेकिन वह समझता था कि इससे पूरी बात नहीं बन रही थी। कंप्यूटर को संगीत प्रबंधन अनुप्रयोग की जरूरत थी जो इंटरनेट से उतारे गए संगीत दस्तावेजों का आसानी से सूचीबद्ध कर सके और उन्हें खोज सके। जॉब्स को बाजार में उपलब्ध 'रियल ज्यूकबॉक्स', विंडोज मीडिया प्लेयर व हेवलेट पैकार्ड द्वारा सीडी ड्राइव के लिए तैयार सॉफ्टवेयर काफी जटिल व अनुपयुक्त लग रहे थे।

लेकिन इसका हल निकाला था एप्पल के पूर्व सॉफ्टवेयर अभियंता बिल किनकैड ने। सितंबर 1998 में, बहुमाध्यम (मल्टीमीडिया) प्रौद्योगिकी कंपनी डायमंड मल्टीमीडिया (चैट्सवर्थ, सैन फर्नांडो वैली, लॉस एंजिल्स, कैलिफोर्निया) ने 'रियो पीएमपी 300' बाजार में उतारा था, जो जल्द ही पहला व्यावसायिक रूप से सफल 'एमपी3' (एमपीईजी-1/एमपीईजी-2 ऑडियो लेयर III) अंकीयकृत संगीत वादक (डिजिटल म्यूजिक प्लेयर) साबित हुआ था। किनकैड ने 'रियो पीएमपी 300' को मैक अनुकूल बनाने में एक अच्छी संभावना दिखाई थी। उसने एप्पल के दो पूर्व सहकर्मी सॉफ्टवेयर अभियंताओं जेफ रोबिन व डेव हेलर के साथ मिलकर 'साउंडजैम एमपी' अनुप्रयोग विकसित किया था, जिसे 1999 में जारी किया गया था। यह अनुप्रयोग 'रियो पीएमपी 300' के संचालन लिए मैक उपयोगकर्ताओं को अंतरफलक प्रदान करने के साथ-साथ उनके कंप्यूटरों पर गीतों का प्रबंधन करने में भी सक्षम था। जुलाई 2000 में जॉब्स को इसका पता चला था और उसने 'साउंडजैम एमपी' को खरीदने के साथ-साथ उसके संस्थापकों को भी एक बार फिर से एप्पल में शामिल कर लिया था। हालाँकि तीनों कंपनी में बने रहे थे, लेकिन जॉब्स ने जेफ रोबिन को संगीत सॉफ्टवेयर विकास दल का प्रमुख बनाया था।

'साउंडजैम एमपी' को एप्पल उत्पाद बनाने के लिए स्वयं जॉब्स ने उन तीनों के साथ मिलकर काम किया था। यह तमाम तरह की खूबियों से लैस एक बहुत जटिल अनुप्रयोग था। जॉब्स ने उन तीनों पर इस अनुप्रयोग को आसान व ज्यादा चुलबुला बनाने का दबाव बनाए रखा था। 9 जनवरी, 2001 को सैनफ्रांसिस्को मैकवर्ल्ड में, जॉब्स ने इसे 'आईट्यून' नाम से जारी किया था। यह तमाम डिजिटल म्यूजिक प्लेयर्स से अंकीयकृत श्रव्य दस्तावेजों (डिजिटल ऑडियो फाइल) को आईमैक पर उतारने, सुनाने, संगीत पुस्तकालय संयोजित करने, संगीत दस्तावेजों को खोजने व सीडी बनाने

में कारगर था। जॉब्स ने इसे डिजिटल संगीत क्रांति का सबसे कारगर अनुप्रयोग करार दिया था। उसने कहा था, 'एप्पल ने वही किया है जो एप्पल सबसे बढ़िया करता है—जटिल अनुप्रयोगों को आसान बनाना और प्रक्रिया में उन्हें और भी ज्यादा शक्तिशाली बनाना। 'आईट्यून' दूसरे हरेक 'ज्यूकबॉक्स' अनुप्रयोगों से मीलों आगे है और हम आशा करते हैं कि इसका ज्यादा आसन उपयोगकर्ता अंतरफलक और भी ज्यादा लोगों को डिजिटल संगीत क्रांति में शामिल करेगा।' ('ज्यूकबॉक्स' एक आंशिक रूप से स्वचालित संगीत खेल उपकरण, आम तौर पर एक सिक्का संचालित मशीन है।)

'आईपॉड' का विकास

जॉब्स की 'डिजिटल हब' रणनीति का अगला कदम एक पोर्टेबल म्यूजिक प्लेयर बनाना था। जॉब्स ने महसूस किया था कि एप्पल के पास आईट्यून के साथ मिलकर ऐसा उपकरण डिजाइन करने का अवसर था, जो ज्यादा आसान हो। जटिल मामलों को कंप्यूटर पर और आसान को उपकरण पर सँभाला जा सकेगा। इस तरह आईपॉड का जन्म हुआ था, जिसने एप्पल को एक कंप्यूटर निर्माता से दुनिया की सबसे मूल्यवान कंपनी में बदल जाने का रास्ता साफ किया था।

हम जानते हैं कि जॉब्स खुद संगीत का दीवाना रहा था और बाजार में उपलब्ध कोई भी म्यूजिक प्लेयर उसे पसंद नहीं आ रहा था। आईट्यून विकसित करने के क्रम में जॉब्स, विपणन प्रमुख फिल शिलर, हार्डवेयर प्रमुख जोन रुबिंसटेन व उसके कार्यदल ने 'रियो पीएमपी 300' का बारीकी से अध्ययन किया था। जॉब्स ने सितंबर 2000 से ही जोन रुबिंसटेन पर अपना म्यूजिक प्लेयर विकसित करने का दबाव बनाना शुरू कर दिया था। लेकिन जरूरी घटकों के उपलब्ध न होने के चलते उसने जॉब्स को कुछ समय इंतजार करने को कहा था। कुछ महीनों बाद रुबिंसटेन ने एप्पल के प्रस्तावित उपकरण के लिए उपयुक्त छोटा तरल स्फटिक प्रदर्शन चित्रपट (लिक्विड क्रिस्टल डिस्प्ले/ एलसीडी स्क्रीन) व दुबारा आवेशित करने योग्य (रिचार्जेबल) लिथियम-पॉलीमर बैटरी खोजने में कामयाब हो गया था। लेकिन सबसे बड़ी चुनौती छोटे आकार का डिस्क ड्राइव ढूँढ़ना था, जिसमें एक बेहतरीन म्यूजिक प्लेयर के लिए पर्याप्त स्मृति भी हो।

फरवरी 2001 में, रुबिंसटेन एप्पल के आपूर्तिकर्ताओं से मुलाकात के लिए जापान की अपनी नियमित यात्रा पर था। इस क्रम में तोशिबा कॉरपोरेशन के एक अभियंता ने कंपनी द्वारा विकसित किया जा रहा एक नया उत्पाद दिखाया, जिसके जून तक उपलब्ध हो जाने की संभावना थी। वह बहुत छोटा, चाँदी के सिक्के के आकार का, 1.8 इंच का डिस्क ड्राइव था, जिसकी स्मृति भंडारण क्षमता 5 गीगाबाइट (करीब हजार गाने) थी। लेकिन तोशिबा के अभियंता यह निश्चित नहीं कर पा रहे थे कि इस

उच्च क्षमता ड्राइव का इस्तेमाल कहाँ संभव था। लेकिन रुबिंसटेन को तत्काल समझ में आ गया, वह एप्पल के प्रस्तावित डिजिटल म्यूजिक प्लेयर के लिए सटीक डिस्क ड्राइव था, मतलब एक हजार गाने जेब में। लेकिन रुबिंसटेन ने तोशिबा अभियंताओं को यह जाहिर नहीं होने दिया था। संयोग से जॉब्स भी टोक्यो मैकवर्ल्ड के सिलसिले में जापान में ही था। रुबिंसटेन ने उसी रात होटल ऑकुरा टोक्यो में ठहरे जॉब्स से मुलाकात की थी और उस जादुई डिस्क ड्राइव के बारे में बताया। रुबिंसटेन ने इस सौदे के लिए एक करोड़ डॉलर की माँग रखी थी, जिसके लिए जॉब्स ने उसे तत्काल अधिकृत कर दिया था।

रुबिंसटेन ने तोशिबा से उस ड्राइव के उपयोग के लिए विशेष अधिकार हासिल करने के लिए सौदेबाजी शुरू कर दी। अब बस उसे एक सुयोग्य व अनुभवी व्यक्ति की तलाश थी, जो प्रस्तावित डिजिटल म्यूजिक प्लेयर विकास दल को नेतृत्व प्रदान कर सके। रुबिंसटेन के दिमाग में प्रतिभाशाली अभियंता टोनी फादेल की छवि उभरी, जिसने मैकिनटोश दल के पूर्व सदस्यों एंडी हेर्त्जफेल्ड व बिल अटकींसन द्वारा स्थापित हस्तधारित उपकरण निर्माता कंपनी—जनरल मैजिक में भी काम किया था। उसने तत्काल रुबिंसटेन से संपर्क साधा। फादेल ने लंबे समय से डिजिटल म्यूजिक प्लेयर बनाने का सपना सँजो रखा था, उसने रुबिंसटेन के आग्रह को तत्काल स्वीकार कर लिया था। जापान से वापस लौटने के बाद रुबिंसटेन ने क्यूपरटिनो में फादेल से मुलाकात का समय निश्चित किया।

लेबनान मूल के एंथोनी माइकल 'टोनी' फादेल (जन्म—22 मार्च, 1969) का बचपन अमेरिका के मिशिगन प्रांत में डेट्रोइट से सटे तटीय उपनगरीय शहर ग्रोस्से पोइंटे फार्म (वायने काउंटी) में गुजरा था। ग्रोस्से पोइंटे साउथ हाई स्कूल से पढ़ाई पूरी करने के बाद फादेल ने सन् 1991 में मिशिगन विश्वविद्यालय (ऐन आर्बर, मिशिगन) से से स्नातक (बीएस) कंप्यूटर अभियांत्रिकी की पढ़ाई की थी। पढ़ाई के दौरान ही कंसट्रक्टिव इंस्ट्रूमेंट्स का सी.ई.ओ. बन गया था, जो बच्चों के लिए बहु-माध्यम संघटन (मल्टी मीडिया कंपोजीशन) सॉफ्टवेयर का विगणन करता था। वर्ष 1992 में, फादेल 'जनरल मैजिक' में शामिल हो गया था, जहाँ उसे सोनी, फिलिप्स, मात्सुशिता, तोशिबा व अन्य उपभोक्ता इलेक्ट्रॉनिक्स कंपनियों के साथ हस्तधारित संचार उपकरणों (हैंडहेल्ड कम्युनिकेशन डिवाइस) के विकास का मौका मिला था। इस दौरान फादेल ने जनरल मैजिक की 'मैजिक कैप' परिचालन प्रणाली पर आधारित व्यक्तिगत संदेशवाहक व पी.डी.ए. उपकरणों—'सोनी मैजिक लिंक' व 'मोटोरोला एनवोय' का विकास कर अपनी अलग पहचान बनाई थी।

वर्ष 1995 में रॉयल फिलिप्स (एम्स्टर्डम, नीदरलैंड्स) ने फादेल को मुख्य प्रौद्योगिकी अधिकारी (सी.टी.ओ.) व निदेशक-अभियांत्रिकी नियुक्त किया था। फादेल ने फिलिप्स के मोबाइल कंप्यूटिंग ग्रुप की सह-स्थापना की थी, जहाँ उसने खासतौर पर विंडोज सीई आधारित हस्तधारित व्यक्तिगत कंप्यूटर (हैंडहेल्ड पी.सी., किसी भी मानक लैपटॉप कंप्यूटर की तुलना में छोटा) 'फिलिप्स वेलो' (1997) और तथाकथित हथेली आकार व्यक्तिगत कंप्यूटर (पाम साइज पी.सी.) 'फिलिप्स नीनो' (1999) का विकास किया था। उसके बाद फादेल को उपाध्यक्ष (फिलिप्स रणनीति व उद्यम) नियुक्त किया गया था, जहाँ उसे कंपनी के लिए डिजिटल म्यूजिक प्रौद्योगिकी विकसित करने की जिम्मेदारी दी गई थी, लेकिन फादेल को निराशा हाथ लगी थी और उसने फिलिप्स को छोड़ दिया था। उसके बाद फादेल ने हार्डडिस्क आधारित डिजिटल म्यूजिक प्लेयर के विकास के उद्देश्य को ध्यान में रखकर अपनी कंपनी 'फ्यूज' की स्थापना की थी, लेकिन निवेश के अभाव में उसका काम ठप्प हो गया था। फिर फादेल ने वर्ष 2000 में इंटरनेट माध्यम प्रवाह (मीडिया स्ट्रीमिंग) सॉफ्टवेयर निर्माता कंपनी 'रियलनेटवर्क्स' (सिएटल, वॉशिंगटन) के लिए उत्पाद विकसित करने का काम शुरू किया था, लेकिन डेढ़ माह बाद ही उसे छोड़कर अन्य कंपनियों को सलाहकार सेवा देना शुरू कर दिया था।

ऐसे में जब फादेल की रुबिंसटेन से मुलाकात हुई, तो उसकी खुशी का ठिकाना न रहा था कि उसे अपने सपने के उपकरण पर काम करने का मौका मिल रहा था। लेकिन उसने अपनी आजादी को बरकरार रखने के इरादे से सलाहकार के रूप ही काम करने के लिए हामी भरी थी। लेकिन जब एप्पल डिजिटल म्यूजिक प्लेयर विकास दल से मुलाकाती बैठक शुरू हुई थी तो रुबिंसटेन ने फादेल के पूर्णकालिक रूप से काम करने या फिर परियोजना से बाहर जाने की धमकी दे दी थी। फादेल के सामने कोई चारा नहीं था और उसने अनमने भाव से रुबिंसटेन की शर्त मान ली थी और फरवरी 2001 में एप्पल में शामिल हो गया था। फादेल और रुबिंसटेन के बीच भविष्य की टकराहट का बीजारोपण यहीं से शुरू हो गया था। दोनों में इस मुद्दे पर तीखी बहस होनेवाली थी कि आखिरकार 'आईपॉड' का असल जनक कौन था! लेकिन जॉब्स ने आनेवाले क्रिसमस में इसे बाजार में उतारने का समय निश्चित कर दिया था। लिहाजा दोनों ने जॉब्स के सपने को साकार करने के लिए एकजुट भाव से काम शुरू कर दिया था।

अप्रैल 2001 में, 'आईपॉड' के तमाम तकनीकी पहलुओं व रंगरूप पर अंतिम फैसला लिया जाना था। चूँकि फादेल की जॉब्स से कोई मुलाकात नहीं हुई थी और वह उसके फैसले लेने के तौर-तरीकों के बारे में कुछ भी नहीं जानता था, इसीलिए रुबिंसटेन ने उससे तीन विकल्प तैयार करवाए थे। एप्पल मुख्यालय की चौथी मंजिल

के सभाकक्ष में बैठक बुलाई गई थी, जिसमें हार्डवेयर प्रमुख रुबिंसटेन, विपणन प्रमुख फिल शिलर, डिजाइन प्रमुख जोनाथन ईव व विपणन निदेशक स्टेनली एनजी मौजूद थे। फादेल ने अपने तीनों विकल्पों को अलग-अलग समूह में ढककर रख रखा था। जॉब्स ने दो विकल्पों को खारिज कर दिया। लेकिन जब फादेल ने 1.8 इंच डिस्क ड्राइव से तैयार होनेवाले उपकरण का प्रारूप सामने रखा तो जॉब्स गंभीर हो गया। फिर फादेल ने उसमें इस्तेमाल होनेवाले घटकों पर रखे ढक्कन को उठा दिया था। जॉब्स इस विकल्प पर सहमत हो गया। उसके बाद फिल शिलर ने गानों के कुंडलन (स्क्रॉलिंग) के लिए 'क्लिक व्हील' डिजाइन पेश किया, जो जॉब्स को बेहद पसंद आया। जॉब्स ने फादेल व रुबिंसटेन को प्रस्तावित 'आईपॉड' में 'क्लिक व्हील' को शामिल करने का आदेश दिया।

एक विज्ञापन लेखक ने इसे एक छोटे वाक्यांश—'1000 गाने आपकी जेब में'—में समेट दिया था। विज्ञापन दल के किसी सदस्य ने इसका नाम 'पॉड' (फली/छीमी) सुझाया था, जिसे जॉब्स ने 'आईमैक', 'आईट्यून'...आदि के तर्ज पर 'आईपॉड' रख दिया था।

एक बार ज्योंही अंतिम परियोजना पर काम शुरू हुआ, तो जॉब्स ने खुद को हर मामले में शामिल कर लिया था। हर रात वह फादेल को फोन कर अपने विचार देने लगा था। उसकी एक ही जिद थी कि सारी प्रक्रियाएँ बिल्कुल 'सरल' होनी चाहिए। इसी का नतीजा था कि 'आईपॉड' में चालू (ऑन) व बंद (ऑफ) करने के लिए बटन (स्विच) नहीं था। आगे एप्पल के अधिकांश उपकरणों में इस परंपरा को जारी रखा जाना था। किसी ऐसे बटन की जरूरत ही नहीं पड़नेवाली थी। इस्तेमाल न होने पर एप्पल के उपकरण अपने आप निष्क्रिय हो जाने और फिर बस छूने भर से जाग उठनेवाले बनने जा रहे थे। धीरे-धीरे एक के बाद दूसरी सारी चीजें एक उपकरण में इकट्ठा होती चली गई थीं—एक ऐसा डिस्क ड्राइव, जिसमें एक हजार गाने सँभाले जा सकते थे; एक ऐसा अंतरफलक व फाटक से चलनेवाला पहिया (क्लिक व्हील) जिससे हजार गानों को आसानी से संचालित किया जा सकता था; एक 'फायरवायर' सह-संबंध (कनेक्शन) जो सिर्फ दस मिनटों में एक हजार गानों का समकालीकरण (सिंक्रनाइजेशन) कर सकता था व एक बैटरी, जो एक हजार गानों को सुनने तक उपकरण को जीवित रख सकती थी। समूचा अवधारणा सरल हो गई थी और एक विज्ञापन लेखक ने इसे एक छोटे वाक्यांश—'1000 गाने आपकी जेब में'—में समेट दिया था। विज्ञापन दल के किसी सदस्य ने इसका नाम 'पॉड' (फली/छीमी) सुझाया

था, जिसे जॉब्स ने 'आईमैक', 'आईट्यून'…आदि के तर्ज पर 'आईपॉड' रख दिया था।

दूसरी तरफ जॉब्स का परम शिष्य जोनाथन ईव उर्फ जॉनी इसके रंग-रूप पर माथा-पच्ची कर रहा था। यह बाजार के अन्य सभी इस्तेमाल कर फेंक दिए जानेवाले उपभोक्ता उपकरणों जैसा नहीं था। जॉनी 'आईपॉड' को ऐसे उत्पाद के रूप में देख रहा था, जिसे उपभोक्ता हमेशा के लिए अपने पास रखना पसंद करनेवाले थे। लिहाजा वह सांस्कृतिक गुरुत्वाकर्षणवाले इस अनोखे उत्पाद को खास रंग देना चाहता था। ऐसा तो एक ही रंग था—सफेद। लेकिन जॉनी ने तय किया था कि वह 'सफेद' बस सफेद नहीं, बल्कि 'शुद्ध सफेद' होगा। सिर्फ 'आईपॉड' ही क्यों, कान-वक्ता (इयर स्पीकर/फोन) व उसकी तार सहित बिजली-खंड (पॉवर ब्लॉक) भी 'शुद्ध सफेद' ही होगा। जॉनी की पसंद के पीछे के दार्शनिक रहस्य को जॉब्स ने तत्काल समझकर अपना लिया था।

दूसरी तरफ एक बार फिर से, जॉब्स के पसंदीदा विज्ञापन विशेषज्ञ ली क्लोव व उसकी विज्ञापन एजेंसी टीबीडब्लू/चिअट/डे की टोली ने इस अद्‌भुत उत्पाद को अलग अंदाज में प्रचारित करने की तैयारी शुरू कर दी थी। जॉब्स ने अंदाजा लगा लिया था कि चूँकि एप्पल के पास अब कंप्यूटर, सॉफ्टवेयर व उपकरण की एकीकृत प्रणाली थी, इसीलिए 'आईपॉड' 'आईमैक' की बिक्री को भी बढ़ाएगा। लिहाजा जॉब्स ने आईमैक के विज्ञापन बजट को 'आईपॉड' में स्थानांतरित करने का सोचा था। मतलब एक ही विज्ञापन लागत में तीन फायदे मिलनेवाले थे—'आईपॉड' की बिक्री बढ़नेवाली थी, जो 'आईमैक' की बिक्री को भी ठेलेगी और विज्ञापन समूचे एप्पल ब्रांड की सुंदरता व जवानी को निखरेगा। लिहाजा जॉब्स ने 'आईमैक' के खाते से 7.5 करोड़ डॉलर की रकम को 'आईपॉड' के विज्ञापन बजट में डाल दिया था।

23 अक्तूबर, 2001, को एप्पल मुख्यालय में आयोजित समारोह में जॉब्स ने 'आईपॉड' का शुभारंभ कर दिया था। जॉब्स ने मेहमानों में जिज्ञासा पैदा करने के आमंत्रण पत्र पर लिखा था—'सुझाव—यह एक मैक नहीं है'। खूबियाँ गिनाने के बाद जब उत्पाद के अनावरण की बारी आई थी तो सभी आश्चर्य में थे कि इस बार मंच पर कुछ भी ढँका हुआ नहीं दिख रहा था। जॉब्स कुछ क्षणों तक दर्शकों के कौतूहल को मुसकराकर देखता रहा था और बोला था, 'मेरे पास एक है, एकदम यहीं, मेरी जेब में।' फिर उसने अपनी जींस की जेब में हाथ डाला और एक सफेद चमकते उपकरण को बाहर निकलकर दर्शकों को दिखाते हुए कहा, 'यह अद्‌भुत छोटा उपकरण एक हजार गानों को सँभालता है, और यह मेरी जेब में ठीक तरह से जाता है।' फिर जॉब्स ने उसे अपनी जेब में सरका दिया था और तालियों की गड़गड़ाहट शुरू हो गई थी।

शुरू में कुछ प्रौद्योगिकी विश्लेषकों ने 'आईपॉड' की 399 डॉलर की खुदरा कीमत के मद्देनजर बिक्री संभावनाओं के प्रति अविश्वास जाहिर किया था। लेकिन जल्द ही उपभोक्ताओं के बीच इस नायब उत्पाद की सार्थकता साबित होने लगी थी, और वह तेजी से लोकप्रिय होने लगा था। इतना ही नहीं, 'आईपॉड' एप्पल के भाग्य का सितारा बन कर सामने आया था, जिसे 'अभियांत्रिकी से जुड़ी कविता', 'प्रौद्योगिकी के साथ कलाओं व रचनात्मकता का मिलान', 'डिजाइन, जोकि साहसिक व सरल' आदि विशेषताओं से नवाजा गया था। एप्पल की शुरू से अंत तक एकीकृत प्रणाली—कंप्यूटर-फायरवायर-उपकरण-सॉफ्टवेयर- सामग्री प्रबंधन—ने 'आईपॉड' की उपयोगिकता को बहुत ही आसान बना दिया था। 'आईपॉड' इतना खूबसूरत था कि जब कोई उसे डिब्बे से बाहर निकलता था तो वह चमकता हुआ सा नजर आता था और उसके सामने बाकी सभी म्युजिक प्लेयर आदम जमाने में डिजाइन किए हुए नजर आते थे।

जॉब्स ने 'न्यूज वीक' के तत्कालीन प्रौद्योगिकी संपादक स्टीवन लेवी से कहा था, 'अगर कभी भी कोई भटक रहा हो कि एप्पल पृथ्वी पर क्यों है, मैं अच्छे उदाहरण के रूप में इसे ('आईपॉड') पकड़ूँगा।' वोज्निअक ने भी इसकी तारीफ की थी, 'वाह, यह समझ में आता है कि एप्पल ही एक था, जो इसके साथ आ सकता था।' स्टीवन लेवी के मुताबिक जब एक कार्यक्रम में उसने बिल गेट्स को 'आईपॉड' दिखाया था तो वह विज्ञान-कथा के किसी अजनबी प्राणी की तरह उसे निहारता रहा था। काफी देर तक क्लिक-व्हील पर उँगली फिराते व चित्रपट पर गाने को उभरते देखने के बाद अंत में गेट्स के मुँह से निकल पड़ा था, 'यह एक महान् उत्पाद जैसा दिखता है।' वह रुका था और हैरान दिखाई दिया था और फिर पूछा था, 'यह सिर्फ मैकिनटोश के लिए है?'

'आईट्यून स्टोर' की जद्दोजहद व सफलताएँ

वर्ष 2002 की शुरुआत में जॉब्स के सामने एक नई चुनौती आ गई थी। 'आईपॉड', 'आईट्यून' सॉफ्टवेयर व मैक कंप्यूटर के जरिए उपयोगकर्ता सिर्फ उन्हीं गानों का प्रबंधन कर सकते थे, जो पहले से उनके पास थे। नए गानों के लिए उपभोक्ता को इस आरामदायक माहौल से बाहर निकलकर सीडी खरीदने जाना पड़ता था या फिर इंटरनेट से उतारना पड़ता था। उस वक्त इंटरनेट पर मुफ्त संगीत साझा करनेवाली सेवाओं—नैप्स्टर, ग्रोकस्टर, गुंटेला, काजा आदि—की धूम मची हुई थी, जो स्वत्वाधिकार प्राप्त संगीत की चोरी (पायरेसी) को खुलेआम बढ़ावा दे रही थीं। उस साल वैधानिक संगीत सीडी की बिक्री में 9 फीसदी की गिरावट दर्ज की गई

थी। संगीत कंपनियाँ इन सेवाओं के खिलाफ मोरचाबंदी कर रही थीं। ऐसे में जॉब्स 'आईपॉड' उपभोक्ताओं को संगीत को इंटरनेट से उतारने का एक आसन, सुरक्षित व वैधानिक विकल्प देने की जद्दोजहद में जुट गया था, जो भविष्य में 'आईट्यून स्टोर' के रूप से सामने आनेवाला था।

जनवरी 2002 में, जॉब्स ने वार्नर म्यूजिक व सोनी के पदाधिकारियों को एप्पल मुख्यालय में बातचीत के लिए आमंत्रित किया। जॉब्स ने उनके सामने इंटरनेट पर एक 'मानक संगीत दस्तावेज संग्रह' बनाकर उपभोक्ताओं के सामने वैधानिक विकल्प पेश करने का सुझाव दिया। लेकिन उन्हें जॉब्स की दूरदर्शी सोच समझ नहीं आई। असल में समूचा संगीत उद्योग गुटों में बँटा हुआ था और उनके बीच आपसी प्रतिस्पर्धा चरम पर थी। जापान सोनी समूह की कंपनी सोनी म्यूजिक एंटरटेनमेंट (न्यूयॉर्क सिटी) ने यूनिवर्सल म्यूजिक ग्रुप (सांता मोनिका, कैलिफोर्निया) के साथ मिलकर 'प्रेसप्ले' की स्थापना की थी। दूसरी तरफ एओएल टाइम वार्नर समूह की कंपनी वार्नर म्युजिक ग्रुप (न्यूयॉर्क सिटी), बेर्टेल्समान म्यूजिक ग्रुप (अक्तूबर 2008 के बाद सोनी बीएमजी म्यूजिक एंटरटेनमेंट, न्यूयॉर्क सिटी) व ईएमआई समूह (लंदन) ने रियल नेटवर्क्स (सिएटल, वॉशिंगटन) के साथ मिलकर 'म्यूजिकनेट' की स्थापना की थी।

'प्रेसप्ले' व 'म्यूजिकनेट' दोनों ऑनलाइन सदस्यता सेवाएँ (सब्सक्रिप्शन सर्विस) थीं। दोनों समूह अपनी संगीत सूचियाँ एक-दूसरे से साझा नहीं की थीं। इससे संगीत प्रेमी श्रोताओं के सामने दो तरह की दिक्कतें पेश आ रही थीं। गाने को ढूँढ़ने के लिए दोनों जगह कोशिशें करनी पड़ती थीं। ये दोनों उपभोक्ताओं को एक निश्चित समय के लिए ही गाना सुनने का मौका देती थीं। इन वेबसाइटों पर मनपसंद गाने को खरीदकर कंप्यूटर पर उतार (डाउनलोड) पाने का विकल्प नहीं था। मतलब उपभोक्ताओं को मनचाहे संगीत सुनने के लिए बार-बार सदस्यता शुल्क भरना पड़ता था। जाहिर है कि संगीत उद्योग द्वारा उपलब्ध कराई जा रही ये दोनों सेवाएँ अधूरी थीं, जो धन खर्च करने के बावजूद उपभोक्ताओं को गाने पर उनका स्वाभाविक मालिकाना हक या मित्रों के बीच उन्हें साझा करने की इजाजत नहीं दे रही थीं। लिहाजा उपभोक्ता मनचाही संगीत हासिल करने मुफ्त या अवैधानिक संगीत साझा करनेवाली इंटरनेट सेवाओं का विकल्प चुनना पड़ रहा था।

जॉब्स को कोई फर्क नहीं पड़ता था कि 'आईपॉड' उपभोक्ता किस तरीके से संगीत हासिल कर रहे थे, लेकिन वह संगीत व उनकी रचना करनेवाले कलाकारों का भक्त प्रेमी था। जॉब्स जानता था कि बौद्धिक संपदा अधिकारों (इंटेलेक्चुअल प्रॉपर्टी राइट/आईपीआर) की बदौलत ही एप्पल को तरक्की करने का अवसर मिला

था। यदि लोग एप्पल के सॉफ्टवेयर की नकल या चोरी करते तो एप्पल का कारोबार चौपट हो जाता। यदि एप्पल ने अपने आईपीआर को सुरक्षित न किया होता तो उसे नए उत्पादों या सॉफ्टवेयर की रचना करने का प्रोत्साहन ही नहीं मिला होता। जॉब्स बखूबी जानता था कि यदि बौद्धिक संपदाओं की सुरक्षा में ढील दी गई तो रचनात्मक कंपनियाँ खत्म हो जाएँगी और फिर कभी शुरू भी नहीं हो पाएँगी। लिहाजा संगीत की नकल या चोरी जॉब्स के लिए खुद की नैतिक समस्या थी और वह उपभोक्ताओं को वैधानिक विकल्प देना चाहता था।

लेकिन संगीत कंपनियाँ अड़ियल रवैया अख्तियार कर अपना ही नुकसान करने पर आमादा थीं। जॉब्स को पक्का भरोसा था कि यदि उपभोक्ता के सामने स्वाभविक व सरल विकल्प पेश किया जाए तो अधिकांश उपभोक्ता मुफ्त में नकल या चोरी का रास्ता चुनने की बजाय धन खर्च कर वैधानिक, सुरक्षित व गुणवत्तापूर्ण संगीत हासिल करेंगे। इसी के जरिए तीनों पक्षों—कलाकार, उद्योग व उपभोक्ता तीनों को लाभ मिल सकता था। लिहाजा जॉब्स ने 'आईट्यून स्टोर' बनाने का फैसला किया था और पाँचों प्रमुख संगीत कंपनियों को अपनी संगीत सूचियों के डिजिटल संस्करण इस इंटरनेट भंडार पर उपलब्ध कराने हेतु राजी करने की कोशिशें शुरू कर दी थीं। जॉब्स ने अपने इंटरनेट भंडार में डिजिटल गीतों को आकर्षक कीमत 99 सेंट प्रति गीत पर बेचने व संगीत कंपनियों को 70 सेंट प्रति गीत के भुगतान का प्रस्ताव रखा था। इसके आलावा जॉब्स उपभोक्ता के समक्ष पूरी संगीत संग्राहिक (म्यूजिक एल्बम) की बजाय गीत विशेष को खरीदने का विकल्प भी पेश करना चाहता था। जॉब्स का मानना था कि आसान कीमत व पसंदीदा गाना चुनने की आजादी के चलते उपभोक्ता ज्यादा-से-ज्यादा गीतों को खरीदना पसंद करेंगे। इससे कंपनियों की आमदनी बढ़ेगी, कलाकारों को ज्यादा स्वत्वाधिकार राशि मिलेगी, उपभोक्ताओं को गुणवत्तापूर्ण गीतों पर मालिकाना हक मिलेगा और धीरे-धीरे संगीत की नकल या चोरी की प्रवृत्ति खत्म होती चली जाएगी।

गीतों की कीमत व कंपनियों की हिस्सेदारी तो आकर्षक थी, हरेक गीत को अलग-अलग बेचने का प्रस्ताव रखकर जॉब्स ने संगीत कंपनियों व कलाकारों की पारंपरिक व्यापारिक-रणनीति को उलट दिया था। एक एल्बम में एक, दो या तीन बेहतरीन गीतों के लिए ये संगीत कंपनियाँ उपभोक्ताओं को ज्यादातर औसत रचनाओं को बेचने की रणनीति पर अमल करती आ रही थीं। जॉब्स इस रणनीति को उपभोक्ता-आजादी का उल्लंघन, अवांछित व्यापारिक व्यवहार और संगीत-उद्योग के विस्तार की राह में सबसे बड़ा रोड़ा मानता था। जाहिर है संगीत कंपनियों को यह समझा पाना

व अपने प्रस्तावों के लिए राजी करना जॉब्स के लिए आसान काम नहीं था। जॉब्स आजीवन असंभव को संभव बनाता रहा था और इसीलिए तो दुनिया उसको सिर-आँखों पर बिठाती रही थी!

इस मामले में जॉब्स ने खुद जबरदस्त कूटनीतिक प्रतिभा को साबित किया था। जॉब्स ने अपनी दूरदर्शी योजना को अमल में लाने के लिए एओएल टाइम वार्नर के तत्कालीन सी.ई.ओ. बैरी शुलर से मित्रता का फायदा उठाया था। शुलर को अपने विचारों से सहमत कर जॉब्स ने सबसे पहले वार्नर म्यूजिक के प्रमुख रोजर एम्स व उच्च पदाधिकारियों को 'आईट्यून स्टोर' की चमत्कारी प्रौद्योगिकी को आजमाने के लिए राजी किया था। फिर जॉब्स ने यूनिवर्सल म्यूजिक ग्रुप के तत्कालीन प्रमुख डौग मॉरिस पर अपनी वास्तविकता विरूपण कला का जादू चलाया था और उसे अपनी प्रौद्योगिक दूरदर्शिता का प्रशंसक बना लिया था।

लेकिन सोनी म्यूजिक के प्रमुख एंडी लैक पर जॉब्स का जादू नहीं चल सका था। उसने तत्काल अनुमान लगा लिया था कि अगर जॉब्स अपनी रणनीति को कामयाब करने में सफल हुआ तो वह संगीत कंपनियों को अपने इशारे पर नाचने के लिए मजबूर कर देगा। लैक को यह बात भी समझ आ गई थी 'आईट्यून स्टोर' के जरिए जॉब्स न केवल दूसरों की रचनाओं पर अपना नया कारोबार खड़ा करने की, बल्कि 'आईपॉड' की बिक्री भी बढ़ाने की कोशिश कर रहा था। लिहाजा लैक ने जॉब्स के सामने 'आईपॉड' की बढ़ी हुई बिक्री में लाभांश साझा करने की शर्त रख दी थी। लैक ने 'आईपॉड' को 'वाकमैन किलर' बताते हुए सोनी समूह के शीर्ष नेतृत्व को जॉब्स की रणनीति समझाने की कोशिश की थी और उसका विकल्प पेश करने का प्रस्ताव रखा था, लेकिन विशाल सोनी समूह में संगीत व उपकरण विभागों के बीच कोई तालमेल नहीं था। लिहाजा लैक की गुहार को किसी ने गंभीरता से नहीं लिया। लैक ने अन्य संगीत कंपनियों को भी अपनी बातें समझाने की असफल कोशिशें की थीं। लेकिन जॉब्स संगीत उद्योग के अधिकांश दिग्गजों को यह समझाने में कामयाब हो गया था कि संगीत की चोरी रोकने की दिशा में 'आईट्यून स्टोर' एक आजमाने योग्य विकल्प था। लिहाजा अंत में सोनी को भी अपनी संगीत-सूची जारी करनी पड़ी थी।

इस तरह 28 अप्रैल, 2003 को, सैनफ्रांसिस्को के सबसे बड़े सम्मेलन व प्रदर्शनी परिसर 'मोस्कॉने सेंटर' में आयोजित भव्य समारोह में करीब दो लाख गीतों की सूची के साथ 'आईट्यून स्टोर' का शुभारंभ दिया गया। सबसे पहले माइक्रोसॉफ्ट मुख्यालय में खलबली मची थी और इसका विकल्प तैयार करने की कोशिशें शुरू हुई थीं। लेकिन सोनी की तरह माइक्रोसॉफ्ट की प्रबंधन संरचना भी काफी जटिल थी।

जब तक माइक्रोसॉफ्ट कुछ कर पाता, जॉब्स ने एक बार फिर से क्रांतिकारी रणनीतिक कदम बढ़ा दिया था और अक्तूबर 2003 में 'आईट्यून स्टोर' व 'आईपॉड' दोनों को विंडोज मंच के लिए भी अनुकूल किए जाने की घोषणा कर दी थी।

6 जनवरी, 2004 को सैनफ्रांसिस्को मैकवर्ल्ड में, जॉब्स ने 'आईपॉड मिनी' की घोषणा की थी। यह मूल 'आईपॉड क्लासिक' के आकार के मुकाबले काफी छोटा था। हालाँकि 'आईपॉड क्लासिक' के मुकाबले इसकी क्षमता भी कम थी, लेकिन इसमें भी 1000 गाने सँभाले जा सकते थे।

गौरतलब है कि मई 2004 में सोनी ने 25 लाख संगीत सूची के साथ तथाकथित दुनिया का सबसे बड़ा ऑनलाइन संगीत भंडार—'कनेक्ट म्यूजिक स्टोर' का शुभारंभ किया था। इसमें माइक्रोसॉफ्ट विंडोज आधारित व्यक्तिगत कंप्यूटर के लिए 'सोनिकस्टेज' नामक संगीत प्रबंधन अनुप्रयोग का इस्तेमाल किया गया था। इसमें हर वीरवार को 10 हजार नए गीत जोड़े जाते थे। लेकिन मार्च 2008 में सोनी ने इस सेवा को बंद कर दिया था। ऑडियो कैसेट प्लेयर 'वाकमैन' के जरिए क्रांति लानेवाली अग्रणी कंपनी कभी भी 'आईपॉड' का कारगर विकल्प पेश करने में सफल नहीं हुई, उलटे 'आईपॉड' ने उसके समूचा बाजार हड़प लिया था और उसे 'वाकमैन किलर' नाम दिया गया था। इसी तरह, माइक्रोसॉफ्ट को 'आईपॉड' का विकल्प (हू-बहू नकल) पेश करने में तीन साल लग गए थे; उसने 14 नवंबर, 2006 को 'ज्यून' (June) को संगीत सदस्यता सेवा 'ज्यून म्यूजिक पास' के साथ बाजार में उतारा था। यह 'आईपॉड' के बाद दूसरे स्थान पर जरूर रहा, लेकिन अमेरिकी बाजारों में इसकी हिस्सेदारी हमेशा 10 फीसदी से नीचे ही रही। इसके अगले पाँच वर्षों में ज्यून के चार संस्करण जारी करने के बाद, 15 मार्च, 2011 को माइक्रोसॉफ्ट ने ऐलान किया था कि अब वह इसका कोई नया संस्करण नहीं जारी करेगी। 'विंडोज' परिचालन प्रणाली की तरह, माइक्रोसॉफ्ट ने 'विंडोज मीडिया प्लेयर' सॉफ्टवेयर व डिजिटल राइट्स प्रारूप का लाइसेंस जारी कर कमाई करने की कोशिश की, लेकिन एप्पल की 'फेयरप्ले' एक क्रांतिकारी डिजिटल राइट्स मैनेजमेंट (डीआरएम) प्रौद्योगिकी थी, जिसे जॉब्स ने बाकायदा 'आईट्यून स्टोर' व 'आईपॉड' के लिए सुरक्षित रखा था।

6 जनवरी, 2004 को सैनफ्रांसिस्को मैकवर्ल्ड में, जॉब्स ने 'आईपॉड मिनी' की घोषणा की थी। यह मूल 'आईपॉड क्लासिक' के आकार के मुकाबले काफी छोटा था। हालाँकि 'आईपॉड क्लासिक' के मुकाबले इसकी क्षमता भी कम थी, लेकिन इसमें भी 1000 गाने सँभाले जा सकते थे। लेकिन इसकी कीमत 249 डॉलर

रखी गई थी, जो 'आईपॉड क्लासिक' के मुकाबले सिर्फ 50 डॉलर ही कम था। जब फादेल ने जॉब्स के सामने 'आईपॉड मिनी' का विचार रखा था तो जॉब्स ने सवाल किया कि आखिर 50 डॉलर के लिए कोई 'आईपॉड क्लासिक' के बदले इसे क्यों खरीदेगा? चूँकि जॉब्स खेल में रुचि नहीं लेता था, इसीलिए उसे फादेल की रणनीति नहीं समझ आई थी कि 'आईपॉड क्लासिक' के मुकाबले दौड़ लगाते या व्यायाम करते समय कितनी आसानी से 'आईपॉड मिनी' का इस्तेमाल संभव था। 'आईपॉड मिनी' को पाँच सजीले रंगों—चाँदी, सोना, गुलाबी, नीला व हरा—में पेश किया गया था। जब इसे फरवरी में अमेरिकी बाजारों में व अप्रैल में विश्व बाजार में उतारा गया तो पोर्टेबल म्यूजिक प्लेयर बाजार में एप्पल की हिस्सेदारी 31 फीसदी से सीधे 74 फीसदी पर पहुँच गई थी।

अक्तूबर 2004 तक एप्पल कुल 60 लाख आईपॉड बेच चुका था, जो दिसंबर में 1 करोड़ पर पहुँच गया था। 11 जनवरी, 2005 को सैनफ्रांसिस्को मैकवर्ल्ड में, जॉब्स ने बिना चित्रपट वाले 'आईपॉड शफल' को पेश किया था। 512 एमबी (अधिकतम 120 गाने) भंडारण क्षमता वाले 'आईपॉड शफल' की कीमत सिर्फ 99 डॉलर रखी गई थी, जबकि 1 जीबी (अधिकता 240 गाने) वाला उपकरण 149 डॉलर मूल्य पर पेश किया गया था। मार्च 2005 तक कुल 1.5 करोड़ आईपॉड की बिक्री हो चुकी थी। 7 सितंबर 2005 को जॉब्स ने सैनफ्रांसिस्को में आयोजित विशेष कार्यक्रम में 'आईपॉड नैनो' की पेशकश की थी, जो 1.6 इंच चौड़ा, 3.5 इंच लंबा व 0.27 इंच मोटा और 42 ग्राम वजन का उपकरण था। इसका 4 जीबी (1000 गाने) मॉडल 249 डॉलर व 2 जीबी (500 गाने) मॉडल 199 डॉलर मूल्य पर उपलब्ध कराया गया था।

नवंबर 2005 में आईपॉड की कुल बिक्री का आँकड़ा 3 करोड़ हो गया था, जो जनवरी 2006 में 4.20 करोड़ के स्तर पर चला गया। 9 अप्रैल, 2007 को, एप्पल ने अब तक 10 करोड़ 'आईपॉड' इकाइयों की बिक्री होने का ऐलान किया था। वित्त वर्ष 2007 की दूसरी तिमाही में एप्पल ने 5.20 अरब डॉलर बिक्री राजस्व हासिल किया था, जिसमें 32 फीसदी हिस्सेदारी 'आईपॉड' थी।

5 सितंबर, 2007 को पाँचवीं पीढ़ी का 'आईपॉड टच' बाजार में आया था। उस माह के अंत में आईपॉड की अब तक की कुल बिक्री 11 करोड़ दर्ज की गई थी, जो अक्तूबर 2007 में 12 करोड़, अप्रैल 2008 में 15.20 करोड़, सितंबर 2009 में 22 करोड़, सितंबर 2010 में 27.5 करोड़, जनवरी 2011 में 30.4 करोड़ व सितंबर 2012 में 35 के स्तर पर चली गई थी।

इस बीच 24 जनवरी, 2005 को, एप्पल ने घोषणा की थी कि 'आईट्यून स्टोर'

से अब तक 25 करोड़ के अधिक गाने खरीदे व उतारे जा चुके थे। उस वक्त दुनिया के 15 देशों में उपलब्ध इस सेवा के जरिए रोजाना 2.50 लाख से अधिक गाने खरीदे जा रहे थे, जो विश्व संगीत बाजार की कुल बिक्री का 70 फीसदी था। 17 जुलाई, 2005 को 'आईट्यून स्टोर' से खरीदे जानेवाले गीतों का आँकड़ा 50 करोड़ से अधिक हो चुका था। 50 करोड़वाँ गाना 'मिसिसिपी गर्ल' (अमेरिकी देसी पॉप गायिका फेथ हिल का गीत) एमी ग्रीर (लाफयेत्ते, इंडियाना) ने खरीदा था। जॉब्स ने उस लड़की को 10 आईपॉड, 10 हजार गानों का आईट्यून गिफ्ट कार्ड व चार लोगों के लिए ब्रिटिश रॉक बैंड, कोल्डप्ले के वैश्विक संगीत कार्यक्रम दौरे के लिए 'ट्विस्टेड लॉजिक टूर' का पूरा खर्च दिए जाने की घोषणा की थी। उस वक्त 'आईट्यून स्टोर' में सभी प्रमुख संगीत कंपनियों के अलावा एक हजार से अधिक स्वतंत्र संगीत रिकॉर्ड कंपनियों के कुल 15 लाख गाने, 10 हजार श्रव्य पुस्तकें (ऑडियो बुक), उपहार प्रमाण-पत्र (गिफ्ट सर्टिफिकेट) आदि उपलब्ध हो रहे थे।

23 फरवरी, 2006 को जॉब्स ने 'आईट्यून स्टोर' से अब तक एक अरब गाने की बिक्री की घोषणा की थी। एलेक्स ओस्ट्रोवस्की (पश्चिम ब्लूमफील्ड, मिशिगन) ने एक अरबवाँ गाना 'स्पीड ऑफ साउंड' (ब्रिटिश बैंड कोल्डप्ले के 'एक्स × वाय' एल्बम का गीत) खरीदा था। जॉब्स ने ओस्ट्रोवस्की को पुरस्कार के रूप में एक 20 इंच का आईमैक, 10 'आईपॉड टच' (पाँचवीं पीढ़ी का आईपॉड) व 10 हजार डॉलर मूल्य का आईट्यून गिफ्ट कार्ड प्रदान करने की घोषणा की थी। इसके अलावा जॉब्स ने इस मील-पत्थर को यादगार बनाने के लिए 'एप्पल' के नाम पर विश्वप्रसिद्ध संगीत विद्यालय 'जुईलियर्ड स्कूल' (लिंकन सेंटर फॉर द परफॉर्मिंग आर्ट्स, न्यूयॉर्क सिटी) में छात्रवृत्ति स्थापित करने की घोषणा की थी। अब तक 'आईट्यून स्टोर' में 20 लाख गीतों के अलावा 3500 म्यूजिक वीडियो, पिक्सर, डिज्नी की लघु फिल्मों व लोकप्रिय टी.वी. कार्यक्रमों के पॉडकास्ट, 35 हजार ऑडियो बुक्स शामिल किए जा चुके थे।

9 जनवरी, 2007 को जॉब्स ने 'आईट्यून स्टोर' से अब तक दो अरब गाने, 5 करोड़ टी.वी. उपकथाओं (एपिसोड) व 13 लाख फीचर फिल्मों की बिक्री की घोषणा की थी और उसे दुनिया का सबसे लोकप्रिय व सबसे विशाल (40 लाख गाने, 250 फीचर फिल्म, 350 टी.वी. कार्यक्रम व एक लाख से अधिक पॉडकास्ट सूची सहित) 'ऑनलाइन म्यूजिक-टी.वी.-मूवी स्टोर' करार दिया था। 12 सितंबर, 2012 को एप्पल ने 'आईट्यून स्टोर' में 26 लाख गाने, 45 हजार फिल्म, 10 लाख पॉडकास्ट, 3 हजार टी.वी. कार्यक्रम, 20 ऑडियो बुक्स व 10 लाख अनुप्रयोग सूचीबद्ध

होने का ऐलान किया था। सी.एन.एन. के मुताबिक 15 जून, 2013 तक 'आईट्यून स्टोर' करीब 57.50 करोड़ से अधिक सक्रिय उपभोक्ताओं के खाते सँभाल रहा था।

आईफोन–तीन क्रांतिकारी उत्पादों का संगम

'इंटरनेट बुलबुला' फूटने के आर्थिक संकट के बीच जॉब्स ने एप्पल स्टोर व डिजिटल हब रणनीति पर अमल शुरू किया था। वित्त वर्ष 2001 (30 सितंबर तक) में करीब 81 करोड़ डॉलर का घाटा दर्ज करने के बाद, 'आईपॉड' का शुभारंभ एप्पल का भाग्य बदलनेवाला था। वित्त वर्ष 2002 में बिक्री ढीली रही और कंपनी ने पिछले साल के मुकाबले दो फीसदी नुकसान के साथ करीब 5.24 अरब डॉलर का बिक्री राजस्व दर्ज किया। लेकिन इस दौरान 6.50 करोड़ डॉलर का लाभ राहत देनेवाला रहा था। अब जॉब्स की दूरदर्शिता की कामयाबी के ठोस नतीजे मिलने शुरू हो गए थे। वित्त वर्ष 2003 में 18 फीसदी बढ़त के साथ एप्पल का बिक्री राजस्व करीब 6.21 अरब डॉलर के स्तर पर आ गया था, लेकिन भारी पूँजी निवेश के चलते मुनाफा 5.70 करोड़ डॉलर पर ही सिमटा रहा था। वित्त वर्ष 2004 में 33 फीसदी बढ़त के साथ एप्पल का बिक्री राजस्व करीब 8.28 अरब डॉलर के स्तर पर आ गया था और मुनाफा 26.60 करोड़ डॉलर रहा था। लेकिन वित्त वर्ष 2005 में एप्पल के बिक्री राजस्व में 68 फीसदी की रिकॉर्ड उछाल के साथ 13.93 अरब डॉलर और 500 फीसदी रिकॉर्ड उछाल के साथ लाभ करीब 1.33 अरब डॉलर के स्तर पर पहुँच गया था।

लेकिन एप्पल व जॉब्स की इस कामयाबी का खामियाजा उसके शरीर को भुगतना पड़ा था। सन् 1997 में एप्पल में वापसी के बाद से ही जॉब्स लगातार अपने स्वास्थ्य की अनदेखी करता आ रहा था। इसका नतीजा अक्तूबर 2003 में सामने आया था, जब पेट की जाँच के दौरान चिकित्सकों ने पाया था कि जॉब्स के अग्न्याशय (पैंक्रियास) में एक रसौली (ट्यूमर) विकसित हो रही थी। पहली नजर में तो यही लगा था कि जॉब्स के दिन पूरे होनेवाले थे, लेकिन गहन जाँच के बाद पता चला था कि यह ऐसा कैंसर था जिसकी शल्य चिकित्सा संभव थी। मानो ईश्वरीय शक्ति अभी जॉब्स से कुछ चमत्कार कराना चाहती थी। जॉब्स आध्यात्मिक व्यक्ति था और उसे लगा था कि वह परहेज व प्राकृतिक चिकित्सा से इस रोग को काबू कर सकता था। लिहाजा उसने कई महीनों तक शल्य चिकित्सा को टालने की कोशिश की थी। आखिरकर 31 जुलाई, 2004 को स्टैनफोर्ड मेडिकल सेंटर में जॉब्स को शल्यक्रिया करवानी पड़ी थी। ऐसे मामलों में आम तौर पर पेट व आँतों के अधिकांश हिस्सों को निकाल दिया जाता है, लेकिन चिकित्सकों ने थोड़ा नरम तरीका अपनाया था। अगले दिन जॉब्स ने अपने पॉवरबुक से इ–मेल भेजकर एप्पल कर्मचारियों को शल्यक्रिया

की सफलता का शुभ समाचार भेजा था। करीब महीने भर के स्वास्थ्य लाभ के बाद सितंबर में जॉब्स काम पर लौट आया था। उसकी अनुपस्थिति के दौरान टिम ने सी.ई.ओ. की भूमिका अदा की थी।

जॉब्स ने 30वें व 40वें जन्मदिवसों को भव्य समारोहों के साथ मनाया था। लेकिन लौरेन पावेल ने जॉब्स के 50वें जन्मदिवस (24 फरवरी, 2005) को सिर्फ नजदीकी मित्रों व खास सहकर्मियों तक ही सीमित रखा था। आईपॉड की सफलता व एप्पल के जबरदस्त वित्तीय प्रदर्शन ने जॉब्स में नई जान फूँक दी थी। लेकिन एप्पल राजस्व में 'आईपॉड' की 45 फीसदी हिस्सेदारी से जॉब्स की चिंता भी बढ़ रही थी।

स्मार्टफोन विकास का विचार

असल में, आईपॉड के शुभारंभ के बाद, वर्ष 2000 की शुरुआत से ही जॉब्स ने एक ऐसे तीव्रबुद्धि चल दूरभाष (स्मार्ट मोबाइल फोन/स्मार्टफोन) के बारे में सोचना शुरू किया था कि जिसमें एक साथ दूरभाष, आईपॉड च ई-मेल की सुविधा प्रदान की जा सके। इस सोच का ठोस आधार यह था कि उस वक्त अधिकांश लाखों अमेरिकी उपभोक्ता एक साथ तीन उपकरणों—मोबाइल/सेलुलर फोन, आईपॉड व ब्लैकबेरी—का इस्तेमाल करने लगे थे। बातचीत करने के लिए मोबाइल फोन, संगीत सुनने के लिए आईपॉड (या अन्य एमपी3 प्लेयर) व बेतार (वायरलेस) इंटरनेट आधारित ई-मेल के लिए ब्लैकबेरी। जॉब्स को यह भाँपते देर नहीं लगी थी कि यदि तीनों सुविधाएँ एक ही उपकरण में हों तो उपभोक्ता उसे बहुत तेजी से अपना लेगा। साथ ही जॉब्स ने यह भी अनुमान लगाया था कि एप्पल ने इस दिशा में तेजी से कदम नहीं बढ़ाया तो संगीत क्षेत्र में 'आईपॉड' व 'आईट्यून' स्टोर की संभावित बादशाहत जल्द ही खतरे में पड़ सकती थी। जाहिर है जॉब्स को यह भी पता था कि इसके लिए एप्पल को बेतार संचार (वायरलेस कम्युनिकेशन) की दुनिया में उतरना पड़ेगा।

विचार बिल्कुल स्पष्ट था, तो जॉब्स इस क्षेत्र की जटिलताओं व बाधाओं को भी बखूबी समझता था। इस राह की बड़ी बाधा थी—बेतार संचार संजाल (वायरलेस कम्युनिकेशन नेटवर्क) की अक्षमता, जो स्मार्टफोन उपकरण की जरूरतों को सँभाल पाने के लिए पूरी तरह से तैयार नहीं था। स्मार्टफोन के लिए एप्पल को पूरी तरह से नई परिचालन प्रणाली (ओएस) विकसित करने की जरूरत पड़नेवाली थी, क्योंकि आईपॉड ओएस इतना परिष्कृत नहीं था कि वह जटिल संजालीकरण (नेटवर्किंग) या दृश्य-चित्र (ग्राफिक्स) का प्रबंधन कर सके। एप्पल की बेहतरीन कंप्यूटर परिचालन प्रणाली 'मैक ओएसएक्स' का काफी संक्षिप्त संस्करण भी इतना बड़ा था कि जिसे सबसे शक्तिशाली सेलुलर माइक्रोचिप भी सँभाल पाने की स्थिति में नहीं। इसके

अलावा, बाजार की संभावित गलाकाट प्रतिस्पर्धा अलग से। जॉब्स के अनुमान के मुताबिक तथाकथित अभिसरण उपकरण (कनवर्जेंस डिवाइस) की बाजार माँग सही साबित हुई थी, जब नवंबर 2003 में 'पाम ट्रेओ 600' (पाम इनकॉरपोरेशन (सनीवेल, सांता क्लारा काउंटी/सिलिकॉन वैली; जुलाई 2010 में हेवलेट पैकार्ड द्वारा अधिग्रहित) बाजार में आया था। इस उपकरण में मोबाइल फोन, पीडीए व ब्लैकबेरी तीनों की सुविधाएँ समाहित की गई थीं। जाहिर है कि इस उपकरण ने जॉब्स व एप्पल के अभियंताओं के सामने एक नई चुनौती खड़ी कर दी थी।

लेकिन जॉब्स की नजर में सबसे बड़ी चुनौती बेतार सेवा प्रदाता (वायरलेस सर्विस प्रोवाइडर/मोबाइल नेटवर्क ऑपरेटर/वायरलेस कॅरियर) कंपनियाँ थी। दशकों में ये कंपनियाँ मोबाइल फोन निर्माताओं के साथ गुलामों जैसे व्यवहार करती आ रही थीं। जॉब्स को बखूबी पता था कि ये कंपनियाँ अपने संजाल के दम पर फोन निर्माताओं पर हुक्म चलाती आ रही थीं कि फोन किस प्रकार के होंगे, वे कैसे विकसित किए जाएँगे, उनकी कीमतें क्या होंगी व उनपर कौन सी सुविधाएँ या सेवाएँ मुहैया कराई जाएँगी। वायरलेस कॅरियर कंपनियाँ मोबाइल हस्त-उपकरणों (मोबाइल हैंडसेट) को अपने संजाल पर उपभोक्ताओं को लानेवाली सवारियों (व्हीकल) से ज्यादा कुछ मानने को तैयार नहीं थीं। लेकिन जॉब्स तो खुद ही कुख्यात नियंत्रण-सनकी था और उसने इस स्थिति को बदलने व वायरलेस कॅरियर्स को सबक सिखाने की दूरगामी योजना पर अमल शुरू कर दिया था।

2004 में, एप्पल के कुल राजस्व में 'आईपॉड' की हिस्सेदारी 16 फीसदी पहुँच चुकी थी। तीसरी पीढ़ी का 3 जी मोबाइल फोन लोकप्रिय हो रहा था, स्थानीय क्षेत्र बेतार प्रौद्योगिकी (लोकल एरिया वायरलेस टेक्नोलॉजी)—'वाईफाई' आधारित फोन जल्द ही आनेवाला था, व प्रतिस्पर्धी ऑनलाइन संगीत भंडारों की संख्या बढ़ रही थी। जाहिर है कि 'आईपॉड' के भविष्य को लेकर जॉब्स की चिंताएँ गहराती जा रही थीं। लिहाजा इस साल गरमियों में जॉब्स ने मोबाइल फोन उद्योग में प्रवेश करने का फैसला कर लिया था, लेकिन सार्वजनिक रूप से मना करता रहा था कि एप्पल ऐसा कुछ करने जा रहा था। यहाँ पर जॉब्स ने अपने स्वभाव के विपरीत एक रणनीतिक फैसला किया था और वायरलेस कॅरियर्स से सीधे टकराने की बजाय मोबाइल फोन उद्योग की ताकतवर कंपनी मोटोरोला के प्रभाव का इस्तेमाल करने का मन बनाया था। उसने मोटोरोला के तत्कालीन सी.ई.ओ. एडवर्ड जे. जैंडर से अपनी काफी पुरानी नजदीकी का फायदा उठाया था। सन् 2004 की तीसरी तिमाही में मोटोरोला ने डिजिटल कैमरे वाले मोबाइल फोन 'मोटोराला रेजर' को बाजार में उतारा था। जॉब्स को लगा था कि 'मोटोराला रेजर' को 'आईपॉड' की

सुविधाओं से लैस कर इसका बेहतर संस्करण विकसित किया जा सकता था। नतीजतन 26 जुलाई, 2004 को एप्पल ने मोटोरोला के साथ नए मोबाइल हैंडसेट—'मोटोरोला रोकर' पर आईट्यून स्टोर की सुविधाएँ मुहैया कराने के समझौता का ऐलान किया था। एप्पल ने इसके लिए संगीत सॉफ्टवेयर विकसित करना शुरू किया था, जबकि प्रभावशाली अमेरिकी वायरलेस कॅरियर सिंगुलर वायरलेस से तालमेल बनाकर उपकरण विकसित करने की जिम्मेदारी मोटोरोला की थी।

26 जुलाई, 2004 को एप्पल ने मोटोरोला के साथ नए मोबाइल हैंडसेट—'मोटोरोला रोकर' पर आईट्यून स्टोर की सुविधाएँ मुहैया कराने के समझौता का ऐलान किया था।

जॉब्स ने मंसूबा बनाया था कि 'मोटोरोला रोकर' एक बेहतरीन मोबाइल हैंडसेट होगा, लेकिन ज्यों-ज्यों काम आगे बढ़ा था, उसकी उम्मीदें टूटती गई थीं। पहले तो तीनों कंपनियों के बीच हैंडसेट में आईपॉड की सुविधा व गीतों की संख्या को लेकर लंबी-चौड़ी बहस हुई थी, फिर उपकरण पर व तीनों कंपनियों के ब्रांड नाम प्रदर्शन को लेकर। जॉब्स को सबसे बड़ा झटका तब लगा था जब 2004 के अंत में 'मोटोरोला रोकर' का पहला कार्यशील प्रारूप सामने आया था। जॉब्स की नजर में वह बदसूरत व घटिया किस्म का था। जॉब्स ने तभी अपने विशेष कार्यदल को भविष्य के स्मार्टफोन की तैयारियों में जुटने का आदेश दे दिया था। लेकिन 'मोटोरोला रोकर' में यथासंभव सुधार का दबाव बनाए रखा था। लेकिन यह कहीं से भी उसकी उम्मीदों पर खरा नहीं उतर सका था। इसमें अधिकतम सौ गाने की भंडारण क्षमता थी और आईट्यून स्टोर से गाना उतारना भी काफी जटिल व धीमा था। खैर, अंदर से संतुष्ट न होने के बावजूद, जॉब्स ने सितंबर 2005 में 'मोटोरोला रोकर' को 'आपके फोन पर आईपॉड' बताते हुए बाजार में पेश कर दिया था। एप्पल के दीवाने ग्राहकों को यह कतई पसंद नहीं आया था और संचार-माध्यमों में उनकी हताशा को काफी हवा भी दी गई थी।

सिंगुलर के साथ वायरलेस नेटवर्क समझौता

इस बीच बेतार संचार उद्योग की परिस्थितियाँ तेजी से बदल रही थीं। अमेरिकी दूरसंचार नियंत्रक कंपनी स्प्रिंट कॉरपोरेशन (ओवरलैंड पार्क, कान्सास) ने अपने संजाल पर वायरलेस बैंडविड्थ की थोक बिक्री शुरू की थी। अब एप्पल खुद मोबाइल आभासी संजाल प्रचालक (मोबाइल वर्चुअल नेटवर्क ऑपरेटर/एमवीएनओ) बन सकता था। एमवीएनओ ऐसा बेतार संचार सेवा प्रदाता होता है जिसे अपने ग्राहकों को सेवाएँ प्रदान करने के लिए बेतार संजाल बुनियादी ढाँचे का मालिक होने की जरूरत होती है, वह स्प्रिंट जैसी कंपनियों से थोक वायरलेस बैंडविड्थ खरीदकर स्वतंत्र रूप से कारोबार

कर सकता है। आईपॉड की जबरदस्त सफलता के बाद एप्पल के इस कारोबार में कूदने में कोई दिक्कत नहीं थी।

26 अगस्त, 2004 को जॉब्स ने इस दिशा में गंभीर कदम बढ़ाते हुए स्प्रिंट मोबाइल संजाल के मोबाइल फोन उपकरणों पर लोकप्रिय टी.वी. कार्यक्रमों की चलचित्र प्रवाह सेवा (विडियो स्ट्रीमिंग सर्विस) का ऐलान किया था। इसके लिए एप्पल ने अपनी अत्याधुनिक कंप्यूटर सर्वर प्रणाली—'एक्ससर्व जी5' व विस्तारयोग्य बहुमाध्यम ढाँचा (एक्सटेंसिबल मल्टीमीडिया फ्रेमवर्क)—'क्विक टाइम 6.एक्स' का इस्तेमाल किया था।

यह अमेरिकी मोबाइल उद्योग में भयंकर प्रतिस्पर्धा का दौर था। फरवरी 2004 में ब्रिटिश वायरलेस कॅरियर वोडाफोन से बहुचर्चित बोली-युद्ध (बिडिंग वार) जीतने के बाद, उद्योग पर अपना दबदबा कायम रखने के लिए सिंगुलर वायरलेस ने आर्थिक संकट से जूझती प्रतिद्वंद्वी कंपनी एटी एंड टी को 41 अरब डॉलर में अधिग्रहित करने का ऐलान किया था। (दिसंबर 2006 में विलय की प्रक्रिया पूरी होने के बाद सिंगुलर वायरलेस का नाम 'एटी टी मोबिलिटी हो गया था, जो एटी टी इनकॉरपोरेशन की एक पूर्ण स्वामित्ववाली सहायक कंपनी बन गई थी।) ऐसे में जब सिंगुलर के पदाधिकारियों को जॉब्स की योजना की जानकारी मिली, तो उनमें घबराहट फैल गई थी। आईपॉड की जबरदस्त सफलता के बाद सिलिकॉन वैली व 'वॉल स्ट्रीट' में ही नहीं, समूचे देश में जॉब्स की प्रतिष्ठा सातवें आसमान पर पहुँच रही थी। सिंगुलर को डर था कि यदि स्प्रिंट के साथ एप्पल का गठजोड़ हुआ और वह एमवीएनओ के रूप में बाजार में उतरी तो वह बेतार सेवा कारोबार की प्रतिस्पर्धा को और भी गहरा बनाएगी, जिसका सीधा नुकसान सिंगुलर को होगा।

अब ऊँट पहाड़ के नीचे आया था। अमेरिका का सबसे बड़ा वायरलेस कॅरियर सिंगुलर/एटी एंड टी जॉब्स के सामने लगभग घुटने टेके खड़ा था। जॉब्स ने लगभग साल भर तक टालमटोल किया था। फिर पाँच साल का विशिष्ट समझौता किया था, जिसके तहत आईफोन सिर्फ सिंगुलर/एटी एंड टी संजाल पर ही उपलब्ध होना था। हैरान होने की जरूरत नहीं कि जॉब्स ने डिजाइन, निर्माण व विपणन, सभी पर एप्पल का संपूर्ण नियंत्रण कायम रखा था। सिंगुलर/एटी एंड टी उच्चाधिकारियों को बाजार में उतारे जाने के कुछ सप्ताह पहले ही आईफोन का दर्शन करने का मौका दिया गया था। इस ऐतिहासिक समझौते की दिलचस्प बात यह थी कि सिंगुलर/एटी एंड टी को--अमेरिका की सबसे बड़े मोबाइल/निर्धारित फोन व बेतार सेवा कंपनी—को आईफोन के हर उपभोक्ता खाते के लिए एप्पल को हर माह 10 डॉलर का राजस्व साझा करने के लिए तैयार होना पड़ा था। इतना ही नहीं, जॉब्स ने यह भी सुनिश्चित

किया था कि आईफोन उपभोक्ता को सिर्फ 49.95 डॉलर प्रतिमाह पर 'आवाज (फोन), आँकड़ा (इंटरनेट) व लघु संदेश सेवा (एसएमएस)' उपलब्ध हो। उस वक्त इस तरह की उपभोक्ता-योजना चौंकानेवाली थी। इतना शीर्षासन करने के बावजूद सिंगुलर/एटी एंड टी ने प्रतिस्पर्धियों के मुकाबले तीन गुना ज्यादा कमाई की थी।

'मल्टी-टच स्क्रीन' का विचार व विकास—शुरू में, प्रस्तवित मोबाइल फोन के अंतरफलक को 'आईपॉड' की 'क्लिक व्हील' प्रौद्योगिकी पर विकसित करने का प्रयोग हुआ था, लेकिन यह स्वाभाविक विकल्प नहीं था। उस वक्त एप्पल में एक और गुप्त परियोजना—टेबलेट कंप्यूटर—पर काम चल रहा था। इस तरह 2005 में टेबलेट के नवाचारों को फोन में शामिल करने का फैसला किया गया था। इसमें सबसे अहम था—बहुस्पर्श चित्रपट (मल्टी-टच स्क्रीन) प्रणाली।

असल में, इसका विचार एप्पल के डिजाइन प्रमुख जोनाथन ईव उर्फ जॉनी को लैपटॉप 'मैकबुक प्रो' के लिए स्पर्श गद्दी (टचपैड/ट्रैकपैड) का विकास करते हुए आया था। टचपैड, स्पर्श-संवेदक या विशेष सतह की खूबियोंवाला सूचक उपकरण है, जो उपयोगकर्ता की उँगलियों की गति व स्थिति के सापेक्ष कंप्यूटर परिचालन प्रणाली को सूचना भेजता है। टचपैड के विकासक्रम में जॉनी व उसकी विकास टोली ने जिज्ञासावश कंप्यूटर चित्रपट पर टचपैड की क्षमताओं को स्थानांतरित करने का प्रयोग किया था और उसे पता चला था कि यह संभव था। लेकिन जॉनी इस कच्चे विचार को जॉब्स को इसलिए नहीं दिखाया था कि वह इसे खारिज कर सकता था। वे लोग 'टचपैड' के साथ-साथ खाली समय में इस प्रयोग को भी ठोस रूप देने की कोशिश करते रहे थे।

इस बीच, जॉब्स ने एक ऐसे टेबलेट कंप्यूटर की विकास परियोजना को हरी झंडी दी थी, जिसमें न तो कोई कुंजीपटल (की-बोर्ड) या फिर लेखनी (स्टाइलस) को। इस क्रम में, जब जॉनी ने जॉब्स को अपना प्रयोग दिखाया था, तो जॉब्स ने कहा था, 'यही भविष्य है'। चूँकि फोन परियोजना ज्यादा महत्त्वपूर्ण थी, इसीलिए जॉब्स ने 'टेबलेट चित्रपट अंतरफलक' के विकास को फिलहाल स्थगित कर 'फोन चित्रपट अंतरफलक' पर ध्यान केंद्रित करने का मन बना लिया था। उसने तत्काल फादेल (आईपॉड विकास प्रमुख, जो अब फोन पर काम कर रहा था), रुबिंसटेन (हार्डवेयर प्रमुख) व शिलर (विपणन प्रमुख) को एक गुप्त बैठक के लिए डिजाइन स्टूडियो में ही बुला लिया था, जहाँ जॉनी उस चमत्कारी प्रौद्योगिकी को जॉब्स को दिखा रहा था। सभी को विचार अच्छा लगा था, लेकिन उन्हें आशंका थी कि यह प्रौद्योगिकी फोन के छोटे चित्रपट पर कामयाब हो सकेगी। लिहाजा 'आईपॉड क्लिक व्हील' व

तमाम कठिन कोशिशों के बावजूद फादेल के लिए 'क्लिक व्हील' प्रारूप पर प्रस्तावित मोबाइल फोन का आसान अंकपट विकसित कर पाना संभव नहीं हो सका था। 'मल्टी टच स्क्रीन' अधिक रोमांचक व आशाजनक विकल्प था, लेकिन उत्पादन-अभियांत्रिकी से जुड़ी आशंकाएँ अभी बनी हुई थीं।

नए विकल्प 'मल्टीटच स्क्रीन', दोनों प्रौद्योगिकियों पर प्रस्तवित मोबाइल फोन अंतरफलक के विकास को आगे बढ़ात हुए जारी रखने का फैसला किया गया था।

इसके बाद जॉब्स की नजर में इशारा पहचान (जेस्चर रिकग्निशन) प्रौद्योगिकी कंपनी—फिंगरवर्क्स (नेवार्क, डेलावेयर, अमेरिका) आई थी। वर्ष 1998 में फिंगरवर्क्स की स्थापना डेलावेयर विश्वविद्यालय के जॉन एलियास व वेन वेस्टरमैन ने की थी। यह 'आईजेस्चर पैड' (कंप्यूटर माउस का काम करनेवाला एक-हाथ इशारा पैड), 'टचस्ट्रीम' (सपाट झिल्ली व शून्य-बल कुँजीवाला विभाजित कुंजीपटल/की-बोर्ड) सहित अन्य बहु-स्पर्श उत्पादों का विकास कर रही थी। ये दोहरावदार तनाव आघात (रिपिटेटिव स्ट्रेन इंजरी/आरएसआई) व अन्य चिकित्सा स्थितियों से पीड़ित लोगों के लिए विशेष रूप से उपयोगी थे। अखबारों की प्रशंसा व औद्योगिक पुरस्कारों के बावजूद फिंगरवर्क्स के क्रांतिकारी उत्पादों की संख्या बहुत सीमित थी। जाहिर है कि कंपनी आर्थिक संकट से जूझ रही थी। जॉब्स के लिए यह अच्छा मौका था और जून 2005 में एप्पल ने गुपचुप तरीके से फिंगरवर्क्स को तमाम पेंटेंट सहित अघोषित मूल्य पर अधिग्रहित कर लिया था। बाद में काफी समय तक दोनों संस्थापक एप्पल के नाम से पेंटेंट दाखिल करते रहे थे।

'आईपॉड क्लिक व्हील' व 'मल्टीटच स्क्रीन' पर विकास कार्य शुरू होने के छह महीने बाद जॉब्स ने इस पर अंतिम फैसले के लिए बैठक बुलाई थी। तमाम कठिन कोशिशों के बावजूद फादेल के लिए 'क्लिक व्हील' प्रारूप पर प्रस्तावित मोबाइल फोन का आसान अंकपट (डायल) विकसित कर पाना संभव नहीं हो सका था। 'मल्टी टच स्क्रीन' अधिक रोमांचक व आशाजनक विकल्प था, लेकिन उत्पादन-अभियांत्रिकी से जुड़ी आशंकाएँ अभी बनी हुई थीं। जॉब्स ने परख लिया था कि सभी को यही विकल्प पसंद था, लेकिन वे जोखिम उठाने से कतरा रहे थे। जाहिर है कि जॉब्स ने इसी पर अंतिम मुहर लगा दी थी, क्योंकि उसने तो आजीवन जोखिम व चुनौती को ही अवसर बनाया था। उसका यही उसूल रहा था—बड़ा जोखिम लो, यदि सफल हुए तो बड़ा पुरस्कार भी मिलेगा।

कुछ सदस्यों ने ब्लैकबेरी फोन शृंखलाओं की लोकप्रियता का हवाला देते

हुए प्रस्तावित फोन में भी बेहद आसान कुंजीपटल (की-बोर्ड) प्रणाली को अपनाने का सुझाव दिया था। पारंपरिक हार्डवेयर की-बोर्ड से ने केवल फोन का चित्रपट छोटा हो जाना था, बल्कि उसमें 'टचस्क्रीन की-बोर्ड' जैसा लचीलापन व आकर्षक सुविधाओं का समावेश करना भी संभव नहीं था। लिहाजा जॉब्स ने अपने विशेषाधिकार का इस्तेमाल कर उस विचार को सिरे से खारिज कर मल्टीटच स्क्रीन को हकीकत बनाने का हुक्मनामा जारी कर दिया था। नतीजतन एक ऐसा उपकरण सामने आया था, जो फोन करने के लिए संख्यात्मक कुँजीपटल, लिखने के लिए टाइपराइटर कुँजीपटल व अन्य सभी कामों के लिए अलग-अगल बटन प्रदर्शित करने सक्षम था और वीडियो देखने की स्थिति में गायब हो जाता था। इस तरह हार्डवेयर को सॉफ्टवेयर से बदलकर प्रस्तावित मोबाइल फोन के अंतरफलक को प्रवाही व लचीला बनाना संभव हुआ था। अगले छह महीनों तक जॉब्स मल्टीटच स्क्रीन सबंधित तमाम तकनीकी पहलुओं से सीधे जुड़ा रहा था और हर गतिविधि को बिल्कुल आसान बनाने पर जोर देता रहा था।

अद्भुत 'गोरिल्ला ग्लास' का निर्माण

खास प्रकार के खाद्य-पदार्थों की तरह, जॉब्स कंप्यूटर निर्माण के लिए विभिन्न प्रकार के पदार्थों पर मोहित होता चला गया था और इस काम में जॉनी हमेशा उसका साथ देता रहा था। मसलन, जब वह सन् 1997 में एप्पल में वापस आया था तो 'आईमैक' के आवरण के लिए पारभासी व रंगीन प्लास्टिक को अपनाया था। फिर उसने 'पॉवर बुक जी4' में मोटे प्लास्टिक की जगह टाइटेनियम का काफी पतला आवरण बनवाया था, फिर दो साल बाद उसकी जगह एल्युमीनियम आवरण का इस्तेमाल किया था। इसी तरह, उसने 'आईमैक' के नए संस्करण व 'आईपॉड नैनो' में एनोडाईज्ड एल्युमीनियम का प्रयोग किया था, जिसके लिए बाकायदा चीन में एक विशेष फैक्टरी बनवाई गई थी। इसके बाद जब एप्पल स्टोर की बारी आई थी तो जॉब्स ने विशाल पटलोंवाली शीशे की खिड़कियाँ व शीशे की सीढ़ियाँ बनवाई थीं।

प्रस्तावित मोबाइल फोन की मूल योजना में आईपॉड की तरह प्लास्टिक चित्रपट अपनाना तय किया गया था। लेकिन बाद में जॉब्स को लगा था कि अगर चित्रपट को शीशे से बनाया जाए तो वह ज्यादा सुरुचिपूर्ण व मौलिक लगेगा। लिहाजा जॉब्स ने ऐसे शीशे की तलाश शुरू की थी, जो न केवल काफी मजबूत हो, बल्कि खरोंच प्रतिरोधी भी हो। चूँकि एप्पल स्टोर के शीशे एशियाई देशों से आ रहे थे, लिहाजा जॉब्स को उन्हीं में से किसी फैक्टरी से ऐसा शीशा मिलने की उम्मीद थी। लेकिन जॉब्स के एक दोस्त जॉन सीली ब्राउन (संगठनात्मक अध्ययन विशेषज्ञ व 'जेरोक्स

कॉरपोरेशन' के पूर्व मुख्य वैज्ञानिक) ने 'कोर्निंग इनकॉरपोरेशन' (कोर्निंग ग्लास वर्क्स, कोर्निंग, स्ट्यूबेन काउंटी, न्यूयॉर्क) के युवा सी.ई.ओ. वेंडेल वीक्स से संपर्क करने का सुझाव दिया था।

जॉब्स ने वीक्स को क्यूपरटिनो बुलाया और अपनी जरूरत बताई। वीक्स ने बताया था कि 1960 के दशक में कोर्निंग ने एक विशेष रासायनिक प्रकिया से आश्चर्यजनक रूप से मजबूत 'गोरिल्ला ग्लास' का विकास किया था, लेकिन बाजार माँग नहीं निकलने के चलते कंपनी ने उसका उत्पादन बंद कर दिया था। पहली नजर में जॉब्स को वीक्स की बातों पर भरोसा नहीं हुआ। फिर वीक्स को पूरी वैज्ञानिक प्रक्रिया बतानी पड़ी थी कि कैसे 'आयन-एक्सचेंज' विधि से शीशे पर दबाव परत (कंप्रेशन लेयर) चढाई जाती है। फिर जॉब्स को तसल्ली हो गई थी कि वीक्स उसी प्रकार की शीशे की बात कर रहा था, जिसकी उसको जरूरत थी। जॉब्स ने वीक्स से कहा कि उसे उतने 'गोरिल्ला ग्लास' की जरूरत थी, जितना कि कोर्निंग छह महीने में बना सकता था। लेकिन वीक्स ने साफ मना कर दिया था, क्योंकि अब उसकी कंपनी का कोई भी संयंत्र 'गोरिल्ला ग्लास' का उत्पादन नहीं करता था।

जॉब्स ने एक बार फिर से अपनी वास्तविकता विरूपण कला का इस्तेमाल किया। वीक्स काफी देर तक सफाई देता रहा था कि 'गोरिल्ला ग्लास' बनाने की अभियांत्रिकी काफी जटिल व चुनौतीपूर्ण थी और कोर्निंग का कोई भी संयंत्र फिलहाल इसके उत्पादन में सक्षम नहीं था। लेकिन जॉब्स उसकी तरफ एकटक देखते हुए कहता रहा था और उसे विश्वास दिला पाने में कामयाब रहा था कि वह ऐसा कर सकता था। आखिरकार वीक्स ने इस चुनौती को स्वीकार कर लिया था। वीक्स ने कोर्निंग हैरोड्सबर्ग (मर्सर काउंटी, केंटकी) संयंत्र को, जो अब तक एलसीडी स्क्रीन का निर्माण करता आ रहा था, को पूरी तरह से 'गोरिल्ला ग्लास' उत्पादन-संयंत्र में बदलने के लिए अपने सबसे बेहतरीन वैज्ञानिकों व अभियंताओं को जुटा दिया था। युद्धस्तर पर, लगभग रातोरात, वह संयंत्र तैयार हो गया था और एप्पल के प्रस्तावित मोबाइल फोन के लिए 'गोरिल्ला ग्लास' का उत्पादन शुरू हो गया था। जिस दिन जॉब्स ने 'आईफोन' का अनावरण किया था, वीक्स को संदेश भेजा था, 'तुम्हारे बिना हम इसे नहीं कर सकते थे।' बाद में, वीक्स ने अपने विशाल दफ्तर में जॉब्स के इस संदेश को एकमात्र 'स्मृति चिह्न' (मोमेंटो) के रूप में सजाया था।

आवरण डिजाइन संशोधन

हर परियोजना के पूरे होने से कुछ समय पहले जॉब्स को अंतर्ज्ञान होता रहा था कि आखिर उसमें कौन सी प्रमुख खामी रह गई थी और वे सुधार ही क्रांतिकारी

साबित हुए थे। मोबाइल फोन परियोजना में भी ऐसा ही हुआ था। जॉनी 'गोरिल्ला ग्लास' चित्रपट को एल्युमीनियम आवरण में समायोजित करने की कोशिशों में जुटा हुआ था। जब उसका विकास अंतिम चरण में पहुँच गया था तो एक सोमवार जॉब्स ने जॉनी से कहा था कि उसे एल्युमीनियम आवरण बिल्कुल रास नहीं आ रहा था और वह इस मुद्दे पर इतना ज्यादा चिंतित था कि उसे रात भर नींद नहीं आई थी। सचमुच मैकिनटोश के बाद यह जॉब्स का सबसे चुनौतीपूर्ण उत्पाद था। जॉनी को भी तत्काल अहसास हुआ था कि जॉब्स की चिंता जायज थी। जॉनी खुद पर बहुत शर्मिंदा हुआ था, जब जॉब्स को यह कहने के लिए मजबूर होना पड़ा था कि वह उन लोगों की पिछले नौ महीने की मेहनत को पूरी तरह से रद्द करने जा रहा था।

दिक्कत यह थी कि प्रस्तावित मोबाइल फोन का सबकुछ उसके 'मल्टीटच स्क्रीन' के आस-पास केंद्रित था, लेकिन मौजूदा डिजाइन में आवरण उसके साथ प्रतिस्पर्धा करता हुआ लग रहा था। यानी आवरण की मजबूती 'मल्टीटच स्क्रीन' की खूबसूरती पर हावी हो रही थी। पूरा उपकरण बहुत ज्यादा मर्दाना, कार्य-प्रेरित व कुशल होने का अहसास दे रहा था। वह कतई कमनीय (सेक्सी) नहीं लग रहा था। जॉब्स ने जॉनी की टोली को भी बुलाया और उनके पिछले नौ महीने के कठिन परिश्रम की तारीफ की थी; और अफसोस जताते हुए कहा था कि वह उनके द्वारा तैयार आवरण को लागू नहीं करने जा रहा था। पूरी टोली ने जॉब्स की भावना को समझा था और दिन-रात एक कर उसे सुधारने का वायदा किया था। यह जॉब्स के लिए गौरवशाली क्षणों में एक था।

जॉनी व उसकी टोली ने अपनी सारी ताकत झोंक दी थी और जॉब्स के सपने को साकार कर दिखाया था। अब एक ऐसा इस्पात आवरण विकसित किया गया था, जिसके अंतिम कगार तक चित्रपट-प्रदर्शन (स्क्रीन डिस्प्ले) को फैलने का मौका मिल रहा था। उपकरण का हर हिस्सा चित्रपट के सामने नतमस्तक होता नजर आ रहा था। नया रूप बिल्कुल सीधा-सादा था, लेकिन उससे दोस्तानापन टपक रहा था। कोई इस उपकरण को सहलाए बिना नहीं रह सकता था। लेकिन इसके लिए डिजाइन व हार्डवेयर दोनों विकास दलों को सबकुछ नए सिरे से करना पड़ा था। नए आवरण में सटीक संयोजन के लिए सर्किट बोर्ड, ऐंटेना, माइक्रोप्रोसेसर आदि सभी घटकों की आंतरिक स्थितियाँ बदलनी पड़ी थीं। यह सब जॉब्स के नेतृत्ववाली कंपनी एप्पल में ही संभव था, वरना अन्य कंपनियाँ अंतिम मुकाम पर पहुँच कर सबकुछ दुबारा से कर पाने की हिम्मत कहाँ दिखा पाती हैं!

बात यहीं खत्म नहीं हुई थी। जॉब्स ने इस खूबसूरत उपकरण के डिजाइन में यह भी सुनिश्चित किया था कि कोई चाहकर भी इसके साथ कोई छेड़छाड़ नहीं कर सके।

आवरण को इस तरह से बंद किया गया था कि बैटरी बदलने के लिए भी इसे खोल पाना संभव नहीं था। वर्ष 2011 में एप्पल को पता चला था कि अनधिकृत मरम्मत-दुकानें आईफोन 4 को खोल रही थीं और कंपनी ने उसके नन्हे पेंच को एक पाँच नोकोंवाली छेड़छाड़ प्रतिरोधी प्रणाली 'पेंटालोब स्क्रू ड्राइव' से बदल दिया था, जिसे वाणिज्यिक तौर पर उपलब्ध किसी भी पेंच संचालक (स्क्रू ड्राइवर) से खोल पाना संभव नहीं था। असल में बदलने योग्य बैटरी की सुविधा न देने के पीछे एक कारण यह भी था कि इससे उपकरण ज्यादा पतला बन सका था और जॉब्स के लिए पतला हमेशा बेहतर था।

आईफोन का शुभारंभ व ऐतिहासिक सफलताएँ

करीब 15 करोड़ डॉलर विकास लागत वाली इस रहस्यमय परियोजना के कुल एक हजार कर्मचारियों की कई टोलियों ने लगातार 30 महीनों तक दिन-रात एक कर जॉब्स के सपने को हकीकत में बदला था। जॉब्स के लिए यह 'चंद्र अभियान' (मून मिशन) जैसा ही था। जॉब्स ने 9 जनवरी, 2007 को जब मोस्कॉने सेंटर (सैन फ्रांसिस्को) में इस अद्‌भुत उत्पाद—आईफोन—को निराले अंदाज में दुनिया के सामने पेश किया था, तब जाकर विकास दल के भी सभी कर्मचारियों को पता चला था किस परियोजना पर काम कर रहे थे।

एक बार फिर से, यह उप्ताद उपभोक्ता इलेक्ट्रॉनिक्स उद्योग में नया करने की एप्पल की अद्वितीय क्षमता की अनमोल सौगात साबित हुआ था। यह हार्डवेयर व सॉफ्टवेयर के सुमेल का जादुई नमूना था, और यह एप्पल जैसी कंपनी से ही संभव भी था, क्योंकि वही एकमात्र ऐसी कंपनी थी, जो दोनों ही विशेषज्ञताओं में लगातार उत्कृष्ट प्रदर्शन करती आ रही थी। यदि सॉफ्टवेयर की बात करें तो एप्पल ने इसमें भी बिल्कुल उसी क्रांतिकारी परिचालन प्रणाली 'मैक ओएस एक्स' को उपयोग किया था, जो उस समय के मैक श्रृंखला के सभी व्यक्तिगत/ पेशेवर कंप्यूटर व लैपटॉप में संचालित किया जा रहा था। हार्डवेयर के मामले में सबसे क्रांतिकारी सुविधा थी—बहुस्पर्शी चित्रपट प्रदर्शन।

जॉब्स ने एंडी हेर्त्जफेल्ड, बिल अटकींसन, स्टीव वोज्निअक सहित मूल मैकिनटोश टोली के सभी सदस्यों को इस ऐतिहासिक मौके का गवाह बनाने के लिए विशेष रूप से आमंत्रित किया था। यह जॉब्स के जीवन की सबसे शानदार लोकापर्ण प्रस्तुति थी। जॉब्स के संभाषण का सबसे सम्मोहक अंश यह था—

'हर थोड़े समय बाद एक क्रांतिकारी उत्पाद (कुछ खास) लेकर आता है, जो हरेक चीज को बदल देता है। एप्पल बहुत भाग्यशाली रहा है। यह इनमें से कुछ को दुनिया में पेश करने में सक्षम रहा है। वर्ष 1984 में, हमने मैकिनटोश की शुरुआत

की। इसने सिर्फ एप्पल को ही नहीं बदला, इसने समूचे कंप्यूटर उद्योग को बदल दिया।

'सन् 2001 में, हमने पहले आईपॉड की शुरुआत की, और···इसने सिर्फ हम सभी के संगीत सुनने के तरीका को नहीं बदला, समूचे संगीत उद्योग को बदल दिया।

'खैर, आज, हम इस वर्ग के तीन क्रांतिकारी उत्पादों को शुरू करने कर रहे हैं। पहला एक—स्पर्श-नियंत्रणों के साथ चौड़ा चित्रपट (वाइडस्क्रीन) वाला आइपॉड है। दूसरा—एक क्रांतिकारी मोबाइल फोन है। और तीसरा, एक सफल इंटरनेट संचार उपकरण है।

'तो, तीन बातें—स्पर्शनियंत्रणों के साथ चौड़ा चित्रपट आईपॉड; एक क्रांतिकारी मोबाइल फोन; और एक सफल इंटरनेट संचार उपकरण। एक आईपॉड, एक फोन व एक इंटरनेट संदेश-वाहक (कम्यूनिकेटर)। आईपॉड, एक फोन···आप इसे समझ रहे हैं? ये तीन अलग उपकरण नहीं हैं, यह एक उपकरण है और हम इसे 'आईफोन' कह रहे हैं। आज, एप्पल फोन का फिर से आविष्कार करने जा रहा है, और यह यहाँ है।'

जून के अंत में आईफोन के दो मॉडल 4 जीबी व 8 जीबी अमेरिकी बाजारों में उपलब्ध होने का ऐलान किया गया था। हँसने की जरूरत नहीं है, इस बार इसकी आलोचना के लिए माइक्रोसॉफ्ट सी.ई.ओ. स्टीव बामर ने सीएनबीसी से बातचीत में कहा था, 'यह दुनिया में सबसे महँगा फोन है। और यह व्यापारिक ग्राहकों को पसंद नहीं आ रहा था, क्योंकि इसमें कुँजीपटल नहीं है।'

फिर जॉब्स 1.12 घंटे तक आईफोन की एक-एक खूबी को नाटकीय अंदाज में पेश करता रहा था और दर्शक वर्ग चौंकाकर उनकी वाह-वाही लूटता रहा था। फिर अंत में, जॉब्स ने इन तमाम सुविधाओं की संभावनाओं को कुछ इस तरह से पेश किया था—

'2006 में, दुनिया भर में 2.60 करोड़ 'गेम कंसोल' (खेल उपकरण) बेचे गए थे। असल में आपके सोचने से थोड़ा ज्यादा कम है। यह इतना बड़ा बाजार नहीं है। 9.40 करोड़ डिजिटल कैमरों ने इसे बौना बना दिया। एमपी3 प्लेयर 13.50 करोड़ और पी.सी. (व्यक्तिगत कंप्यूटर) 20.90 करोड़. पिछले साल दुनिया भर में मोबाइल फोन बस करीब एक अरब। तो यह क्या कहता है? यह आपको कहता है कि एक फीसदी बाजार हिस्सेदारी एक करोड़ इकाइयों के बराबर होती है। यह विशालकाय बाजार है।

···तो, हम एक बहुत ही प्रतिस्पर्धी बाजार में प्रवेश करने जा रहे हैं। बहुत से

खिलाड़ी हैं। हमें लगता है कि हम दुनिया में सबसे अच्छा उत्पाद होगा और हम इसके पीछे दौड़ने जा रहे हैं, और देख रहे है कि हम एक फीसदी बाजार हिस्सेदारी पा सकते हैं, एक करोड़ इकाइयाँ 2008 में, और वहाँ से (आगे) जा सकते हैं।'

और अपने भाषण के अंत में जॉब्स ने विविध उत्पाद मिश्रण—मैक, आईपॉड, एप्पल टीवी व आईफोन—का हवाला देते हुए कंपनी के नाम से 'कंप्यूटर' हटा लेने का भी ऐतिहासिक ऐलान कर दिया था। अब 'एप्पल कंप्यूटर इनकॉरपोरेशन' सिर्फ 'एप्पल इनकॉरपोरेशन' ही रहनेवाली थी।

पाँच महीने बाद जून के अंत में आईफोन के दो मॉडल 4 जीबी (499 डॉलर) व 8 जीबी (599 डॉलर) अमेरिकी बाजारों में उपलब्ध होने का ऐलान किया गया था। हँसने की जरूरत नहीं है, इस बार इसकी आलोचना के लिए माइक्रोसॉफ्ट का चेयरमैन बिल गेट्स खुद सामने नहीं आया था, बल्कि सी.ई.ओ. स्टीव बामर ने सीएनबीसी से बातचीत में कहा था, 'यह दुनिया में सबसे महँगा फोन है। और यह व्यापारिक ग्राहकों को पसंद नहीं आ रहा था, क्योंकि इसमें कुँजीपटल नहीं है।'

अमेरिका में 29 जून, 2007 को शाम 6 बजे से आईफोन की बिक्री शुरू हुई थी। लगभग हरके एप्पल स्टोर पर उपभोक्ताओं की लंबी कतारें लगी थीं और जून के दो दिनों में 2.70 लाख आईफोन इकाइयों की बिक्री हुई थी। नवंबर 2007 में यूनाइटेड किंगडम, फ्रांस व जर्मनी में, फरवरी 2008 में आयरलैंड व ऑस्ट्रिया और उसके बाद बाकी देशों में आईफोन को उतारा गया था। 11 जुलाई, 2008 को एप्पल ने दुनिया के 22 देशों में 'आईफोन 3 जी' (8 जीबी मॉडल 199 डॉलर व 16 जीबी 299 डॉलर) में उतारा था, जो बाद में 80 देशों तक पहुँचाया गया था। अभी भी आईफोन की कीमतों को लेकर विश्लेषक शोर मचा रहे थे। लिहाजा 8 जून, 2009 को एप्पल ने 'आईफोन 3जी' की कीमत को घटाकर 99 डॉलर कर दी थी और इसका नया संस्करण 'आईफोन 3जीएस' (16 जीबी 199 डॉलर व 32 जीबी 299 डॉलर) को उतारा था। 22 जून, 2009 तक एप्पल ने 10 लाख 'आईफोन 3जीएस' बिक जाने की घोषणा की थी। 24 जून, 2010 को एप्पल ने अब तक का सबसे पतला आईफोन संस्करण 'आईफोन 4' (16 जीबी 199 डॉलर व 32 जीबी 299 डॉलर) पेश किया था। शुरू के तीन दिनों में इसकी 17 लाख इकाइयाँ बिकी थीं।

एप्पल ने 4 अक्तूबर, 2011 को 'आईफोन 4' (16 जीबी 199 डॉलर, 32 जीबी 299 डॉलर, 64 जीबी 399 डॉलर) की घोषणा की थी, जो 14 अक्तूबर को बाजार में आनेवाला था। घोषणा के 24 घंटों में 'आईफोन 4' का अग्रिम खरीद आदेश

10 लाख को पार कर चुका था और बाजार में आने के पहले तीन दिनों में इसकी 40 लाख इकाइयाँ बिकी थीं। 12 सितंबर, 2012 को 'आईफोन 5' (16 जीबी 199 डॉलर, 32 जीबी 299 डॉलर, 64 जीबी 399 डॉलर) की घोषणा हुई, जो 21 सितंबर को बाजार में आनेवाला था। घोषणा के 24 घंटों में 'आईफोन 5' का अग्रिम खरीद आदेश 20 लाख को पार कर चुका था और बाजार में आने के पहले तीन दिनों में इसकी 50 लाख इकाइयाँ बिकी थीं। 10 सितंबर, 2013 को एप्पल ने तथाकथित विश्व में 'सबसे आगे की सोच वाला' स्मार्टफोन 'आईफोन 5 एस' (16 जीबी 199 डॉलर, 32 जीबी 299 डॉलर, 64 जीबी 399 डॉलर) व अब तक का सबसे रंगीन आईफोन 'आईफोन 5 सी' (16 जीबी 99 डॉलर, 32 जीबी 99 डॉलर) पेश किया। पहले तीन दिनों में 'आईफोन 5 एस' व 'आईफोन 5 सी' की कुल बिक्री 90 लाख के रिकॉर्ड स्तर पर रही थी।

आईफोन की विश्वव्यापी बिक्री

वित्त वर्ष (अक्तूबर से सितंबर तक)	पहली तिमाही (अक्तूबर से दिसंबर)	दूसरी तिमाही (जनवरी से मार्च)	तीसरी तिमाही (अप्रैल से जून)	चौथी तिमाही	कुल (जुलाई से सितंबर)
2007	—	—	2,70,000	11,90,000	14,60,000
2008	23,15,000	17,03,000	7,17,000	68,90,000	1,16,25,000
2009	43,63,000	37,93,000	52,08,000	73,67,000	2,05,31,000
2010	87,37,000	87,52,000	83,98,000	1,41,02,000	3,99,89,000
2011	1,62,40,000	1,86,50,000	2,03,40,000	1,17,70,000	6,70,70,000
2012	3,70,04,000	3,51,10,000	2,60,00,000	2,69,00,000	12,50,14,000
2013	4,78,00,000	3,74,00,000	3,12,00,000	3,38,00,000	15,02,00,000
2014	5,10,00,000	4,37,19,000	—	—	9,47,19,000
कुल	**51,06,08,000 (31 मार्च, 2014 तक)**				

जॉब्स की योजना सौ फीसदी कामयाब हो गई होती तो शायद आज दुनिया में एकमात्र स्मार्टफोन आईफोन ही होता। लेकिन जॉब्स को गुरु माननेवाले गूगल के युवा संस्थापकों लैरी पेज व सेर्गेई ब्रिन ने उसके एकाधिकारवादी इरादे को भाँप लिया था और समय रहते 'एंड्राइड' परिचालन प्रणाली का विकास कर दुनिया के सामने आईफोन की परिचालन 'आईओएस' का मुफ्त विकल्प पेश कर दिया था।

एंड्राइड आधारित स्मार्टफोन शृंखलाओं के जरिए गूगल ने न केवल इंटरनेट बाजार पर अपनी बादशाहत को सुरक्षित किया था, बल्कि दुनिया भर के करोड़ों उपभोक्ताओं के सामने महँगे आईफोन का बेहतर व सस्ता विकल्प दिया था। इसी प्रतिस्पर्धा के चलते आईफोन लगातार आश्चर्यजनक रूप से सस्ता हुआ और स्मार्टफोन की पहुँच बहुत बड़े उपभोक्ताओं तक हो सकी। आईफोन अभी भी सबसे चहेता स्मार्टफोन ब्रांड है और उसकी बिक्री लगातार बढ़ रही है। लेकिन एंड्राइड आधरित स्मार्टफोन ने सामूहिक रूप से बहुत बड़े बाजार पर कब्जा कर लिया है और बाजार हिस्सेदारी के लिहाज से सैमसंग ने एप्पल को काफी पीछे धकेल दिया है। बाकी खिलाड़ियों की हालत पतली है। (देखें—विश्व-बाजार में पाँच प्रमुख स्मार्टफोन परिचालन प्रणालियों (ओएस)/निर्माताओं की स्थिति

विश्व-बाजार में पाँच प्रमुख स्मार्टफोन परिचालन प्रणालियों (ओएस) की स्थिति

परिचालन प्रणाली	2013 लदान मात्रा (करोड़)	2013 बाजार हिस्सेदारी	2012 लदान मात्रा (करोड़)	2012 बाजार हिस्सेदारी	वार्षिकबदलाव
एंड्राइड	79.36	78.6%	500.1	69.0%	58.7%
आईओएस	15.34	15.2%	135.9	18.7%	12.9%
विंडोज फोन	33.4	3.3%	17.5	2.4%	90.9%
ब्लैकबेरी	19.2	1.9%	32.5	4.5%	-40.9%
अन्य	10.0	1.0%	39.3	5.4%	-74.6%
कुल	1009.6	100.0%	725.3	100.0%	39.2%

स्रोत—इंटरनेशनल डाटा कॉरपोरेशन/आईडीसी वर्ल्डवाइड मोबाइल फोन ट्रैकर, 12 फरवरी, 2014; परिचालन प्रणाली निर्माता कंपनियाँ—गूगल (एंड्राइड), एप्पल (आईओएस), माइक्रोसॉफ्ट (विंडोज फोन), ब्लैकबेरी (ब्लैकबेरी)

विश्व-बाजार में प्रमुख पाँच स्मार्टफोन निर्माताओं की स्थिति

स्मार्ट फोन निर्माता	2013 लदान मात्रा (करोड़)	2013 बाजार हिस्सेदारी (%)	2012 लदान मात्रा (करोड़)	2012 बाजार हिस्सेदारी (%)	वार्षिक बदलाव(%)
सैमसंग	31.39	31.3%	21.97	30.3%	42.9%
एप्पल	15.34	15.3%	13.59	18.7%	12.9%
हुआवेई	4.88	4.9%	2.91	4.0%	67.5%

एलजी	4.77	4.8%	2.63	3.6%	81.1%
लेनेवो	4.55	4.5%	2.37	3.3%	91.7%
अन्य	39.49	39.3%	29.05	40.1%	35.9%
कुल	100.42	100.0%	72.53	100.0%	38.4%

स्रोत—इंटरनेशनल डाटा कॉरपोरेशन/आईडीसी वर्ल्डवाइड मोबाइल फोन ट्रैकर, 27 जनवरी, 2014।

एप्पल का गौरवशाली भविष्य व जॉब्स की विदाई

आईपॉड की अपार सफलता की बदौलत वर्ष 2005 के जबरदस्त वित्तीय प्रदर्शन की रफ्तार बनी हुई थी। वित्त वर्ष 2006 में, पिछले साल के मुकाबले 39 फीसदी बढ़त के साथ एप्पल का बिक्री राजस्व करीब 19.32 अरब डॉलर के स्टार पर पहुँच गया था, जबकि 66.10 करोड़ डॉलर की बढ़त सहित मुनाफा 198.90 करोड़ डॉलर हो गया था। वित्तवर्ष 2007 में एप्पल ने 27 फीसदी बढ़त के साथ करीब 24.58 अरब डॉलर का बिक्री राजस्व दर्ज किया था तो मुनाफा 150.60 करोड़ बढ़कर 349.50 करोड़ डॉलर के स्तर पर पहुँच गया था। 'आईफोन' व उसकी क्रांतिकारी परिचालन प्रणाली 'आईओएस' की आशातीत लोकप्रियता ने जॉब्स को आश्वस्त कर दिया था कि अब एप्पल का गौरवशाली भविष्य पूरी तरह से सुरक्षित था।

इसी बीच, 2005 के 'एप्पल वर्ल्डवाइड डेवलपर्स कॉन्फ्रेंस' (6 से 10 जून, मोस्कोने सेंटर, सैन फ्रांसिस्को) के पहले दिन जॉब्स ने एप्पल के अपने 500 अभियंताओं सहित 45 देशों के कुल 3800 अनुप्रयोग विकासकर्ता प्रतिभागियों के सामने एप्पल के उत्पादों के इंटेल माइक्रोप्रोसेसर पर स्थानांतरित करने के ऐतिहासिक फैसले का ऐलान किया था।

25 जनवरी, 2006 को, करीब 7.40 अरब डॉलर के शेयर-हस्तांतरण सौदे में डिज्नी ने पिक्सर स्टूडियो को अधिग्रहित किए जाने की खबर आई थी। वैधानिक रूप से ही सौदा 5 मई, 2006 को पूरा हुआ था। इस तरह डिज्नी में करीब 7 फीसदी हिस्सेदारी के साथ जॉब्स सबसे बड़ा व्यक्ति विशेष शेयरधारक बन गया था, जबकि माइकल आइजनर (1984 से 2005 तक वॉल्ट डिज्नी कंपनी के मुख्य कार्यकारी अधिकारी) की 1.7 फीसदी व रॉय एडवर्ड डिज्नी (रॉय ओलिवर डिज्नी के पुत्र और वाल्टर एलियास 'वॉल्ट' डिज्नी के भतीजे) की सिर्फ 1 फीसदी हिस्सेदारियाँ थीं। जॉब्स ने सिर्फ निदेशक का पद स्वीकार किया था। साथ ही जॉब्स ने पुराने विश्वस्तों—एडविन कैटमुल्ल को अध्यक्ष व जॉन लासेटर को (मुख्य रचनात्मक अधिकारी/ सीसीओ)—के जरिए पिक्सर एनिमेशन स्टूडियो (एमरीविल, आल्मडा

5 जनवरी, 2009 को जॉब्स ने एप्पल वेबसाइट पर एक गुमराह करनेवाला खुला-पत्र लिखा था। उस पत्र में जॉब्स ने दावा किया था कि वह परिवार के साथ ज्यादा वक्त बिताने के लिए मैकवर्ल्ड में नहीं आ रहा था। जॉब्स ने कहा था कि चिकित्सकों ने उसकी स्वास्थ्य समस्या—पोषाहार से जुड़े 'हार्मोन असंतुलन'—का पता कर लिया था, जिसका उपचार अपेक्षाकृत आसान था।

काउंटी) खैर, जॉब्स ने पिक्सर सहित एप्पल को सुरक्षित रास्ते पर अग्रसर कर दिया था, लेकिन जॉब्स अपने स्वास्थ्य को सुधार पाने में बुरी तरह असफल साबित हुआ था। वर्ष 2008 की शुरुआत में उसका कैंसर एक बार फिर बढ़ना शुरू हो गया था। अंतड़ियों के निकाले जाने के बाद जॉब्स की भूख और भी कम हो गई थी और जॉब्स ने पहले की तरह खुद को सलाद, फलाहार या फिर उपवास के रास्ते पर डाल लिया था।

इस बीच, एप्पल की आश्चर्यजनक वित्तीय सफलताओं पर अमेरिकी प्रतिभूति व विनिमय आयोग (एसईसी) की टेढ़ी नजर पड़ी थी। एसईसी को जॉब्स व अन्य उच्चाधिकारियों को पिछली तारीख में शेयर विकल्प जारी करने के मामले में बड़ा लेखा-घोटाला नजर आया था और उसने इसकी जाँच शुरू कर दी थी। मार्च 2008 में जॉब्स को बाकायदा एसईसी के सामने पेश होना पड़ा था। उसी के बाद 'फॉर्च्यून' पत्रिका ने जॉब्स के गिरते स्वास्थ्य के बारे में खबर आई थी। जॉब्स ने 9 जून, 2008 को सैनफ्रांसिस्को में 'आईफोन 3जी' का अनावरण किया था। उस वक्त वह काफी दुबला दिख रहा था और उसे भाषण देने में भी दिक्कत आ रही थी। इसके बाद जॉब्स का स्वास्थ्य संचार-माध्यमों में बहस का मुद्दा बन गया था। एप्पल ने निजी मामला बताकर जॉब्स की गंभीर बीमारी की खबर को ढँकने की कोशिश की थी। लेकिन जून से जुलाई के अंत तक एप्पल के शेयर भाव 188 डॉलर से 156 डॉलर पर गिर गए थे।

28 अगस्त, 2008 को, अंतरराष्ट्रीय समाचार सेवा कंपनी—'ब्लूमबर्ग न्यूज' ने गलती से जॉब्स पर पहले से तैयार किया हुआ एक मृत्युलेख (ओबिट्युरी), जिसमें मृत्य की तारीख की जगह को खाली रखा गया था, जारी कर दिया था। जाहिर है कि एजेंसी ने तत्काल उसका खंडन भी जारी किया गया था, लेकिन जॉब्स की गंभीर बीमारी की खबर दुनिया भर में फैल गई थी। 9 सितंबर, 2008 को, चौथी पीढ़ी का 'आईपॉड नैनो', अब तक का सबसे पतला, जारी करते हुए जॉब्स ने अपनी मौत की खबर का खूब मजाक बनाया था। लेकिन अक्तूबर की शुरुआत में एप्पल का

शेयर मूल्य 97 रह गया था। ऐसा तब हुआ था जब वित्त वर्ष 2008 (30 सितंबर तक) पिछले साल के मुकाबले 53 फीसदी बढ़त के साथ 37.49 अरब डॉलर का बिक्री राजस्व व 262.40 करोड़ डॉलर बढ़त के साथ 611.90 करोड़ डॉलर का मुनाफा दर्ज किया था।

16 दिसंबर, 2008 को एप्पल ने ऐलान किया कि आगामी मेकवर्ल्ड (5 से 9 जनवरी, 2009; सैन फ्रांसिस्को) में जॉब्स की जगह उपाध्यक्ष-विपणन फिल शिलर मुख्य भाषण देगा और यह कंपनी का अंतिम मैकवर्ल्ड होगा। इस तरह एक बार फिर से जॉब्स के स्वास्थ्य का मुद्दा चर्चा में आ गया था। 5 जनवरी, 2009 को जॉब्स ने एप्पल वेबसाइट पर एक गुमराह करनेवाला खुला-पत्र लिखा था। उस पत्र में जॉब्स ने दावा किया था कि वह परिवार के साथ ज्यादा वक्त बिताने के लिए मैकवर्ल्ड में नहीं आ रहा था। जॉब्स ने कहा था कि चिकित्सकों ने उसकी स्वास्थ्य समस्या—पोषाहार से जुड़े 'हार्मोन असंतुलन'—का पता कर लिया था, जिसका उपचार अपेक्षाकृत आसान था। जॉब्स के इस कथन में कुछ हद तक सच्चाई भी थी। पहली शल्यक्रिया में अंतड़ियों का बड़ा हिस्सा निकाले जाने के बाद उसका शरीर 'ग्लूकागन' नामक हार्मोन का सृजन नहीं कर रहा था, जो गुरदे को रक्त शर्करा (ब्लड शुगर) जारी करता था। इससे जॉब्स के गुरदे में मौजूद कैंसर ज्यादा तेजी के साथ फैलता जा रहा था। आखिरकार 14 जनवरी, 2009 को एक और खुला पत्र जारी किया और साफ किया कि 'हार्मोन असंतुलन' का मामला उसके अनुमान जितना आसान नहीं था। जॉब्स ने कहा था कि टिम कुक एक बार फिर से का रोजाना का कामकाज सँभालेगा और वह सी.ई.ओ. बने रहते हुए प्रमुख फैसलों में शामिल रहेगा। उक्त पत्र में जॉब्स ने दावा किया था कि जून 2009 में वह फिर से काम पर लौट आएगा।

स्टैनफोर्ड हॉस्पिटल ऐंड क्लिनिक के मशहूर अर्बुदविज्ञानी (ऑन्कोलॉजिस्ट) डॉ. जॉर्ज फिशर जॉब्स का इलाज करते रहे थे। वे पिछले कई महीनों से जॉब्स पर गुरदा प्रत्यारोपण (लीवर ट्रांसप्लांट) के लिए दबाव बनाए हुए थे, लेकिन जनवरी 2009 में उन्होंने इस संबंध में अपना अंतिम फैसला सुना दिया था। लेकिन जॉब्स जैसे अरबपति रोगी पर भी गुरदा रोग की गंभीरता आकलन की गणना-प्रणाली—'अंतिम चरण यकृत रोग प्रारूप' (मॉडल फॉर इंड-स्टेज लीवर डिजीज/ एमईएलडी)—लागू होता था और उसे अपनी बारी का इंतजार करना था। फरवरी के अंत में जॉब्स को मेथोडिस्ट यूनिवर्सिटी हॉस्पिटल ट्रांसप्लांट इंस्टीट्यूट (मेम्फिस, टेनेसी, अमेरिका)

की सूची में स्थान मिल गया था। 21 मार्च, 2009 को जॉब्स का इंतजार खत्म हुआ था, जब कार-दुर्घटना में मारे गए करीब 25 वर्ष के एक युवक ने गुरदा उपलब्ध कराया था। जॉब्स अपनी पत्नी के साथ मेम्फिस पहुँचा और कानूनी काररवाई पूरी करने के बाद अस्पताल में दाखिल हुआ। प्रत्यारोपण तो सफल रहा था, लेकिन पूरी तरह आश्वस्त करनेवाला नहीं। जॉब्स के निकाले गए गुरदे की जाँच से ऐसा संकेत मिला था कि कैंसर दूसरे अंगों में प्रवास कर चुका हो सकता था। लिहाजा इसकी सघन जाँच शुरू की गई और लंबे समय तक इलाज किया गया।

मई 2009 के अंत में जॉब्स अपनी पत्नी लौरेन व बहन मोना शिम्पसन के साथ अपने निजी विमान से सैन जोस हवाई अड्डे पर उतरा, तो उसे टिम कुक व जोनाथन ईव स्वागत के लिए खड़े मिले। सभी गले मिले और लौरेन ने चमचमाती बोतल से 'एप्पल साइडर' (सेब गैर अल्कोहल पेय) उछालकर जॉब्स की वापसी का जश्न मनाया था। जॉब्स के स्वस्थ वापसी की खबर का 'वॉल स्ट्रीट' ने भी जश्न मनाया था। करीब पाँच महीने पहले जब 9 जनवरी को जॉब्स ने जब छुट्टी पर जाने की घोषणा की थी, तब एप्पल शेयर के भाव 82 पर लुढ़क गए थे, जो सीधे उछलकर 140 डॉलर पर वापस आ गए थे।

9 सितंबर, 2009 को जॉब्स ने एप्पल के नियमित संगीत समारोह में सार्वजनिक रूप से हिस्सा लिया था। जाहिर है एप्पल कर्मचारियों व दर्शकों ने जॉब्स का जमकर स्वागत किया था। वर्ष 2010 की शुरुआत तक जॉब्स लगभग पूरी तरह से स्वस्थ हो चुका था और खुद को पहले की तरह काम में जुटा लिया था। इस बीच, एप्पल का टेबलेट कंप्यूटर—आईपैड तैयार हो चुका था। जॉब्स ने आठ साल पहले वर्ष 2002 में आईपैड का विकास शुरू कराया था, लेकिन आईफोन पर ध्यान केंद्रित करने उसके विकास को रोक दिया गया था। 27 जनवरी, 2010 को जॉब्स ने सैनफ्रांसिस्को में आयोजित भव्य समारोह में एप्पल के इस जादुई व क्रांतिकारी उपकरण—आईपैड (16 जीबी 499 डॉलर, 32 जीबी 599 व 64 जीबी 699 डॉलर) को दुनिया के सामने पेश किया।

3 अप्रैल, 2010 को, अमेरिकी बाजारों में आईपैड की बिक्री हो गई थी। पहले ही दिन इसकी तीन लाख से ज्यादा इकाइयाँ बिकी थीं, जो एक महीने बाद 3 मई को 10 लाख व 80 दिनों बाद 22 जून को 30 लाख से ऊपर चली गई थी। (देखें—आईपैड की विश्वव्यापी बिक्री)

आईपैड की विश्वव्यापी बिक्री

वित्त वर्ष (अक्तूबर से सितंबर तक)	पहली तिमाही (अक्तूबर से दिसंबर)	दूसरी तिमाही (जनवरी से मार्च)	तीसरी तिमाही (अप्रैल से जून)	चौथी तिमाही (जुलाई से सितंबर)	कुल
2010	—	—	32,70,000	41,90,000	74,60,000
2011	73,30,000	46,90,000	92,50,000	1,11,20,000	3,23,90,000
2012	1,53,00,000	1,18,00,000	1,70,00,000	1,40,00,000	5,81,00,000
2013	2,29,00,000	1,95,00,000	1,46,00,000	1,41,00,000	7,11,00,000
2014	2,60,00,000	1,63,50,000	—	—	4,23,50,000
कुल	**21,14,00, 000 (31 मार्च, 2014 तक)**				

इस बीच वित्त–वर्ष 2009 में पिछले साल के मुकाबले 14 फीसदी बढ़त के साथ एप्पल का बिक्री राजस्व करीब 42.91 अरब डॉलर के स्तर पर पहुँच गया था और 577.80 करोड़ डॉलर से बढ़कर मुनाफा करीब 14.02 अरब डॉलर के स्तर पर पहुँच गया था। 26 मई, 2010 को एप्पल का बाजार मूल्य माइक्रोसॉफ्ट से ऊपर चला गया था। वित्त वर्ष 2010 में एप्पल ने पिछले साल के मुकाबले 66 फीसदी बढ़त के साथ करीब 65.23 अरब डॉलर का बिक्री राजस्व दर्ज किया था, जबकि करीब 11.91 अरब डॉलर की बढ़त के साथ मुनाफा 25.93 अरब डॉलर के स्तर पर पहुँच गया था।

गुरदा प्रत्यारोपण के बाद वापस करीब डेढ़ साल बाद, 17 जनवरी, 2011 को जॉब्स ने एक बार फिर से स्वास्थ्य–अवकाश पर जाने की घोषणा की थी। लेकिन जॉब्स ने सैन फ्रांसिस्को में 2 मार्च, 2011 को 'आईपैड 2' का अनावरण किया था; एप्पल वर्ल्डवाइड डेवलपर्स सम्मेलन (6–10 जून, 2011, सैन फ्रांसिस्को) के पहले दिन 'आईक्लाउड' (क्लाउड भंडारण व क्लाउड कंप्यूटिंग सेवा) का शुभारंभ किया था और एप्पल के नए मुख्यालय के निर्माण संबंधी मामले में 7 जून, 2011 को क्यूपर्टिनो नगर परिषद् के समक्ष भी पेश हुआ था। 24 अगस्त, 2011 को जॉब्स ने सी.ई.ओ. पद से त्याग–पत्र दे दिया और टिम कुक को अपना उत्तराधिकारी घोषित कर दिया। मृत्यु के एक दिन पहले तक जॉब्स एप्पल निदेशक मंडल के चेयरमैन का कामकाज देखता रहा था। 5 अक्तूबर, 2011 को दोपहर लगभग 3 बजे पालो आल्टो स्थित अपने निवास में जॉब्स ने अंतिम साँसें लीं। क्यूपर्टिनो नगर परिषद् के सार्वजानिक व गैर सांप्रदायिक कब्रिस्तान—'अल्टा मेसा मेमोरियल पार्क' में एक अचिह्नित कब्र में जॉब्स को दफनाया गया।

जॉब्स भले ही दुनिया में न हो, लेकिन एप्पल सी.ई.ओ. के रूप में टिम कुक

उसी की सोच को आगे बढ़ा रहा है। वित्त वर्ष 2011 में एप्पल ने पिछले साल के मुकाबले 66 फीसदी के साथ 108.25 अरब डॉलर का बिक्री राजस्व व करीब 11.91 अरब डॉलर की बढ़त के साथ 25.93 अरब डॉलर का मुनाफा दर्ज किया था। वित्त वर्ष 2012 में 45 फीसदी बढ़त के साथ एप्पल का बिक्री राजस्व 156.51 अरब डॉलर के स्तर पर और 15.81 अरब डॉलर बढ़त के साथ करीब 41.73 का मुनाफा हासिल किया था। हाँ, वित्त वर्ष 2013 के वित्तीय नतीजे थोड़े चौंकानेवाले रहे, बिक्री राजस्व 14.40 अरब डॉलर से बढ़कर 170.91 अरब डॉलर के स्तर पर पहुँच गया, लेकिन मुनाफा 4.70 अरब डॉलर गिरकर 37.03 रह गया। इससे क्या फर्क पड़ता है? बहुत फर्क पड़ता है। एप्पल के मौजूदा नेतृत्व के लिए जॉब्स की विरासत को कायम रखना एक बड़ी चुनौती है।

□□□